企业会计准则

全流程详解

条文解析＋操作流程＋经典案例

（2022 年版）

企业会计准则编审委员会◎编著

人 民 邮 电 出 版 社
北京

图书在版编目（CIP）数据

企业会计准则全流程详解 : 条文解析+操作流程+经典案例 : 2022年版 / 企业会计准则编审委员会编著. -- 北京 : 人民邮电出版社, 2022.1
ISBN 978-7-115-57909-6

Ⅰ. ①企… Ⅱ. ①企… Ⅲ. ①企业会计－会计准则－中国 Ⅳ. ①F279.23

中国版本图书馆CIP数据核字(2021)第234252号

内 容 提 要

企业会计准则是会计工作者进行会计确认、会计计量、会计报告的基本依据，学好企业会计准则，是做好会计工作的根本。为了帮助广大会计工作者学好会计准则、用好会计准则，本书采用图表和实务案例相结合的方式，对 1 项基本准则和 40 项具体准则进行全面解读。针对每一项具体准则，本书以图表的形式阐述了该准则的逻辑节点与逻辑流程，以案例解析的形式，将笼统、抽象的文字转化为清晰、具体的实务操作，全面提升读者的实务操作水平。

本书是一本全景式讲解我国企业会计准则体系的专业图书，是广大会计工作者学准则、用准则的案头常备工具书。它既可以帮助会计实务工作者解决日常实务工作中的各种疑难与困惑，也可以帮助会计理论工作者、会计专业学生掌握我国现行企业会计准则体系的具体规定。

◆ 编　　著　企业会计准则编审委员会
责任编辑　李士振
责任印制　彭志环
◆ 人民邮电出版社出版发行　　北京市丰台区成寿寺路 11 号
邮编　100164　　电子邮件　315@ptpress.com.cn
网址　https://www.ptpress.com.cn
北京市艺辉印刷有限公司印刷
◆ 开本：787×1092　1/16
印张：45　　2022 年 1 月第 1 版
字数：1158 千字　　2022 年 1 月北京第 1 次印刷

定价：188.00 元

读者服务热线：(010)81055296　印装质量热线：(010)81055316
反盗版热线：(010)81055315
广告经营许可证：京东市监广登字 20170147 号

前言
PREFACE

每一项具体企业会计准则，均是针对企业某一方面的经济业务如何进行会计处理的具体规定和指导。要准确把握《企业会计准则》的精髓，正确应用准则的相关知识，实现从理论到实践的跨越，重中之重是连贯、系统地学习会计要素的内容与含义、企业经济业务的处理过程、会计报表的编制方法。

本书以现行的《企业会计准则》为出发点，针对现行的 1 项基本准则和 40 项具体准则，简明扼要地对企业会计准则进行全面、清晰的解读，系统介绍了企业会计准则的基础知识、基本要求和实务操作要点。最为重要的是，本书采用图表这一生动的形式，对准则的逻辑脉络、操作流程进行了形象直观的描述，使读者对每一项具体准则的基本内容与逻辑框架一目了然。

本书具有以下特点。

（一）体现现行法规的新要求

企业会计准则是一个动态体系，随着社会经济的发展和业务的延伸，企业会计准则也在不断地完善与优化，这就需要我们不断地了解新事物，学习新规定，掌握新方法。2018 年中华人民共和国财政部颁布了“收入”“政府补助”“金融工具确认和计量”等 7 项企业会计准则应用指南；2019 年颁布的“租赁”“非货币性资产交换”“债务重组”3 项准则的修订版；2020 年又颁布了“租赁”“非货币性资产交换”“债务重组”3 项准则的应用指南以及“保险合同”准则。本书严格依据现行的企业会计准则编写，体现了现行法规的要求。

（二）图文并茂，易学易懂

本书结构清晰、通俗易懂、图文并茂，对经济业务的处理配有相关的图表，以便能更形象地展现业务处理的逻辑过程。本书以大量简明、易懂、形象的图表为载体，提炼准则规定的重点、难点。本书用图表呈现对业务实质判断的过程，用图表描绘会计操作的流程，用表格列示交易或事项的主要特征及差异，具象直观，让人一目了然，使读者对准则总体和精髓有更深入的理解。

（三）讲解透彻，案例贴切

本书在准确地解读企业会计准则之外，还在相应的准则后引入丰富、形象、切合实际的关键案例，不仅让初学者从实务角度更好地理解和学习会计知识和操作方法，深刻领悟准则在具体实践中的应用方法，同时还更清楚地解释了准则中的重难点。

本书采用大量图表说明和实务举例，使重点知识一目了然，给读者营造了一个高效、便捷的阅读环境，读者可简单轻松地掌握会计准则的逻辑结构。

我们愿意一如既往地和广大读者一起，探讨会计理论与实务中的相关问题，为我国企业会计准则体系的建设与推广尽绵薄之力。

编者

目录
CONTENTS

第 1 章
企业会计准则——基本准则

《企业会计准则——基本准则》于 2006 年 2 月 15 日由中华人民共和国财政部令第 33 号公布，自 2007 年 1 月 1 日起施行。2014 年 7 月 23 日，根据《财政部关于修改〈企业会计准则——基本准则〉的决定》进行了相关修改。

1.1 总则

为了规范企业会计确认、计量和报告行为，保证会计信息质量，根据《中华人民共和国会计法》和其他有关法律、行政法规，制定企业会计准则，并适用于在中华人民共和国境内设立的企业。

企业会计准则包括基本准则和具体准则，具体准则的制定应当遵循基本准则，如图 1-1 所示。

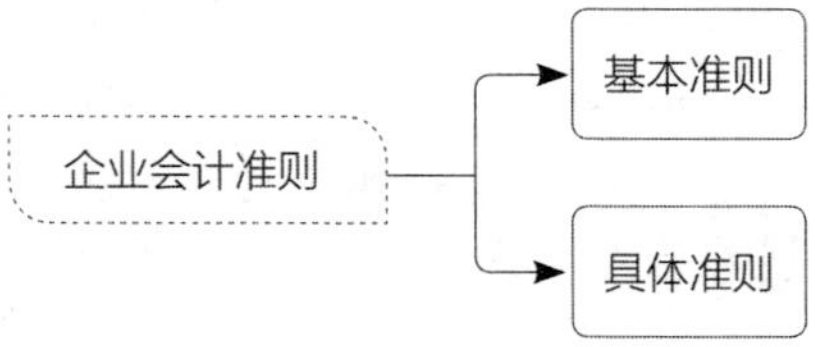

图 1-1 企业会计准则

1.1.1 财务会计报告的目标

企业应当编制财务会计报告（又称“财务报告”，下同）。财务会计报告的目标是向财务会计报告使用者提供与企业财务状况、经营成果和现金流量等有关的会计信息，反映企业管理层受托责任履行情况，有助于财务会计报告使用者作出经济决策。

1.1.2 财务会计报告使用者

财务会计报告使用者包括投资者、债权人、企业管理者、政府及其有关部门和社会公众等，如图1-2所示。

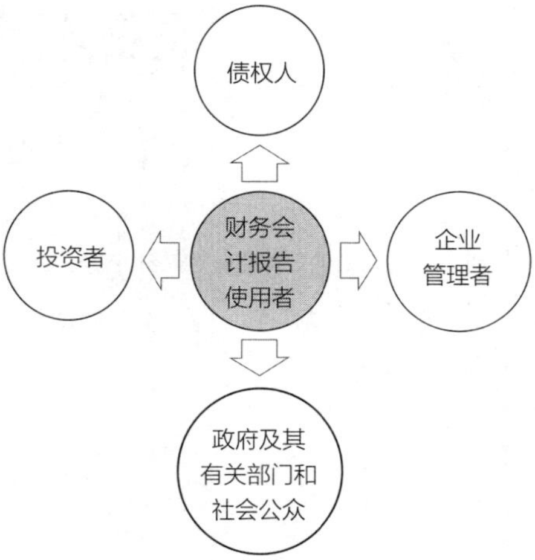

图1-2 财务会计报告使用者

1.1.3 会计基本假设

会计基本假设是企业会计确认、计量和报告的前提，是对会计核算所处时间、空间环境等所做的合理假定。会计基本假设包括会计主体、持续经营、会计分期和货币计量，具体如表1-1所示。

表1-1 会计基本假设

会计基本假设	定义	准则规定
会计主体	指会计工作服务的特定对象，是企业会计确认、计量和报告的空间范围	企业应当对其本身发生的交易或者事项进行会计确认、计量和报告
持续经营	指在可以预见的将来，企业会按当前的规模和状态继续经营下去，不会停业，也不会大规模削减业务	企业会计确认、计量和报告应当以持续经营为前提
会计分期	指将一个企业持续经营的生产经营活动划分为一个个连续的、长短相同的期间	企业应当划分会计期间，分期结算账目和编制财务会计报告。会计期间分为年度和中期。中期是指短于一个完整的会计年度的报告期间
货币计量	指会计主体在会计确认、计量和报告时以货币计量，反映会计主体的生产经营活动	会计确认、计量与报告应选择货币作为计量单位

1.1.4　会计基础

会计基础主要有两种，即权责发生制和收付实现制。收付实现制是与权责发生制相对应的一种会计基础，它以收到或支付的现金及其时点作为确认收入和费用等的依据。为了更加真实、公允地反映特定会计期间的财务状况和经营成果，基本准则明确规定，企业在会计确认、计量和报告中应当以权责发生制为基础。

权责发生制与收付实现制的主要区别如表 1-2 所示。

表 1-2　权责发生制与收付实现制的主要区别

会计基础	准则要求	内涵	举例
权责发生制	凡是当期已经实现的收入和已经发生或应当负担的费用，无论款项是否收付，都应当作为当期的收入和费用，计入利润表；凡是不属于当期的收入和费用，即使款项已在当期收付，也不应当作为当期的收入和费用	权责发生制，也称为应计制或应收应付制（关键点），从时间上规定会计确认的基础，其核心是根据权利和责任的实际发生时间来确认企业的收入和费用。即收入的归属期是创造收入的会计期间，费用的归属期应是费用所服务的会计期间	（1）对于企业本期已向客户发货而尚未收到货款的交易，应作为本期的收入，不应作为收到货款期间的收入 （2）对于本期已经发生的费用，虽然本期没有支付款项，仍然作为本期的费用处理，而不能作为支付款项期间的费用处理
收付实现制	凡在本期内实际收到或付出的一切款项，无论其发生时间早晚或是否应该由本期承担，均作为本期的收入和费用处理	收付实现制，也称为现金制或现收现付制，是以款项的实际收付为标准来确认本期收入和费用的一种方法	（1）对于企业本期已向客户发货而尚未收到货款的交易，不应作为本期的收入，应作为收到货款期间的收入 （2）对于本期已经发生的费用，如果本期没有支付款项，则不能作为本期的费用处理，而应作为支付款项期间的费用处理

权责发生制与收付实现制的具体区别是收入和费用确认的时点不同。权责发生制以收入和费用的权利和义务发生的时点进行确认，收付实现制以现金实际收入和支付作为收入和费用的确认时点。

1.1.5　会计要素的内容

企业应当按照交易或者事项的经济特征确定会计要素。会计要素包括资产、负债、所有者权益、收入、费用和利润。

1.1.6　记账方法

企业应当采用借贷记账法记账。

1.2 会计信息质量要求

会计信息质量要求是对企业财务会计报告中所提供会计信息质量的基本要求，是使财务会计报告中所提供会计信息对投资者等使用者决策有用应具备的基本特征。根据基本准则规定，它包括可靠性、相关性、可理解性、可比性、实质重于形式、重要性、谨慎性和及时性等。

其中，可靠性、相关性、可理解性和可比性是会计信息的首要质量要求，是企业财务会计报告中所提供会计信息应具备的基本质量特征。

实质重于形式、重要性、谨慎性和及时性是会计信息的次要质量要求，是对可靠性、相关性、可理解性和可比性等首要质量要求的补充和完善，尤其是在对某些特殊交易或者事项进行处理时，需要根据这些质量要求来把握其会计处理原则。另外，及时性还是会计信息相关性和可靠性的制约因素，企业需要在相关性和可靠性之间寻求一种平衡，以确定信息及时披露的时间。会计信息质量要求的概念及关注事项如表 1-3 所示。

表 1-3 会计信息质量要求的概念及关注事项

项目	概念	关注事项
可靠性	应当以实际发生的交易或者事项为依据进行会计确认、计量和报告，如实反映符合确认和计量要求的各项会计要素及其他相关信息，保证会计信息真实可靠、内容完整	以实际发生的交易或者事项为依据进行确认、计量，将符合会计要素定义及其确认条件的资产、负债、所有者权益、收入、费用和利润等如实反映在财务报表中
相关性	企业提供的会计信息应当与财务会计报告使用者的经济决策需要相关，有助于财务会计报告使用者对企业过去、现在或者未来的情况作出评价或者预测	会计信息是否有用、是否具有价值，关键是看其与使用者的决策需要是否相关，是否有助于决策或者提高决策水平
可理解性	企业提供的会计信息应当清晰明了，便于财务会计报告使用者理解和使用	企业编制财务会计报告、提供会计信息的目的在于使用，而要使使用者有效使用会计信息，应当让会计信息清晰明了、易于理解
可比性	（1）同一企业不同时期发生的相同或者相似的交易或者事项，应当采用一致的会计政策，不得随意变更，确需变更的，应当在附注中说明 （2）不同企业发生的相同或者相似的交易或者事项，应当采用规定的会计政策，确保会计信息口径一致、相互可比	无论是纵向比较还是横向比较，只要会计处理符合准则规定，就具有可比性

续表

项目	概念	关注事项
实质重于形式	企业应当按照交易或者事项的经济实质进行会计确认、计量和报告，不应仅以交易或者事项的法律形式为依据	大多数的业务交易，其法律形式反映了经济实质；但是，在有些情况下，法律形式没有反映经济实质，这就要求会计人员作出职业判断，按照业务的经济实质进行账务处理
重要性	企业提供的会计信息应当反映与企业财务状况、经营成果和现金流量等有关的所有重要交易或者事项	重要性的判断取决于性质和金额两个方面，相同的金额对于规模不同的企业，可能存在不同的重要性理解
谨慎性	企业对交易或者事项进行会计确认、计量和报告应当保持应有的谨慎，不应高估资产或者收益、低估负债或者费用	对资产计提减值准备、符合条件的或有应付金额确认为负债等；同时，需要注意不允许企业设置秘密准备
及时性	企业对于已经发生的交易或者事项，应当及时进行会计确认、计量和报告，不得提前或者延后	及时性对相关性和可靠性起着制约作用

1.3　会计要素

会计要素是对会计对象所做的基本分类，是用于反映会计主体财务状况和经营成果的基本单位。会计要素分为反映企业财务状况的会计要素和反映企业经营成果的会计要素。会计要素包括资产、负债、所有者权益、收入、费用和利润。各会计要素的定义、确认条件和列报方式如表 1-4 所示。

表 1-4　会计要素

会计要素	定义	确认条件	列报方式
资产	是指企业过去的交易或者事项形成的、由企业拥有或者控制的、预期会给企业带来经济利益的资源	需符合资产的定义，并同时满足以下两个条件： （1）与该资源有关的经济利益很可能流入企业 （2）该资源的成本或者价值能够可靠地计量	符合资产定义和资产确认条件的项目，应当列入资产负债表；符合资产定义但不符合资产确认条件的项目，不应当列入资产负债表

续表

会计要素	定义	确认条件	列报方式
负债	是指企业过去的交易或者事项形成的、预期会导致经济利益流出企业的现时义务	需要符合负债的定义，并同时满足以下两个条件： （1）与该义务有关的经济利益很可能流出企业 （2）未来流出的经济利益的金额能够可靠地计量	符合负债定义和负债确认条件的项目，应当列入资产负债表；符合负债定义但不符合负债确认条件的项目，不应当列入资产负债表
所有者权益	是指企业资产扣除负债后由所有者享有的剩余权益。公司的所有者权益又称为股东权益。所有者权益是所有者对企业资产的剩余索取权	所有者权益的确认主要依赖于其他会计要素，尤其是资产和负债的确认；所有者权益金额取决于资产和负债的计量。 所有者权益的来源主要包括所有者投入的资本、直接计入所有者权益的利得和损失（其他综合收益）、留存收益等	所有者权益项目应当列入资产负债表
收入	是指企业在日常活动中形成的、会导致所有者权益增加的、与所有者投入资本无关的经济利益的总流入	企业应当在履行了合同中的履约义务，即在客户取得相关商品控制权时确认收入。取得相关商品控制权是指能够主导该商品的使用并从中获得几乎全部的经济利益	符合收入定义和收入确认条件的项目，应当列入利润表
费用	是指企业在日常活动中发生的、会导致所有者权益减少的、与向所有者分配利润无关的经济利益的总流出	费用只有在经济利益很可能流出从而导致企业资产减少或者负债增加，且经济利益的流出额能够可靠计量时才能予以确认	符合费用定义和费用确认条件的项目，应当列入利润表
利润	是指企业在一定会计期间的经营成果	利润的确认主要依赖于收入和费用以及利得和损失的确认；利润金额取决于收入和费用、直接计入当期利润的利得和损失金额的计量	利润项目应当列入利润表，上述几项利润构成项目都体现在我国企业的利润表中

1.4　会计计量

企业在将符合确认条件的会计要素登记入账并列报于会计报表及其附注（又称“财务报表”，下同）时，应当按照规定的会计计量属性进行计量，确定其金额。

1.4.1　会计计量属性

会计要素的计量是为了将符合确认条件的会计要素登记入账并列报于财务报表而确定其金额的过程。会计计量属性主要包括历史成本、重置成本、可变现净值、现值、公允价值，具体概念如表 1-5 所示。

表 1-5　会计计量属性

计量属性	概念
历史成本	资产按照购置时支付的现金或者现金等价物的金额，或者按照购置资产时所付出的对价的公允价值计量 负债按照因承担现时义务而实际收到的款项或者资产的金额，或者承担现时义务的合同金额，或者按照日常活动中为偿还负债预期需要支付的现金或者现金等价物的金额计量
重置成本	资产按照现在购买相同或者相似资产所需支付的现金或者现金等价物的金额计量。负债按照现在偿付该项债务所需支付的现金或者现金等价物的金额计量
可变现净值	资产按照其正常对外销售所能收到现金或者现金等价物的金额扣减该资产至完工时估计将要发生的成本、估计的销售费用以及相关税费后的金额计量
现值	资产按照预计从其持续使用和最终处置中所产生的未来净现金流入量的折现金额计量。负债按照预计期限内需要偿还的未来净现金流出量的折现金额计量
公允价值	资产和负债按照市场参与者在计量日发生的有序交易中，出售资产所能收到或者转移负债所需支付的价格计量

1.4.2　计量属性的运用原则

企业在对会计要素进行计量时，一般应当采用历史成本。采用重置成本、可变现净值、现值、公允价值计量的，应当保证所确定的会计要素金额能够取得并可靠计量。

1.5 财务会计报告

1.5.1 财务会计报告的定义

财务会计报告是指企业对外提供的反映企业某一特定日期的财务状况和某一会计期间的经营成果、现金流量等会计信息的文件。

1.5.2 财务会计报告的构成

财务会计报告包括会计报表及其附注和其他应当在财务会计报告中披露的相关信息和资料。会计报表至少应当包括资产负债表、利润表、现金流量表等报表。小企业编制的会计报表可以不包括现金流量表。财务会计报告的构成如图 1-3 所示。

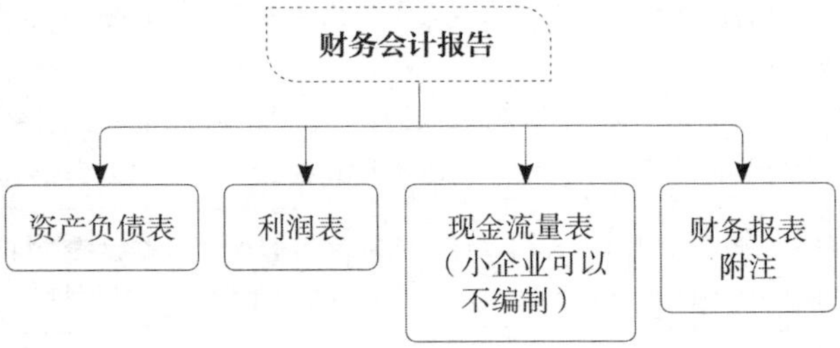

图 1-3 财务会计报告的构成

财务会计报告的具体内容如表 1-6 所示。

表 1-6 财务会计报告的具体内容

报表	概念	编制目的
资产负债表	反映企业在某一特定日期的财务状况的会计报表	如实反映企业的资产、负债和所有者权益金额及其结构情况，从而有助于使用者评价企业资产的质量以及短期偿债能力、长期偿债能力、利润分配能力等
利润表	反映企业在一定会计期间的经营成果的会计报表	如实反映企业实现的收入、发生的费用以及应当计入当期利润的利得和损失等金额及其结构情况，从而有助于使用者分析、评价企业的盈利能力及其构成与质量
现金流量表	反映企业在一定会计期间的现金和现金等价物流入和流出的会计报表	如实反映企业各项活动的现金流入、流出情况，从而有助于使用者评价企业的现金流和资金周转情况
财务报表附注	对在会计报表中列示项目所作的进一步说明，以及对未能在这些报表中列示项目的说明等	通过对财务报表本身进行补充说明，以更加全面、系统地反映企业财务状况、经营成果和现金流量，从而有助于向使用者提供更为有用的决策信息，帮助其作出更加科学合理的决策

第 2 章
存货

2.1 存货的确认

2.1.1 存货的定义

存货，是指企业在日常活动中持有以备出售的产成品或商品、处在生产过程中的在产品、在生产过程或提供劳务过程中耗用的材料和物料等。

2.1.2 存货的范围

存货的范围如表 2-1 所示。

表 2-1 存货的范围

类型	概念
原材料	指企业在生产过程中经加工改变其形态或性质并构成产品主要实体的各种原料及主要材料、辅助材料、外购半成品（外购件）、修理用备件（备品、备件）、包装材料、燃料等 为建造固定资产等各项工程而储备的各种材料，虽然同属于材料，但是由于用于建造固定资产等各项工程不符合存货的定义，所以不能作为企业存货进行核算
在产品	指企业正在制造、尚未完工的产品，包括正在各个生产工序加工的产品和已加工完毕但尚未检验或已检验但尚未办理入库手续的产品
半成品	指经过一定生产过程并已检验合格、交付半成品仓库保管，但尚未制造完工成为产成品，仍需进一步加工的中间产品
产成品	指工业企业已经完成全部生产过程并验收入库，可以按照合同规定的条件送交订货单位，或者可以作为商品对外销售的产品。企业接受外来原材料加工制造的代制品和为外单位加工修理的代修品，制造和修理完成验收入库后应视同企业的产成品

续表

类型	概念
商品	指商品流通企业外购或委托加工完成验收入库用于销售的各种商品
周转材料	指企业能够多次使用、逐渐转移其价值但仍保持原有形态不确认为固定资产的材料，如包装物和低值易耗品

2.1.3 存货的确认条件

存货同时满足下列条件的，才能予以确认：

（1）与该存货有关的经济利益很可能流入企业；

（2）该存货的成本能够可靠地计量。

2.2 取得存货的计量

2.2.1 存货的计量原则

存货应当按照成本进行初始计量。存货成本包括采购成本、加工成本和其他成本。

2.2.2 存货的采购成本

存货的采购成本，包括购买价款、相关税费、运输费、装卸费、保险费，以及其他可归属于存货采购成本的费用，具体如表 2-2 所示。

表 2-2　存货的采购成本

成本项目	准则规定
购买价款	企业购入的材料或商品的发票账单上列明的价款，但不包括按规定可以抵扣的增值税额
相关税费	企业购买、自制或委托加工存货发生的进口关税、消费税、资源税和不能抵扣的增值税进项税额等应计入存货采购成本的税费
其他可归属于存货采购成本的费用	即采购成本中除上述各项以外的可归属于存货采购成本的费用，如在存货采购过程中发生的运输费、装卸费、保险费、仓储费、包装费、运输途中的合理损耗、入库前的挑选整理费用等

对于采购过程中发生的物资毁损、短缺等，除途中的合理损耗应当作为存货的其他可归属于存货采购成本的费用计入采购成本外，应根据不同情况分别进行会计处理，具体如表 2-3 所示。

表 2-3　存货采购过程中的物资毁损、短缺等的会计处理

短缺情形	会计处理
从供货单位、外部运输机构等收回的物资短缺或其他赔款	冲减所购物资的采购成本
因遭受意外灾害发生的损失和待查明原因的途中损耗	暂作为待处理财产损溢进行核算，查明原因后再做处理

2.2.3　存货的加工成本

企业通过进一步加工取得的存货主要包括产成品、在产品、半成品、委托加工物资等，其成本由采购成本和加工成本构成。存货加工成本由直接人工和制造费用构成。其中，直接人工是指企业在生产产品过程中直接从事产品生产的工人的职工薪酬；制造费用是指企业为生产产品和提供劳务而发生的各项间接费用，包括企业生产部门（如生产车间）管理人员的职工薪酬、折旧费、办公费、水电费、机物料消耗、劳动保护费、季节性和修理期间的停工损失等。具体如表 2-4 所示。

表 2-4　存货的加工成本的会计处理

分配项目	会计处理
存货的加工成本的确定原则	企业在加工存货过程中发生的直接人工和制造费用，如果能够直接计入有关的成本核算对象，则应直接计入该成本核算对象。否则，应按照合理方法分配计入有关成本核算对象
直接人工的分配	如果企业生产车间同时生产几种产品，则其发生的直接人工应采用合理方法分配计入各产品成本。由于工资形成的方式不同，直接人工的分配方法也不同
制造费用的分配	由于企业各生产车间或部门的生产任务、技术装备程度、管理水平和费用水准各不相同，所以，制造费用的分配一般应按生产车间或部门进行

2.2.4　存货的其他成本

企业取得存货的其他方式主要包括接受投资者投入、盘盈存货、非货币性资产交换、债务重组、企业合并等，具体如表 2-5 所示。

表 2-5　存货的其他成本

取得方式	会计处理
投资者投入	投资者投入存货的成本应当按照投资合同或协议约定的价值确定，但合同或协议约定价值不公允的除外
非货币性资产交换、债务重组、企业合并等	按照相关准则规定，该项存货的后续计量和披露应当执行存货准则的规定
盘盈存货	盘盈的存货应按其重置成本作为入账价值，并通过“待处理财产损溢”科目进行会计处理，按管理权限报经批准后冲减当期管理费用

2.2.5　不计入存货成本的相关费用

下列费用应当在发生时确认为当期损益，不计入存货成本。

（1）非正常消耗的直接材料、直接人工和制造费用。

（2）仓储费用（不包括在生产过程中为达到下一个生产阶段所必需的费用）。

（3）不能归属于使存货达到目前场所和状态的其他支出。

2.3　发出存货的计量

2.3.1　确定发出存货成本的方法

企业应当采用先进先出法、加权平均法或者个别计价法确定发出存货的实际成本。对于性质和用途相似的存货，应当采用相同的成本计算方法确定发出存货的成本。对于不能替代使用的存货、为特定项目专门购入或制造的存货以及提供的劳务，通常采用个别计价法确定发出存货的成本。具体会计处理如表 2-6 所示。

表 2-6　发出存货成本的计价方法及会计处理

计价方法	会计处理
先进先出法	以先购入的存货应先发出（销售或耗用）这样一种存货实物流动假设为前提，对发出存货进行计价

续表

计价方法	会计处理
移动加权平均法	以每次进货的成本加上原有库存存货的成本，除以每次进货数量与原有库存存货的数量之和，据以计算加权平均单位成本，以该单位成本作为在下次进货前计算各次发出存货成本的依据，相关公式如下： 存货单位成本 =（原有库存存货的实际成本 + 本次进货的实际成本）÷（原有库存存货数量 + 本次进货数量） 本次发出存货的成本 = 本次发出存货的数量 × 本次发货前的存货单位成本 本月月末库存存货成本 = 月末库存存货的数量 × 本月月末存货单位成本
月末一次加权平均法	以当月全部进货数量加上月初存货数量作为权数，除当月全部进货成本加上月初存货成本，计算出存货的加权平均单位成本，以此为基础计算当月发出存货的成本和期末存货的成本。 存货单位成本 =[月初库存存货的实际成本 + ∑（本月某批进货的实际单位成本 × 本月某批进货的数量）] ÷（月初库存存货数量 + 本月各批进货数量之和） 本月发出存货的成本 = 本月发出存货的数量 × 存货单位成本
个别计价法	把每一种存货的实际成本作为计算发出存货成本和期末存货成本的基础

2.3.2　已售存货成本的结转

对于已售存货，应当将其成本结转为当期损益，相应的存货跌价准备也应当予以结转，具体如表 2-7 所示。

表 2-7　已售存货成本的结转

存货类型	结转方式
商品、产成品	采用适当方式确定已销售商品的实际成本 借：主营业务成本 　　存货跌价准备 　　贷：库存商品
非商品，如材料	将已出售材料的实际成本予以结转，计入当期其他业务成本 借：其他业务成本 　　存货跌价准备 　　贷：原材料

对已售存货计提了存货跌价准备的，还应结转已计提的存货跌价准备，冲减当期主营业务成本或其他业务成本，实际上是按已售产成品或商品的账面价值结转主营业务成本或其他业务成本。企业按存货类别计提存货跌价准备的，也应按比例结转相应的存货跌价准备。

2.3.3　周转材料的处理

周转材料，是指企业能够多次使用、逐渐转移其价值但仍保持原有形态不确认为固定资产的材料，如包装物和低值易耗品，应当采用一次转销法或者五五摊销法进行摊销，具体如表 2-8 所示。

表 2-8　周转材料的会计处理

周转材料	会计处理
生产领用的包装物	借：生产成本 　　贷：周转材料——包装物
出借包装物	借：销售费用 　　贷：周转材料——包装物
出租包装物	借：其他业务成本 　　贷：周转材料——包装物

2.4　期末存货的计量

资产负债表日，存货应当按照成本与可变现净值孰低计量。存货成本高于其可变现净值的，应当计提存货跌价准备，计入当期损益。存货的成本低于其可变现净值的，按其成本计量，不计提存货跌价准备，但原已计提存货跌价准备的，应按已计提存货跌价准备金额的范围内转回。

2.4.1　可变现净值的定义及特征

可变现净值，是指在日常活动中，存货的估计售价减去至完工时估计将要发生的成本、估计的销售费用以及相关税费后的金额。可变现净值具有以下基本特征。

（1）确定存货可变现净值的前提是企业在进行日常活动。

（2）可变现净值特征表现为存货的预计未来净现金流量，而不是存货的售价或合同价。

（3）不同存货可变现净值的构成不同。

不同存货类型的可变现净值的确定如表 2-9 所示。

表 2-9　不同存货类型的可变现净值的确定

存货类型	可变现净值的确定
直接用于出售的存货	以存货的估计售价减去估计的销售费用和相关税费后的金额确定其可变现净值
需要经过加工的材料存货	以所生产的产成品的估计售价减去至完工时估计将要发生的成本、估计的销售费用和相关税费后的金额确定其可变现净值

续表

存货类型	可变现净值的确定
为执行销售合同或者劳务合同而持有的存货	可变现净值应当以合同价格为基础计算。企业持有存货的数量多于销售合同订购数量的，超出部分的存货的可变现净值应当以一般销售价格为基础计算

资产负债表日，同一项存货中一部分有合同价格约定、其他部分不存在合同价格的，应当分别确定其可变现净值，并与其相对应的成本进行比较，分别确定存货跌价准备的计提或转回的金额。

2.4.2　确定存货的可变现净值应考虑的因素

企业在确定存货的可变现净值时，应当以取得的确凿证据为基础，并且考虑持有存货的目的、资产负债表日后事项的影响等因素，具体如表 2-10 所示。

表 2-10　确定存货的可变现净值的注意事项

考虑因素	注意事项
确凿证据	"确凿证据"指对确定存货的可变现净值和成本有直接影响的客观证明，如市场价格等
持有存货的目的	由于企业持有存货的目的不同，确定存货可变现净值的计算方法也不同
资产负债表日后事项的影响	在确定资产负债表日存货的可变现净值时，不仅要考虑资产负债表日与该存货相关的价格与成本波动，还应考虑未来的相关事项

2.4.3　通常表明存货的可变现净值低于成本的情形

（1）存货存在下列情形之一的，表明存货的可变现净值低于成本。

① 该存货的市场价格持续下跌，并且在可预见的未来无回升的希望。

② 企业使用该项原材料生产的产品的成本大于产品的销售价格。

③ 企业因产品更新换代，原有库存原材料已不适应新产品的需要，而该原材料的市场价格又低于其账面成本。

④ 因企业所提供的商品或劳务过时或消费者偏好改变而使市场的需求发生变化，导致市场价格逐渐下跌。

⑤ 其他足以证明该项存货实质上已经发生减值的情形。

（2）存货存在下列情形之一的，表明存货的可变现净值为零。

① 已霉烂变质的存货。

② 已过期且无转让价值的存货。

③ 生产中已不再需要，并且已无使用价值和转让价值的存货。

④ 其他足以证明已无使用价值和转让价值的存货。

【例 2-1】假定A公司2×19年12月31日库存W型机器12台，成本（不含增值税）为360万元，单位成本为30万元。该批W型机器全部销售给B公司。与B公司签订的销售合同约定，2×20年1月20日，A公司应按每台30万元的价格（不含增值税）向B公司提供W型机器12台。A公司销售部门提供的资料表明，向长期客户——B公司销售的W型机器的平均运杂费等销售费用为0.12万元/台；向其他客户销售W型机器的平均运杂费等销售费用为0.1万元/台。2×19年12月31日，W型机器的市场销售价格为32万元/台。

在本例中，能够证明W型机器的可变现净值的确凿证据是A公司与B公司签订的有关W型机器的销售合同、市场销售价格资料、账簿记录和A公司销售部门提供的有关销售费用的资料等。根据该销售合同规定，库存的12台W型机器的销售价格全部由销售合同约定。

在这种情况下，W型机器的可变现净值应以销售合同约定的价格30万元/台为基础确定。据此，W型机器的可变现净值=30×12-0.12×12=360-1.44=358.56（万元），低于W型机器的成本（360万元），应按其差额1.44万元计提存货跌价准备（假定以前未对W型计提存货跌价准备）。如果W型机器的成本为350万元，则不需计提存货跌价准备。

2.4.4 存货跌价准备的计提

企业通常应当按照单个存货项目计提存货跌价准备。对于数量繁多、单价较低的存货，可以按照存货类别计提存货跌价准备。

2.4.5 存货跌价准备的转回

资产负债表日，企业应当确定存货的可变现净值。以前减记存货价值的影响因素已经消失的，减记的金额应当予以恢复，并在原已计提的存货跌价准备金额内转回，转回的金额计入当期损益。

【例 2-2】2×19年12月31日，甲公司W7型机器的账面成本为500万元，但由于W7型机器的市场价格下跌，预计可变现净值为400万元，由此计提存货跌价准备100万元。

假定：（1）2×20年6月30日，W7型机器的账面成本仍为500万元，但由于W7型机器市场价格有所上升，使得W7型机器的预计可变现净值变为475万元。

（2）2×20年12月31日，W7型机器的账面成本仍为500万元，由于W7型机器的市场价格进一步上升，预计W7型机器的可变现净值为555万元。

本例中：（1）2×20年6月30日，由于W7型机器市场价格上升，W7型机器的可变现净值有所恢复，应计提的存货跌价准备为25（500-475）万元，小于已计提的存货跌价准备（100万元），则当期应冲减已计提的存货跌价准备75（100-25）万元，所以，应转回的存货跌价准备为75万元。

会计分录为：

借：存货跌价准备　　　　　　　　　　　　　　　　750 000

　　贷：资产减值损失——存货减值损失　　　　　　　　　750 000

（2）2×20年12月31日，W7型机器的可变现净值又有所恢复，应冲减存货跌价准备55（555-500）万元，但是对W7型机器已计提的存货跌价准备的余额为25万元，因此，当期应转回的存货跌价准备为25万元，而不是55万元（即以将对W7型机器已计提的“存货跌价准备”科目余额冲减至零为限）。

会计分录为：

借：存货跌价准备　　　　　　　　　　　　　　　　250 000

　　贷：资产减值损失——存货减值损失　　　　　　　　　250 000

2.4.6　存货盘亏或毁损的会计处理

企业发生的存货毁损，应当将处置收入扣除账面价值和相关税费后的金额计入当期损益。

存货发生的盘亏或毁损，应作为待处理财产损溢进行核算。按管理权限报经批准后，根据造成存货盘亏或毁损的原因，分以下情况进行处理。

（1）属于计量收发差错和管理不善等原因造成的存货短缺，应先扣除残料价值、可以收回的保险赔偿和过失人赔偿，将净损失计入管理费用。

（2）属于自然灾害等非常原因造成的存货毁损，应先扣除处置收入（如残料价值）、可以收回的保险赔偿和过失人赔偿，将净损失计入营业外支出。

2.5　披露

企业应当在附注中披露与存货有关的下列信息。

（1）各类存货的期初和期末账面价值。

（2）确定发出存货成本所采用的方法。

（3）存货可变现净值的确定依据、存货跌价准备的计提方法、当期计提的存货跌价准备的金额、当期转回的存货跌价准备的金额，以及计提和转回的有关情况。

（4）用于担保的存货账面价值。

第 3 章 长期股权投资

3.1 长期股权投资基础

3.1.1 准则规定

长期股权投资，是指投资方对被投资单位实施控制、重大影响的权益性投资，以及对其合营企业的权益性投资。

3.1.2 准则解释

长期股权投资包括以下内容：（1）投资方能够对被投资单位实施控制的权益性投资，即对子公司投资；（2）投资方对被投资单位具有重大影响的权益性投资，即对联营企业投资；（3）投资方与其他合营方一同对被投资单位实施共同控制的权益性投资，即对合营企业投资。长期股权投资的分类如图 3-1 所示。

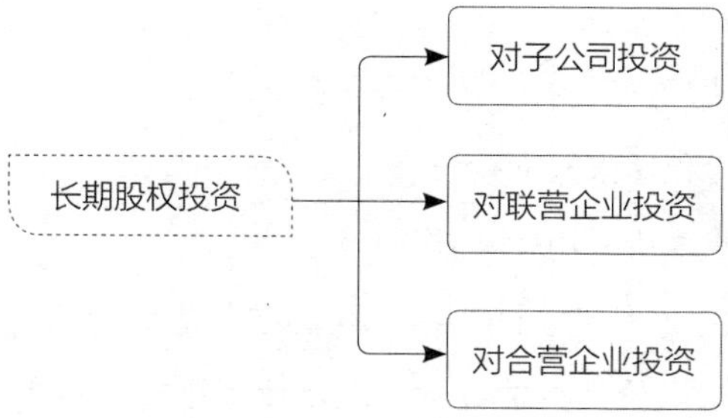

图 3-1　长期股权投资的分类

3.2　长期股权投资的初始计量

3.2.1　企业合并形成的长期股权投资

对于企业合并形成的长期股权投资，应分别针对同一控制下企业合并与非同一控制下企业合并两种情况确定长期股权投资的初始投资成本。其分类可见图 3-2。

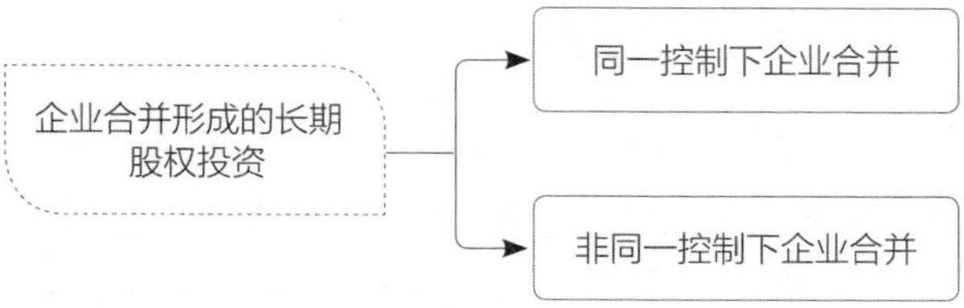

图 3-2　企业合并形成的长期股权投资的分类

（一）同一控制下的企业合并

同一控制下的企业合并，合并方以支付现金、转让非现金资产或承担债务方式作为合并对价的，应当在合并日按照被合并方所有者权益在最终控制方合并财务报表中的账面价值的份额作为长期股权投资的初始投资成本。长期股权投资初始投资成本与支付的现金、转让的非现金资产以及所承担债务账面价值之间的差额，应当调整资本公积；资本公积不足冲减的，调整留存收益。

合并方以发行权益性证券作为合并对价的，应当在合并日按照被合并方所有者权益在最终控制方合并财务报表中的账面价值的份额作为长期股权投资的初始投资成本。按照发行股份的面值总额作为股本，长期股权投资初始投资成本与所发行股份面值总额之间的差额，应当调整资本公积；资本公积不足冲减的，调整留存收益。具体会计处理如表 3-1 所示。

表 3-1　同一控制下企业合并的合并对价会计处理

合并对价	会计处理
支付现金、转让非现金资产或承担债务方式	（1）借：长期股权投资（取得被合并方所有者权益在最终控制方合并报表中的账面价值份额 + 最终控制方收购被合并方形成时的商誉） 　　贷：负债（承担债务账面价值） 　　　　资产（投出资产账面价值） 　　　　资本公积——资本溢价或股本溢价（差额可能在借方） （2）借：管理费用（审计、法律服务、评估咨询等中介费用） 　　贷：银行存款

续表

合并对价	会计处理
合并方以发行权益性证券作为合并对价	（1）借：长期股权投资（取得被合并方所有者权益在最终控制方合并报表中的账面价值份额＋最终控制方收购被合并方形成时的商誉） 贷：股本（发行股票的数量 × 每股面值） 资本公积——股本溢价（差额可能在借方） （2）借：资本公积——股本溢价（权益性证券发行费用） 贷：银行存款等

【例 3-1】2×20 年 6 月 30 日，P 公司向同一集团内 S 公司的原股东定向增发 1 500 万股普通股（每股面值为 1 元，市价为 13.02 元），取得 S 公司 100％的股权，并于当日起能够对 S 公司实施控制。合并后 S 公司仍维持其独立法人资格继续经营。两公司在企业合并前采用的会计政策相同。合并日 S 公司的账面所有者权益总额为 6 606 万元。

S 公司在合并后维持其法人资格继续经营，合并日 P 公司在其账簿及个别财务报表中应确认对 S 公司的长期股权投资，账务处理为：

借：长期股权投资　　66 060 000

　贷：股本　　15 000 000

　　资本公积——股本溢价　　51 060 000

通过多次交换交易，分步取得股权最终形成控股合并的，在个别财务报表中，应当以持股比例计算的合并日应享有被合并方账面所有者权益份额，作为该项投资的初始投资成本。初始投资成本与其长期股权投资账面价值加上合并日为取得新的股份所支付对价的公允价值之和的差额，应当调整资本公积（资本溢价或股本溢价）；资本公积不足冲减的，冲减留存收益。

（二）非同一控制下的企业合并

非同一控制下的企业合并，购买方在购买日应当按照《企业会计准则第 20 号——企业合并》的有关规定确定的合并成本作为长期股权投资的初始投资成本。合并方或购买方为企业合并发生的审计、法律服务、评估咨询等中介费用以及其他相关管理费用，应当于发生时计入当期损益。

非同一控制下的企业合并处理的基本原则是购买法。

【例 3-2】A 公司于 2×20 年 3 月 31 日取得 B 公司 70％的股权。为核实 B 公司的资产价值，A 公司聘请专业资产评估机构对 B 公司的资产进行评估，用银行存款（本章若无特殊说明，款项均以银行存款支付）支付评估费用 300 万元。合并中，A 公司支付的有关资产在购买日的账面价值与公允价值如表 3-2 所示。

表 3-2　A 公司支付的有关资产在购买日的账面价值与公允价值

单位：万元

项目	账面价值	公允价值
土地使用权（自用）	6 000	9 600
专利技术	2 400	3 000
银行存款	2 400	2 400
合计	10 800	15 000

假定合并前 A 公司与 B 公司不存在任何关联方关系，A 公司用作合并对价的土地使用权和专利技术原价为 9 600 万元，至企业合并发生时已累计摊销 1 200 万元。

分析，本例中因 A 公司与 B 公司在合并前不存在任何关联方关系，应作为非同一控制下的企业合并处理。

A 公司对于合并形成的对 B 公司的长期股权投资，应按确定的企业合并成本作为其初始投资成本。A 公司应进行如下账务处理：

借：长期股权投资　　150 000 000
　　管理费用　　3 000 000
　　累计摊销　　12 000 000
　　贷：无形资产　　96 000 000
　　　　银行存款　　27 000 000
　　　　营业外收入　　42 000 000

3.2.2　企业合并以外其他方式取得的长期股权投资

除企业合并形成的长期股权投资以外，其他方式取得的长期股权投资，应当按照下列规定确定其初始投资成本。

（1）以支付现金取得的长期股权投资，应当按照实际支付的购买价款作为初始投资成本。初始投资成本包括与取得长期股权投资直接相关的费用、税金及其他必要支出。但所支付价款中包含的被投资单位已宣告但尚未发放的现金股利或利润应作为应收项目核算，不构成取得长期股权投资的成本。

【例 3-3】甲公司于 2×20 年 2 月 10 日，自公开市场中买入乙公司 20% 的股份，实际支付价款 8 000 万元。另外，在购买过程中支付手续费等相关费用 200 万元。甲公司取得该部分股权后，能够对乙公司的生产经营决策施加重大影响。

甲公司应当按照实际支付的购买价款和相关费用作为取得长期股权投资的成本，其账务处理为：

借：长期股权投资　　82 000 000
　　贷：银行存款　　82 000 000

（2）以发行权益性证券取得的长期股权投资，应当按照发行权益性证券的公允价值作为初始投资成本。

为发行权益性证券支付给有关证券承销机构等的手续费、佣金等与权益性证券发行直接相关的费用，不构成取得长期股权投资的成本。该部分费用应自权益性证券的溢价发行收入中扣除，权益性证券的溢价收入不足冲减的，应冲减盈余公积和未分配利润。

【例3-4】2×20年3月5日，A公司通过增发9 000万股本公司普通股（每股面值1元）取得B公司20%的股权，该9 000万股股份的公允价值为15 600万元。为增发该部分股份，A公司向证券承销机构等支付了600万元的佣金和手续费。假定A公司取得该部分股权后，能够对B公司的财务和生产经营决策施加重大影响。

A公司应当以所发行股份的公允价值作为取得长期股权投资的成本，账务处理为：

借：长期股权投资　　156 000 000

　　贷：股本　　90 000 000

　　　　资本公积——股本溢价　　66 000 000

发行权益性证券过程中支付的佣金和手续费，应冲减权益性证券的溢价发行收入，账务处理为：

借：资本公积——股本溢价　　6 000 000

　　贷：银行存款　　6 000 000

（3）通过非货币性资产交换取得的长期股权投资，其初始投资成本应当按照《企业会计准则第7号——非货币性资产交换》确定。

（4）通过债务重组取得的长期股权投资，其初始投资成本应当按照《企业会计准则第12号——债务重组》确定。

非同一控制下的企业合并支付对价的会计处理如表3-3所示。

表3-3　非同一控制下的企业合并支付对价的会计处理

合并发生的费用	会计处理
初始投资成本为支付对价的公允价值	借：长期股权投资 　贷：银行存款 　　　股本 　　　资本公积——股本溢价
合并中发生的交易费用	借：管理费用 　贷：银行存款
发行股票进行合并，为发行股票支付的佣金冲减资本公积	借：资本公积——股本溢价 　贷：银行存款
企业合并发行的债券或承担其他债务支付的手续费、佣金等	借：应付债券——利息调整 　贷：银行存款

3.2.3　特殊情况的会计处理

（一）分步实现企业合并

投资方因追加投资等原因能够对非同一控制下的被投资单位实施控制的，在编制个别财务报表时，应当按照原持有的股权投资账面价值加上新增投资成本之和，作为改按成本法核算的初始投资成本。购买日之前持有的股权投资因采用权益法核算而确认的其他综合收益，应当在处置该项投资时采用与被投资单位直接处置相关资产或负债相同的基础进行会计处理。购买日之前持有的股权投资按照《企业会计准则第22号——金融工具确认和计量》的有关规定进行会计处理的，原计入其他综合收益的累计公允价值变动应当在改按成本法核算时转入当期损益。在编制合并财务报表时，应当按照《企业会计准则第33号——合并财务报表》的有关规定进行会计处理。

对于同一控制下通过多次交换交易分步取得股权最终形成控股合并的，在个别财务报表中，应当以持股比例计算的合并日应享有被合并方账面所有者权益份额，作为该项投资的初始投资成本。初始投资成本与其原长期股权投资账面价值加上合并日为取得新的股份所支付对价的现金、转让的非现金资产及所承担债务账面价值之和的差额，应调整资本公积（资本溢价或股本溢价）；资本公积不足冲减的，冲减留存收益。

【例3-5】A公司于2×19年3月以12 000万元取得B公司30%的股权，因能够对B公司施加重大影响，对所取得的长期股权投资采用权益法核算，于2×19年确认对B公司的投资收益450万元。2×20年4月，A公司又斥资15 000万元自C公司取得B公司另外30%的股权。假定A公司在取得对B公司的长期股权投资以后，B公司并未宣告发放现金股利或利润。A公司按净利润的10%提取盈余公积。A公司对该项长期股权投资未计提任何减值准备。A公司与C公司不存在任何关联方关系。

本例中，A公司通过分步购买最终达到对B公司的控制，且不存在任何关联关系，构成非同一控制下的企业合并，由权益法转换为成本法。在购买日，A公司应进行如下账务处理：

借：长期股权投资	150 000 000	
贷：银行存款		150 000 000

购买日对B公司长期股权投资的账面余额=12 000+450+15 000=27 450（万元）

另外，A公司通过追加投资，使原持有的对联营企业或合营企业的投资转变为对子公司的投资，长期股权投资的核算方法由权益法转变为成本法，对于原权益法核算的账面价值部分，会计准则及解释并未给出明确规定，当前实务界存在两种不同的会计处理思路。一种是不需要追溯调整，如上述会计处理。另一种是需要进行追溯调整，账务处理如下：

借：盈余公积（4 500 000×10%）	450 000	
利润分配——未分配利润	4 050 000	
贷：长期股权投资		4 500 000

借：长期股权投资　　　　150 000 000

　　贷：银行存款　　　　150 000 000

购买日对 B 公司长期股权投资的账面余额 =（12 000+450−450）+15 000=27 000（万元）

对比两种处理思路，关键点在于追溯调整，即对于原按照权益法核算的长期股权投资的初始投资成本调整及之后确认的投资损益等变动是否应该冲销。

（二）投资成本中包含的已宣告尚未发放现金股利或利润的处理

企业无论以何种方式取得长期股权投资，取得投资时，对于支付的对价中包含的应享有被投资单位已经宣告但尚未发放的现金股利或利润应作为应收项目单独核算，不构成取得长期股权投资的初始投资成本。

【例 3–6】甲公司于 2×20 年 2 月 10 日自公开市场中买入乙公司 20% 的股份，实际支付价款 16 000 万元。另外，在购买过程中支付手续费等相关费用 400 万元。甲公司取得该部分股权后能够对乙公司的生产经营决策施加重大影响。

甲公司应当按照实际支付的购买价款作为取得长期股权投资的成本，其账务处理为：

借：长期股权投资　　　　164 000 000

　　贷：银行存款　　　　164 000 000

假定甲公司取得该项投资时，乙公司已经宣告但尚未发放现金股利，甲公司按其持股比例计算确定可分得 60 万元。则甲公司在确认该长期股权投资时，应将包含的现金股利部分单独核算：

借：长期股权投资　　　　163 400 000

　　应收股利　　　　600 000

　　贷：银行存款　　　　164 000 000

3.3 后续计量之成本法

长期股权投资的后续计量方法有两种，即成本法和权益法，如图 3–3 所示。

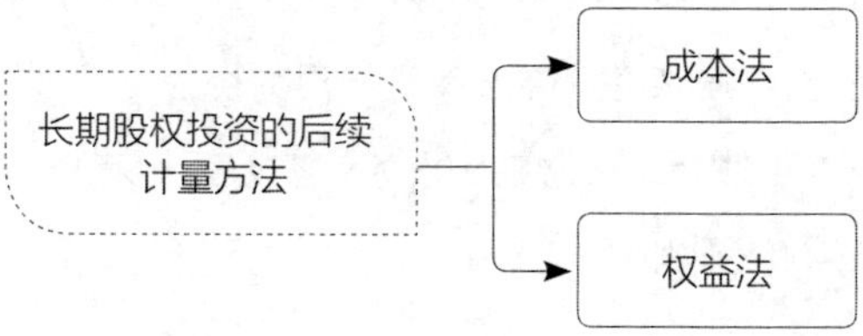

图 3–3　长期股权投资的后续计量方法

3.3.1　成本法的适用范围

投资方能够对被投资单位实施控制的长期股权投资应当采用成本法核算。成本法是指投资按成本计价的方法。

控制，是指投资方拥有对被投资方的权力，通过参与被投资方的相关活动而享有可变回报，并且有能力运用对被投资方的权力影响其回报金额。

3.3.2　成本法核算下长期股权投资账面价值的调整及投资损益的确认

采用成本法核算的长期股权投资会计处理如表 3-4 所示。

表 3-4　采用成本法核算的长期股权投资会计处理

业务	会计处理
合并发生的费用	借：长期股权投资 　　贷：银行存款
被投资单位发放现金股利	借：应收股利 　　贷：投资收益
计提减值准备	借：资产减值损失 　　贷：长期股权投资减值准备（一经计提，持有期间不得转回）

【例 3-7】2×20 年 6 月 20 日，甲公司以 1 500 万元购入乙公司 80% 的股权。甲公司取得该部分股权后，有权力主导乙公司的相关活动并获得可变回报。2×20 年 9 月乙公司宣告分派现金股利，甲公司按照其持有比例确定可分回 20 万元。

甲公司对乙公司长期股权投资应进行的账务处理如下：

借：长期股权投资　　15 000 000
　　贷：银行存款　　15 000 000
借：应收股利　　200 000
　　贷：投资收益　　200 000

3.3.3　长期股权投资减值

按照成本法核算的、在活跃市场中没有报价的、公允价值不能可靠计量的长期股权投资，其减值应当按照《企业会计准则第 22 号——金融工具确认和计量》处理；其他长期股权投资，其减值应当按照《企业会计准则第 8 号——资产减值》处理。

3.4 后续计量之权益法

3.4.1 权益法的适用范围

投资企业对被投资单位具有共同控制或重大影响的长期股权投资，采用权益法核算。

权益法是指投资以初始投资成本计量后，在投资持有期间，根据被投资单位所有者权益的变动，投资企业按应享有（或应分担）被投资企业所有者权益的份额调整其投资账面价值的方法。

3.4.2 权益法的核算

（一）初始投资成本的调整

初始投资成本小于取得时应享有被投资单位可辨认净资产公允价值份额，记入“营业外收入”科目；如果大于该份额，则不需要调整，会计处理如表3-5所示。

表3-5 初始投资成本的调整

业务	会计处理
初始投资成本的调整	借：长期股权投资——投资成本 　贷：营业外收入

【例3-8】A企业于2×20年1月取得B公司30%的股权，支付价款9 000万元。取得投资时被投资单位净资产账面价值为22 500万元（假定被投资单位各项可辨认资产、负债的公允价值与其账面价值相同）。

在B公司的生产经营决策过程中，所有股东均按持股比例行使表决权。A企业在取得B公司的股权后，派人参与了B公司的生产经营决策。因能够对B公司施加重大影响，A企业对该投资应当采用权益法核算。取得投资时，A企业应进行以下账务处理：

借：长期股权投资——投资成本　　90 000 000

　贷：银行存款　　90 000 000

长期股权投资的初始投资成本9 000万元大于取得投资时应享有被投资单位可辨认净资产公允价值的份额6 750（22 500×30%）万元，两者之间的差额不调整长期股权投资的账面价值。

如果本例中取得投资时被投资单位可辨认净资产的公允价值为36 000万元，A企业按持股比例30%计算确定应享有10 800万元，则初始投资成本与应享有被投资单位可辨认净资产公允价值份额之间的差额1 800万元应计入取得投资当期的营业外收入，账务处理如下：

借：长期股权投资——投资成本　　108 000 000

　贷：银行存款　　90 000 000

　　营业外收入　　18 000 000

（二）投资收益的确认

投资企业取得长期股权投资后，应当按照应享有或应分担的被投资单位实现的净损益的份额，确认投资损益并调整长期股权投资的账面价值。投资企业按照被投资单位宣告分派的利润或现金股利计算应分得的部分，相应减少长期股权投资的账面价值。具体调整情形如表 3-6 所示。

表 3-6　投资收益的确认处理

<table>
<tr><th>项目</th><th>情形</th><th>会计处理</th></tr>
<tr><td rowspan="5">投资损益的调整（调利润）</td><td>应当按照享有或应分担被投资单位实现净利润或发生净亏损的份额，确认为当期损益</td><td>借：长期股权投资——损益调整
　　贷：投资收益（亏损则做反向分录）</td></tr>
<tr><td rowspan="2">购买时被投资单位可辨认净资产的公允价值与账面价值不一致</td><td>存货卖出部分影响：
调整后的净利润 = 被投资单位当期实现净利润 –（投资时点存货公允价值 – 存货账面价值）</td></tr>
<tr><td>固定资产折旧影响（以年限平均法为例）：
调整后净利润 = 被投资单位当期实现净利润 –（资产公允价值 ÷ 尚可使用年限 – 资产原价 ÷ 预计使用年限）</td></tr>
<tr><td rowspan="2">未实现内部交易损益</td><td>存货未卖出部分影响：
（1）交易发生当期
调整后的净利润 = 被投资单位当期实现净利润 –（存货内部交易售价 – 存货账面价值）×（1– 当期出售比例）
（2）后续期间
调整后的净利润 = 被投资单位当期实现净利润 +（存货内部交易售价 – 存货账面价值）× 当期出售比例（上期未出售部分在本期出售）</td></tr>
<tr><td>固定资产折旧影响（以年限平均法为例）：
（1）交易发生当期
调整后的净利润 = 被投资单位当期实现净利润 –（资产售价 – 资产账面价值）+（资产售价 – 资产账面价值）÷ 预计尚可使用年限 ×（当期折旧、摊销月数 ÷ 12）
（2）后续期间
调整后的净利润 = 被投资单位当期实现净利润 +（资产售价 – 资产账面价值）÷ 预计尚可使用年限 ×（当期折旧、摊销月数 ÷ 12）</td></tr>
</table>

【例 3–9】甲公司于 2×20 年 1 月 10 日购入乙公司 30% 的股份，购买价款为 3 300 万元，并自取得投资之日起派人参与乙公司的财务和生产经营决策。取得投资当日，乙公司可辨认净资产公允价值为 9 000 万元，除表 3–7 所列项目外，乙公司其他资产、负债的公允价值与账面价值相同。

表 3–7　被投资企业净利润调整基础数据

单位：万元

项目	账面原价	已提折旧或摊销	公允价值	乙公司预计使用年限	甲公司取得投资后剩余使用年限
存货	750		1 050		
固定资产	1 800	360	2 400	20	16
无形资产	1 050	210	1 200	10	8
合计	3 600	570	4 650		

假定乙公司于 2×20 年实现净利润 900 万元，其中，在甲公司取得投资时的账面存货有 80% 对外出售。甲公司与乙公司的会计年度及采用的会计政策相同。固定资产、无形资产均按直线法提取折旧或摊销，预计净残值均为 0。假定甲、乙公司间未发生任何内部交易。

甲公司在确定其应享有的投资收益时，应在乙公司实现净利润的基础上，根据取得投资时乙公司有关资产的账面价值与其公允价值差额的影响进行调整（假定不考虑所得税影响）。

存货账面价值与公允价值的差额应调整减少的利润 =（1 050–750）×80% =240（万元）

注：从乙公司角度来看，出售存货时，乙公司应做如下账务处理。

借：主营业务成本（750×80%）　　6 000 000

　　贷：存货　　6 000 000

相对于甲公司，其对乙公司的会计处理按照购买日净资产的公允价值持续计算，即此时存货在甲公司合并财务报表上的账面价值为 1 050 万元，从甲公司合并财务报表角度来看，应做如下账务处理：

借：主营业务成本（1 050×80%）　　8 400 000

　　贷：存货　　8 400 000

由于取得投资时乙公司存货的账面价值低于其公允价值，在存货售出时，结转入营业成本的金额低于其按照公允价值计算的金额（成本少记），从而使得利润偏高，所以，甲公司在确认应享有乙公司的投资收益时，在乙公司个别报表账面净利润的基础上，应当对乙公司由于存货账面价值低于公允价值少记成本而导致利润多记的部分进行调整，即调减利润 240（1 050×80%–750×80%）万元。

此处特别需要注意的是，存货的账面价值与公允价值的差额影响成本而非收入。存货售出时的价格影响营业收入。

固定资产账面价值与公允价值的差额应调整增加的折旧额 =2 400÷16–1 800÷20=60（万元）

无形资产账面价值与公允价值的差额应调整增加的摊销额 =1 200÷8–1 050÷10=45（万元）

调整后的净利润 =900–240–60–45=555（万元）

甲公司应享有份额 =555×30% =166.50（万元）

确认投资收益的账务处理如下：

借：长期股权投资——损益调整　　1 665 000

　　贷：投资收益　　1 665 000

【例3-10】 甲企业于2×19年1月取得乙公司20%有表决权股份，能够对乙公司施加重大影响。假定甲企业取得该项投资时，乙公司各项可辨认资产、负债的公允价值与其账面价值相同。2×19年8月，乙公司将其成本为600万元的某商品以1 000万元的价格出售给甲企业，甲企业将取得的商品作为存货。至2×19年资产负债表日，甲企业仍未对外出售该存货。乙公司2×19年实现净利润3 200万元。假定不考虑所得税因素。

该项交易产生未实现内部交易利润400（1 000-600）万元，甲企业在按照权益法确认应享有乙公司2×19年净损益时，应进行以下账务处理：

借：长期股权投资——损益调整［（32 000 000-4 000 000）×20%］　　5 600 000

　　贷：投资收益　　5 600 000

进行上述处理后，投资企业有子公司，需要编制合并财务报表的，在合并财务报表中，因该未实现内部交易损益体现在投资企业持有存货的账面价值当中，应在合并财务报表中进行以下调整：

借：长期股权投资——损益调整（4 000 000×20%）　　800 000

　　贷：存货　　800 000

假定在2×20年，甲企业将该商品以1 000万元的价格向外部独立第三方出售，因该部分内部交易损益已经实现，甲企业在确认应享有乙公司2×20年净损益时，应考虑将原未确认的该部分内部交易损益计入投资损益，即应在考虑其他因素计算确定的投资损益基础上调整增加80万元。

【例3-11】 甲企业持有乙公司20%有表决权股份，能够对乙公司的财务和生产经营决策施加重大影响。2×20年，甲企业将其账面价值为600万元的商品以1 000万元的价格出售给乙公司。至2×20年资产负债表日，该商品尚未对外部第三方出售。假定甲企业取得该项投资时，乙公司各项可辨认资产、负债的公允价值与其账面价值相同，两者在以前期间未发生过内部交易。乙公司2×20年净利润为2 000万元。假定不考虑所得税因素。

甲企业在该项交易中实现利润400（1 000-600）万元，其中的80（400×20%）万元是针对本企业持有的对联营企业的权益份额，在采用权益法计算确认投资损益时应予抵销，即甲企业应当进行的账务处理为：

借：长期股权投资——损益调整［（2 000万元 - 400万元）×20%］　　3 200 000

　　贷：投资收益　　3 200 000

甲企业如需编制合并财务报表，在合并财务报表中对该未实现内部交易损益应在个别报表已确认投资损益的基础上进行以下调整：

借：主营业务收入（1 000万元 ×20%）　　2 000 000

贷：主营业务成本（600万元×20%） 1 200 000

投资收益 800 000

注：该笔会计分录是甲公司在乙公司个别报表基础上编制合并报表时的调整分录，不在会计账簿中记录。

（三）超额亏损的确认

投资企业确认被投资单位发生的净亏损，原则上应当以长期股权投资的账面价值以及其他实质上构成对被投资单位净投资的长期权益减记至零为限，投资企业负有承担额外损失义务的除外。被投资单位以后实现净利润的，投资企业在其收益分享额弥补未确认的亏损分担额后，恢复确认收益分享额。首先冲减长期股权投资，其次是长期应收款，再次是预计负债，最后是备查账簿。如果实现了盈利就原路返回。超额亏损的冲减路径如图3-4所示。

图3-4 超额亏损的冲减路径

【例3-12】甲企业持有乙企业40%的股权，能够对乙企业施加重大影响。2×20年12月31日，该项长期股权投资的账面价值为6 000万元。乙企业2×21年由于一项主营业务市场条件发生变化，当年度亏损9 000万元。假定甲企业在取得该投资时，乙企业各项可辨认资产、负债的公允价值与其账面价值相等，双方所采用的会计政策及会计期间也相同。则甲企业当年度应确认的投资损失为3 600万元。确认上述投资损失后，长期股权投资的账面价值变为2 400万元。

如果乙企业当年度的亏损额为18 000万元，则甲企业按其持股比例确认应分担的损失为7 200万元，但长期股权投资的账面价值仅为6 000万元，如果没有其他实质上构成对被投资单位净投资的长期权益项目，则甲企业应确认的投资损失仅为6 000万元，超额损失在账外进行备查登记。在确认了6 000万元的投资损失，长期股权投资的账面价值减记至零以后，如果甲企业账上仍有应收乙企业的长期应收款2 400万元，该款项从目前情况看，没有明确的清偿计划（并非产生于商品购销等日常活动），则在长期应收款的账面价值大于1 200万元的情况下，应以长期应收款的账面价值为限进一步确认投资损失1 200万元。甲企业应进行的账务处理为：

借：投资收益 60 000 000

贷：长期股权投资——损益调整 60 000 000

借：投资收益 12 000 000

贷：长期应收款 12 000 000

（四）其他综合收益的处理

在权益法核算下，被投资单位确认的其他综合收益及其变动，也会影响被投资单位所有者权益总额，进而影响投资企业应享有被投资单位所有者权益的份额。会计处理如表3-8所示。

表 3-8　其他综合收益的会计处理

业务	会计处理
其他综合收益	借：长期股权投资——其他综合收益 　　贷：其他综合收益

【例 3-13】A 企业持有 B 企业 30% 的股份，能够对 B 企业施加重大影响。当期 B 企业因持有的以公允价值计量且其变动计入其他综合收益的金融资产的公允价值的变动计入其他综合收益的金额为 1 200 万元，除该事项外，B 企业当期实现的净损益为 6 400 万元。假定 A 企业与 B 企业适用的会计政策、会计期间相同，投资时 B 企业有关资产、负债的公允价值与其账面价值亦相同，双方当期及以前期间未发生任何内部交易。

A 企业在确认应享有被投资单位所有者权益的变动时，应进行的账务处理为：

借：长期股权投资——损益调整　　19 200 000

　　　　　　　　——其他综合收益　　3 600 000

　贷：投资收益　　19 200 000

　　　其他综合收益　　3 600 000

（五）被投资单位所有者权益其他变动的处理

投资方对于被投资单位除净损益、其他综合收益和利润分配以外所有者权益的其他变动，应当按照持股比例与被投资单位所有者权益的其他变动计算的归属于本企业的部分，相应调整长期股权投资的账面价值并增加或减少其他资本公积。被投资单位除净损益、其他综合收益和利润分配以外的所有者权益的其他变动主要包括：被投资单位接受其他股东的资本性投入、被投资单位发行可分离交易的可转换公司债券中包含的权益成分、以权益结算的股份支付等，具体可见表 3-9。

表 3-9　被投资单位所有者权益其他变动的会计处理

业务	会计处理
被投资单位所有者权益其他变动	借：长期股权投资——其他权益变动 　　贷：资本公积——其他资本公积

【例 3-14】A 企业持有 B 企业 30% 的股份，能够对 B 企业施加重大影响。B 企业为上市公司，当期 B 企业的母公司捐赠给 B 公司 1 000 万元，该捐赠实质上属于资本性投资，B 公司将其计入资本公积（股本溢价）。

A 企业在确认应享有被投资单位所有者权益的变动时，应进行的账务处理为：

借：长期股权投资——其他权益变动　　3 000 000

　贷：资本公积——其他资本公积　　3 000 000

（六）取得现金股利或利润的处理

按照权益法核算的长期股权投资，投资企业自被投资单位取得的现金股利或利润，应抵减长期股权投资的账面价值。自被投资单位取得的现金股利或利润超过已确认损益调整的部分应视同投资成本的收回，冲减长期股权投资的账面价值，会计处理可见表 3-10。

表 3-10 取得现金股利或利润的处理

业务	会计处理
取得现金股利或利润	借：应收股利 贷：长期股权投资——损益调整

3.5 长期股权投资核算方法的转换及处置

3.5.1 长期股权投资核算方法的转换

（一）权益法转公允价值计量

权益法转公允价值计量，具体如表 3-11 所示。

表 3-11 权益法转公允价值计量的会计处理

转换步骤	会计处理
处置部分	借：银行存款 贷：长期股权投资 投资收益（差额，可能在借方）
将原权益法核算时确认的全部其他综合收益转入投资收益或留存收益	借：其他综合收益 贷：投资收益（可转损益部分） 盈余公积（不可转损益部分） 利润分配——未分配利润（不可转损益部分） （或做相反分录）
原权益法核算时确认的全部“资本公积——其他资本公积”转入投资收益	借：资本公积——其他资本公积 贷：投资收益 （或做相反分录）
剩余股权投资转为交易性金融资产等	借：交易性金融资产等（剩余投资转换日的公允价值） 贷：长期股权投资（剩余投资账面价值） 投资收益（差额，可能在借方）

【例 3-15】甲公司持有乙公司30%有表决权的股份，因能够对乙公司的生产经营决策施加重大影响，甲公司对该项投资采用权益法核算。2×20年10月，甲公司将该项投资中的50%对外出售，取得价款1 800万元。相关手续当日完成。出售时，该项长期股权投资的账面价值为3 200万元，其中投资成本2 600万元，损益调整为300万元，其他综合收益为200万元（性质为被投资单位的以公允价值计量且其变动计入其他综合收益的金融资产的累积公允价值变动），除净损益、其他综合收益和利润分配外的其他所有者权益变动为100万元。剩余股权的公允价值为1 800万元。不考虑相关税费等其他因素影响。甲公司应进行以下账务处理：

（1）确认有关股权投资的处置损益。

借：银行存款　　18 000 000
　　贷：长期股权投资（3 200万元 ×50%）　　16 000 000
　　　　投资收益　　2 000 000

（2）由于终止采用权益法核算，将原确认的相关其他综合收益全部转入投资收益。

借：其他综合收益　　2 000 000
　　贷：投资收益　　2 000 000

（3）由于终止权益法核算，将原计入资本公积的其他所有者权益变动全部转入投资收益。

借：资本公积——其他资本公积　　1 000 000
　　贷：投资收益　　1 000 000

（4）剩余股权投资转为交易性金融资产，当天公允价值为1 800万元，账面价值为1 600万元，两者差异应计入当期投资收益。

借：交易性金融资产　　18 000 000
　　贷：长期股权投资　　16 000 000
　　　　投资收益　　2 000 000

（二）成本法转公允价值计量

成本法转公允价值计量，具体如表3-12所示。

表 3-12　成本法转公允价值计量的会计处理

转换步骤	会计处理
确认有关股权投资的处置损益	借：银行存款 　　贷：长期股权投资（出售部分的账面价值） 　　　　投资收益（差额，可能在借方）
剩余股权投资转为以公允价值计量且其变动计入当期损益的金融资产或以公允价值计量且其变动计入其他综合收益的金融资产的非交易性权益投资工具	借：交易性金融资产或其他权益投资工具（剩余投资转换日公允价值） 　　贷：长期股权投资（剩余投资账面价值） 　　　　投资收益（差额，可能在借方）

续表

转换步骤	会计处理
合并财务报表	（1）合并报表中确认的投资收益 = 处置股权取得的对价与剩余股权公允价值之和 – 按原持股比例与剩余股权公允价值之和 – 按原持股比例计算应享有原有子公司自购买日开始持续计算的净资产份额 – 商誉 + 与原有子公司股权投资相关的其他综合收益（可转损益的部分）或其他权益变动。 （2）合并报表调整分录。 ① 讲个别报表中剩余股权投资的账面价值在合并报表中调整到丧失控制当日的公允价值。 借：长期股权投资 　　贷：投资收益 ② 对个别报表中确认的投资收益的归属期间进行调整。 借：投资收益 　　贷：盈余公积 　　　　未分配利润 　　　　其他综合收益 　　　　资本公积——其他资本公积 ③ 将其他综合收益（可转损益部分）、其他所有者权益变动转入投资收益。 借：其他综合收益 　　资本公积——其他资本公积 　　贷：投资收益 同时，将其他综合收益（可转留存收益部分）转入留存收益。 借：其他综合收益 　　贷：盈余公积 　　　　未分配利润

【例 3–16】甲公司持有乙公司 60% 股权并能控制乙公司，投资成本为 1 200 万元，按成本法核算。20×8 年 5 月 12 日，甲公司出售所持乙公司股权的 90% 给非关联方，所得价款为 1 800 万元，剩余 6% 股权于丧失控制权日的公允价值为 200 万元，甲公司将其分类为以公允价值计量且其变动计入当期损益的金融资产。假定不考虑其他因素，甲公司于丧失控制权日的会计处理如下。

（1）出售股权：

借：银行存款　　18 000 000

　　贷：长期股权投资　　10 800 000

　　　　投资收益　　7 200 000

（2）剩余股权的处理：

借：交易性金融资产　　2 000 000

　　贷：长期股权投资　　1 200 000

　　　　投资收益　　800 000

【例 3-17】甲公司于20×5年2月取得乙公司10%股权，对乙公司不具有控制、共同控制和重大影响，甲公司将其分类为以公允价值计量且其变动计入其他综合收益的非交易性权益工具投资的金融资产，投资成本为900万元。20×6年3月1日，甲公司对乙公司投资原10%股权的公允价值为1 300万元，原计入其他综合收益的累计公允价值变动收益为400万元。

借：其他权益工具投资——成本	9 000 000	
贷：银行存款		9 000 000
借：其他权益工具投资——公允价值变动	4 000 000	
贷：其他综合收益		4 000 000

（三）公允价值转权益法核算

追加投资日长期股权投资的初始投资成本 = 转换日原投资公允价值 + 新增投资成本

原持有的股权投资分类为其他权益工具投资的，其公允价值与账面价值之间的差额，以及原计入其他综合收益的累计公允价值变动应计入留存收益。

【例 3-18】20×6年3月1日，甲公司又以1 800万元取得乙公司12%的股权，当日乙公司可辨认净资产公允价值总额为12 000万元。取得该部分股权后，按照乙公司章程规定，甲公司能够派人参与乙公司的财务和生产经营决策，对该项长期股权投资转为采用权益法核算。假定甲公司在取得对乙公司10%的股权后，双方未发生任何内部交易，未派发现金股利或利润。除所实现净利润外，未发生其他所有者权益变动事项。

分析：本例中，20×6年3月1日，甲公司对乙公司投资原10%股权的公允价值为1 300万元，因追加投资改按权益法核算，原计入其他综合收益的累计公允价值变动收益400万元转入留存收益。

甲公司对乙公司股权增持后，持股比例改为22%，初始投资成本为3 100万元（1 300 + 1 800），应享有乙公司可辨认净资产公允价值份额为2 640万元（12 000×22%），前者大于后者460万元，不调整长期股权投资的账面价值。

甲公司对上述交易的会计处理如下：

借：长期股权投资——投资成本	31 000 000	
贷：银行存款		18 000 000
其他权益工具投资——成本		9 000 000
——公允价值变动		4 000 000
借：其他综合收益	4 000 000	
贷：盈余公积		400 000（4 000 000×10%）
利润分配——未分配利润		3 600 000（4 000 000×90%）

（四）公允价值计量或权益法转为成本法核算

公允价值计量或权益法转为成本法核算，具体如表 3-13 所示。

表 3-13　公允价值计量或权益法转为成本法核算的会计处理

报表	会计处理
个别报表	（1）原投资采用权益法核算 追加投资日长期股权投资的初始投资成本 = 转换日原投资账面价值 + 新增投资成本 （2）原投资按公允价值计量 追加投资日长期股权投资的初始投资成本 = 转换日原投资公允价值 + 新增投资成本
合并报表	按多次交易分步实现非同一控制下的企业合并的相关处理

（五）成本法转权益法

因处置投资导致对被投资单位的影响能力下降，由控制转为具有重大影响或是与其他投资方一起实施共同控制（对合营企业投资）的，投资企业应当区分个别财务报表和合并财务报表进行相关会计处理（见表 3-14）。

表 3-14　成本法转权益法的会计处理

报表	会计处理
个别财务报表	（1）处置部分的会计处理 在投资企业的个别财务报表中，首先应按处置投资的比例结转应终止确认的长期股权投资成本 借：银行存款 贷：长期股权投资 投资收益 （2）剩余部分的会计处理 在终止确认处置部分的基础上，比较剩余的长期股权投资成本与按照剩余持股比例计算原投资时应享有被投资单位可辨认净资产公允价值的份额，前者大于后者的，属于投资作价中体现的商誉部分，不调整长期股权投资的账面价值；前者小于后者的，在调整长期股权投资成本的同时，应调整留存收益
合并财务报表	（1）在合并财务报表中，对于剩余股权，应当按照其在丧失控制权日的公允价值进行重新计量 借：长期股权投资（丧失控制权日的公允价值） 贷：长期股权投资（个别财务报表账面价值） 投资收益（差额，或借方） （2）处置股权取得的对价与剩余股权公允价值之和，减去按原持股比例计算应享有原子公司自购买日开始按公允价值持续计算的净资产（含总商誉）的份额之间的差额，计入丧失控制权当期的投资收益 与原有子公司的股权投资相关的其他综合收益，采用与被投资单位直接处置相关资产或负债相同的基础进行会计处理（即：应当在丧失控制权时转入留存收益或当期损益） 与原有子公司的股权投资相关的其他所有者权益变动，应当在丧失控制权时转入当期损益

【例3–19】 20×7年1月1日，甲公司支付600万元取得乙公司100%的股权，投资当时乙公司可辨认净资产的公允价值为500万元，商誉100万元。20×7年1月1日至20×8年12月31日，乙公司的净资产增加了75万元，其中按购买日公允价值计算实现的净利润50万元，持有的非交易性权益工具投资以公允价值计量且其变动计入其他综合收益的金融资产的公允价值升值25万元。

20×9年1月8日，甲公司转让乙公司60%的股权，收取现金480万元存入银行，转让后甲公司对乙公司的持股比例为40%，能够对其施加重大影响。20×9年1月8日，即甲公司丧失对乙公司的控制权日，乙公司剩余40%股权的公允价值为320万元。假定甲、乙公司提取盈余公积的比例均为10%。假定乙公司未分配现金股利，并不考虑其他因素。甲公司在其个别和合并财务报表中的处理分别如下。

（1）甲公司个别财务报表的处理

①确认部分股权处置收益

借：银行存款　　4 800 000

　贷：长期股权投资　　3 600 000（6 000 000×60%）

　　投资收益　　1 200 000

②对剩余股权改按权益法核算

借：长期股权投资——损益调整　　200 000

　　——其他综合收益　　100 000

　贷：盈余公积　　20 000（500 000×40%×10%）

　　利润分配——未分配利润　　180 000（500 000×40%×90%）

　　其他综合收益　　100 000（250 000×40%）

借：长期股权投资——投资成本　　2 400 000

　贷：长期股权投资　　2 400 000

经上述调整后，在个别财务报表中，剩余股权的账面价值为270万元（600×40%+30）。

（2）甲公司合并财务报表的处理

合并财务报表中应确认的投资收益＝（480+320）－净资产[（500+75）+100]×100%+0=125（万元）；

或＝（480+320）－可辨认净资产（500+75）×100%-归属于甲公司的商誉100×100%+0=125（万元）。

由于个别财务报表中已经确认了120万元的投资收益，在合并财务报表中作如下调整：

①对剩余股权按丧失控制权日的公允价值重新计量的调整

借：长期股权投资　　3 200 000

　贷：长期股权投资　　2 700 000（6 750 000×40%）

投资收益　　500 000

② 对个别财务报表中的部分处置收益的归属期间进行调整

借：投资收益　　450 000（750 000×60%）

　　贷：盈余公积　　30 000（500 000×60%×10%）

　　　　未分配利润　　270 000（500 000×60%×90%）

　　　　其他综合收益　　150 000（250 000×60%）

3.5.2 长期股权投资的处置

企业处置长期股权投资时，应相应结转与所售股权相对应的长期股权投资的账面价值，出售所得价款与处置长期股权投资账面价值之间的差额，应确认为处置损益。

投资方全部处置权益法核算的长期股权投资时，原权益法核算的相关其他综合收益应当在终止采用权益法核算时采用与被投资单位直接处置相关资产或负债相同的基础进行会计处理，因被投资方除净损益、其他综合收益和利润分配以外的其他所有者权益变动而确认的所有者权益，应当在终止采用权益法核算时全部转入当期投资收益。投资方部分处置权益法核算的长期股权投资，剩余股权仍采用权益法核算的，原权益法核算的相关其他综合收益应当采用与被投资单位直接处置相关资产或负债相同的基础处理并按比例结转，因被投资方除净损益、其他综合收益和利润分配以外的其他综合收益和利润分配以外的其他所有者权益变动而确认的所有者权益，应当按比例结转入当期投资收益。

【例 3-20】A 企业原持有 B 企业 40% 的股权，2×20 年 12 月 20 日，A 企业决定出售 10% 的 B 企业股权，出售时 A 企业账面上对 B 企业长期股权投资的构成为：投资成本 1 800 万元，损益调整 480 万元，其他权益变动 300 万元。出售取得价款 705 万元。

（1）A 企业确认处置损益的账务处理为：

借：银行存款　　7 050 000

　　贷：长期股权投资［（1 800+480+300）÷40%×10%］　　6 450 000

　　　　投资收益　　600 000

（2）除应将实际取得价款与出售长期股权投资的账面价值进行结转，确认出售损益以外，还应将原计入资本公积的部分按比例转入当期损益。

借：资本公积——其他资本公积（300÷40%×10%）　　750 000

　　贷：投资收益　　750 000

3.6　披露

3.6.1　准则规定

《企业会计准则第 2 号——长期股权投资》第四条规定，长期股权投资的披露，适用《企业会计准则第 41 号——在其他主体中权益的披露》。

3.6.2　准则解释

投资企业应当在附注中披露与长期股权投资有关的下列信息。

（1）子公司、合营企业和联营企业清单，包括企业名称、注册地、业务性质、投资企业的持股比例和表决权比例。

（2）合营企业和联营企业当期的主要财务信息，包括资产、负债、收入、费用等合计金额。

（3）被投资单位向投资企业转移资金的能力受到严格限制的情况。

（4）当期及累计未确认的投资损失金额。

（5）与对子公司、合营企业及联营企业投资相关的或有负债。

《企业会计准则第 2 号——长期股权投资》应用指南规定：存在下列情况之一的，可以按照被投资单位的账面净损益与持股比例计算确认投资损益，但应当在附注中说明这一事实及其原因。

（1）无法可靠确定投资时被投资单位各项可辨认资产等的公允价值。

（2）投资时被投资单位可辨认资产等的公允价值与其账面价值之间的差额较小。

（3）其他原因导致无法对被投资单位净损益进行调整。

第 4 章 投资性房地产

4.1 投资性房地产的确认

4.1.1 投资性房地产的定义及范围

投资性房地产是指为赚取租金或资本增值，或者两者兼有而持有的房地产，具体如表 4-1 所示。

表 4-1 投资性房地产的范围

范围	注意问题
已出租的土地使用权	企业计划用于出租但尚未出租的土地使用权，不属于此类
持有并准备增值后转让的土地使用权	属于投资性房地产
已出租的建筑物	（1）指企业拥有产权并以经营租赁方式出租的建筑物 （2）以经营租赁方式租入的建筑物不属于投资性房地产 （3）对企业持有以备经营出租的空置建筑物或在建建筑物，只要企业管理当局（董事会或类似机构）作出正式书面决议，明确表明将其用于经营出租且持有意图短期内不再发生变化的，即使尚未签订租赁协议，也应视为投资性房地产

4.1.2 确认投资性房地产的条件

投资性房地产同时满足下列条件的，才能予以确认。

（1）与该投资性房地产有关的经济利益很可能流入企业。

（2）该投资性房地产的成本能够可靠地计量。

4.2　投资性房地产的计量

4.2.1　初始计量

（一）初始计量基本准则

投资性房地产应当按照成本进行初始计量。

（1）外购投资性房地产的成本，包括购买价款、相关税费和可直接归属于该资产的其他支出。

（2）自行建造投资性房地产的成本，由建造该项资产达到预定可使用状态前所发生的必要支出构成。

（3）以其他方式取得的投资性房地产的成本，按照相关会计准则的规定确定。

（二）初始计量规则的具体应用

1. 外购投资性房地产的初始计量

在采用成本模式计量下，外购的土地使用权和建筑物，按照取得时的实际成本进行初始计量，取得时的实际成本包括购买价款、相关税费和可直接归属于该资产的其他支出，具体如表 4-2 所示。

表 4-2　外购投资性房地产的初始计量

计量模式	会计处理
成本模式	借：投资性房地产 　　贷：银行存款等
公允价值模式	借：投资性房地产——成本 　　贷：银行存款等

【例 4-1】2×20 年 3 月，甲企业计划购入一栋写字楼用于对外出租。3 月 15 日，甲企业与乙企业签订了经营租赁合同，约定自写字楼购买日起将这栋写字楼出租给乙企业，为期 5 年。4 月 5 日，甲企业实际购入写字楼，支付价款共计 1 200 万元（假设不考虑其他因素，甲企业采用成本模式进行后续计量）。

甲企业的账务处理如下：

借：投资性房地产——写字楼　　　　12 000 000

　　贷：银行存款等　　　　12 000 000

【例 4-2】沿用【例 4-1】，假设甲企业拥有的投资性房地产符合采用公允价值模式计量的条件，采用公允价值模式进行后续计量。

甲企业的账务处理如下：

借：投资性房地产——成本（写字楼）　　12 000 000

　　贷：银行存款等　　12 000 000

2. 自行建造投资性房地产的初始计量

自行建造投资性房地产，其成本由建造该项资产达到预定可使用状态前发生的必要支出构成，包括土地开发费、建筑成本、安装成本、应予以资本化的借款费用、支付的其他费用和分摊的间接费用等。建造过程中发生的非正常性损失，直接计入当期损益，不计入建造成本。具体会计处理如表 4-3 所示。

表 4–3　自行建造投资性房地产的初始计量

计量模式	会计处理
成本模式	借：投资性房地产 　　贷：在建工程（或开发成本）
公允价值模式	借：投资性房地产——成本 　　贷：在建工程（或开发成本）

采用成本模式计量的，应按照确定的成本，借记“投资性房地产”科目，贷记“在建工程”或“开发成本”科目。采用公允价值模式计量的，应按照确定的成本，借记“投资性房地产——成本”科目，贷记“在建工程”或“开发成本”科目。

【例 4–3】2×20 年 1 月，甲企业从其他单位购入一块土地的使用权，并在这块土地上开始自行建造三栋厂房。2×20 年 10 月，甲企业预计厂房即将完工，与乙公司签订了经营租赁合同，将其中的一栋厂房租赁给乙公司使用。租赁合同约定，该厂房于完工（达到预定可使用状态）时开始起租。2×20 年 11 月 1 日，三栋厂房同时完工（达到预定可使用状态）。该块土地使用权的成本为 600 万元；三栋厂房的实际造价均为 1 000 万元，能够单独出售。假设甲企业采用成本模式计量。

甲企业的账务处理如下：

土地使用权中的对应部分同时转换为投资性房地产 =[600×（1 000÷3 000）]=200（万元）

借：投资性房地产——厂房　　10 000 000

　　贷：在建工程　　10 000 000

借：投资性房地产——土地使用权　　2 000 000

　　贷：无形资产——土地使用权　　2 000 000

4.2.2　后续支出计量

与投资性房地产有关的后续支出，满足《企业会计准则第 3 号——投资性房地产》第六条规定（资本化）的确认条件的，应当计入投资性房地产成本；不满足本准则第六条规定的确认条件的，应当在发生时计入当期损益。具体会计处理如表 4-4 所示。

表 4-4　后续支出计量的会计处理

后续支出计量	会计处理
资本化后续支出	（1）成本模式 借：投资性房地产——在建 　　投资性房地产累计折旧 　　投资性房地产减值准备 　　贷：投资性房地产 （2）公允价值模式 借：投资性房地产——在建 　　　　　　　　——公允价值变动（或贷方） 　　贷：投资性房地产——成本
费用化后续支出	借：其他业务成本 　　贷：银行存款等

【例 4-4】2×20 年 3 月，甲企业与乙企业的一项厂房经营租赁合同即将到期。该厂房按照成本模式进行后续计量，原价为 2 000 万元，已计提折旧 600 万元。为了提高厂房的租金收入，甲企业决定在租赁期满后对厂房进行改扩建，并与丙企业签订了经营租赁合同，约定自改扩建完工时将厂房出租给丙企业。3 月 15 日，与乙企业的租赁合同到期，厂房随即进入改扩建工程。12 月 10 日，厂房改扩建工程完工，共发生支出 150 万元，即日按照租赁合同出租给丙企业。假设甲企业采用成本模式计量。

本例中，改扩建支出属于资本化的后续支出，应当计入投资性房地产的成本。

甲企业的账务处理如下：

（1）2×20 年 3 月 15 日，投资性房地产转入改扩建工程：

借：投资性房地产——厂房（在建）	14 000 000	
投资性房地产累计折旧	6 000 000	
贷：投资性房地产——厂房		20 000 000

（2）2×20 年 3 月 15 日—12 月 10 日：

借：投资性房地产——厂房（在建）	1 500 000	
贷：银行存款等		1 500 000

（3）2×20 年 12 月 10 日，改扩建工程完工：

借：投资性房地产——厂房	15 500 000	
贷：投资性房地产——厂房（在建）		15 500 000

【例 4-5】2×20 年 3 月，甲企业与乙企业的一项厂房经营租赁合同到期，甲企业准备对厂房于到期后进行改扩建，并与丙企业签订了经营租赁合同，约定自改扩建完工时将厂房出租给丙企业。3 月 15 日，与乙企业的租赁合同到期，厂房随即进入改扩建工程。11 月 10 日，厂房改扩建工程完工，共发生支出 150 万元，即日起按照租赁合同出租给丙企业。3 月 15 日，厂房账面余

额为1 200万元，其中成本1 000万元，累计公允价值变动200万元。假设甲企业采用公允价值模式计量。

甲企业的账务处理如下：

（1）2×20年3月15日，投资性房地产转入改扩建工程：

借：投资性房地产——厂房（在建）　　12 000 000

　　贷：投资性房地产——成本　　10 000 000

　　　　　　　　　　——公允价值变动　　2 000 000

（2）2×20年3月15日—11月10日：

借：投资性房地产——厂房（在建）　　1 500 000

　　贷：银行存款等　　1 500 000

（3）2×20年11月10日，改扩建工程完工：

借：投资性房地产——成本　　13 500 000

　　贷：投资性房地产——厂房（在建）　　13 500 000

【例4-6】甲企业对其某项投资性房地产进行日常维修，发生维修支出1.5万元。本例中，日常维修支出属于费用化的后续支出，应当计入当期损益。

甲企业的账务处理如下：

借：其他业务成本　　15 000

　　贷：银行存款等　　15 000

4.2.3 后续计量

（一）成本模式和公允价值模式

投资性房地产的后续计量模式有成本模式和公允价值模式两种，具体如表4-5所示。

表4-5　投资性房地产的后续计量模式的会计处理

后续计量模式	会计处理
成本模式	（1）计提折旧或摊销 借：其他业务成本 　　贷：投资性房地产累计折旧（摊销） （2）计提减值准备 借：资产减值损失 　　贷：投资性房地产减值准备 （3）取得租金收入 借：银行存款等 　　贷：其他业务收入 　　　　应交税费——应交增值税（销项税额）

续表

后续计量模式	会计处理
公允价值模式	（1）公允价值上升 借：投资性房地产——公允价值变动 　　贷：公允价值变动损益 　　　（公允价值下降时做相反分录） （2）取得租金收入 借：银行存款等 　　贷：其他业务收入 　　　　应交税费——应交增值税（销项税额）

【例 4–7】甲企业的一栋办公楼出租给乙企业使用，已确认为投资性房地产，采用成本模式进行后续计量。假设这栋办公楼的成本为 1 800 万元，按照直线法计提折旧，使用寿命为 20 年，预计净残值为零。按照经营租赁合同约定，乙企业每月支付甲企业租金 8 万元。当年 12 月，这栋办公楼发生减值迹象，经减值测试，其可收回金额为 1 200 万元，此时办公楼的账面价值为 1 500 万元，以前未计提减值准备。不考虑增值税的影响。

甲企业的账务处理如下：

（1）每月计提折旧：

每月计提的折旧 =1 800÷20÷12=7.5（万元）

借：其他业务成本　　75 000

　　贷：投资性房地产累计折旧　　75 000

（2）每月确认租金收入：

借：银行存款（或其他应收款）　　80 000

　　贷：其他业务收入　　80 000

（3）计提减值准备：

借：资产减值损失　　3 000 000

　　贷：投资性房地产减值准备　　3 000 000

【例 4–8】甲公司为从事房地产经营开发的企业。2×20 年 8 月，甲公司与乙公司签订租赁协议，约定将甲公司开发的一栋精装修的写字楼于开发完成的同时租赁给乙公司使用，租赁期为 10 年。当年 10 月 1 日，该写字楼开发完成并开始起租，写字楼的造价为 9 000 万元。2×20 年 12 月 31 日，该写字楼的公允价值为 9 200 万元。假设甲公司采用公允价值模式计量。

甲企业的账务处理如下：

（1）2×20 年 10 月 1 日，甲公司开发完成写字楼并出租：

借：投资性房地产——成本　　90 000 000

　　贷：开发成本　　90 000 000

（2）2×20年12月31日，按照公允价值为基础调整其账面价值；公允价值与原账面价值之间的差额计入当期损益：

借：投资性房地产——公允价值变动　　2 000 000

　　贷：公允价值变动损益　　2 000 000

（二）后续计量模式的变更

1. 后续计量模式变更的基本准则

企业对投资性房地产的计量模式一经确定，不得随意变更。成本模式转为公允价值模式的，应当作为会计政策变更。已采用公允价值模式计量的投资性房地产，不得从公允价值模式转为成本模式。

2. 后续计量模式变更的会计处理

会计处理如表4-6所示。

表4-6　后续计量模式变更的会计处理

业务描述	会计处理
后续计量模式变更	借：投资性房地产（变更日公允价值） 　　投资性房地产累计折旧（原投资性房地产已计提的折旧） 　　投资性房地产减值准备 　　贷：投资性房地产（原价） 　　　　利润分配——未分配利润 　　　　盈余公积

【例4-9】2×19年，甲企业将一栋写字楼对外出租，采用成本模式进行后续计量。2×20年2月1日，假设甲企业持有的投资性房地产满足采用公允价值模式计量的条件，甲企业决定采用公允价值模式对该写字楼进行后续计量。2×20年2月1日，该写字楼的原价为9 000万元，已计提折旧270万元，账面价值为8 730万元，公允价值为9 500万元。甲企业按净利润的10%计提盈余公积。假定除上述对外出租的写字楼外，甲企业无其他的投资性房地产。

甲企业的账务处理如下：

借：投资性房地产——成本　　95 000 000

　　投资性房地产累计折旧　　2 700 000

　　贷：投资性房地产　　90 000 000

　　　　利润分配——未分配利润　　6 930 000

　　　　盈余公积　　770 000

4.3　投资性房地产的转换

4.3.1　投资性房地产转换的解释

房地产的转换，是因房地产用途发生改变而对房地产进行的重新分类。这里所说的房地产转换是针对房地产用途发生改变而言的，而不是后续计量模式的转变。

4.3.2　投资性房地产转换的基本准则

企业有确凿证据表明房地产用途发生改变，满足下列条件之一的，应当将投资性房地产转换为其他资产或者将其他资产转换为投资性房地产。

（1）投资性房地产开始自用。

（2）作为存货的房地产，改为出租。

（3）自用土地使用权停止自用，用于赚取租金或资本增值。

（4）自用建筑物停止自用，改为出租。

4.3.3　投资性房地产转换的具体应用

（一）成本模式下的转换

按账面价值对应结转，具体会计处理如表 4-7 所示。

表 4-7　成本模式下转换的会计处理

转换情形	会计处理
投资性房地产转为自用房地产	按其账面余额、累计折旧、减值准备分别转入固定资产、累计折旧、固定资产减值准备科目（以固定资产为例）
投资性房地产转为存货	按该项投资性房地产转换日的账面价值，借记“开发产品”科目
自用房地产转为投资性房地产	按其原价、累计折旧、减值准备分别转入投资性房地产、投资性房地产累计折旧、投资性房地产减值准备科目（以固定资产为例）
存货转换为投资性房地产	按该项存货在转换日的账面价值，借记“投资性房地产”科目，贷记“开发产品”等科目，已计提跌价准备的，还应同时结转跌价准备

【例 4-10】2×20 年 8 月 1 日，甲企业将出租在外的厂房收回，开始用于本企业生产产品。该项房地产账面价值为 3 765 万元，其中，原价 5 000 万元，累计已提折旧 1 235 万元。假设甲企业采用成本模式计量。

甲企业的账务处理如下：

借：固定资产　　　　50 000 000

　　投资性房地产累计折旧　　　　12 350 000

贷：投资性房地产　　50 000 000

　　累计折旧　　12 350 000

（二）公允价值模式下的转换

1. 采用公允价值模式进行后续计量的投资性房地产转换为自用房地产

企业将采用公允价值模式计量的投资性房地产转换为自用房地产时，应当以其转换当日的公允价值作为自用房地产的账面价值，公允价值与原账面价值的差额计入当期损益。

转换日，按该项投资性房地产的公允价值，借记“固定资产”或“无形资产”科目；按该项投资性房地产的成本，贷记“投资性房地产——成本”科目；按该项投资性房地产的累计公允价值变动，贷记或借记“投资性房地产——公允价值变动”科目；按其差额，贷记或借记“公允价值变动损益”科目。具体的会计处理如表 4-8 所示。

表 4-8　公允价值模式计量的投资性房地产转换为自用房地产的会计处理

转换情形	会计处理
公允价值模式计量的投资性房地产转换为自用房地产	借：固定资产（无形资产） 　贷：投资性房地产——成本 　　投资性房地产——公允价值变动（累计公允价值变动） 　　公允价值变动损益（差额，或在借方）

【例 4-11】2×20 年 10 月 15 日，甲企业因租赁期满，将出租的写字楼收回，开始作为办公楼用于本企业的行政管理。2×20 年 10 月 15 日，该写字楼的公允价值为 4 800 万元。该项房地产在转换前采用公允价值模式计量，原账面价值为 4 750 万元，其中，成本为 4 500 万元，公允价值变动为增值 250 万元。

甲企业的账务处理如下：

借：固定资产　　48 000 000

　贷：投资性房地产——成本　　45 000 000

　　　　　　　　——公允价值变动　　2 500 000

　　公允价值变动损益　　500 000

2. 采用公允价值模式进行后续计量的投资性房地产转换为存货

企业将采用公允价值模式计量的投资性房地产转换为存货时，应当以其转换当日的公允价值作为存货的账面价值，公允价值与原账面价值的差额计入当期损益。

转换日，按该项投资性房地产的公允价值，借记“开发产品”等科目，按该项投资性房地产的成本，贷记“投资性房地产——成本”科目；按该项投资性房地产的累计公允价值变动，贷记或借记“投资性房地产——公允价值变动”科目；按其差额，贷记或借记“公允价值变动损益”科目。具体的会计处理如表 4-9 所示。

表 4-9　公允价值模式计量的投资性房地产转换为存货的会计处理

转换情形	会计处理
投资性房地产转为存货	借：开发产品（转换日的公允价值） 　　贷：投资性房地产——成本 　　　　　　　　　　——公允价值变动 　　　　公允价值变动损益

【例 4-12】甲房地产开发企业将其开发的部分写字楼用于对外经营租赁。2×20 年 10 月 15 日，因租赁期满，甲企业将出租的写字楼收回，并作出书面决议，将该写字楼重新开发用于对外销售，即由投资性房地产转换为存货，当日的公允价值为 5 800 万元。该项房地产在转换前采用公允价值模式计量，原账面价值为 5 600 万元，其中，成本为 5 000 万元，公允价值增值为 600 万元。

甲企业的账务处理如下：

借：开发产品　　58 000 000

　　贷：投资性房地产——成本　　50 000 000

　　　　　　　　　　——公允价值变动　　6 000 000

　　　　公允价值变动损益　　2 000 000

3. 非投资性房地产转换为采用公允价值模式进行后续计量的投资性房地产

（1）作为存货的房地产转换为投资性房地产。企业将作为存货的房地产转换为采用公允价值模式计量的投资性房地产，应当按该项房地产在转换日的公允价值入账，借记“投资性房地产——成本”科目，原已计提的跌价准备，借记“存货跌价准备”科目；按其账面余额，贷记“开发产品”等科目。同时，转换日的公允价值小于账面价值的，按其差额，借记“公允价值变动损益”科目；转换日的公允价值大于账面价值的，按其差额，贷记“资本公积——其他资本公积”科目。当该项投资性房地产处置时，因转换计入资本公积的部分应转入当期损益。具体的会计处理如表 4-10 所示。

表 4-10　作为存货的房地产转换为投资性房地产的会计处理

转换情形	会计处理
存货转为投资性房地产	借：投资性房地产——成本 　　存货跌价准备 　　公允价值变动损益（公允价值小于账面价值） 　　贷：开发产品 　　　　其他综合收益（公允价值大于账面价值）

【例 4-13】2×20 年 3 月 10 日，甲房地产开发公司与乙企业签订了租赁协议，将其开发的一栋写字楼出租给乙企业。租赁期开始日为 2×20 年 4 月 15 日。2×20 年 4 月 15 日，该写字楼

的账面余额为45 000万元，公允价值为47 000万元。2×20年12月31日，该项投资性房地产的公允价值为48 000万元。

甲企业的账务处理如下：

① 2×20年4月15日：

借：投资性房地产——成本　　470 000 000

　　贷：开发产品　　450 000 000

　　　　其他综合收益　　20 000 000

② 2×20年12月31日：

借：投资性房地产——公允价值变动　　10 000 000

　　贷：公允价值变动损益　　10 000 000

（2）自用房地产转换为投资性房地产。企业将自用房地产转换为采用公允价值模式计量的投资性房地产，应当按该项土地使用权或建筑物在转换日的公允价值，借记“投资性房地产——成本”科目；按已计提的累计摊销或累计折旧，借记“累计摊销”或“累计折旧”科目；原已计提减值准备的，借记“无形资产减值准备”或“固定资产减值准备”科目；按其账面余额，贷记“无形资产”或“固定资产”科目。同时，转换日的公允价值小于账面价值的，按其差额，借记“公允价值变动损益”科目；转换日的公允价值大于账面价值的，按其差额，贷记“资本公积——其他资本公积”科目。当该项投资性房地产处置时，因转换计入资本公积的部分应转入当期损益。具体会计处理如表4-11所示。

表4-11　自用房地产转换为投资性房地产的会计处理

转换情形	会计处理
自用房地产转换为投资性房地产	借：投资性房地产——成本 　　累计折旧（累计摊销） 　　固定资产减值准备（无形资产减值准备） 　　公允价值变动损益（公允价值小于账面价值） 　　贷：固定（无形）资产（账面余额） 　　　　其他综合收益（公允价值大于账面价值）

【例4-14】2×20年6月，甲企业打算搬迁至新建办公楼，由于原办公楼处于商业繁华地段，甲企业准备将其出租，以赚取租金收入。2×20年10月30日，甲企业完成了搬迁工作，原办公楼停止自用，并与乙企业签订了租赁协议，将其原办公楼租赁给乙企业使用，租赁期开始日为2×20年10月30日，租赁期限为3年。2×20年10月30日，该办公楼原价为50 000万元，已提折旧14 250万元，公允价值为35 000万元。假设甲企业对投资性房地产采用公允价值模式计量。

甲企业的账务处理如下：

借：投资性房地产——成本　　350 000 000

公允价值变动损益　　7 500 000
累计折旧　　142 500 000
贷：固定资产　　500 000 000

4.4　投资性房地产的处置

当投资性房地产被处置，或者永久退出使用且预计不能从其处置中取得经济利益时，应当终止确认该项投资性房地产。

企业出售、转让、报废投资性房地产或者发生投资性房地产毁损，应当将处置收入扣除其账面价值和相关税费后的金额计入当期损益。具体会计处理如表 4-12 所示。

表 4-12　投资性房地产处置的会计处理

计量模式	会计处理
成本模式	借：银行存款等 　　贷：其他业务收入 　　　　应交税费——应交增值税（销项税额） 借：其他业务成本 　　投资性房地产累计折旧（摊销） 　　投资性房地产减值准备 　　贷：投资性房地产
公允价值模式	借：银行存款等 　　贷：其他业务收入 　　　　应交税费——应交增值税（销项税额） 借：其他业务成本 　　贷：投资性房地产——成本 　　　　　　　　　　——公允价值变动 借：其他综合收益 　　贷：其他业务成本 借：公允价值变动损益 　　贷：其他业务成本

【例 4-15】甲公司将其出租的一栋写字楼确认为投资性房地产，采用成本模式计量。租赁期届满后，甲公司将该栋写字楼出售给乙公司，合同价款为 30 000 万元，乙公司已用银行存款付清。出售时，该栋写字楼的成本为 28 000 万元，已计提折旧 3 000 万元。假设不考虑相关税费。

甲企业的账务处理如下：

借：银行存款　　300 000 000

　　贷：其他业务收入　　300 000 000

借：其他业务成本　　250 000 000

　　投资性房地产累计折旧　　30 000 000

　　贷：投资性房地产——写字楼　　280 000 000

【例4–16】甲企业为一家房地产开发企业，2×19年3月10日，甲企业与乙企业签订了租赁协议，将其开发的一栋写字楼出租给乙企业使用，租赁期开始日为2×19年4月15日。2×19年4月15日，该写字楼的账面余额为45 000万元，公允价值为47 000万元。2×19年12月31日，该项投资性房地产的公允价值为48 000万元。2×20年6月租赁期届满，甲企业收回该项投资性房地产，并以55 000万元出售，出售款项已收讫。甲企业采用公允价值模式计量投资性房地产，不考虑相关税费。

甲企业的账务处理如下：

（1）2×19年4月15日，存货转换为投资性房地产：

借：投资性房地产——成本　　470 000 000

　　贷：开发产品　　450 000 000

　　　　其他综合收益　　20 000 000

（2）2×19年12月31日，公允价值变动：

借：投资性房地产——公允价值变动　　10 000 000

　　贷：公允价值变动损益　　10 000 000

（3）2×20年6月，出售投资性房地产：

借：银行存款等　　550 000 000

　　公允价值变动损益　　10 000 000

　　其他综合收益　　20 000 000

　　其他业务成本　　450 000 000

　　贷：投资性房地产——成本　　470 000 000

　　　　　　　　　——公允价值变动　　10 000 000

　　　　其他业务收入　　550 000 000

4.5　披露

企业应当在附注中披露与投资性房地产有关的下列信息。

（1）投资性房地产的种类、金额和计量模式。

（2）采用成本模式的，投资性房地产的折旧或摊销，以及减值准备的计提情况。

（3）采用公允价值模式的，公允价值的确定依据和方法，以及公允价值变动对损益的影响。

（4）房地产转换情况、理由，以及对损益或所有者权益的影响。

（5）当期处置的投资性房地产及其对损益的影响。

第 5 章
固定资产

5.1 固定资产概述

固定资产的定义和确认条件如表 5-1 所示。

表 5-1 固定资产的定义和确认条件

项目	说明
定义	（1）为生产商品、提供劳务、出租或经营管理而持有的有形资产 （2）使用寿命超过一个会计年度
确认条件	（1）与该固定资产有关的经济利益很可能流入企业 （2）该固定资产的成本能够可靠地计量

5.2 固定资产的初始计量

5.2.1 外购固定资产

外购固定资产的成本，包括购买价款、相关税费、使固定资产达到预定可使用状态前所发生的可归属于该项资产的运输费、装卸费、安装费和专业人员服务费等。具体会计处理如表 5-2 所示。

表 5-2　外购固定资产的会计处理

<table>
<tr><th>项目</th><th>会计处理</th></tr>
<tr><td rowspan="2">外购固定资产</td><td>（1）购入不需要安装的固定资产
借：固定资产
　　应交税费——应交增值税（进项税额）
　　贷：银行存款等</td></tr>
<tr><td>（2）购入需要安装的固定资产
① 购入时：
借：在建工程
　　应交税费——应交增值税（进项税额）
　　贷：银行存款等
② 安装固定资产：
借：在建工程
　　贷：应付职工薪酬
③ 达到预定可使用状态：
借：固定资产
　　贷：在建工程</td></tr>
</table>

【例 5-1】2×16 年 1 月 1 日，甲公司与乙公司签订一项购货合同，甲公司从乙公司购入一台需要安装的特大型设备。合同约定，甲公司采用分期付款方式支付价款。该设备价款共计 900 万元（不考虑增值税），在 2×16 年至 2×20 年的 5 年内每半年支付 90 万元，每年的付款日期分别为当年 6 月 30 日和 12 月 31 日。

2×16 年 1 月 1 日，设备如期运抵甲公司并开始安装。2×16 年 12 月 31 日，设备达到预定可使用状态，发生安装费 398 530.60 元，已用银行存款付讫。

假定甲公司适用的 6 个月折现率为 10%。

（1）购买价款的现值为：

900 000×（*P/A*，10%，10）=900 000×6.1 446=5 530 140（元）

2×16 年 1 月 1 日甲公司的账务处理如下：

借：在建工程——××设备　　5 530 140

　　未确认融资费用　　3 469 860

　　贷：长期应付款——乙公司　　9 000 000

（2）确定信用期间未确认融资费用的分摊额，如表 5-3 所示。

表 5-3　确定信用期间未确认融资费用的分摊额

单位：元

日期	分期付款额	确认的融资费用	应付本金减少额	应付本金余额
①	②	③= 期初 ⑤ × 10%	④=② − ③	期末 ⑤= 期初 ⑤−④
2×16 年 1 月 1 日	—	—	—	5 530 140.00
2×16 年 6 月 30 日	900 000	553 014.00	346 986.00	5 183 154.00

续表

日期	分期付款额	确认的融资费用	应付本金减少额	应付本金余额
①	②	③= 期初 ⑤ × 10%	④=② − ③	期末 ⑤= 期初 ⑤−④
2×16 年 12 月 31 日	900 000	518 315.40	381 684.60	4 801 469.40
2×17 年 6 月 30 日	900 000	480 146.94	419 853.06	4 381 616.34
2×17 年 12 月 31 日	900 000	438 161.63	461 838.37	3 919 777.97
2×18 年 6 月 30 日	900 000	391 977.80	508 022.20	3 411 755.77
2×18 年 12 月 31 日	900 000	341 175.58	558 824.42	2 852 931.35
2×19 年 6 月 30 日	900 000	285 293.14	614 706.86	2 238 224.49
2×19 年 12 月 31 日	900 000	223 822.45	676 177.55	1 562 046.94
2×20 年 6 月 30 日	900 000	156 204.69	743 795.31	818 251.63
2×20 年 12 月 31 日	900 000	81 748.37*	818 251.63	0.00
合计	9 000 000	3 469 860	5 530 140	0.00

注：* 尾数调整：81 748.37=900 000−818 251.63，818 251.63 为最后一期应付本金余额。

（3）2×16 年 1 月 1 日至 2×16 年 12 月 31 日为设备的安装期间，未确认融资费用的分摊额符合资本化条件，计入固定资产成本。

2×16 年 6 月 30 日，甲公司的账务处理如下：

借：在建工程——×× 设备　　553 014

　　贷：未确认融资费用　　553 014

借：长期应付款——乙公司　　900 000

　　贷：银行存款　　900 000

2×16 年 12 月 31 日，甲公司的账务处理如下：

借：在建工程——×× 设备　　518 315.40

　　贷：未确认融资费用　　518 315.40

借：长期应付款——乙公司　　900 000

　　贷：银行存款　　900 000

借：在建工程——×× 设备　　398 530.60

　　贷：银行存款　　398 530.60

借：固定资产——×× 设备　　7 000 000

　　贷：在建工程——×× 设备　　7 000 000

固定资产的成本 =5 530 140+553 014+ 518 315.40+398 530.60=7 000 000（元）

（4）2×17 年 1 月 1 日至 2×20 年 12 月 31 日，该设备已经达到预定可使用状态，未确认融资费用的分摊额不再符合资本化条件，应计入当期损益。

2×17 年 6 月 30 日，甲公司的账务处理如下：

借：财务费用　　480 146.94

　　贷：未确认融资费用　　480 146.94

借：长期应付款——乙公司　　900 000

　　贷：银行存款　　900 000

以后期间的账务处理与 2×17 年 6 月 30 日相同，此处略。

5.2.2 自行建造固定资产

自行建造固定资产的成本，由建造该项资产达到预定可使用状态前所发生的必要支出构成。必要支出包括工程用物资成本、人工成本、缴纳的相关税费、应予资本化的借款费用以及应分摊的间接费用等。

5.2.3 投资者投入固定资产

投资者投入固定资产的成本，应当按照投资合同或协议约定的价值确定，但合同或协议约定价值不公允的除外。

5.2.4 存在弃置费用的固定资产

确定固定资产成本时，应当考虑预计弃置费用因素。

对于特殊行业的特定固定资产，确定其初始入账成本时，还应考虑弃置费用。弃置费用通常是指根据国家法律和行政法规、国际公约等规定，企业承担的环境保护和生态恢复等义务所确定的支出，如核电站核设施等的弃置和恢复环境义务。弃置费用的金额与其现值比较，通常相差较大，需要考虑货币时间价值，具体如表 5-4 所示。

表 5-4 存在弃置费用的固定资产的会计处理

业务	会计处理
存在弃置费用的固定资产	借：固定资产 　　贷：在建工程（实际发生的建造成本） 　　　　预计负债（弃置费用的现值） 借：财务费用（每期期初预计负债的摊余成本 × 实际利率） 　　贷：预计负债 借：预计负债 　　贷：银行存款等（发生弃置费用支出时）

【例 5-2】乙公司经国家批准于 2×20 年 1 月 1 日建造完成核电站核反应堆并交付使用，建造成本为 2 500 000 万元，预计使用寿命 40 年。该核反应堆将会对当地的生态环境产生一定的影响，根据法律规定，企业应在该项设施使用期满后将其拆除，并对造成的污染进行整治，预计

发生弃置费用 250 000 万元。假定适用的折现率为 10%。

核反应堆属于特殊行业的特定固定资产，确定其成本时应考虑弃置费用。账务处理为：

（1）2×20 年 1 月 1 日，弃置费用的现值 =250 000×（*P/F*，10%，40）=250 000×0.022 1=5 525（万元）

固定资产的成本 =2 500 000+5 525=2 505 525（万元）

借：固定资产　　25 055 250 000

　贷：在建工程　　25 000 000 000

　　预计负债　　55 250 000

（2）第一年应负担的利息费用 =55 250 000×10%=5 525 000（元）

借：财务费用　　5 525 000

　贷：预计负债　　5 525 000

以后年度，企业应当按照实际利率法计算确定每年财务费用，账务处理略。

5.3 固定资产的后续计量

固定资产的后续计量主要包括固定资产折旧的计提、减值损失的确定，以及后续支出的计量。

5.3.1 固定资产折旧

（一）计提折旧的范围

企业应当对所有固定资产计提折旧。但是，已提足折旧仍继续使用的固定资产和单独计价入账的土地除外。固定资产应当按月计提折旧，并根据用途计入相关资产的成本或者当期损益。

固定资产应当按月计提折旧，当月增加的固定资产，当月不计提折旧，从下月起计提折旧；当月减少的固定资产，当月仍计提折旧，从下月起不计提折旧。折旧范围如表 5-5 所示。

表 5–5　折旧范围

折旧范围	处理方法
已达到预定可使用状态的固定资产	无论是否交付使用，尚未办理竣工决算的，应当按照估计价值确认为固定资产，并计提折旧；待办理了竣工决算手续后，再按实际成本调整原来的暂估价值，但不需要调整原已计提的折旧额

续表

折旧范围	处理方法
处于修理、更新改造过程而停止使用的固定资产	符合固定资产确认条件的，应当转入在建工程，停止计提折旧；不符合固定资产确认条件的，不应转入在建工程，照提折旧
固定资产提足折旧及提前报废的固定资产	固定资产提足折旧后，不管能否继续使用，均不再计提折旧；提前报废的固定资产，也不再补提折旧。所谓提足折旧，是指已经提足该项固定资产的应计折旧额

（二）与折旧有关的概念

折旧，是指在固定资产使用寿命内，按照确定的方法对应计折旧额进行系统分摊。

应计折旧额，是指应当计提折旧的固定资产的原价扣除其预计净残值后的金额。已计提减值准备的固定资产，还应当扣除已计提的固定资产减值准备累计金额。

预计净残值，是指假定固定资产预计使用寿命已满并处于使用寿命终了时的预期状态，企业目前从该项资产处置中获得的扣除预计处置费用后的金额。

固定资产的使用寿命、预计净残值一经确定，不得随意变更。

（三）固定资产折旧方法

企业应当根据与固定资产有关的经济利益的预期实现方式，合理选择固定资产折旧方法。可选用的折旧方法包括年限平均法、工作量法、双倍余额递减法和年数总和法等。固定资产的折旧方法一经确定，不得随意变更。具体折旧方法如表 5-6 所示。

表 5-6　固定资产折旧方法

折旧方法	计算公式
年限平均法	年折旧率 =（1- 预计净残值率）÷ 预计使用寿命（年）× 100% 月折旧率 = 年折旧率 ÷ 12 月折旧额 = 固定资产原价 × 月折旧率
工作量法	单位工作量折旧额 = 固定资产原价 ×（1- 预计净残值率）÷ 预计总工作量 某项固定资产月折旧额 = 该项固定资产当月工作量 × 单位工作量折旧额
双倍余额递减法	年折旧率 =2 ÷ 预计使用寿命（年）× 100% 月折旧率 = 年折旧率 ÷ 12 月折旧额 = 每月月初固定资产账面净值 × 月折旧率
年数总和法	年折旧率 = 尚可使用年限 ÷ 预计使用寿命的年数总和 × 100% 月折旧率 = 年折旧率 ÷ 12 月折旧额 =（固定资产原价 - 预计净残值）× 月折旧率

固定资产应当按月计提折旧，计提的折旧应通过“累计折旧”科目核算，并根据用途计入相关资产的成本或者当期损益。

借：制造费用 / 管理费用 / 在建工程等

　　贷：累计折旧

【例5-3】甲公司的一台机器设备原价为800 000元，预计生产产品总产量为4 000 000个，预计净残值率为5%，本月生产产品40 000个；假设甲公司没有对该机器设备计提减值准备。采用工作量法对该机器设备计提折旧，则该台机器设备的本月折旧额计算如下：

单个产品折旧额=800 000×（1-5%）÷4 000 000=0.19（元/个）

本月折旧额=40 000×0.19=7 600（元）

【例5-4】甲公司某项设备原价为120万元，预计使用寿命为5年，预计净残值率为4%；假设甲公司没有对该设备计提减值准备。

甲公司按双倍余额递减法计提折旧，每年折旧额计算如下：

年折旧率=2÷5×100%=40%

第一年应提的折旧额=120×40%=48（万元）

第二年应提的折旧额=（120-48）×40%=28.8（万元）

第三年应提的折旧额=（120-48-28.8）×40%=17.28（万元）

从第四年起改按年限平均法（直线法）计提折旧：

第四年、第五年应提折旧额=（120-48-28.8-17.28-120×4%）÷2=10.56（万元）

5.3.2 固定资产的后续支出

固定资产的后续支出通常包括固定资产在使用过程中发生的日常修理费、大修理费用、更新改造支出、房屋的装修费用等。固定资产的后续支出分为以下两种方式，见图5-1。

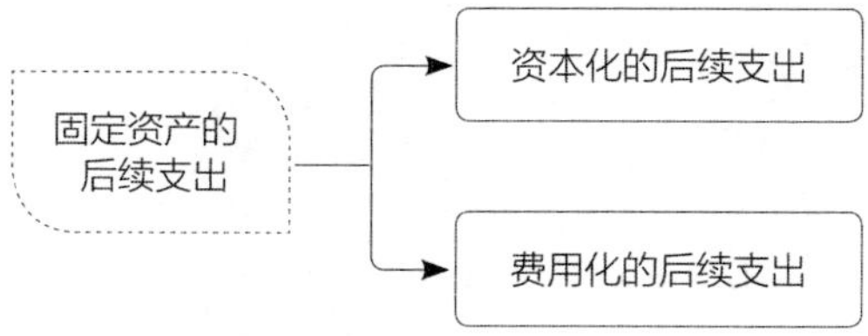

图5-1 固定资产的后续支出

（一）资本化的后续支出

固定资产发生可资本化的后续支出时，企业一般应将该固定资产的原价、已计提的累计折旧和减值准备转销，将固定资产的账面价值转入在建工程，并停止计提折旧。发生的后续支出，通过“在建工程”科目核算。在固定资产发生的后续支出完工并达到预定可使用状态时，再从在建工程转为固定资产，并按重新确定的使用寿命、预计净残值和折旧方法计提折旧。

【例5-5】某航空公司2×19年12月购入一架飞机，总计花费8 000万元（含发动机），发动机当时的购价为500万元。公司未将发动机作为一项单独的固定资产进行核算。2×28年年初，公司开辟新航线，航程增加。为延长飞机的空中飞行时间，公司决定更换一部性能更为先进的发动机。新发动机购价700万元，另需支付安装费用51 000元。假定飞机的年折旧率为3%，不考虑相关税费的影响，公司的账务处理为：

（1）2×28年年初飞机的累计折旧金额=80 000 000×3%×8=19 200 000（元）

固定资产转入在建工程。

借：在建工程——××飞机　　60 800 000

　　累计折旧　　19 200 000

　　贷：固定资产——××飞机　　80 000 000

（2）安装新发动机。

借：在建工程——××飞机　　7 051 000

　　贷：工程物资——××发动机　　7 000 000

　　　　银行存款　　51 000

（3）2×28年年初老发动机的账面价值=5 000 000-5 000 000×3%×8=3 800 000（元）

终止确认老发动机的账面价值。假定报废处理，无残值。

借：营业外支出　　3 800 000

　　贷：在建工程——××飞机　　3 800 000

（4）发动机安装完毕，投入使用。

固定资产的入账价值=60 800 000+7 051 000-3 800 000=64 051 000（元）

借：固定资产——××飞机　　64 051 000

　　贷：在建工程——××飞机　　64 051 000

（二）费用化的后续支出

与固定资产有关的修理费用等后续支出，不符合固定资产确认条件的，应当根据不同情况分别在发生时计入当期管理费用或销售费用。

固定资产的日常修理费用、大修理费用等支出只是确保固定资产处于正常工作状态，一般不产生未来的经济利益。因此，通常不符合固定资产的确认条件，在发生时应直接计入当期损益。

【例5-6】2×20年1月3日，甲公司对现有的一台生产用机器设备进行日常维护，维护过程中领用本企业原材料一批，价值为94 000元，应支付维护人员的工资为28 000元；不考虑其他相关税费。

本例中，对机器设备的维护，仅是为了维护固定资产的正常使用而发生的，不产生未来的经济利益，因此应在其发生时确认为费用。甲公司的账务处理为：

借：管理费用　　122 000

　　贷：原材料　　94 000

　　　　应付职工薪酬　　28 000

5.4 固定资产的处置

5.4.1 固定资产终止确认的条件

固定资产满足下列条件之一的，应当予以终止确认，见图 5-2。

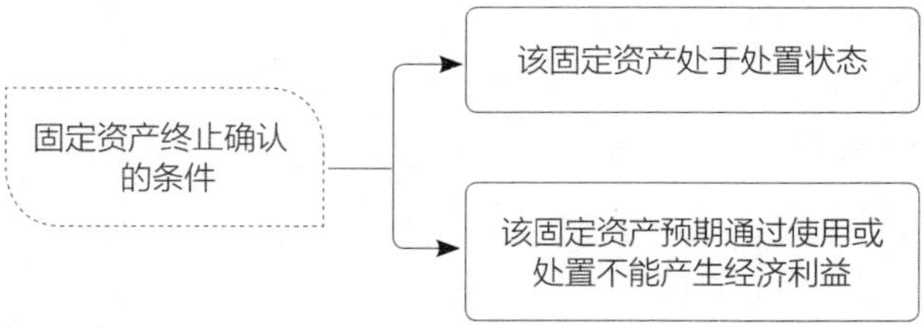

图 5-2 固定资产终止确认的条件

5.4.2 固定资产处置的会计处理

企业出售、转让、报废固定资产或发生固定资产毁损，应当将处置收入扣除账面价值和相关税费后的金额计入当期损益。固定资产盘亏造成的损失，应当计入当期损益。会计处理如表 5-7 所示。

表 5-7 固定资产处置的会计处理

步骤	会计处理
一、固定资产转入清理	借：固定资产清理（账面价值） 　　累计折旧 　　固定资产减值准备 　　贷：固定资产
二、发生的清理费用	借：固定资产清理 　　贷：银行存款 　　　　应交税费
三、出售收入和残料等的处理	借：银行存款（出售价款、残料变价收入） 　　原材料（残料价值） 　　贷：固定资产清理 　　　　应交税费——应交增值税（销项税额）
四、保险赔偿的处理	借：其他应收款 　　银行存款 　　贷：固定资产清理

续表

步骤	会计处理
五、清理净损益的处理	（1）属于正常出售、转让所产生的损失或利得 借：资产处置损益 　　贷：固定资产清理（或相反分录） （2）属于已丧失使用功能正常报废所产生的损失或利得 ① 产生损失 借：营业外支出——非流动资产毁损报废损失 　　贷：固定资产清理 ② 产生利得 借：固定资产清理 　　贷：营业外收入——非流动资产毁损报废利得

【例 5-7】乙公司有一台设备，因使用期满经批准报废。该设备原价为 186 400 元，累计已计提折旧 177 080 元、减值准备 2 300 元。在清理过程中，以银行存款支付清理费用 4 000 元，收到残料变卖收入 5 400 元，应支付相关税费 270 元。有关账务处理如下：

（1）固定资产转入清理：

借：固定资产清理——×× 设备	7 020	
累计折旧	177 080	
固定资产减值准备——×× 设备	2 300	
贷：固定资产——×× 设备		186 400

（2）发生清理费用和相关税费：

借：固定资产清理——×× 设备	4 270	
贷：银行存款		4 000
应交税费		270

（3）收到残料变价收入：

借：银行存款	5 400	
贷：固定资产清理——×× 设备		5 400

（4）结转固定资产净损益：

借：营业外支出——非流动资产处置损失	5 890	
贷：固定资产清理——×× 设备		5 890

5.5 披露

企业应当在附注中披露与固定资产有关的下列信息。

（1）固定资产的确认条件、分类、计量基础和折旧方法。

（2）各类固定资产的使用寿命、预计净残值和折旧率。

（3）各类固定资产的期初和期末原价、累计折旧额及固定资产减值准备累计金额。

（4）当期确认的折旧费用。

（5）对固定资产所有权的限制及其金额和用于担保的固定资产账面价值。

（6）准备处置的固定资产名称、账面价值、公允价值、预计处置费用和预计处置时间等。

第 6 章 生物资产

6.1 生物资产基础

6.1.1 生物资产的概念

生物资产，是指有生命的动物和植物。

生物资产分为消耗性生物资产、生产性生物资产和公益性生物资产。

6.1.2 生物资产的特征

生物资产的特征如图 6-1 所示。

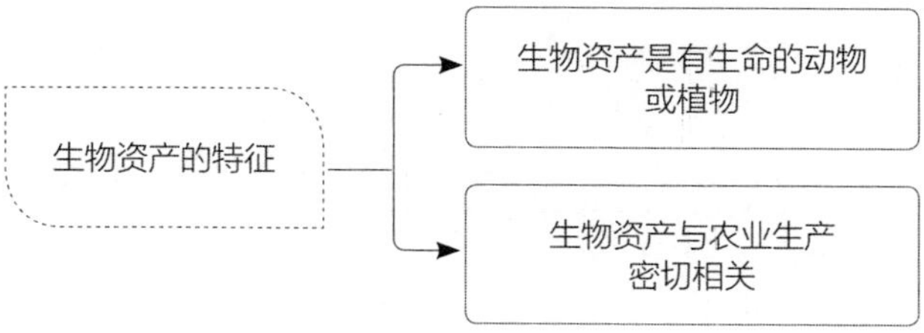

图 6-1　生物资产的特征

6.1.3 不属于生物资产的特殊规定

收获后的农产品，适用《企业会计准则第 1 号——存货》。

与生物资产相关的政府补助，适用《企业会计准则第 16 号——政府补助》。

6.2　生物资产的确认和初始计量

6.2.1　确认的基本原则

生物资产同时满足下列条件的，才能予以确认，具体如图 6-2 所示。

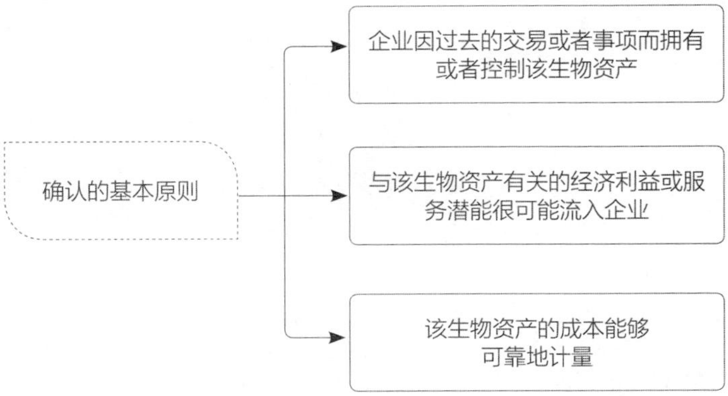

图 6-2　确认的基本原则

6.2.2　初始计量原则

（一）初始成本原则

生物资产通常按照成本计量，但有确凿证据表明其公允价值能够持续可靠取得的除外，但是采用公允价值计量的生物资产，应当同时满足两个条件，具体如表 6-1 所示。

表 6-1　采用公允价值计量的生物资产需要满足的条件

核算方法	需要同时满足的条件
采用公允价值计量	一是生物资产有活跃的交易市场，该生物资产能够在交易市场中直接交易。 二是能够从交易市场上取得同类或类似生物资产的市场价格及其他相关信息，从而对生物资产的公允价值作出科学合理的估计

（二）具体应用

1. 外购的生物资产

无论是消耗性生物资产、生产性生物资产还是公益性生物资产，外购的生物资产的成本包括购买价款、相关税费、运输费、保险费以及可直接归属于购买该资产的其他支出。其中，可直接归属于购买该资产的其他支出包括场地整理费、装卸费、栽植费、专业人员服务费等。具体的会计处理如表 6-2 所示。

表 6–2　外购生物资产的会计处理

业务	会计处理
外购的生物资产	借：生产性生物资产 　　消耗性生物资产 　　贷：银行存款等

【例 6–1】2×20 年 2 月，甲农业企业从市场上一次性购买了 6 头种牛、15 头种猪和 600 头猪苗，单价分别为 4 000 元、1 400 元和 250 元，支付的价款共计 195 000 元，此外，发生的运输费为 4 500 元，保险费为 3 000 元，装卸费为 2 250 元，款项全部以银行存款支付。有关计算如下：

（1）确定应分摊的运输费、保险费和装卸费：

分摊比例 =（4 500+3 000+2 250）÷195 000=5%

因此，6 头种牛应分摊的费用 =6×4 000×5%=1 200（元）

15 头种猪应分摊的费用 =15×1 400×5%=1 050（元）

600 头猪苗应分摊的费用 =600×250×5%=7 500（元）

（2）确定种牛、种猪和猪苗的入账价值：

6 头种牛的入账价值 =6×4 000+1 200=25 200（元）

15 头种猪的入账价值 =15×1 400+1 050=22 050（元）

600 头猪苗的入账价值 =600×250+7 500=157 500（元）

甲农业企业的账务处理如下：

借：生产性生物资产——种牛	25 200	
——种猪	22 050	
消耗性生物资产——猪苗	157 500	
贷：银行存款		204 750

【例 6–2】阿克苏地区奶牛场 2×09 年 6 月从市场上一次性购买了 50 头奶牛、20 头育肥菜牛。单价分别为 5 000 元和 1 000 元，共支付买价 270 000 元，其中奶牛 250 000 元，菜牛 20 000 元。此外还发生运费 4 800 元，保险费 3 100 元，运输途中饲料费及其他费用 2 900 元。以上款项均以银行存款支付。

菜牛与奶牛进入产奶期前的饲养期间从仓库领用饲料 50 000 元，发生人工费用 12 000 元，用银行存款支付其他防疫费等其他费用 8 000 元。

奶牛进入产奶期后发生饲料费 30 000 元，菜牛发生饲料费 8 000 元，人工费用 14 000 元。奶牛预计产奶期为 5 年，产奶期前共发生的成本 310 000 元，预计产奶期后转为育肥畜的价值 70 000 元，该养殖场采用年限平均法计提奶牛的折旧。饲养期间发生的饲养费按奶牛与菜牛的数量比例分摊。

案例分析：

（1）企业可以通过外购、自行繁殖与营造等方式取得生物资产。企业取得的生物资产应当按成本进行初始计量。外购的生物资产的初始成本包括买价、相关税费、运杂费以及可直接归属于购买该生物资产的其他支出。购进生物资产所发生的买价能直接认定的应作为可归属成本，直接计入各生物资产的成本；一次性购入多种生物资产时发生的相关税费应当按一定标准分配计入各生物资产的成本，同类生物资产一般可按买价比例分摊。

（2）该养殖场购进的奶牛属于生产性生物资产。生产性生物资产达到预定生产经营目的以前发生的成本应计入生物资产的成本，因此奶牛进入产奶期以前发生的生产费用，应计入奶牛的成本；生产性生物资产达到预定生产经营目的后，应按期计提折旧。奶牛进入产奶期后发生的饲养费用、折旧费等，应计入当期损益。

（3）菜牛属于消耗性生物资产，消耗性生物资产养殖成本应计入生物资产的成本，因此菜牛饲养期间发生的饲养费用应计入菜牛的成本。

准则依据：

（1）《企业会计准则第5号——生物资产》（以下简称“该准则”）第七条规定：外购生物资产的成本，包括购买价款、相关税费、运输费、保险费以及可直接归属于购买该资产的其他支出。

（2）该准则第八条规定：自行繁殖的育肥畜的成本，包括出售前发生的饲料费、人工费和应分摊的间接费用等必要支出。

（3）该准则第九条规定：自行营造或繁殖的生产性生物资产的成本，包括达到预定生产经营目的（成龄）前发生的饲料费、人工费和应分摊的间接费用等必要支出。达到预定生产经营目的，是指生产性生物资产进入正常生产期，可以多年连续稳定产出农产品、提供劳务或出租。

（4）该准则第十五条规定：生物资产在郁闭或达到预定生产经营目的后发生的管护、饲养费用等后续支出，应当计入当期损益。

（5）该准则第十七条规定：企业对达到预定生产经营目的的生产性生物资产，应当按期计提折旧，并根据用途分别计入相关资产的成本或当期损益。

（6）该准则第十八条规定：企业应当根据生产性生物资产的性质、使用情况和有关经济利益的预期实现方式，合理确定其使用寿命、预计净残值和折旧方法。可选用的折旧方法包括年限平均法、工作量法、产量法等。生产性生物资产的使用寿命、预计净残值和折旧方法一经确定，不得随意变更。

会计处理：

（1）将购进的相关费用按奶牛和菜牛的买价比例分摊：

费用分配率 =（4 800+3 100+2 900）÷270 000=4%

奶牛应负担费用 =250 000×4%=10 000（元）

菜牛应负担费用 =20 000×4%=800（元）

借：生产性生物资产——未成熟奶牛　260 000

　　消耗性生物资产——菜牛　20 800

　　贷：银行存款　280 800

（2）奶牛进入产奶期前与菜牛的饲养期间发生饲养费时：

费用分配率 =（50 000+12 000+8 000）÷（50+20）=1 000

奶牛应负担费用 =50×1 000=50 000（元）

菜牛应负担费用 =20×1 000=20 000（元）

借：生产性生物资产——未成熟奶牛　50 000

　　消耗性生物资产——菜牛　20 000

　　贷：银行存款　8 000

　　　　应付职工薪酬　12 000

　　　　原材料　50 000

（3）奶牛进入产奶期后转为成熟奶牛时：

奶牛总成本 =260 000+50 000=310 000（元）

借：生产性生物资产——成熟奶牛　310 000

　　贷：生产性生物资产——未成熟奶牛　310 000

（4）奶牛进入产奶期后与菜牛的饲养期间发生饲养费时：

人工费用分配率 =14 000÷（50+20）=200

奶牛应负担人工费用 =50×200 =10 000（元）

菜牛应负担人工费用 =20×200 =4 000（元）

奶牛的月折旧额 =（310 000- 70 000）÷（5×12）=4 000（元）

奶牛本月共计生产成本 =30 000+10 000+4 000 =44 000（元）

借：生产成本——奶产品成本　44 000

　　消耗性生物资产——菜牛　12 000

　　贷：原材料　38 000

　　　　应付职工薪酬　14 000

　　　　累计折旧　4 000

2. 自行栽培、营造、繁殖或养殖的生物资产

（1）自行栽培、营造、繁殖或养殖的消耗性生物资产的成本，应当按照下列规定确定，具体如表 6-3 所示。

表 6-3 自行栽培、营造、繁殖或养殖的消耗性生物资产的会计处理

业务	会计处理
自行栽培、营造、繁殖或养殖的消耗性生物资产	借：消耗性生物资产 贷：银行存款等

【例 6-3】甲企业 2×20 年 3 月使用一台拖拉机翻耕土地 100 公顷（1 公顷 =10 000 平方米），用于小麦和玉米的种植，其中 60 公顷种植玉米、40 公顷种植小麦。该拖拉机原值为 60 300 元，预计净残值为 300 元，按照工作量法计提折旧，预计可以翻耕土地 6 000 公顷。甲企业采用小企业会计准则核算，甲企业应编制如下会计分录：

应当计提的拖拉机折旧 =（60 300-300）÷6 000×100=1 000（元）

玉米应当分配的机械作业费 =1 000÷（60+40）×60=600（元）

小麦应当分配的机械作业费 =1 000÷（60+40）×40=400（元）

甲企业的账务处理如下：

借：消耗性生物资产——玉米　　600

　　　　　　　　——小麦　　400

　贷：累计折旧　　1 000

（2）自行营造或繁殖的生产性生物资产的成本，应当按照下列规定确定。

① 自行营造的林木类生产性生物资产的成本，包括达到预定生产经营目的前发生的造林费、抚育费、营林设施费、良种试验费、调查设计费和应分摊的间接费用等必要支出。

② 自行繁殖的产畜和役畜的成本，包括达到预定生产经营目的（成龄）前发生的饲料费、人工费和应分摊的间接费用等必要支出。

未成熟生产性生物资产达到预定生产经营目的时，按其账面余额做如下会计处理，见表 6-4。

表 6-4 未成熟生产性生物资产达到预定生产经营目的时的会计处理

业务	会计处理
未成熟生产性生物资产达到预定生产经营目的	借：生产性生物资产——成熟生产性生物资产 贷：生产性生物资产——未成熟生产性生物资产

其生产性生物资产在达到预定生产经营目的之前，其用途一般是已经确定的，如尚未开始挂果的果树、未开始产奶的奶牛等；但是，如果其未来用途不确定，应当作为消耗性生物资产核算和管理，待确定用途后，再按照用途转换进行处理。

【例 6-4】甲企业自 20×0 年开始自行营造 100 公顷橡胶树，当年发生种苗费 189 000 元，平整土地和定植所需的机械作业费 55 500 元，定植当年抚育发生肥料及农药费 250 500 元、人员工资 450 000 元。该橡胶树达到正常生产期为 6 年，从定植后至 20×6 年共发生管护费用 2 415 000 元，以银行存款支付。

甲企业的账务处理如下：

借：生产性生物资产——未成熟生产性生物资产（橡胶树）　　945 000

　　贷：原材料——种苗　　189 000

　　　　　　　——肥料及农药　　250 500

　　　　应付职工薪酬　　450 000

　　　　累计折旧　　55 500

借：生产性生物资产——未成熟生产性生物资产（橡胶树）　　2 415 000

　　贷：银行存款　　2 415 000

因此，该 100 公顷橡胶树的成本为：

189 000+55 500+250 500+450 000+2 415 000=3 360 000（元）

借：生产性生物资产——成熟生产性生物资产（橡胶树）　　3 360 000

　　贷：生产性生物资产——未成熟生产性生物资产（橡胶树）　　3 360 000

（3）自行营造的公益性生物资产。

自行营造的公益性生物资产的成本，应当按照郁闭前发生的造林费、抚育费、森林保护费、营林设施费、良种试验费、调查设计费和应分摊的间接费用等必要支出确定，借记“公益性生物资产”科目，贷记“应付职工薪酬”“库存现金”“银行存款”等相关科目。具体会计处理见表 6-5。

表 6-5　自行营造的公益性生物资产的会计处理

业务	会计处理
自行营造的公益性生物资产	借：公益性生物资产 　　贷：应付职工薪酬 / 库存现金 / 银行存款等

3. 天然起源的生物资产

对于天然起源的生物资产，企业通常几乎没有投入，因此，其成本难以按照外购、自行营造方式下发生的必要支出或者是非货币性资产交换、债务重组和企业合并方式下确定的对价来确定。

4. 非货币性资产交换、债务重组和企业合并取得的生物资产

该类生物资产的成本应当分别按照《企业会计准则第 7 号——非货币性资产交换》、《企业会计准则第 12 号——债务重组》和《企业会计准则第 20 号——企业合并》确定。

6.2.3　生物资产相关的后续支出

（一）生物资产郁闭或达到预定生产经营目的后的管护费用

生物资产在郁闭或达到预定生产经营目的之前，经过培植或饲养，其价值能够继续增加，因此，饲养、管护费用应资本化计入生物资产成本；而生物资产在郁闭或达到预定生产经营目的后，为了维护或提高其使用效能，需要对其进行管护、饲养等，但此时的生物资产能够产出农产品，带来现实的经济利益，因此，所发生的这类后续支出应当予以费用化，计入当期损益。借记“管理费用”科目，贷记“银行存款”等科目。具体会计处理如表6-6所示。

表6-6　生物资产后续支出的会计处理

后续支出	会计处理
资本化支出	借：消耗性生物资产 　　贷：银行存款等
费用化支出	借：管理费用 　　贷：银行存款等

（二）林木类生物资产补植

在林木类生物资产的生长过程中，为了使其更好地生长，往往需要进行择伐、间伐或抚育更新性质采伐（这些采伐并不影响林木的郁闭状态），并且在采伐之后进行相应的补植。在这种情况下发生的后续支出，应当予以资本化，计入林木类生物资产的成本。借记“消耗性生物资产”“生产性生物资产”或“公益性生物资产”科目，贷记“库存现金”“银行存款”“其他应付款”等科目。具体会计处理如表6-7所示。

表6-7　林木类生物资产补植的会计处理

业务	会计处理
林木类生物资产补植	借：消耗性生物资产/生产性生物资产/公益性生物资产 　　贷：银行存款/库存现金/其他应付款

【例6-5】2×20年5月，甲林业有限责任公司对乙林班用材林择伐迹地进行更新造林，应支付临时人员工资15 000元，领用材料20 000元。

甲企业的账务处理如下：

借：消耗性生物资产——用材林　　35 000

　　贷：应付职工薪酬　　15 000

　　　　原材料　　20 000

【例6-6】甲林业有限责任公司下属的乙林班统一组织培植管护一片森林，2×20年3月，发生森林管护费用共计40 000元，其中人员工资20 000元，尚未支付；使用库存肥料16 000元；管护设备折旧4 000元。管护总面积为5 000公顷，其中作为用材林的杨树林共计4 000公顷，已郁闭的占75%，其余的尚未郁闭；作为水土保持林的马尾松共计1 000公顷，全部已郁闭。假定管护费用按照森林面积比例进行分配。

有关计算如下：

未郁闭杨树林应分配共同费用的比例 =4 000×（1−75%）÷5 000=0.2

已郁闭杨树林成应分配共同费用的比例 =4 000×75% ÷5 000=0.6

已郁闭马尾松应分配共同费用的比例 =1 000÷5 000=0.2

未郁闭杨树林应分配的共同费用 =40 000×0.2=8 000（元）

已郁闭杨树林成应分配的共同费用 =40 000×0.6=24 000（元）

已郁闭马尾松应分配的共同费用 =40 000×0.2=8 000（元）

甲公司的账务处理如下：

借：消耗性生物资产——用材林（杨树）	8 000	
管理费用	32 000	
贷：应付职工薪酬		20 000
原材料		16 000
累计折旧		4 000

6.3　后续计量

6.3.1　折旧

企业对达到预定生产经营目的的生产性生物资产，应当按期计提折旧，并根据用途分别计入相关资产的成本或当期损益。

6.3.2　计提减值

企业至少应当于每年年度终了对消耗性生物资产和生产性生物资产进行检查，有确凿证据表明由于遭受自然灾害、病虫害、动物疫病侵袭或市场需求变化等原因，使消耗性生物资产的可变现净值或生产性生物资产的可收回金额低于其账面价值的，应当按照可变现净值或可收回金额低于账面价值的差额，计提生物资产跌价准备或减值准备，并计入当期损益。上述可变现净值和可收回金额，应当分别按照《企业会计准则第 1 号——存货》和《企业会计准则第 8 号——资产减值》确定。

（1）消耗性生物资产减值的会计核算。具体会计处理见表 6-8。

表 6–8　计提减值的会计处理

业务	会计处理
计提减值	借：资产减值损失 　　贷：消耗性生物资产跌价准备

【例 6–7】某农业上市公司的已郁闭成林的造纸原料林实际成本为 400 万元，2×18 年，由于遭受病虫害侵袭，该公司预计其可变现净值为 360 万元，假定该用材林以前年度未计提减值准备，2×19 年病虫害得到根本控制，该用材林预计其可变现净值为 380 万元。

该公司会计处理如下：

（1）2×18 年预计其可变现净值为 360 万元，小于实际成本为 400 万元，故计提跌价准备 40 万元。

借：资产减值损失　　400 000

　　贷：消耗性生物资产跌价准备　　400 000

（2）2×19 年影响消耗性生物资产的减值因素已消失，预计其可变现净值（380 万元）大于其账面价值（360 万元），因此，恢复增加的价值 20 万元。

借：消耗性生物资产跌价准备　　200 000

　　贷：资产减值损失　　200 000

（2）生产性生物资产减值的会计核算。期末，企业应当按照生产性生物资产的可收回金额低于账面价值的差额，借记“资产减值损失——计提的生产性生物资产减值准备”科目，贷记“生产性生物资产减值准备”科目。生产性生物资产减值准备一经计提，不得转回。具体会计处理见表 6–9。

表 6–9　生产性生物资产减值的会计处理

业务	会计处理
生产性生物资产减值	借：资产减值损失——计提的生产性生物资产减值准备 　　贷：生产性生物资产减值准备

6.4　收获与处置

6.4.1　基本原则

（1）对于消耗性生物资产，应当在收获或出售时，按照其账面价值结转成本。结转成本的方法包括加权平均法、个别计价法、蓄积量比例法、轮伐期年限法等。

（2）生产性生物资产收获的农产品成本，按照产出或采收过程中发生的材料费、人工费和应分摊的间接费用等必要支出计算确定，并采用加权平均法、个别计价法、蓄积量比例法、轮伐期年限法等方法，将其账面价值结转为农产品成本。收获之后的农产品，应当按照《企业会计准则第 1 号——存货》处理。

（3）生物资产改变用途后的成本，应当按照改变用途时的账面价值确定。

（4）生物资产出售、盘亏或死亡、毁损时，应当将处置收入扣除其账面价值和相关税费后的余额计入当期损益。

6.4.2　具体运用

（一）生物资产的收获

收获，是指消耗性生物资产生长过程的结束，如收割小麦、采伐用材林等；以及农产品从生产性生物资产上分离，如从苹果树上采摘下苹果、奶牛产出牛奶、绵羊产出羊毛等。

1. 消耗性生物资产收获农产品的会计处理

消耗性生物资产收获农产品的会计处理具体如表 6-10 所示。

表 6-10　消耗性生物资产收获农产品的会计处理

收获情形	会计处理
完全转为农产品	借：农产品 　　贷：消耗性生物资产
不通过入库直接销售的鲜活产品	借：主营业务成本 　　贷：消耗性生物资产

【例 6-8】甲种植企业 2×20 年 6 月入库小麦 20 吨，成本为 12 000 元。甲企业的账务处理如下：

借：农产品——小麦　　12 000

　　贷：消耗性生物资产——小麦　　12 000

2. 生产性生物资产收获农产品的会计处理

生产性生物资产具备自我生长性，能够在生产经营中长期、反复使用，从而不断产出农产品。从生产性生物资产上收获农产品后，生产性生物资产这一母体仍然存在，如奶牛产出牛奶、从果树上采摘下水果等。农业生产过程中发生的各项生产费用，按照经济用途可以分为直接材料、直接人工等直接费用以及间接费用，企业应当区别处理。具体会计处理如表 6-11 所示。

表 6-11　生产性生物资产收获农产品的会计处理

费用类型	会计处理
直接费用	借：生产成本——农产品 　　贷：银行存款等
间接费用	借：生产成本——共同费用 　　贷：银行存款等

【例 6-9】甲奶牛养殖企业 2×20 年 1 月发生奶牛（已进入产奶期）的饲养费用如下：领用饲料 5 000 千克，计 1 200 元，应付饲养人员工资 3 000 元，以现金支付防疫费 500 元。甲企业的账务处理如下：

借：农业生产成本——农产品（牛奶）　　4 700

　　贷：原材料　　1 200

　　　　应付职工薪酬　　3 000

　　　　库存现金　　500

实务中，常用的间接费用分配方法通常以直接费用或直接人工为基础，直接费用比例法以生物资产或农产品相关的直接费用为分配标准，直接人工比例法以直接从事生产的工人工资为分配标准，其公式为：

间接费用分配率 = 间接费用总额 ÷ 分配标准（即直接费用总额或直接人工总额）×100%

某项生物资产或农产品应分配的间接费用额 = 该项资产相关的直接费用或直接人工 × 间接费用分配率

除此之外，还可以直接材料、生产工时等为基础进行分配，企业可以根据实际情况加以选用。如蔬菜的温床费用分配计算公式如下：

蔬菜应分配的温床（温室）费用 =[温床（温室）费用总数 ÷ 实际使用的格日（平方米日）总数]× 该种蔬菜占用的格日（平方米日）数

其中，温床格日数是指某种蔬菜占用温床格数和在温床生产日数的乘积，温室平方米日数是指某种蔬菜占用位的平方米数和在温室生长日数的乘积。

【例 6-10】甲农场利用温床培育丝瓜、西红柿两种秧苗，温床费用为 3 200 元，其中丝瓜占用温床 40 格，生长期为 30 天；西红柿占用温床 10 格，生长期为 40 天。秧苗育成移至温室栽培后，发生温室费用 15 200 元，其中丝瓜占用温室 1 000 平方米，生长期为 70 天；西红柿占用温室 1 500 平方米，生长期为 80 天。两种蔬菜发生的直接生产费用为 3 000 元，其中丝瓜 1 360 元，西红柿 1 640 元。应负担的间接费用共计 4 500 元，采用直接费用比例法分配。丝瓜和西红柿两种蔬菜的产量分别为 38 000 千克和 29 000 千克。

有关计算如下：

丝瓜应分配的温床费用 =3 200÷（40×30+10×40）×40×30=2 400（元）

丝瓜应分配的温室费用 =15 200÷（1 000×70+1500×80）×1 000×70=5 600（元）

丝瓜应分配的间接费用 =4 500÷（1 360+1 640）×1 360=2 040（元）

西红柿应分配的温床费用 =3 200÷（40×30+10×40）×10×40=800（元）

西红柿应分配的温室费用 =15 200÷（1 000×70+1 500×80）×1 500 ×80 =9 600（元）

西红柿应分配的间接费用 =4 500÷（1 360+1 640）×1 640=2 460（元）

3. 成本结转方法

具体的成本结转方法包括移动加权平均法、个别计价法、蓄积量比例法、轮伐期年限法等。企业可以根据实际情况选用合适的成本结转方法，但是一经确定，不得随意变更。具体方法如图 6-3 所示。

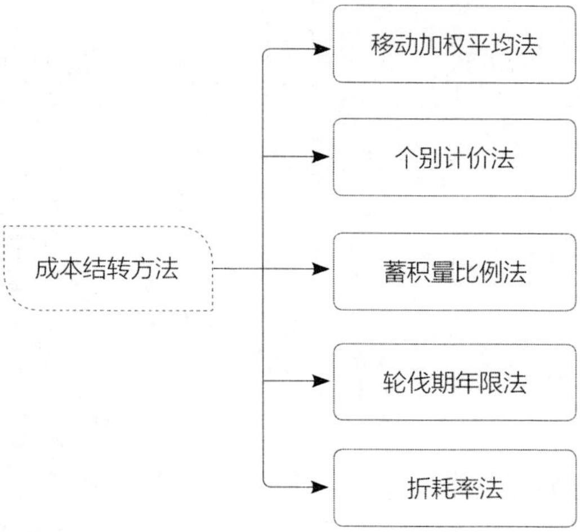

图 6-3　成本结转方法

（1）移动加权平均法。

【例 6-11】甲畜牧养殖企业 2×20 年 5 月末养殖的肉猪账面余额为 24 000 元，共计 40 头；6 月 6 日花费 7 000 元新购入一批肉猪，共计 10 头；6 月 30 日屠宰并出售肉猪 20 头，以现金支付临时二屠宰费用 100 元，出售取得价款 16 000 元；6 月共发生饲养费用 500 元（其中，应付专职饲养员工资 300 元，饲料 200 元）。甲企业采用移动加权平均法结转成本。

甲企业的账务处理如下：

平均单位成本 =（24 000+7 000+500）÷（40+10）=630（元）

出售猪肉的成本 =630×20=12 600（元）

借：消耗性生物资产——肉猪	7 000	
贷：银行存款		7 000
借：消耗性生物资产——肉猪	500	
贷：应付职工薪酬		300
原材料		200

借：农产品——猪肉　　12 700

　　贷：消耗性生物资产　　12 600

　　　　库存现金　　100

借：库存现金　　16 000

　　贷：主营业务收入　　16 000

借：主营业务成本　　12 700

　　贷：农产品——猪肉　　12 700

（2）蓄积量比例法、轮伐期年限法、折耗率法等方法都是林业中通常使用的方法，具有林业的特殊性，以下分别进行详细讲解。

① 蓄积量比例法。

蓄积量比例法以达到经济成熟可供采伐的林木为“完工”标志，将包括已成熟和未成熟的所有林木按照完工程度（林龄、林木培育程度、费用发生程度等）折算为达到经济成熟可供采伐的林木总体蓄积量，然后，按照当期采伐林木的蓄积量占折算的林木总体蓄积量的比例，确定应该结转的林木资产成本。该方法主要适用于择伐方式和林木资产由于择伐更新使其价值处于不断变动的情况。计算公式如下：

某期应结转的林木资产成本＝（当期采伐林木的蓄积量 ÷ 林木总体蓄积量）× 期初林木资产账面总值

② 轮伐期年限法。

轮伐期年限法将林木原始价值按照可持续经营的要求，在其轮伐期的年份内平均摊销，并结转林木资产成本。其中，轮伐期是指将一块林地上的林木均衡分批、轮流采伐一次所需要的时间（通常以年为单位计算）。计算公式如下：

某期应结转的林木资产成本＝林木资产原值 ÷ 轮伐期

③ 折耗率法。

折耗率法按照采伐林木所消耗林木蓄积量占到采伐为止预计该地区、该树种可能达到的总蓄积量摊销、结转所采伐林木资产成本。计算公式如下：

采伐的林木应摊销的林木资产价值＝折耗率 × 所采伐林木的蓄积量

折耗率＝林木资产总价值 ÷ 到采伐为止预计的总蓄积量

其中的折耗率应分树种、地区进行测算；林木资产总价值是指该地区、该树种的营造林历史成本总和；预计总蓄积量是指到采伐为止预计该地区、该树种可能达到的总蓄积量。

【例 6-12】2×20 年 8 月末存栏的育肥牛有 50 头，账面成本为 450 000 元，9 月新购进 30 头育肥牛，购进成本为 270 000 元；9 月共发生饲养费 120 000 元，其中饲料成本 100 000 元，人工成本 20 000 元。9 月屠宰并出售育肥牛 40 头，以现金支付临时工屠宰费 4 000 元，材料费 2 000 元，已屠宰育肥牛屠宰前总重量为 40 000 千克。9 月末存栏育肥牛的总重量为 30 000 千克。该养殖场按宰、存重量比例分摊育肥牛的成本。已屠宰育肥牛的牛肉及副产品有 80% 已于当月出售，20%

进入冷库储备。9 月肉产品出售总收入 480 000 元。

案例分析：

（1）消耗性生物资产收获为农产品后，消耗性生物资产自身完全转化为农产品而不复存在。企业应当将收获时点消耗性生物资产的账面价值结转为农产品成本。对入库管理的农产品应当设置“农产品”科目核算其成本，对于不通过入库直接销售的鲜活产品，应按实际成本计入“主营业务成本”科目。

（2）该养殖场 9 月发生的饲养成本应追加计入育肥牛的成本；育肥牛屠宰时发生的相关费用应计入肉产品的成本。

法规依据：

《企业会计准则第 5 号——生物资产》第二十三条规定：对于消耗性生物资产，应当在收获或出售时，按照其账面价值结转成本。结转成本的方法包括加权平均法、个别计价法、蓄积量比例法、轮伐期年限法等。

会计处理：

（1）新购入存栏育肥牛时：

借：消耗性生物资产——育肥牛	270 000	
贷：银行存款等		270 000

（2）发生饲养成本时：

借　消耗性生物资产——育肥牛	120 000	
贷：原材料		100 000
应付职工薪酬		20 000

（3）计算并分摊宰、存育肥牛成本：

9 月育肥牛 80 头总成本 =450 000+270 000+120 000=840 000（元）

育肥牛成本分配率 =840 000÷（40 000+30 000）=12

存栏育肥牛应分摊成本 =30 000×12=360 000（元）

应转化为肉产品的成本 =40 000×12=480 000（元）

（4）计算已宰育肥牛成本：

已宰育肥牛总成本 =480 000+4 000+2 000=486 000（元）

其中：期末库存肉产品成本 =486 000×20%=97 200（元）

　　已销售产品成本 =486 000×80% =388 800（元）

借：主营业务成本	388 800	
农产品——肉产品	97 200	
贷：原材料		2 000
库存现金		4 000
消耗性生物资产——育肥牛		480 000

（5）取得肉产品销售收入时：

借：银行存款等　　480 000

　　贷：主营业务收入　　480 000

（6）若将库存肉产品对外销售，结转销售成本时：

借：主营业务成本　　97 200

　　贷：农产品——肉产品　　97 200

（二）生物资产的处置

生物资产的处置方式如表 6-12 所示。

表 6-12　生物资产的处置方式

费用类型	会计处理
出售	借：银行存款等 　　贷：主营业务收入 借：主营业务成本 　　贷：生产性生物资产
生物资产盘亏或死亡、毁损	借：待处理财产损溢 　　生产性生物资产累计折旧 　　贷：生产性生物资产 借：待处理财产损溢 　　贷：管理费用
生物资产转换	借：消耗性生物资产 　　生产性生物资产累计折旧 　　生产性生物资产减值准备 　　贷：生产性生物资产

【例 6-13】甲畜牧养殖企业于 2×20 年某月将育成的 40 头仔猪出售给乙食品加工厂，价款总额为 20 000 元，货款尚未收到。出售时仔猪的账面余额为 12 000 元，未计提跌价准备。

甲企业的账务处理如下：

借：应收账款——乙食品加工厂　　20 000

　　贷：主营业务收入　　20 000

借：主营业务成本　　12 000

　　贷：消耗性生物资产——育肥猪　　12 000

【例 6-14】甲企业于 2×20 年 8 月 4 日丢失 3 头种牛，账面原值为 11 600 元，已经计提折旧 600 元；8 月 29 日经查实，饲养员赵五应赔偿 3 000 元。甲企业的账务处理如下：

借：待处理财产损溢　　11 000

　　生产性生物资产累计折旧　　600

　　贷：生产性生物资产——种牛　　11 600

借：其他应收款——赵五　3 000

　　管理费用　8 000

　　贷：待处理财产损溢　11 000

【例 6-15】2×20 年 10 月，阿克苏地区某奶牛场死亡奶牛 6 头，其账面价值为 24 000 元，已提折旧 8 000 元。已查明因疫病造成。经保险公司核实，70% 的损失由保险公司赔偿，其余部分于 10 月 20 日批准作为企业的损失转账。

案例分析：

生物资产盘亏或死亡毁损时，应当将处置收入扣除账面价值和相关费用后的余额先记入“待处理财产损溢”科目，待查明原因后，根据损失原因分别转账。该养殖场的奶牛因疫病造成的损失扣除保险公司的赔偿后应计入营业外支出。

法规依据：

《企业会计准则第 5 号——生物资产》第二十六条规定：生物资产出售、盘亏或死亡、毁损时，应当将处置收入扣除其账面价值和相关税费后的余额计入当期损益。

会计处理：

（1）奶牛死亡时：

借：待处理财产损溢　16 000

　　生产性生物资产累计折旧——奶牛　8 000

　　贷：生产性生物资产——成熟生产性生物资产（奶牛）　24 000

（2）保险公司核实后批准转账：

借：其他应收款——保险公司　11 200

　　营业外支出——奶牛疫病损失　4 800

　　贷：待处理财产损溢　16 000

【例 6-16】2×20 年 4 月，甲企业自行繁殖的 50 头种猪转为育肥猪，此批种猪的账面原值为 500 000 元，已经计提的累计折旧为 200 000 元，已经计提的资产减值准备为 30 000 元。

甲企业的账务处理如下：

借：消耗性生物资产——育肥猪　270 000

　　生产性生物资产累计折旧　200 000

　　生产性生物资产减值准备　30 000

　　贷：生产性生物资产——成熟生产性生物资产（种猪）　500 000

【例 6-17】2×20 年 7 月，由于区域生态环境的需要，甲林业有限责任公司的 12 公顷造纸原料林（杨树）被划为防风固沙林，仍由公司负责管理，该林的账面余额为 80 000 元，已经计提的跌价准备为 5 000 元。甲企业的账务处理如下：

借：公益性生物资产——防风固沙林（杨树）　75 000

　　存货跌价准备——消耗性生物资产（杨树）　5 000

　　贷：消耗性生物资产——造纸原料林（杨树）　80 000

6.5　披露

（一）企业应当在附注中披露与生物资产有关的下列信息

（1）生物资产的类别以及各类生物资产的实物数量和账面价值。

（2）各类消耗性生物资产的跌价准备累计金额，以及各类生产性生物资产的使用寿命、预计净残值、折旧方法、累计折旧和减值准备累计金额。

（3）天然起源生物资产的类别、取得方式和实物数量。

（4）用于担保的生物资产的账面价值。

（5）与生物资产相关的风险情况与管理措施。

（二）企业应当在附注中披露与生物资产增减变动有关的下列信息

（1）因购买而增加的生物资产。

（2）因自行培育而增加的生物资产。

（3）因出售而减少的生物资产。

（4）因盘亏或死亡、毁损而减少的生物资产。

（5）计提的折旧及计提的跌价准备或减值准备。

（6）其他变动。

第 7 章 无形资产

7.1 无形资产的基本准则

无形资产的定义及确认条件如表 7-1 所示。

表 7-1 无形资产的定义及确认条件

定义	企业拥有或者控制的没有实物形态的可辨认非货币性资产
确认条件	（1）与该无形资产有关的经济利益很可能流入企业 （2）该无形资产的成本能够可靠地计量

7.2 无形资产的初始计量

7.2.1 无形资产分类

按照取得方式，无形资产可以分为外购的无形资产、投资者投入的无形资产、非货币性资产交换换入的无形资产和自行研发的无形资产，具体如图 7-1 所示。

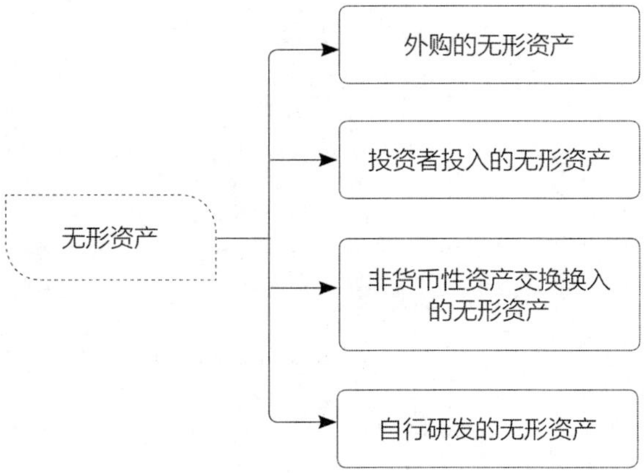

图 7-1　无形资产的分类

7.2.2　无形资产初始计量的原则和会计处理

（一）外部购入的无形资产

外购无形资产的成本，包括购买价款、相关税费以及直接归属于使该项资产达到预定用途所发生的其他支出，具体如图 7-2 所示。

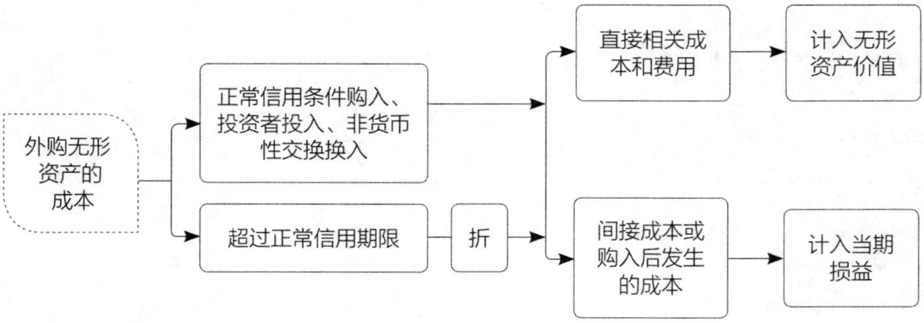

图 7-2　外购无形资产的成本

【例 7-1】因甲公司某项生产活动需要乙公司已获得的专利技术，如果使用了该项专利技术，甲公司预计其生产能力比原先提高 20%，销售利润率增长 15%。为此，甲公司从乙公司购入一项专利权，按照协议约定以现金支付，实际支付的价款为 300 万元，并支付相关税费 1 万元和有关专业服务费用 5 万元，款项已通过银行转账支付。

分析：（1）甲公司购入的专利权符合无形资产的定义，即甲公司能够拥有或者控制该项专利技术，符合可辨认的条件，同时是不具有实物形态的非货币性资产。（2）甲公司购入的专利权符合无形资产的确认条件。首先，甲公司的某项生产活动需要乙公司已获得的专利技术，甲公司使用了该项专利技术，预计甲公司的生产能力比原先提高 20%，销售利润率增长 15%，即经济利益很可能流入。其次，甲公司购买该项专利权的成本为 300 万元，另外支付相关税费和有关专业服务费用 6 万元，即成本能够可靠计量。由此，符合无形资产的确认条件。

无形资产初始计量的成本 =300+1+5=306（万元）

甲公司的账务处理如下：

借：无形资产——专利权　　3 060 000

　　贷：银行存款　　3 060 000

【例 7-2】2×16 年 1 月 8 日，甲公司从乙公司购买一项商标权，由于甲公司资金周转比较紧张，经与乙公司协议采用分期付款方式支付款项。合同规定，该项商标权总计 1 000 万元，每年年末付款 200 万元，5 年付清。假定银行同期贷款利率为 5%。为了简化核算，假定不考虑其他有关税费（已知 5 年期 5% 利率，其年金现值系数为 4.329 5）。

甲公司每年未确认的融资费用见表 7-2。

表 7-2　未确认的融资费用

单位：万元

年份	融资余额	利率	本年利息	付款	还本	未确认的融资费用
			融资余额 × 利率		付款 - 利息	上年余额 - 本年利息
0	865.90					134.10
1	709.20	0.05	43.30	200.00	156.70	90.80
2	544.66	0.05	35.46	200.00	164.54	55.34
3	371.89	0.05	27.23	200.00	172.77	28.11
4	190.48	0.05	18.59	200.00	181.41	9.52
5	0	0.05	9.52	200.00	190.48	0
合计			134.10	1 000.00	865.90	

无形资产现值：1 000×20%×4.329 5=865.9（万元）

未确认的融资费用 =1 000-865.9=134.1（万元）

甲公司的账务处理如下：

借：无形资产——商标权　　8 659 000

　　未确认融资费用　　1 341 000

　　贷：长期应付款　　10 000 000

2×16 年年底付款时：

借：长期应付款　　2 000 000

　　贷：银行存款　　2 000 000

借：财务费用　　433 000

　　贷：未确认融资费　　433 000

2×17 年年底付款时：

借：长期应付款　　2 000 000

　　贷：银行存款　　2 000 000

借：财务费用　　354 600

　　贷：未确认融资费用　　354 600

2×18 年年底付款时：

借：长期应付款　　2 000 000

　　贷：银行存款　　2 000 000

借：财务费用　　272 300

　　贷：未确认融资费用　　272 300

2×19 年年底付款时：

借：长期应付款　　2 000 000

　　贷：银行存款　　2 000 000

借：财务费用　　185 900

　　贷：未确认融资费用　　185 900

2×20 年年底付款时：

借：长期应付款　　2 000 000

　　贷：银行存款　　2 000 000

借：财务费用　　95 200

　　贷：未确认融资费用　　95 200

（二）自行开发的无形资产

1. 研究阶段与开发阶段的界定

自行开发的无形资产研究与开发阶段。

（1）自行开发的无形资产，其成本包括自满足《企业会计准则第 6 号——无形资产》（以下简称“本准则”）第四条和第九条规定后至达到预定用途前所发生的支出总额，但是对于以前期间已经费用化的支出不再调整。

（2）企业内部研究开发项目的支出，应当区分研究阶段支出与开发阶段支出。

研究是指为获取并理解新的科学或技术知识而进行的独创性的有计划调查。开发是指在进行商业性生产或使用前，将研究成果或其他知识应用于某项计划或设计，以生产出新的或具有实质性改进的材料、装置、产品等。

2. 开发成本资本化条件

企业内部研究开发项目开发阶段的支出，同时满足下列条件的，才能确认为无形资产：

（1）完成该无形资产以使其能够使用或出售在技术上具有可行性。

（2）具有完成该无形资产并使用或出售的意图。

（3）无形资产产生经济利益的方式，包括能够证明运用该无形资产生产的产品存在市场或无形资产自身存在市场，无形资产将在内部使用的，应当证明其有用性。

（4）有足够的技术、财务资源和其他资源支持，以完成该无形资产的开发，并有能力使用或出售该无形资产。

（5）归属于该无形资产开发阶段的支出能够可靠地计量。

3. 具体账务处理方法

自主研发无形资产的账务处理如表 7-3 所示。

表 7–3 自主研发无形资产的账务处理

阶段	账务处理
研究阶段	借：研发支出——费用化支出 贷：银行存款等
开发阶段	借：研发支出——资本化支出 贷：银行存款等
达到预定用途形成无形资产	借：无形资产 贷：研发支出——资本化支出

【例 7–3】2×20 年 1 月 1 日，甲公司经董事会批准研发某项新产品专利技术，该公司董事会认为，研发该项目具有可靠的技术和财务等资源的支持，并且一旦研发成功将降低该公司生产产品的生产成本。该公司在研究开发过程中发生材料费 5 000 万元、人工工资 1 000 万元，以及其他费用 4 000 万元，总计 10 000 万元，其中，符合资本化条件的支出为 6 000 万元。2×20 年 12 月 31 日，该专利技术已经达到预定用途。

分析：首先，甲公司经董事会批准研发某项新产品专利技术，并认为完成该项新型技术无论是从技术上，还是财务等方面能够得到可靠的资源支持，并且一旦研发成功将降低公司的生产成本，因此，符合条件的开发费用可以资本化。其次，甲公司在开发该项新型技术时，累计发生 10 000 万元的研究与开发支出，其中符合资本化条件的开发支出为 6 000 万元，其符合“归属于该无形资产开发阶段的支出能够可靠地计量”的条件。

甲公司的账务处理如下：

（1）发生研发支出：

借：研发支出——费用化支出	40 000 000	
——资本化支出	60 000 000	
贷：原材料		50 000 000
应付职工薪酬		10 000 000
银行存款等		40 000 000

（2）2×20 年 12 月 31 日，该专利技术已经达到预定用途：

借：管理费用　　40 000 000

　　无形资产　　60 000 000

　　贷：研发支出——费用化支出　　40 000 000

　　　　　　　——资本化支出　　60 000 000

（三）投资者投入的无形资产

关于投资者投入无形资产的成本，应当按照投资合同或协议约定的价值确定，但合同或协议约定价值不公允的除外。如果投资合同或协议约定价值不公允的，应按无形资产的公允价值作为无形资产初始成本入账。具体情况如表 7-4 所示。

表 7–4　投资者投入的无形资产的初始计量

业务	条件	初始计量
投资者投入的无形资产的初始计量	价值公允	按照投资合同或协议约定的价值确定
	价值不公允	按无形资产的公允价值作为无形资产初始成本入账

【例 7–4】因乙公司创立的商标已有较好的声誉，甲公司预计使用乙公司商标后可使其未来利润增长 30%。为此，甲公司与乙公司协议商定，乙公司以其商标权投资于甲公司，双方协议价格（等于公允价值）为 500 万元，甲公司另支付印花税等相关税费 2 万元，款项已通过银行转账支付。

该商标权的初始计量，应当以取得时的成本为基础。取得时的成本为投资协议约定的价格 500 万元，加上支付的相关税费 2 万元。

甲公司接受乙公司作为投资的商标权的成本 =500+2=502（万元）。

甲公司的账务处理如下：

借：无形资产——商标权　　5 020 000

　　贷：实收资本（或股本）　　5 000 000

　　　　银行存款　　20 000

（四）其他方式取得的无形资产

非货币性资产交换、债务重组、政府补助和企业合并取得的无形资产的成本，应当分别按照相应的准则规定处理。

7.3　无形资产后续计量

无形资产初始确认和计量后，在其后使用该项无形资产期间内应以成本减去累计摊销额和累计减值损失后的余额计量。

7.3.1　无形资产使用寿命

（1）企业应当于取得无形资产时分析判断其使用寿命。无形资产的使用寿命如为有限的，应当估计该使用寿命的年限或者构成使用寿命的产量等类似计量单位数量；无法预见无形资产为企业带来未来经济利益期限的，应当视为使用寿命不确定的无形资产。

（2）企业至少应当于每年年度终了，对使用寿命有限的无形资产的使用寿命及摊销方法进行复核。无形资产的使用寿命及摊销方法与以前估计不同的，应当改变摊销期限和摊销方法。

（3）企业应当在每个会计期间对使用寿命不确定的无形资产的使用寿命进行复核。如果有证据表明无形资产的使用寿命是有限的，应当估计其使用寿命，并按本准则规定处理。对于使用寿命不确定的无形资产，如果有证据表明其使用寿命是有限的，则应视为会计估计变更，应当估计其使用寿命并按照使用寿命有限的无形资产的处理原则进行处理。

7.3.2　无形资产摊销的会计处理

（一）使用寿命有限的无形资产

使用寿命有限的无形资产，其应摊销金额应当在使用寿命内系统合理摊销。

1. 摊销期和摊销方法

（1）无形资产的摊销期自其可供使用（即其达到预定用途）时起至终止确认时止，即无形资产摊销的起始和停止日期为：当月增加的无形资产，当月开始摊销；当月减少的无形资产，当月不再摊销。

（2）企业选择的无形资产摊销方法，应当反映与该项无形资产有关的经济利益的预期实现方式。无法可靠确定预期实现方式的，应当采用直线法摊销。

（3）无形资产的摊销金额一般应当计入当期损益，其他会计准则另有规定的除外。

2. 残值的确定

除下列情况外，使用寿命有限的无形资产的残值一般为零。

（1）有第三方承诺在无形资产使用寿命结束时购买该项无形资产。

（2）可以根据活跃市场得到无形资产预计残值信息，并且该市场在该项无形资产使用寿命结束时可能存在。

3. 使用寿命有限的无形资产摊销的账务处理

使用寿命有限的无形资产应当在其使用寿命内，采用合理的摊销方法进行摊销。摊销时，应当考虑该项无形资产服务的对象，并以此为基础将其摊销价值计入相关资产的成本或者当期损益。

【例 7-5】2×17 年 1 月 1 日，A 公司从外单位购得一项非专利技术，支付价款 5 000 万元，款项已支付，估计该项非专利技术的使用寿命为 10 年，该项非专利技术用于产品生产；同时，购入一项商标权，支付价款 3 000 万元，款项已支付，估计该商标权的使用寿命为 15 年。假定这两项无形资产的净残值均为零，并按直线法摊销。

本例中，A 公司外购的非专利技术的估计使用寿命为 10 年，表明该项无形资产是使用寿命有限的无形资产，且该项无形资产用于产品生产，因此，应当将其摊销金额计入相关产品的制造成本。A 公司外购的商标权的估计使用寿命为 15 年，表明该项无形资产同样也是使用寿命有限的无形资产，而商标权的摊销金额通常直接计入当期管理费用。

A 公司的账务处理如下：

（1）取得无形资产时：

借：无形资产——非专利技术　　50 000 000

　　　　　　——商标权　　30 000 000

　贷：银行存款等　　80 000 000

（2）按年摊销时：

借：制造费用——非专利技术　　5 000 000

　　管理费用——商标权　　2 000 000

　贷：累计摊销　　7 000 000

如果 A 公司 2×18 年 12 月 31 日根据科学技术发展的趋势判断，2×17 年购入的该项非专利技术在 4 年后将被淘汰，不能再为公司带来经济利益，公司决定对其再使用 4 年后不再使用。为此，A 公司应当在 2×18 年 12 月 31 日据此变更该项非专利技术的估计使用寿命，并按会计估计变更进行处理。

2×18 年 12 月 31 日该项无形资产累计摊销金额为 1 000（500×2）万元，2×19 年该项无形资产的摊销金额为 1 000[（5 000-1 000）÷4] 万元。A 公司 2×19 年对该项非专利技术按年摊销的账务处理如下：

借：制造费用——非专利技术　　10 000 000

　贷：累计摊销　　10 000 000

（二）使用寿命不确定的无形资产

根据可获得的相关信息判断，如果无法合理估计某项无形资产的使用寿命的，应作为使用寿命不确定的无形资产进行核算。对于使用寿命不确定的无形资产，在持有期间内不需要摊销，但应当在每个会计期间进行减值测试。其减值测试按照资产减值的原则进行处理，如经减值测试表明已发生减值，则需要计提相应的减值准备。其相关的会计处理见表7-5。

表7-5　计提减值准备的会计处理

业务	会计处理
计提减值准备	借：资产减值损失 　　贷：无形资产减值准备

【**例7-6**】2×19年1月1日，A公司购入一项市场领先的畅销产品的商标，其成本为6 000万元，款项以银行存款支付。该商标按照法律规定还有5年的使用寿命，但是在保护期届满时，A公司可每10年以较低的手续费申请延期，同时，A公司有充分的证据表明其有能力申请延期。此外，有关的调查表明，根据产品生命周期、市场竞争等方面情况综合判断，该商标将在不确定的期间内为企业带来现金流量。

根据上述情况，该商标可视为使用寿命不确定的无形资产，在持有期间内不需要进行摊销。

2×20年年底，A公司对该商标按照资产减值的原则进行减值测试，经测试表明该商标已发生减值。2×20年年底，该商标的公允价值为4 000万元。

A公司的账务处理如下：

（1）2×19年购入商标时：

借：无形资产——商标权　　　　60 000 000

　　贷：银行存款　　　　60 000 000

（2）2×20年发生减值时：

借：资产减值损失（60 000 000-40 000 000）　　　　20 000 000

　　贷：无形资产减值准备——商标权　　　　20 000 000

7.4　无形资产的处置

无形资产的处置，主要是指无形资产出售、对外出租、对外捐赠，或者是无法为企业带来未来经济利益时，应予终止确认并转销。

（1）企业出售无形资产，应当将取得的价款与该无形资产账面价值的差额计入当期损益。

（2）无形资产预期不能为企业带来经济利益的，应当将该无形资产的账面价值予以转销。

具体会计处理如表7-6所示。

表7-6　无形资产处置的会计处理

处置方式	会计处理
出售	借：银行存款等 　　无形资产减值准备 　　累计摊销 　　贷：无形资产 　　　　应交税费——应交增值税（销项税额） 　　　　资产处置损益
出租	（1）确认让渡使用权的收入 借：银行存款等 　　贷：其他业务收入 　　　　应交税费——应交增值税（销项税额） （2）结转成本 借：其他业务成本 　　贷：累计摊销 　　　　银行存款等
报废	借：营业外支出 　　累计摊销 　　无形资产减值准备 　　贷：无形资产

【例7-7】2×20年1月1日，B公司拥有某项专利技术的成本为1 000万元。已摊销金额为500万元，已计提的减值准备为20万元。该公司于当月将该项专利技术出售给C公司，取得出售收入600万元，应缴纳增值税为36万元。

B公司的账务处理为：

借：银行存款	6 000 000	
累计摊销	5 000 000	
无形资产减值准备	200 000	
贷：无形资产		10 000 000
应交税费——应交增值税（销项税额）		360 000
资产处置损益		840 000

如果该公司转让该项专利技术取得的收入为4 000 000元，应缴纳的增值税为240 000元。则B公司的账务处理为：

借：银行存款	4 000 000	
累计摊销	5 000 000	
无形资产减值准备	200 000	
资产处置损益	1 040 000	

贷：无形资产　　10 000 000

应交税费——应交增值税（销项税额）　　240 000

【例 7-8】2×20 年 1 月 1 日，A 企业将一项专利技术出租给 B 企业使用，该专利技术账面余额为 500 万元，摊销期限为 10 年，出租合同规定，承租方每销售一件用该专利生产的产品，必须付给出租方 10 万元专利技术使用费。假定承租方当年销售该产品 10 万件，应交的增值税为 6 万元。

A 企业的账务处理如下：

（1）取得该项专利技术使用费时：

借：银行存款　　1 060 000

贷：其他业务收入　　1 000 000

应交税费——应交增值税（销项税额）　　60 000

（2）按年对该项专利技术进行摊销：

借：其他业务成本　　500 000

贷：累计摊销　　500 000

【例 7-9】D 企业拥有某项专利技术，根据市场调查，用其生产的产品已没有市场，决定应予转销。转销时，该项专利技术的账面余额为 600 万元，摊销期限为 10 年，采用直线法进行摊销，已累计摊销 300 万元，假定该项专利权的残值为零，已累计计提的减值准备为 160 万元，假定不考虑其他相关因素。

则 D 企业的账务处理如下：

借：累计摊销　　3 000 000

无形资产减值准备　　1 600 000

管理费用　　1 400 000

贷：无形资产——专利权　　6 000 000

7.5　披露

1. 企业应当按照无形资产的类别在附注中披露与无形资产有关的下列信息。

（1）无形资产的期初和期末账面余额、累计摊销额及减值准备累计金额。

（2）使用寿命有限的无形资产，其使用寿命的估计情况；使用寿命不确定的无形资产，其使用寿命不确定的判断依据。

（3）无形资产的摊销方法。

（4）用于担保的无形资产账面价值、当期摊销额等情况。

（5）计入当期损益和确认为无形资产的研究开发支出金额。

2. 企业应当披露当期确认为费用的研究开发支出总额。

第 8 章
非货币性资产交换

8.1 非货币性资产交换的定义

非货币性资产交换，是指企业主要以固定资产、无形资产、投资性房地产和长期股权投资等非货币性资产进行的交换。该交换不涉及或只涉及少量的货币性资产（即补价）。

非货币性资产是相对于货币性资产而言的。货币性资产，是指企业持有的货币资金和收取固定或可确定金额的货币资金的权利，包括库存现金、银行存款、应收账款和应收票据等。非货币性资产，是指货币性资产以外的资产，如存货（原材料、包装物、低值易耗品、库存商品等）、固定资产、在建工程、生产性生物资产、无形资产、投资性房地产、长期股权投资等。

通常情况下，交易双方对于某项交易是否为非货币性资产交换的判断是一致的。需要注意的是，企业应从自身的角度，根据交易的实质判断相关交易是否属于《企业会计准则第 7 号——非货币性资产交换》（以下简称“本准则”）定义的非货币性资产交换。例如，投资方以一项固定资产出资取得对被投资方的权益性投资，对投资方来说，换出资产为固定资产，换入资产为长期股权投资，属于非货币性资产交换；对被投资方来说，则属于接受权益性投资，不属于非货币性资产交换。

非货币性资产交换一般不涉及货币性资产，或只涉及少量货币性资产，即补价。判断涉及少量货币性资产的交换是否为非货币性资产交换时，通常以补价占整个资产交换金额的比例是否低于 25% 作为参考比例。支付的货币性资产占换出资产公允价值与支付的货币性资产之和（或占换入资产公允价值）的比例，或者收到的货币性资产占换出资产公允价值（或占换入资产公允价值和收到的货币性资产之和）的比例低于 25% 的，视为非货币性资产交换；该比例高于 25%（含 25%）的，不视为非货币性资产交换。

8.2 非货币性资产交换的确认和计量

8.2.1 确认和计量原则与会计处理

（一）非货币性资产交换的确认原则

1. 确认原则

企业应当分别按照下列原则对非货币性资产交换中的换入资产进行确认，对换出资产终止确认。

换入资产应当在其符合资产定义并满足资产确认条件时予以确认；换出资产应当在其满足资产终止确认条件时终止确认。

根据上述原则，对于非货币性资产交换，企业将换入的资产视为购买取得资产，并按照相关会计准则的规定进行初始确认；将换出的资产视为销售或处置资产，并按照相关会计准则的规定进行终止确认。

2. 换入资产的确认时点与换出资产的终止确认时点存在不一致的情形

（1）确认时点相同或相近。通常情况下，换入资产的确认时点与换出资产的终止确认时点应当相同或相近。也就是说，作为非货币性资产交换的一方，企业取得换入资产的时点与其销售或处置换出资产的时点应当相同或相近。

（2）确认时点短暂不一致。实务中，由于资产控制权转移所必需的运输或转移程序等方面的原因，可能导致换入资产满足确认条件的时点与换出资产满足终止确认条件的时点存在短暂不一致，企业可以按照重要性原则，在换入资产满足确认条件和换出资产满足终止确认条件孰晚的时点进行会计处理。

（3）确认时点不一致。在换入资产的确认时点与换出资产的终止确认时点存在不一致的情形下，在资产负债表日，企业应当按照非货币性资产交换准则规定的下列原则进行会计处理：

① 换入资产满足资产确认条件，换出资产尚未满足终止确认条件的，在确认换入资产的同时将交付换出资产的义务确认为一项负债，如其他应付款；

② 换入资产尚未满足资产确认条件，换出资产满足终止确认条件的，在终止确认换出资产的同时将取得换入资产的权利确认为一项资产，如其他应收款。

（二）非货币性资产交换的计量原则和会计处理

非货币性资产交换的计量原则和会计处理如表 8-1 所示。

表 8–1　非货币性资产交换的计量原则和会计处理

项目	公允价值计量	账面价值
适用情形	同时满足以下两个条件： （1）该项交换具有商业实质 （2）换入资产或换出资产的公允价值能够可靠地计量	公允价值计量适用情形的两个条件未同时满足
换入资产的账面价值	1. 不涉及补价 （1）若有换入资产公允价值 换入资产成本 = 换入资产公允价值 + 支付的应计入成本的相关税费 （2）未给出换入资产的公允价值 换入资产成本 = 换出资产公允价值 + 换出资产增值税销项税 – 换入资产可抵扣增值税进项税额 + 支付的应计入成本的税费 2. 涉及补价的情况 （1）支付补价方 换入资产成本 = 换出资产的公允价值 + 换出资产增值税销项税额 – 换入资产可抵扣增值税进项税额 + 支付的应计入换入资产成本的税费 + 支付的补价的公允价值 （2）收到补价方 换入资产成本 = 换出资产的公允价值 + 换出资产增值税销项税额 – 换入资产可抵扣增值税进项税额 + 支付的应计入换入资产成本的税费 – 收到的补价的公允价值	1. 不涉及补价的情况 换入资产的成本 = 换出资产账面价值 + 换出资产增值税销项税额 – 换入资产可抵扣增值税进项税额 + 支付的相关税费 2. 涉及补价的情况 （1）支付补价方 换入资产成本 = 换出资产的账面价值 + 换出资产增值税销项税 – 换入资产可抵扣增值税进项税额 + 支付的相关税费 + 支付的补价的账面价值 （2）收到补价方 换入资产成本 = 换出资产的账面价值 + 换出资产增值税销项税 – 换入资产可抵扣增值税进项税额 + 支付的相关税费 – 收到的补价的账面价值
换出资产公允价值与其账面价值的差额的会计处理	计入当期损益	

【例 8–1】甲公司和乙家具制造公司均为增值税一般纳税人，适用的增值税税率均为 13%。经协商，甲公司与乙公司于 2×20 年 1 月 30 日签订资产交换合同，当日生效。合同约定，甲公司以生产经营过程中使用的一台设备与乙公司生产的一批办公家具进行交换，用于交换的设备和办公家具当日的公允价值均为 7.5 万元。合同签订日即交换日，甲公司设备的账面价值为 7.4 万元（其中账面原价为 10 万元，已计提折旧 2.6 万元）；乙公司办公家具的账面价值为 7 万元。甲公司将换入的办公家具作为固定资产使用和管理；乙公司将换入的设备作为固定资产使用和管理。甲公司和乙公司开具的增值税专用发票注明的计税价格均为 7.5 万元，增值税为 9 750 元。交易过程中，甲公司以银行存款支付设备清理费用 1 500 元。

假设甲公司和乙公司此前均未对上述资产计提减值准备。整个交易过程中未发生除增值税以外的其他税费。

分析：本例中，对甲公司来说，整个资产交换过程没有涉及收付货币性资产，交换的资产为办公家具和设备，属于非货币性资产交换。

对甲公司来说，换入的办公家具虽然也作为固定资产使用和管理，但其未来现金流量通过员工的使用来实现，而换出的设备的未来现金流量通过生产产品并对外销售而产生，二者产生的现金流量在风险、时间和金额方面存在明显差异，因而交换具有商业实质。同时，两项资产的公允价值都能够可靠地计量，符合以公允价值为基础计量的条件。假设没有确凿证据表明换入资产的公允价值更加可靠，按照本准则的规定，甲公司以换出资产的公允价值为基础确定换入资产的成本，并确认换出资产产生的损益。

甲公司的账务处理如下：

借：固定资产清理	85 250	
累计折旧	26 000	
贷：固定资产——设备		100 000
银行存款		1 500
应交税费——应交增值税（销项税额）		9 750
借：固定资产——办公家具	75 000	
应交税费——应交增值税（进项税额）	9 750	
资产处置损益	500	
贷：固定资产清理		85 250

对乙公司来说，相关收入应当按照《企业会计准则第14号——收入》的相关规定进行会计处理。假定换出存货的交易符合该准则规定的收入确认条件。

乙公司的账务处理如下：

借：固定资产——设备	75 000	
应交税费——应交增值税（进项税额）	9 750	
贷：主营业务收入		75 000
应交税费——应交增值税（销项税额）		9 750

同时，乙公司还应将换出存货的成本结转为当期营业成本。

【例8-2】2×20年6月15日，甲冰箱制造公司为了提高产品质量，需要乙公司的一项专利权。经协商，甲公司与乙公司签订合同，甲公司以其持有的对其联营企业丙公司的20%股权作为对价购买乙公司的专利权。合同开始日，甲公司长期股权投资和乙公司专利权的公允价值均为650万元。专利权的过户手续于2×20年6月28日完成，正式转移至甲公司。乙公司取得对丙公司的20%股权后，向丙公司派遣1名董事替代原甲公司派遣的董事，能够对丙公司实施重大影响，丙公司成为乙公司的联营企业。丙公司的股权过户、董事更换、相关董事会决议和章程修订于2×20年6月30日完成并生效。2×20年6月30日，甲公司的长期股权投资的账面价值为630

万元（其中投资成本 670 万元，损益调整 -40 万元）；乙公司专利权的账面价值为 680 万元（其中账面原价为 800 万元，累计摊销额为 120 万元）。

假设甲公司和乙公司此前均未对上述资产计提减值准备。丙公司自成立以来未发生其他综合收益变动。整个交易过程中未发生相关税费。

分析：本例中，整个资产交换过程没有涉及收付货币性资产，交换的资产为长期股权投资和无形资产，属于非货币性资产交换。

对甲公司来说，换入的专利权能够大幅度提高产品质量，通过生产高质量的产品并对外销售而产生现金流量，与换出的对丙公司的长期股权投资通过获得股利产生现金流量相比，其预计未来现金流量的风险、时间和金额均不相同，因而交换具有商业实质；对乙公司来说，换入的对丙公司的长期股权投资，使丙公司成为其联营企业，乙公司可通过参与丙公司的财务和经营政策等方式，对其实施重大影响，由此从丙公司活动中获取现金流量，与换出的专利权预计产生的未来现金流量的风险、时间和金额均不相同，因而交换具有商业实质。同时，两项资产的公允价值都能够可靠地计量，符合以公允价值为基础计量的条件。假设均没有确凿证据表明换入资产的公允价值更加可靠，按照本准则的规定，甲公司和乙公司均以换出资产的公允价值为基础确定换入资产的成本，并确认换出资产产生的损益。

由于因专利权和股权过户等原因导致换入资产和换出资产满足确认条件和终止确认条件的时点存在短暂不一致，甲公司和乙公司按照重要性原则在 2×20 年 6 月 30 日进行会计处理。

甲公司的账务处理如下：

借：无形资产——专利权	6 500 000	
长期股权投资——损益调整	400 000	
贷：长期股权投资——投资成本		6 700 000
投资收益		200 000

乙公司的账务处理如下：

借：长期股权投资——投资成本	6 500 000	
累计摊销	1 200 000	
资产处置损益	300 000	
贷：无形资产——专利权		8 000 000

【例 8-3】沿用【例 8-1】，假设其他条件不变，合同约定甲公司用于交换的设备的公允价值为 7.5 万元，乙公司用于交换的办公家具的公允价值为 9 万元，甲公司以银行存款向乙公司支付补价 1.5 万元。甲公司开具的增值税专用发票注明的计税价格为 7.5 万元，增值税为 9 750 元；乙公司开具的增值税专用发票注明的计税价格为 9 万元，增值税为 1.17 万元；甲公司以银行存款向乙公司支付增值税差额 1 950 元。

分析：本例中，涉及收付货币性资产，应当计算货币性资产占整个资产交换的比例。对于甲公司，支付的货币性资产 1.5 万元占换入资产公允价值 9 万元（或换出资产公允价值 7.5 万元和支付的货币性资产 1.5 万元之和）的比例为 16.67% ＜ 25%，属于非货币性资产交换。

甲公司的账务处理如下：

借：固定资产清理	85 250	
累计折旧	26 000	
贷：固定资产——设备		100 000
银行存款		1 500
应交税费——应交增值税（销项税额）		9 750
借：固定资产——办公家具	90 000	
应交税费——应交增值税（进项税额）	11 700	
资产处置损益	500	
贷：固定资产清理		85 250
银行存款		16 950

对乙公司来说，相关收入应当按照《企业会计准则第 14 号——收入》的相关规定进行会计处理。具体账务处理参照【例 8-1】中乙公司的账务处理。

【例 8-4】沿用【例 8-2】，假设其他条件不变，丙公司是上市公司，按照合同开始日的股票价格计算，丙公司的 20% 股权的公允价值为 700 万元。乙公司专利权的公允价值为 650 万元，系第三方报价机构使用乙公司自身数据通过估值技术确定的。由于甲公司迫切需要该专利权来提高产品质量，同意乙公司以银行存款支付补价 40 万元。2×20 年 6 月 30 日，丙公司可辨认净资产公允价值为 3 200 万元。

分析：本例中，涉及收付货币性资产，应当计算货币性资产占整个资产交换的比例。补价 40 万元占整个资产交换金额的比例小于 25%，属于非货币性资产交换。

由于用于交换的两项资产的公允价值均能够可靠地计量，企业应当考虑是否有确凿证据表明换入资产的公允价值更加可靠。由于丙公司是上市公司，其 20% 的股权的公允价值是基于股票价格计算的，其公允价值输入值的层次为第一层次，即活跃市场上未经调整的报价。乙公司专利权的公允价值是基于估值技术的评估值，其公允价值输入值的层次为第三层次。所以，对甲公司来说，应当以换出资产丙公司的 20% 股权的公允价值（700 万元）减去收到的补价（40 万元）作为换入资产专利权的成本（700 万元 -40 万元 =660 万元），换出资产的公允价值与其账面价值之间的差额计入当期损益（700 万元 -630 万元 =70 万元）；对乙公司来说，有确凿证据表明换入资产丙公司的 20% 股权的公允价值更加可靠，应当以换入资产丙公司的 20% 股权的公允价值（700 万元）作为其初始计量金额，换入资产的公允价值减去支付的补价，与换出资产专利权账面价值之间的差额计入当期损益（700 万元 -40 万元 -680 万元 =-20 万元）。

甲公司的账务处理如下：

借：无形资产——专利权	6 600 000	
长期股权投资——损益调整	400 000	
银行存款	400 000	
贷：长期股权投资——投资成本		6 700 000
投资收益		700 000

乙公司的账务处理如下：

借：长期股权投资——投资成本	7 000 000	
累计摊销	1 200 000	
资产处置损益	200 000	
贷：无形资产——专利权		8 000 000
银行存款		400 000

8.2.2　涉及多项非货币性资产交换的处理

非货币性资产交换同时换入多项资产的，在确定各项换入资产的成本时，应当分下列情况进行处理，见图8-1。

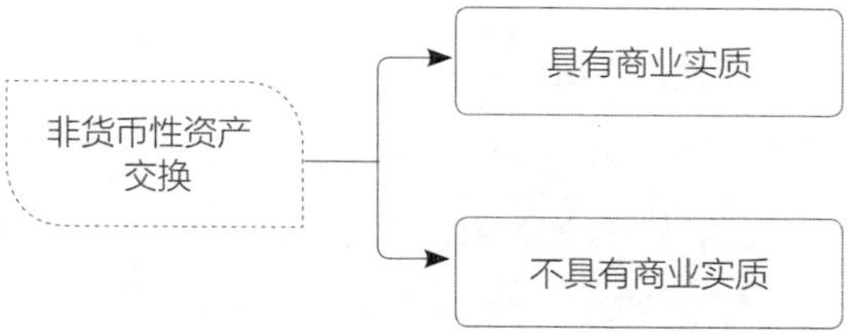

图8-1　非货币性资产交换的分类

（1）非货币性资产交换具有商业实质，且换入资产的公允价值能够可靠计量的，应当按照换入各项资产的公允价值占换入资产公允价值总额的比例，对换入资产的成本总额进行分配，确定各项换入资产的成本。

（2）非货币性资产交换不具有商业实质，或者虽具有商业实质但换入资产的公允价值不能可靠计量的，应当按照换入各项资产的原账面价值占换入资产原账面价值总额的比例，对换入资产的成本总额进行分配，确定各项换入资产的成本。

【例8-5】甲公司和乙公司均为增值税一般纳税人。经协商，甲公司和乙公司于2×20年1月25日签订资产交换合同，当日生效。合同约定，甲公司用于交换的资产包括：一间生产用厂房，公允价值为110万元；一栋自购入时就全部用于经营出租的公寓楼，公允价值为390万元。乙公司用于交换的资产包括：一块土地的使用权，公允价值为240万元；经营过程中使用的10辆货车，公允价值为 300 万元。甲公司以银行存款向乙公司支付补价 40 万元。双方于 2×20 年 2 月 1 日完成了资产交换手续。

交换当日，甲公司厂房的账面价值为 120 万元（其中账面原价为 150 万元，已计提折旧 30 万元），作为采用成本模式计量的投资性房地产的公寓楼的账面价值为 360 万元（其中账面原价为 420 万元，已计提折旧 60 万元）；乙公司的土地使用权的账面价值为 210 万元（其中成本为 220 万元，累计摊销额为 10 万元），10 辆货车的账面价值为 320 万元（其中账面原价为 400 万元，已计提折旧 80 万元）。甲公司开具两张增值税专用发票，分别注明厂房的计税价格为 110 万元、增值税为 9.9 万元，公寓楼的计税价格为 390 万元、增值税为 35.1 万元。乙公司开具两张增值税专用发票，分别注明土地使用权的计税价格为 240 万元、增值税为 21.6 万元；10 辆货车的计税价格为 300 万元、增值税为 39 万元。甲公司以银行存款向乙公司支付增值税差额 15.6 万元。交易过程中，甲公司用银行存款支付了土地使用权的契税及过户费用 5 万元，乙公司用银行存款分别支付了厂房和公寓楼的契税及过户费用 3 万元和 10 万元。

假设甲公司和乙公司此前均未对上述资产计提减值准备，上述资产交换后的用途不发生改变。不考虑其他税费。

分析：本例中，涉及收付货币性资产，应当计算货币性资产占整个资产交换的比例。补价 40 万元占整个资产交换金额 540 万元的比例为 7.41% ＜ 25%，属于非货币性资产交换。

本例中用于交换的厂房是通过在厂房使用寿命内与其他资产协同生产产品并对外销售而产生现金流量，公寓楼是通过经营出租并定期收取租金而产生稳定均衡的现金流量，土地使用权是通过在其上建造房屋后与房屋共同产生现金流量，货车是通过使用或提供服务而产生独立的现金流量，各项资产的未来现金流量在风险、时间和金额方面均明显不同，因而交换具有商业实质。同时，各项资产的公允价值都能够可靠地计量，符合以公允价值为基础计量的条件。假设均没有确凿证据表明换入资产的公允价值更加可靠，甲公司和乙公司均以换出资产的公允价值为基础确定各项换入资产的成本，并确认各项换出资产产生的损益。

甲公司的会计处理如下：

（1）确定各项换入资产的初始计量金额，如表 8-2 所示。

表 8-2　各项换入资产的初始计量金额

单位：元

换入资产	公允价值	换出资产公允价值总额 + 补价	分摊额	契税和过户费	初始计量金额
无形资产——土地使用权	2 400 000	不适用	2 400 000	50 000	2 450 000
固定资产——货车	3 000 000	不适用	3 000 000	0	3 000 000
合计	5 400 000	5 400 000	5 400 000	50 000	5 450 000

（2）确定各项换出资产终止确认的相关损益，如表 8-3 所示。

表 8-3　各项换出资产终止确认的相关损益

单位：元

换出资产	账面价值	公允价值	处置损益
固定资产——厂房	1 200 000	1 100 000	-100 000
投资性房地产	3 600 000	3 900 000	300 000
合计	4 800 000	5 000 000	200 000

（3）甲公司的账务处理如下：

①终止确认换出的厂房，转入固定资产清理。

借：固定资产清理　　1 299 000
　　累计折旧——厂房　　300 000
　　贷：固定资产——厂房　　1 500 000
　　　　应交税费——应交增值税（销项税额）　　99 000

② 确认换入的土地使用权和货车，同时确认换出资产相关损益。

借：无形资产——土地使用权　　2 400 000
　　固定资产——货车　　3 000 000
　　应交税费——应交增值税（进项税额）　　606 000
　　资产处置损益　　100 000
　　贷：固定资产清理　　1 299 000
　　　　其他业务收入　　3 900 000
　　　　应交税费——应交增值税（销项税额）　　351 000
　　　　银行存款　　556 000

③ 确认换入的土地使用权的契税和过户费。

借：无形资产——土地使用权　　50 000
　　贷：银行存款　　50 000

④ 终止确认换出的投资性房地产，结转其他业务成本。

借：其他业务成本　　3 600 000
　　投资性房地产累计折旧　　600 000
　　贷：投资性房地产　　4 200 000

乙公司的会计处理如下：

（1）确定各项换入资产的初始计量金额，如表8-4所示。

表8-4 各项换入资产的初始计量金额

单位：元

换入资产	公允价值	换出资产公允价值总额－补价	分摊额	相关税费	初始计量金额
固定资产——厂房	1 100 000	不适用	1 100 000	30 000	1 130 000
投资性房地产	3 900 000	不适用	3 900 000	100 000	4 000 000
合计	5 000 000	5 000 000	5 000 000	130 000	5 130 000

（2）确定各项换出资产终止确认的相关损益，如表8-5所示。

表8-5 各项换出资产终止确认的相关损益

单位：元

换出资产	账面价值	公允价值	处置损益
无形资产——土地使用权	2 100 000	2 400 000	300 000
固定资产——货车	3 200 000	3 000 000	−200 000
合计	5 300 000	5 400 000	100 000

（3）乙公司的账务处理如下：

①终止确认换出的10辆货车，转入固定资产清理。

借：固定资产清理　　3 590 000
　　累计折旧——货车　　800 000
　　贷：固定资产——货车　　4 000 000
　　　　应交税费——应交增值税（销项税额）　　390 000

②确认换入的厂房和公寓楼，同时确认换出资产相关损益。

借：固定资产——厂房　　1 100 000
　　投资性房地产　　3 900 000
　　应交税费——应交增值税（进项税额）　　450 000
　　银行存款　　556 000
　　累计摊销　　100 000
　　贷：无形资产——土地使用权　　2 200 000
　　　　应交税费——应交增值税（销项税额）　　216 000
　　　　资产处置损益　　100 000

固定资产清理		3 590 000

③ 确认换入的厂房和公寓楼的契税和过户费。

借：固定资产——厂房	30 000	
投资性房地产	100 000	
贷：银行存款		130 000

8.3 披露

企业应当在附注中披露与非货币性资产交换有关的下列信息。

（1）非货币性资产交换是否具有商业实质及其原因。

（2）换入资产、换出资产的类别。

（3）换入资产初始计量金额的确定方式。

（4）换入资产、换出资产的公允价值，以及换出资产的账面价值。

（5）非货币性资产交换确认的损益。

第 9 章 资产减值

9.1　资产减值基础

资产减值是指资产的可收回金额低于其账面价值。其中，“资产”除了特别规定外，包括单项资产和资产组。资产组，是指企业可以认定的最小资产组合，其产生的现金流入应当基本上独立于其他资产或者资产组产生的现金流入。

9.2　可能发生减值资产的认定

9.2.1　资产减值情形的判定

企业应当在资产负债表日判断资产是否存在可能发生减值的迹象。因企业合并所形成的商誉和使用寿命不确定的无形资产，无论是否存在减值迹象，每年都应当进行减值测试。

存在下列迹象的，表明资产可能发生了减值。

（1）资产的市价当期大幅度下跌，其跌幅明显高于因时间的推移或者正常使用而预计的下跌。

（2）企业经营所处的经济、技术或者法律等环境以及资产所处的市场在当期或者将在近期发生重大变化，从而对企业产生不利影响。

（3）市场利率或者其他市场投资报酬率在当期已经提高，从而影响企业计算资产预计未来现金流量现值的折现率，导致资产可收回金额大幅度降低。

（4）有证据表明资产已经陈旧过时或者其实体已经损坏。

（5）资产已经或者将被闲置、终止使用或者计划提前处置。

（6）企业内部报告的证据表明资产的经济绩效已经低于或者将低于预期，如资产所创造的净现金流量或者实现的营业利润（或者亏损）远远低于（或者高于）预计金额等。

（7）其他表明资产可能已经发生减值的迹象。

9.2.2　可收回金额的确定

可收回金额应当根据资产的公允价值减去处置费用后的净额与资产预计未来现金流量的现值两者之间较高者确定。处置费用包括与资产处置有关的法律费用、相关税费、搬运费以及为使资产达到可销售状态所发生的直接费用等。

资产的公允价值减去处置费用后的净额与资产预计未来现金流量的现值，只要有一项超过了资产的账面价值，就表明资产没有发生减值，不需再估计另一项金额。

9.3　资产预计未来现金流量

本节主要介绍资产预计未来现金流量的基本原则及方法。资产预计未来现金流量，通常应当根据资产未来每期最有可能产生的现金流量进行预测。采用期望现金流量法更为合理的，应当采用期望现金流量法预计资产未来现金流量。

【例9-1】企业某固定资产剩余使用年限为3年，企业预计未来3年里在正常的情况下，该资产每年可为企业产生的净现金流量分别为100万元、50万元、10万元。该现金流量通常即为最有可能产生的现金流量，企业应以该现金流量的预计数为基础计算资产的现值。

但在实务中，有时影响资产未来现金流量的因素较多，情况较为复杂，带有很大的不确定性，因此，使用单一的现金流量可能并不会如实反映资产创造现金流量的实际情况，所以，企业应当采用期望现金流量法预计资产未来现金流量。

【例9-2】沿用【例9-1】，假定利用固定资产生产的产品受市场行情波动的影响大，企业预计未来3年每年的现金流量情况如表9-1所示。

表 9–1　未来 3 年每年的现金流量概率分布及发生情况

单位：万元

年份	产品行情好（30%的可能性）	产品行情一般（60%的可能性）	产品行情差（10%的可能性）
1	150	100	50
2	80	50	20
3	20	10	0

在这种情况下，采用期望现金流量法比传统法更为合理。在期望现金流量法下，资产未来现金流量应当根据每期现金流量期望值进行预计，每期现金流量期望值按照各种可能情况下的现金流量与其发生概率加权计算。按照表 9–1 提供的情况，企业应当计算资产每年的预计未来现金流量如下。

第 1 年的预计现金流量（期望现金流量）：

150×30% +100×60% +50×10% =110（万元）

第 2 年的预计现金流量（期望现金流量）：

80×30% +50×60% +20×10% =56（万元）

第 3 年的预计现金流量（期望现金流量）：

20×30% +10×60% +0×10% =12（万元）

应当注意的是，如果资产未来现金流量的发生时间是不确定的，企业应当根据资产在每一种可能情况下的现值及其发生概率直接加权计算资产未来现金流量的现值。

《企业会计准则第 8 号——资产减值》对资产预计未来现金流量现值的计算进行了案例讲解。

资产预计未来现金流量的现值，应当根据该资产预计的未来现金流量和折现率在资产剩余使用寿命内予以折现后的金额确定。计算公式如下：

资产预计未来现金流量的现值 =Σ［第 t 年预计资产未来现金流量 ÷（1+ 折现率）^{t}］

【例 9–3】某运输公司 2×20 年年末对一艘远洋运输船舶进行减值测试。该船舶原值为 30 000 万元，累计折旧为 14 000 万元，2×20 年年末账面价值为 16 000 万元，预计尚可使用 8 年。假定该船舶的公允价值减去处置费用后的净额难以确定，该公司通过计算其未来现金流量的现值确定可收回金额。

公司在考虑了与该船舶资产有关的货币时间价值和特定风险因素后，确定 10% 为该资产的最低必要报酬率，并将其作为计算未来现金流量现值时使用的折现率。

公司根据有关部门提供的该船舶历史运营记录、船舶性能状况和未来每年运量发展趋势，预计未来每年运营收入和相关人工费用、燃料费用、安全费用、港口码头费用以及日常维护费用等支出，在此基础上估计该船舶在 2×21 年至 2×28 年每年预计未来现金流量分别为：2 500 万元、

2 460万元、2 380万元、2 360万元、2 390万元、2 470万元、2 500万元和2 510万元。

根据上述预计未来现金流量和折现率，公司计算船舶预计未来现金流量的现值为13 038万元，计算过程如表9-2所示。

表9-2　船舶预计未来现金流量及折现计算情况

年份	预计未来现金流量（万元）	现值系数（折现率为10%）*	预计未来现金流量的现值（万元）
2×21	2 500	0.9091	2 273
2×22	2 460	0.8264	2 033
2×23	2 380	0.7513	1 788
2×24	2 360	0.6830	1 612
2×25	2 390	0.6209	1 484
2×26	2 470	0.5645	1 394
2×27	2 500	0.5132	1 283
2×28	2 510	0.4665	1 171
合计			13 038

注：* 可根据公式计算或者直接查复利现值系数表取得。

由于船舶的账面价值为16 000万元，可收回金额为13 038万元，其账面价值高于可收回金额2 962（16 000-13 038）万元。公司2×20年年末应将账面价值高于可收回金额的差额确认为当期资产减值损失，并计提相应的减值准备。

【例9-4】XYZ航运公司于20×0年年末对一艘远洋运输船舶进行减值测试。该船舶账面价值为1.6亿元，预计尚可使用年限为8年。

该船舶的公允价值减去处置费用后的净额难以确定，因此，公司需要通过计算其未来现金流量的现值确定资产的可收回金额。假定公司当初购置该船舶用的资金是银行长期借款资金，借款年利率为15%，公司认为15%是该资产的最低必要报酬率，已考虑了与该资产有关的货币时间价值和特定风险。因此，在计算其未来现金流量现值时，使用15%作为其折现率（税前）。

公司管理层批准的财务预算显示：公司将于20×5年更新船舶的发动机系统，预计为此发生资本性支出1 500万元，这一支出将降低船舶运输油耗、提高使用效率等，因此，将提高资产的运营绩效。

为了计算船舶在20×0年年末未来现金流量的现值，公司首先必须预计其未来现金流量。假定公司管理层批准的20×0年年末的该船舶预计未来现金流量如表9-3所示。

表 9-3　预计未来现金流量

单位：万元

年份	预计未来现金流量（不包括改良的影响金额）	预计未来现金流量（包括改良的影响金额）
20×1	2 500	
20×2	2 460	
20×3	2 380	
20×4	2 360	
20×5	2 390	
20×6	2 470	3 290
20×7	2 500	3 280
20×8	2 510	3 300
合计		9 870

根据《企业会计准则第 8 号——资产减值》（以下简称“该准则”）的规定，在 20×0 年年末预计资产未来现金流量时，应当以资产当时的状况为基础，不应考虑与该资产改良有关的预计未来现金流量，因此，尽管 20×5 年船舶的发动机系统将进行更新以提高资产绩效，提高资产未来现金流量，但是在 20×0 年年末对其进行减值测试时，则不应将其包括在内。即在 20×0 年年末计算该资产未来现金流量的现值时，应当以不包括资产改良影响金额的未来现金流量为基础加以计算，如表 9-4 所示。

表 9-4　现值的计算

单位：万元

年份	预计未来现金流量（不包括改良的影响金额）	以折现率为 15% 的折现系数	预计未来现金流量的现值
20×1	2 500	0.8696	2 174
20×2	2 460	0.7561	1 860
20×3	2 380	0.6575	1 565
20×4	2 360	0.5718	1 349
20×5	2 390	0.4972	1 188
20×6	2 470	0.4323	1 068
20×7	2 500	0.3759	940
20×8	2 510	0.3269	821
合计			10 965

由于在 20×0 年年末，船舶的账面价值（尚未确认减值损失）为 16 000 万元，而其可收回金额为 10 965 万元，账面价值高于其可收回金额，所以，应当确认减值损失，并计提相应的资产减值准备。应确认的减值损失为 5 035（16 000-10 965）万元。

假定在 20×1—20×4 年间该船舶没有发生进一步减值的迹象，因此，不必再进行减值测试，无须计算其可收回金额。20×5 年发生了 1 500 万元的资本性支出，提高了资产绩效，导致其未来现金流量增加，但由于该准则不允许将以前期间已经确认的资产减值损失予以转回，所以，在这种情况下，也不必计算其可收回金额。

【例 9-5】沿用【例 9-4】的资料，根据测试和计算结果，XYZ 公司应确认的船舶减值损失为 5 035 万元，账务处理如下：

借：资产减值损失——固定资产减值损失　　50 350 000

　　贷：固定资产减值准备　　50 350 000

9.4　资产减值损失的确定及处理

9.4.1　资产减值损失的确定原则

可收回金额的计量结果表明，资产的可收回金额低于其账面价值的，应当将资产的账面价值减记至可收回金额，减记的金额确认为资产减值损失，计入当期损益，同时计提相应的资产减值准备。

9.4.2　资产减值损失确认的会计处理

为了正确核算企业确认的资产减值损失和计提的资产减值准备，企业应当设置“资产减值损失”科目，按照资产类别进行明细核算，反映各类资产在当期确认的资产减值损失金额；同时，应当根据不同的资产类别，分别设置“固定资产减值准备”“在建工程减值准备”“投资性房地产减值准备”“无形资产减值准备”“商誉减值准备”“长期股权投资减值准备”“生产性生物资产减值准备”等科目。具体会计处理见表 9-5。

表 9–5 资产减值损失确认的会计处理

业务	会计处理
资产减值损失确认	借：资产减值损失 　　贷：资产减值准备

9.5 资产组的认定及减值处理

9.5.1 资产组的概念

有迹象表明一项资产可能发生减值的，企业应当以单项资产为基础估计其可收回金额。企业难以对单项资产的可收回金额进行估计的，应当以该资产所属的资产组为基础确定资产组的可收回金额。

9.5.2 资产组的认定

（一）认定资产组最关键因素是该资产组能否独立产生现金流入

【例 9–6】某矿业公司拥有一个煤矿，与煤矿的生产和运输相配套，建有一条专用铁路。该铁路除非报废出售，其在持续使用中，难以脱离煤矿相关的其他资产而产生单独的现金流入，因此，企业难以对专用铁路的可收回金额进行单独估计，专用铁路和煤矿其他相关资产必须结合在一起，成为一个资产组，以估计该资产组的可收回金额。

（二）企业对生产经营活动的管理或者监控方式以及对资产使用或者处置的决策方式等，也是认定资产组应考虑的重要因素

【例 9–7】ABC 服装企业有童装、西装、衬衫三个工厂，每个工厂在生产、销售、核算、考核和管理等方面都相对独立，在这种情况下，每个工厂通常应当认定为一个资产组。

（三）资产组认定后不得随意变更

根据该准则对资产组的认定说明，资产组一经确定后，在各个会计期间应当保持一致，不得随意变更，即资产组的各项资产构成通常不能随意变更。

9.5.3　资产组减值的会计处理

（一）基本原则

资产组或者资产组组合的可收回金额低于其账面价值的（总部资产和商誉分摊至某资产组或者资产组组合的，该资产组或者资产组组合的账面价值应当包括相关总部资产和商誉的分摊额），应当确认相应的减值损失。减值损失金额应当先抵减分摊至资产组或者资产组组合中商誉的账面价值，再根据资产组或者资产组组合中除商誉之外的其他各项资产的账面价值所占比重，按比例抵减其他各项资产的账面价值。

以上资产账面价值的抵减，应当作为各单项资产（包括商誉）的减值损失处理，计入当期损益。抵减后的各资产的账面价值不得低于以下三者之中最高者：该资产的公允价值减去处置费用后的净额（如可确定的）、该资产预计未来现金流量的现值（如可确定的）和零。因此而导致的未能分摊的减值损失金额，应当按照相关资产组中其他各项资产的账面价值所占比重进行分摊。

（二）根据资产组账面价值和可收回金额的确定基础

资产组减值测试的原理和单项资产是一致的，即企业需要预计资产组的可收回金额和计算资产组的账面价值，并将两者进行比较，如果资产组的可收回金额低于其账面价值的，表明资产组发生了减值损失，应当予以确认。

【例 9-8】XYZ 公司有一条甲生产线，该生产线生产光学器材，由 A、B、C 这 3 部机器构成，成本分别为 400 000 元、600 000 元、1 000 000 元。使用年限为 10 年，净残值为零，以年限平均法计提折旧。各机器均无法单独产生现金流量，但整条生产线构成完整的产销单位，属于一个资产组。2×20 年甲生产线所生产的光学产品有替代产品上市，年底，导致公司光学产品的销路锐减 40%，因此，公司对甲生产线进行减值测试。

2×20 年 12 月 31 日，A、B、C 三部机器的账面价值分别为 200 000 元、300 000 元、500 000 元。估计 A 机器的公允价值减去处置费用后的净额为 150 000 元，B、C 机器都无法合理估计其公允价值减去处置费用后的净额以及未来现金流量的现值。

整条生产线预计尚可使用 5 年。经估计其未来 5 年的现金流量及其恰当的折现率后，得到该生产线预计未来现金流量的现值为 600 000 元。由于公司无法合理估计生产线的公允价值减去处置费用后的净额，公司以该生产线预计未来现金流量的现值为其可收回金额。

鉴于在 2×20 年 12 月 31 日该生产线的账面价值为 1 000 000 元，而其可收回金额为 600 000 元，生产线的账面价值高于其可收回金额，所以，该生产线已经发生了减值，公司应当确认减值损失 400 000 元，并将该减值损失分摊到构成生产线的 3 部机器中。由于 A 机器的公允价值减去处置费用后的净额为 150 000 元，所以，A 机器分摊了减值损失后的账面价值不应低于 150 000 元。具体分摊过程如表 9-6 所示。

表 9–6　资产组减值损失分摊过程

单位：元

项目	机器 A	机器 B	机器 C	整个生产线（资产组）
账面价值	200 000	300 000	500 000	1 000 000
可收回金额				600 000
减值损失				400 000
减值损失分摊比例	20%	30%	50%	
分摊减值损失	50 000	120 000	200 000	370 000
分摊后账面价值	150 000	180 000	300 000	
尚未分摊的减值损失				30 000
二次分摊比例		37.50%	62.50%	
二次分摊减值损失		11 250	18 750	30 000
二次分摊后应确认减值损失总额		131 250	218 750	400 000
二次分摊后账面价值	150 000	168 750	281 250	600 000

根据上述计算和分摊结果，构成甲生产线的机器 A、机器 B 和机器 C 应当分别确认减值损失 50 000 元、131 250 元和 218 750 元，账务处理如下：

借：资产减值损失——机器 A　　50 000
　　　　　　　　——机器 B　　131 250
　　　　　　　　——机器 C　　218 750
　贷：固定资产减值准备——机器 A　　50 000
　　　　　　　　　　　——机器 B　　131 250
　　　　　　　　　　　——机器 C　　218 750

（三）总部资产的资产减值

（1）总部资产定义：企业总部资产包括企业集团或其事业部的办公楼、电子数据处理设备等资产。

（2）总部资产减值的基本原则：有迹象表明某项总部资产可能发生减值的，企业应当计算确定该总部资产所归属的资产组或者资产组组合的可收回金额，然后将其与相应的账面价值相比较，据以判断是否需要确认减值损失。

（3）总部资产减值测试：企业对某一资产组进行减值测试，应当先认定所有与该资产组相关的总部资产，再根据相关总部资产能否按照合理和一致的基础分摊至该资产组分别进行下列情况处理。

① 对于相关总部资产能够按照合理和一致的基础分摊至该资产组的部分，应当将该部分

总部资产的账面价值分摊至该资产组，再据以比较该资产组的账面价值（包括已分摊的总部资产的账面价值部分）和可收回金额，并按照该准则第二十二条的规定处理。

② 对于相关总部资产中有部分资产难以按照合理和一致的基础分摊至该资产组的，应当按照下列步骤处理。

首先，在不考虑相关总部资产的情况下，估计和比较资产组的账面价值和可收回金额，按照资产减值的基本原则进行处理。

其次，认定由若干个资产组组成的最小的资产组组合，该资产组组合应当包括所测试的资产组与可以按照合理和一致的基础将该部分总部资产的账面价值分摊其上的部分。

最后，比较所认定的资产组组合的账面价值（包括已分摊的总部资产的账面价值部分）和可收回金额，并按照资产减值的基本原则进行处理。

【例 9–9】ABC 高科技企业拥有 A、B 和 C 三个资产组，在 20×0 年年末，这三个资产组的账面价值分别为 200 万元、300 万元和 400 万元，没有商誉。这三个资产组为三条生产线，预计剩余使用寿命分别为 10 年、20 年和 20 年，采用直线法计提折旧。由于 ABC 公司的竞争对手通过技术创新推出了更高技术含量的产品，并且受到市场欢迎，从而对 ABC 公司产品产生了重大不利影响，为此，ABC 公司于 20×0 年年末对各资产组进行了减值测试。

在对资产组进行减值测试时，首先应当认定与其相关的总部资产。ABC 公司的经营管理活动由总部负责，总部资产包括一栋办公大楼和一个研发中心，其中办公大楼的账面价值为 300 万元，研发中心的账面价值为 100 万元。办公大楼的账面价值可以在合理和一致的基础上分摊至各资产组，但是，研发中心的账面价值难以在合理和一致的基础上分摊至各相关资产组。对于办公大楼的账面价值，企业根据各资产组的账面价值和剩余使用寿命加权平均计算的账面价值分摊比例进行分摊，如表 9–7 所示。

表 9–7　各资产组账面价值情况

单位：万元

项目	资产组 A	资产组 B	资产组 C	合计
各资产组账面价值	200	300	400	900
各资产组剩余使用寿命	10	20	20	
按使用寿命计算的权重	1	2	2	
加权计算后的账面价值	200	600	800	1 600
办公大楼分摊比例（各资产组加权计算后的账面价值 ÷ 各资产组加权平均计算后的账面价值合计）	12.5%	37.5%	50%	100%
办公大楼账面价值分摊到各资产组的金额	37.5	112.5	150	300
包括分摊的办公大楼账面价值部分的各资产组账面价值	237.5	412.5	550	1 200

企业随后应当确定各资产组的可收回金额，并将其与账面价值（包括已分摊的办公大楼的账

面价值部分）相比较，以确定相应的减值损失。考虑到研发中心的账面价值难以按照合理和一致的基础分摊至资产组，因此，确定由 A、B、C 三个资产组组成最小资产组组合（即 ABC 整个企业），通过计算该资产组组合的可收回金额，并将其与账面价值（包括已分摊的办公大楼账面价值和研发中心的账面价值）相比较，以确定相应的减值损失。假定各资产组和资产组组合的公允价值减去处置费用后的净额难以确定，企业根据它们的预计未来现金流量的现值来计算其可收回金额，计算现值所用的折现率为 15%。计算过程如表 9-8 所示。

表 9-8　现金流量预测及折现计算过程

单位：万元

年份	资产组 A		资产组 B		资产组 C		包括研发中心在内的最小资产组组合（ABC 公司）	
	未来现金流量	现值	未来现金流量	现值	未来现金流量	现值	未来现金流量	现值
1	36	32	18	16	20	18	78	68
2	62	46	32	24	40	30	144	108
3	74	48	48	32	68	44	210	138
…			…	…	…	…	…	…
19			28	2	86	6	170	12
20			20	2	70	4	142	8
现值合计		398		328		542		1 440

根据上述资料，资产组 A、B、C 的可收回金额分别为 398 万元、328 万元和 542 万元，相应的账面价值（包括分摊的办公大楼账面价值）分别为 237.5 万元、412.5 万元和 550 万元，资产组 B 和 C 的可收回金额均低于其账面价值，应当分别确认 84.5 万元和 8 万元减值损失，并将该减值损失在办公大楼和资产组之间进行分摊。根据分摊结果，因资产组 B 发生减值损失 84.5 万元而导致办公大楼减值 23.05（84.5×112.5÷412.5）万元，导致资产组 B 中所包括资产发生减值 61.45（84.5×300÷412.5）万元；因资产组 C 发生减值损失 8 万元而导致办公大楼减值 2（8×150÷550）万元，导致资产组 C 中所包括资产发生减值 6（8×400÷550）万元。

经过上述减值测试后，资产组 A、B、C 和办公大楼的账面价值分别为 200 万元、238.55 万元、394 万元和 274.95 万元，研发中心的账面价值仍为 100 万元，由此包括研发中心在内的最小资产组组合（即 ABC 公司）的账面价值总额为 1 207.50（200+238.55+394+274.95+100）万元，但其可收回金额为 1 440 万元，高于其账面价值，因此，企业不必再进一步确认减值损失（包括研发中心的减值损失）。

9.6　商誉减值的处理

9.6.1　资产减值的基本原则

企业合并所形成的商誉，至少应当在每年年度终了进行减值测试。

（1）商誉应当结合与其相关的资产组或者资产组组合进行减值测试。相关的资产组或者资产组组合应当是能够从企业合并的协同效应中受益的资产组或者资产组组合，不应当大于按照《企业会计准则第 35 号——分部报告》所确定的报告分部。

（2）企业进行资产减值测试，对于因企业合并形成的商誉的账面价值，应当自购买日起按照合理的方法分摊至相关的资产组；难以分摊至相关的资产组的，应当将其分摊至相关的资产组组合。在将商誉的账面价值分摊至相关的资产组或者资产组组合时，应当按照各资产组或者资产组组合的公允价值占相关资产组或者资产组组合公允价值总额的比例进行分摊。公允价值难以可靠计量的，按照各资产组或者资产组组合的账面价值占相关资产组或者资产组组合账面价值总额的比例进行分摊。

（3）企业因重组等原因改变了其报告结构，从而影响到已分摊商誉的一个或者若干个资产组或者资产组组合构成的，应当按照与本条前款规定相似的分摊方法，将商誉重新分摊至受影响的资产组或者资产组组合。

9.6.2　商誉减值测试的方法与会计处理

企业在对包含商誉的相关资产组或者资产组组合进行减值测试时，如与商誉相关的资产组或者资产组组合存在减值迹象的，应当首先对不包含商誉的资产组或者资产组组合进行减值测试，计算可收回金额，并与相关账面价值相比较，确认相应的减值损失。然后再对包含商誉的资产组或者资产组组合进行减值测试，比较这些相关资产组或者资产组组合的账面价值（包括所分摊的商誉的账面价值部分）与其可收回金额，再根据资产组或者资产组组合中除商誉之外的其他各项资产的账面价值所占比重，按比例抵减其他各项资产的账面价值。具体会计处理见表 9-9。

表 9-9　不同合并方式下商誉减值的会计处理

合并方式	会计处理
吸收合并（个别报表）	借：资产减值损失 　　贷：商誉减值准备
控股合并（合并报表）	借：资产减值损失 　　贷：商誉——商誉减值准备

【例 9-10】甲企业在 20×7 年 1 月 1 日以 1 600 万元的价格收购了乙企业 80% 的股权。在收购日，乙企业可辨认资产的公允价值为 1 500 万元，没有负债和或有负债。因此，甲企业在其合并财务报表中确认商誉 400（1 600-1 500×80%）万元、乙企业可辨认净资产 1 500 万元和少数股东权益 300（1 500×20%）万元。

假定乙企业的所有资产被认定为一个资产组。由于该资产组包括商誉，所以，它至少应当于每年年度终了进行减值测试。在 20×7 年年末，甲企业确定该资产组的可收回金额为 1 000 万元，可辨认净资产的账面价值为 1 350 万元。由于乙企业作为一个单独的资产组的可收回金额 1 000 万元中，包括归属于少数股东权益在商誉价值中享有的部分。所以，出于减值测试的目的，在与资产组的可收回金额进行比较之前，必须对资产组的账面价值进行调整，使其包括归属于少数股东权益的商誉价值 100[（1 600÷80% -1 500）×20%]万元。然后，再据以比较该资产组的账面价值和可收回金额，确定是否发生了减值损失。其测试过程如表 9-10 所示。

表 9-10　商誉减值的测试过程

单位：万元

20×7 年年末	商誉	可辨认资产	合计
账面价值	400	1 350	1 750
未确认归属于少数股东权益的商誉价值	100		100
调整后的账面价值	500	1 350	1 850
可收回金额			1 000
减值损失			850

以上计算出的减值损失 850 万元应当首先冲减商誉的账面价值，然后，再将剩余部分分摊至资产组中的其他资产。在本例中，850 万元减值损失中有 500 万元应当属于商誉减值损失，其中，由于确认的商誉仅限于甲企业持有乙企业 80% 股权部分，所以，甲企业只需要在合并财务报表中确认归属于甲企业的商誉减值损失，即 500 万元商誉减值损失的 80%，即 400 万元。剩余的 350（850-500）万元减值损失应当冲减乙企业可辨认资产的账面价值，作为乙企业可辨认资产的减值损失。商誉减值损失的分摊过程如表 9-11 所示。

表 9-11　商誉减值损失的分摊过程

单位：万元

20×7 年年末	商誉	可辨认资产	合计
账面价值	400	1 350	1 750
确认的减值损失	（400）	（350）	（750）
确认减值损失后的账面价值		1 000	1 000

9.7　披露

《企业会计准则第 8 号——资产减值》对资产减值应当披露的信息作出了明确规定。

（一）企业应当在附注中披露与资产减值有关的下列信息

（1）当期确认的各项资产减值损失金额。

（2）计提的各项资产减值准备累计金额。

（3）提供分部报告信息的，应当披露每个报告分部当期确认的减值损失金额。

（二）发生重大资产减值损失的，应当在附注中披露导致每项重大资产减值损失的原因和当期确认的重大资产减值损失的金额

（1）发生重大减值损失的资产是单项资产的，应当披露该单项资产的性质。提供分部报告信息的，还应披露该项资产所属的主要报告分部。

（2）发生重大减值损失的资产是资产组（或者资产组组合，下同）的，应当披露下列信息。

① 资产组的基本情况。

② 资产组中所包括的各项资产于当期确认的减值损失金额。

③ 资产组的组成与前期相比发生变化的，应当披露变化的原因以及前期和当期资产组组成情况。

（三）对于重大资产减值，应当在附注中披露资产（或者资产组，下同）可收回金额的确定方法

（1）可收回金额按资产的公允价值减去处置费用后的净额确定的，还应当披露公允价值减去处置费用后的净额的估计基础。

（2）可收回金额按资产预计未来现金流量的现值确定的，还应当披露估计其现值时所采用的折现率，以及该资产前期可收回金额也按照其预计未来现金流量的现值确定的情况下，前期所采用的折现率。

（四）在附注中披露下列信息

分摊到某资产组的商誉（或者使用寿命不确定的无形资产，下同）的账面价值占商誉账面价值总额的比例重大的，应当在附注中披露下列信息。

（1）分摊到该资产组的商誉的账面价值。

（2）该资产组可收回金额的确定方法。

① 可收回金额按照资产组公允价值减去处置费用后的净额确定的，还应当披露确定公允价值减去处置费用后的净额的方法。资产组的公允价值减去处置费用后的净额不是按照市场价格确定的，应当披露下列信息。

a. 企业管理层在确定公允价值减去处置费用后的净额时所采用的各关键假设及其依据。

b. 企业管理层在确定各关键假设相关的价值时，是否与企业历史经验或者外部信息来源相一致；如不一致，应当说明理由。

② 可收回金额按照资产组预计未来现金流量的现值确定的，应当披露下列信息。

a. 企业管理层预计未来现金流量的各关键假设及其依据。

b. 企业管理层在确定各关键假设相关的价值时，是否与企业历史经验或者外部信息来源相一致；如不一致，应当说明理由。

c. 估计现值时所采用的折现率。

（五）企业应当在附注中说明分摊到上述资产组的商誉合计金额

商誉的全部或者部分账面价值分摊到多个资产组、且分摊到每个资产组的商誉的账面价值占商誉账面价值总额的比例不重大的，企业应当在附注中说明这一情况以及分摊到上述资产组的商誉合计金额。

商誉账面价值按照相同的关键假设分摊到上述多个资产组、且分摊的商誉合计金额占商誉账面价值总额的比例重大的，企业应当在附注中说明这一情况，并披露下列信息。

（1）分摊到上述资产组的商誉的账面价值合计。

（2）采用的关键假设及其依据。

（3）企业管理层在确定各关键假设相关的价值时，是否与企业历史经验或者外部信息来源相一致；如不一致，应当说明理由。

第 10 章
职工薪酬

10.1　职工薪酬的概念及分类

10.1.1　职工薪酬的概念

职工薪酬，是指企业为获得职工提供的服务或解除劳动关系而给予的各种形式的报酬或补偿。企业提供给职工配偶、子女、受赡养人、已故员工遗属及其他受益人等的福利，也属于职工薪酬。

10.1.2　职工薪酬的分类

职工薪酬主要包括短期薪酬、离职后福利、辞退福利和其他长期职工福利，如图 10-1 所示。

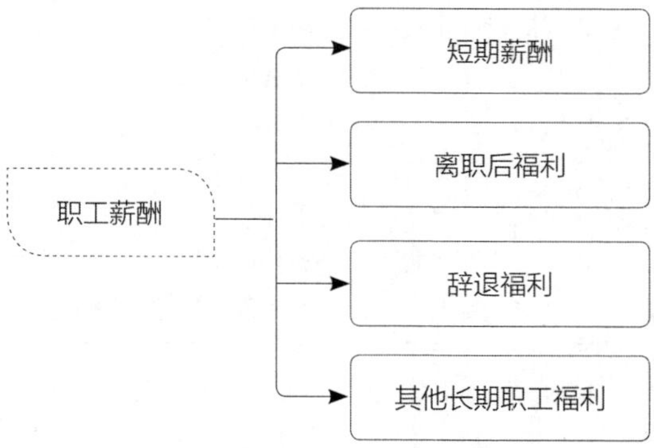

图 10-1　职工薪酬的分类

10.2 短期薪酬的确认与计量

企业应当在职工为其提供服务的会计期间，将实际发生的短期薪酬确认为负债，并计入当期损益，其他会计准则要求或允许计入资本成本的除外。短期薪酬的确认与计量将分为货币性短期薪酬、带薪缺勤、短期利润分享计划和非货币性福利四个部分。

10.2.1 货币性短期薪酬

职工的工资、奖金、津贴和补贴，大部分的职工福利费、医疗保险费、工伤保险费和生育保险费等社会保险费，住房公积金、工会经费和职工教育经费一般属于货币性短期薪酬，具体如表 10-1 所示。

表 10-1　货币性短期薪酬的会计处理

业务	会计处理
货币性短期薪酬	借：生产成本 / 制造费用 / 管理费用 / 销售费用 / 研发支出 / 在建工程等 　贷：应付职工薪酬——工资 发放时： 借：应付职工薪酬——工资 　贷：银行存款等 　　应交税费——应交个人所得税 　　其他应收款（收回代垫款） 　　其他应付款（代扣代缴）

企业发生的职工福利费，应当在实际发生时根据实际发生额计入当期损益或相关资产成本。职工福利费为非货币性福利的，应当按照公允价值计量。具体会计处理如表 10-2 所示。

表 10-2　非货币性福利的会计处理

业务	会计处理
非货币性福利	借：生产成本等 　贷：应付职工薪酬——职工福利 　　　　　　　　——非货币性福利 借：应付职工薪酬——职工福利 　贷：银行存款等 借：应付职工薪酬——非货币性福利 　贷：主营业务收入（公允价值） 　　应交税费——应交增值税（销项税额）

企业为职工缴纳的医疗保险费、工伤保险费、生育保险费等社会保险费和住房公积金，以及按规定提取的工会经费和职工教育经费，应当在职工为其提供服务的会计期间，根据规定的计提基础和计提比例计算确定相应的职工薪酬金额，并确认相应负债，计入当期损益或相关资产成本。具体会计处理如表 10-3 所示。

表 10-3　企业为职工缴纳的五险一金及两费的会计处理

业务	会计处理
企业为职工缴纳的五险一金及两费	借：生产成本等 　贷：应付职工薪酬——社会保险费 　　　　　　　　——住房公积金 　　　　　　　　——工会经费 　　　　　　　　——职工教育经费

【例 10-1】2×20 年 6 月，安吉公司当月应发工资 2 000 万元，其中：生产部门直接生产人员工资 1 000 万元；生产部门管理人员工资 200 万元；公司管理部门人员工资 360 万元；公司专设产品销售机构人员工资 100 万元；建造厂房人员工资 220 万元；内部开发存货管理系统人员工资 120 万元。

根据所在地政府规定，公司分别按照职工工资总额的 10%、12%、2% 和 10.5% 计提医疗保险费、养老保险费、失业保险费和住房公积金，缴纳给当地社会保险经办机构和住房公积金管理机构。公司内设医务室，根据 2×19 年实际发生的职工福利费情况，公司预计 2×20 年应承担的职工福利费义务金额为职工工资总额的 2%，职工福利的受益对象为上述所有人员。公司分别按照职工工资总额的 2% 和 1.5% 计提工会经费和职工教育经费。假定公司存货管理系统已处于开发阶段、并符合《企业会计准则第 6 号——无形资产》资本化为无形资产的条件。

应计入生产成本的职工薪酬金额

=1 000+1 000×（10% +12% +2% +10.5% +2% +2% +1.5%）=1 400（万元）

应计入制造费用的职工薪酬金额

=200+200×（10% +12% +2% +10.5% +2% +2% +1.5%）=280（万元）

应计入管理费用的职工薪酬金额

=360+360×（10% +12% +2% +10.5% +2% +2% +1.5%）=504（万元）

应计入销售费用的职工薪酬金额

=100+100×（10% +12% +2% +10.5% +2% +2% +1.5%）=140（万元）

应计入在建工程成本的职工薪酬金额

=220+220×（10% +12% +2% +10.5% +2% +2% +1.5%）=308（万元）

应计入无形资产成本的职工薪酬金额

=120+120×（10% +12% +2% +1.5% +2% +2% +1.5%）=168（万元）

公司在分配工资、职工福利费、各种社会保险费、住房公积金、工会经费和职工教育经费等职工薪酬时，应做如下账务处理：

借：生产成本	14 000 000
制造费用	2 800 000
管理费用	5 040 000

销售费用	1 400 000	
在建工程	3 080 000	
研发支出——资本化支出	1 680 000	
贷：应付职工薪酬——工资		20 000 000
——职工福利		400 000
——社会保险费		4 800 000
——住房公积金		2 100 000
——工会经费		400 000
——职工教育经费		300 000

10.2.2 带薪缺勤

（一）带薪缺勤的准则规定

企业对各种原因产生的缺勤进行补偿，如年休假、病假、短期伤残假、婚假、产假、丧假、探亲假等。带薪缺勤分为累积带薪缺勤和非累积带薪缺勤两类。具体如表 10-4 所示。

表 10-4　带薪缺勤类型

带薪缺勤类型	定义
累积带薪缺勤	带薪缺勤权利可以结转下期的带薪缺勤，本期尚未用完的带薪缺勤权利可以在未来期间使用
非累积带薪缺勤	带薪缺勤权利不能结转下期的带薪缺勤，本期尚未用完的带薪缺勤权利将予以取消，并且职工离开企业时也无权获得现金支付

实务中，我国企业一般是在缺勤期间计提应付工资时一并处理，即借记“生产成本”等科目，贷记“应付职工薪酬”科目。具体会计处理如表 10-5 所示。

表 10-5　带薪缺勤的会计处理

业务	会计处理
带薪缺勤	借：生产成本等 　　贷：应付职工薪酬

当职工提供了服务从而增加了其享有的未来带薪缺勤的权利时，企业就产生了一项义务，应当予以确认和计量，并按照带薪缺勤计划予以支付。

（二）带薪缺勤准则的具体运用

【例 10-2】甲公司共有 1 000 名职工，该公司实行累积带薪缺勤制度。该制度规定，每个职工每年可享受 5 个工作日带薪病假，未使用的病假只能向后结转一个日历年度，超过一年未使用的权利作废，职工不能在离开公司时获得现金支付；职工休病假以后进先出为基础，即首先从当年可享受的权利中扣除，再从上年结转的带薪病假余额中扣除；职工离开公司时，公司对职工未使用的累积带薪病假不支付现金。

2×19年12月31日，每个职工当年平均未使用的带薪病假为2天。根据过去的经验并预期该经验将继续适用，甲公司预计2×20年有950名职工将享受不超过5天的带薪病假，剩余50名职工每人将平均享受6天半病假，假定这50名职工全部为总部各部门经理，该公司平均每名职工每个工作日工资为300元。

分析：甲公司在2×19年12月31日应当预计由于职工累积未使用的带薪病假权利而导致的预期支付的追加金额，即相当于75天（50×1.5天）的病假工资22 500（75×300）元，并做如下账务处理：

借：管理费用　22 500

　　贷：应付职工薪酬——累积带薪缺勤　22 500

假定2×20年12月31日，上述50名部门经理中有40名享受了6天半病假，缺勤工资随同正常工资以银行存款支付。另有10名只享受了5天病假，由于该公司的带薪缺勤制度规定，未使用的权利只能结转一年，超过一年未使用的权利将作废。2×20年年末，甲公司应做如下账务处理：

借：应付职工薪酬——累积带薪缺勤　18 000

　　贷：银行存款　（40×1.5×300）18 000

借：应付职工薪酬——累积带薪缺勤　4 500

　　贷：管理费用　（10×1.5×300）4 500

（冲回未使用）

假设该公司的带薪缺勤制度规定，职工累积未使用的带薪缺勤权利可以无限期结转，且可以于职工离开企业时以现金支付。甲公司1 000名职工中，50名为总部各部门经理，100名为总部各部门职员，800名为直接生产工人，50名工人正在建造一栋自用办公楼。

分析：甲公司在2×19年12月31日应当预计由于职工累积未使用的带薪病假权利而导致的全部金额，即相当于2 000（1 000×2）天的病假工资60（2 000 ×300）万元，并做如下账务处理：

借：管理费用　90 000

　　生产成本　480 000

　　在建工程　30 000

　　贷：应付职工薪酬——累积带薪缺勤　600 000

【例10-3】甲公司从2×19年1月1日起实行累积带薪缺勤制度，制度规定，该公司每名职工每年有权享受12个工作日的带薪休假，休假权利可以向后结转两个日历年度。在第2年年末，公司将对职工未使用的带薪休假权利支付现金。假定该公司每名职工平均每月工资2 000元，每名职工每月工作日为20个，每个工作日平均工资为100元。以公司一名直接参与生产的职工为例。

①假定2×19年1月，该名职工没有休假。公司应当在职工为其提供服务的当月，累积相当于1个工作日工资的带薪休假义务，并做如下账务处理：

借：生产成本　　2 100

　　贷：应付职工薪酬——工资　　2 000

　　　　　　　　　——累积带薪缺勤　　100

②假定 2×19 年 2 月，该名职工休了 1 天假。公司应当在职工为其提供服务的当月，累积相当于 1 个工作日工资的带薪休假义务，反映职工使用累积权利的情况，并做如下账务处理：

借：生产成本　　2 100

　　贷：应付职工薪酬——工资　　2 000

　　　　　　　　　——累积带薪缺勤　　100

（计提本期休假）

借：应付职工薪酬——累积带薪缺勤　　100

　　贷：生产成本　　100

（使用上期休假）

③假定第 2 年年末（2×20 年 12 月 31 日），该名职工有 5 个工作日未使用的带薪休假到期，公司以现金支付了未使用的带薪休假（如果不支付现金，就冲回成本费用）。

借：应付职工薪酬——累积带薪缺勤　　500

　　贷：库存现金　　（5×100）500

10.2.3 短期利润共享计划

（一）短期利润共享计划的准则规定

《企业会计准则第 9 号——职工薪酬》第九条规定，利润分享计划同时满足下列条件的，企业应当确认相关的应付职工薪酬：

（1）企业因过去事项导致现在具有支付职工薪酬的法定义务或推定义务；

（2）因利润分享计划所产生的应付职工薪酬义务金额能够可靠估计。

具体会计处理如表 10-6 所示。

表 10-6　短期利润共享计划的会计处理

业务	会计处理
短期利润共享计划	借：管理费用等 　贷：应付职工薪酬——利润分享计划（根据利润分享计划确定的金额）

（二）短期利润共享计划的具体运用

【例 10-4】丙公司有一项利润分享计划，要求丙公司将其至 2×19 年 12 月 31 日止会计年度的税前利润的指定比例支付给在 2×19 年 7 月 1 日至 2×20 年 6 月 30 日为丙公司提供服务的职工。该奖金于 2×20 年 6 月 30 日支付。2019 年 12 月 31 日止，财务年度的税前利润为 1 000 万元人民币。2×19 年 12 月 31 日至 2×20 年 6 月 30 日期间没有职工离职，则当年的利润共享支付总额为税前利润的3%。丙公司估计职工离职将使支付额降低至税前利润的2.5%（其中，直接参加生产的职工享有1%，总部管理人员享有1.5%），不考虑个人所得税影响。

分析：尽管支付额是按照截至2×19年12月31日会计年度的税前利润的3%计量，但是业绩却是基于职工在2×19年7月1日至2×20年6月30日期间提供的服务。因此，丙公司在2×19年12月31日应按照税前利润的50%的2.5%确认负债和成本及费用，金额为125 000元（10 000 000×50%×2.5%）。余下的利润分享金额，连同针对估计金额与实际支付金额之间的差额做出的调整额，在2×20年予以确认。

2×19年12月31日的账务处理如下：

借：生产成本	50 000	
管理费用	75 000	
贷：应付职工薪酬——利润分享计划		125 000

2×20年6月30日，丙公司的职工离职使其支付的利润分享金额为2×19年度税前利润的2.8%（直接参加生产的职工享有1.1%，总部管理人员享有1.7%），在2×20年确认余下的利润分享金额，连同针对估计金额与实际支付金额之间的差额做出的调整额合计为155 000元（10 000 000×2.8%-125 000）。其中，计入生产成本的利润分享计划金额60 000元（10 000 000×1.1%-50 000）。计入管理费用的利润分享计划金额95 000元（10 000 000×1.7%-75 000）。

2×16年6月30日的账务处理如下：

借：生产成本	60 000	
管理费用	95 000	
贷：应付职工薪酬——利润分享计划		155 000

10.2.4 非货币性福利

（一）非货币性福利的准则规定

企业向职工提供非货币性福利的，应当按照公允价值计量。公允价值无法可靠取得的，可以按照成本计量。

1. 以自产产品或外购商品发放给职工作为福利

（1）企业以其生产的产品作为非货币性福利提供给职工的，应当按照该产品的公允价值和相关税费，计量应计入成本费用的职工薪酬金额，相关收入的确认、销售成本的结转和相关税费的处理，与正常商品销售相同。

（2）以外购商品作为非货币性福利提供给职工的，应当按照该商品的公允价值和相关税费计入成本费用。

2. 将拥有的房屋等资产无偿提供给职工使用或租赁住房等资产供职工无偿使用

（1） 企业将拥有的房屋等资产无偿提供给职工使用的，应当根据受益对象，将住房每期的公允价值计入当期损益或相关资产成本，同时确认应付职工薪酬。公允价值无法可靠取得的，可以按照成本计量。

（2）租赁住房等资产供职工无偿使用的，应当根据受益对象，将每期应付的租金计入相关资产成本或当期损益，并确认应付职工薪酬。

3. 向职工提供企业支付了补贴的商品或服务

企业有时以低于企业取得资产或服务成本的价格向职工提供资产或服务，比如以低于成本的价格向职工出售住房、以低于企业支付的价格向职工提供医疗保健服务。以提供包含补贴的住房为例，企业在出售住房等资产时，应当将此类资产的公允价值与其内部售价之间的差额（即相当于企业补贴的金额）分别情况处理。

（1）如果出售住房的合同或协议中规定了职工在购得住房后至少应当提供服务的年限，且如果职工提前离开则应退回部分差价，企业应当将该项差额作为长期待摊费用处理，并在合同或协议规定的服务年限内平均摊销，根据受益对象分别计入相关资产成本或当期损益。

（2）如果出售住房的合同或协议中未规定职工在购得住房后必须服务的年限，企业应当将该项差额直接计入出售住房当期相关资产成本或当期损益。

（二）非货币性福利的具体应用

【例 10-5】甲公司为增值税一般纳税人，适用的增值税税率为 13%。甲公司 2×20 年发生的与职工薪酬相关的事项如下：

2×20 年 4 月 10 日，甲公司董事会通过决议，以本公司自产产品作为奖品，对乙车间全体员工超额完成一季度生产任务进行奖励，每名员工奖励一件产品，该车间员工总数为 200 人，其中车间管理人员 30 人，一线生产工人 170 人，发放给员工的本公司产品市场售价为 3 000 元 / 件，成本为 1 800 元 / 件。4 月 20 日，200 件产品发放完毕。

本题不考虑其他因素。

要求：就甲公司 2×20 年发生的与职工薪酬有关的事项，说明其应进行的会计处理并编制相关会计分录。

甲公司应将发放给员工的本企业产品视同销售，并作为对员工的薪酬处理。

借：生产成本　　57.63［170×0.3×（1+13%）］

　　制造费用　　10.17［30×0.3×（1+13%）］

　　贷：应付职工薪酬　　67.8

借：应付职工薪酬　　67.8

　　贷：主营业务收入　　60（0.3×200）

　　　　应交税费——应交增值税（销项税额）　　7.8（0.3×200×13%）

借：主营业务成本　　36（0.18×200）

　　贷：库存商品　　36

【例10-6】2×15年丁公司为总部各部门经理级别以上职工提供自建单位宿舍免费使用，同时为副总裁以上高级管理人员每人租赁一套住房。该公司总部共有部门经理以上职工60名，每人提供一间单位宿舍免费使用，假定每间单位宿舍每月计提折旧1 000元；该公司共有副总裁以上高级管理人员10名，公司为其每人租赁一套月租金为10 000元的公寓。该公司每月应作如下账务处理：

借：管理费用	60 000	
贷：应付职工薪酬——非货币性福利		60 000
借：应付职工薪酬——非货币性福利	60 000	
贷：累计折旧		60 000
借：管理费用	100 000	
贷：应付职工薪酬——非货币性福利		100 000
借：应付职工薪酬——非货币性福利	100 000	
贷：其他应付款		100 000

【例10-7】2×15年5月，甲公司购买了100套全新的公寓拟以优惠价格向职工出售，该公司共有100名职工，其中80名为直接生产人员，20名为公司总部管理人员。甲公司拟向直接生产人员出售的住房平均每套购买价为100万元，向职工出售的价格为每套80万元；拟向管理人员出售的住房平均每套购买价为180万元，向职工出售的价格为每套150万元。假定该100名职工均在2×15年度中陆续购买了公司出售的住房，售房协议规定，职工在取得住房后必须在公司服务15年。不考虑相关税费。

甲公司出售住房时应作如下账务处理：

借：银行存款	94 000 000	
长期待摊费用	22 000 000	
贷：固定资产		116 000 000

出售住房后，甲公司每年应当按照直线法在15年内摊销长期待摊费用，并作如下账务处理：

借：生产成本	1 066 667	
管理费用	400 000	
贷：应付职工薪酬——非货币性福利		1 466 667
借：应付职工薪酬——非货币性福利	1 466 667	
贷：长期待摊费用		1 466 667

10.3　离职后福利的确认与计量

离职后福利，是指企业为获得职工提供的服务而在职工退休或与企业解除劳动关系后，提供的各种形式的报酬和福利，短期薪酬和辞退福利除外。离职后福利包括退休福利（如养老金和一次性的退休支付）及其他离职后福利（如离职后人寿保险和离职后医疗保障）。

企业应当将离职后福利计划分类为设定提存计划和设定受益计划两种类型。设定提存计划，是指向独立的基金缴存固定费用后，企业不再承担进一步支付义务的离职后福利计划；设定受益计划，是指除设定提存计划以外的离职后福利计划。具体分类如图 10-2 所示。

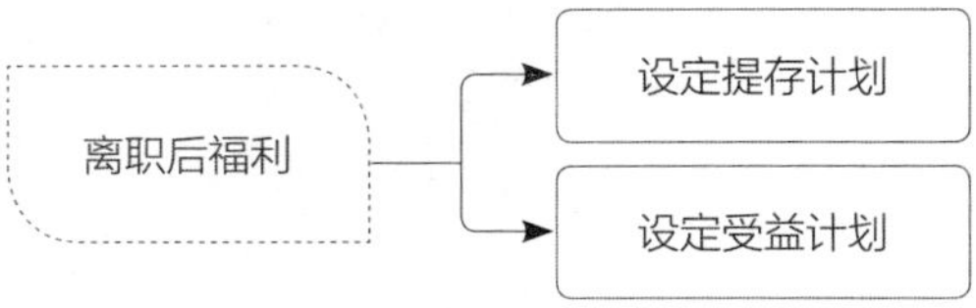

图 10-2　离职后福利的分类

10.3.1　设定提存计划

（一）设定提存计划的准则规定

企业应当在职工为其提供服务的会计期间，将根据设定提存计划计算的应缴存金额确认为负债，并计入当期损益或相关资产成本。

如果是在一年后支付，则考虑折现，账务处理见表 10-7。

表 10-7　设定提存计划的账务处理

业务	账务处理
设定提存计划	借：管理费用等（现值） 　　未确认融资费用（利息） 　　贷：应付职工薪酬（本 + 息） 期末确认利息费用： 借：财务费用 　　贷：未确认融资费用 支付时： 借：应付职工薪酬 　　贷：银行存款等

（二）设定提存计划准则的具体运用

设定提存计划的会计处理比较简单，因为企业在每一期间的义务取决于该期间将要提存的金额。因此，在计量义务或费用时不需要精算假设，通常也不存在精算利得或损失。

企业应在资产负债表日确认为换取职工在会计期间内为企业提供的服务而应付给设定提存计划的提存金，并作为一项费用计入当期损益或相关资产成本。

【例 10-8】甲企业为管理人员设立了一项企业年金：每月该企业按照每个管理人员工资的5% 向独立于甲企业的年金基金缴存企业年金，年金基金将其计入管理人员个人账户并负责资金的运作。该管理人员退休时可以一次性获得其个人账户的累积额，包括公司历年来的缴存额以及相应的投资收益。公司除了按照约定向年金基金缴存之外不再负有其他义务，既不享有缴存资金产生的收益，也不承担投资风险。因此，该福利计划为设定提存计划。2×20 年，按照计划安排，该企业向年金基金缴存的金额为 1 000 万元。账务处理如下：

借：管理费用　　10 000 000

　　贷：应付职工薪酬　　10 000 000

借：应付职工薪酬　　10 000 000

　　贷：银行存款等　　10 000 000

10.3.2　设定受益计划的准则规定与对应解读

（一）核算步骤相关规定

设定受益计划的核算步骤如表 10-8 所示。

表 10-8　设定受益计划的核算步骤

步骤	处理
步骤一	确定设立受益义务现值和当期服务成本
步骤二	确定设定受益计划净负债或净资产
步骤三	确定应当计入当期损益的金额
步骤四	确定应当计入其他综合收益的金额

（二）设定受益计划的账务处理

企业应当根据预期累计福利单位法确定的公式将设定受益计划产生的福利义务归属于职工提供服务的期间，并计入当期损益或相关资产成本。

当职工后续年度的服务将导致其享有的设定受益计划福利水平显著高于以前年度时，企业应当按照直线法将累计设定受益计划义务分摊确认于职工提供服务而导致企业第一次产生设定受益计划福利义务至职工提供服务不再导致该福利义务显著增加的期间。在确定该归属期间时，不应考虑仅因未来工资水平提高而导致设定受益计划义务显著增加的情况。

企业应根据预期累计福利单位法确定的本期福利义务，按受益原则进行账务处理，见表10-9。

表 10-9　设定受益计划的账务处理

业务	账务处理
设定受益计划	借：管理费用等（现值） 　　未确认融资费用（利息） 　　贷：应付职工薪酬（本期增加的义务） 期末： 借：财务费用 　　贷：未确认融资费用

设定受益计划产生的职工薪酬成本、费用计入当期损益或资产成本，处理过程如图 10-3 所示。

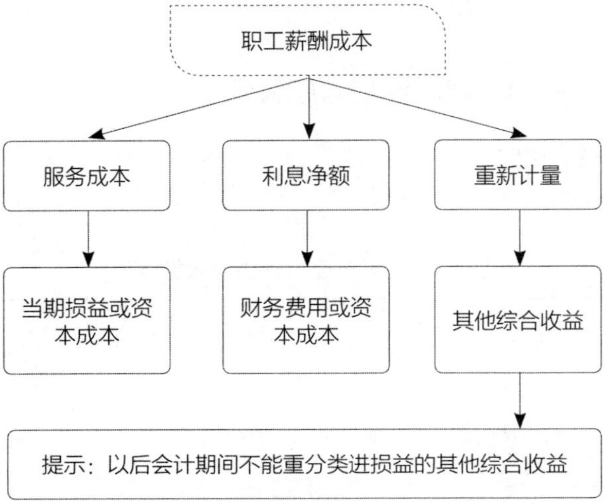

图 10-3　设定受益计划的处理过程

10.4　辞退福利的确认与计量

本节主要通过对辞退福利相关准则规定的介绍和解读，来说明公司如何进行辞退福利的确认与计量。

辞退福利，是指企业在职工劳动合同到期之前解除与职工的劳动关系，或者为鼓励职工自愿接受裁减而给予职工的补偿。

企业向职工提供辞退福利的，应当在下列两者孰早日确认辞退福利产生的职工薪酬负债，并计入当期损益（一律计入管理费用）。

（1）企业不能单方面撤回因解除劳动关系计划或裁减建议所提供的辞退福利时。

（2）企业确认与涉及支付辞退福利的重组相关的成本或费用时。

辞退福利的会计处理如表 10-10 所示。

表 10-10 辞退福利的会计处理

支付时间	会计处理
一年内支付的	借：管理费用（补偿额） 　　贷：应付职工薪酬（补偿额）
一年后支付的，应考虑折现	借：管理费用（补偿额现值） 　　未确认融资费用（利息） 　　贷：应付职工薪酬（补偿额） 期末： 借：财务费用 　　贷：未确认融资费用

【例 10-9】某公司为一家家用电器制造企业，2×20 年 9 月，为了能够在下一年度顺利实施转产，该公司管理层制定了一项重组计划，计划规定从 2×21 年 1 月 1 日起，企业将以职工自愿方式辞退其平面直角系列彩电生产车间的职工。辞退计划的详细内容，包括拟辞退的职工所在部门、数量、各级别职工能够获得的补偿以及计划大体实施的时间等均已与职工沟通，并达成一致意见，辞退计划已于当年 12 月 10 日经董事会正式批准，辞退计划将于下一个年度内实施完毕。

2×20 年 12 月 31 日，公司预计各级别职工拟接受辞退职工数量的最佳估计数（最可能发生数）及其应支付的补偿。

按照或有事项有关计算最佳估计数的方法：（1）预计接受辞退的职工数量可以根据最可能发生的数量确定；（2）该数量也可以采用按照各种发生数量及其发生概率计算确定。

第一种做法：愿意接受辞退的职工最可能数量为 123 名，预计补偿总额为 1 400 万元。则公司在 2×20 年（辞退计划于 2×20 年 12 月 10 日由董事会批准）应做如下账务处理：

借：管理费用　　14 000 000

　　贷：应付职工薪酬——辞退福利　　14 000 000

第二种做法：以本例中彩电车间主任级别、工龄在 1~10 年的职工为例，由接受辞退的各种职工数量及发生概率计算得出。

彩电车间主任级别、工龄在 1~10 年的职工接受辞退计划最佳估计数为 5.67 名，则应确认职级的辞退福利金额应为 56.7（5.67×10）万元。由于所有的辞退福利预计负债均应计入当期费用，所以，2×20 年 12 月 10 日董事会批准后，公司应做如下账务处理：

借：管理费用　　567 000

　　贷：应付职工薪酬——辞退福利　　567 000

10.5 其他长期职工福利的确认与计量

其他长期职工福利，指除短期薪酬、离职后福利和辞退福利以外的其他所有职工福利。

其他长期职工福利主要包括长期带薪缺勤（如提前 1 年以上内退）、长期残疾福利、长期利润分享计划等，具体见图 10-4。

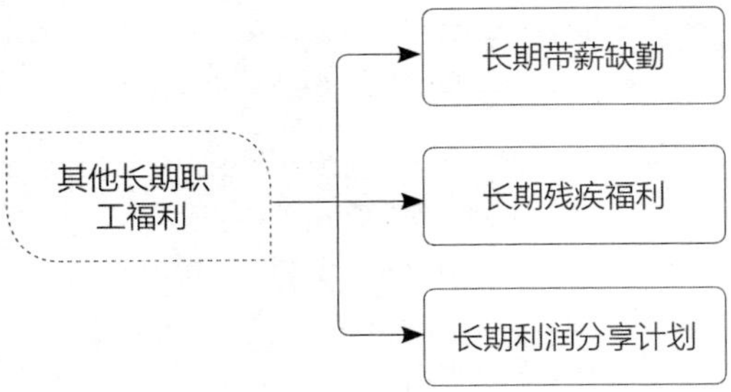

图 10-4 其他长期职工福利的内容

10.5.1 其他长期职工福利中设定提存计划

企业向职工提供的其他长期职工福利，符合设定提存计划条件的，应当按照《企业会计准则第 9 号——职工薪酬》（以下简称“本准则”）第十二条关于设定提存计划的有关规定进行处理。

【例 10-10】李梅是甲公司的一名员工，在 2×15 年 1 月 1 日内部退休（50 岁），将于 2×19 年 12 月 31 日正式退休（54 岁）。假设在每年年末应支付李梅内退工资和福利 5 万元，并假定折现率为 6%，则甲公司会计处理如下。

① 2×15 年 1 月 1 日。

由于李梅内退，后面 5 年不为甲公司创造价值，但甲公司承诺共支付 25 万元。按照资产负债的观念，内退日应将未来 5 年薪酬现值确认为负债。

应付职工薪酬现值 $=5\div(1+6\%)+5\div(1+6\%)^2+5\div(1+6\%)^3+5\div(1+6\%)^4+5\div(1+6\%)^5$

$=4.72+4.45+4.20+3.96+3.74=21.07$（万元）

借：管理费用　　21.07

　　未确认融资费用　　3.93

　　贷：应付职工薪酬　　25

在 2×15 年 1 月末资产负债表中，应列示应付职工薪酬 21.07 万元，因为应付职工薪酬期末摊余成本 = 应付职工薪酬账面余额 - 未确认融资费用 =25-3.93=21.07（万元）

② 2×15 年 12 月 31 日。

从 2×15 年开始，应确认利息费用，见表 10-11。

表 10–11　应确认利息费用

单位：万元

日期	支付的职工薪酬	利息费用（折现率为 6%）	归还本金	应付职工薪酬摊余成本（本金）
2×15 年 1 月 1 日				21.07
2×15 年 12 月 31 日	5（本 + 息）	1.26	3.74	17.33
2×15 年 12 月 31 日	5（本 + 息）	1.04	3.96	13.37
2×17 年 12 月 31 日	5（本 + 息）	0.8	4.2	9.17
2×18 年 12 月 31 日	5（本 + 息）	0.55	4.45	4.72
2×19 年 12 月 31 日	5（本 + 息）	0.28	4.72	0

根据表 10–11，2×15 年 12 月 31 日确认利息费用（分录单位为万元，下同）：

借：财务费用　　1.26

　贷：未确认融资费用　　1.26

2×15 年年末支付内退工资和福利：

借：应付职工薪酬　　5

　贷：银行存款　　5

③ 2×16 年年末

2×16 年 12 月 31 日确认利息费用：

借：财务费用　　1.04

　贷：未确认融资费用　　1.04

2×16 年年末支付内退工资和福利：

借：应付职工薪酬　　5

　贷：银行存款　　5

其余略。

10.5.2　其他长期职工福利中设定受益计划

除上述规定的情形外，企业应当适用本准则关于设定受益计划的有关规定，确认和计量其他长期职工福利净负债或净资产。在报告期末，企业应当将其他长期职工福利产生的职工薪酬成本确认为下列组成部分。

（1）服务成本。

（2）其他长期职工福利净负债或净资产的利息净额。

（3）重新计量其他长期职工福利净负债或净资产所产生的变动。

为简化相关会计处理，上述项目的总净额应计入当期损益或相关资产成本。

2×19年年初甲企业为其管理人员设定了一项递延奖金计划：将当年利润的5%提成作为奖金，但要两年后，即2×20年年末才向仍然在职的员工分发。假设2×19年当年利润为10 000万元，且该计划条款中明确规定：员工必须在这两年内持续为公司服务，如果提前离开将拿不到奖金。具体会计处理如下：

步骤一：根据预期累计福利单位法，采用无偏且一致的精算假设对有关人员统计变量和财务变量等做出估计，计量设定受益计划所产生的义务，并按照同久期、同币种的国债收益率将设定受益计划所产生的义务予以折现，以确定设定受益计划义务的现值和当期服务成本。

假设不考虑死亡率和离职率等因素，2×19年年初预计两年后企业为此计划的现金流支出为500万元，按照预期累计福利单位法归属于2×19年的福利为500÷2=250（万元），选取同久期、同币种的国债收益率作为折现率（5%）进行折现，则2×19年的当期服务成本为250÷（1+5%）=2 380 952（元）。假定2×19年年末折现率变为3%，则2×19年的设定受益义务现值即设定受益计划负债为250÷（1+3%）=2 427 184（元）。

步骤二：核实设定受益计划有无计划资产，假设在本例中，该项设定受益计划没有计划资产，2×19年末的设定受益计划净负债即设定受益计划负债为2 427 184元。

步骤三：确定应当计入当期损益的金额，如步骤一所示，本例中发生利润从而导致负债的当年，即2×19年当期服务成本为2 380 952元。由于期初负债为0，2×19年年末，设定受益计划净负债的利息费用为0。

步骤四：确定重新计量设定受益计划净负债或净资产所产生的变动，包括精算所得或损失、计划资产回报和资产上限影响的变动三个部分，计入当期损益。由于假设本例中没有计划资产，所以重新计量设定受益计划净负债和净资产所产生的变动仅包括精算利得或损失。

由步骤一可知，2×19年年末的精算损失为46 232元。

2×19年年末，上述递延奖金计划的会计处理为：

借：管理费用——当期服务成本	2 380 952	
——精算损失	46 232	
贷：应付职工薪酬——递延奖金计划		2 427 184

同理，2×20年年末，假设折现率仍为3%，甲企业当期服务成本为250万元，设定受益计划净负债的利息费用=2 427 184×3%=72 816（元）。则甲企业2×20年年末的会计处理为：

借：管理费用	2 500 000	
财务费用	72 816	
贷：应付职工薪酬——递延奖金计划		2 572 816

实际支付该项递延奖金时，会计处理为：

借：应付职工薪酬——递延奖金计划	5 000 000	
贷：银行存款		5 000 000

10.5.3　其他长期职工福利中长期残疾福利

长期残疾福利水平取决于职工提供服务期间长短的，企业应当在职工提供服务的期间确认应付长期残疾福利义务，计量时应当考虑长期残疾福利支付的可能性和预期支付的期限；长期残疾福利与职工提供服务期间长短无关的，企业应当在导致职工长期残疾的事件发生的当期确认应付长期残疾福利义务。

10.6　披露

企业应当在附注中披露与职工薪酬有关的下列信息。

（1）应当支付给职工的工资、奖金、津贴和补贴，以及其期末应付未付金额。

（2）应当为职工缴纳的医疗保险费、养老保险费、失业保险费、工伤保险费和生育保险费等社会保险费，以及其期末应付未付金额。

（3）应当为职工缴存的住房公积金及其期末应付未付金额。

（4）为职工提供的非货币性福利及其计算依据。

（5）依据短期利润分享计划提供的职工薪酬金额及其计算依据。

（6）其他短期薪酬。

企业应当披露所设立或参与的设定提存计划的性质、计算缴费金额的公式或依据，当期缴费金额以及期末应付未付金额。

企业应当披露与设定受益计划有关的下列信息。

（1）设定受益计划的特征及与之相关的风险。

（2）设定受益计划在财务报表中确认的金额及其变动。

（3）设定受益计划对企业未来现金流量金额、时间和不确定性的影响。

（4）设定受益计划义务现值所依赖的重大精算假设及有关敏感性分析的结果。

企业应当披露支付的因解除劳动关系所提供辞退福利及其期末应付未付金额。

企业应当披露提供的其他长期职工福利的性质、金额及其计算依据。

第 11 章
企业年金基金

11.1 企业年金基金概述

11.1.1 企业年金与企业年金基金

企业年金是指企业及其职工在依法参加基本养老保险的基础上，自愿建立的补充养老保险制度，是社会保障体系的重要组成部分，与基本养老保险、个人储蓄性养老金一起构成养老保障体系。企业年金采取自愿原则，国家给予税收政策支持，实行完全积累制，采用个人账户管理和市场化运作，费用由企业和职工个人共同缴纳。企业年金基金的定义及特征如图 11-1 所示。

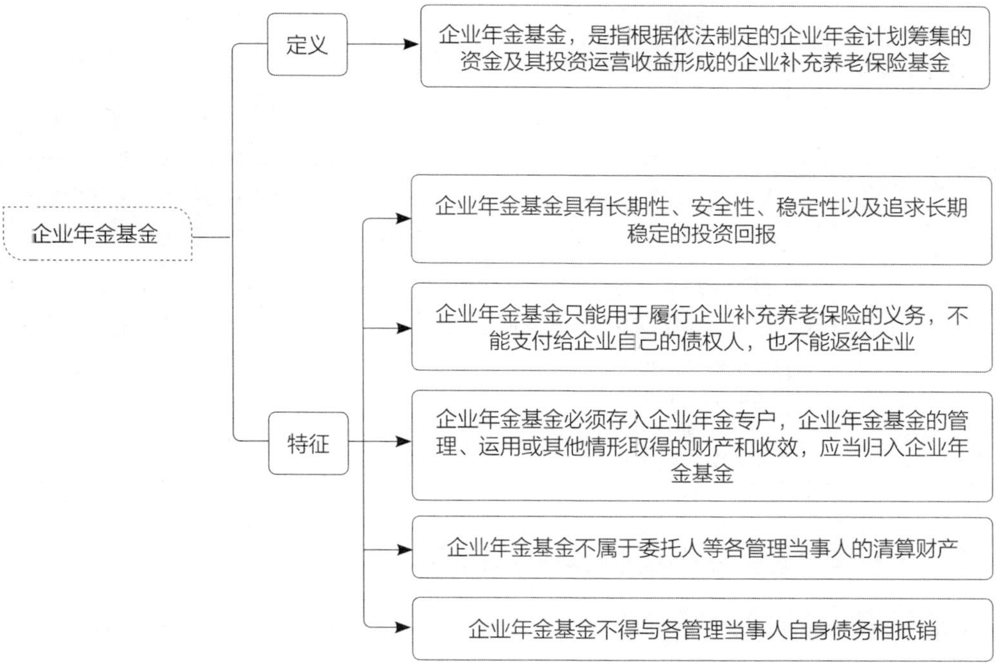

图 11-1　企业年金基金的定义及特征

11.1.2　企业年金基金管理各方当事人

企业年金基金管理各方当事人包括：委托人、受托人、账户管理人、托管人、投资管理人和中介服务机构等。受托人、托管人和投资管理人根据各自的职责，设置相应的会计科目和账户，对企业年金基金交易进行会计处理，企业年金基金管理各方当事人主要职责如表 11-1 所示。

表 11-1　企业年金基金管理各方当事人主要职责

各方当事人	主要职责
企业年金基金委托人	企业和职工是企业年金计划参与者，作为缴纳企业年金计划供款的主体，企业和职工按规定缴纳企业年金供款，并作为委托人与受托人签订书面合同，将企业年金基金财产委托给受托人管理运作
企业年金基金受托人	选择、监督、更换账户管理人、托管人、投资管理人以及中介服务机构；制定企业年金基金投资策略；编制企业年金基金管理和财务会计报告；根据合同对企业年金管理进行监督；接受委托人、受益人查询；定期向委托人、受益人和有关监管部门提供企业年金基金管理报告等
企业年金基金账户管理人	建立企业年金基金企业账户和个人账户；记录企业、职工缴费以及企业年金基金投资收益；及时与托管人核对缴费数据以及企业年金基金账户财产变化状况；提供企业年金基金企业账户和个人账户信息查询服务；定期向受托人和有关监管部门提交企业年金基金账户管理报告等

续表

各方当事人	主要职责
企业年金基金托管人	保管企业年金基金财产；根据投资管理人投资指令，及时办理清算、交割事宜；及时与账户管理人、投资管理人核对有关数据，按照规定，监督投资管理人的投资运作；定期向受托人、有关监管部门提交企业年金基金托管报告和财务会计报告；保存企业年金基金托管业务活动记录
企业年金基金投资管理人	对企业年金基金财产进行投资；及时与托管人核对企业年金基金会计核算和估值结果；建立企业年金基金投资管理风险准备金；定期向受托人和有关监管部门提交投资管理报告；保存企业年金基金会计凭证、会计账簿、年度财务会计报告和投资记录等
中介服务机构	为企业年金基金管理提供服务

11.1.3 企业年金基金会计准则及其应用指南

《企业会计准则第 10 号——企业年金基金》（以下简称“企业年金基金会计准则”）及其应用指南，明确了企业年金是独立的会计主体，规范了企业年金基金的确认、计量和报告，以真实反映企业年金基金的财务状况、投资运营情况、净资产变动情况，及时揭示企业年金基金的管理风险等信息。企业年金基金会计准则着重解决了企业年金基金缴费（供款）、企业年金基金投资运营、企业年金基金收入、企业年金基金费用、企业年金待遇给付等环节的账务处理，以及企业年金基金财务报表编报等问题。企业年金基金会计科目名称和编号见表 11-2。

表 11-2 企业年金基金会计科目名称和编号

顺序号	编号	会计科目名称	顺序号	编号	会计科目名称
一、资产类			二、负债类		
1	101	银行存款	11	201	应付受益人待遇
2	102	结算备付金	12	204	应付受托人管理费
3	104	交易保证金	13	205	应付托管人管理费
4	113	应收利息	14	216	应付投资管理人管理费
5	114	应收股利	15	215	应交税费
6	115	应收红利	16	218	卖出回购证券款
7	118	买入返售证券	17	221	应付利息
8	125	其他应收款	18	222	应付佣金
9	128	交易性金融资产	19	229	其他应付款
10	131	其他资产			

续表

顺序号	编号	会计科目名称	顺序号	编号	会计科目名称
三、共同类			五、损益类		
20	301	证券清算款	23	501	存款利息收入
四、基金净值类			24	503	买入返售证券收入
21	401	企业年金基金	25	505	公允价值变动收益
		个人账户结余	26	531	投资收益
		企业账户结余	27	533	其他收入
		净收益	28	534	交易费用
		个人账户转入	29	539	受托人管理费
		个人账户转出	30	540	托管人管理费
		支付受益人待遇	31	541	投资管理人管理费
22	410	本期收益	32	552	卖出回购证券支出
			33	566	其他费用
			34	5 701	以前年度损益调整

11.2　企业年金基金缴费

11.2.1　企业年金基金缴费及其流程

企业年金基金由企业缴费、职工个人缴费和企业年金基金投资运营而形成的收益组成。现行法规制度规定，企业缴费每年不超过上年度工资总额的 8%，企业和职工个人缴费合计一般不超过上年度工资总额的 12%。企业可以根据自身的经济效益情况和目标，在国家统一规定的范围内，自主决定企业缴费的具体比例，并按照企业年金计划约定的参保范围、企业年金种类和缴费方式，定期进行缴费。企业按照企业年金计划进行的缴费，属于企业职工薪酬范围，其确认、计量及报告适用《企业会计准则第 9 号——职工薪酬》。

企业年金基金缴费流程如图 11-2 所示。具体的一般流程如下。

（一）企业年金计划开始时，委托人将相关职工缴费总额及明细情况通知受托人，受托人将相关信息提供给账户管理人。账户管理人据此进行系统设置和信息录入。

（二）缴费日前，账户管理人计算缴费总额及明细情况，生成企业缴费和职工个人缴费账单，报受托人确认。

（三）受托人收到账户管理人提供的缴费账单后，与委托人核对确认，核对无误后，将签字确认的缴费账单反馈给账户管理人。

（四）缴费日，受托人向委托人下达缴费指令，委托人向托管人划转缴费账单所列缴款总额，并通知受托人。

（五）受托人向托管人送达收账通知及企业缴费总额账单。托管人收到款项后，核对实收金额与受托人提供的缴费总额账单，并向受托人和账户管理人送达缴费到账通知单。

（六）受托人核对托管人转来数据后通知账户管理人进行缴费。账户管理人将缴费明细数据和托管人通知的缴费总额核对无误后，根据年金计划在已建立的个人账户间进行分配。

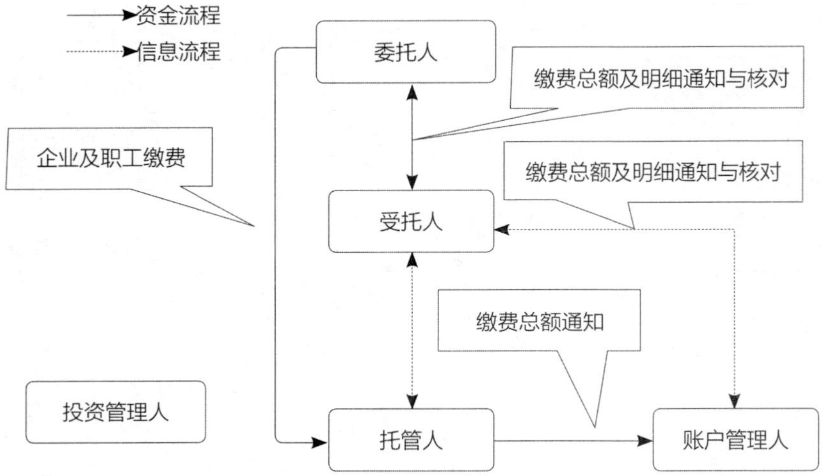

图 11-2　企业年金基金缴费流程

11.2.2　企业年金基金收到缴费的账务处理

为了核算企业年金基金收到缴费等业务，企业年金基金应当设置“企业年金基金”“银行存款”等科目。“企业年金基金”科目核算企业年金基金资产的来源和运用，应按个人账户结余、企业账户结余、净收益、个人账户转入、个人账户转出，以及支付受益人待遇等设置相应明细科目；本科目期末贷方余额，反映企业年金基金净值。企业年金基金银行账户主要有资金账户、证券账户等。资金账户包括银行存款账户、结算备付金账户等，其中银行存款账户又包括受托财产托管账户、委托投资资产托管账户；证券账户包括证券交易所证券账户和全国银行间市场债券托管账户等。

收到企业及职工个人缴费时，按实际收到的金额，借记“银行存款”科目，贷记“企业年金基金——个人账户结余”“企业年金基金——企业账户结余”科目。具体的账务处理如表 11-3 所示。

表 11-3　企业年金基金收到缴费的账务处理

具体业务	账务处理
企业年金基金收到缴费	借：银行存款 　贷：企业年金基金——个人账户结余 　　　企业年金基金——企业账户结余

【例 11-1】2×18 年 1 月 5 日，某企业年金基金收到缴费 350 万元，其中企业缴费 200 万元、职工个人缴费 150 万元，存入企业年金账户，实收金额与提供的缴费总额账单核对无误。按该企业年金计划约定，企业缴费 200 万元中，归属个人账户金额为 110 万元，另 90 万元的权益归属条件尚未实现。该企业年金基金账务处理如下：

借：银行存款　　3 500 000

　贷：企业年金基金——个人账户结余（个人缴费）　　1 500 000

　　　　　　　　——个人账户结余（企业缴费）　　1 100 000

　　　　　　　　——企业账户结余（企业缴费）　　900 000

企业年金基金收到缴费后，如需账户管理人核对后确认，可先通过“其他应付款——企业年金基金供款”科目核算，确认后再转入“企业年金基金”科目。

11.3　企业年金基金投资运营

11.3.1　企业年金基金投资运营原则和范围

企业年金基金来自企业和职工个人的缴费等，是职工（受益人）退休后的补充养老保险，其安全性要求高；另外，企业年金基金业务频繁，其流动性要求强。企业年金基金投资运营应当遵循谨慎、分散风险的原则，实行专业化管理，严格按照国家相关规定进行投资运营。根据现行制度的规定，企业年金基金投资运营应当选择具有良好流动性的金融产品，其投资范围限于银行存款、国债和其他具有良好流动性的金融产品，包括短期债券回购、信用等级在投资级以上的金融债和企业债、可转换债、投资性保险产品、证券投资基金等。

为了确保企业年金基金投资运营的安全性和流动性，《企业年金基金管理办法》规定，企业年金基金的投资，按市场价计算应当符合图 11-3 所示的规定。

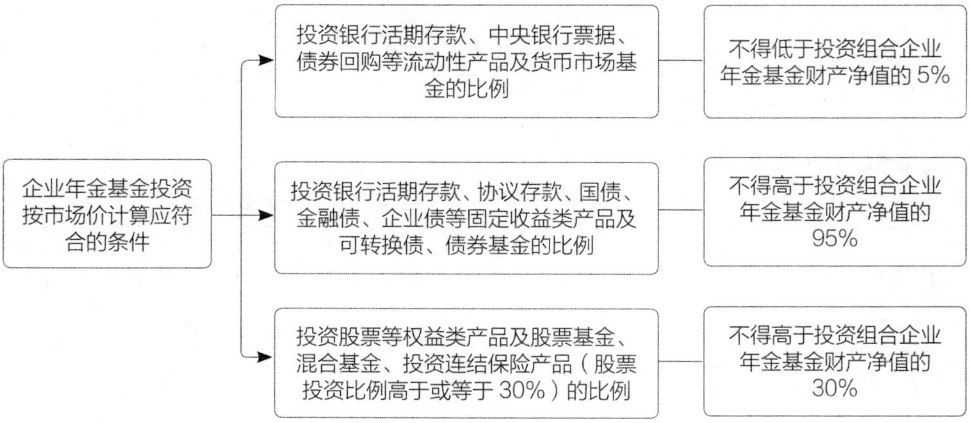

图 11-3　企业年金基金投资按市场价计算应符合的条件

企业年金基金有关监管部门将根据金融市场变化和投资运营情况，适时对企业年金基金投资产品和比例等进行调整。

11.3.2　企业年金基金投资运营流程

企业年金基金投资运营流程如图 11-4 所示。具体的流程如下。

（1）受托人通知托管人和投资管理人企业年金基金投资额度。

（2）托管人根据受托人指令向投资管理人分配基金资产，并将资金到账情况通知投资管理人。

（3）投资管理人进行投资运作，并将交易数据发送给托管人和受托人；同时，对企业年金基金投资进行会计核算、估值。

（4）托管人将投资管理人发送的数据和交易所及中国证券登记结算公司发送的数据进行核对无误后，进行清算、会计核算、估值和投资运作监督，并将清算及估值结果反馈给投资管理人，托管人将交易数据、账务数据和估值数据发送给受托人。如果发现投资管理人的违规行为，应立即通知投资管理人，并及时向受托人和有关监管部门报告。

（5）托管人复核投资管理人的估值结果，以书面形式通知投资管理人。

（6）托管人将估值结果（企业年金基金净值和净值增长率）通知受托人和账户管理人。

（7）账户管理人根据企业年金基金净值和净值增长率，将基金投资运营收益按日或按周足额记入企业年金基金企业账户和个人账户。

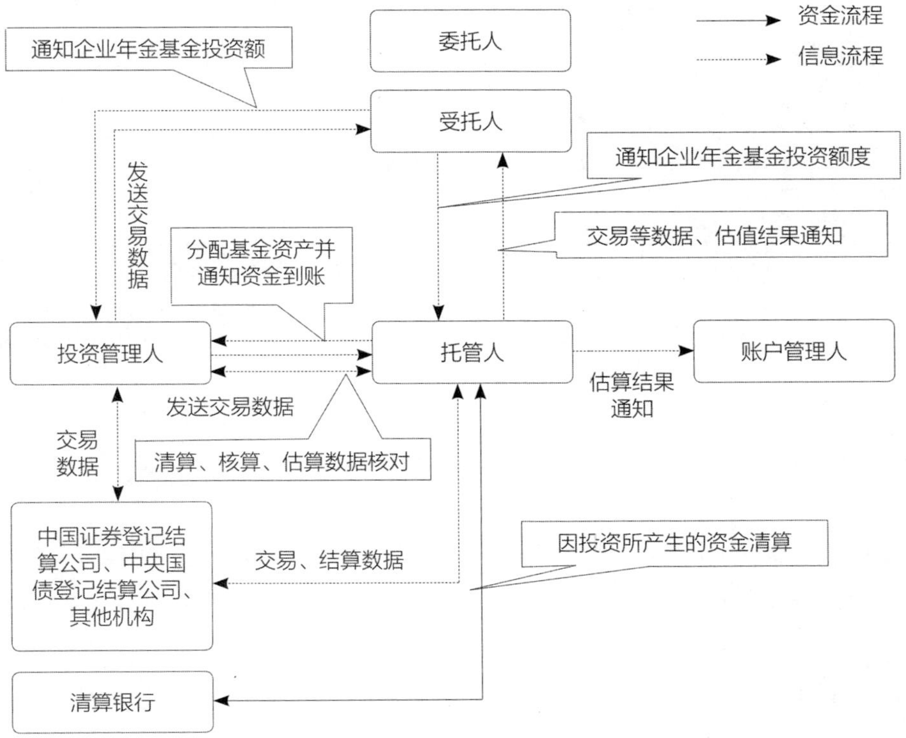

图 11-4　企业年金基金投资运营流程

11.3.3　企业年金基金投资运营的账务处理

企业年金基金会计准则规定，企业年金基金在投资运营中，根据国家规定的投资范围取得的国债、信用等级在投资级以上的金融债等具有良好流动性的金融产品，其初始取得和后续估值应当以公允价值计量。企业年金基金投资公允价值的确定，适用《企业会计准则第 22 号——金融工具确认和计量》。

企业年金基金投资运营的会计核算一般需要设置“交易性金融资产”“公允价值变动损益”“证券清算款”“结算备付金”“交易保证金”“投资收益”“交易费用”“应收利息”“应收股利”“应收红利”“本期收益”等科目。

“证券清算款”科目核算企业年金基金投资运营中因买卖债券、基金、股票等而发生的，应与证券登记结算机构办理资金清算的款项，按不同证券登记结算机构设置明细账。其所属明细科目期末借方余额反映尚未收回的证券清算款，贷方余额反映尚未支付的证券清算款。

（一）初始取得投资时的账务处理

企业年金基金初始取得投资的交易日，以支付的价款（不含支付的价款中所包含的、已到付息期但尚未领取的利息或已宣告但尚未发放的现金股利、基金红利）计入投资的成本，借记“交易性金融资产——成本”；按发生的交易费用及相关税费直接计入当期损益，借记“交易费用”科目；按支付的价款中所包含的、已到付息期但尚未领取的利息或已宣告但尚未发放的现金股利、红利，借记“应收利息”“应收股利／应收红利”科目，贷记“证券清算款”“银行存款”等科目资金交收日按实际清算的金额借记“证券清算款”科目，贷记“结算备付金”等科目。具体账务处理如表 11-4 所示。

表 11-4　初始取得企业年金基金投资时的账务处理

具体业务	账务处理
取得投资时	借：交易性金融资产——成本（实际支付的价款） 　　交易费用（发生的交易费用及相关税费） 　　应收利息／应收股利（已宣告但尚未发放的现金股利、红利） 　　贷：证券清算款
资金交收日	借：证券清算款 　　贷：结算备付金等

【例 11-2】2×18 年 4 月 1 日，某企业年金基金通过证券交易所以 10.3 元／股的价格购入 A 公司 10 万股（其中每股含已经宣告但尚未发放的现金股利 0.3 元）股票，成交金额为 103 万元，另发生券商佣金、印花税等 2 万元。该企业年金基金账务处理如下：

（1）交易日（T 日，即 4 月 1 日），与证券登记结算机构清算应付证券款时：

借：交易性金融资产——成本（A 股票）　　1 000 000

　　应收股利——A 股票　　30 000

　　交易费用　　20 000

　　贷：证券清算款　　1 050 000

（2）资金交收（T+1 日，即 4 月 2 日），与证券登记结算机构交收资金时：

借：证券清算款　　1 050 000

　　贷：结算备付金　　1 050 000

（二）投资持有期间及估值日的账务处理

企业年金基金投资持有期间及估值日的账务处理如表 11-5 所示。

表 11-5　投资持有期间及估值日的账务处理

具体业务	账务处理
企业年金基金投资持有期间	被投资单位宣告发放的现金股利或资产负债表日按债券票面利率计算的利息收入，应确认为投资收益 借：应收股利／应收利息／应收红利 　　贷：投资收益 期末，将“投资收益”科目余额转入“本期收益”科目
估值日	根据企业年金基金会计准则的规定，企业年金基金的投资应当按日估值或至少按周进行估值。即每个工作日结束时，或每周四或周五工作日结束时估值。 估值日对投资进行估值时，应当以估值日的公允价值计量。公允价值与上一估值日公允价值的差额，计入当期损益，并以此调整原账面价值。借记或贷记“交易性金融资产——公允价值变动”科目，贷记或借记“公允价值变动损益”科目

【**例 11-3**】沿用【例 11-2】，2×18 年 4 月 5 日，企业年金基金收到购买 A 股票时已宣告的现金股利，该上市公司发放 A 股票的现金股利为每股 0.3 元，合计 3 万元。该企业年金基金账务处理如下：

借：结算备付金　　　　30 000

　　贷：应收股利　　　　30 000

2×18 年 4 月 12 日，企业年金基金持有的 A 股票证券交易所收盘价为每股 11 元。

在估值日和资产负债表日，企业年金基金持有的上市流通的债券、基金、股票等交易性金融资产，以其估值日在证券交易所挂牌的市价（平均价或收盘价）估值；估值日无交易的以最近交易日的市价估值。

估值日公允价值与上一估值日公允价值的差额 =（11-10）×100 000=100 000（元）

该企业年金基金账务处理如下：

借：交易性金融资产——公允价值变动（A 股票）　　　　100 000

　　贷：公允价值变动损益　　　　100 000

（三）投资处置的账务处理

企业年金基金的投资处置时，应在交易日按照卖出投资所取得的价款与其账面价值（买入价）的差额，确定为投资损益。

出售债券、基金、股票等证券时，应按出售成交日确认投资处置收益。卖出股票成交日，按应收金额，借记“证券清算款”科目；按买入时原账面价值（初始买价），贷记“交易性金融资产——成本”科目；按该项交易性金融资产的公允价值变动，借记或贷记“交易性金融资产——公允价值变动”科目。按出售股票成交价总额与原账面价值（初始买价）的差额，作为投资处置收益金额，贷记或借记“投资收益”科目；同时，将原计入该投资的公允价值变动转出，借记或贷记“公允价值变动损益”科目，贷记或借记“投资收益”科目。

因债券、基金、股票的交易比较频繁，出售债券、股票等证券时，其投资成本应一并结转。出售证券成本的计算方法可采用加权平均法等，成本计算方法一经确定，不得随意变更。具体的账务处理如表 11-6 所示。

表 11-6　企业年金基金的投资处置账务处理

具体业务	账务处理
处置企业年金基金	借：证券清算款（应收金额） 　　贷：交易性金融资产——成本（原账面成本） 　　　　　　　　　　——公允价值变动（或在借方） 　　　　投资收益（出售股票成交价总额与原账面价值的差额，或在借方）
公允价值变动转出	借：公允价值变动损益 　　贷：投资收益

【例 11-4】沿用【例 11-3】，2×19 年 5 月 30 日，该企业年金基金出售 A 股票 5 万股，每股市价 13 元，成交总额为 65 万元，另发生券商佣金、印花税等 1 800 元。

本例中，成交总额扣减佣金、印花税等为应收证券清算款，共计金额 648 200（650 000-1 800）元。该企业年金基金账务处理如下：

（1）交易日（T 日，即 5 月 30 日），与证券登记结算机构清算应收证券款时：

借：证券清算款　　648 200
　　交易费用　　1 800
　　贷：交易性金融资产——成本（A 股票）　　500 000
　　　　　　　　　　——公允价值变动（A 股票）　　50 000
　　　　投资收益　　100 000

借：公允价值变动损益　　50 000
　　贷：投资收益　　50 000

（2）资金交收日（T+1 日，即 5 月 31 日），与证券登记结算机构交收资金时：

借：结算备付金　　648 200
　　贷：证券清算款　　648 200

11.4 企业年金基金收入

11.4.1 企业年金基金收入的构成

企业年金基金收入，是指企业年金基金在投资营运中所形成的经济利益的流入。企业年金基金收入能够带来企业年金基金资产的增加，也可能使企业年金基金负债减少，或二者兼而有之。企业年金基金应每日或每周计算、确认基金收入，并进行账务处理。

企业年金基金收入由以下项目构成：（1）存款利息收入；（2）买入返售证券收入；（3）公允价值变动收益；（4）投资处置收益；（5）风险准备金补亏等其他收入。

11.4.2 企业年金基金收入的账务处理

企业年金基金收入项目中，公允价值变动收益、投资处置收益有关内容及其账务处理已在 11.3“企业年金基金投资运营”中进行了介绍。下面主要介绍存款利息收入、买入返售证券收入、其他收入的账务处理有关内容。

（一）存款利息收入的账务处理

存款利息收入包括活期存款、定期存款、结算备付金、交易保证金等利息收入。根据企业年金基金会计准则及其应用指南的规定，企业年金基金应按日或至少按周确认存款利息收入，并按存款本金和适用利率计提的金额入账。按日或按周计提银行存款、结算备付金存款等利息时，借记“应收利息”科目，贷记“存款利息收入”科目。具体账务处理如表 11-7 所示。

表 11-7　企业年金基金存款利息收入的账务处理

具体业务	账务处理
取得存款利息收入	借：应收利息 　　贷：存款利息收入

【例 11-5】 2×18 年 9 月 1 日，某企业年金基金在商业银行的存款本金为 1 500 000 元，假设一年按 365 天计算，银行存款年利率为 1.98%，每季末结息，该企业年金基金逐日估值。

每日银行存款应计利息 = 存款本金 × 年利率 ÷365=1 500 000×1.98% ÷365=81.37（元）

该企业年金基金账务处理如下：

（1）每日计提存款利息时：

借：应收利息　　81.37

　　贷：存款利息收入　　81.37

（2）每季收到存款利息时（假设每季收息 7 425 元）：

借：银行存款　　7 425

　　贷：应收利息　　7 425

（二）买入返售证券收入的账务处理

买入返售证券业务，是指企业年金基金与其他企业以合同或协议的方式，按一定价格买入证券，到期日再按合同规定的价格将该批证券返售给其他企业，以获取利息收入的证券业务。根据企业年金基金会计准则及其应用指南的规定，企业年金基金应于买入证券时，按实际支付的价款确认为一项资产，在融券期限内按照买入返售证券价款和协议约定的利率逐日或每周计提的利息确认买入返售证券收入。

企业年金基金应设置“买入返售证券”“买入返售证券收入”等科目，对买入返售证券业务进行的账务处理如表 11-8 所示。

表 11-8　买入返售证券业务的账务处理

具体业务	账务处理
买入证券付款时	按实际支付的款项： 借：买入返售证券——× × 证券 　　贷：结算备付金

续表

具体业务	账务处理
计提利息收入时	借：应收利息 　　贷：买入返售证券收入
买入返售证券到期时	按实际收到的金额，借记“结算备付金”科目；按买入时的价款，贷记“买入返售证券”科目；按已计未收利息，贷记“应收利息”科目；按本期应计利息，贷记“买入返售证券收入”科目
期末	将“买入返售证券收入”科目余额转入“本期收益”科目

（三）其他收入的账务处理

其他收入，是指除上述收入以外的收入，如风险准备金补亏。根据《企业年金基金管理办法》的规定，投资管理人应当按当期收取的投资管理人管理费的一定比例提取企业年金基金投资管理风险准备金，由托管人专户存储，作为专项用于弥补企业年金基金投资亏损。企业年金基金投资管理风险准备提取比例为 20%，余额达到投资管理企业年金基金净资产的 10%时可不再提取。

企业年金基金取得投资管理风险准备金用于补亏时，应按照实际收到金额计入其他收入。

【例 11-6】2×19 年 1 月 10 日，某企业年金基金估值时确认当日亏损 25 万元。按规定，将企业年金基金投资管理风险准备金 25.73 万元用于补亏。已知：该企业年金基金按日估值，投资管理人提取的风险准备金结余 60 万元。该企业年金基金账务处理如下（分录单位为万元）：

借：银行存款　　25

　　贷：其他收入——风险准备金补亏　　25

11.5 企业年金基金费用

11.5.1 企业年金基金费用的构成

企业年金基金费用，是指企业年金基金在投资营运等日常活动中所发生的经济利益的流出。企业年金基金费用可能表现为企业年金基金资产的减少，或企业年金基金负债的增加，或二者兼而有之。企业年金基金每日或每周确认、计算基金费用，并进行相应的账务处理。

企业年金基金费用由以下项目构成：（1）交易费用；（2）受托人管理费；（3）托管人管理费；（4）投资管理人管理费；（5）卖出回购证券支出；（6）其他费用。

11.5.2　企业年金基金费用的账务处理

（一）交易费用

交易费用是指企业年金基金在投资运营中发生的手续费、佣金、相关税费，包括支付给代理机构、券商的手续费和佣金以及相关税费等必要支出。企业年金基金应设置“交易费用”科目，按照实际发生的金额，借记“交易费用”科目，贷记“证券清算款”“银行存款”等科目。

（二）受托人管理费、托管人管理费和投资管理人管理费

受托人管理费、托管人管理费和投资管理人管理费，是指根据企业年金计划或合同文件规定的比例，提取的相应管理费。根据《企业年金基金管理办法》的规定，受托人、托管人提取的管理费均不得高于企业年金基金净值的 0.2%，投资管理人提取的管理费不得高于企业年金基金净值的 1.2%。企业年金基金应当设置“受托人管理费”“托管人管理费”“投资管理人管理费”“应付受托人管理费”“应付托管人管理费”等科目，分别进行账务处理。

企业年金基金计提相关费用时的具体账务处理如表 11-9 所示。

表 11-9　企业年金基金计提相关费用时的账务处理

具体业务	账务处理
按照应付的实际金额计提相关管理费用	借：受托人管理费、托管人管理费、投资管理人管理费 　　贷：应付受托人管理费、应付托管人管理费、应付投资管理人管理费
支付相关管理费用时	借：应付受托人管理费、应付托管人管理费、应付投资管理人管理费 　　贷：银行存款等
期末	借：本期收益 　　贷：受托人管理费、托管人管理费、投资管理人管理费

【例 11-7】2×19 年 4 月 1 日，某企业年金基金市值为 10 000 000 元。受托管理合同和托管合同中均约定：受托人管理费和托管人管理费年费率均为基金净值（市值）的 0.2%；假设一年按 365 天计算，按日估值。

当日应计提的受托人管理费 = 基金净值 × 年费率 ÷ 当年天数

=10 000 000×0.2% ÷365=54.79（元）

当日应计提的托管人管理费 = 基金净值 × 年费率 ÷ 当年天数

=10 000 000×0.2% ÷365=54.79（元）

该企业年金基金账务处理如下：

借：受托人管理费——×× 受托人　　54.79

　　贷：应付受托人管理费　　54.79

借：托管人管理费——×× 托管人　　54.79

　　贷：应付托管人管理费　　54.79

（三）卖出回购证券支出

卖出回购证券业务是指企业年金基金与其他企业以合同或协议的方式，按照一定价格卖出证券，到期日再按合同约定价格买回该批证券，以获得一定时期内资金的使用权的证券业务。

根据企业年金基金会计准则及其应用指南的规定，企业年金基金应在融资期限内，按照卖出回购证券价款和协议约定的利率每日或每周确认、计算卖出回购证券支出。

企业年金基金应设置“卖出回购证券支出”“卖出回购证券款”等科目，对卖出回购证券业务进行账务处理，具体如表 11-10 所示。

表 11-10　卖出回购证券业务时的账务处理

具体业务	账务处理
卖出证券收到价款和计提利息时	按实际收到价款，借记“结算备付金”科目，同时确认一笔负债，贷记“卖出回购证券款——× × 证券”科目。证券持有期内计提利息时，按计提的金额，借记“卖出回购证券支出”科目，贷记“应付利息”科目
到期回购时	按卖出证券时实际收款金额，借记“卖出回购证券款——× × 证券”科目，按应计提未到期的卖出回购证券利息，借记“应付利息”科目，按借贷方差额，借记“卖出回购证券支出”科目，按实际支付的款项，贷记“结算备付金”科目
期末	将“卖出证券支出”科目余额转入“本期收益”科目

（四）其他费用

其他费用，是指除上述费用以外的其他各项费用，包括注册登记费、上市年费、信息披露费、审计费用、律师费用等。

根据现行法律制度的规定，基金管理各方当事人因未履行义务导致的费用支出或资产的损失以及处理与基金运作无关的事项发生的费用不得列入企业年金基金费用。企业年金基金应当设置“其他费用”等科目，按费用种类设置明细账，对发生的其他费用进行账务处理。

发生其他费用时的账务处理，具体如表 11-11 所示。

表 11-11　发生其他费用时的账务处理

<table>
<tr><th>具体业务</th><th colspan="2">账务处理</th></tr>
<tr><td>实际发生费用</td><td colspan="2">借：其他费用
　　贷：银行存款等</td></tr>
<tr><td rowspan="2">如发生的其他费用金额较大，如大于基金净值十万分之一，也可以采用待摊或预提的方法，待摊或预提计入基金损益，但一经采用，不得随意变更，且年末一般无余额</td><td>待摊方法</td><td>发生时：
借：待摊费用
　　贷：银行存款
摊销时：
借：其他费用
　　贷：待摊费用</td></tr>
<tr><td>预提方法</td><td>预提时：
借：其他费用
　　贷：预提费用
支付费用时：
借：预提费用
　　贷：银行存款</td></tr>
</table>

续表

具体业务	账务处理
期末	借：本期收益 　　贷：其他费用

【例 11-8】2×19 年 1 月 1 日，某企业年金基金市值为 3.5 亿元，该日发生信息披露费 3 000 元。假设按日估值。该企业年金基金账务处理如下：

借：其他费用　　3 000

　　贷：银行存款　　3 000

11.6　企业年金待遇给付及企业年金基金净资产、净收益

11.6.1　企业年金待遇给付及其账务处理

企业年金待遇，是指企业年金计划受益人符合退休年龄等法定条件时，应当享受的企业年金养老待遇。企业年金计划受益人，是指参加企业年金计划并享有受益权的职工及其继承人。企业年金养老待遇支付水平受到缴费金额、缴费时间、投资运营收益情况等因素影响。企业年金待遇给付方式，由企业年金计划约定，分次或一次支付。

企业年金待遇给付流程如图 11-5 所示。具体的一般流程如下。

（1）委托人向受托人发送企业年金待遇支付或转移的通知。

（2）受托人通知账户管理人计算支付企业年金待遇。

（3）账户管理人将计算支付企业年金待遇结果反馈受托人，并与受托人核对。

（4）受托人核对后通知托管人和投资管理人进行份额赎回。

（5）受托人根据账户管理人提供的待遇支付表，通知托管人支付或转移金额，托管人将相应资金划入受托人指定专用账户，并向受托人和账户管理人报告。

（6）受托人指示账户管理人进行待遇支付的账户处理，账户管理人与托管人提供的支付结果核对，扣减个人账户资产，并向受益人（图中托管人指定的专用账户）提供年金基金的最终账户数据或向新年金计划移交账户资料。

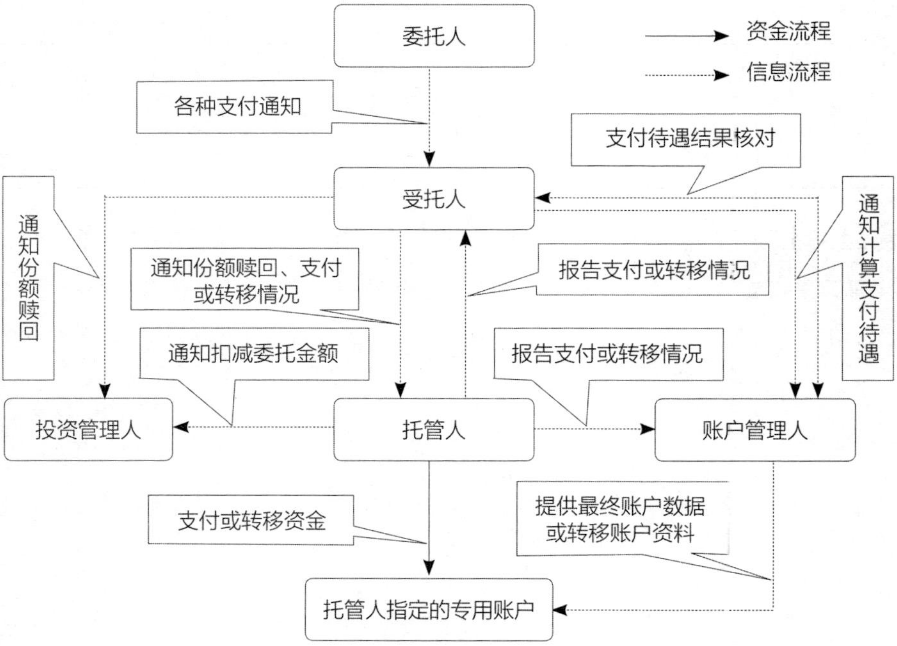

图 11-5　企业年金待遇给付流程

企业年金基金应设置“企业年金基金——支付受益人待遇”“应付受益人待遇”等科目，按受益人设置明细账进行账务处理。给付企业年金待遇时，按应付金额，借记“企业年金基金——支付受益人待遇”科目，贷记“应付受益人待遇”科目；支付款项时，借记“应付受益人待遇”科目，贷记“银行存款”科目。

此外，根据企业年金基金会计准则的规定，因职工调离企业而发生的个人账户转出金额，相应减少基金净资产。因职工调入企业而发生的个人账户转入金额，相应增加基金净资产。企业年金基金应设置“企业年金基金——个人账户转入”“企业年金基金——个人账户转出”等科目，按受益人设置明细账进行账务处理。企业年金待遇给付的账务处理如表 11-12 所示。

表 11-12　企业年金待遇给付的账务处理

具体业务	账务处理
确认给付企业年金待遇时	借：企业年金基金——支付受益人待遇 　　贷：应付受益人待遇
支付时	借：应付受益人待遇 　　贷：银行存款

【例 11-9】2×18 年 11 月 5 日，某企业年金基金根据企业年金计划和委托人指令，支付退休人员企业年金待遇，金额共计 70 000 元。该企业年金基金账务处理如下：

（1）计算、确认给付企业年金待遇时：

借：企业年金基金——支付受益人待遇　　　　70 000

贷：应付受益人待遇　　70 000

（2）支付受益人待遇时：

借：应付受益人待遇　　70 000

贷：银行存款　　70 000

11.6.2　企业年金基金净资产、净收益及其账务处理

企业年金基金净资产，又称年金基金净值，是指企业年金基金受益人在企业年金基金财产中享有的经济利益，其金额等于企业年金基金资产减去基金负债后的余额，公式如下：

企业年金基金净资产 = 期初净资产 + 本期净收益 + 收取企业缴费 + 收取职工个人缴费 + 个人账户转入 − 支付受益人待遇 − 个人账户转出

企业年金基金净收益，是指企业年金基金在一定会计期间已实现的经营成果，其金额等于本期收入减本期费用的余额。其中，本期收入包括存款利息收入、买入返售证券收入、公允价值变动收益、投资处置收益等。本期费用包括交易费用、受托人管理费、投资管理人管理费、卖出回购证券支出、其他费用等。企业年金基金净收益直接影响基金净值的变动。

需要说明的是，企业年金基金资产不仅包括委托给投资管理人管理的资产，还包括未委托给投资管理人管理的其他现金资产。

企业年金基金净值增长率，是当期基金净值与前期企业年金基金净值的差额除以前期基金财产净值的比例。计算公式如下：

企业年金基金净值增长率 =（当期基金净资产 − 前期基金净资产）÷ 前期基金净资产 × 100％

企业年金基金账户管理人根据企业年金基金净值和净值增长率，按日或按周足额计入企业年金基金企业账户和个人账户。在收益计入日，账户管理人根据托管人提供的、经受托人复核的企业年金基金净值和净值增长率，并根据企业账户和职工个人账户前期余额，计算本期各账户应计入的投资运营收益。

其计算公式如下：

个人账户本期余额 = 个人账户前期余额 ×（1+ 企业年金基金净值增长率）

企业账户本期余额 = 企业账户前期余额 ×（1+ 企业年金基金净值增长率）

根据企业年金基金会计准则的规定，资产负债表日，应当将当期企业年金基金各项收入和费用结转至净资产，并根据企业年金计划按期将运营收益分配计入企业和职工个人账户。

企业年金基金应设置“本期收益”等科目，核算本期实现的基金净收益（或净亏损），具体账务处理如表 11-13 所示。

表 11-13　净收益账务处理

具体业务	具体业务
期末	结转企业年金基金净收益时，将“存款利息收入”“买入返售证券收入”“公允价值变动损益”“投资收益”等科目的余额转入“本期收益”科目贷方；将“交易费用”“受托人管理费”“托管人管理费”“投资管理人管理费”“卖出回购证券支出”“其他费用”等科目的余额转入“本期收益”科目借方。“本期收益”科目余额，即为企业年金基金净收益（或净亏损）
净收益转入企业年金基金时	借：本期收益 　　贷：企业年金基金——净收益 如为净亏损，做相反分录
将净收益按企业年金计划约定的比例转入个人和企业账户时	借：企业年金基金——净收益 　　贷：企业年金基金——个人账户结余 / 企业年金基金——企业账户结余

11.7　企业年金基金财务报表

11.7.1　企业年金基金财务报表编报主体

根据《企业年金基金管理办法》的规定，受托人负责编制企业年金基金管理和财务会计报告。即受托管理企业年金基金的企业年金理事会或符合国家规定的养老金管理公司等法人受托机构是编报企业年金基金财务报表的法定责任人，应当按照企业年金基金会计准则的规定，负责编制和对外报告企业年金基金财务报表。现行相关法规规定，受托人应当在年度结束后 45 日向委托人和监管机构提交经会计师事务所审计的企业年金基金年度财务会计报告。

此外，为了保证企业年金基金财务会计报告的真实和完整，托管人、投资管理人还要定期向受托人提供相关信息。现行相关法规规定，托管人在每季度结束 15 日内向受托人提交季度企业年金基金财务会计报告，并在年度结束后 45 日内向受托人提交经会计师事务所审计的年度企业年金基金财务会计报告。投资管理人在每季度结束后 15 日内向受托人提交经托管人确认的季度企业年金基金投资组合报告；并应当在年度结束后 45 日内向受托人提交经托管人确认的年度企业年金基金投资管理报告。账户管理人应当在每季度结束后 15 日内向受托人提交季度企业年金基金账户管理报告，并应当在年度结束后 45 日内向受托人提交年度企业年金基金账户管理报告。

11.7.2　企业年金基金财务报表构成

企业年金基金财务报表是指企业年金基金对外提供反映基金某一特定日期财务状况和一定会计期间的经营成果、净资产变动情况的书面文件。企业年金基金财务报表包括表 11-14 所示的内容。

表 11-14　企业年金基金财务报表构成

财务报表	定义	列示信息
资产负债表	反映企业年金基金在某一特定日期的财务状况的财务报表，应当按资产、负债和净资产分类列示	资产类项目至少应当列示下列信息：（1）货币资金；（2）应收证券清算款；（3）应收利息；（4）买入返售证券；（5）其他应收款；（6）债券投资；（7）基金投资；（8）股票投资；（9）其他投资；（10）其他资产。负债类项目至少应当列示下列信息：（1）应付证券清算款；（2）应付受益人待遇；（3）应付受托人管理费；（4）应付托管人管理费；（5）应付投资管理人管理费；（6）应交税金；（7）卖出回购证券款；（8）应付利息；（9）应付佣金；（10）其他应付款。净资产类项目列示企业年金基金净值
净资产变动表	反映企业年金基金在一定会计期间的净资产增减变动情况的财务报表	（1）期初净资产；（2）本期净资产增加数；（3）本期净资产减少数；（4）期末净资产。本期净资产增加数包括本期收入，收取企业缴费 / 职工个人缴费，个人账户转入。本期收入由存款利息收入、买入返售证券收入、公允价值变动收益、投资处置收益、其他收入构成。本期净资产减少数包括本期费用、支付受益人待遇、个人账户转出。其中本期费用由交易费用、受托人管理费用、托管人管理费用、投资人管理费用、卖出回购证券支出、其他费用构成
附注	对资产负债表、净资产变动表中列示项目的文字描述或明细资料，以及对未能在财务报表中列示其他业务和事项进行的说明	

企业年金基金资产负债表、净资产变动表和附注的格式、列示内容参见企业年金基金会计准则。

11.7.3　企业年金基金财务报表编制

（一）资产负债表的编制说明

资产负债表的编制说明如表 11-15 所示。

表 11-15　资产负债表的编制说明

序号	项目	说明
1	货币资金	反映期末存放在金融机构的各种款项，应根据“银行存款”“结算备付金”“交易保证金”等科目的期末余额填列

续表

序号	项目	说明
2	应收证券清算款	反映期末尚未收回的证券清算款，应根据“证券清算款”科目所属明细科目期末余额填列
3	应收利息	反映期末尚未收回的各项利息，应根据“应收利息”科目期末余额填列
4	买入返售证券	反映期末已经买入但尚未到期返售证券的实际成本，应根据“买入返售证券”科目期末余额填列
5	其他应收款	反映除应收证券清算款、应收利息、应收红利、应收股利以外的，期末尚未收回的其他各种应收款、暂付款项等，应根据“其他应收款”等科目的期末余额分析计算填列
6	债券投资	反映期末持有债券投资的公允价值，应根据“交易性金融资产”及其明细科目的期末余额分析填列
7	基金投资	反映期末持有基金投资的公允价值，应根据“交易性金融资产”及其明细科目的期末余额分析填列
8	股票投资	反映期末持有股票投资的公允价值，应根据“交易性金融资产”及其明细科目的期末余额分析填列
9	其他投资	反映期末持有的除上述投资以外的资产的公允价值，应根据“交易性金融资产”等相关科目的期末余额分析填列
10	其他资产	反映除上述资产以外的其他资产，应根据“交易性金融资产”等相关科目的期末余额分析填列。“应收红利”“应收股利”科目期末余额也填列在此项目
11	应付证券清算款	反映期末尚未支付的证券清算款，应根据“证券清算款”科目所属明细科目期末余额填列
12	应付受益人待遇	反映期末尚未支付受益人待遇的款项，应根据“应付受益人待遇”科目所属明细科目期末余额填列
13	应付受托人管理费	反映期末尚未支付受托人的管理费用，应根据“应付受托人费用”科目期末余额填列
14	应付托管人管理费	反映期末尚未支付托管人的管理费用，应根据“应付托管人管理费”科目期末余额计算填列
15	应付投资管理人管理费	反映期末尚未支付投资管理人的管理费用，应根据“应付投资管理人管理费”科目期末余额计算填列
16	应交税金	反映期末应交未交的相关税费，应根据“应交税金”科目的期末余额填列
17	卖出回购证券款	反映已经卖出但尚未到期回购的证券款，应根据“卖出回购证券款”科目的期末余额填列
18	应付利息	反映期末尚未支付的各项利息，应根据“应付利息”科目期末余额填列

续表

序号	项目	说明
19	应付佣金	反映期末尚未支付券商的佣金，应根据“应付佣金”科目的期末余额填列
20	其他应付款	反映除上述负债以外的其他负债，如暂收款、多收的款项等，应根据“其他应付款”等有关科目期末余额分析填列
21	企业年金基金净值	反映期末企业年金基金净值，应根据“企业年金基金”及其明细科目分析填列

（二）净资产变动表的编制说明

净资产变动表的编制说明如表11-16所示。

表11-16　净资产变动表的编制说明

序号	项目	说明
1	期初净资产	反映企业年金基金期初净值，应根据上期末“企业年金基金”及其明细科目贷方余额填列
2	存款利息收入	反映本期存放金融机构各种存款的利息收入，应根据“利息收入”科目期末结转“本期收益”科目的数额填列
3	买入返售证券收入	反映本期买入返售证券业务而实现的利息收入，应根据“买入返售证券收入”科目期末结转“本期收益”科目的数额填列
4	公允价值变动收益	反映本期持有债券、基金、股票等投资的公允价值变动情况，应根据“公允价值变动损益”科目期末结转“本期收益”科目的数额填列
5	投资处置收益	反映本期投资处置时实现的收益，以及投资持有期间收到被投资单位发放的现金股利、红利，或按债券票面利率计算的利息收入。应根据“投资收益”科目期末结转“本期收益”科目的数额分析填列
6	其他收入	反映本期除以上收入外的其他收入，根据“其他收入”科目期末结转“本期收益”数额填列
7	收取的企业缴费	反映本期收到的企业缴费，应根据“企业年金基金”及其明细科目的余额分析填列
8	收取的职工个人缴费	反映本期收到的职工个人缴费，应根据“企业年金基金”及其明细科目的余额分析填列
9	个人账户转入	反映本期从其他企业调入本企业职工个人账户转入的金额，应根据“企业年金基金——个人账户转入”科目的余额填列

续表

序号	项目	说明
10	交易费用	反映本期投资运营中发生的手续费、佣金及其他必要支出，应根据“交易费用”科目期末结转“本期收益”科目的数额填列
11	受托人管理费	反映本期按照合同约定计提的受托人管理费用，应根据“受托人管理费”科目期末结转“本期收益”科目的数额填列
12	托管人管理费	反映本期按照合同约定计提的托管人管理费用，应根据“托管人管理费”科目期末结转“本期收益”科目的数额填列
13	投资管理人管理费	反映本期按照合同约定计提的投资管理人管理费用，应根据“投资管理人管理费”科目期末结转“本期收益”科目的数额填列
14	卖出回购证券支出	反映本期发生的卖出回购证券业务的支出，应根据“卖出回购证券款”科目期末结转“本期收益”科目的数额填列
15	其他费用	反映本期除上述费用之外的其他各项费用，应根据“其他费用”科目期末结转“本期收益”科目的数额填列
16	支付受益人待遇	反映本期支付受益人待遇的金额，应根据“企业年金基金”及其明细科目的期末余额填列
17	个人账户转出	反映本期企业职工调出、离职等原因从个人账户转出的金额，应根据“企业年金基金——个人账户转出”科目的期末余额填列

（三）附注披露内容和要求

根据企业年金基金会计准则及其应用指南的规定，企业年金基金在附注中应当披露下列内容。

（1）企业年金计划的主要内容及重大变化。

（2）企业年金基金管理各方当事人（包括委托人、受托人、托管人、投资管理人、账户管理人、中介机构等）名称、注册地、组织形式、总部地址、业务性质、主要经营活动。

（3）财务报表的编制基础。

（4）遵循企业年金基金会计准则的声明。

（5）重要会计政策和会计估计。

（6）会计政策和会计估计变更及差错更正的说明。其包括会计政策、会计估计变更和差错更正的内容、理由、影响数或影响数不能合理确定的理由等。

（7）投资种类、金额及公允价值的确定方法。

（8）各类投资占投资总额的比例。

（9）报表重要项目的说明，包括货币资金，买入返售证券，债券投资，股票投资，其他投资，卖出回购证券款，收取企业缴费 / 职工个人缴费，个人账户转入 / 转出，支付受益人待遇等。具体编制时可参照财务报表列报准则应用指南列示的“证券公司报表附注”的披露格式和要求。

（10）企业年金基金净收益，包括本期收入和本期费用的构成。

（11）资产负债表日后事项、关联方关系及其交易的说明等。

（12）企业年金基金投资组合情况、风险管理政策，以及可能使投资价值受到重大影响的其他事项。

第 12 章 股份支付

12.1 股份支付的概念及特征

12.1.1 股份支付的概念及分类

根据《企业会计准则第 11 号——股份支付》（以下简称“本准则”），股份支付是指企业为获取职工和其他方提供服务而授予权益工具或者承担以权益工具为基础确定的负债的交易。

股份支付分为以权益结算的股份支付和以现金结算的股份支付。以权益结算的股份支付，是指企业为获取服务以股份或其他权益工具作为对价进行结算的交易。以现金结算的股份支付，是指企业为获取服务承担以股份或其他权益工具为基础计算确定的交付现金或其他资产义务的交易。本准则所指的权益工具是企业自身权益工具。

12.1.2 股份支付的四个主要环节

以薪酬性股票期权为例，典型的股份支付通常涉及四个主要环节：授予、可行权、行权和出售。

授予日是指股份支付协议获得批准的日期。

可行权日是指可行权条件得到满足、职工和其他方具有企业取得权益工具或现金权利的日期。

行权日是指职工和其他方行使权利、获取现金或权益工具的日期。

出售日是指股票的持有人将行使期权所取得的期权股票出售的日期。

股份支付交易环节如图 12-1 所示。

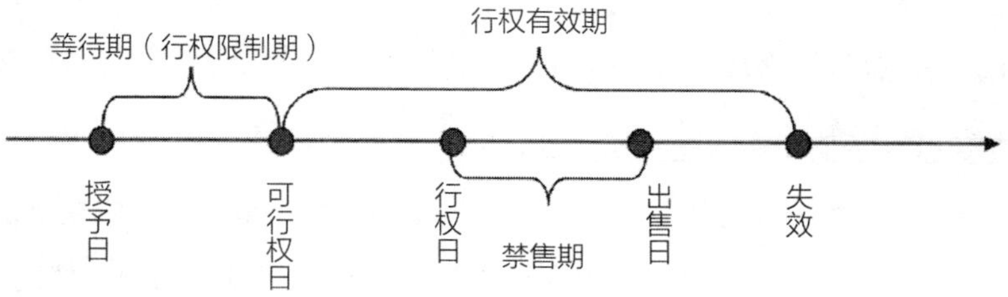

图 12-1　股份支付交易环节

12.1.3　不适用该准则的情形

（1）企业合并中发行权益工具取得其他企业净资产的交易，适用《企业会计准则第 20 号——企业合并》。

（2）以权益工具作为对价取得其他金融工具等交易，适用《企业会计准则第 22 号——金融工具确认和计量》。

12.2　股份支付的确认和计量原则

12.2.1　权益结算的股份支付的确认和计量原则

权益结算的股份支付分别按照下列情况处理。

1. 换取职工服务的股份支付的确认和计量原则

对于换取职工服务的股份支付，企业应当以股份支付所授予的权益工具的公允价值计量。企业应在等待期内的每个资产负债表日，以对可行权权益工具数量的最佳估计为基础，按照权益工具在授予日的公允价值，将当期取得的服务计入相关资产成本或当期费用，同时计入资本公积的其他资本公积。

对于授予后立即可行权的换取职工提供服务的权益结算的股份支付（如授予限制性股票的股份支付），应在授予日按照权益工具的公允价值，将取得的服务计入相关资产成本或当期费用，同时计入资本公积中的股本溢价。

2. 换取其他方服务的股份支付的确认和计量原则

对于换取其他方服务的股份支付，企业应当以股份支付所换取服务的公允价值计量。企业应当按照其他方服务在取得日的公允价值，将取得的服务计入相关资产成本或费用。

如果其他方服务的公允价值不能可靠计量，但权益工具的公允价值能够可靠计量，企业应当按照权益工具在服务取得日的公允价值，将取得的服务计入相关资产成本或费用。

3．权益工具公允价值无法可靠确定时的处理

在极少数情况下，授予权益性工具的公允价值无法可靠计量，企业应在获取服务的时点、后续的每个资产负债表日和结算日，以内在价值计量该权益工具，内在价值的变动应计入当期损益。同时，企业应以最终可行权或实际行权的权益工具数量为基础，确认取得服务的金额。内在价值是指交易双方有权认购或取得的股份的公允价值，与其按照股份支付协议应当支付的价格间的差额。

企业对上述以内在价值计量的已授予权益工具进行结算，应当遵循以下要求。

（1）结算发生在等待期内的，企业应当将结算作为加速可行权处理，即立即确认本应于剩余等待期内确认的服务金额。

（2）结算时支付的款项应当作为回购该工具处理，即减少所有者权益，结算支付的款项高于该权益工具在回购日内在价值的部分，计入当期损益。

12.2.2　现金结算的股份支付的确认和计量原则

企业应当在等待期内的每个资产负债表日，以对可行权情况的最佳估计为基础，按照企业承担负债的公允价值金额，将当期取得的服务计入相关资产成本或当期费用，同时计入负债，并在结算前的每个资产负债表日和结算日对负债的公允价值重新计算，将其变动计入损益（公允价值变动损益）。

12.2.3　可行权条件的分类

股份支付中通常涉及可行权条件。可行权条件是指能够确定企业是否得到职工或其他方提供的服务，且该服务使职工或其他方具有获取股份支付协议规定的权益工具或现金等权利的条件。反之，为非可行权条件，如取得股权后应履行的竞业限制协议和对行权后股权转让的限制等。

可行权条件包括服务期限条件和业绩条件，具体如图 12-2 所示。在满足这些条件之前，职工无法获得股份。

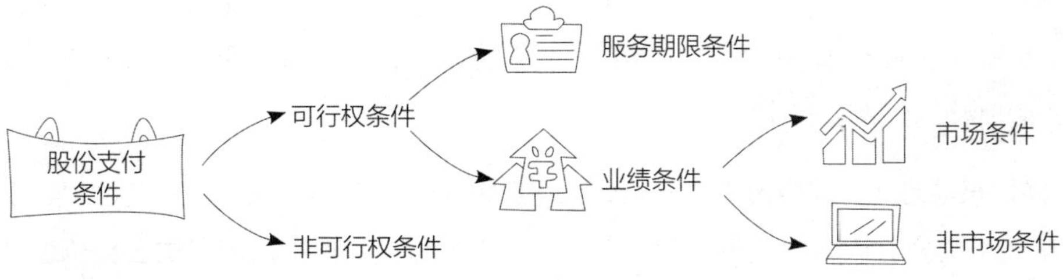

图 12-2　股份支付条件的分类

业绩条件是指企业达到特定业绩目标的条件，具体包括市场条件和非市场条件。

市场条件是指行权价格、可行权条件以及行权可能性与权益工具的市场价格相关的业绩条件，如股份支付协议中关于股价至少上升至何种水平职工才可相应取得多少股份的规定。

非市场条件是指除市场条件之外的其他业绩条件，如股份支付协议中关于达到最低盈利目标或销售目标才可行权的规定。

市场条件与非市场条件处理的比较如图 12-3 所示。

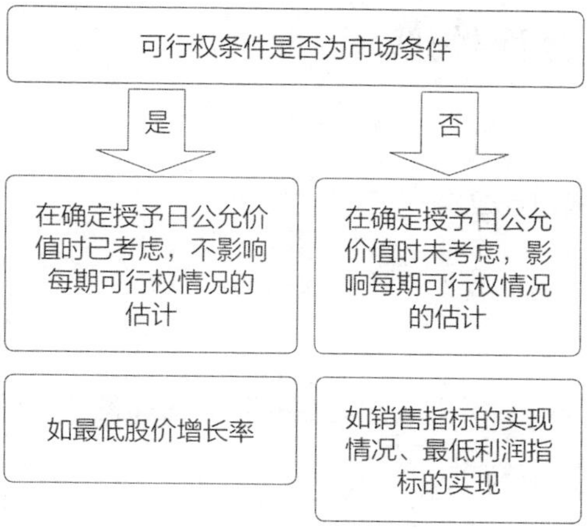

图 12-3　市场条件与非市场条件处理的比较

12.2.4　可行权条件的修改

1. 条款和条件的有利修改

有利修改或不利修改是对激励对象而言的，如股票价格为每股 10 元，行权价为 6 元，则权益工具的公允价值 =10-6=4（元），当行权价修改为 4 元，则权益工具的公允价值 =10-4=6（元），即权益工具的公允价值增加 2 元。

企业应考虑修改后的可行权条件，将增加的权益工具的公允价值相应地确认为取得服务的增加。

需要说明的是，授予日股票期权的公允价值为 5 元，是授予日股票的公允价值和行权价的差额；重新定价的当天，股票期权的公允价值为 1 元，是当天的股票的公允价值和行权价的差额；因股票的公允价值不同，行权价不变，股票期权的公允价值不同。

2. 条款和条件的不利修改

如同该变更从未发生，除非企业取消了部分或全部已授予的权益工具。

3. 取消或结算

将取消或结算作为加速可行权处理，立即确认原本应在剩余等待期内确认的金额。

4. 权益工具公允价值的确认

应当以市场价格为基础，如果没有活跃的交易市场，应当考虑估值技术。

12.3 股份支付的会计处理

12.3.1 股份支付会计处理程序

根据本准则的规定，股份支付的会计处理必须以完整、有效的股份支付协议为基础。

（一）授予日

除了立即可行权的股份支付外，无论是权益结算的股份支付还是现金结算的股份支付，企业在授予日均不做会计处理。

（二）等待期内每个资产负债表日

企业应当在等待期内的每个资产负债表日，将取得职工或其他方提供的服务计入成本费用，同时确认所有者权益或负债。对于附有市场条件的股份支付，只要职工满足了其他所有非市场条件，企业就应当确认已取得的服务。

【提示】（1）等待期长度确定后，业绩条件为非市场条件的，如果后续信息表明需要调整对可行权情况的估计的，应对前期估计进行修改。

（2）在等待期内每个资产负债表日，企业应将取得的职工提供的服务计入成本费用，计入成本费用的金额应当按照权益工具的公允价值计量。

对于权益结算的涉及职工的股份支付，应当按照授予日权益工具的公允价值计入成本费用和资本公积的其他资本公积，不确认其后续公允价值变动；对于现金结算的涉及职工的股份支付，应当按照每个资产负债表日权益工具的公允价值重新计量，确定成本费用和应付职工薪酬。

对于授予的存在活跃市场的期权等权益工具，应当按照活跃市场中的报价确定其公允价值。对于授予的不存在活跃市场的期权等权益工具，应当采用期权定价模型等确定其公允价值，选用的期权定价模型至少应当考虑以下因素：（1）期权的行权价格；（2）期权的有效期；（3）标的股份的现行价格；（4）股价预计波动率；（5）股份的预计股利；（6）期权有效期内的无风险利率。

在等待期内每个资产负债表日，企业应当根据最新取得的可行权职工人数变动等后续信息作出最佳估计，修正预计可行权的权益工具数量。在可行权日，最终预计可行权权益工具的数量应当与实际可行权工具的数量一致。

根据上述权益工具的公允价值和预计可行权的权益工具数量，计算截至当期累计应确认的成本费用金额，再减去前期累计已确认金额，作为当期应确认的成本费用金额。

（三）可行权日之后

（1）对于权益结算的股份支付，在可行权日之后不再对已确认的成本费用和所有者权益总额进行调整。企业应在行权日根据行权情况，确认股本和股本溢价，同时结转等待期内确认资本公积其他资本公积。

（2）对于现金结算的股份支付，企业在可行权日之后不再确认成本费用，负债（应付职工薪酬）公允价值的变动应当计入当期损益（公允价值变动损益）。

12.3.2　股份支付的具体会计

（一）以权益结算的股份支付

根据《企业会计准则讲解》，以权益结算的股份支付按行权条件可以分为可立即行权的股份支付和附可行权条件的股份支付，分别按照下列规定进行处理。

（1）授予后立即可行权的换取职工服务的以权益结算的股份支付，应当在授予日按照权益工具的公允价值计入相关成本或费用，相应增加资本公积。

（2）完成等待期内的服务或达到规定业绩条件才可行权的换取职工服务的以权益结算的股份支付，在等待期内的每个资产负债表日，应当以对可行权权益工具数量的最佳估计为基础，按照权益工具授予日的公允价值，将当期取得的服务计入相关成本或费用和资本公积。在资产负债表日，后续信息表明可行权权益工具的数量与以前估计不同的，应当进行调整，并在可行权日调整至实际可行权的权益工具数量。等待期，是指可行权条件得到满足的期间。对于可行权条件为规定服务期间的股份支付，等待期为授予日至可行权日的期间；对于可行权条件为规定业绩的股份支付，应当在授予日根据最可能的业绩结果预计等待期的长度。

（二）会计处理举例

1. 以权益结算的股份支付

（1）附服务年限条件的权益结算股份支付。

【例 12-1】A 公司为一上市公司。2×17 年 1 月 1 日，公司向其 200 名管理人员每人授予 100 股股票期权，这些职员从 2×17 年 1 月 1 日起在该公司连续服务 3 年，即可以 5 元每股购买 100 股 A 公司股票，从而获益。公司估计每份期权在授予日的公允价值为 18 元。

第一年有 20 名职员离开 A 公司，A 公司估计三年中离开的职员的比例将达到 20%；第二年又有 10 名职员离开公司，公司将估计的职员离开比例修正为 15%；第三年又有 15 名职员离开。

（二）费用和资本公积计算过程如表 12-1 所示。

表 12-1 费用和资本公积计算过程

单位：元

年份	计算	当期费用	累计费用
2×17	200×100×（1-20%）×18×1÷3	96 000	96 000
2×18	200×100×（1-15%）×18×2÷3-96 000	108 000	204 000
2×19	155×100×18-204 000	75 000	279 000

（2）账务处理如下：

① 2×17 年 1 月 1 日：

授予日不做账务处理。

② 2×17 年 12 月 31 日：

借：管理费用　　96 000

　　贷：资本公积——其他资本公积　　96 000

③ 2×18 年 12 月 31 日：

借：管理费用　　108 000

　　贷：资本公积——其他资本公积　　108 000

④ 2×19 年 12 月 31 日：

借：管理费用　　75 000

　　贷：资本公积——其他资本公积　　75 000

⑤ 假设全部 155 名职员都在 2×20 年 12 月 31 日行权，A 公司股份面值为 1 元：

借：银行存款等　　77 500

　　资本公积——其他资本公积　　279 000

　　贷：股本　　15 500

　　　　资本公积——资本溢价　　341 000

（2）附非市场业绩条件的权益结算股份支付。

【例 12-2】 2×17 年 1 月 1 日，A 公司为其 100 名管理人员每人授予 100 份股票期权：第一年年末的可行权条件为企业净利润增长率达到 20%；第二年年末的可行权条件为企业净利润两年平均增长 15%；第三年年末的可行权条件为企业净利润三年平均增长 10%。每份期权在 2×17 年 1 月 1 日的公允价值为 24 元。

2×17 年 12 月 31 日，权益净利润增长了 18%，同时有 8 名管理人员离开，企业预计 2×18 年将以同样速度增长，因此预计于 2×18 年 12 月 31 日可行权。另外，企业预计 2×18 年 12 月 31 日又将有 8 名管理人员离开企业。

2×18 年 12 月 31 日，企业净利润仅增长了 10%，因此无法达到可行权状态。另外，实际有 10 名管理人员离开，预计第三年将有 12 名管理人员离开企业。

2×19年12月31日，企业净利润增长了8%，三年平均增长率为12%，因此达到可行权状态。当年有8名管理人员离开。

分析：按照本准则，本例中的可行权条件是一项非市场业绩条件。

第一年年末，虽然没能实现净利润增长20%的要求，但公司预计下年将以同样速度增长，因此能实现净利润两年平均增长15%的要求。所以公司将其预计等待期调整为两年。由于有8名管理人员离开，公司同时将期满（两年）后预计可行权期权的数量调整为84（100-8-8）人。

第二年年末，虽然两年实现15%增长的目标再次落空，但公司仍然估计能够在第三年取得较理想的业绩，从而实现三年平均增长10%的目标。所以公司将其预计等待期调整为三年。由于第二年有10名管理人员离开，高于预计数字，所以公司相应调增了第三年预计离开的人数：70（100-8-10-12）人。

第三年年末，目标实现，实际离开人数为8人。公司根据实际情况确定累计费用，并据此确认了第三年费用和调整。

费用和资本公积计算过程如表12-2所示。

表12-2 费用和资本公积计算过程

单位：元

年份	计算	当期费用	累计费用
2×17	（100-8-8）×100×24×1÷2	100 800	100 800
2×18	（100-8-10-12）×100×24×2÷3-100 800	11 200	112 000
2×19	（100-8-10-8）×100×24-112 000	65 600	177 600

2. 以现金结算的股份支付

【例12-3】2×15年11月，B公司董事会批准了一项股份支付协议。协议规定，2×15年1月1日，公司为其200名中层以上管理人员每人授予100份现金股票增值权，这些管理人员在该公司连续服务3年，即可自2×17年12月31日起根据股价的增长幅度行权获得现金。该股票增值权应在2×19年12月31日之前行使完毕。B公司估计，该股票增值权在负债结算之前每一个资产负债表日以及结算日的公允价值和可行权后的每份股票增值权现金支出额见表12-3。

表12-3 公允价值和每份股票增值权现金支出额

单位：元

年份	公允价值	支付现金
2×15	14	
2×16	15	
2×17	18	16

续表

年份	公允价值	支付现金
2×18	21	20
2×19	25	

第一年有 20 名管理人员离开 A 公司，B 公司估计三年中还将有 15 名管理人员离开；第二年又有10名管理人员离开公司,公司估计还将有10名管理人员离开;第三年又有15名管理人员离开。第三年年末，假定有 70 人行使股份增值权取得了现金。第四年年末，有 50 人行使了股份增值权。第五年年末，剩余 35 人也行使了股份增值权。

（1）费用和应付职工薪酬计算过程见表 12-4。

表 12-4　股份支付金额计算过程

单位：元

年份	负债计算（1）	支付现金（2）	当期费用（3）
2×15	（200-35）×100×14×1÷3=77 000		77 000
2×16	（200-40）×100×15×2÷3=160 000		83 000
2×17	（200-45-70）×100×18=153 000	70×100×16=112 000	105 000
2×18	（200-45-70-50）×100×21=73 500	50×100×20=100 000	20 500
2×19		35×100×25=87 500	14 000
总额		299 500	299 500

其中：（3）=（1）- 上期（1）+ 当期（2）

（2）会计处理：

① 2×15 年 1 月 1 日授予日不做处理。

② 2×15 年 12 月 31 日：

借：管理费用　　77 000

　　贷：应付职工薪酬——股份支付　　77 000

③ 2×16 年 12 月 31 日：

借：管理费用　　83 000

　　贷：应付职工薪酬——股份支付　　83 000

④ 2×17 年 12 月 31 日：

借：管理费用　　105 000

　　贷：应付职工薪酬——股份支付　　105 000

借：应付职工薪酬——股份支付　　112 000

　　贷：银行存款等　　112 000

⑤ 2×18 年 12 月 31 日：

借：公允价值变动损益　　20 500

　　贷：应付职工薪酬——股份支付　　20 500

借：应付职工薪酬——股份支付　　100 000

　　贷：银行存款　　100 000

⑥ 2×19 年 12 月 31 日：

借：公允价值变动损益　　14 000

　　贷：应付职工薪酬——股份支付　　14 000

借：应付职工薪酬——股份支付　　87 500

　　贷：银行存款　　87 500

3. 回购股票进行职工期权激励

《中华人民共和国公司法》规定，企业可回购本公司股份奖励本公司职工，用于收购的资金应当从公司的税后利润中支付。这属于权益结算的股份支付，应当进行表 12-5 所示的会计处理。

表 12-5　权益结算的股份支付会计处理

项目	会计处理
预留未分配利润实行职工期权激励所需资金	应控制在当期可供投资者分配的利润数额之内。预留回购股份的全部支出应当通过备查簿入账 借：利润分配——未分配利润 　　贷：资本公积
回购股份	应当按照回购股份的全部支出 借：库存股 　　贷：银行存款等
确认成本费用	按照本准则关于权益结算股份支付换取职工服务的规定，企业应当在等待期内每个资产负债表日，将取得的职工或其他方提供的服务计入成本费用，同时增加资本公积
职工行权	职工在行权日应按照期权激励办法规定的价格，行使购买企业股份的权利。企业应按职工行权时购买本企业股票收到的价款，借记“银行存款”等科目，同时转销等待期内在其他资本公积中累计确认的金额，借记“资本公积——其他资本公积”科目，按回购的库存股成本，贷记“库存股”科目，按照上述借贷方差额，贷记或借记“资本公积——资本溢价”科目

【例 12-4】2011 年 1 月 1 日，经股东大会批准，甲公司（为上市公司）与 100 名高级管理人员签署股份支付协议。协议规定：

① 甲公司向 100 名高级管理人员每人授予 15 万股股票期权，行权条件为这些高级管理人员从授予期权之日起连续服务满 3 年，公司 3 年平均净利润增长率达到 12%；

② 符合行权条件后，每持有 1 股普通股股票期权可以自 2014 年 1 月 1 日起 1 年内，以每

股5元的价格购买公司1股普通股票，在行权期间内未行权的股票期权将失效。甲公司估计授予日每股股票期权的公允价值为15元。

2011年至2014年，甲公司股票期权的资料如下：

（1）2011年5月，甲公司自市场回购本公司股票1 500万股，共支付价款13 500万元，作为库存股待行权时使用；

（2）2011年，甲公司有3名高级管理人员离开公司，本年净利润增长率为10%。该年末，甲公司预计未来两年将有1名高级管理人员离开公司，预计3年平均净利润增长率将达到12%；每股股票期权的公允价值为16元；

（3）2012年，甲公司没有高级管理人员离开公司，本年净利润增长率为14%。该年末，甲公司预计未来1年将有2名高级管理人员离开公司，预计3年平均净利润增长率将达到12.5%；每股股票期权的公允价值为18元；

（4）2013年，甲公司有2名高级管理人员离开公司，本年净利润增长率为15%。该年末，每股股票期权的公允价值为20元；

（5）2014年3月，95名高级管理人员全部行权，甲公司收到款项7 125万元，相关股票的变更登记手续已办理完毕。

①编制甲公司回购本公司股票时的相关会计分录

借：库存股　　13 500

　　贷：银行存款　　13 500

②计算甲公司2011年、2012年、2013年因股份支付确认的费用，并编制相关会计分录

2011年应确认的当期费用＝（100－3－1）×15×15×1/3＝7 200（万元）

借：管理费用　　7 200

　　贷：资本公积——其他资本公积　　7 200

2012年应确认的当期费用＝（100－3－2）×15×15×2/3－7 200＝7 050（万元）

借：管理费用　　7 050

　　贷：资本公积——其他资本公积　　7 050

2013年应确认的当期费用＝（100－3－2）×15×15－7 200－7 050＝7 125（万元）

借：管理费用　　7 125

　　贷：资本公积——其他资本公积　　7 125

③行权时

借：银行存款　　7 125

　　资本公积——其他资本公积　　21 375

　　贷：库存股　　12 825

　　　　资本公积——股本溢价　　15 675

12.4　披露

根据本准则，企业对股份支付要按照以下要求进行信息披露。

（一）企业应当在附注中披露与股份支付有关的下列信息

（1）当期授予、行权和失效的各项权益工具总额。

（2）期末发行在外的股份期权或其他权益工具行权价格的范围和合同剩余期限。

（3）当期行权的股份期权或其他权益工具以其行权日价格计算的加权平均价格。

（4）权益工具公允价值的确定方法。

企业对性质相似的股份支付信息可以合并披露。

（二）企业应当在附注中披露股份支付交易对当期财务状况和经营成果的影响，至少包括下列信息

（1）当期因以权益结算的股份支付而确认的费用总额。

（2）当期因以现金结算的股份支付而确认的费用总额。

（3）当期以股份支付换取的职工服务总额及其他方服务总额。

第 13 章 债务重组

13.1 债务重组基础

13.1.1 债务重组的概念

根据《企业会计准则第 12 号——债务重组》的规定，债务重组，是指在不改变交易对手方的情况下，经债权人和债务人协定或法院裁定，就清偿债务的时间、金额或方式等重新达成协议的交易。其中债务重组涉及的债权和债务是指《企业会计准则第 22 号——金融工具确认和计量》规范的金融工具。

13.1.2 债务重组的核算范围

《企业会计准则第 12 号——债务重组》准则对债务重组范围作出了界定，债务重组的方式主要包括：（1）债务人以资产清偿债务；（2）债务人将债务转为权益工具；（3）除上述第一项和第二项以外，采用调整债务本金、改变债务利息、变更还款期限等方式修改债权和债务的其他条款，形成重组债权和重组债务；（4）以上三种方式的组合等。

【提示】将应付可转换公司债券转为资本的，属于正常情况下的债务转资本，不作为本章所指债务重组处理。

13.1.3 债务重组的方式

根据《企业会计准则第 12 号——债务重组》的规定，债务重组的主要方式如表 13-1 所示。

表 13–1　债务重组的主要方式

方式	定义
以资产清偿债务	债务人转让其资产给债权人以清偿债务的债务重组方式。债务人通常用于偿债的资产主要有现金、存货、固定资产等。在债务重组的情况下，以现金清偿债务，通常是指以低于债务的账面价值的现金清偿债务，如果以等量的现金偿还所欠债务，则不属于本章所指的债务重组
将债务转为权益工具	债务人将债务转为资本，同时债权人将债权转为股权的债务重组方式。但债务人根据转换协议，将应付可转换公司债券转为资本的，则属于正常情况下的债务转资本，不能作为债务重组处理
修改其他债务条件	修改不包括本表第一、第二种情形在内的债务条件进行债务重组的方式，如调整债务本金、改变债务利息、变更还款期限等
以上三种方式的组合	采用以上三种方法共同清偿债务的债务重组形式，主要包括以下可能的方式：（1）债务的一部分以资产清偿，另一部分则转为资本；（2）债务的一部分以资产清偿，另一部分修改其他债务条件；（3）债务的一部分转为资本，另一部分修改其他债务条件；（4）以三种方式共同清偿债务

13.1.4　用以清偿债务的非现金资产公允价值的计量

债务重组采用非现金资产清偿债务的，非现金资产公允价值应当按照下列规定计量。

（1）非现金资产属于企业持有的股票、债券、基金等金融资产的，应当按照《企业会计准则第 22 号——金融工具确认和计量》的规定确定其公允价值。

（2）非现金资产属于存货、固定资产、无形资产等其他资产且存在活跃市场的，应当以其市场价格为基础确定其公允价值。

不存在活跃市场但与其类似资产存在活跃市场的，应当以类似资产的市场价格为基础确定其公允价值；采用上述两种方法仍不能确定非现金资产公允价值的，应当采用估值技术等合理的方法确定其公允价值。

13.2　债务重组的会计处理

债务重组涉及债务人和债权人两个主体，双方分别进行账务处理。

13.2.1 债务人的处理

《企业会计准则第 12 号——债务重组》对债务人的会计处理如表 13-2 所示。

表 13-2 债务人的会计处理

项目	会计处理
以资产清偿债务方式进行债务重组	债务人应当在相关资产和所清偿债务符合终止确认条件时予以终止确认，所清偿债务账面价值与资产账面价值之间的差额计入当期损益
将债务转为权益工具方式进行债务重组	债务人应当在所清偿债务符合确认条件时予以终止确认。债务人初始确认权益工具时应当按照权益工具的公允价值计量，权益工具的公允价值不能可靠计量的，应当按照所清偿债务的公允价值计量。所清偿债务账面价值与权益工具确认金额之间的差额，应当计入当期损益
采用修改其他条款方式进行债务重组	债务人应当按照《企业会计准则第 22 号——金融工具确认和计量》和《企业会计准则第 37 号——金融工具列报》的规定，确认和计量重组债务
以多项资产清偿债务或组合方式进行债务重组	债务人应当按照本表第二、第三条的规定确认和计量权益工具和重组债务，所清偿债务的账面价值与转让资产的账面价值以及权益工具和重组债务的确认金额之和的差额，应当计入当期损益

13.2.2 债权人的处理

按照《企业会计准则第 12 号——债务重组》（以下简称“本准则”）的规定，债权人的处理如下。

（1）以资产清偿债务或者将债务转为权益工具方式进行债务重组的，由于债权人在拥有或控制相关资产时，通常其收取债权现金流量的合同权利也同时终止，债权人一般可以终止确认该债权。以资产清偿债务方式进行债务重组的，债权人初始确认受让的金融资产以外的资产时，应当按照表 13-3 所示的成本计量原则计量。

表 13-3 债权人受让金融资产以外的资产的成本计量原则

项目	成本计量原则
存货的成本	包括放弃债权的公允价值和使该资产达到当前位置和状态所发生的可直接归属于该资产的税金、运输费、装卸费、保险费等其他成本
对联营企业或合营企业投资的成本	包括放弃债权的公允价值和可直接归属于该资产的税金等其他成本
投资性房地产的成本	包括放弃债权的公允价值和可直接归属于该资产的税金等其他成本
固定资产的成本	包括放弃债权的公允价值和使该资产达到预定可使用状态前所发生的可直接归属于该资产的税金、运输费、装卸费、安装费、专业人员服务费等其他成本
生物资产的成本	包括放弃债权的公允价值和可直接归属于该资产的税金、运输费、保险费等其他成本
无形资产的成本	包括放弃债权的公允价值和可直接归属于使该资产达到预定用途所发生的税金等其他成本。放弃债权的公允价值与账面价值之间的差额，应当计入当期损益

（2）将债务转为权益工具方式进行债务重组导致债权人将债权转为对联营企业或合营企业的权益性投资的，债权人应当按照本准则第六条的规定计量其初始投资成本。放弃债权的公允价值与账面价值之间的差额，应当计入当期损益。

（3）采用修改其他条款方式进行债务重组的，债权人应当按照《企业会计准则第 22 号——金融工具确认和计量》的规定，确认和计量重组债权。

（4）以多项资产清偿债务或者组合方式进行债务重组的，债权人应当首先按照《企业会计准则第 22 号——金融工具确认和计量》的规定确认和计量受让的金融资产和重组债权，然后按照受让的金融资产以外的各项资产的公允价值比例，对放弃债权的公允价值扣除受让金融资产和重组债权确认金额后的净额进行分配，再按照本准则第六条的规定分别确定各项资产的成本。放弃债权的公允价值与账面价值之间的差额，应当计入当期损益。

13.3 债务重组会计处理具体应用

13.3.1 以资产清偿债务

在债务重组中，债务人以非现金资产清偿某项债务的，债务人应当将重组债务账面价值与其公允价值之间的差额计入当期损益。将重组债务公允价值与转让的非现金资产账面价值之间的差额计入当期损益。债务人在转让非现金资产的过程中发生的一些税费，如资产评估费、运杂费等，直接计入转让资产损益。

债权人取得的资产按放弃的债权公允价值加直接相关费用确定。放弃债权的公允价值与账面价值之间的差额计入当期损益。债权人收到非现金资产时发生的有关运杂费等，应当计入相关资产的价值。

以长期股权投资以外的非现金资产清偿债务的，债权人初始确认受让的非现金资产时，应当按照其公允价值计量。

对于增值税应税项目，如债权人不向债务人另行支付增值税，则债务重组利得应为转让非现金资产的公允价值和该非现金资产的增值税销项税额与重组债务账面价值的差额；如债权人向债务人另行支付增值税，则债务重组利得应为转让非现金资产的公允价值与重组债务账面价值的差额。

（1）以库存材料、商品产品抵偿债务。

债务人以库存材料、商品产品抵偿债务，应视同销售进行核算。企业可将该项业务分为两部分。一是将库存材料、商品产品出售给债权人，取得货款。出售库存材料、商品产品业务与企业正常的销售业务的会计处理相同，其发生的损益计入当期损益。二是以取得的货币清偿债务。当然在这项业务中实际上并没有发生相应的货币流入与流出。

【例 13–1】甲公司欠乙公司购货款 350 000 元。由于甲公司财务发生困难，短期内不能支付已于 2×19 年 5 月 1 日到期的货款。2×19 年 7 月 1 日，经双方协商乙公司同意甲公司以其生产的产品偿还债务。该产品公允价值为 200 000 元，实际成本为 120 000 元。甲公司为增值税一般纳税人，适用的增值税税率为 13%。乙公司于 2×19 年 8 月 1 日收到甲公司抵债的产品并作为库存商品入库；乙公司对该项应收账款计提了 50 000 元的坏账准备。

（1）甲公司的账务处理：

① 计算债务重组利得：

应付账款的账面余额	350 000
减：所转让产品的公允价值	200 000
增值税销项税（200 000×13%）	26 000
债务重组利得	124 000

② 应做会计分录如下：

借：应付账款	350 000	
贷：主营业务收入		200 000
应交税费——应交增值税（销项税额）		26 000
其他收益——债务重组收益		124 000
借：主营业务成本	120 000	
贷：库存商品		120 000

在本例中，甲公司销售产品取得的利润体现在营业利润中，债务重组利得作为其他收益处理。

（2）乙公司的账务处理：

① 计算债务重组损失：

应收账款账面余额	350 000
减：受让资产的公允价值	200 000
增值税进项税	26 000
差额	124 000
减：已计提坏账准备	50 000
投资收益	74 000

② 应做会计分录如下：

借：库存商品	200 000
应交税费——应交增值税（进项税额）	26 000

坏账准备　　50 000

投资收益　　74 000

贷：应收账款　　350 000

（2）以固定资产抵偿债务。

债务人以固定资产抵偿债务，应将重组债务公允价值与转让的固定资产账面价值之间的差额计入当期损益。债权人收到的固定资产应按公允价值计量。

【例13-2】甲公司于2×19年1月1日销售给乙公司一批材料，价值为400 000元（包括应收取的增值税），按购销合同约定，乙公司应于2×19年10月31日前支付货款，但至2×20年1月31日乙公司尚未支付货款。由于乙公司财务发生困难，短期内不能支付货款。2×20年2月3日，与甲公司协商，甲公司同意乙公司以一台设备偿还债务。该项设备的账面原价为350 000元，已提折旧50 000元，设备的公允价值为360 000元（假定企业转让该项设备不需要缴纳增值税）。

甲公司对该项应收账款已提取坏账准备20 000元。抵债设备已于2×20年3月10日运抵甲公司。假定不考虑该项债务重组相关的税费。

乙公司的账务处理：

①固定资产的账面价值　　300 000

固定资产账面原价　　350 000

折旧　　50 000

②重组债务公允价值　　400 000

③应做会计分录如下：

将固定资产净值转入固定资产清理：

借：固定资产清理　　300 000

累计折旧　　50 000

贷：固定资产　　350 000

确认债务重组利得：

借：应付账款　　400 000

贷：固定资产清理　　300 000

其他收益——债务重组收益　　100 000

甲公司的账务处理：

①计算债务重组损失：

应收账款账面余额　　400 000

减：受让资产的公允价值　　360 000

差额　　40 000

减：已计提坏账准备　　20 000

投资收益　　20 000

② 应做会计分录如下：

借：固定资产　　360 000

　　坏账准备　　20 000

　　投资收益　　20 000

　　贷：应收账款　　400 000

（3）以股票、债券等金融资产抵偿债务。

债务人以股票、债券等金融资产清偿债务，应当将重组债务账面价值与其公允价值之间的差额计入当期损益。将重组债务公允价值与转让的相关金融资产账面价值之间的差额计入当期损益。债权人收到的相关金融资产应按公允价值计量。

【例 13-3】甲公司于 2×19 年 7 月 1 日销售给乙公司一批产品，价值为 450 000 元（包括应收取的增值税），乙公司于 2×19 年 7 月 1 日开出六个月承兑的商业汇票。乙公司于 2×19 年 12 月 31 日尚未支付货款。由于乙公司财务发生困难，短期内不能支付货款。当日经与甲公司协商，甲公司同意乙公司以其所拥有并作为以公允价值计量且公允价值变动计入当期损益的某公司股票抵偿债务。乙公司该股票的账面价值为 400 000 元（假定该资产账面公允价值变动为零），当日的公允价值为 380 000 元。假定甲公司为该项应收账款提取了坏账准备 40 000 元。用于抵债的股票于当日即办理相关转让手续，甲公司将取得的股票作为以公允价值计量且公允价值变动计入当期损益的金融资产处理。债务重组前甲公司已将该项应收票据转入应收账款；乙公司已将应付票据转入应付账款。假定不考虑与商业汇票或者应付款项有关的利息。

乙公司的账务处理：

① 计算债务重组利得：

应付账款的账面余额　　450 000

减：股票的公允价值　　380 000

　　投资收益　　70 000

② 计算转让股票损益：

　　股票的公允价值　　380 000

减：股票的账面价值　　400 000

　　转让股票损益　　-20 000

③ 应做会计分录如下：

借：应付账款　　450 000

　　贷：交易性金融资产　　400 000

　　　　投资收益　　50 000

甲公司的账务处理：

① 计算债务重组损失：

应收账款账面余额	450 000
减：受让股票的公允价值	380 000
差额	70 000
减：已计提坏账准备	40 000
投资收益	30 000

② 应作会计分录如下：

借：交易性金融资产　　380 000

　　投资收益　　30 000

　　坏账准备　　40 000

　　贷：应收账款　　450 000

13.3.2　债务转为权益工具

以债务转为权益工具进行债务重组的，应分别以表 13-4 所示情况进行处理。

表 13-4　债务转为权益工具进行债务重组的处理

事项	适用的规定
通过债务重组形成企业合并	适用《企业会计准则第 20 号——企业合并》
债务重组中涉及的债权、重组债权、债务、重组债务	适用《企业会计准则第 22 号——金融工具确认和计量》
债务重组中涉及的其他金融工具的确认、计量和列报	适用《企业会计准则第 37 号——金融工具列报》
债权人或债务人中的一方直接或间接对另一方持股且以股东身份进行债务重组的，或债权人与债务人在债务重组前后均受同一方或相同的多方最终控制，且该债务重组的交易实质是债权人或债务人进行了权益性分配或接受了权益性投入	适用权益性交易的有关会计处理的规定

以债转股形式进行债务重组的，债务人按照权益工具的公允价值对权益工具进行初始计量，清偿债务的账面价值与权益工具公允价值之间的差额，计入当期损益。当权益工具公允价值不能可靠计量时，应当按照所清偿债务的公允价值对权益工具进行初始计量。

【例 13-4】 2×19 年 7 月 1 日，甲公司应收乙公司账款的账面余额为 60 000 元，由于乙公司发生财务困难，无法偿付应付账款。经双方协商同意，采取将乙公司所欠债务转为乙公司股本的方式进行债务重组，假定乙公司普通股的面值为 1 元，乙公司以 20 000 股股票抵偿该项债务，股票每股市价为 2.5 元。甲公司对该项应收账款计提了坏账准备 2 000 元。股票登记手续已办理完毕，甲公司对其作为长期股权投资处理。

乙公司的账务处理：

① 计算应计入资本公积的金额：

股票的公允价值	50 000	
减：股票的面值总额	20 000	
应计入资本公积	30 000	

② 计算应确认的债务重组利得：

债务账面价值	60 000	
减：股票的公允价值	50 000	
投资收益	10 000	

③ 应做会计分录如下：

借：应付账款	60 000	
贷：股本		20 000
资本公积——股本溢价		30 000
投资收益		10 000

甲公司的账务处理：

① 计算债务重组损失：

应收账款账面余额	60 000	
减：所转股权的公允价值	50 000	
差额	10 000	
减：已计提坏账准备	2 000	
投资收益	8 000	

② 应作会计分录如下：

借：长期股权投资	50 000	
投资收益	8 000	
坏账准备	2 000	
贷：应收账款		60 000

13.3.3 修改其他债务条件

修改其他债务条件的会计处理如表13-5所示。

表 13–5　修改其他债务条件的会计处理

债务人的会计处理	债权人的会计处理
借：应付账款等 　　贷：应付账款——债务重组（公允价值） 　　　　预计负债（或有应付金额） 　　　　其他收益——债务重组收益	借：应收账款——债务重组（公允价值）坏账准备 　　投资收益（借方差额） 　　贷：应收账款等 　　　　投资收益（贷方差额）
上述或有应付金额在随后会计期间没有发生的，企业应当冲销已确认的预计负债，同时确认为当期损益（其他收益——债务重组收益）	修改后的债务条款中涉及或有应收金额的，债权人不应当确认或有应收金额，不得将其计入重组后债券的账面价值。只有在或有应收金额实际发生时，才计入当期损益

或有应付金额，是指需要根据未来某种事项出现而发生的应付金额，而且该未来事项的出现具有不确定性。当其满足或有事项确认预计负债条件时，债务人应当进行确认。

【例 13–5】甲公司 2×19 年 12 月 31 日应收乙公司票据的账面余额为 65 400 元，其中 5 400 元为累计未付的利息，票面年利率为 4%。由于乙公司连年亏损，资金周转困难，不能偿付应于 2×19 年 12 月 31 日前支付的应付票据。经双方协商，于 2×20 年 1 月 5 日进行债务重组。甲公司同意将债务本金减至 50 000 元；免去债务人所欠的全部利息；将利率从 4% 降低到 2%（等于实际利率），并将债务到期日延至 2×21 年 12 月 31 日，利息按年支付。该项债务重组协议从协议签订日起开始实施。甲、乙公司已将应收、应付票据转入应收、应付账款。甲公司已为该项应收款项计提了 5 000 元坏账准备。

（1）乙公司的账务处理：

① 计算债务重组利得：

应付账款的账面余额　　　　65 400

减：重组后债务公允价值　　　　50 000

　　投资收益　　　　15 400

② 债务重组时的会计分录：

借：应付账款　　　　65 400

　　贷：应付账款——债务重组　　　　50 000

　　　　投资收益　　　　15 400

③ 2×20 年 12 月 31 日支付利息：

借：财务费用　　　　1 000

　　贷：银行存款　　　　（50 000×2%）1 000

④ 2×21 年 12 月 31 日偿还本金和最后一年利息：

借：应付账款——债务重组　　　　50 000

　　财务费用　　　　1 000

　　贷：银行存款　　　　51 000

（2）甲公司的账务处理：

① 计算债务重组损失：

应收账款账面余额	65 400
减：重组后债权公允价值	50 000
差额	15 400
减：已计提坏账准备	5 000
投资收益	10 400

② 债务重组日的会计分录：

借：应收账款——债务重组　　50 000

　　投资收益　　10 400

　　坏账准备　　5 000

　　贷：应收账款　　65 400

③ 2×20 年 12 月 31 日收到利息：

借：银行存款　　1 000

　　贷：财务费用　　（50 000×2%）1 000

④ 2×21 年 12 月 31 日收到本金和最后一年利息：

借：银行存款　　51 000

　　贷：财务费用　　1 000

　　　　应收账款　　50 000

13.3.4　三种方式的组合方式

用三种方式的组合方式进行债务重组的主要几种情况，如表 13-6 所示。

表 13-6　债务重组的组合方式

组合方式	会计处理	
以现金、非现金资产两种方式组合清偿某项债务	债务人应当按照支付的现金和转让的非现金资产公允价值的相对比例对重组债务的公允价值进行分摊。将交易拆分成单项交易，再按照债务重组处理原则进行确认计量	
以现金、债务转为权益工具两种方式的组合清偿某项债务	债务人	重组债务的账面价值与支付的现金、债权人因放弃债权而享有的股权的公允价值的差额作为债务重组利得。股权的公允价值与股本（或实收资本）的差额作为资本公积
	债权人	债权人重组债权的账面价值与收到的现金、因放弃债权而享有的公允价值，以及已提减值准备的差额作为债务重组损失

续表

组合方式	会计处理	
以非现金资产、债务转为资本两种方式的组合清偿某项债务	债务人	重组债务的账面价值与转让的非现金资产的公允价值、债权人因放弃债权而享有的股权的公允价值的差额为债务重组利得。非现金资产的公允价值与账面价值的差额作为转让资产损益；股权的公允价值与股本（或实收资本）的差额作为资本公积
	债权人	债权人重组债权的账面价值与受让的非现金资产的公允价值、因放弃债权而享有的股权的公允价值，以及已提减值准备的差额作为债权重组损失
以现金、非现金资产、债务转为资本三种方式的组合清偿某项债务	债务人	重组债务的账面价值与支付的现金、转让的非现金资产的公允价值、债权人因放弃债权而享有股权的公允价值的差额作为债务重组利得；非现金资产的公允价值与其账面价值的差额作为转让资产损益；股权的公允价值与股本（或实收资本）的差额作为资本公积
	债权人	债权人重组债权的账面价值与收到的现金、受让的非现金资产的公允价值、因放弃债权而享有的股权的公允价值，以及已提减值准备的差额作为债权重组损失
以资产、债务转为资本等方式清偿某项债务的部分，并对该项债务的另一部分以修改其他债务条件进行债务重组	债务人	在这种情况下，债务人应先以支付的现金、转让的非现金资产的公允价值、债权人因放弃债权而享有的股权的公允价值冲减重组债务的账面价值，余额与重组后债务的公允价值进行比较，据此计算债务重组利得
	债权人	债权人因放弃债权而享有的股权的公允价值与股本（或实收资本）的差额作为资本公积；非现金资产的公允价值与其账面价值的差额作为受让资产损益，于当期确认

13.4　披露

在财务报表附注中，债权人、债务人应当披露的信息如表 13-7 所示。

表 13-7　附注中应当披露的信息

当事人	披露的信息
债权人	应当在附注中披露与债务重组有关的信息： （1）根据债务重组方式，分组披露债权账面价值和债务重组相关损益 （2）债务重组导致的对联营企业或合营企业的权益性投资增加额，以及该投资占联营企业或合营企业股份总额的比例
债务人	应当在附注中披露与债务重组有关的信息： （1）根据债务重组方式，分组披露债务账面价值和债务重组相关损益 （2）债务重组导致的股本等所有者权益的增加额

第 14 章
或有事项

14.1　或有事项概述

14.1.1　或有事项的定义

《企业会计准则第 13 号——或有事项》（以下简称“本准则”）对或有事项的定义如下：或有事项是指过去的交易或者事项形成的，其结果须由某些未来事项的发生或不发生才能决定的不确定事项。

14.1.2　或有事项的基本特征

根据准则对或有事项的定义，《企业会计准则第 13 号——或有事项》解释列出了或有事项的三项基本特征，具体如表 14-1 所示。

表 14-1　或有事项的基本特征

基本特征	定义	举例
由过去交易或事项形成	或有事项的现存状况是过去交易或事项引起的客观存在	未决诉讼虽然是正在进行当中的诉讼，但该诉讼是企业因过去的经济行为导致起诉其他单位或被其他单位起诉。这是现存的一种状况而不是未来将要发生的事项
结果具有不确定性	或有事项的结果是否发生具有不确定性，或者或有事项的结果预计将会发生，但发生的具体时间或金额具有不确定性	债务担保事项在担保方到期是否一定承担和履行连带责任，需要根据被担保方债务到期时能否按时还款加以确定。这一事项的结果在担保协议达成时具有不确定性
由未来事项决定	或有事项的结果只能由未来不确定事项的发生或不发生决定	未决诉讼只有等到法院判决才能决定其结果；债务担保事项只有在被担保方到期无力还款时，企业（担保方）才承担连带责任

【提示】未来可能发生的自然灾害、交通事故、经营亏损等，不属于或有事项。

常见的或有事项主要包括：未决诉讼或仲裁、债务担保、产品质量保证（含产品安全保证）、承诺、亏损合同、重组义务、商业承兑汇票背书转让或贴现等。

【提示】固定资产计提折旧、无形资产摊销均不属于或有事项。亏损合同、重组义务是本准则特别规定的或有事项。

14.2　确认和计量

14.2.1　或有事项的确认

《企业会计准则第 13 号——或有事项》规定，与或有事项相关的义务同时满足表 14-2 所示条件的，应当确认为预计负债。

表 14-2　预计负债的确认条件

条件	定义
该义务是企业承担的现时义务	与或有事项相关的义务是在企业当前条件下已承担的义务。企业没有其他现实的选择，只能履行该现时义务，如法律要求企业履行、有关各方形成企业将履行现时义务的合理预期等
履行该义务很可能导致经济利益流出企业	履行与或有事项相关的现时义务时，导致经济利益流出企业的可能性超过 50% 但尚未达到基本确定的程度
该义务的金额能够可靠地计量	与或有事项相关的现时义务的金额能够合理地估计

履行或有事项相关义务导致经济利益流出企业的可能性，通常应当结合表 14-3 所示情况加以判断。

表 14-3　经济利益流出企业的可能性

结果的可能性	对应的概率区间
基本确定	大于 95% 但小于 100%
很可能	大于 50% 但小于或等于 95%
可能	大于 5% 但小于或等于 50%
极小可能	大于 0 但小于或等于 5%

【提示】如果或有事项确认负债的三个条件没有同时满足，则不属于或有负债。

14.2.2 预计负债的计量

预计负债应当按照履行相关现时义务所需支出的最佳估计数进行初始计量。企业不应当就未来经营亏损确认预计负债。

（一）最佳估计数的确定

（1）所需支出存在一个连续范围，且该范围内各种结果发生的可能性相同的，最佳估计数应当按照该范围内的中间值确定，具体如图 14-1 所示。

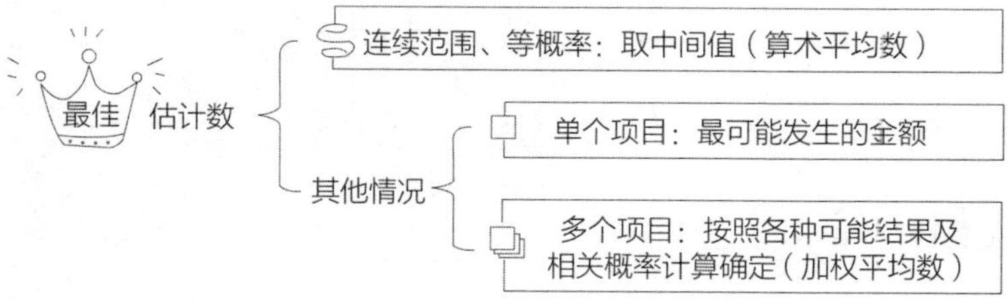

图 14-1　最佳估计数的确定

【例 14-1】2×18 年 12 月 27 日，甲企业因合同违约而涉及一桩诉讼案。根据企业的法律顾问判断，最终的判决很可能对甲企业不利。2×18 年 12 月 31 日，甲企业尚未接到法院的判决，因诉讼须承担的赔偿金额也无法准确地确定。不过，据专业人士估计，赔偿金额可能是 80 万～100 万元的某一金额，而且这个区间内每个金额的可能性都大致相同。

此例中，甲企业应在 2×18 年 12 月 31 日的资产负债表中确认一项负债，金额 =（80 + 100）÷2 =90（万元）。

（2）在其他情况下，最佳估计数应当分下列情况处理。

① 或有事项涉及单个项目的，按照最可能发生金额确定。

② 或有事项涉及多个项目的，按照各种可能结果及相关概率计算确定。

【例 14-2】2×18 年 10 月 2 日，乙股份有限公司涉及一起诉讼案。2×18 年 12 月 31 日，乙股份有限公司尚未接到法院的判决。在咨询了公司的法律顾问后，公司认为：胜诉的可能性为 40%，败诉的可能性为 60%。如果败诉，需要赔偿 2 000 000 元。此时，乙股份有限公司在资产负债表中确认的预计负债金额应为最可能发生的金额，即 2 000 000 元。

（二）确定最佳估计数需要考虑的因素

企业在确定最佳估计数时，应当综合考虑与或有事项有关的风险、不确定性和货币时间价值等因素。

货币时间价值影响重大的，应当通过对相关未来现金流出进行折现后确定最佳估计数。

（三）补偿金额的确定

企业清偿预计负债所需支出全部或部分预期由第三方补偿的，补偿金额只有在基本确定能够收到时才能作为资产单独确认。确认的补偿金额不应当超过预计负债的账面价值。

【例 14-3】2×18 年 12 月 31 日，乙股份有限公司因或有事项而确认了一笔金额为 1 000 000 元的负债；同时，公司因该或有事项，基本确定可从甲股份有限公司获得 400 000 元的赔偿。

本例中，乙股份有限公司应分别确认一项金额为 1 000 000 元的负债和一项金额为 400 000 元的资产，而不能只确认一项金额为 600 000（1 000 000-400 000）元的负债。同时，公司所确认的补偿金额（400 000 元）不能超过所确认的负债的账面价值（1 000 000 元）。

（四）亏损合同

待执行合同变成亏损合同的，该亏损合同产生的义务满足预计负债确认条件的，应当确认为预计负债。待执行合同，是指合同各方尚未履行任何合同义务或部分地履行了同等义务的合同。亏损合同，是指履行合同义务不可避免会发生的成本超过预期经济利益的合同。

企业在履行合同义务过程中发生的成本可能出现超过预期经济利益的情况时，待执行合同即变成了亏损合同，此时，如果与该合同相关的义务不需支付任何补偿即可撤销，通常不存在现时义务，不应确认预计负债。如果与该合同相关的义务不可撤销，企业就存在了现时义务，同时满足该义务很可能导致经济利益流出企业和金额能够可靠地计量的，通常应当确认预计负债。

待执行合同变为亏损合同时，合同存在标的资产的，应当对标的资产进行减值测试并按规定确认减值损失，通常不确认预计负债；合同不存在标的资产的，亏损合同相关义务满足规定条件时，应当确认预计负债。

例如，商品销售合同属于待执行合同。在其售价低于成本时，该合同即变为亏损合同，属于本准则规范的或有事项。该合同存在标的资产（存货）的，应当确认减值损失和存货跌价准备，不确认预计负债；如果合同不存在标的资产（存货），企业应在满足确认条件时确认预计负债。

【例 14-4】某公司 2×17 年 1 月采用经营租赁方式租入生产线生产产品，租赁期 3 年，生产的产品预计每年均可获利。2×18 年 12 月，市政规划要求公司迁址，加之宏观政策调整，该公司决定停产上述产品，原经营租赁合同为不可撤销合同，还要持续 1 年，生产线无法转租给其他单位。此时，该公司执行原经营租赁合同发生的费用很可能超过预期获得的经济利益，该租赁合同变为亏损合同，应当在 2×18 年 12 月 31 日根据未来期间（2×19 年）应支付的租金确认预计负债。

（五）重组义务确认为预计负债

1. 重组义务

《企业会计准则第 13 号——或有事项》规定，企业承担的重组义务满足预计负债确认条件的，应当确认预计负债。同时存在下列情况时，表明企业承担了重组义务。

（1）有详细、正式的重组计划，包括重组涉及的业务、主要地点、需要补偿的职工人数及其岗位性质、预计重组支出、计划实施时间等。

（2）该重组计划已对外公告。

【易错易混点】因辞退福利确认的预计负债通过“应付职工薪酬”科目核算。

2. 重组事项

重组，是指企业制定和控制的，将显著改变企业组织形式、经营范围或经营方式的计划实施行为。《企业会计准则第 13 号——或有事项》解释列举了重组的事项，主要包括以下几点。

（1）出售或终止企业的部分经营业务。

（2）对企业的组织结构进行较大调整。

（3）关闭企业的部分营业场所或将营业活动由一个国家或地区迁移到其他国家或地区。

企业实施一项业务重组计划，预计发生的支出或损失如图 14-2 所示。

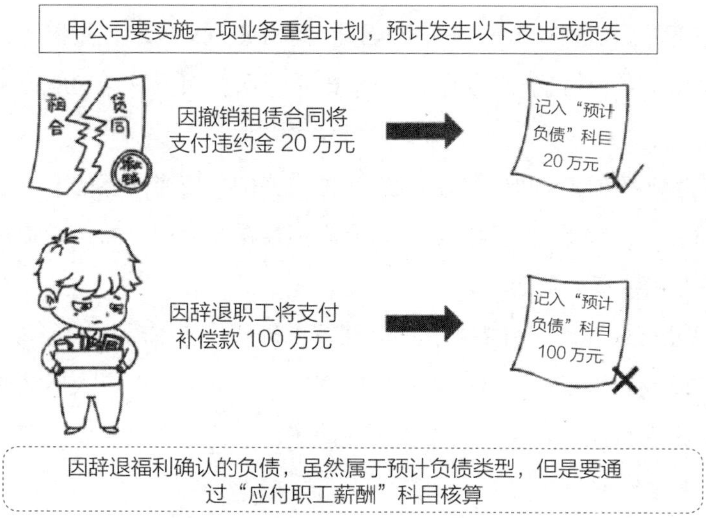

图 14-2　重组计划预计发生的支出或损失

14.2.3　对预计负债账面价值的复核

《企业会计准则第 13 号——或有事项》规定，企业应当在资产负债表日对预计负债的账面价值进行复核。有确凿证据表明该账面价值不能真实反映当前最佳估计数的，应当按照当前最佳估计数对该账面价值进行调整。

【提示】企业不应当确认或有负债和或有资产。

14.2.4　或有负债和或有资产

《企业会计准则第 13 号——或有事项》规定，企业不应当确认或有负债和或有资产。

或有负债，是指过去的交易或者事项形成的潜在义务，其存在须通过未来不确定事项的发生或不发生予以证实；或过去的交易或者事项形成的现时义务，履行该义务不是很可能导致经济利益流出企业或该义务的金额不能可靠计量。

或有资产，是指过去的交易或者事项形成的潜在资产，其存在须通过未来不确定事项的发生或不发生予以证实。

14.3　披露

《企业会计准则第 13 号——或有事项》规定，企业应当在附注中披露与或有事项有关的信息，具体如表 14-4 所示。

表 14-4　附注中披露的与或有事项有关的信息

事项	具体内容
预计负债	（1）预计负债的种类、形成原因以及经济利益流出不确定性的说明 （2）各类预计负债的期初、期末余额和本期变动情况 （3）与预计负债有关的预期补偿金额和本期已确认的预期补偿金额
或有负债（不包括极小可能导致经济利益流出企业的或有负债）	（1）或有负债的种类及其形成原因，包括已贴现商业承兑汇票、未决诉讼、未决仲裁、对外提供担保等形成的或有负债 （2）经济利益流出不确定性的说明 （3）或有负债预计产生的财务影响，以及获得补偿的可能性；无法预计的，应当说明原因
或有资产	企业通常不应当披露或有资产。但或有资产很可能会给企业带来经济利益的，应当披露其形成的原因、预计产生的财务影响等
未决诉讼、未决仲裁	在涉及未决诉讼、未决仲裁的情况下，披露全部或部分信息预期对企业造成重大不利影响的，企业无须披露这些信息，但应当披露该未决诉讼、未决仲裁的性质，以及没有披露这些信息的事实和原因

第 15 章 收入

15.1　收入的定义及核算范围

15.1.1　收入的定义

根据《企业会计准则第 14 号——收入》（以下简称“本准则”）第二条的规定，收入，是指企业在日常活动中形成的、会导致所有者权益增加的、与所有者投入资本无关的经济利益的总流入。

15.1.2　收入的核算范围

收入准则适用于所有与客户之间的合同，但下列各项除外。

（1）由《企业会计准则第 2 号——长期股权投资》《企业会计准则第 22 号——金融工具确认和计量》《企业会计准则第 23 号——金融资产转移》《企业会计准则第 24 号——套期会计》《企业会计准则第 33 号——合并财务报表》《企业会计准则第 40 号——合营安排》规范的金融工具及其他合同权利和义务，分别适用《企业会计准则第 2 号——长期股权投资》《企业会计准则第 22 号——金融工具确认和计量》《企业会计准则第 23 号——金融资产转移》《企业会计准则第 24 号——套期会计》《企业会计准则第 33 号——合并财务报表》《企业会计准则第 40 号——合营安排》。

（2）由《企业会计准则第 21 号——租赁》规范的租赁合同，适用《企业会计准则第 21 号——租赁》。

（3）由保险合同相关会计准则规范的保险合同，适用保险合同相关会计准则。

其中，本准则所称客户，是指与企业订立合同以向该企业购买其日常活动产出的商品或服务（以下简称“商品”）并支付对价的一方。本准则所称合同，是指双方或多方之间订立有法律约束力的权利义务的协议。合同有书面形式、口头形式以及其他形式。

15.1.3　收入确认的判断标准与流程

（一）收入确认的标准

企业应当在履行了合同中的履约义务，即在客户取得相关商品控制权时确认收入。取得相关商品控制权，是指能够主导该商品的使用并从中获得几乎全部的经济利益。

【例 15-1】甲公司是一家电子商务公司，其商务平台在 6 月 18 日开展大型促销活动，其自营商品在 6 月 18 日当天接受客户大量订单，并且订单已支付，同时由于订单量激增，大量货物延迟到 6 月 25 日发货，部分货物在 6 月 30 日晚 24 点尚在运输路途中。判断：甲公司能否在签约收款后，或者发出商品时确认收入？

根据收入的确认原则，结合本例的资料，甲公司对于收入的判断基准应该依据以下几点：（1）客户能够主导该商品的使用并从中获得几乎全部的经济利益；（2）企业已经将该商品转移给客户，即客户已实物占有该商品；（3）客户已接受该商品。

显然，本例中在运输途中的货物的销售不符合上述条件，因此，甲公司在签约收款后，或者发出商品时不应该确认收入。

（二）收入确认的基本流程

企业在确认收入时一般遵循一定的判断依据与流程，合同开始日企业应当对合同进行评估，识别该合同所包含的各单项履约义务，并确定各单项履约义务是在某一时段内履行还是在某一时点履行，然后在履行了各单项履约义务时分别确认收入。基本流程如图 15-1 所示。

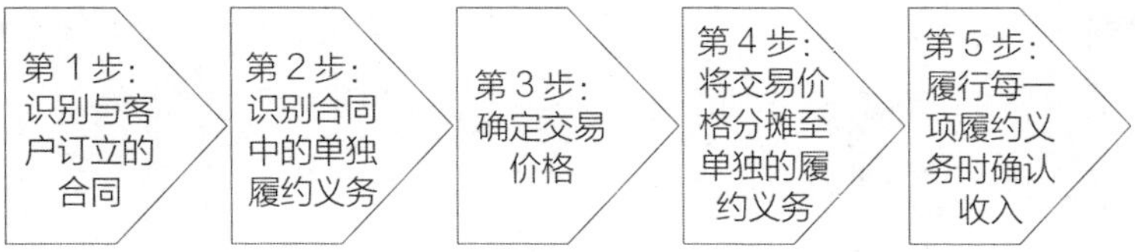

图 15-1　收入确认的基本流程

15.2 收入的确认

15.2.1 识别与客户订立的合同

（一）合同的识别

在合同开始日即满足收入确认的前提条件，在客户取得相关商品控制权时确认收入。合同存在的条件具体如图 15-2 所示。

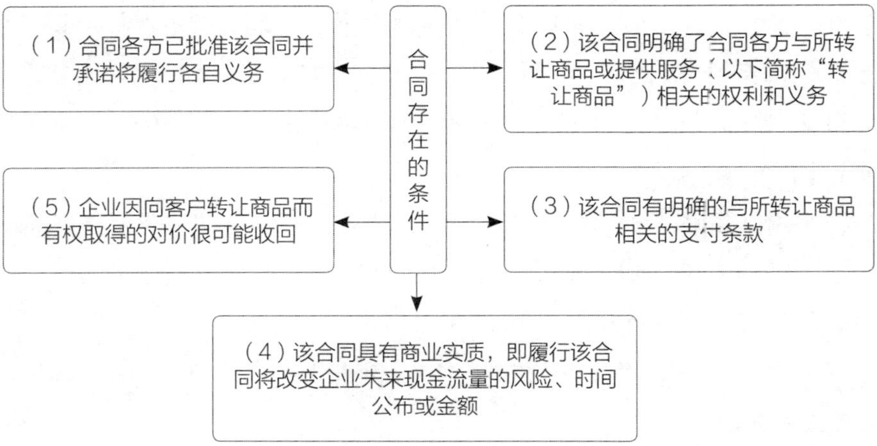

图 15-2　合同存在的条件

1. 企业因向客户转让商品而有权取得的对价很可能不能收回

【例 15-2】甲房地产开发公司与乙公司签订合同，向其销售一栋建筑物，合同价款为 100 万元。该建筑物的成本为 60 万元，乙公司在合同开始日即取得了该建筑物的控制权。根据合同约定，乙公司在合同开始日支付了 5% 的保证金，即 5 万元，并就剩余 95% 的价款与甲公司签订了不附追索权的长期融资协议，如果乙公司违约，甲公司可重新拥有该建筑物，即使收回的建筑物不能涵盖所欠款项的总额，甲公司也不能向乙公司索取进一步的赔偿。

乙公司计划在该建筑物内开设一家餐馆，并以该餐馆的收益偿还甲公司的欠款。但是，在该建筑物所在的地区，餐饮行业面临激烈的竞争，且乙公司缺乏餐饮行业的经营经验。

本例中，乙公司计划以该餐馆产生的收益偿还甲公司的欠款，除此之外并无其他的经济来源，乙公司也未对该笔欠款设定任何担保。如果乙公司违约，则甲公司可重新拥有该建筑物，但是，根据合同约定，即使收回的建筑物不能涵盖所欠款项的总额，甲公司也不能向乙公司索取进一步的赔偿。因此，甲公司对乙公司还款的能力和意图存在疑虑，认为该合同不满足合同价款很可能收回的条件。甲公司应当将收到的 5 万元确认为一项负债。

2．企业向客户提供价格折让的，应当在估计交易价格时进行考虑

【例15–3】A公司向国外B公司销售一批商品，合同标价为100万元。在此之前，A公司从未向B公司所在国家的其他客户进行过销售，B公司所在国家正在经历严重的经济困难。A公司预计不能从B公司收回全部的对价金额，而是仅能收回60万元。尽管如此，A公司预计B公司所在国家的经济情况将在未来2~3年内好转，且A公司与B公司之间建立的良好关系将有助于其在该国家拓展其他潜在客户。

本例中，根据B公司所在国家的经济情况以及A公司的销售战略，A公司认为其将向B公司提供价格折让，A公司能够接受B公司支付低于合同对价的金额，即60万元，且估计很可能收回该对价。A公司认为，该合同满足"企业因向客户转让商品而有权取得的对价很可能收回"的条件；该公司按照本准则的规定确定交易价格时，应当考虑其向B公司提供的价格折让的影响。因此，A公司确定的交易价格不是合同标价100万元，而是60万元。

3．合同的持续评估

【例15–4】甲公司与乙公司签订合同，将一项专利技术授权给乙公司使用，并按其使用情况收取特许权使用费。甲公司评估认为，该合同在合同开始日满足本准则第五条规定的五项条件。该专利技术在合同开始日即授权给乙公司使用。在合同开始日后的第一年内，乙公司每季度向甲公司提供该专利技术的使用情况报告，并在约定的期间内支付特许权使用费。在合同开始日后的第二年内，乙公司继续使用该专利技术，但是，乙公司的财务状况变糟，融资能力下降，可用资金不足，因此，乙公司仅按合同支付了当年第一季度的特许权使用费，而后三个季度仅按象征性金额付款。在合同开始日后的第三年内，乙公司继续使用甲公司的专利技术。但是，甲公司得知，乙公司已经完全丧失了融资能力，且流失了大部分客户，因此，乙公司的付款能力进一步恶化，信用风险显著升高。

本例中，该合同在合同开始日满足本准则第五条规定的五项条件，因此，甲公司在乙公司使用该专利技术的行为发生时，按照约定的特许权使用费确认收入。合同开始后的第二年，由于乙公司的信用风险升高，甲公司在确认收入的同时，按照《企业会计准则第22号——金融工具确认和计量》的要求对乙公司的应收款项进行减值测试。合同开始日后的第三年，由于乙公司的财务状况恶化，信用风险显著升高，甲公司对该合同进行了重新评估，认为不再满足"企业因向客户转让商品而有权取得的对价很可能收回"这一条件，所以，甲公司不再确认特许权使用费收入，同时，按照《企业会计准则第22号——金融工具确认和计量》对现有应收款项是否发生减值继续进行评估。

4．合同存续期间的确定

【例15–5】A公司与客户签订合同，每月为客户提供一次保洁服务，合同期限为3年。

情形一：3年内，合同各方均有权在每月末无理由要求终止合同，只需提前5个工作日通知对方，无须向对方支付任何违约金。

情形二：3 年内，客户有权在每月月末要求提前终止合同且无须向 A 公司支付任何违约金。

情形三：3 年内，客户有权在每月月末要求提前终止合同，但是客户如果在合同开始日之后的 12 个月内要求终止合同，必须向 A 公司支付一定金额的违约金。

本例中，对于情形一，尽管合同约定的服务期为 3 年，但是在已提供服务的期间之外，该合同对于合同双方均未产生具有法律约束力的权利和义务，因此该合同应被视为逐月订立的合同。对于情形二，该合同应视为逐月订立的合同，同时，客户拥有续约选择权，A 公司应当判断提供给客户的该续约选择权是否构成重大权利，从而应作为单项履约义务进行会计处理。对于情形三，A 公司需要判断合同约定的违约金是否足够重大，以至于使该合同在合同开始日之后的 12 个月内对于合同双方都产生了具有法律约束力的权利和义务，如果是，则该合同的存续期间为 12 个月；否则，与情形二相同，该合同应视为逐月订立的合同。

（二）合同变更

合同变更是指经合同各方批准对原合同范围或价格作出的变更。其具体的会计处理如表 15-1 所示。

表 15-1　合同变更的会计处理

类型	会计处理
合同变更部分作为单独合同	合同变更增加了可明确区分的商品及合同价款，且新增合同价款反映了新增商品单独售价的，应当将该合同变更部分作为一份单独的合同进行会计处理。此类合同变更不影响原合同的会计处理
合同变更作为原合同终止及新合同订立	合同变更不属于作为单独合同的情形，且在合同变更日已转让的商品或已提供的服务（以下简称“已转让的商品”）与未转让的商品或未提供的服务（以下简称“未转让的商品”）之间可明确区分的，应当视为原合同终止，同时，将原合同未履约部分与合同变更部分合并为新合同进行会计处理
合同变更部分作为原合同的组成部分	合同变更不属于作为单独合同的情形，且在合同变更日已转让的商品与未转让的商品之间不可明确区分的，应当将该合同变更部分作为原合同的组成部分进行会计处理，在合同变更日重新计算履约进度，并调整当期收入和相应成本等

【例 15-6】甲公司承诺向某客户销售 120 件产品，每件产品售价 100 元。该批产品彼此之间可明确区分，且将于未来 6 个月内陆续转让给该客户。甲公司将其中的 50 件产品转让给该客户后，双方对合同进行了变更，甲公司承诺向该客户额外销售 30 件相同的产品，这 30 件产品与原合同中的产品可明确区分，其售价为每件 95 元（假定该价格反映了合同变更时该产品的单独售价）。上述价格均不包含增值税。

本例中，由于新增的 30 件产品是可明确区分的，且新增的合同价款反映了新增产品的单独售价，所以，该合同变更实际上构成了一份单独的、在未来销售 30 件产品的新合同，该新合同并不影响对原合同的会计处理。甲公司应当对原合同中的120件产品按每件产品100元确认收入，对新合同中的30件产品按每件产品95元确认收入。

【例15-7】沿用【例15-6】，甲公司新增销售的30件产品售价为每件80元（假定该价格不能反映合同变更时该产品的单独售价）。同时客户发现甲公司已转让的60件产品存在瑕疵，要求甲公司对已转让的产品提供每件15元的销售折让以弥补损失。经协商，双方同意将价格折让在销售新增的30件产品的合同价款中进行抵减，金额为900元。上述价格均不含增值税。

本例中，由于900元的折让金额与已经转让的60件产品有关，所以应当将其作为已销售的60件产品的销售价格的抵减，在该折让发生时冲减当期销售收入。对于合同变更新增的30件产品，由于其售价不能反映该产品在合同变更时的单独售价，所以，该合同变更不能作为单独合同进行会计处理。由于尚未转让给客户的产品（包括原合同中尚未交付的60件产品以及新增的30件产品）与已转让的产品是可明确区分的，所以，甲公司应当将该合同变更作为原合同终止，同时，将原合同的未履约部分与合同变更合并为新合同进行会计处理。该新合同中，剩余产品为90件，其对价为8 400元，即原合同下尚未确认收入的客户已承诺对价6 000（100×60）元与合同变更部分的对价2 400（80×30）元之和，新合同中的90件产品每件产品应确认的收入为93.33（8 400÷90）元。900元冲减当期销售收入。

剩余产品单价 =（100×60+30×80）÷90=93.33（元）。

【例15-8】2×18年1月15日，乙建筑公司和客户签订了一项总金额为1 000万元的固定造价合同，在客户自有土地上建造一栋办公楼，预计合同总成本为700万元。假定该建造服务属于在某一时段内的履约义务，并根据累计发生的合同成本占合同预计总成本的比例确定履约进度。

截至2×18年末，乙公司累计已发生成本420万元，履约进度为60%（420÷700）。因此，乙公司在2×18年确认收入600（1 000×60%）万元。2×19年年初，合同双方同意更改该办公楼屋顶的设计，合同价格和预计总成本因此分别增加200万元和120万元。

在本例中，由于合同变更后拟提供的剩余服务与在合同变更日或之前已提供的服务不可明确区分（即该合同仍为单项履约义务），所以，乙公司应当将合同变更作为原合同的组成部分进行会计处理。合同变更后的交易价格为1 200（1 000+200）万元，乙公司重新估计的履约进度为51.2%[420÷（700+120）]，乙公司在合同变更日应额外确认收入14.4（51.2%×1 200-600）万元。

合同变更的判断步骤如图15-3所示。

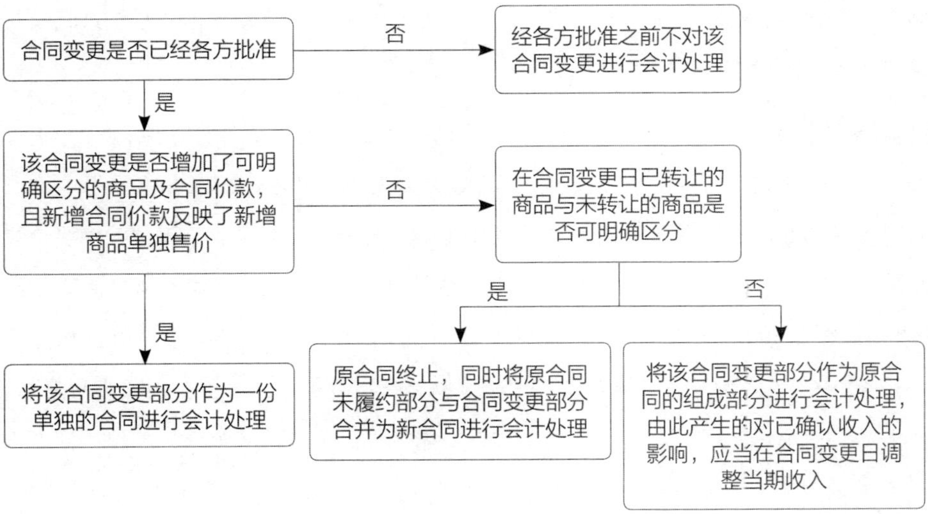

图 15-3　合同变更的判断步骤

15.2.2　识别合同中的单项履约义务

1. 可明确区分的商品

企业向客户承诺的商品同时满足下列两项条件的，应当作为可明确区分的商品。

（1）客户能够从该商品本身或从该商品与其他易于获得资源一起使用中受益，即该商品本身能够明确区分。

（2）企业向客户转让该商品的承诺与合同中其他承诺可单独区分，即转让该商品的承诺在合同中是可明确区分的。相关内容如图 15-4 所示。

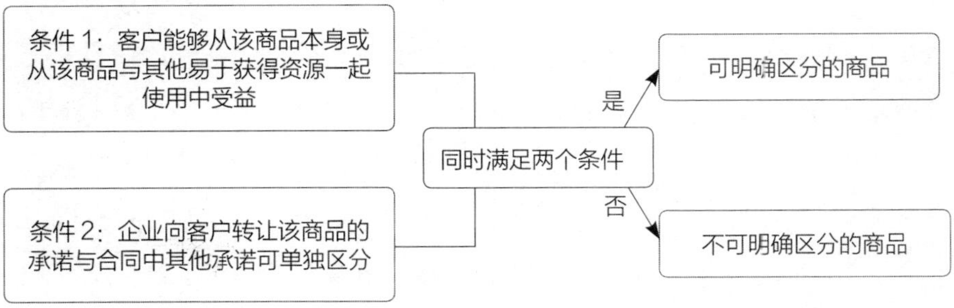

图 15-4　可明确区分商品的确认

【例 15-9】甲公司与客户签订合同，向客户销售一款软件，提供软件安装服务，并且在两年内向客户提供不定期软件升级和技术支持服务。甲公司通常也会单独销售该款软件、提供安装服务、升级服务和技术支持服务。甲公司提供的安装服务通常也可由其他方执行，且不会对软件做出重大修改。甲公司销售的该软件无须升级和技术支持服务也能正常使用。

本例中，甲公司的承诺包括销售软件、提供安装服务、软件升级服务和技术支持服务。甲公司通常会单独销售软件、提供安装服务、软件升级服务和技术支持服务，该软件先于其他服务交付，且无须经过升级和技术支持服务也能正常使用，安装服务是常规性的且可以由其他服务供应商提供，客户能够从该软件与市场上其他供应商提供的此项安装服务一起使用中获益，也能够从安装服务以及软件升级服务与已经取得的软件一起使用中获益，因此，客户能够从单独使用该合同中承诺的各项商品和服务中获益，或从将其与易于获得的其他商品一起使用中获益，表明这些商品和服务能够明确区分；此外，甲公司虽然需要将软件安装到客户的系统中，但是该安装服务是常规性的，并未对软件做出重大修改，不会重大影响客户使用该软件并从中获益的能力，软件升级服务也一样，合同中承诺的各项商品和服务没有对彼此做出重大修改或定制；甲公司也没有提供重大服务将这些商品和服务整合成一组组合产出；由于甲公司在不提供后续服务的情况下也能够单独履行其销售软件的承诺，所以，软件和各项服务之间不存在高度关联性，表明这些商品在合同中彼此之间可明确区分。因此，该合同中包含四项履约义务，即软件销售、安装服务、软件升级服务以及技术支持服务。

下列情形通常表明企业向客户转让商品的承诺与合同中的其他承诺不可单独区分：

① 企业需提供重大的服务以将该商品与合同中承诺的其他商品进行整合，形成合同约定的某个或某些组合产出转让给客户。

② 该商品将对合同中承诺的其他商品予以重大修改或定制。如果某项商品将对合同中的其他商品作出重大修改或定制，实质上每一项商品将被整合在一起（即作为投入）以生产合同约定的组合产出。

③ 该商品与合同中承诺的其他商品具有高度关联性。也就是说，合同中承诺的每一单项商品均受到合同中其他商品的重大影响。合同中包含多项商品时，如果企业无法通过单独交付其中的某一单项商品而履行其合同承诺，可能表明合同中的这些商品会受到彼此的重大影响。

【例 15-10】乙公司与客户签订合同，向客户出售一台其生产的设备并提供安装服务。该设备可以不经任何定制或改装而直接使用，不需要复杂安装，除乙公司外，市场上还有其他供应商也能提供此项安装服务。

本例中，客户可以使用该设备或将其以高于残值的价格转售，能够从该设备与市场上其他供应商提供的此项安装服务一起使用中获益，也可从安装服务与客户已经获得的其他资源一起使用中获益，这表明该设备和安装服务能够明确区分。此外，在该合同中，乙公司对客户的承诺是交付设备之后再提供安装服务，而非两者的组合产出，该设备仅需简单安装即可使用，乙公司并未对设备和安装提供重大整合服务，安装服务没有对该设备做出重大修改或定制，虽然客户只有获得设备的控制权之后才能从安装服务中获益，但是企业履行其向客户转让设备的承诺能够独立于其提供安装服务的承诺，因此安装服务并不会对设备产生重大影响。该设备与安装服务彼此之间不会产生重大的影响，也不具有高度关联性，表明两者在合同中彼此之间可明确区分。因此，该项合同包含两项履约义务，即销售设备和提供安装服务。

假定其他条件不变，但是按照合同规定只能由乙公司向客户提供安装服务。在这种情况下，合同限制并没有改变相关商品本身的特征，也没有改变企业对客户的承诺。虽然根据合同约定，客户只能选择由乙公司提供安装服务，但是设备和安装服务本身仍然符合可明确区分的条件，仍然是两项履约义务。

2. 一系列实质相同且转让模式相同的、可明确区分的商品

当企业向客户连续转让某项承诺的商品时，如每天提供类似劳务的长期劳务合同等，如果这些商品属于实质相同且转让模式相同的一系列商品，企业应当将这一系列商品作为单项履约义务。其中，转让模式相同，是指每一项可明确区分的商品均满足本准则第十一条规定的在某一时段内履行履约义务的条件，且采用相同方法确定其履约进度。

【例 15-11】企业与客户签订为期一年的保洁服务合同，承诺每天为客户提供保洁服务。

本例中，企业每天所提供的服务都是可明确区分且实质相同的，并且，根据控制权转移的判断标准，每天的服务都属于在某一时段内履行的履约义务。因此，企业应当将每天提供的保洁服务合并在一起作为单项履约义务进行会计处理。

15.2.3 确定交易价格

1. 确定可变对价最佳估计数

企业与客户的合同中约定的对价金额可能会因折扣、价格折让、返利、退款、奖励积分、激励措施、业绩奖金、索赔等因素而变化。此外，根据一项或多项或有事项的发生而收取不同对价金额的合同也属于可变对价的情形。确定可变对价最佳估计数的方法如表 15-2 所示。

表 15-2 确定可变对价最佳估计数的方法

情形	估计方法
企业拥有大量具有类似特征的合同，企业据此估计合同可能产生多个结果	按照期望值估计可变对价金额通常是恰当的
当合同仅有两个可能结果（如企业能够达到或不能达到某业绩奖金目标）	按照最可能发生金额估计可变对价金额可能是恰当的。最可能发生金额是一系列可能发生的对价金额中最可能发生的单一金额，即合同最可能产生的单一结果
当存在多个不确定性事项均会影响可变对价金额	企业可以采用不同的方法对其进行估计

【例 15-12】甲公司生产和销售电视机。2×18 年 3 月，甲公司向零售商乙公司销售 1 000 台电视机，每台价格为 3 000 元，合同价款合计 300 万元。甲公司向乙公司提供价格保护，同意在未来 6 个月内，如果同款电视机售价下降则按照合同价格与最低售价之间的差额向乙公司支付

差价。甲公司根据以往类似合同的经验，预计各种结果发生的概率如表15-3所示。

表15-3 各种结果发生的概率

未来6个月内的降价金额（元/台）	概率
0	40%
200	30%
500	20%
1 000	10%

上述价格均不包含增值税。

本例中，甲公司认为期望值能够更好地预测其有权获取的对价金额。假定不考虑本准则有关将可变对价计入交易价格的限制要求，在该方法下，甲公司估计交易价格为每台2 740（3 000×40%+2 800×30%+2 500×20%+2 000×10%）元。

【例15-13】甲公司为其客户建造一栋厂房，合同约定的价款为2 100万元。合同约定，如果甲公司不能在合同签订之日起的120天内竣工，则须支付200万元罚款，该罚款从合同价款中扣除。上述金额均不含增值税。甲公司对合同结果的估计如下：工程按时完工的概率为90%，工程延期的概率为10%。

本例中，该合同的对价金额实际由两部分组成，即1 900万元的固定价格以及200万元的可变对价。由于该合同涉及两种可能结果，甲公司认为按照最可能发生金额能够更好地预测其有权获取的对价金额。因此，甲公司估计的交易价格为2 100万元，即为最可能发生的单一金额。

【例15-14】甲公司与乙公司签订固定造价合同，在乙公司的厂区内为其建造一栋办公楼，合同价款为500万元。根据合同约定，该项工程的完工日期为2×18年3月31日，如果甲公司能够在该日期之前完工，则每提前一天，合同价款将增加2万元；相反，如果甲公司未能按期完工，则每推迟一天，合同价款将会减少2万元。此外，合同约定，该项工程完工之后将参与省级优质工程奖的评选，如果能够获奖，乙公司将额外奖励甲公司20万元。

本例中，产生可变对价的事项有两项：一是是否按期完工，二是能否获得省级优质工程奖。甲公司可以采用不同的方法对其进行估计：对于前者，甲公司按照期望值进行估计；对于后者，甲公司按照最有可能的金额进行估计。

2．计入交易价格的可变对价金额的限制

企业按照期望值或最可能发生金额确定可变对价金额之后，计入交易价格的可变对价金额还应该满足限制条件，即包含可变对价的交易价格，应当不超过在相关不确定性消除时，累计已确认的收入极可能不会发生重大转回的金额。

需要说明的是，将可变对价计入交易价格的限制条件不适用于企业向客户授予知识产权许可并约定按客户实际销售或使用情况收取特许权使用费的情况。每一资产负债表日，企业应当重新估计应计入交易价格的可变对价金额，包括重新评估将估计的可变对价计入交易价格是否受到限制，以如实反映报告期末存在的情况以及报告期内发生的情况变化。

【例 15-15】2×18 年 1 月 1 日，甲公司与乙公司签订合同，向其销售 A 产品。合同约定，当乙公司在 2×18 年的采购量不超过 2 000 件时，每件产品的价格为 80 元；当乙公司在 2×18 年的采购量超过 2 000 件时，每件产品的价格为 70 元。乙公司在第一季度的采购量为 150 件，甲公司预计乙公司全年的采购量不会超过 2 000 件。2×18 年 4 月，乙公司因完成产能升级而增加了原材料的采购量，第二季度共向甲公司采购 A 产品 1 000 件，甲公司预计乙公司全年的采购量将超过 2 000 件，因此，全年采购量适用的产品单价均将调整为 70 元。

本例中，2×18 年第一季度，甲公司根据以往经验估计乙公司全年的采购量将不会超过 2 000 件，甲公司按照 80 元的单价确认收入，满足在不确定性消除之后（即乙公司全年的采购量确定之后），累计已确认的收入将极可能不会发生重大转回的要求，因此，甲公司在第一季度确认的收入金额为 12 000（80×150）元。2×18 年第二季度，甲公司对交易价格进行重新估计，由于预计乙公司全年的采购量将超过 2 000 件，按照 70 元的单价确认收入，这样才满足极可能不会导致累计已确认的收入发生重大转回的要求。所以，甲公司在第二季度确认收入 68 500 [70×（1 000+150）-12 000] 元。

3. 合同中存在重大融资成分

合同中存在重大融资成分的，企业应当按照假定客户在取得商品控制权时即以现金支付的应付金额确定交易价格。该交易价格与合同对价之间的差额，应当在合同期间内采用实际利率法摊销。合同开始日，企业预计客户取得商品控制权与客户支付价款间隔不超过一年的，可以不考虑合同中存在的重大融资成分。

【例 15-16】2×15 年 1 月 1 日，甲公司采用分期收款方式向乙公司销售一套大型设备，合同约定的销售价格为 2 000 万元，分 5 次于每年 12 月 31 日等额收取。该大型设备成本为 1 560 万元。在现销方式下，该大型设备的销售价格为 1 600 万元。假定甲公司发出商品时，其有关的增值税纳税义务尚未发生，在合同约定的收款日期，发生有关的增值税纳税义务，增值税率按 13% 计算。

根据本例的资料，甲公司应当确认的销售商品收入金额为 1 600 万元。根据下列公式可以得出利率：

未来 5 年收款额的现值 = 现销方式下应收款项金额

400×（P/A，r，5）=1 600

可在多次测试的基础上，用插值法计算折现率。

当 r=7% 时，400×4.1002=1 640.08 ＞ 1 600

当 r=8% 时，400×3.9927=1 597.08 ＜ 1 600

因此，7% ＜ r ＜ 8%。用插值法计算过程如表 15-4 所示。

表 15-4　插值法计算过程

现值（元）	利率
1 640.08	7%
1 600	r
1 597.08	8%

$$\frac{1\,640.08-1\,600}{1\,640.08-1\,597.08}=\frac{7\%-r}{7\%-8\%}$$

解得 r=7.93%

每期计入财务费用和已收本金的金额如表 15-5 所示。

表 15-5　财务费用和已收本金计算过程

单位：万元

年份（t）	未收本金 $A_t=A_{t-1}-D_{t-1}$	财务费用 $B=A\times7.93\%$	收现总额 C	已收本金 $D=C-B$
2×15 年 1 月 1 日	1 600			
2×15 年 12 月 31 日	1 600	126.88	400	273.12
2×16 年 12 月 31 日	1 326.88	105.22	400	294.78
2×17 年 12 月 31 日	1 032.10	81.85	400	318.15
2×18 年 12 月 31 日	713.95	56.62	400	343.38
2×19 年 12 月 31 日	370.57	29.43*	400	370.57
总额		400	2 000	1 600

注：* 尾数调整 400–370.57=29.43。

根据表中的计算结果，甲公司各期的会计分录如下：

① 2×15 年 1 月 1 日销售实现时：

借：长期应收款　　20 000 000

　　贷：主营业务收入　　16 000 000

　　　　未实现融资收益　　4 000 000

借：主营业务成本　　15 600 000

　　贷：库存商品　　15 600 000

② 2×15 年 12 月 31 日收取货款和增值税时：

借：银行存款等　　4 520 000

　　贷：长期应收款　　4 000 000

　　　　应交税费——应交增值税（销项税额）　　520 000

借：未实现融资收益　　1 268 800

　　贷：财务费用　　1 268 800

③ 2×16年12月31日收取货款和增值税时：

借：银行存款等　　4 520 000

　　贷：长期应收款　　4 000 000

　　　　应交税费——应交增值税（销项税额）　　520 000

借：未实现融资收益　　1 052 200

　　贷：财务费用　　1 052 200

④ 2×17年12月31日收取货款和增值税时：

借：银行存款等　　4 520 000

　　贷：长期应收款　　4 000 000

　　　　应交税费——应交增值税（销项税额）　　520 000

借：未实现融资收益　　818 500

　　贷：财务费用　　818 500

⑤ 2×18年12月31日收取货款和增值税时：

借：银行存款等　　4 520 000

　　贷：长期应收款　　4 000 000

　　　　应交税费——应交增值税（销项税额）　　520 000

借：未实现融资收益　　566 200

　　贷：财务费用　　566 200

⑥ 2×19年12月31日收取货款和增值税时：

借：银行存款等　　4 520 000

　　贷：长期应收款　　4 000 000

　　　　应交税费——应交增值税（销项税额）　　520 000

借：未实现融资收益　　294 300

　　贷：财务费用　　294 300

4. 非现金对价

客户支付非现金对价的，企业应当按照非现金对价的公允价值确定交易价格。非现金对价的公允价值不能合理估计的，企业应当参照其承诺向客户转让商品的单独售价间接确定交易价格。非现金对价的公允价值因对价形式以外的原因而发生变动的，应当作为可变对价进行会计处理。

【例 15-17】甲企业为客户生产一台专用设备。双方约定，如果甲企业能够在30天内交货，则可以额外获得100股客户的股票作为奖励。合同开始日，该股票的价格为每股5元；由于缺乏执行类似合同的经验，当日，甲企业估计，该100股股票的公允价值计入交易价格将不满足累计已确认的收入极可能不会发生重大转回的限制条件。合同开始日之后的第25天，甲企业将该设备交付给客户，从而获得了100股股票，该股票在此时的价格为每股6元。假定甲企业将该股票作为以公允价值计量且其变动计入当期损益的金融资产。

本例中，合同开始日，该股票的价格为每股5元，由于缺乏执行类似合同的经验，当日，甲企业估计，该100股股票的公允价值计入交易价格将不满足累计已确认的收入极可能不会发生重大转回的限制条件，所以，甲企业不应将该100股股票的公允价值500元计入交易价格。合同开始日之后的第25天，甲企业获得了100股股票，该股票在此时的价格为每股6元。甲企业应当将股票（非现金对价）的公允价值因对价形式以外的原因而发生的变动，即500（5×100）元确认为收入，因对价形式原因而发生的变动，即100（600-500）元计入公允价值变动损益。

5. 应付客户对价

企业应付客户（或向客户购买本企业商品的第三方）对价的，应当将该应付对价冲减交易价格，并在确认相关收入与支付（或承诺支付）客户对价二者孰晚的时点冲减当期收入，但应付客户对价是为了向客户取得其他可明确区分商品的除外。

企业应付客户对价是为了向客户取得其他可明确区分商品的，应当采用与本企业其他采购相一致的方式确认所购买的商品。企业应付客户对价超过向客户取得可明确区分商品公允价值的，超过金额应当冲减交易价格。向客户取得的可明确区分商品公允价值不能合理估计的，企业应当将应付客户对价全额冲减交易价格。

交易价格的内容如图15-5所示。

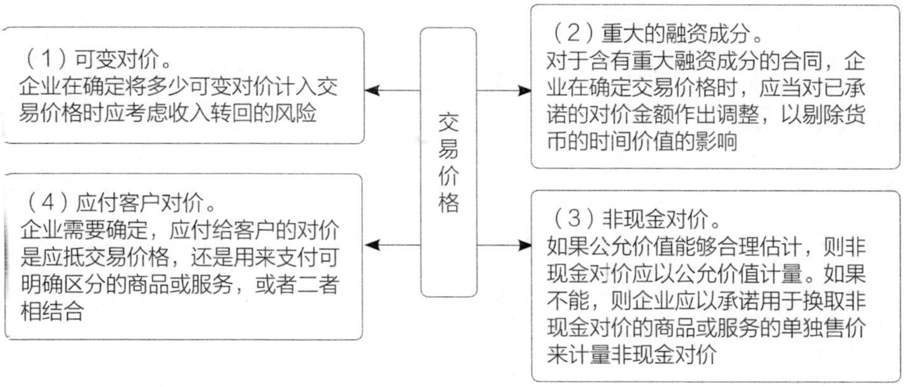

图15-5　交易价格的内容

15.2.4 将交易价格分摊至各单项履约义务

（一）分摊的一般原则

合同中包含两项或多项履约义务的，企业应当在合同开始日，按照各单项履约义务所承诺商品的单独售价的相对比例，将交易价格分摊至各单项履约义务。

【例 15-18】 2×17 年 3 月 1 日，甲公司与客户签订合同，向其销售 A、B 两项商品，A 商品的单独售价为 6 000 元，B 商品的单独售价为 24 000 元，合同价款为 25 000 元。合同约定，A 商品于合同开始日交付，B 商品在一个月之后交付，只有当两项商品全部交付之后，甲公司才有权收取 25 000 元的合同对价。假定 A 商品和 B 商品分别构成单项履约义务，其控制权在交付时转移给客户。上述价格均不包含增值税，且假定不考虑相关税费影响。

本例中，分摊至 A 商品的合同价款为 5 000[6 000÷（6 000+24 000）×25 000] 元，分摊至 B 商品的合同价款为 20 000[24 000÷（6 000 +24 000）×25 000] 元。

甲公司的账务处理如下：

（1）交付 A 商品时：

借：合同资产	5 000	
贷：主营业务收入		5 000

（2）交付 B 商品时：

借：应收账款	25 000	
贷：合同资产		5 000
主营业务收入		20 000

（二）分摊合同折扣

合同折扣，是指合同中各单项履约义务所承诺商品的单独售价之和高于合同交易价格的金额。对于合同折扣，企业应当在各单项履约义务之间按比例分摊。有确凿证据表明合同折扣仅与合同中一项或多项（而非全部）履约义务相关的，企业应当将该合同折扣分摊至相关一项或多项履约义务。

【例 15-19】 甲公司与客户签订合同，向其销售 A、B、C 三种产品，合同总价款为 120 万元，这三种产品构成三个单项履约义务。企业经常单独出售 A 产品，其可直接观察的单独售价为 50 万元；B 产品和 C 产品的单独售价不可直接观察，企业采用市场调整法估计 B 产品的单独售价为 25 万元，采用成本加成法估计 C 产品的单独售价为 75 万元。甲公司经常以 50 万元的价格单独销售 A 产品，并且经常将 B 产品和 C 产品组合在一起以 70 万元的价格销售。假定上述价格均不包含增值税。

本例中，这三种产品的单独售价合计为 150 万元，而该合同的价格为 120 万元，因此该合同的折扣为 30 万元。由于甲公司经常将 B 产品和 C 产品组合在一起以 70 万元的价格销售，该价格与其单独售价的差额为 30 万元，与该合同的折扣一致，而 A 产品单独销售的价格与其单独售价一致，证明该合同的折扣仅应归属于 B 产品和 C 产品。所以，在该合同下，分摊至 A 产品的交易价格为 50 万元，分摊至 B 产品和 C 产品的交易价格合计为 70 万元，甲公司应当进一步按照 B 产品和 C 产品的单独售价的相对比例将该价格在两者之间进行分摊。

因此，各产品分摊的交易价格分别为：A 产品交易价格为 50 万元；B 产品交易价格 =25-（25÷100×30）=17.5（万元）；C 产品交易价格 =75-（75÷100×30）=52.5（万元）。

（三）分摊可变对价

合同中包含可变对价的，该可变对价可能与整个合同相关，也可能仅与合同中的某一特定组成部分有关，后者包括两种情形：一是可变对价可能与合同中的一项或多项（而非全部）履约义务有关；二是可变对价可能与企业向客户转让的构成单项履约义务的一系列可明确区分商品中的一项或多项（而非全部）商品有关。企业应当将可变对价及可变对价的后续变动额全部分摊至与之相关的某项履约义务，或者构成单项履约义务的一系列可明确区分商品中的某项商品。

【例 15-20】甲公司与乙公司签订合同，将其拥有的两项专利技术 X 和 Y 授权给乙公司使用。假定两项授权均构成单项履约义务，且都属于在某一时点履行的履约义务。合同约定，授权使用 X 的价格为 80 万元，授权使用 Y 的价格为乙公司使用该专利技术所生产的产品销售额的 3%。X 和 Y 的单独售价分别为 80 万元和 100 万元。甲公司估计其就授权使用 Y 而有权收取的特许权使用费为 100 万元。假定上述价格均不包含增值税。

本例中，该合同中包含固定对价和可变对价，其中，授权使用 X 的价格为固定对价，且与其单独售价一致，授权使用 Y 的价格为乙公司使用该专利技术所生产的产品销售额的 3%，属于可变对价，该可变对价全部与授权使用 Y 能够收取的对价有关，且甲公司估计基于实际销售情况收取的特许权使用费的金额接近 Y 的单独售价。因此，甲公司将可变对价部分的特许权使用费金额全部由 Y 承担符合交易价格的分摊目标。

（四）交易价格的后续变动

合同开始日之后，由于相关不确定性的消除或环境的其他变化等原因，交易价格可能会发生变化，从而导致企业因向客户转让商品而预期有权收取的对价金额发生变化。交易价格发生后续变动的，企业应当按照在合同开始日所采用的基础将该后续变动金额分摊至合同中的履约义务。企业不得因合同开始日之后单独售价的变动而重新分摊交易价格。

15.2.5　履行每一单项履约义务时确认收入

（一）在某一时段内履行履约义务

满足下列条件之一的，属于在某一时段内履行履约义务，相关收入应当在该履约义务履行的期间内确认，具体如表 15-6 所示。

表15-6　某一时段内履行履约义务的条件

履约条件	举例
客户在企业履约的同时即取得并消耗企业履约所带来的经济利益	常规或经常性的服务
客户能够控制企业履约过程中在建的商品	在客户场地上建造资产
企业履约过程中所产出的商品具有不可替代用途，且该企业在整个合同期间内有权就累计至今已完成的履约部分收取款项	建造只有客户能够使用的专项资产，或按照客户的指示建造资产

1．产出法确定履约进度

产出法主要是指根据已转移给客户的商品对于客户的价值确定履约进度的方法，主要包括按照实际测量的完工进度、评估已实现的结果、已达到的里程碑、时间进度、已完工或交付的产品等确定履约进度。

【例15-21】甲公司与客户签订合同，为该客户拥有的一条铁路更换100根铁轨，合同价格为10万元（不含税）。截至2×18年12月31日，甲公司共更换铁轨60根，剩余部分预计在2×19年3月31日之前完成。该合同仅包含一项履约义务，且该履约义务满足在某一时段内履行的条件。假定不考虑其他情况。

本例中，甲公司提供的更换铁轨的服务属于在某一时段内履行的履约义务，甲公司按照已完成的工作量确定履约进度。因此，截至2×18年12月31日，该合同的履约进度为60%（60÷100），甲公司应确认的收入为6（10×60%）万元。

2．投入法确定履约进度

投入法主要是根据企业履行履约义务的投入确定履约进度的方法，主要包括以投入的材料数量、花费的人工工时或机器工时、发生的成本和时间进度等投入指标确定履约进度。

企业在采用成本法确定履约进度时，可能需要对已发生的成本进行适当调整的情形有：①已发生的成本并未反映企业履行其履约义务的进度；②已发生的成本与企业履行其履约义务的进度不成比例。

【例15-22】2×18年10月，甲公司与客户签订合同，为客户装修一栋办公楼并安装一部电梯，合同总金额为100万元。甲公司预计的合同总成本为80万元，其中包括电梯的采购成本30万元。

2×18年12月，甲公司将电梯运达施工现场并经过客户验收，客户已取得对电梯的控制权，但是根据装修进度，预计2×19年2月才会安装该电梯。截至2×18年12月，甲公司累计发生成本40万元，其中包括支付给电梯供应商的采购成本30万元以及因采购电梯发生的运输和人工等相关成本5万元。

假定该装修服务（包括安装电梯）构成单项履约义务，并属于在某一时段内履行的履约义务，甲公司是主要责任人，但不参与电梯的设计和制造；甲公司采用成本法确定履约进度。上述金额均不含增值税。

分析：若计算履约进度时考虑电梯成本，则已发生的成本和履约进度不成比例，所以计算履约进度时应将电梯成本扣除。

履约进度 =（40−30）÷（80−30）=20%

2×18 年 12 月应确认的收入 =（100−30）×20%+30=44（万元）

已售商品成本 =（80−30）×20%+30=40（万元）

（二）在某一时点履行履约义务

当一项履约义务不属于在某一时段内履行的履约义务时，应当属于在某一时点履行的履约义务。对于在某一时点履行的履约义务，企业应当在客户取得相关商品控制权时点确认收入。在判断客户是否已取得商品控制权时，企业应当考虑下列迹象：（1）企业就该商品享有现时收款权利，即客户就该商品负有现时付款义务；（2）企业已将该商品的法定所有权转移给客户，即客户已拥有该商品的法定所有权；（3）企业已将该商品实物转移给客户，即客户已实物占有该商品；（4）企业已将该商品所有权上的主要风险和报酬转移给客户，即客户已取得该商品所有权上的主要风险和报酬；（5）客户已接受该商品；（6）其他表明客户已取得商品控制权的迹象。

1. 委托代销安排

这一安排是指委托方和受托方签订代销合同或协议，委托受托方向终端客户销售商品。销售商品收入的确认流程如图 15-6 所示。

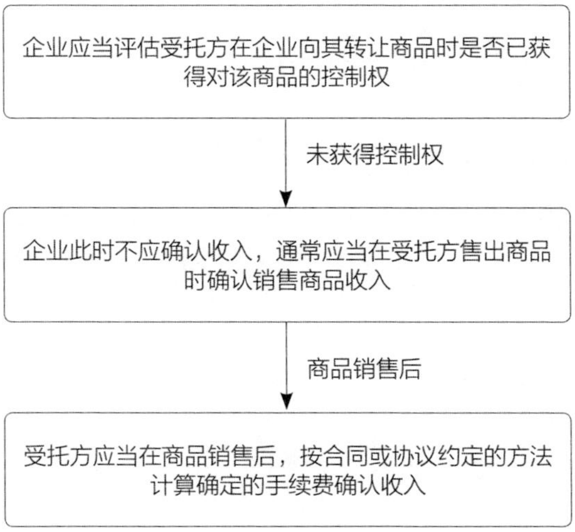

图 15-6　委托代销安排销售商品收入的确认流程

表明一项安排是委托代销安排的迹象包括但不限于：一是在特定事件发生之前（例如，向最终客户出售商品或指定期间到期之前），企业拥有对商品的控制权；二是企业能够要求将委托代销的商品退回或者将其销售给其他方（如其他经销商）；三是尽管受托方可能被要求向企业支付一定金额的押金，但是，其并没有承担对这些商品无条件付款的义务。

【例15-23】甲公司委托乙公司销售W商品1 000件，W商品已经发出，每件成本为70元。合同约定乙公司应按每件100元对外销售，甲公司按不含增值税的销售价格的10%向乙公司支付手续费。除非这些商品在乙公司存放期间内由于乙公司的责任发生毁损或丢失，否则在W商品对外销售之前，乙公司没有义务向甲公司支付货款。乙公司不承担包销责任，没有售出的W商品须退回给甲公司，同时，甲公司也有权要求收回W商品或将其销售给其他的客户。乙公司对外实际销售1 000件，开出的增值税专用发票上注明的销售价格为100 000元，增值税税额为13 000元，款项已经收到，乙公司立即向甲公司开具代销清单并支付货款。甲公司收到乙公司开具的代销清单时，向乙公司开具一张相同金额的增值税专用发票。假定甲公司发出W商品时纳税义务尚未发生，手续费增值税税率为6%。

甲公司的账务处理如下：

（1）发出商品。

借：发出商品——乙公司	70 000	
贷：库存商品——W商品		70 000

（2）收到代销清单，同时发生增值税纳税义务。

借：应收账款——乙公司	113 000	
贷：主营业务收入——W商品		100 000
应交税费——应交增值税（销项税额）		13 000
借：主营业务成本——W商品	70 000	
贷：发出商品——乙公司		70 000
借：销售费用——代销手续费	10 000	
应交税费——应交增值税（进项税额）	600	
贷：应收账款——乙公司		10 600

（3）收到乙公司支付的货款。

借：银行存款等	102 400	
贷：应收账款——乙公司		102 400

乙公司的账务处理如下：

（1）收到商品。

借：受托代销商品——甲公司	100 000	
贷：受托代销商品款——甲公司		100 000

（2）对外销售。

借：银行存款等	113 000	

贷：受托代销商品——甲公司　　100 000

应交税费——应交增值税（销项税额）　　13 000

（3）收到增值税专用发票。

借：受托代销商品款——甲公司　　100 000

应交税费——应交增值税（进项税额）　　13 000

贷：应付账款——甲公司　　113 000

（4）支付货款并计算代销手续费。

借：应付账款——甲公司　　113 000

贷：银行存款等　　102 400

其他业务收入——代销手续费　　10 000

应交税费——应交增值税（销项税额）　　600

2. 售后代管商品安排

实务中，客户可能会因为缺乏足够的仓储空间或生产进度延迟而要求与销售方订立此类合同。在这种情况下，尽管企业仍然持有商品的实物，但是，当客户已经取得了对该商品的控制权时，即使客户决定暂不行使实物占有的权利，其依然有能力主导该商品的使用并从中获得几乎全部的经济利益。因此，企业不再控制该商品，而只是向客户提供了代管服务。

在售后代管商品安排下，除了应当考虑客户是否取得商品控制权的迹象之外，还应当同时满足下列四项条件，这样才表明客户取得了该商品的控制权：一是该安排必须具有商业实质，例如，该安排是应客户的要求而订立的；二是属于客户的商品必须能够单独识别，例如，将属于客户的商品单独存放在指定地点；三是该商品可以随时交付给客户；四是企业不能自行使用该商品或将该商品提供给其他客户。实务中，越是通用的、可以和其他商品互相替换的商品，越有可能难以满足上述条件。

【例 15-24】2×18 年 1 月 1 日，甲公司与乙公司签订合同，向其销售一台设备和专用零部件。设备和零部件的制造期为两年。甲公司在完成设备和零部件的生产之后，能够证明其符合合同约定的规格。假定在该合同下，向客户转让设备和零部件是可明确区分的，因此，甲公司应将其作为两项履约义务，且都属于在某一时点履行的履约义务。

2×19 年 12 月 31 日，乙公司支付了该设备和零部件的合同价款，并对其进行了验收。乙公司运走了设备，但是，考虑到其自身的仓储能力有限，且其工厂紧邻甲公司的仓库，因此，要求将零部件存放于甲公司的仓库中，并且要求甲公司按照其指令随时安排发货。乙公司已拥有零部件的法定所有权，且这些零部件可明确识别为属于乙公司的物品。甲公司在其仓库内的单独区域内存放这些零部件，并应乙公司的要求可随时发货，甲公司不能使用这些零部件，也不能将其提供给其他客户使用。

本例中，2×19 年 12 月 31 日，设备的控制权已转移给乙公司；对于零部件而言，甲公司已经收取合同价款，但是应乙公司的要求尚未发货，乙公司已拥有零部件的法定所有权并且对其进行了验收。虽然这些零部件实物尚由甲公司持有，但是其满足在售后代管商品的安排下客户取得商品控制权的条件，这些零部件的控制权也已经转移给了乙公司。因此，甲公司应当确认销售设备和零部件的相关收入。除此之外，甲公司还为乙公司提供了仓储保管服务，该服务与设备和零部件可明确区分，构成单项履约义务。

15.3 合同成本

15.3.1 合同履约成本

企业为履行合同发生的成本，不属于其他企业会计准则规范范围且同时满足下列条件的，应当作为合同履约成本确认为一项资产：（1）该成本与一份当前或预期取得的合同直接相关，包括直接人工、直接材料、制造费用、明确由客户承担的成本以及仅因该合同而发生的其他成本；（2）该成本增加了企业未来用于履行履约义务的资源；（3）该成本预期能够收回。

【例 15-25】甲公司与乙公司签订合同，为其信息中心提供管理服务，合同期限为五年。在向乙公司提供服务之前，甲公司设计并搭建了一个信息技术平台供其内部使用，该信息技术平台由相关的硬件和软件组成。甲公司需要提供设计方案，将该信息技术平台与乙公司现有的信息系统对接，并进行相关测试。该平台并不会转让给乙公司，但是将用于向乙公司提供服务。甲公司为该平台的设计、购买硬件和软件以及信息中心的测试发生了成本。除此之外，甲公司专门指派两名员工，负责向乙公司提供服务。

本例中，甲公司为履行合同发生的成本中，购买硬件和软件的成本应当分别按照固定资产和无形资产进行会计处理；设计服务成本和信息中心的测试成本不属于其他章节的规范范围，但是这些成本与履行该合同直接相关，并且增加了甲公司未来用于履行履约义务（即提供管理服务）的资源，如果甲公司预期该成本可通过未来提供服务收取的对价收回，则甲公司应当将这些成本确认为一项资产。甲公司向两名负责该项目的员工支付的工资费用，虽然与向乙公司提供服务有关，但是由于其并未增加企业未来用于履行履约义务的资源，所以，应当于发生时计入当期损益。

15.3.2 合同取得成本

企业为取得合同发生的增量成本预期能够收回的，应当作为合同取得成本确认为一项资产；但是，该资产摊销期限不超过一年的，可以在发生时计入当期损益。

增量成本，是指企业不取得合同就不会发生的成本。

企业为取得合同发生的、除预期能够收回的增量成本之外的其他支出（如无论是否取得合同均会发生的差旅费等），应当在发生时计入当期损益，但是，明确由客户承担的除外。

【例15-26】甲公司是一家咨询公司，其通过竞标赢得一个新客户，为取得该客户的合同，甲公司发生下列支出：（1）聘请外部律师进行尽职调查的支出为15 000元，（2）因投标发生的差旅费为10 000元，（3）销售人员佣金为5 000元。甲公司预期这些支出未来能够收回。此外，甲公司根据其年度销售目标、整体盈利情况及个人业绩等，向销售部门经理支付年度奖金10 000元。

本例中，甲公司向销售人员支付的佣金属于为取得合同发生的增量成本，应当将其作为合同取得成本确认为一项资产。甲公司聘请外部律师进行尽职调查发生的支出，为投标发生的差旅费，无论是否取得合同都会发生，不属于增量成本，因此，应当于发生时直接计入当期损益。甲公司向销售部门经理支付的年度奖金也不是为取得合同发生的增量成本，这是因为该奖金发放与否以及发放金额还取决于其他因素（如公司的盈利情况和个人业绩），其并不能直接归属于可识别的合同。

15.3.3　与合同成本有关的资产的摊销

对于确认为资产的合同履约成本和合同取得成本，企业应当采用与该资产相关的商品收入确认相同的基础（即在履约义务履行的时点或按照履约义务的履约进度）进行摊销，计入当期损益。

15.3.4　与合同成本有关的资产的减值

合同履约成本和合同取得成本的账面价值高于下列两项的差额的，超出部分应当计提减值准备，并确认为资产减值损失：（1）企业因转让与该资产相关的商品预期能够取得的剩余对价；（2）为转让该相关商品估计将要发生的成本。

以前期间减值的因素之后发生变化，使得上述（1）减（2）的差额高于该资产账面价值的，应当转回原已计提的资产减值准备，并计入当期损益，但转回后的资产账面价值不应超过假定不计提减值准备情况下该资产在转回日的账面价值。

15.4 关于特定交易的会计处理

15.4.1 附有销售退回条款的销售

企业将商品转让给客户之后，可能会因为各种原因允许客户选择退货（例如，客户对所购商品的款式不满意等）。附有销售退回条款的销售，是指客户依照有关合同有权退货的销售方式。合同中有关退货权的条款可能会在合同中明确约定，也有可能是隐含的。客户选择退货时，可能有权要求返还其已经支付的全部或部分对价、抵减其对企业已经产生或将会产生的欠款或者要求换取其他商品。附有销售退回条款的会计处理如图 15-7 所示。

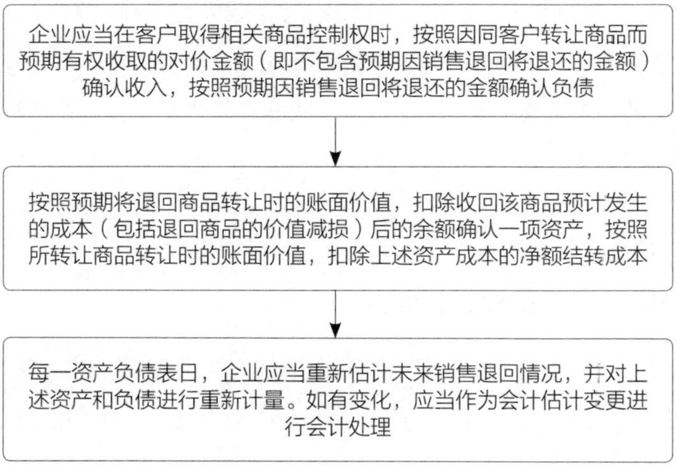

图 15-7 附有销售退回条款的会计处理

【例 15-27】甲公司是一家健身器材销售公司。2×18 年 10 月 1 日，甲公司向乙公司销售 5 000 件健身器材，单位销售价格为 500 元，单位成本为 400 元，开出的增值税专用发票上注明的销售价格为 250 万元，增值税额为 32.5 万元。健身器材已经发出，但款项尚未收到。根据协议约定，乙公司应于 2×18 年 12 月 1 日之前支付货款，在 2×19 年 3 月 31 日之前有权退还健身器材。发出健身器材时，甲公司根据过去的经验，估计该批健身器材的退货率约为 20%；在 2×18 年 12 月 31 日，甲公司对退货率进行了重新评估，认为只有 10% 的健身器材会被退回。甲公司为增值税一般纳税人，健身器材发出时纳税义务已经发生，实际发生退回时取得税务机关开具的红字增值税专用发票。假定健身器材发出时控制权转移给乙公司。甲公司的账务处理如下：

（1）2×18 年 10 月 1 日发出健身器材。

借：应收账款　　2 825 000

　　贷：主营业务收入　　2 000 000

　　　　预计负债——应付退货款　　500 000

　　　　应交税费——应交增值税（销项税额）　　325 000

借：主营业务成本　　1 600 000

　　应收退货成本　　400 000

　　贷：库存商品　　2 000 000

（2）2×18年12月1日前收到货款。

借：银行存款等　　2 825 000

　　贷：应收账款　　2 825 000

（3）2×18年12月31日，甲公司对退货率进行重新评估。

借：预计负债——应付退货款　　250 000

　　贷：主营业务收入　　250 000

借：主营业务成本　　200 000

　　贷：应收退货成本　　200 000

（4）2×19年3月31日发生销售退回，实际退货量为400件，退货款项已经支付。

借：库存商品　　160 000

　　应交税费——应交增值税（销项税额）　　26 000

　　预计负债——应付退货款　　250 000

　　贷：应收退货成本　　160 000

　　　　主营业务收入　　50 000

　　　　银行存款等　　226 000

借：主营业务成本　　40 000

　　贷：应收退货成本　　40 000

附有销售退回条款的销售，在客户要求退货时，如果企业有权向客户收取一定金额的退货费，则企业在估计预期有权收取的对价金额时，应当将该退货费包括在内。

【例15-28】乙公司与客户签订合同，向其销售A产品。客户在合同开始日即取得了A产品的控制权，并在90天内有权退货。由于A产品是最新推出的产品，乙公司尚无有关该产品退货率的历史数据，也没有其他可以参考的市场信息。该合同对价为12 100元，根据合同约定，客户应于合同开始日后的第二年年末付款。A产品在合同开始日的现销价格为10 000元。A产品的成本为8 000元。退货期满后，未发生退货。上述价格均不包含增值税，假定不考虑相关税费影响。

本例中，客户有退货权，因此，该合同的对价是可变的。由于乙公司缺乏有关退货情况的历史数据，考虑将可变对价计入交易价格的限制要求，在合同开始日不能将可变对价计入交易价格，所以，乙公司在A产品控制权转移时确认的收入为0，其应当在退货期满后，根据实际退货情况，按照预期有权收取的对价金额确定交易价格。此外，考虑到A产品控制权转移与客户付款之间的时间间隔以及该合同对价与A产品现销价格之间的差异等因素，乙公司认为该合同存在重大融资成分。乙公司的账务处理如下：

（1）在合同开始日，乙公司将 A 产品的控制权转移给客户。

借：应收退货成本　　　　8 000

　　贷：库存商品　　　　8 000

（2）在 90 天的退货期内，乙公司尚未确认合同资产和应收款项，因此，无须确认重大融资成分的影响。

（3）退货期满日（假定应收款项在合同开始日和退货期满日的公允价值无重大差异）。

借：长期应收款　　　　12 100

　　贷：主营业务收入　　　　10 000

　　　　未实现融资收益　　　　2 100

借：主营业务成本　　　　8 000

　　贷：应收退货成本　　　　8 000

在后续期间，乙公司应当考虑在剩余合同期限确定实际利率，将上述应收款项的金额与合同对价之间的差额（2 100 元）按照实际利率法进行摊销，确认相关的利息收入。乙公司还应当按照金融工具相关会计准则评估上述应收款项是否发生减值，并进行相应的会计处理。

15.4.2 附有质量保证条款的销售

对于附有质量保证条款的销售，企业应当评估该质量保证是否在向客户保证所销售商品符合既定标准之外提供了一项单独的服务。企业提供额外服务的，应当作为单项履约义务，按照本准则规定进行会计处理；否则，质量保证责任应当按照《企业会计准则第 13 号——或有事项》的规定进行会计处理。

【例 15-29】甲公司与客户签订合同，销售一部手机。该手机自售出起一年内如果发生质量问题，甲公司负责提供质量保证服务。此外，在此期间内，由于客户使用不当（如手机进水）等原因造成的产品故障，甲公司也免费提供维修服务。该维修服务不能单独购买。

本例中，甲公司的承诺包括：销售手机、提供质量保证服务以及维修服务。甲公司针对产品的质量问题提供的质量保证服务是为了向客户保证所销售商品符合既定标准，因此不构成单项履约义务；甲公司对由于客户使用不当而导致的产品故障提供的免费维修服务，属于在向客户保证所销售商品符合既定标准之外提供的单独服务，尽管其没有单独销售，该服务与手机可明确区分，应该作为单项履约义务。

因此，在该合同下，甲公司的履约义务有两项：销售手机和提供维修服务，甲公司应当按照其各自单独售价的相对比例，将交易价格分摊至这两项履约义务，并在各项履约义务履行时分别确认收入。甲公司提供的质量保证服务，应当按照《企业会计准则第 13 号——或有事项》的规定进行会计处理。

15.4.3　主要责任人和代理人

当企业向客户销售商品涉及其他方参与时，企业应当确定其自身在该交易中的身份是主要责任人还是代理人，具体如表 15-7 所示。

表 15-7　主要责任人和代理人

<table>
<tr><th>类型</th><th>会计处理</th><th>区分原则</th></tr>
<tr><td>主要责任人</td><td>应当按照已收或应收对价总额确认收入</td><td rowspan="2">企业在判断其是主要责任人还是代理人时，应当以该企业在特定商品转让给客户之前是否能够控制该商品为原则。当存在第三方参与企业向客户提供商品时，企业向客户转让特定商品之前能够控制该商品的，应当作为主要责任人。企业作为主要责任人的情形包括：
（1）企业自该第三方取得商品或其他资产控制权后，再转让给客户
（2）企业能够主导第三方代表本企业向客户提供服务
（3）企业自第三方取得商品控制权后，通过提供重大的服务将该商品与其他商品整合成合同约定的某组合产出转让给客户</td></tr>
<tr><td>代理人</td><td>应当按照预期有权收取的佣金或手续费的金额确认收入</td></tr>
</table>

上述相关事实和情况仅为支持对控制权的评估，不能取代控制权的评估，也不能凌驾于控制权评估之上，更不是单独或额外的评估；并且这些事实和情况并无权重之分，其中某一项或几项也不能被孤立地用于支持某一结论。企业应当根据相关商品的性质、合同条款的约定以及其他具体情况，综合进行判断。

【例 15-30】2×18 年 1 月，甲旅行社从 A 航空公司购买了一定数量的折扣机票，并对外销售。甲旅行社向旅客销售机票时，可自行决定机票的价格等，未售出的机票不能退还给 A 航空公司。

本例中，甲旅行社向客户提供的特定商品为机票，并在确定特定客户之前已经预先从航空公司购买了机票，因此，该权利在转让给客户之前已经存在。甲旅行社从 A 航空公司购入机票后，可以自行决定该机票的价格、向哪些客户销售等，甲旅行社有能力主导该机票的使用并且能够获得其几乎全部的经济利益。因此，甲旅行社在将机票销售给客户之前，能够控制该机票，甲旅行社的身份是主要责任人。

【例 15-31】甲公司经营购物网站，在该网站购物的消费者可以明确获知在该网站上销售的商品均为其他零售商直接销售的商品，这些零售商负责发货及售后服务等。甲公司与零售商签订合同约定，该网站所售商品的采购、定价、发货以及售后服务等均由零售商自行负责，甲公司仅负责协助零售商和消费者结算货款，并按照每笔交易的实际销售额收取 5% 的佣金。

本例中，甲公司经营的购物网站是一个购物平台，零售商在该平台发布所销售商品信息，消费者可以从该平台购买零售商销售的商品。消费者在该网站购物时，向其提供的特定商品为零售商在网站上销售的商品，除此之外，甲公司并未提供任何其他的商品或服务。这些特定商品在转移给消费者之前，甲公司从未有能力主导这些商品的使用，例如，甲公司不能将这些商品提供给购买该商品的消费者之外的其他方，也不能阻止零售商向该消费者转移这些商品，甲公司不能控制零售商用于完成该网站订单的相关存货。因此，消费者在该网站购物时，在相关商品转移给消费者之前，甲公司并未控制这些商品，甲公司的履约义务是安排零售商向消费者提供相关商品，而并未自行提供这些商品，甲公司在该交易中的身份是代理人。

15.4.4 附有客户额外购买选择权的销售

某些情况下，企业在销售商品的同时，会向客户授予选择权，允许客户可以据此免费或者以折扣价格购买额外的商品。企业向客户授予的额外购买选择权的形式包括销售激励、客户奖励积分、未来购买商品的折扣券以及合同续约选择权等。对于附有客户额外购买选择权的销售，企业应当判断该选择权是否向客户提供了一项重大权利，具体如表 15-8 所示。

表 15-8 是否向客户提供了一项重大权利的判断

类型	判断原则
提供了一项重大权利	如果客户只有在订立了一项合同的前提下才取得了额外购买选择权，并且客户行使该选择权购买额外商品时，能够享受到超过该地区或该市场中其他同类客户所能够享有的折扣
不应视为提供了一项重大权利	当企业向客户提供了额外购买选择权，但客户在行使该选择权购买商品的价格反映了该商品的单独售价时，即使客户只能通过与企业订立特定合同才能获得该选择，也不应视为提供了一项重大权利

该选择权向客户提供了重大权利的，应当作为单项履约义务。在这种情况下，客户在该合同下支付的价款实际上购买了两项单独的商品：一是客户在该合同下原本购买的商品；二是客户可以免费或者以折扣价格购买额外商品的权利。企业应当将交易价格在这两项商品之间进行分摊，其中，分摊至后者的交易价格与未来的商品相关，因此，企业应当在客户未来行使该选择权取得相关商品的控制权时，或者在该选择权失效时确认为收入。在考虑授予客户的该项权利是否重大时，应根据其金额和性质综合判断。

【例 15-32】2×18 年 1 月 1 日，甲公司与 100 位客户签订为期一年的服务合同，每份合同的价格均为 10 000 元，各客户在当日全额支付了款项。该项服务是甲公司推出的一项新业务。为推广该业务，该合同约定，客户有权在 2×18 年年末选择以同样的价格续约一年并立即支付 10 000 元；选择在 2×18 年年末续约的客户还有权在 2×19 年年末选择以同样的价格再续约一年并立即支付 10 000 元。甲公司在 2×19 年和 2×20 年将对该项服务的价格分别提高至每年 30 000 元和 50 000 元。2×18 年年末及其后，没有续约但之后又向甲公司购买该项服务的客户以及新客户都将适用当年涨价后的价格。假定甲公司提供该服务属于在一段时间内履行的履约义务，并按照成本法确定履约进度。上述金额均不包含增值税。合同开始日即 2×18 年 1 月 1 日，甲公司估计有 90% 的客户（即 90 位客户）会在 2×18 年年末选择续约，其中又有 90% 的客户（即 81 位客户）会在 2×19 年年末再次选择续约。2×18 年至 2×20 年的合同预计成本分别为 6 000 元、7 500 元和 10 000 元。

本例中，只有签订了该合同的客户才有权选择续约，且客户行使该权利续约时所能够享受的价格远低于该项服务当时的市场价格，因此，甲公司认为该续约选择权向客户提供了重大权利，且符合简化处理的条件，即甲公司无须估计该续约选择权的单独售价，而是直接把其预计将提供的额外服务以及预计将收取的相应对价金额纳入原合同，进行会计处理。

在合同开始日，甲公司根据其对客户续约选择权的估计，每份合同的交易价格为 27 100（10 000+10 000×90%+10 000×81%）元，预计每份合同各年应分摊的交易价格如表 15-9 所示。

表 15-9 每份合同各年应分摊的交易价格

单位：元

年度	预计成本	考虑续约可能性调整后的成本	分摊的交易价格
2×18	6 000	6 000（6 000×100%）	7 799 [（6 000÷20 850）×27 100]
2×19	7 500	6 750（7 500×90%）	8 773 [（6 750÷20 850）×27 100]
2×20	10 000	8 100（10 000×81%）	10 528 [（8 100÷20 850）×27 100]
合计	23 500	20 850	27 100

假定客户实际选择续约的情况与甲公司的估计一致。甲公司在各年收款、确认收入以及年末合同负债的情况如表 15-10 所示。

表 15-10 各年收款、确认收入以及年末合同负债的情况

单位：元

年度	收款	确认收入	合同负债
2×18	1 900 000	779 900	1 120 100
2×19	810 000	877 300	1 052 800
2×20		1 052 800	
合计	2 710 000	2 710 000	

如果客户实际选择续约的情况与甲公司的估计不一致，则甲公司需要根据实际情况对交易价格、履约进度以及各年确认的收入进行相应调整。

15.4.5 授予知识产权许可

授予知识产权许可，是指企业授予客户对企业拥有的知识产权享有相应权利。常见的知识产权包括软件和技术、影视和音乐等的版权、特许经营权以及专利权、商标权和其他版权等。企业向客户授予知识产权许可时，可能也会同时销售商品，这些承诺可能在合同中明确约定，也可能隐含于企业已公开宣布的政策、特定声明或者企业以往的习惯做法中。授予知识产权许可构成何种履约义务的判断如表 15-11 所示。

表 15-11　授予知识产权许可履约义务的判断

类型	判断标准
授予知识产权许可是否构成单项履约义务	授予客户的知识产权许可不构成单项履约义务的，企业应当将该知识产权许可和所售商品一起作为单项履约义务进行会计处理。知识产权许可与所售商品不可明确区分的情形包括：（1）该知识产权许可构成有形商品的组成部分并且对于该商品的正常使用不可或缺；（2）客户只有将该知识产权许可和相关服务一起使用才能够从中获益
授予知识产权许可属于在某一时段履行的履约义务	授予客户的知识产权许可构成单项履约义务的，企业应当根据该履约义务的性质，进一步确定其是在某一时段内履行还是在某一时点履行。企业向客户授予的知识产权许可，同时满足下列三项条件的，应当作为在某一时段内履行的履约义务确认相关收入；否则，应当作为在某一时点履行的履约义务确认相关收入：（1）合同要求或客户能够合理预期企业将从事对该项知识产权有重大影响的活动；（2）该活动对客户将产生有利或不利影响；（3）该活动不会导致向客户转让某项商品
授予知识产权许可属于在某一时点履行的履约义务	授予知识产权许可不属于在某一时段内履行的履约义务的，应当作为在某一时点履行的履约义务，在履行该履约义务时确认收入。在客户能够使用某项知识产权许可并开始从中获利之前，企业不能对此类知识产权许可确认收入
基于销售或使用情况的特许权使用费	企业向客户授予知识产权许可，并约定按客户实际销售或使用情况（如按照客户的销售额）收取特许权使用费的，应当在客户后续销售或使用行为实际发生与企业履行相关履约义务二者孰晚的时点确认收入

【例 15-33】甲生物制药公司将其拥有的某合成药的专利权许可证授予乙公司，授权期限为 10 年。同时，甲公司承诺为乙公司生产该种药品。除此之外，甲公司不会从事任何与支持该药品相关的活动。该药品的生产流程特殊性极高，没有其他公司能够生产该药品。

本例中，甲公司向乙公司授予专利权许可，并为其提供生产服务。由于市场上没有其他公司能够生产该药品，客户将无法从该专利权许可中单独获益，所以，该专利权许可和生产服务不可明确区分，应当将其一起作为单项履约义务进行会计处理。相反，如果该药品的生产流程特殊性不高，其他公司也能够生产该药品，则该专利权许可和生产服务可明确区分，应当分别作为单项履约义务进行会计处理。

【例 15-34】甲电影发行公司与乙公司签订合同，将其拥有的一部电影的版权授权给乙公司，乙公司可在其旗下的影院放映该电影，放映期间为 6 周。除了将该电影版权授权给乙公司之外，甲公司还同意在该电影放映之前，向乙公司提供该电影的片花，在乙公司的影院播放，并且在该电影放映期间在当地知名的广播电台播放广告。甲公司将获得乙公司播放该电影的票房分成。

本例中，甲公司的承诺包括授予电影版权许可、提供电影片花，以及提供广告服务。甲公司在该合同下获得的对价为按照乙公司实际销售情况收取的特许权使用费，与之相关的授予电影版权许可是占有主导地位的，这是因为，甲公司能够合理预期，客户认为该电影版权许可的价值远高于合同中提供的电影片花和广告服务。因此，甲公司应当在乙公司放映该电影的期间按照约定的分成比例确认收入。如果授予电影版权许可、提供电影片花以及广告服务分别构成单项履约义务，甲公司应当将该取得的分成收入在这些履约义务之间进行分摊。

15.4.6　售后回购

售后回购，是指企业销售商品的同时承诺或有权选择日后再将该商品购回的销售方式。被购回的商品包括原销售给客户的商品、与该商品几乎相同的商品，或者以该商品作为组成部分的其他商品。对于不同类型的售后回购交易，企业应当区分下列情形进行会计处理。

（1）企业因存在与客户的远期安排而负有回购义务或企业享有回购权利。

此种情况下，尽管客户可能已经持有了该商品的实物，但是，由于企业承诺回购或者有权回购该商品，导致客户主导该商品的使用并从中获取几乎全部经济利益的能力受到限制，所以，在销售时点，客户并没有取得该商品的控制权。在这种情况下，企业应根据下列情况分别进行相应的会计处理：一是回购价格低于原售价的，应当视为租赁交易，按照《企业会计准则第 21 号——租赁》的相关规定进行会计处理；二是回购价格不低于原售价的，应当视为融资交易，在收到客户款项时确认金融负债，而不是终止确认该资产，并将该款项和回购价格的差额在回购期间内确认为利息费用等。相关判断流程如图 15-8 所示。

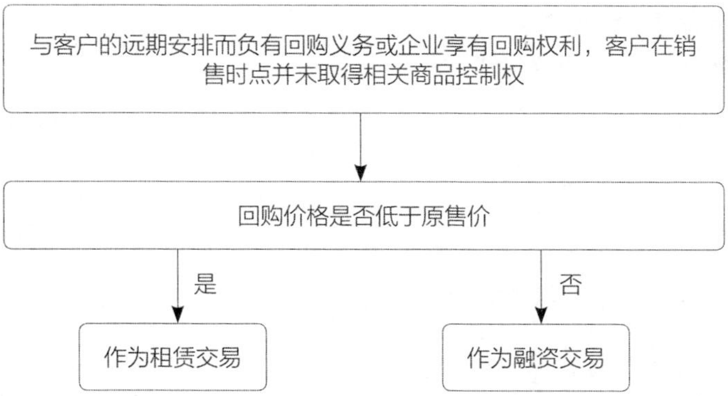

图 15-8　远期安排而负有回购义务或企业享有回购权利的判断流程

【例 15-35】2×18 年 4 月 1 日，甲公司向乙公司销售一台设备，销售价格为 200 万元，同时双方约定 2 年之后，即 2×20 年 4 月 1 日，甲公司将以 120 万元的价格回购该设备。

本例中，根据合同约定甲公司负有在两年后回购该设备的义务，因此乙公司并未取得该设备的控制权。假定不考虑货币时间价值，该交易的实质是乙公司支付了 80（200−120）万元的对价取得了该设备 2 年的使用权。甲公司应当将该交易作为租赁交易进行会计处理。

（2）企业应客户要求回购商品。

企业负有应客户要求回购商品义务的，应当在合同开始日评估客户是否具有行使该要求权的重大经济动因。客户具有行使该要求权重大经济动因的，企业应当将售后回购作为租赁交易或融资交易，按照上述第 1 种情形进行会计处理；否则，企业应当将其作为附有销售退回条款的销售交易进行会计处理。在判断客户是否具有行权的重大经济动因时，企业应当综合考虑各种相关因素，包括回购价格与预计回购时市场价格之间的比较以及权利的到期日等。例如，如果回购价格明显高于该资产回购时的市场价值，则表明客户有行权的重大经济动因。具体判断流程如图 15-9 所示。

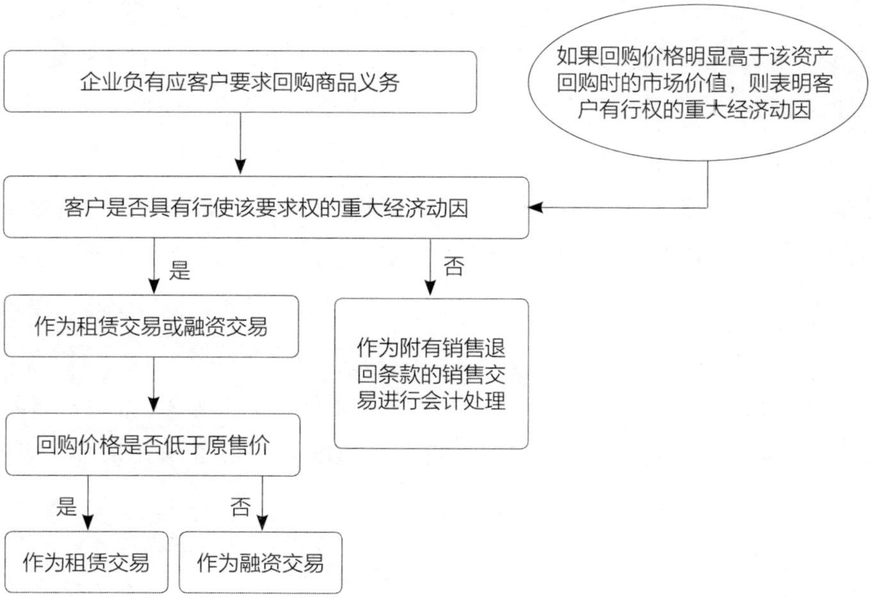

图 15-9　企业应客户要求回购商品的判断流程

【例 15-36】甲公司向乙公司销售其生产的一台设备，销售价格为 2 000 万元，双方约定，乙公司在 5 年后有权要求甲公司以 1 500 万元的价格回购该设备。甲公司预计该设备在回购时的市场价值将远低于 1 500 万元。

本例中，假定不考虑时间价值的影响，甲公司的回购价格（1 500 万元）低于原售价（2 000 万元），但远高于该设备在回购时的市场价值，甲公司判断乙公司有重大的经济动因行使其权利要求甲公司回购该设备。因此，甲公司应当将该交易作为租赁交易进行会计处理。

15.4.7　客户未行使的权利

企业向客户预收销售商品款项的，应当首先将该款项确认为负债，待履行了相关履约义务时再转为收入。当企业预收款项无须退回，且客户可能会放弃其全部或部分合同权利时，如放弃储值卡的使用等，企业预期将有权获得与客户所放弃的合同权利相关的金额的，应当按照客户行使合同权利的模式按比例将上述金额确认为收入；否则，企业只有在客户要求其履行剩余履约义务的可能性极低时，才能将上述负债的相关余额转为收入。企业在确定其是否预期将有权获得与客户所放弃的合同权利相关的金额时，应当考虑将估计的可变对价计入交易价格的限制要求。

【例 15-37】甲公司经营连锁面包店。2×18 年，甲公司向客户销售了 5 000 张储值卡，每张卡的面值为 200 元，总额为 1 000 000 元。客户可在甲公司经营的任何一家门店使用该储值卡进行消费。根据历史经验，甲公司预期客户购买的储值卡中将有大约相当于储值卡面值金额 5%（即 50 000 元）的部分不会被消费。截至 2×18 年 12 月 31 日，客户使用该储值卡消费的金额为 400 000 元。甲公司为增值税一般纳税人，在客户使用该储值卡消费时发生增值税纳税义务增值税率按 13% 计算。

本例中，甲公司预期将有权获得与客户未行使的合同权利相关的金额为 50 000 元，该金额应当按照客户行使合同权利的模式按比例确认为收入。

因此，甲公司在 2×18 年销售的储值卡应当确认的收入金额为 372 613[（400 000+50 000×400 000÷950 000）÷（1+13%）] 元。甲公司的账务处理为：

（1）销售储值卡：

借：库存现金等　　1 000 000

　　贷：合同负债　　884 956

　　　　应交税费——待转销项税额　　115 044

（2）根据储值卡的消费金额确认收入，同时将对应的待转销项税额确认为销项税额：

借：合同负债　　372 613

　　应交税费——待转销项税额　　48 440

　　贷：主营业务收入　　372 613

　　　　应交税费——应交增值税（销项税额）　　48 440

15.4.8　无须退回的初始费

企业在合同开始（或接近合同开始）日向客户收取的无须退回的初始费（如俱乐部的入会费等）应当计入交易价格。企业应当评估该初始费是否与向客户转让已承诺的商品相关，具体如图 15-10 所示。

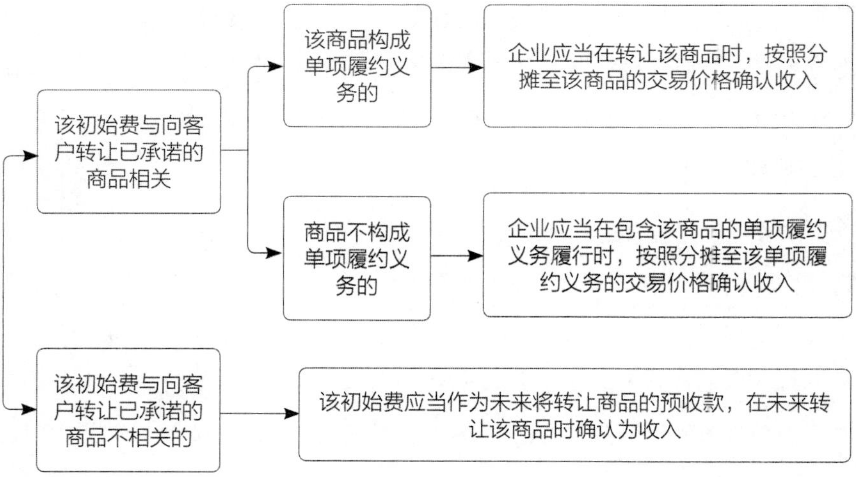

图 15-10　评估该初始费是否与向客户转让已承诺的商品相关

企业收取了无须退回的初始费且为履行合同应开展初始活动，但这些活动本身并没有向客户转让已承诺的商品的，如企业为履行会员健身合同开展了一些行政管理性质的准备工作，该初始费与未来将转让的已承诺商品相关，应当在未来转让该商品时确认为收入，企业在确定履约进度时不应考虑这些初始活动；企业为该初始活动发生的支出应当按照本节合同成本部分的要求确认为一项资产或计入当期损益。

【例 15-38】甲公司经营一家会员制健身俱乐部。甲公司与客户签订了为期 2 年的合同，客户入会之后可以随时在该俱乐部健身。除俱乐部的年费 2 000 元之外，甲公司还向客户收取了 50 元的入会费，用于补偿俱乐部为客户进行注册登记、准备会籍资料以及制作会员卡等初始活动所花费的成本。甲公司收取的入会费和年费均无须返还。

本例中，甲公司承诺的服务是向客户提供健身服务（即可随时使用的健身场地），而甲公司为会员入会所进行的初始活动并未向客户提供其所承诺的服务，而只是一些内部行政管理性质的工作。因此，甲公司虽然为补偿这些初始活动向客户收取了入会费，但是该入会费实质上是客户为健身服务所支付的对价的一部分，故入会费应当作为健身服务的预收款，与收取的年费一起在 2 年内分摊确认为收入。

15.5　列报与披露

15.5.1　列报

企业应当列报与收入有关的下列信息：

（1）企业应当根据本企业履行履约义务与客户付款之间的关系在资产负债表中列示合同资产或合同负债。企业拥有的、无条件（即，仅取决于时间流逝）向客户收取对价的权利应当作为应收款项单独列示。

（2）按照本准则确认的合同资产的减值的计量和列报应当按照《企业会计准则第22号——金融工具确认和计量》和《企业会计准则第37号——金融工具列报》的规定进行会计处理。

15.5.2　披露

企业应当在附注中披露与收入有关的下列信息。

1. 收入确认和计量所采用的会计政策、对于确定收入确认的时点和金额具有重大影响的判断以及这些判断的变更，包括确定履约进度的方法及采用该方法的原因、评估客户取得所转让商品控制权时点的相关判断，在确定交易价格、估计计入交易价格的可变对价、分摊交易价格以及计量预期将退还给客户的款项等类似义务时所采用的方法、输入值和假设等。

2. 与合同相关的下列信息。

（1）与本期确认收入相关的信息，包括与客户之间的合同产生的收入、该收入按主要类别（如商品类型、经营地区、市场或客户类型、合同类型、商品转让的时间、合同期限、销售渠道等）分解的信息以及该分解信息与每一报告分部的收入之间的关系等。

（2）与应收款项、合同资产和合同负债的账面价值相关的信息，包括与客户之间的合同产生的应收款项、合同资产和合同负债的期初和期末账面价值、对上述应收款项和合同资产确认的减值损失、在本期确认的包括在合同负债期初账面价值中的收入、前期已经履行（或部分履行）的履约义务在本期调整的收入、履行履约义务的时间与通常的付款时间之间的关系以及此类因素对合同资产和合同负债账面价值的影响的定量或定性信息、合同资产和合同负债的账面价值在本期内发生的重大变动情况等。

（3）与履约义务相关的信息，包括履约义务通常的履行时间、重要的支付条款、企业承诺转让的商品的性质（包括说明企业是否作为代理人）、企业承担的预期将退还给客户的款项等类似义务、质量保证的类型及相关义务等。

（4）与分摊至剩余履约义务的交易价格相关的信息，包括分摊至本期末尚未履行（或部分未履行）履约义务的交易价格总额、上述金额确认为收入的预计时间的定量或定性信息、未包括在交易价格的对价金额（如可变对价）等。

3. 与合同成本有关的资产相关的信息，包括确定该资产金额所做的判断、该资产的摊销方法、按该资产主要类别（如为取得合同发生的成本、为履行合同开展的初始活动发生的成本等）披露的期末账面价值，以及本期确认的摊销及减值损失金额等。

4. 企业根据本准则第十七条规定因预计客户取得商品控制权与客户支付价款间隔未超过一年而未考虑合同中存在的重大融资成分，或者根据本准则第二十八条规定因合同取得成本的摊销期限未超过一年而将其在发生时计入当期损益的，应当披露该事实。

第 16 章 政府补助

16.1 政府补助概述

政府提供经济支持，以鼓励或扶持特定行业、领域的发展，是政府宏观调控的重要手段。但并不是所有来源于政府的经济资源都属于《企业会计准则第 16 号——政府补助》规范的政府补助，除此之外，还可能是政府对企业的资本性投入或政府购买服务所支付的对价。《企业会计准则第 16 号——政府补助》要求企业首先判断政府的经济资源类型，对于符合政府补助的定义和特征的，再按照《企业会计准则第 16 号——政府补助》的要求进行确认、计量、列示与披露。

16.1.1 政府补助的定义

政府补助是指企业从政府无偿取得货币性资产或非货币性资产。政府补助主要包括政府对企业的无偿拨款、税收返还、财政贴息，以及无偿给予的非货币性资产等。一般直接减征、增加计税抵扣额、抵免部分税额等不涉及资产直接转移的经济资源，不适用《企业会计准则第 16 号——政府补助》。

需要说明的是，增值税出口退税不属于政府补助。根据税法规定，在对出口货物取得的收入免征增值税的同时，退付出口货物前道环节发生的进项税额，增值税出口退税实际上是政府退回企业事先垫付的进项税，不属于政府补助。

16.1.2 政府补助的特征

根据《企业会计准则第 16 号——政府补助》的规定，政府补助具有表 16-1 所示特征。

表 16–1　政府补助的特征

特征	内容
来源于政府的经济资源	这里的政府主要是指行政事业单位及类似机构。对于企业收到的来源于其他方的补助，有确凿证据表明政府是补助的实际拨付者，其他方只起到代收代付作用的，该项补助也属于来源于政府的经济资源
无偿性	企业取得来源于政府的经济资源，不需要向政府交付商品或服务等对价。此特征将政府补助与政府以投资者身份向企业投入资本、政府购买服务等政府与企业之间的互惠性交易区别开来。另外，政府补助通常附有一定条件，这与政府补助的无偿性并不矛盾，只是对企业使用政府补助的时间、范围等进行了限制

【例 16–1】2×17 年 2 月，甲企业与所在城市的开发区人民政府签订了项目合作投资协议，实施“退城进园”技改搬迁。根据协议，甲企业在开发区内投资约 4 亿元建设电子信息设备生产基地。生产基地占地面积 400 亩（1 亩 =666.67 平方米），该项目用地按开发区工业用地基准地价挂牌出让，甲企业摘牌并按挂牌出让价格缴纳土地出让金 4 800 万元。甲企业自开工之日起须在 18 个月内完成搬迁工作，从原址搬迁至开发区，同时将甲企业位于城区繁华地段的原址用地（200 亩，按照所在地段工业用地基准地价评估为 1 亿元）移交给开发区政府收储，开发区政府将向甲企业支付补偿资金 1 亿元。

本例中，为实施“退城进园”技改搬迁，甲企业将其位于城区繁华地段的原址用地移交给开发区政府收储，开发区政府为此向甲企业支付补偿资金 1 亿元。由于开发区政府对甲企业的搬迁补偿是基于甲企业原址用地的公允价值确定的，实质是政府按照相应资产的市场价格向企业购买资产，企业从政府取得的经济资源是企业让渡其资产的对价，双方的交易是互惠性交易，不符合政府补助无偿性的特点。所以，甲企业收到的 1 亿元搬迁补偿资金不作为政府补助处理，而应作为处置非流动资产的收入。

16.1.3　政府补助的分类

确定了来源于政府的经济资源属于政府补助后，企业还应当对其进行恰当的分类。根据《企业会计准则第 16 号——政府补助》的规定，政府补助应当划分为与资产相关的政府补助和与收益相关的政府补助。这两类政府补助给企业带来经济利益或者弥补相关成本或费用的形式不同，从而在具体会计处理上存在差别。政府补助的分类如表 16–2 所示。

表 16–2　政府补助的分类

类型	定义
与资产相关的政府补助	与资产相关的政府补助，是指企业取得的、用于购建或以其他方式形成长期资产的政府补助。一般，相关补助文件会要求企业将补助资金用于取得长期资产。长期资产将在较长的期间内给企业带来经济利益，因此相应的政府补助的受益期也较长

续表

类型	定义
与收益相关的政府补助	与收益相关的政府补助，是指除与资产相关的政府补助之外的政府补助。此类补助主要是用于补偿企业已发生或即将发生的相关成本费用或损失，受益期相对较短，通常在满足补助所附条件时计入当期损益或冲减相关成本

16.2　政府补助的确认和计量

关于政府补助的计量属性，《企业会计准则第 16 号——政府补助》规定，政府补助为货币性资产的，应当按照收到或应收的金额计量。如果企业已经实际收到补助资金，应当按照实际收到的金额计量；如果资产负债表日企业尚未收到补助资金，但企业在符合了相关政策规定后就相应获得了收款权，且与之相关的经济利益很可能流入企业，企业应当在这项补助成为应收款时按照应收的金额计量。政府补助为非货币性资产的，应当按照公允价值计量；公允价值不能可靠取得的，按照名义金额计量。

政府补助有两种会计处理方法：总额法和净额法。具体的会计处理如表 16-3 所示。

表 16-3　政府补助的会计处理

分类	会计处理
总额法	将其全额一次或分次确认为收益，而不是作为相关资产账面价值或成本费用等的扣减
净额法	将政府补助确认为对相关资产账面价值或者所补偿成本费用等的扣减

根据准则要求，同一企业不同时期发生的相同或者相似的交易或者事项，应当采用一致的会计政策，不得随意变更；确需变更的，应当在附注中说明。通常情况下，对同类或类似政府补助业务只能选用一种方法，同时，企业对该业务应当一贯地运用该方法，不得随意变更。企业对某些补助只能采用一种方法。

《企业会计准则第 16 号——政府补助》规定，与企业日常活动相关的政府补助，应当按照经济业务实质，计入其他收益或冲减相关成本费用。与企业日常活动无关的政府补助，计入营业外收支。通常，若政府补助补偿的成本费用是营业利润之中的项目，或该补助与日常销售等经营行为密切相关，则认为该政府补助与日常活动相关。

16.2.1　与资产相关的政府补助

实务中，企业通常先收到补助资金，再按照政府要求将补助资金用于购建固定资产或无形资产等长期资产。企业在取得与资产相关的政府补助时，应当选择采用总额法或净额法进行会计处理，具体如表16-4所示。

表16-4　与资产相关的政府补助的会计处理

类型	会计处理
总额法	企业在取得与资产相关的政府补助时应当按照补助资金的金额，做以下会计分录： 借：银行存款等 　　贷：递延收益 然后在相关资产使用寿命内按合理、系统的方法分期计入损益
净额法	应当将取得的政府补助先确认为递延收益，在相关资产达到预定可使用状态或预定用途时将递延收益冲减资产账面价值；如果相关长期资产投入使用后企业再取得与资产相关的政府补助，净额法下应当在取得补助时冲减相关资产的账面价值，并按照冲减后的账面价值和相关资产的剩余使用寿命计提折旧或进行摊销

采用总额法对与资产相关的政府补助进行会计处理时，递延收益的会计处理如图16-1所示。

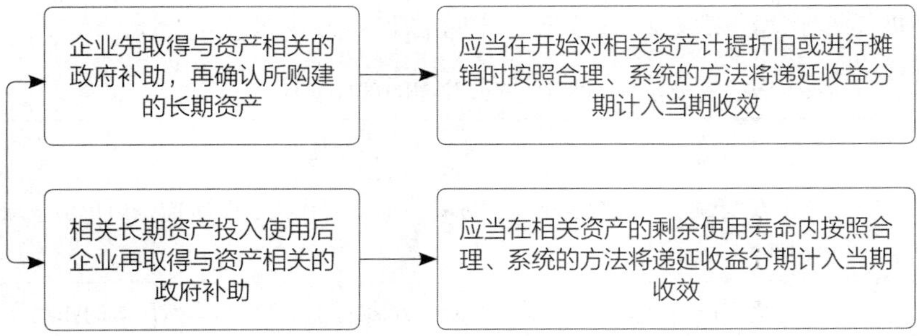

图16-1　递延收益的会计处理

需要说明的是，采用总额法的，如果对应的长期资产在持有期间发生减值损失，递延收益的摊销仍保持不变，不受减值因素的影响。企业对与资产相关的政府补助选择总额法的，应当将递延收益分期转入其他收益或营业外收入，借记“递延收益”科目，贷记“其他收益”或“营业外收入”科目，具体如图16-2所示。相关资产在使用寿命结束时或结束前被处置（出售、报废、转让、发生毁损等），尚未分配的相关递延收益余额应当转入资产处置当期的损益，不再予以递延。对相关资产划分为持有待售类别的，先将尚未分配的递延收益余额冲减相关资产的账面价值，再按照《企业会计准则第42号——持有待售的非流动资产、处置组和终止经营》的要求进行会计处理。

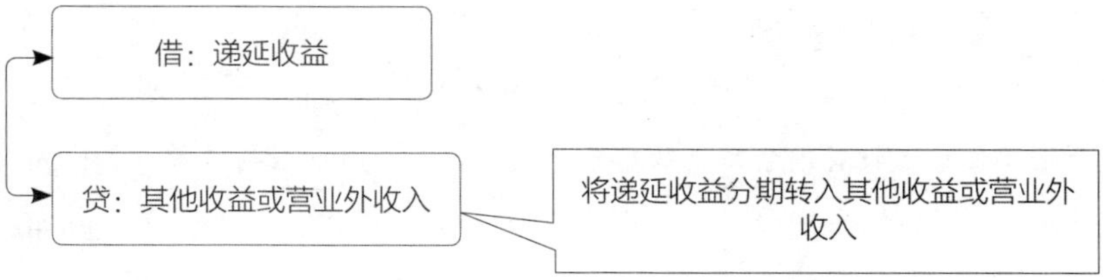

图 16-2　总额法核算与资产相关的政府补助

实务中存在政府无偿给予企业长期非货币性资产的情况，如无偿给予土地使用权、天然起源的天然林等。企业取得的政府补助为非货币性资产的，应当按照公允价值计量；公允价值不能可靠取得的，按照名义金额（1 元）计量。企业在收到非货币性资产的政府补助时，应当借记有关资产科目，贷记“递延收益”科目；然后在相关资产使用寿命内按合理、系统的方法分期计入损益，借记“递延收益”科目，贷记“其他收益”或“营业外收入”科目。但是，对以名义金额计量的政府补助，在取得时计入当期损益。具体会计处理如图 16-3 所示。

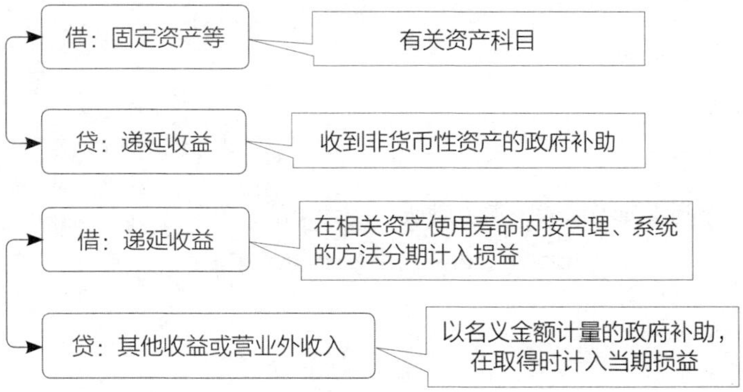

图 16-3　企业收到非货币性资产的政府补助

【例 16-2】按照国家有关政策，企业购置环保设备可以申请补贴以补偿其环保支出。丁企业于 2×18 年 1 月向政府有关部门提交了 210 万元的补助申请，作为对其购置环保设备的补贴。2×18 年 3 月 15 日，丁企业收到了政府补贴款 210 万元。2×18 年 4 月 20 日，丁企业购入不需安装的环保设备一台，实际成本为 480 万元，使用寿命为 10 年，采用直线法计提折旧（不考虑净残值）。2×26 年 4 月，丁企业的这台设备发生毁损而报废。本例中不考虑相关税费等其他因素。丁企业的账务处理如下：

方法一：丁企业选择总额法对此类补助进行会计处理。

（1）2×18 年 3 月 15 日实际收到财政拨款，确认递延收益：

借：银行存款	2 100 000	
贷：递延收益		2 100 000

（2）2×18 年 4 月 20 日购入设备：

借：固定资产	4 800 000	

贷：银行存款等　4 800 000

（3）自2×18年5月起每个资产负债表日（月末）计提折旧，同时分摊递延收益：

①计提折旧（假设该设备用于污染物排放测试，折旧费用计入制造费用）：

借：制造费用　40 000

贷：累计折旧　40 000

②分摊递延收益：

借：递延收益　17 500

贷：其他收益　17 500

（4）2×26年4月设备毁损，同时转销递延收益余额：

借：固定资产清理　960 000

累计折旧　3 840 000

贷：固定资产　4 800 000

借：递延收益　420 000

贷：固定资产清理　420 000

借：营业外支出　540 000

贷：固定资产清理　540 000

方法二：丁企业选择净额法对此类补助进行会计处理。

（1）2×18年3月15日实际收到财政拨款，确认递延收益：

借：银行存款　2 100 000

贷：递延收益　2 100 000

（2）2×18年4月20日购入设备：

借：固定资产　4 800 000

贷：银行存款　4 800 000

借：递延收益　2 100 000

贷：固定资产　2 100 000

（3）自2×18年5月起每个资产负债表日（月末）计提折旧：

借：制造费用　22 500

贷：累计折旧　22 500

（4）2×26年4月设备毁损：

借：固定资产清理　540 000

累计折旧　2 160 000

贷：固定资产　2 700 000

借：营业外支出　540 000

贷：固定资产清理　540 000

16.2.2　与收益相关的政府补助

《企业会计准则第 16 号——政府补助》规定，与收益相关的政府补助应当分情况按规定进行会计处理，如表 16-5 所示。

表 16-5　与收益相关的政府补助的会计处理

类型	会计处理
用于补偿企业以后期间的相关成本费用或损失的	根据《企业会计准则第 16 号——政府补助》的规定，只有满足政府补助确认条件的才能予以确认，而客观情况通常表明企业能够满足政府补助所附条件，企业应当将其确认为递延收益，并在确认相关成本费用或损失的期间，计入当期损益或冲减相关成本
用于补偿企业已发生的相关成本费用或损失的	这类补助通常与企业已经发生的行为有关，是对企业已发生的成本费用或损失的补偿，或是对企业过去行为的奖励。因此，直接计入当期损益或冲减相关成本

对与收益相关的政府补助，企业同样可以选择采用总额法或净额法进行会计处理，具体如表 16-6 所示。

表 16-6　总额法或净额法的会计处理

类型	会计处理
总额法	应当计入其他收益或营业外收入
净额法	应当冲减相关成本费用或营业外支出

【例 16-3】甲企业于 2×17 年 3 月 15 日与其所在地地方政府签订合作协议，根据协议约定，当地政府将向甲企业提供 1 000 万元奖励资金，用于企业的人才激励和人才引进奖励，甲企业必须按年向当地政府报送详细的资金使用计划并按规定用途使用资金。协议同时约定，甲企业自获得奖励起 10 年内注册地址不得迁离本地区，否则政府有权追回奖励资金。甲企业于 2×17 年 4 月 10 日收到 1 000 万元补助资金，分别在 2×17 年 12 月、2×18 年 12 月、2×19 年 12 月使用了 400 万元、300 万元和 300 万元，用于发放给总裁级高管年度奖金。本例中不考虑相关税费等其他因素。

本例中，甲企业应当在取得政府补助时先判断是否满足政府补助的确认条件。如果客观情况表明甲企业在未来 10 年内离开该地区的可能性很小，如通过成本效益分析认为甲企业迁离该地区的成本远高于收益，则甲企业在收到补助资金时应当计入“递延收益”科目，实际按规定用途使用补助资金时，再计入当期损益。

假设甲企业选择净额法对此类补助进行会计处理，其账务处理如下：

（1）2×17 年 4 月 10 日甲企业实际收到补助资金：

借：银行存款　　　　10 000 000

　　贷：递延收益　　　　10 000 000

（2）2×17 年 12 月、2×18 年 12 月、2×19 年 12 月，甲企业将补助资金用于发放高管奖金时相应结转递延收益：

① 2×17 年 12 月：

借：递延收益　　4 000 000

　　贷：管理费用　　4 000 000

② 2×18 年 12 月：

借：递延收益　　3 000 000

　　贷：管理费用　　3 000 000

③ 2×19 年 12 月：

借：递延收益　　3 000 000

　　贷：管理费用　　3 000 000

如果本例中甲企业选择按总额法对此类政府补助进行会计处理，则应当在确认相关管理费用的期间，借记“递延收益”科目，贷记“其他收益”科目。

如果甲企业在取得补助资金时暂时无法确定能否满足政府补助所附条件（即 10 年内注册地址不得迁离本地区），则应当将收到的补助资金先计入“其他应付款”科目，待客观情况表明其能够满足政府补助所附条件后再转入“递延收益”科目。

16.2.3　政府补助的退回

《企业会计准则第 16 号——政府补助》规定，已确认的政府补助需要退回的，应当在需要退回的当期分情况按照以下规定进行会计处理：（1）初始确认时冲减相关资产账面价值的，调整资产账面价值；（2）存在相关递延收益的，冲减相关递延收益账面余额，超出部分计入当期损益；（3）属于其他情况的，直接计入当期损益。

此外，对于属于前期差错的政府补助退回，应当按照《企业会计准则第 28 号——会计政策、会计估计变更和差错更正》作为前期差错更正进行追溯调整。

【提示】对于属于前期差错的政府补助退回，应当按照前期差错更正进行追溯调整。

【例 16-4】承【例 16-2】，假设 2×19 年 5 月，因客观环境改变，丁企业不再符合申请补助的条件，有关部门要求丁企业全额退回补助款。丁企业于当月退回了补助款 210 万元。丁企业的账务处理如下：

方法一：丁企业选择总额法对此类补助进行会计处理。

丁企业应当结转尚未分配的递延收益，并将超出部分计入当期损益。因为本例中该项补助与日常活动相关，所以这部分退回的补助冲减应退回当期的其他收益。

2×19 年 5 月丁企业退回补助款时：

借：递延收益　　1 890 000

其他收益　210 000
　贷：银行存款　2 100 000

方法二：丁企业选择净额法对此类补助进行会计处理。

丁企业计算应补提的折旧，将这部分费用计入当期损益，相应调整固定资产的账面价值。

2×19 年 5 月丁企业退回补助款时：

借：固定资产　2 100 000
　其他收益　210 000
　贷：银行存款　2 100 000
　　累计折旧　210 000

16.2.4　特定业务的会计处理

（一）综合性项目政府补助的会计处理

对于同时包含与资产相关部分和与收益相关部分的政府补助，企业应当将其进行分解，区分不同部分分别进行会计处理；难以区分的，企业应当将其整体归类为与收益相关的政府补助进行会计处理。

（二）政策性优惠贷款贴息的会计处理

政策性优惠贷款贴息是政府为支持特定领域或区域发展，根据国家宏观经济形势和政策目标，对承贷企业的银行借款利息给予的补贴。企业取得政策性优惠贷款贴息的，应当区分财政将贴息资金拨付给贷款银行和财政将贴息资金直接拨付给企业，分别进行会计处理。

1. 财政将贴息资金拨付给贷款银行

企业可以选择表 16-7 所示方法之一进行会计处理。

表 16–7　财政将贴息资金拨付给贷款银行的会计处理

类型	会计处理
以实际收到的借款金额作为借款的入账价值	按照借款本金和该政策性优惠利率计算相关借款费用。通常情况下，实际收到的金额即为借款本金
以借款的公允价值作为借款的入账价值并按照实际利率法计算借款费用	实际收到的金额与借款公允价值之间的差额确认为递延收益。递延收益在借款存续期内采用实际利率法摊销，冲减相关借款费用

企业选择了上述两种方法之一后，应当一致地运用，不得随意变更。

2. 财政将贴息资金直接拨付给受益企业

财政将贴息资金直接拨付给受益企业，企业先按照同类贷款市场利率向银行支付利息，财政部门定期与企业结算贴息。在这种方式下，由于企业先按照同类贷款市场利率向银行支付利息，所以实际收到的借款金额通常就是借款的公允价值，企业应当将对应的贴息冲减相关借款费用。

【例 16-5】2×17 年 1 月 1 日，丙企业向银行贷款 100 万元，期限 2 年，按月计息，按季度付息，到期一次还本。这笔贷款资金将被用于国家扶持产业，符合财政贴息的条件，财政将贴息资金直接拨付给丙企业。丙企业与银行签订的贷款合同约定的年利率为 9%.丙企业按月计提利息，按季度向银行支付贷款利息，以付息凭证向财政申请贴息资金，财政按年与丙企业结算贴息资金，贴息后丙企业实际负担的年利息率为 3%。丙企业的账务处理如下：

（1）2×17 年 1 月 1 日，丙企业取得银行贷款 100 万元：

借：银行存款　1 000 000

　　贷：长期借款——本金　1 000 000

（2）2×17 年 1 月 31 日起每月月末，丙企业按月计提利息，应向银行支付的利息金额为 1 000 000×9%÷12 =7 500（元），企业实际承担的利息支出为 1 000 000×3%÷12 =2 500（元），应收政府贴息 5 000 元：

借：在建工程　7 500

　　贷：应付利息　7 500

借：其他应收款　5 000

　　贷：在建工程　5 000

16.3　政府补助的列报

16.3.1　列报项目

企业应当在利润表中的“营业利润”项目之上单独列报“其他收益”项目，计入其他收益的政府补助在该项目中反映。冲减相关成本费用的政府补助，在相关成本费用项目中反映。与企业日常经营活动无关的政府补助，在利润表的营业外收支项目中反映。

16.3.2　披露信息

因政府补助涉及递延收益、其他收益、营业外收入以及相关成本费用等多个报表项目，为了全面反映政府补助情况，企业应当在附注中单独披露政府补助的相关信息，其中包括：政府补助的种类、金额和列报项目；计入当期损益的政府补助金额；本期退回的政府补助金额及原因。其中，列报项目不仅包括总额法下计入其他收益、营业外收入、递延收益等项目，还包括净额法下冲减的资产和成本费用等项目。

16.4　衔接规定

《企业会计准则第 16 号——政府补助》规定，2006 年 2 月 15 日中华人民共和国财政部（以下简称“财政部”）印发的《财政部关于印发〈企业会计准则第 1 号——存货〉等 38 项具体准则的通知》（财会〔2006〕3 号）中的《企业会计准则第 16 号——政府补助》同时废止。企业对 2017 年 1 月 1 日存在的政府补助采用未来适用法处理，对 2017 年 1 月 1 日至本准则施行日之间新增政府补助根据本准则进行调整。财政部此前发布的有关政府补助会计处理规定与准则不一致的，以本准则为准。

2017 年 1 月 1 日存在的政府补助主要是指当日仍存在尚未分摊计入损益的与政府补助有关的递延收益。因采用未来适用法，企业不需调整 2016 年 12 月 31 日有关科目的期末余额，在编制 2017 年年报时也不需调整可比期间的比较数据。2017 年 1 月 1 日至准则施行日之间新增的政府补助，主要是指在这一期间内新取得的政府补助。企业对 2017 年 1 月 1 日存在的和 2017 年 1 月 1 日至本准则施行日之间新增的政府补助应当视同从 2017 年 1 月 1 日起按照准则进行会计处理，以确保在 2017 年度对政府补助业务采用的会计处理方法保持一致。

【例 16-6】丁企业于 2×17 年 1 月 1 日存在尚未摊销的递延收益（与资产相关的政府补助）50 万元，该项递延收益对应的固定资产原值是 400 万元。根据准则的衔接规定，丁企业在准则施行后有两种处理方法：一是继续采用总额法，在这种方法下无须调整固定资产原值和递延收益，但需要对递延收益应当记入“其他收益”科目还是“营业外收入”科目进行判断，如果判断应当记入“其他收益”科目，则将 2×17 年 1 月 1 日以来摊销的递延收益从“营业外收入”科目中转出记入“其他收益”科目。二是选择采用净额法，将递延收益在 2×17 年 1 月 1 日的余额冲减相关固定资产原值（原值调整为 350 万元），并以调整后的固定资产账面价值为基础计提折旧，同时调整自 2×17 年 1 月 1 日起因摊销该项递延收益而记入“营业外收入”科目的金额以及相关资产计提的折旧费用。但是，因采用未来适用法，企业不需调整 2×16 年 12 月 31 日有关资产负债的期末余额，在编制 2×17 年年报时也不需调整可比期间的比较数据。

第 17 章 借款费用

17.1 借款费用的定义及范畴

17.1.1 定义

根据《企业会计准则第 17 号——借款费用》，借款费用是指企业因借款而发生的利息及其他相关成本。借款费用包括借款利息、折价或者溢价的摊销、辅助费用以及因外币借款而发生的汇兑差额等。

17.1.2 范畴

借款费用的核算具体如表 17-1 所示。

表 17-1 借款费用的核算

类型	解释
因借款而发生的利息	指企业向银行或者其他金融机构等借入资金、发行公司债券发生的利息，以及为购建或者生产符合资本化条件的资产而发生的带息债务所承担的利息等
因借款而发生的折价或者溢价	主要是指发行债券等所发生的折价或者溢价，发行债券中的折价或者溢价，其实质是对债券票面利息的调整（即将债券票面利率调整为实际利率），属于借款费用的范畴
因外币借款而发生的汇兑差额	指由于汇率变动对外币借款本金及其利息的记账本位币金额所产生的影响金额。由于汇率的变化往往和利率的变化相联动，它是企业外币借款所需承担的风险，所以，因外币借款相关汇率变化所导致的汇兑差额属于借款费用的有机组成部分
因借款而发生的辅助费用	指企业在借款过程中发生的诸如手续费、佣金等费用。这些费用因安排借款而发生，也属于借入资金所付出的代价，是借款费用的构成部分

《企业会计准则第 17 号——借款费用》着重解决了借款费用的确认和计量，尤其是借款费用资本化的条件以及资本化金额的计量问题。

17.2　借款费用的确认和计量

17.2.1　借款费用确认的基本原则

按照《企业会计准则第 17 号——借款费用》的规定，企业发生的借款费用，可直接归属于符合资本化条件的资产的购建或者生产的，应当予以资本化，计入相关资产成本；其他借款费用，应当在发生时根据其发生额确认为费用，计入当期损益。

（一）借款费用资本化的条件

根据《企业会计准则第 17 号——借款费用》（以下简称“本准则”），借款费用同时满足下列条件的，才能开始资本化。企业只有在同时满足表 17-2 所示三个条件的情况下，有关借款费用才可开始资本化，只要其中有一个条件没有满足，借款费用就不能开始资本化。

表 17-2　借款费用资本化的条件

条件	解释
资产支出已经发生	资产支出包括为购建或者生产符合资本化条件的资产而以支付现金、转移非现金资产或承担带息债务发生的支出
借款费用已经发生	指企业已经发生了因购建或者生产符合资本化条件的资产而专门借入款项的借款费用或者所占用的一般借款的借款费用
为使资产达到预定可使用或者可销售状态所必要的购建或者生产活动已经开始	指符合资本化条件的资产的实体建造或者生产工作已经开始，如主体设备的安装、厂房的实际开工建造等

（二）符合借款费用资本化条件的资产

（1）基本适用情况。根据《企业会计准则讲解》的解释，符合资本化条件的资产是指需要经过相当长时间的购建或者生产活动才能达到预定可使用或者可销售状态的固定资产、投资性房地产和存货等资产。建造合同成本、确认为无形资产的开发支出等在符合条件的情况下，也可以认定为符合资本化条件的资产。

企业只有对发生在资本化期间内的有关借款费用才允许资本化，资本化期间的确定是借款费用确认和计量的重要前提。根据本准则规定，借款费用资本化期间是指从借款费用开始资本化时点到停止资本化时点的期间，但不包括借款费用暂停资本化的期间。

（2）《企业会计准则第 17 号——借款费用》解释中对符合借款费用资本化条件的存货进行了解释，其包括如房地产开发企业开发的用于出售的房地产开发产品、机械制造企业制造的用于对外出售的大型机械设备等。这些存货需要经过相当长时间的建造或者生产活动，才能达到预定可使用或者可销售状态。其中“相当长时间”，是指为资产的购建或者生产所必要的时间，通常为 1 年以上。如果由于人为或者故意等非正常因素导致资产的购建或者生产时间较长的，不属于符合资本化条件的存货。

【例 17-1】ABC 公司于 2×17 年 1 月 1 日起，用银行借款开工建设一栋简易厂房，厂房于当月 25 日完工，达到预定可使用状态。

在本例中，尽管公司借款用于固定资产的购建，但是由于该固定资产建造时间较短，不属于需要经过相当长时间的购建才能达到预定可使用状态的资产，所以，所发生的相关借款费用不应予以资本化计入在建工程成本，而应当根据发生额计入当期财务费用。

在实务中，如果由于人为或者故意等非正常因素导致资产的购建或者生产时间相当长的，该资产不属于符合资本化条件的资产。购入即可使用的资产，或者购入后需要安装但所需安装时间较短的资产，或者需要建造或者生产但所需建造或者生产时间较短的资产，均不属于符合资本化条件的资产。

【例 17-2】甲企业向银行借入资金分别用于生产 A 产品和 B 产品，其中，A 产品的生产时间较短，为 15 天；B 产品属于大型发电设备，生产时间较长，为 1 年零 3 个月。

为生产存货而借入的借款费用在符合资本化条件的情况下应当予以资本化，但本例中，由于 A 产品的生产时间较短，不符合需要经过相当长时间的生产才能达到预定可销售状态的资产，所以，为 A 产品的生产而借入资金所发生的借款费用不应计入 A 产品的生产成本，而应当计入当期财务费用。反之，B 产品的生产时间比较长，属于需要经过相当长时间的生产才能达到预定可销售状态的资产，因此，符合资本化的条件，有关借款费用可以资本化，计入 B 产品的成本中。

17.2.2 借款费用资本化的计量

《企业会计准则第 17 号——借款费用》规定，在资本化期间内，每一会计期间的利息（包括折价或溢价的摊销）资本化金额，应当按照表 17-3 所示的规定进行确定。

表 17-3 借款费用资本化的计量

项目	计量原则
为购建或者生产符合资本化条件的资产而借入专门借款	应当以专门借款当期实际发生的利息费用，减去将尚未动用的借款资金存入银行取得的利息收入或进行暂时性投资取得的投资收益后的金额确定

续表

项目	计量原则
为购建或生产符合资本化条件的资产而占用了一般借款	应当根据累计资产支出超过专门借款部分的资产支出加权平均数乘以所占用一般借款的资本化率，计算确定一般借款应予资本化的利息金额。资本化率应当根据一般借款加权平均利率计算确定
借款存在折价或者溢价	应当按照实际利率法确定每一会计期间应摊销的折价或者溢价金额，调整每期利息金额
专门借款发生的辅助费用	在所购建或者生产的符合资本化条件的资产达到预定可使用或者可销售状态之前发生的，应当在发生时根据其发生额予以资本化，计入符合资本化条件资产的成本；在所购建或者生产的符合资本化条件的资产达到预定可使用或者可销售状态之后发生的，应当在发生时根据其发生额确认为费用，计入当期损益。一般借款发生的辅助费用，应当在发生时根据其发生额确认为费用，计入当期损益

专门借款，是指为购建或者生产符合资本化条件的资产而专门借入的款项。

《企业会计准则第 17 号——借款费用》关于借款费用资本化的解释说明如表 17-4 所示。

表 17-4　借款费用资本化的解释说明

项目	解释说明
专门借款利息费用的资本化金额的确定	专门借款发生的利息费用，在资本化期间内，应当全部计入符合资本化条件的资产成本，不计算借款资本化率。专门借款应当有明确的专门用途，即为购建或生产某项符合资本化条件的资产而专门借入的款项。通常签订有标明该用途的借款合同
一般借款利息费用的资本化金额的确定	在借款费用资本化期间内，为购建或者生产符合资本化条件的资产占用了一般借款的，应当根据累计资产支出超过专门借款部分的资产支出加权平均数乘以所占用一般借款的资本化率，计算确定一般借款应予资本化的利息金额。一般借款是指除专门借款以外的其他借款。一般借款加权平均利率的计算公式如下： 一般借款加权平均利率 = 所占用一般借款当期实际发生的利息之和 ÷ 所占用一般借款本金加权平均数
借款溢价或者折价的摊销采用实际利率法	借款存在折价或者溢价的，应当按照实际利率法确定每一会计期间应摊销的折价或者溢价金额。在实际利率法下，企业应当按照期初借款余额乘以实际利率计算确定每期借款利息费用。实际利率是企业在借款期限内未来应支付的利息和本金折现为借款当前账面价值的利率

【例 17-3】某公司于 2×17 年 1 月 1 日动工兴建一栋办公楼，工期为 1 年，工程采用出包方式，分别于 2×17 年 1 月 1 日、7 月 1 日和 10 月 1 日支付工程进度款 1 500 万元、3 000 万元和 1 000 万元。办公楼于 2×17 年 12 月 31 日完工，达到预定可使用状态。公司为建造办公楼发生了两笔专门借款，分别为：（1）2×17 年 1 月 1 日专门借款 2 000 万元，借款期限为 3 年，年利率为 8%，利息按年支付；（2）2×17 年 7 月 1 日专门借款 2 000 万元，借款期限为 5 年，年利率为 10%，利息按年支付。

闲置专门借款资金均用于固定收益债券短期投资，假定该短期投资月收益率为 0.5%。公司为建造办公楼的支出总额 5 500（1 500+3 000+1 000）万元超过了专门借款总额 4 000（2 000+2 000）万元，占用了一般借款 1 500 万元。假定所占用一般借款有两笔，分别为：

（1）向 A 银行长期借款 2 000 万元，期限为 2×16 年 12 月 1 日至 2×19 年 12 月 1 日，年利率为 6%，按年支付利息；

（2）发行公司债券 10 000 万元，于 2×16 年 1 月 1 日发行，期限为 5 年，年利率为 8%，按年支付利息。

根据上述资料，计算公司建造办公楼应予资本化的利息费用，计算过程如下：

① 专门借款利息费用资本化金额专门借款利息资本化金额 = 专门借款当期实际发生的利息费用 − 将闲置借款金额短期投资取得的投资收益。为简化计算，假定全年按 360 天计算。据此，专门借款利息费用的资本化金额为：

2 000×8%+2 000×10% ×180÷360−500×0.5%×6=245（万元）

② 一般借款利息费用资本化金额 = 累计资产支出超过专门借款部分的资产支出加权平均数 × 所占用一般借款的资本化率。其中：累计资产支出超过专门借款部分的资产支出加权平均数 =（4 500−4 000）×180÷360+1 000×90÷360=500（万元）

一般借款资本化率 =（2 000×6%+10 000×8%）÷（2 000+10 000）=7.67%

一般借款利息费用资本化金额 =500×7.67%=38.35（万元）

③ 建造办公楼应予资本化的利息费用金额该公司建造办公楼应予资本化的利息费用金额 283.35 万元，即：专门借款利息费用资本化金额 245 万元和一般借款利息费用资本化金额 38.35 万元之和。

【例 17-4】A 公司于 2×15 年 1 月 1 日折价发行了面值为 1 250 万元公司债券，发行价格为 1 000 万元，票面利率为 4.72%，每年年末支付利息 [即 1 250× 4.72% =59（万元）]，当期一次还本。据此，该公司债券实际利率 r 为：

由 1 000=59×（1+r）$^{-1}$ +59×（1+r）$^{-2}$ +59×（1+r）$^{-3}$+59×（1+r）$^{-4}$ +（59+1 250）×（1+r）$^{-5}$，计算得出 r=10%。A 公司债券摊余成本计算过程如表 17-5 所示。

表 17-5　A 公司债券摊余成本计算过程

单位：万元

年份	年份期初公司债券余额（*A*）	实际利息费用（*B*）（按 10% 计算）	每年支付现金（*C*）	期末公司债券摊余成本（*D=A+B−C*）
2×15 年	1 000	100	59	1 041
2×16 年	1 041	104	59	1 086
2×17 年	1 086	109	59	1 136
2×18 年	1 136	114	59	1 191
2×19 年	1 190	119	1 250+59	0

假定A公司发行公司债券募集的资金专门用于建造一条生产线，生产线从2×15年1月1日开始建设，于2×17年底完工，达到预定可使用状态。公司在2×15年至2×17年间每年应予资本化的利息费用为100万元、104万元和109万元，2×18年和2×19年发生的114万元和119万元利息费用应当计入当期损益，不应再予资本化。除公司债券外，其他借款也应当按照上述实际利率法确定每期利息费用。如果按照名义（合同）利率和实际利率计算的每期利息费用相差不大的，可以按照名义利率计算确定每期借款利息。

【例17-5】MN公司拟在厂区内建造一栋新厂房，有关资料如下。

（1）2×17年1月1日向银行专门借款5 000万元，期限为3年，年利率为6%，每年1月1日付息。

（2）除专门借款外，公司只有一笔其他借款，为公司于2×16年12月1日借入的长期借款6 000万元，期限为5年，年利率为8%，每年12月1日付息。

（3）由于审批、办手续等原因，厂房于2×17年4月1日才开始动工兴建，当日支付工程款2 000万元。工程建设期间的支出情况如下：2×17年6月1日支出1 000万元；2×17年7月1日支出3 000万元；2×18年1月1日支出1 000万元；2×18年4月1日支出500万元；2×18年7月1日支出500万元。

工程于2×18年9月30日完工，达到预定可使用状态。其中，由于施工质量问题工程于2×17年9月1日—12月31日停工4个月。

（4）专门借款中未支出部分全部存入银行，假定月利率为0.25%。假定全年按照360天算，每月按照30天算。

根据上述资料，有关利息资本化金额的计算和利息账务处理如下：

（1）计算2×17年、2×18年全年发生的专门借款和一般借款利息费用：

2×17年专门借款发生的利息金额=5 000×6%=300（万元）

2×17年一般借款发生的利息金额=6 000×8%=480（万元）

2×18年专门借款发生的利息金额=5 000×6%=300（万元）

2×18年一般借款发生的利息金额=6 000×8%=480（万元）

（2）在本例中，尽管专门借款于2×17年1月1日借入，但是厂房建设于4月1日才开工。因此，借款利息费用只能在4月1日起开始资本化（符合开始资本化的条件），计入在建工程成本。同时由于厂房建设在2×17年9月1日—12月31日期间发生非正常中断4个月，该期间发生的利息费用应当暂停资本化，计入当期损益。

（3）计算2×17年借款利息资本化金额和应计入当期损益金额及其账务处理：

①计算2×17年专门借款应予资本化的利息金额。

2×17年1月至3月和9月至12月，专门借款发生的利息费用=5 000×6%×210÷360=175（万元）

2×17 年专门借款转存入银行取得的利息收入 =5 000×0.25%×3+3 000×0.25%×2+2 000×0.25%×1=57.5（万元）

其中在资本化期间内取得的利息收入 =3 000×0.25%×2+2 000×0.25%×1=20（万元）

公司在 2×17 年应予资本化的专门借款利息金额 =300−175−20=105（万元）

公司在 2×17 年应当计入当期损益（财务费用）的专门借款利息金额（减利息收入）=300−105−57.5=137.5（万元）

② 计算 2×17 年一般借款应予资本化的利息金额。

公司在 2×17 年占用一般借款资金资产支出加权平均数 =1 000×60÷360 =166.67（万元）

公司在 2×17 年一般借款应予资本化的利息金额 =166.67×8%=13.33（万元）

公司在 20×7 年应当计入当期损益的一般借款利息金额 =480−13.33=466.67（万元）

③ 计算 2×17 年应予资本化和应计入当期损益的利息金额。

公司在 2×17 年应予资本化的借款利息金额 =105+13.33=118.33（万元）

公司在 2×17 年应当计入当期损益的借款利息金额：137.5+466.67=604.17（万元）

④ 2×17 年有关会计分录如下：

借：在建工程	1 183 300	
财务费用	6 041 700	
应收利息或银行存款	575 000	
贷：应付利息		7 800 000

在实务中，企业也可以先将符合资本化条件的专门借款发生的利息费用全额计入财务费用，然后在确认闲置专门借款资金所取得的利息收入或投资收益时，相应冲减财务费用。

（4）计算 2×18 年借款利息资本化金额和应计入当期损益金额及其账务处理：

① 计算 2×18 年专门借款应予资本化的利息金额：

计算 2×18 年应予资本化的专门借款利息金额 =5 000×6%×270÷360=225（万元）

公司在 2×18 年应当计入当期损益的专门借款利息金额 =300−225=75（万元）

② 计算 2×18 一般借款应予资本化的利息金额：

公司在 2×18 年占用了一般借款资金的资产支出加权平均数 =2 000×270÷360+500×180÷360+500×90÷360=1 875（万元）

公司在 2×18 年一般借款应予资本化的利息金额 =1 875×8%=150（万元）

公司在 2×18 年应当计入当期损益的一般借款利息金额 =480−150=330（万元）

③ 计算 2×18 年应予资本化和应计入当期损益的利息金额：

公司在 2×18 年应予资本化的借款利息金额 =150+225=375（万元）

公司在 2×18 年应当计入当期损益的借款利息金额 =75+330=405（万元）

④ 2×18 年有关会计分录如下：

借：在建工程	3 750 000

财务费用　　4 050 000

贷：应付利息　　7 800 000

在资本化期间内，每一会计期间的利息资本化金额，不应当超过当期相关借款实际发生的利息金额；外币专门借款本金及利息的汇兑差额，应当予以资本化，计入符合资本化条件的资产的成本。

【例 17-6】甲公司于 2×17 年 1 月 1 日，为建造某工程项目专门以面值发行美元公司债券 1 000 万元，年利率为 8%，期限为 3 年，假定不考虑与发行债券有关的辅助费用、未支出专门借款的利息收入或投资收益。合同约定，每年 1 月 1 日支付上年利息，到期还本。

工程于 2×17 年 1 月 1 日开始实体建造，2×18 年 6 月 30 日完工，达到预定可使用状态，期间发生的资产支出如下：2×17 年 1 月 1 日，支出 200 万美元；2×17 年 7 月 1 日，支出 500 万美元；2×18 年 1 月 1 日，支出 300 万美元。

公司的记账本位币为人民币，外币业务采用外币业务发生时当日的市场汇率折算。相关汇率如下：

2×17 年 1 月 1 日，市场汇率为 1 美元 =7.70 元人民币；

2×17 年 12 月 31 日，市场汇率为 1 美元 =7.75 元人民币；

2×18 年 1 月 1 日，市场汇率为 1 美元 =7.77 元人民币；

2×18 年 6 月 30 日，市场汇率为 1 美元 =7.80 元人民币。

本例中，公司计算外币借款汇兑差额资本化金额如下（会计分录中金额单位：元）：

（1）计算 2×17 年汇兑差额资本化金额：

① 债券应付利息 =1 000×8%×7.75=80×7.75=620（万元）。账务处理为：

借：在建工程　　6 200 000

贷：应付利息　　6 200 000

② 外币债券本金及利息汇兑差额 =1 000×（7.75−7.70）+80×（7.75−7.75）=50（万元）。账务处理为：

借：在建工程　　500 000

贷：应付债券　　500 000

（2）2×18 年 1 月 1 日实际支付利息时，应当支付 80 万美元，折算成人民币为 621.60 万元。该金额与原账面金额（620 万元）之间的差额（1.60 万元）应当继续予以资本化，计入在建工程成本。账务处理为：

借：应付利息　　6 200 000

在建工程　　16 000

贷：银行存款　　6 216 000

（3）计算 2×18 年 6 月 30 日时的汇兑差额资本化金额：

① 债券应付利息 =1 000×8%×1÷2×7.80=40×7.80=312（万元）。账务处理为：

借：在建工程　　3 120 000

　贷：应付利息　　3 120 000

② 外币债券本金及利息汇兑差额 =1 000×（7.80−7.75）+40×（7.80−7.80）=50（万元）。账务处理为：

借：在建工程　　500 000

　贷：应付债券　　500 000

符合资本化条件的资产在购建或者生产过程中发生非正常中断、且中断时间连续超过 3 个月的，应当暂停借款费用的资本化。在中断期间发生的借款费用应当确认为费用，计入当期损益，直至资产的购建或者生产活动重新开始。如果中断是所购建或者生产的符合资本化条件的资产达到预定可使用或者可销售状态必要的程序，借款费用的资本化应当继续进行。相关判断如表 17-6 所示。

表 17-6　购建或者生产过程中发生中断的判断

项目	概念	示例
正常中断	正常中断仅限于因购建或者生产符合资本化条件的资产达到预定可使用或者可销售状态所必要的程序，或者事先可预见的不可抗力因素导致的中断	例如，某些工程建造到一定阶段必须暂停下来进行质量或者安全检查，检查通过后方可继续下一步的建造工作，这类中断是在施工前可以预见的，而且是工程建造必须经过的程序，即属于正常中断
非正常中断	由于企业管理决策上的原因或者其他不可预见方面的原因等所导致的中断	例如，企业因与施工方发生了质量纠纷，或者资金周转发生了困难，或者施工、生产发生了安全事故，或者发生了与资产购建或者生产有关的劳动纠纷等原因，导致资产购建或者生产活动发生中断，均属于非正常中断

【例 17-7】某企业在北方某地建造某工程期间，遇上冰冻季节（通常为 6 个月），工程施工因此中断，待冰冻季节过后方能继续施工。

由于该地区在施工期间出现较长时间的冰冻为正常情况，由此导致的施工中断是可预见的不可抗力因素导致的中断，属于正常中断。在正常中断期间所发生的借款费用可以继续资本化，计入相关资产的成本。

17.2.3　借款费用资本化的停止

根据《企业会计准则第 17 号——借款费用》的解释，购建或者生产符合资本化条件的资产达到预定可使用或者可销售状态时，借款费用应当停止资本化。在符合资本化条件的资产达到预定可使用或者可销售状态之后所发生的借款费用，应当在发生时根据其发生额确认为费用，计入当期损益。同时，本准则还规定了购建或者生产符合资本化条件的资产达到预定可使用或者可销售的状态。具体分为表 17-7 所示的几个方面。

表 17-7　资产达到预定可使用或者可销售的状态

状态	定义
实体建造已经完成	符合资本化条件的资产的实体建造（包括安装）或者生产工作已经全部完成或者实质上已经完成
基本符合设计要求	所购建或者生产的符合资本化条件的资产与设计要求、合同规定相符或者基本相符，即使有极个别与设计、合同或者生产要求不相符的地方，也不影响其正常使用或者销售
后续支出金额很少	购建或者生产符合资本化条件的资产需要试生产或者试运行的，在试生产结果表明资产能够正常生产出合格产品或者试运行结果表明资产能够正常运转或者营业时，应当认为该资产已经达到预定可使用或者可销售状态
购建或者生产的符合资本化条件的资产的各部分分别完工，且每部分在其他部分继续建造过程中可供使用或者可对外销售	购建或者生产的资产的各部分分别完工，但必须等到整体完工后才可使用或者可对外销售的，应当在该资产整体完工时停止借款费用的资本化

【例 17-8】ABC 公司借入一笔款项，于 2×17 年 2 月 1 日采用出包方式开工兴建一栋办公楼。2×18 年 10 月 10 日工程全部完工，达到合同要求。当年 10 月 30 日工程验收合格，11 月 15 日办理工程竣工结算，11 月 20 日完成全部资产移交手续，12 月 1 日办公楼正式投入使用。

在本例中，企业应当将 2×18 年 10 月 10 日确定为工程达到预定可使用状态的时点，作为借款费用停止资本化的时点。后续的工程验收日、竣工结算日、资产移交日和投入使用日均不应作为借款费用停止资本化的时点，否则会导致资产价值和利润的高估。

17.3　披露

根据《企业会计准则第 17 号——借款费用》，企业应当在附注中披露与借款费用有关的下列信息。

（1）当期资本化的借款费用金额。

（2）当期用于计算确定借款费用资本化金额的资本化率。

第 18 章 所得税

18.1 资产、负债的计税基础

18.1.1 资产的计税基础

根据《企业会计准则第 18 号——所得税》准则第五条的规定，资产的计税基础是指企业收回资产账面价值过程中，计算应纳税所得额时按照税法规定可以自应税经济利益中抵扣的金额。对资产负债表中部分资产项目计税基础的确定介绍如下。

（一）固定资产

以各种方式取得的固定资产，初始确认时按照会计准则规定确定的入账价值基本上是被税法认可的，即取得时其账面价值一般等于计税基础。固定资产在持有期间进行后续计量时，由于会计与税法规定就折旧方法、折旧年限以及固定资产减值准备的提取等处理的不同，可能造成固定资产的账面价值与计税基础的差异，具体如表 18-1 所示。

表 18-1　固定资产的账面价值与计税基础的差异

差异	解释
折旧方法、折旧年限的差异	企业应当根据与固定资产有关的经济利益的预期实现方式选择折旧方法，如可以选择年限平均法、双倍余额递减法、年数总和法等。税法中除某些按照规定可以加速折旧外，基本上可以税前扣除的是按照年限平均法计提的折旧；税法还就每一类固定资产的最低折旧年限做出了规定，而会计准则规定折旧年限是由企业根据固定资产的性质和使用情况合理确定的。如企业会计处理时的折旧年限与税法规定不同，也会产生固定资产持有期间账面价值与计税基础的差异
计提固定资产减值准备产生的差异	持有固定资产的期间内，在对固定资产计提了减值准备以后，因税法规定企业计提的资产减值准备在发生实质性损失前不允许税前扣除，也会造成固定资产的账面价值与计税基础的差异

关于固定资产的账面价值与计税基础的差异如图 18-1 所示。

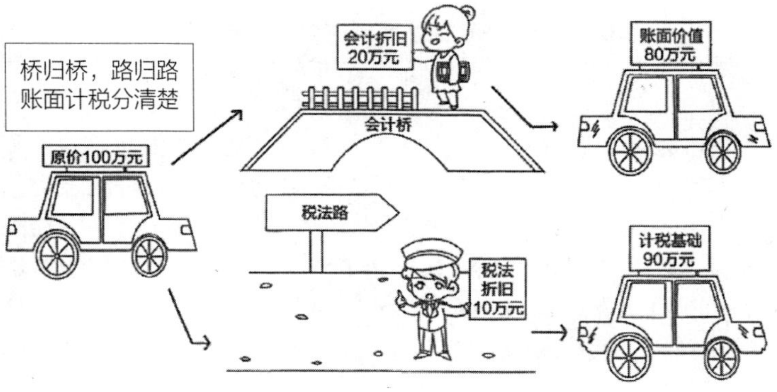

图 18-1　固定资产的账面价值与计税基础的差异

【例 18-1】 A 企业于 2×16 年 12 月 20 日取得的某项固定资产，原价为 750 万元，使用年限为 10 年，会计上采用年限平均法计提折旧，净残值为零。税法规定该类（由于技术进步、产品更新换代较快的）固定资产采用加速折旧法计提的折旧可予税前扣除，该企业在计税时采用双倍余额递减法计提折旧，净残值为零。2×18 年 12 月 31 日，企业估计该项固定资产的可收回金额为 550 万元。

分析：2×18 年 12 月 31 日，该项固定资产账面余额 =750-75×2=600（万元），该账面余额大于其可收回金额 550 万元，两者之间的差额应计提 50 万元的固定资产减值准备。

2×18 年 12 月 31 日，该项固定资产账面价值 =750-75×2-50=550（万元）

其计税基础 =750-750×20%-600×20%=480（万元）

该项固定资产的账面价值 550 万元与其计税基础 480 万元之间的 70 万元差额，将于未来期间计入企业的应纳税所得额。

【例 18-2】 B 企业于 2×18 年年末以 750 万元购入一项生产用固定资产，按照该项固定资产的预计使用情况，B 企业在会计核算时估计其使用寿命为 5 年。计税时，按照适用税法规定，其最低折旧年限为 10 年，该企业计税时按照 10 年计算确定可税前扣除的折旧额。假定会计与税法规定均按年限平均法计提折旧，净残值均为零。2×19 年该项固定资产按照 12 个月计提折旧。本例中假定固定资产未发生减值。

分析：该项固定资产在 2×19 年 12 月 31 日的账面价值 =750-750÷5=600（万元）

该项固定资产在 2×19 年 12 月 31 日的计税基础 =750-750÷10=675（万元）

该项固定资产的账面价值 600 万元与其计税基础 675 万元之间产生的 75 万元差额，在未来期间会减少企业的应纳税所得额。

（二）无形资产

除内部研究开发形成的无形资产以外，其他方式取得的无形资产，初始确认时按照会计准则规定确定的入账价值与按照税法规定确定的计税基础之间一般不存在差异。无形资产差异的产生主要有两种，具体如表 18-2 所示。

表 18-2　无形资产的账面价值与计税基础的差异

差异来源	解释
内部研究开发形成的无形资产	其成本为开发阶段符合资本化条件以后至达到预定用途前发生的支出，除此之外，研究开发过程中发生的其他支出应予费用化计入损益；税法规定，自行开发的无形资产，以开发过程中该资产符合资本化条件后至达到预定用途前发生的支出为计税基础。另外，对于研究开发费用的加计扣除，税法中规定企业为开发新技术等发生的研究开发费用，未形成无形资产计入当期损益的，在按照规定据实扣除的基础上，按照研究开发费用的 50% 加计扣除；形成无形资产的，按照无形资产成本的 150% 摊销
使用寿命不确定的无形资产	会计与税法的差异主要产生于是否需要摊销及无形资产减值准备的提取。会计上规定不要求摊销，但持有期间每年应进行减值测试。税法规定企业取得的无形资产成本（外购商誉除外），应在一定期限内摊销。对于使用寿命不确定的无形资产，会计处理时不摊销，但计税时按照税法规定确定的摊销额允许税前扣除，造成该类无形资产账面价值与计税基础的差异

在形成无形资产时会出现账面价值和计税基础在初始确认时的差异，若该无形资产的确认不是产生于企业合并交易，同时在确认时既不影响会计利润也不影响应纳税所得额，则不确认有关暂时性差异的所得税影响。

如果会计摊销方法、摊销年限和净残值均符合税法规定，那么每期纳税调减的金额均为会计计入费用金额（研究阶段的支出、开发阶段不符合资本化条件的支出及形成无形资产后的摊销额）的 75%，形成无形资产的计税基础 = 账面价值 ×175%。

【例 18-3】A 企业当期为开发新技术发生研究开发支出计 2 000 万元，其中研究阶段支出为 400 万元，开发阶段符合资本化条件前发生的支出为 400 万元，符合资本化条件后至达到预定用途前发生的支出为 1 200 万元。税法规定，企业为开发新技术、新产品、新工艺发生的研究开发费用，未形成无形资产计入当期损益的，按照研究开发费用的 75% 加计扣除；形成无形资产的，按照无形资产成本的 175% 摊销。假定开发形成的无形资产在当期期末已达到预定用途（尚未开始摊销）。

A 企业当期发生的研究开发支出中，按照会计准则规定应予费用化的金额为 800 万元，形成无形资产的成本为 1 200 万元，即期末形成无形资产的账面价值为 1 200 万元。

A 企业当期发生的 2 000 万元研究开发支出，按照税法规定可在当期税前扣除的金额为 1 400 万元。所形成无形资产在未来期间可予税前扣除的金额为 2 100 万元，其计税基础为 2 100 万元，形成暂时性差异 900 万元。

【例 18-4】乙企业于 2×17 年 1 月 1 日取得的某项无形资产，取得成本为 1 500 万元，取得该项无形资产后，根据各方面情况判断，乙企业无法合理预计其使用期限，将其作为使用寿命不确定的无形资产。2×17 年 12 月 31 日，对该项无形资产进行减值测试表明其未发生减值。企业在计税时，对该项无形资产按照 10 年的期限采用直线法摊销，摊销金额允许税前扣除。

分析：会计上将该项无形资产作为使用寿命不确定的无形资产，因未发生减值，其在 2×17 年 12 月 31 日的账面价值为取得成本 1 500 万元。

该项无形资产在 2×17 年 12 月 31 日的计税基础为 1 350[成本（1 500）－按照税法规定可予税前扣除的摊销额（150）] 万元。

该项无形资产的账面价值 1 500 万元与其计税基础 1 350 万元之间的差额 150 万元将计入未来期间企业的应纳税所得额。

（三）以公允价值计量且其变动计入当期损益的金融资产

按照《企业会计准则第 22 号——金融工具确认和计量》的规定，以公允价值计量且其变动计入当期损益的金融资产于某一会计期末的账面价值为其公允价值。税法规定，企业以公允价值计量的金融资产、金融负债以及投资性房地产等，持有期间公允价值的变动不计入应纳税所得额，在实际处置或结算时，处置取得的价款扣除其历史成本后的差额应计入处置或结算期间的应纳税所得额。按照该规定，以公允价值计量的金融资产在持有期间市价的波动在计税时不予考虑，有关金融资产在某一会计期末的计税基础为其取得成本，从而造成在公允价值变动的情况下，对以公允价值计量的金融资产账面价值与计税基础之间的差异。

企业持有的以公允价值计量且其变动计入其他综合收益的金融资产计税基础的确定，与以公允价值计量且其变动计入当期损益的金融资产类似，可比照处理。

【例 18–5】2×17 年 10 月 20 日，甲公司自公开市场取得一项权益性投资，支付价款 2 000 万元，作为交易性金融资产核算。2×17 年 12 月 31 日，该投资的市价为 2 200 万元。

分析：该项交易性金融资产的期末市价为 2 200 万元，其按照会计准则规定进行核算的、在 2×17 年资产负债表日的账面价值为 2 200 万元。

因税法规定以公允价值计量的金融资产在持有期间公允价值的变动不计入应纳税所得额，其在 2×17 年资产负债表日的计税基础应维持原取得成本不变，为 2 000 万元。

该交易性金融资产的账面价值 2 200 万元与其计税基础 2 000 万元之间产生了 200 万元的暂时性差异，该暂时性差异在未来期间转回时会增加未来期间的应纳税所得额。

【例 18–6】2×17 年 11 月 8 日，甲公司自公开市场上取得一项基金投资，作为以公允价值计量且其变动计入其他综合收益的金融资产核算。该投资成本为 1 500 万元。2×17 年 12 月 31 日其市价为 1 575 万元。

分析：按照会计准则规定，该项金融资产在会计期末应以公允价值计量，其账面价值应为期末公允价值 1 575 万元。

因税法规定资产在持有期间公允价值变动不计入应纳税所得额，则该项以公允价值计量且其变动计入其他综合收益的金融资产的期末计税基础应维持其原取得成本不变，为 1 500 万元。

该金融资产在 2×17 年资产负债表日的账面价值 1 575 万元与其计税基础 1 500 万元之间产生的 75 万元暂时性差异，将会增加未来该资产处置期间的应纳税所得额。

（四）其他资产

因会计准则规定与税法规定不同，企业持有的其他资产，可能造成其账面价值与计税基础之间存在差异的，有以下两项。

（1）投资性房地产。企业持有的投资性房地产进行后续计量时，会计准则规定可以采用表 18-3 所示的两种模式。

表 18-3　投资性房地产的后续计量

模式	账面价值与计税基础的确定
成本模式	采用该种模式计量的投资性房地产，其账面价值与计税基础的确定与固定资产、无形资产相同
公允价值模式	对于采用公允价值模式进行后续计量的投资性房地产，其账面价值的确定类似于以公允价值计量的金融资产，因税法中没有投资性房地产的概念及专门的税收处理规定，其计税基础的确定类似于固定资产或无形资产计税基础的确定

【例 18-7】A 公司于 2×17 年 1 月 1 日将其某自用房屋用于对外出租，该房屋的成本为 750 万元，预计使用年限为 20 年。转为投资性房地产之前，已使用 4 年，企业按照年限平均法计提折旧，预计净残值为零。转为投资性房地产核算后，预计能够持续可靠取得该投资性房地产的公允价值，A 公司采用公允价值对该投资性房地产进行后续计量。假定税法规定的折旧方法、折旧年限及净残值与会计规定相同。同时，税法规定资产在持有期间公允价值的变动不计入应纳税所得额，待处置时一并计算确定应计入应纳税所得额的金额。该项投资性房地产在 2×17 年 12 月 31 日的公允价值为 900 万元。

分析：该投资性房地产在 2×17 年 12 月 31 日的账面价值为其公允价值 900 万元，其计税基础为取得成本扣除按照税法规定允许税前扣除的折旧额后的金额，即其计税基础 =750−750÷20×5=562.5（万元）。

该项投资性房地产的账面价值 900 万元与其计税基础 562.5 万元之间产生了 337.5 万元的暂时性差异，该差异会增加企业在未来期间的应纳税所得额。

（2）其他计提了资产减值准备的资产。资产计提了减值准备后，其账面价值会随之下降，而税法规定资产在发生实质性损失前，不允许税前扣除，即计税基础不会因减值准备的提取而变化，这样会造成在计提资产减值准备以后，资产的账面价值与计税基础之间的差异。

【例 18-8】A 公司 2×17 年购入原材料成本为 5 000 万元，因部分生产线停工，当年未领用任何原材料，2×17 年资产负债表日估计该原材料的可变现净值为 4 000 万元。假定该原材料在 2×17 年的期初余额为零。

分析：该项原材料因期末可变现净值低于成本，应计提的存货跌价准备 =5 000−4 000=

1 000（万元）。计提该存货跌价准备后，该项原材料的账面价值为 4 000 万元。该项原材料的计税基础不会因存货跌价准备的提取而发生变化，其计税基础为 5 000 万元不变。

该存货的账面价值 4 000 万元与其计税基础 5 000 万元之间产生了 1 000 万元的暂时性差异，该差异会减少企业在未来期间的应纳税所得额。

18.1.2　负债的计税基础

《企业会计准则讲解》对负债的计税基础定义如下：负债的计税基础，是指负债的账面价值减去未来期间计算应纳税所得额时按照税法规定可予抵扣的金额。公式如下：

负债的计税基础 = 账面价值 − 未来期间按照税法规定可予税前扣除的金额

《企业会计准则第 18 号——所得税》解释对负债的计税基础和预计负债的确认进行了详细阐释，具体如表 18-4 和表 18-5 所示。

表 18–4　负债的计税基础的规定

情形	规定
计税基础即为账面价值	一般而言，短期借款、应付票据、应付账款、其他应交款等负债的确认和偿还，不会对当期损益和应纳税所得额产生影响
计税基础与账面价值之间产生差额	负债的确认可能会涉及损益，进而影响不同期间的应纳税所得额，产生差异，如企业因或有事项确认的预计负债

表 18–5　预计负债的确认规定

不同规定	解释
会计规定	对于预计负债，按照最佳估计数确认，计入相关资产成本或者当期损益
税法规定	与预计负债相关的费用多在实际发生时税前扣除，该类负债的计税基础为 0，形成会计上的账面价值与计税基础之间的暂时性差异

企业应于每个资产负债表日，对资产、负债的账面价值与其计税基础进行分析比较，两者之间存在差异的，按照重要性原则，确认递延所得税资产、递延所得税负债及相应的递延所得税费用。企业合并等特殊交易或事项中取得的资产和负债，应在购买日比较其入账价值与计税基础，计算确认相关的递延所得税资产或递延所得税负债。

（一）企业因销售商品提供售后服务等原因确认的预计负债

按照《企业会计准则第 13 号——或有事项》的规定，企业对于预计提供售后服务将发生的支出在满足有关确认条件时，销售当期即应确认为费用，同时确认预计负债。税法规定，与销售产品相关的支出应于发生时税前扣除。因该类事项产生的预计负债在期末的计税基础为其账面价值与未来期间可税前扣除的金额之间的差额，即为零。

其他交易或事项中确认的预计负债，应按照税法规定的计税原则确定其计税基础。某些情况下，因有些事项确认的预计负债，税法规定其支出无论是否实际发生均不允许税前扣除，即未来期间按照税法规定可予抵扣的金额为零，账面价值等于计税基础。

【例 18-9】甲企业 2×17 年因销售产品承诺提供 3 年的保修服务，在当年度利润表中确认了 500 万元的销售费用，同时确认为预计负债，当年度未发生任何保修支出。假定按照税法规定，与产品售后服务相关的费用在实际发生时允许税前扣除。

分析：该项预计负债在甲企业 2×17 年 12 月 31 日资产负债表中的账面价值为 500 万元。该项预计负债的计税基础 = 账面价值 - 未来期间计算应纳税所得额时按照税法规定可予抵扣的金额 =500- 500=0（万元）。

（二）预收账款

企业在收到客户预付的款项时，因不符合收入确认条件，会计上将其确认为负债。税法中对于收入的确认原则一般与会计规定相同，即会计上未确认收入时，计税时一般亦不计入应纳税所得额，该部分经济利益在未来期间计税时可予税前扣除的金额为零，计税基础等于账面价值。

某些情况下，因不符合会计准则规定的收入确认条件，未确认为收入的预收款项，按照税法规定应计入当期应纳税所得额时，有关预收账款的计税基础为零，即因其产生时已经计算缴纳所得税，未来期间可全额税前扣除。

【例 18-10】A 公司于 2×17 年 12 月 20 日自客户收到一笔合同预付款，金额为 2 500 万元，作为预收账款核算。按照适用税法规定，该款项应计入取得当期应纳税所得额计算缴纳所得税。

分析：该预收账款在 A 公司 2×17 年 12 月 31 日资产负债表中账面价值为 2 500 万元。该预收账款的计税基础 = 账面价值（2 500 万元）- 未来期间计算应纳税所得额时按照税法规定可予抵扣的金额（2 500 万元）=0。

该项负债的账面价值 2 500 万元与其计税基础 0 之间产生的 2 500 万元暂时性差异，会减少企业于未来期间的应纳税所得额。

（三）应付职工薪酬

根据《企业会计准则第 9 号——职工薪酬》的规定，企业为获得职工提供的服务给予的各种形式的报酬以及其他相关支出均应作为企业的成本费用，在未支付之前确认为负债。税法中对于合理的职工薪酬基本允许税前扣除，但税法中如果规定了税前扣除标准的，按照会计准则规定计入成本费用支出的金额超过规定标准部分，应进行纳税调整。因超过部分在发生当期不允许税前扣除，在以后期间也不允许税前扣除，即该部分差额对未来期间计税不产生影响，所产生应付职工薪酬的账面价值等于计税基础。

【提示】以现金结算的股份支付形成的应付职工薪酬，在未来实际支付时可予税前扣除，其计税基础为 0。

【例 18-11】甲企业 2×17 年 12 月计入成本费用的职工工资总额为 3 200 万元，至 2×17

年 12 月 31 日尚未支付。按照适用税法规定，当期计入成本费用的 3 200 万元工资支出中，可予税前扣除的合理部分为 2 400 万元。

分析：该项应付职工薪酬负债于 2×17 年 12 月 31 日的账面价值为 3 200 万元。

该项应付职工薪酬负债于 2×17 年 12 月 31 日的计税基础 = 账面价值（3 200 万元）- 未来期间计算应纳税所得额时按照税法规定可予抵扣的金额（0）=3 200（万元）

该项负债的账面价值 3 200 万元与其计税基础 3 200 万元相同，不形成暂时性差异。

应付职工薪酬暂时性差异的确定如图 18-2 所示。

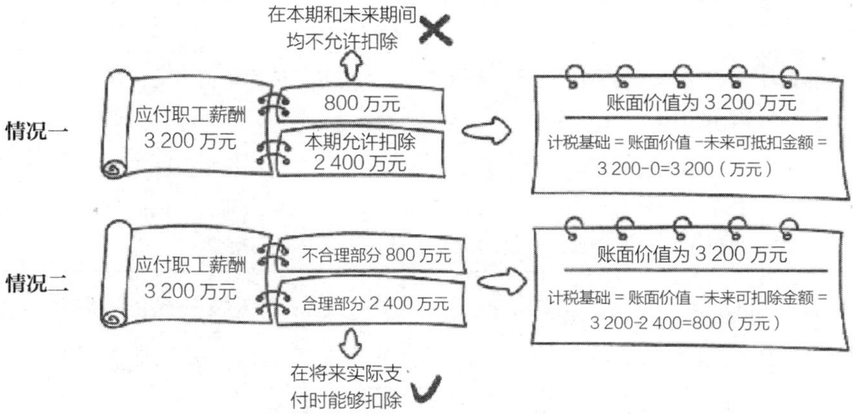

图 18-2　应付职工薪酬暂时性差异的确定

（四）其他负债

其他负债，如企业应交的罚款和滞纳金等，在尚未支付之前按照会计规定确认为费用，同时作为负债反映。税法规定，罚款和滞纳金不能税前扣除，即该部分费用无论是在发生当期还是在以后期间均不允许税前扣除，其计税基础为账面价值减去未来期间计税时可予税前扣除的金额零之间的差额，即计税基础等于账面价值。

其他交易或事项产生的负债，其计税基础的确定应当遵从适用税法的相关规定。

【例 18-12】A 公司 2×17 年 12 月违反当地有关环保法规的规定，接到环保部门处罚通知，要求其支付罚款 500 万元。税法规定企业因违反国家有关法律法规支付的罚款和滞纳金，计算应纳税所得额时不允许税前扣除。至 2×17 年 12 月 31 日该项罚款尚未支付。

分析：应支付罚款产生的负债账面价值为 500 万元。

该项负债的计税基础 = 账面价值（500 万元）- 未来期间计算应纳税所得额时按照税法规定可予抵扣的金额（0）=500（万元）

该项负债的账面价值 500 万元与其计税基础 500 万元相同，不形成暂时性差异。

18.1.3 特殊交易或事项中产生资产、负债计税基础的确定

除企业在正常生产经营活动过程中取得的资产和负债以外，对于某些特殊交易中产生的资产、负债，其计税基础的确定应遵从税法规定，如企业合并过程中取得资产、负债计税基础的确定。《企业会计准则第 20 号——企业合并》中，视参与合并各方在合并前后是否为同一方或相同的多方最终控制，分为同一控制下的企业合并与非同一控制下的企业合并两种类型，具体如表 18-6 所示。

表 18-6 企业合并的会计处理

分类	定义
同一控制下的企业合并	合并中取得的有关资产、负债基本上维持其原账面价值不变，合并中不产生新的资产和负债
非同一控制下的企业合并	合并中取得的有关资产、负债应按其在购买日的公允价值计量，企业合并成本大于合并中取得可辨认净资产公允价值的份额部分确认为商誉，企业合并成本小于合并中取得可辨认净资产公允价值的份额部分计入合并当期损益

对于企业合并的税收处理，通常情况下被合并企业应视为按公允价值转让、处置全部资产，计算资产的转让所得，依法缴纳所得税。合并企业接受被合并企业的有关资产，计税时可以按经评估确认的价值确定计税基础。另外，在考虑有关企业合并是应税合并还是免税合并时，某些情况下还需要考虑在合并中涉及的获取资产或股权的比例、非股权支付额的比例，具体划分标准和条件应遵从税法规定。

由于会计准则与税收法规对企业合并的划分标准不同、处理原则不同，某些情况下，会造成企业合并中取得的有关资产、负债的入账价值与其计税基础的差异。

18.2 暂时性差异

18.2.1 暂时性差异的定义

根据《企业会计准则第 18 号——所得税》第七条的规定，暂时性差异是指资产或负债的账面价值与其计税基础之间的差额；未作为资产和负债确认的项目，按照税法规定可以确定其计税基础的，该计税基础与其账面价值之间的差额也属于暂时性差异。

18.2.2　应纳税暂时性差异和可抵扣暂时性差异

根据《企业会计准则第 18 号——所得税》（以下简称“本准则”）第七条的规定，按照暂时性差异对未来期间应税金额的影响，分为应纳税暂时性差异和可抵扣暂时性差异，具体如表 18-7 所示。

表 18-7　暂时性差异对未来期间应税金额的影响

分类	定义	产生原因
应纳税暂时性差异	指在确定未来收回资产或清偿负债期间的应纳税所得额时，将导致产生应税金额的暂时性差异	资产的账面价值大于其计税基础或者负债的账面价值小于其计税基础
可抵扣暂时性差异	指在确定未来收回资产或清偿负债期间的应纳税所得额时，将导致产生可抵扣金额的暂时性差异	资产的账面价值小于其计税基础或者负债的账面价值大于其计税基础

暂时性差异对未来期间应税金额的影响如图 18-3 所示。

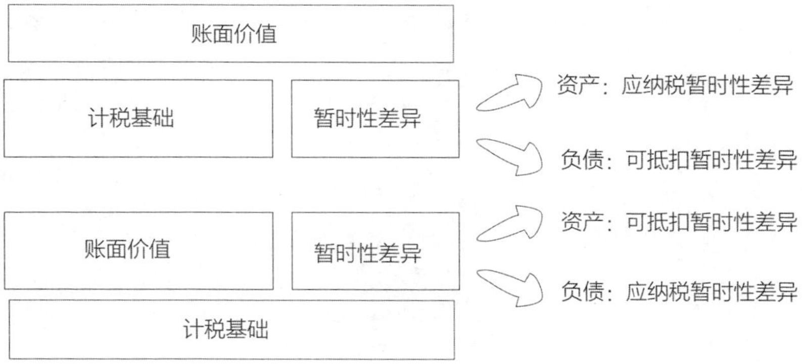

图 18-3　暂时性差异对未来期间应税金额的影响

18.3　递延所得税负债及递延所得税资产

企业在计算确定了应纳税暂时性差异与可抵扣暂时性差异后，应当按照本准则规定的原则确认相关的递延所得税负债以及递延所得税资产。

18.3.1 递延所得税负债的确认和计量

（一）递延所得税负债的确认

根据《企业会计准则第 18 号——所得税》第十一条的规定，除下列交易中产生的递延所得税负债以外，企业应当确认所有应纳税暂时性差异产生的递延所得税负债。

（1）商誉的初始确认。

（2）同时具有下列特征的交易中产生的资产或负债的初始确认：

① 该项交易不是企业合并；

② 交易发生时既不影响会计利润也不影响应纳税所得额（或可抵扣亏损）。

企业对与子公司、联营企业及合营企业投资相关的应纳税暂时性差异，应当确认相应的递延所得税负债。但是，同时满足下列条件的除外：

（1）投资企业能够控制暂时性差异转回的时间；

（2）该暂时性差异在可预见的未来很可能不会转回。

除本准则中明确规定可不确认递延所得税负债的情况以外，企业对于所有的应纳税暂时性差异均应确认相关的递延所得税负债。除与直接计入所有者权益的交易或事项以及企业合并中取得资产、负债相关的以外，在确认递延所得税负债的同时，应增加利润表中的所得税费用。

【例 18–13】A 企业于 20×7 年 12 月 6 日购入某项设备，取得成本为 500 万元，会计上采用年限平均法计提折旧，使用年限为 10 年，净残值为零，因该资产常年处于强震动状态，计税时按双倍余额递减法计提折旧，使用年限及净残值与会计相同。A 企业适用的所得税税率为 25%。假定该企业不存在其他会计与税收处理的差异。

分析：20×8 年资产负债表日，该项固定资产按照会计规定计提的折旧额为 50 万元，计税时允许扣除的折旧额为 100 万元，则该固定资产的账面价值 450 万元与其计税基础 400 万元的差额构成应纳税暂时性差异，企业应确认相关的递延所得税负债。

（二）递延所得税负债的计量

根据《企业会计准则第 18 号——所得税》的规定，资产负债表日，对于递延所得税负债，应当根据适用税法规定，按照预期收回该资产或清偿该负债期间的适用税率计量。适用税率发生变化的，应对已确认的递延所得税资产和递延所得税负债进行重新计量，除直接在所有者权益中确认的交易或者事项产生的递延所得税资产和递延所得税负债以外，应当将其影响数计入变化当期的所得税费用。即递延所得税负债应以相关应纳税暂时性差异转回期间按照税法规定适用的所得税税率计量。无论应纳税暂时性差异的转回期间如何，相关的递延所得税负债不要求折现。

18.3.2　递延所得税资产的确认和计量

（一）递延所得税资产的确认

《企业会计准则第 18 号——所得税》规定了不确认递延所得税资产的情形，企业应当以很可能取得用来抵扣可抵扣暂时性差异的应纳税所得额为限，确认由可抵扣暂时性差异产生的递延所得税资产。递延所得税资产的确认原则如表 18-8 所示。

表 18-8　递延所得税资产的确认原则

确认与否	解释
不确认	同时有下列特征的交易中因资产或负债初始确认所产生的递延所得税资产： （1）该项交易不是企业合并 （2）交易发生时既不影响会计利润也不影响应纳税所得额（或可抵扣亏损）
确认	企业对与子公司、联营企业及合营企业投资相关的可抵扣暂时性差异，同时满足下列条件的： （1）暂时性差异在可预见的未来很可能转回 （2）未来很可能获得用来抵扣可抵扣暂时性差异的应纳税所得

资产负债表日，有确凿证据表明未来期间很可能获得足够的应纳税所得额用来抵扣可抵扣暂时性差异的，应当确认以前期间未确认的递延所得税资产。

（二）递延所得税资产的计量

依据《企业会计准则第 18 号——所得税》，确认递延所得税资产时，应当以预期收回该资产期间的适用所得税税率为基础计算确定。无论相关可抵扣暂时性差异转回期间如何，递延所得税资产均不要求折现。

企业在确认了递延所得税资产后，资产负债表日应当对递延所得税资产的账面价值进行复核。如果未来期间很可能无法取得足够的应纳税所得额用以利用可抵扣暂时性差异带来的利益，应当减记递延所得税资产的账面价值。减记的递延所得税资产，除原确认时计入所有者权益的，其减记金额亦应计入所有者权益外，其他的情况均应增加所得税费用。以后期间根据新环境和情况判断能够产生足够的应纳税所得额利用可抵扣暂时性差异，使得递延所得税资产包含的经济利益能够实现的，应相应恢复递延所得税资产的账面价值。具体的划分如图 18-4 所示。

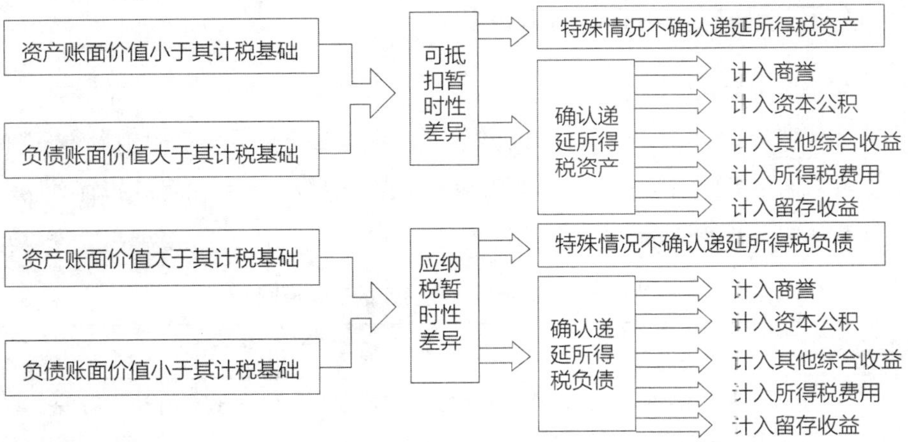

图 18-4　递延所得税资产与递延所得税负债确认的划分

18.4　所得税费用

《企业会计准则第 18 号——所得税》解释指出，确认所得税费用的关键在于确定资产、负债的计税基础，资产、负债的计税基础一经确定，即可计算暂时性差异并在此基础上确认递延所得税资产、递延所得税负债以及递延所得税费用，具体如表 18-9 所示。

表 18-9　所得税费用的计算

所得税	计算
所得税费用	由两部分内容构成：一是按照税法规定计算的当期所得税费用（当期应交所得税），二是按照上述规定计算的递延所得税费用，但不包括直接计入所有者权益项目的交易和事项以及企业合并的所得税影响 所得税费用（或收益）= 当期所得税 + 递延所得税费用（– 递延所得税收益）
当期所得税	指企业按照税法规定计算确定的应缴纳给税务部门的所得税金额。以适用的税收法规为基础计算确定，会计处理与税收处理不同的，应在会计利润的基础上，按照适用税收法规的要求进行调整，计算出当期应纳税所得额，按照应纳税所得额与适用税率计算确定当期应纳所得税。依照《中华人民共和国企业所得税法》和相关税收优惠规定减征、免征和抵免的应纳税额，还应做相应扣减
递延所得税	递延所得税根据会计准则规定来确定。递延所得税负债，核算企业未来期间应缴纳的所得税；递延所得税资产，核算企业未来期间可以抵减的所得税： 递延所得税 =（递延所得税负债的期末余额 – 递延所得税负债的期初余额）–（递延所得税资产的期末余额 – 递延所得税资产的期初余额）

企业因确认递延所得税资产和递延所得税负债产生的递延所得税，一般应当计入所得税费用，但以下两种情况除外。

（1）某项交易或事项按照会计准则规定应计入所有者权益的，由该交易或事项产生的递延所得税资产或递延所得税负债及其变化亦应计入所有者权益，不构成利润表中的递延所得税费用（或收益）。

（2）企业合并中取得的资产、负债，其账面价值与计税基础不同，应确认相关递延所得税的，该递延所得税的确认影响合并中产生的商誉或是计入当期损益的金额，不影响所得税费用。

【例18-14】甲企业持有的某项指定为以公允价值计量且其变动计入其他综合收益的金融资产，成本为500万元，会计期末，其公允价值为600万元，该企业适用的所得税税率为25%。除该事项外，该企业不存在其他会计与税收法规之间的差异，且递延所得税资产和递延所得税负债不存在期初余额。

会计期末在确认100万元的公允价值变动时，账务处理为：

借：其他权益工具投资　　1 000 000

　　贷：其他综合收益　　1 000 000

确认应纳税暂时性差异的所得税影响时，账务处理为：

借：其他综合收益　　250 000

　　贷：递延所得税负债　　250 000

【例18-15】A公司2×17年度利润表中利润总额为3 000万元，该公司适用所得税税率为25%。递延所得税资产及递延所得税负债无期初余额。与所得税核算有关的情况如下。

2×17年发生的有关交易和事项中，会计处理与税收处理存在差别的有以下几项。

（1）2×17年1月开始计提折旧的一项固定资产，成本为1 500万元，使用年限为10年，净残值为0，会计处理按双倍余额递减法计提折旧，税收处理按直线法计提折旧。假定税法规定的使用年限及净残值与会计规定相同。

（2）向关联企业捐赠现金500万元。假定按照税法规定，企业向关联方的捐赠不允许税前扣除。

（3）当期取得作为交易性金融资产核算的股票投资成本为800万元，2×17年12月31日的公允价值为1 200万元。税法规定，以公允价值计量的金融资产持有期间市价变动不计入应纳税所得额。

（4）违反环保法规定应支付罚款250万元。

（5）期末对持有的存货计提了75万元的存货跌价准备。

分析：（1）2×17年度当期应交所得税。

应纳税所得额=3 000+150+500−400+250+75=3 575（万元）

应交所得税 =3 575×25%=893.75（万元）

（2）2×17 年度递延所得税。

递延所得税资产 =225×25%=56.25（万元）

递延所得税负债 =400×25%=100（万元）

递延所得税 =100-56.25=43.75（万元）

（3）利润表中应确认的所得税费用

所得税费用 =893.75+43.75=937.50（万元），账务处理如下：

借：所得税费用	9 375 000	
递延所得税资产	562 500	
贷：应交税费——应交所得税		8 937 500
递延所得税负债		1 000 000

18.5 合并财务报表中因抵销未实现内部销售损益产生的递延所得税

企业在编制合并财务报表时，因抵销未实现内部销售损益导致合并资产负债表中资产、负债的账面价值与其在纳入合并范围的企业按照适用税法确定的计税基础之间产生暂时性差异的，在合并资产负债表中应确认递延所得税资产或递延所得税负债，同时调整合并利润表中的所得税费用，但直接计入所有者权益交易或事项及企业合并相关的递延所得税除外。

企业在编制合并财务报表时，按照合并报表的编制原则，应将纳入合并范围的企业之间发生的未实现内部交易损益予以抵销，因此对于所涉及的资产负债项目在合并资产负债表中列示的价值与其所属的企业个别资产负债表中的价值会不同，并进而可能产生与有关资产、负债所属个别纳税主体计税基础的不同，从合并财务报表作为一个完整经济主体的角度，应当确认该暂时性差异的所得税影响。

【例 18-16】甲公司拥有乙公司 80% 有表决权股份，能够控制乙公司的生产经营决策。2×17 年 9 月甲公司以 800 万元将一批自产产品销售给乙公司，该批产品在甲公司的生产成本为 500 万元。至 2×17 年 12 月 31 日，乙公司尚未对外销售该批商品。假定涉及商品未发生减值。甲、乙公司适用的所得税税率均为 25%，且在未来期间预计不会发生变化。税法规定，企业的存货以历史成本作为计税基础。

甲公司在编制合并财务报表时，对于与乙公司发生的内部交易应进行以下抵销处理：

借：主营业务收入　　8 000 000

　　贷：主营业务成本　　5 000 000

　　　　存货　　3 000 000

经过上述抵销处理后，该项内部交易中涉及的存货在合并资产负债表中体现的价值为500万元，即未发生减值的情况下，为出售方的成本，其计税基础为800万元，两者之间产生了300万元可抵扣暂时性差异，与该暂时性差异相关的递延所得税在乙公司并未确认，为此在合并财务报表中应进行以下处理：

借：递延所得税资产　　750 000

　　贷：所得税费用　　750 000

18.6 所得税的列报

根据《企业会计准则第18号——所得税》的规定，递延所得税资产和递延所得税负债应当分别作为非流动资产和非流动负债在资产负债表中列示，所得税费用应当在利润表中单独列示。除此之外，企业应当在附注中披露与所得税有关的下列信息。

（1）所得税费用（收益）的主要组成部分。

（2）所得税费用（收益）与会计利润关系的说明。

（3）未确认递延所得税资产的可抵扣暂时性差异、可抵扣亏损的金额（如果存在到期日，还应披露到期日）。

（4）对每一类暂时性差异和可抵扣亏损，在列报期间确认的递延所得税资产或递延所得税负债的金额，确认递延所得税资产的依据。

（5）未确认递延所得税负债的，与对子公司、联营企业及合营企业投资相关的暂时性差异金额。

第 19 章
外币折算

19.1　记账本位币

19.1.1　外币交易的定义

《企业会计准则第 19 号——外币折算》规定，外币交易，是指以外币计价或者结算的交易。外币是企业记账本位币以外的货币。外币交易包括图 19-1 所示的三项。

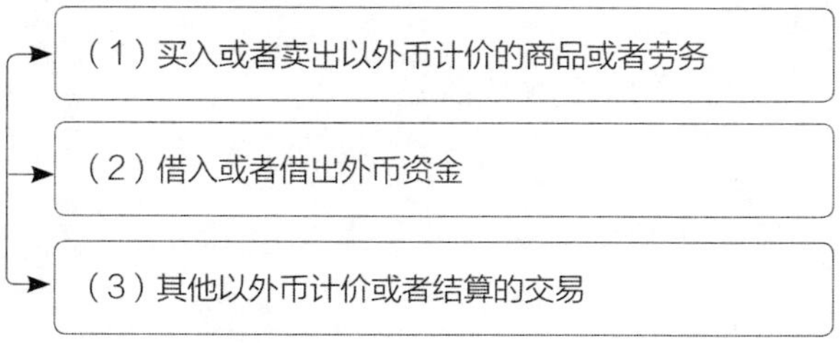

图 19-1　外币交易

19.1.2　记账本位币的定义

记账本位币是指企业经营所处的主要经济环境中的货币。企业通常应选择人民币作为记账本位币。业务收支以人民币以外的货币为主的企业，可以选定其中一种货币作为记账本位币。但是，编报的财务报表应当折算为人民币。

19.1.3　记账本位币的确定

企业选定记账本位币，应当考虑下列因素：

（1）该货币主要影响商品和劳务的销售价格，通常以该货币进行计价和结算；

（2）该货币主要影响商品和劳务所需人工、材料和其他费用，通常以该货币进行上述费用的计价和结算；

（3）融资活动获得的货币以及保存从经营活动中收取款项所使用的货币。

【例 19-1】国内 A 外商投资企业有超过 80% 的营业收入来自向各国的出口，其商品销售价格一般以美元结算，主要受美元的影响，因此，从影响商品和劳务销售价格的角度看，A 企业应选择美元作为记账本位币。

如果 A 企业除厂房设施、25% 的人工成本在国内以人民币采购，生产所需原材料及 75% 以上人工成本都来自美国投资者以美元进行的采购，则可进一步确定 A 企业记账本位币是美元。

如果 A 企业的人工成本、原材料及相应的厂房设施、机器设备等 95% 以上在国内采购并以人民币计价，则难以确定 A 企业的记账本位币，需要考虑第三项因素。如果 A 企业取得的美元营业收入在汇回国内时可随时换成人民币存款，且 A 企业对所有以美元结算的资金往来的外币风险都进行了套期保值，则 A 企业应当选定人民币为其记账本位币。

19.1.4　境外经营记账本位币的确定

（一）境外经营的定义

境外经营，是指企业在境外的子公司、合营企业、联营企业、分支机构。境内的子公司、合营企业、联营企业、分支机构，采用不同于企业记账本位币的，也视同境外经营。

（二）选取境外经营记账本位币考虑的因素

企业选取境外经营记账本位币时，还应当考虑图 19-2 所示的因素。

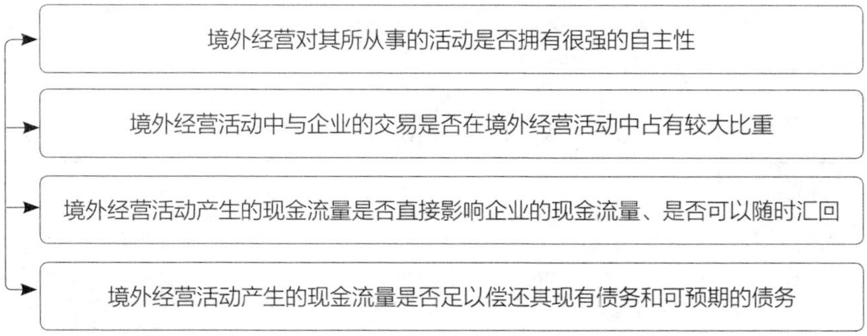

图 19-2　企业选取境外经营记账本位币时的考虑因素

【例 19-2】国内 B 公司以人民币作为记账本位币，该公司在欧盟国家设有一家子公司——P 公司，P 公司在欧洲的经营活动拥有完全的自主权：自主决定其经营政策、销售方式、进货来源等。B 公司与 P 公司除投资与被投资关系外，基本不发生业务往来，P 公司的产品主要在欧洲市场销售，其一切费用开支等均由 P 公司在当地自行解决。

由于 P 公司主要收、支现金的环境在欧洲，且 P 公司对其自身经营活动拥有很强的自主性，P 公司与 B 公司之间除了投资与被投资关系外，基本无其他业务往来，所以，P 公司应当选择欧元作为其记账本位币。

19.1.5 记账本位币的变更

企业记账本位币一经确定，不得随意变更，除非企业经营所处的主要经济环境发生重大变化。企业因经营所处的主要经济环境发生重大变化，确需变更记账本位币的，应当采用变更当日的即期汇率将所有项目折算为变更后的记账本位币。

19.2 外币交易的会计处理

19.2.1 即期汇率和即期汇率近似汇率

企业对于发生的外币交易，应当将外币金额折算为记账本位币金额。

外币交易应当在初始确认时，采用交易发生日即期汇率将外币金额折算为记账本位币金额；也可以采用按照系统合理的方法确定的、与交易发生日即期汇率近似的汇率折算。

即期汇率通常是指当日中国人民银行公布的人民币外汇牌价的中间价。企业发生的外币兑换业务或涉及外币兑换的交易事项，应当以交易实际采用的汇率，即银行买入价或卖出价折算。即期汇率示例如表 19-1 所示。

表 19-1　即期汇率示例

外币	人民币	
100 美元	买入价	卖出价
	680 元人民币	690 元人民币

中间价 1 美元 =6.85 元人民币（即期汇率）。

【提示】若为人民币兑换外币，从银行角度为卖出外币，应选用卖出价计算。

即期汇率近似汇率是按照系统合理的方法确定的、与交易发生日即期汇率近似的汇率，通常是指当期平均汇率或加权平均汇率等。通常情况下，企业应当采用即期汇率进行折算。汇率波动不大的，也可以采用按照系统合理的方法确定的、与交易发生日即期汇率近似的汇率折算，但前后各期应当采用相同的方法确定当期的近似汇率。

【例 19-3】甲股份有限公司属于增值税一般纳税企业，选择确定的记账本位币为人民币，其外币交易采用交易日即期汇率折算。2×17 年 3 月 12 日，从美国乙公司购入某种工业原料 500 吨，每吨价格为 4 000 美元，当日的即期汇率为 1 美元 =7.6 元人民币，进口关税为 1 520 000 元人民币，支付进口增值税 2 173 600 元人民币，货款尚未支付，进口关税及增值税由银行存款支付。会计分录如下：

借：原材料（500×4 000×7.6+1 520 000）　　16 720 000
　　应交税费——应交增值税（进项税额）　　2 173 600
　　贷：应付账款——乙公司（美元）　　15 200 000
　　　　银行存款　　3 693 600

19.2.2　汇兑差额的会计处理

在资产负债表日，应按照下列规定对外币货币性项目和外币非货币性项目进行处理。

（一）外币货币性项目

外币货币性项目，采用资产负债表日即期汇率折算。因资产负债表日即期汇率与初始确认时或者前一资产负债表日即期汇率不同而产生的汇兑差额作为财务费用，计入当期损益，同时调增或调减外币货币性项目的记账本位币金额；需要计提减值准备的，应当按资产负债表日的即期汇率折算后，再计提减值准备。

货币性项目分为货币性资产和货币性负债。货币性资产包括库存现金、银行存款、应收账款、其他应收款、长期应收款等；货币性负债包括短期借款、应付账款、其他应付款、长期借款、应付债券、长期应付款等。

【例 19-4】沿用【例 19-3】，2×17 年 3 月 31 日，甲股份有限公司尚未向乙公司支付所欠工业原料款。当日即期汇率为 1 美元 =7.55 元人民币。应付乙公司货款按期末即期汇率折算为 15 100 000（500×4 000×7.55）元人民币，与该货款原记账本位币之差 100 000 元人民币冲减当期损益。相关会计分录如下：

借：应付账款——乙公司（美元）　　100 000
　　贷：财务费用——汇兑差额　　100 000

（二）以历史成本计量的外币非货币性项目

以历史成本计量的外币非货币性项目，仍采用交易发生日的即期汇率折算，不改变其记账本位币金额。

非货币性项目，是货币性项目以外的项目，包括存货、长期股权投资、固定资产、无形资产、实收资本、资本公积等。外币非货币性项目的计量如表 19-2 所示。

表 19-2　外币非货币性项目的计量

项目	计量原则
对于以历史成本计量的外币非货币性项目	除其外币价值发生变动外，已在交易发生日按当日即期汇率折算，资产负债表日不应改变其原记账本位币金额，不产生汇兑差额
对于外币价值发生变动的外币非货币性项目	其价值变动计入当期损益的，相应的汇率变动的影响应当计入当期损益；其价值变动计入所有者权益的，相应的汇率变动的影响应当计入所有者权益，如交易性金融资产（债券）等

【例 19-5】国内甲公司的记账本位币为人民币。2×17年12月2日以30 000港元购入乙公司H股10 000股作为短期投资，当日汇率为1港元=1.2元人民币，款项已用银行存款支付。2×17年12月31日，由于市价变动，当月购入的乙公司H股变为35 000港元，当日1港元=1元人民币。2×17年12月2日，该公司应对上述交易应做以下处理：

借：交易性金融资产（30 000×1.2）　　36 000

　　贷：银行存款（30 000×1.2）　　36 000

由于该项短期股票投资是从境外市场购入、以外币计价的，在资产负债表日，不仅应考虑其港币市价的变动，还应一并考虑汇率变动的影响，上述交易性金融资产以资产负债表日的人民币35 000（35 000×1）元入账，与原账面价值36 000（30 000×1.2）元的差额为1 000元人民币，计入公允价值变动损益。相应的会计分录为：

借：公允价值变动损益　　1 000

　　贷：交易性金融资产　　1 000

1 000元含甲公司所购H股公允价值变动以及人民币与港币之间汇率变动的双重影响。

（三）外币投入资本不产生汇兑差额

外币投入资本属于外币非货币性项目，企业收到投资者以外币投入的资本，采用交易日即期汇率折算，不再采用合同约定汇率折算，外币投入资本与相应的货币性项目的记账本位币金额之间不产生外币资本折算差额。

【例 19-6】甲股份有限公司的记账本位币为人民币，对外币交易采用交易日的即期汇率折算。根据其与外商签订的投资合同，外商将分两次投入外币资本，投资合同约定的汇率是1美元=8.0元人民币。2×16年7月1日，甲股份有限公司第一次收到外商投入资本300 000美元，当日即期汇率为1美元=7.8元人民币；2×17年2月3日，第二次收到外商投入资本300 000美元，当日即期汇率为1美元=7.6元人民币。款项已用银行存款支付。相关会计分录如下：

2×16年7月1日，第一次收到外币资本时：

借：银行存款——美元（300 000×7.8）　　2 340 000

　　贷：股本　　2 340 000

2×17 年 2 月 3 日，第二次收到外币资本时：

借：银行存款——美元（300 000×7.6）　　2 280 000

　　贷：股本　　2 280 000

（四）实质上构成对境外经营净投资的外币货币性项目

企业编制合并财务报表涉及境外经营的，如有实质上构成对境外经营净投资的外币货币性项目，因汇率变动而产生的汇兑差额应列入所有者权益“外币报表折算差额”项目；处置境外经营时，计入处置当期损益。

19.2.3　分账制记账方法

金融保险企业外币交易频繁，涉及外币币种较多，可以采用分账制记账方法进行日常核算。资产负债表日，按本准则第十一条规定分别按照货币性项目和非货币性项目进行调整。

采用分账制记账方法，只是账务处理方法不同，但其产生的汇兑差额的确认、计量的结果和列报，应当与统账制处理结果一致。

19.3　外币财务报表的折算

19.3.1　境外经营财务报表的折算原则

企业对境外经营的财务报表进行折算时，应当遵循图 19-3 所示的规定。

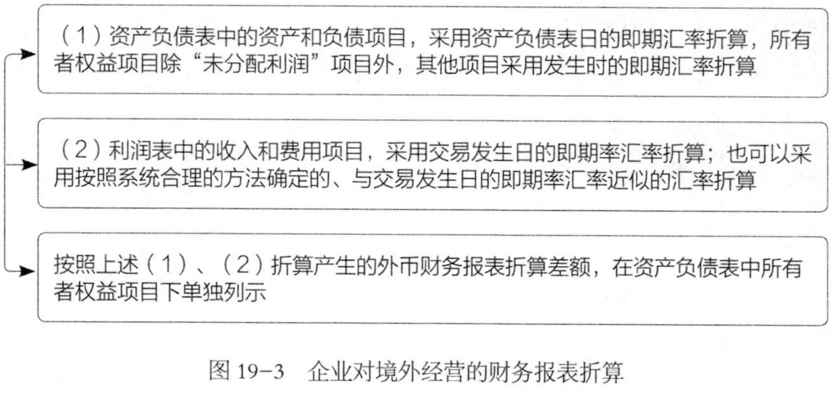

图 19-3　企业对境外经营的财务报表折算

比较财务报表的折算比照上述规定处理。

19.3.2 恶性通货膨胀下境外经营报表折算

（一）恶性通货膨胀财务报表折算原则

《企业会计准则第19号——外币折算》规定，企业对处于恶性通货膨胀经济中的境外经营的财务报表，应当按照下列规定进行折算。

对资产负债表项目运用一般物价指数予以重述，对利润表项目运用一般物价指数变动予以重述，再按照最近资产负债表日的即期汇率进行折算。

在境外经营不再处于恶性通货膨胀经济中时，应当停止重述，按照停止之日的价格水平重述的财务报表进行折算。

（二）恶性通货膨胀判断标准

对于恶性通货膨胀经济，通常按照图19-4所示的特征进行判断。

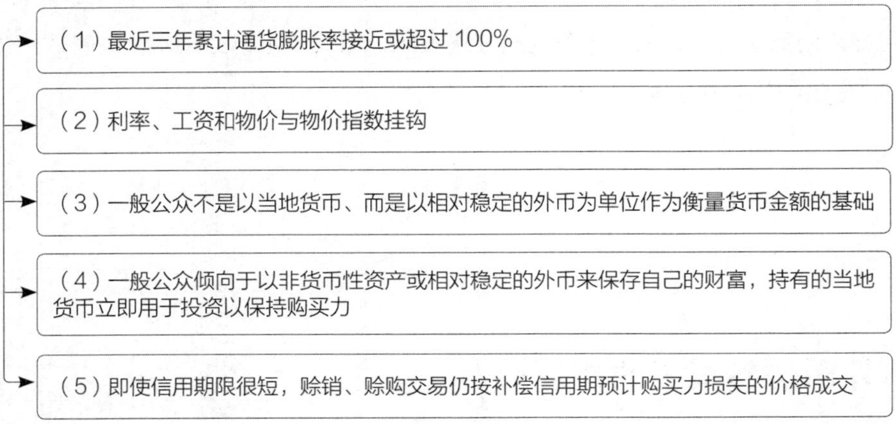

图19-4　恶性通货膨胀判断标准

19.3.3 处置境外经营时外币报表折算差额核算

《企业会计准则第19号——外币折算》规定，企业在处置境外经营时，应当将资产负债表中所有者权益项目下列示的、与该境外经营相关的外币财务报表折算差额，自所有者权益项目转入处置当期损益；部分处置境外经营的，应当按处置的比例计算处置部分的外币财务报表折算差额，转入处置当期损益。

19.4　披露

《企业会计准则第 19 号——外币折算》规定，企业应当在附注中披露与外币折算有关的下列信息。

（1）企业及其境外经营选定的记账本位币及选定的原因，记账本位币发生变更的，说明变更理由。

（2）采用近似汇率的，近似汇率的确定方法。

（3）计入当期损益的汇兑差额。

（4）处置境外经营对外币财务报表折算差额的影响。

第 20 章 企业合并

20.1　企业合并概述

20.1.1　企业合并的界定

《企业会计准则第 20 号——企业合并》对企业合并的定义是：企业合并是指将两个或者两个以上单独的企业合并形成一个报告主体的交易或事项。企业合并分为同一控制下的企业合并和非同一控制下的企业合并。本章不涉及下列企业合并。

（1）两方或者两方以上形成合营企业的企业合并。

（2）仅通过合同而不是所有权份额将两个或者两个以上单独的企业合并形成一个报告主体的企业合并。

20.1.2　企业合并的方式

《企业会计准则第 20 号——企业合并》列举了企业合并的几种方式，如图 20-1 所示。

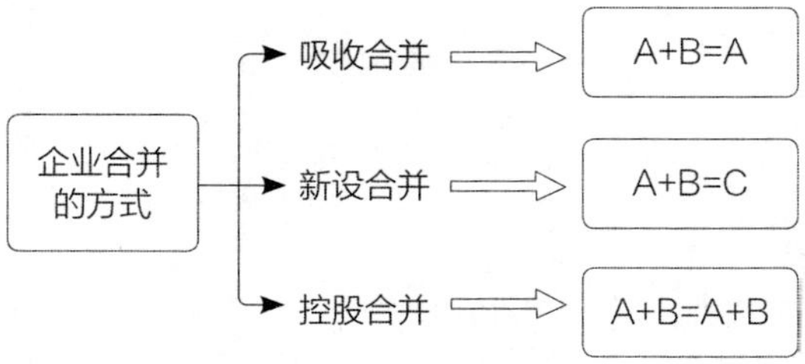

图 20-1　企业合并的方式

对这三种合并方式的具体解释如表 20-1 所示。

表 20-1　企业合并的方式

方式	解释
控股合并	合并方（或购买方）在企业合并中取得对被合并方（或被购买方）的控制权，被合并方（或被购买方）在合并后仍保持其独立的法人资格并继续经营，合并方（或购买方）确认企业合并形成的对被合并方（或被购买方）的投资
吸收合并	合并方（或购买方）通过企业合并取得被合并方（或被购买方）的全部净资产，合并后注销被合并方（或被购买方）的法人资格，被合并方（或被购买方）原持有的资产、负债，在合并后成为合并方（或购买方）的资产、负债
新设合并	参与合并的各方在合并后法人资格均被注销，重新注册成立一家新的企业

20.1.3　企业合并类型的划分

《企业会计准则第 20 号——企业合并》将企业合并按照一定的标准划分为两大基本类型：同一控制下的企业合并与非同一控制下的企业合并。企业合并的类型划分不同，所遵循的会计处理原则也不同，具体如表 20-2 所示。

表 20-2　企业合并类型的划分

企业合并类型	概念
同一控制下的企业合并	是指参与合并的企业在合并前后均受同一方或相同的多方最终控制且该控制并非暂时性的
非同一控制下的企业合并	是指参与合并各方在合并前后不受同一方或相同的多方最终控制的合并交易，即除属于同一控制下企业合并的情况以外的企业合并

判断某一企业合并是否属于同一控制下的企业合并，应当把握以下几点。

（1）能够对参与合并各方在合并前后均实施最终控制的一方通常是指企业集团的母公司。

（2）能够对参与合并的企业在合并前后均实施最终控制的相同多方，是指根据合同或协议的约定，拥有最终决定参与合并企业的财务和经营政策，并从中获取利益的投资者群体。

（3）实施控制的时间性要求，是指参与合并各方在合并前后较长时间内为最终控制方所控制。具体是指在企业合并之前（即合并日之前），参与合并各方在最终控制方的控制时间一般在 1 年以上（含 1 年），企业合并后所形成的报告主体在最终控制方的控制时间也应达到 1 年以上（含 1 年）。

（4）企业之间的合并是否属于同一控制下的企业合并，应综合构成企业合并交易的各方面情况，按照实质重于形式的原则进行判断。

20.1.4 合并日或购买日的确定

《企业会计准则第 20 号——企业合并》（以下简称“本准则”）指出，企业应当在合并日或购买日确认因企业合并取得的资产、负债。合并日或购买日是指合并方或购买方实际取得对被合并方或被购买方控制权的日期，即被合并方或被购买方的净资产或生产经营决策的控制权转移给合并方或购买方的日期。同时满足图 20-2 所示条件的，通常可认为实现了控制权的转移。

（1）企业合并合同或协议已获股东大会等通过

（2）企业合并事项需要经过国家有关主管部门审批的，已获得批准

（3）参与合并各方已办理了必要的财产权转移手续

（4）合并方或购买方已支付了合并价款的大部分（一般应超过 50%），并且有能力、有计划支付剩余款项

（5）合并方或购买方实际上已经控制了被合并方或被购买方的财务和经营政策，并享有相应的利益、承担相应的风险

图 20-2 控制权转移的条件

20.2 同一控制下的企业合并

20.2.1 同一控制下企业合并的定义

参与合并的企业在合并前后均受同一方或相同的多方最终控制且该控制并非暂时性的，为同一控制下的企业合并。同一控制下的企业合并，在合并日取得对其他参与合并企业控制权的一方为合并方，参与合并的其他企业为被合并方。

20.2.2 同一控制下企业合并的处理原则

同一控制下企业合并应遵循表 20-3 所示的原则进行处理。

表 20-3　同一控制下企业合并的处理原则

原则	补充
合并方在企业合并中取得的资产和负债，应当按照合并日在被合并方的账面价值计量	合并方取得的净资产账面价值与支付的合并对价账面价值（或发行股份面值总额）的差额，应当调整资本公积；资本公积不足冲减的，调整留存收益
被合并方采用的会计政策与合并方不一致的，合并方在合并日应当按照本企业会计政策对被合并方的财务报表相关项目进行调整	在此基础上按照本准则规定确认
合并方为进行企业合并发生的各项直接相关费用，包括为进行企业合并而支付的审计费用、评估费用等，应当于发生时计入当期损益	为企业合并发行的债券或承担其他债务支付的手续费、佣金等，应当计入所发行债券及其他债务的初始计量金额。企业合并中发行权益性证券发生的手续费、佣金等费用，应当抵减权益性证券溢价收入；溢价收入不足冲减的，冲减留存收益
企业合并形成母子公司关系的，母公司应当编制合并日的合并资产负债表、合并利润表和合并现金流量表	合并利润表应当包括参与合并各方自合并当期期初至合并日所发生的收入、费用和利润。被合并方在合并前实现的净利润，应当在合并利润表中单列项目反映。合并现金流量表应当包括参与合并各方自合并当期期初至合并日的现金流量

同一控制下企业合并中并不产生新的资产和负债。原最终控制方取得被合并方控制权时确认的商誉应作为合并方合并中取得的资产确认，但合并过程中不产生新的商誉。

【例 20-1】A、B 公司分别为 P 公司控制下的两家子公司。A 公司于 2×17 年 3 月 10 日自母公司 P 处取得 B 公司 100% 的股权，合并后 B 公司仍维持其独立法人资格继续经营。为进行该项企业合并，A 公司发行了 1 500 万股本公司普通股（每股面值 1 元）作为对价。假定 A、B 公司采用的会计政策相同。合并日，A、B 公司的所有者权益构成如表 20-4 所示。

表 20-4　A、B 公司的所有者权益构成

单位：万元

A 公司		B 公司	
项目	金额	项目	金额
股本	9 000	股本	1 500
资本公积	2 500	资本公积	500
盈余公积	2 000	盈余公积	1 000
未分配利润	5 000	未分配利润	2 000
合计	18 500	合计	5 000

A 公司在合并日应进行的账务处理为：

借：长期股权投资　　50 000 000

　　贷：股本　　15 000 000

　　　　资本公积　　35 000 000

A 公司在合并日编制合并资产负债表时，对于企业合并前 B 公司实现的留存收益中归属于合并方的部分（3 000 万元）应自资本公积（资本溢价或股本溢价）转入留存收益。本例中 A 公司在确认对 B 公司的长期股权投资以后，其资本公积的账面余额为 6 000 万元，假定其中资本溢价或股本溢价的金额为 4 500 万元。在合并工作底稿中，应编制以下调整分录：

借：资本公积	30 000 000	
贷：盈余公积		10 000 000
未分配利润		20 000 000

20.3　非同一控制下的企业合并

20.3.1　非同一控制下企业合并的定义

《企业会计准则第 20 号——企业合并》规定，参与合并的各方在合并前后不受同一方或相同的多方最终控制的，为非同一控制下的企业合并。非同一控制下的企业合并，在购买日取得对其他参与合并企业控制权的一方为购买方，参与合并的其他企业为被购买方。

【提示】相对于同一控制下的企业合并而言，非同一控制下的企业合并是合并各方自愿进行的交易行为，作为一种公平的交易，应当以公允价值为基础进行计量。

20.3.2　非同一控制下企业合并的处理原则

（一）合并成本的确定

购买方应当区别图 20-3 所示的情况确定合并成本。

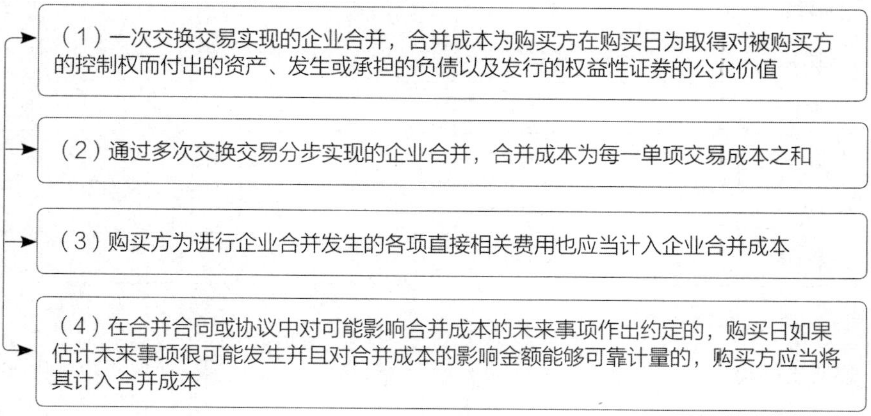

图 20-3　购买方合并成本的确定

（二）非同一控制下企业合并的会计处理

（1）购买方在购买日对作为企业合并对价付出的资产、发生或承担的负债应当按照公允价值计量，公允价值与其账面价值的差额，计入当期损益。购买方应按照表 20-5 所示的规定确定合并中取得的被购买方各项可辨认资产、负债及或有负债公允价值。

表 20-5　合并中取得资产、负债及或有负债公允价值的确定原则

项目	确定原则
货币资金	按照购买日被购买方的账面余额确定
有活跃市场的股票等金融工具	按照购买日活跃市场中的市场价格确定
应收款项	其中的短期应收款项，一般按照应收取的金额作为其公允价值；长期应收款项，应按适当的利率折现后的现值确定其公允价值。在确定应收款项的公允价值时，应考虑发生坏账的可能性及相关收款费用
存货	对其中的产成品和商品按其估计售价减去估计的销售费用、相关税费以及购买方出售类似产成品或商品估计可能实现的利润确定；在产品按完工产品的估计售价减去至完工仍将发生的成本、估计的销售费用、相关税费以及基于同类或类似产成品的基础上估计出售可能实现的利润确定；原材料按现行重置成本确定
不存在活跃市场的金融工具，如权益性投资等	应当参照《企业会计准则第 22 号——金融工具确认和计量》的规定，采用估值技术确定其公允价值
房屋建筑物、机器设备、无形资产	存在活跃市场的，应以购买日的市场价格为基础确定其公允价值；不存在活跃市场，但同类或类似资产存在活跃市场的，应参照同类或类似资产的市场价格确定其公允价值；同类或类似资产也不存在活跃市场的，应采用估值技术确定其公允价值
应付账款、应付票据、应付职工薪酬、应付债券、长期应付款	其中的短期负债，一般按照应支付的金额确定其公允价值；长期负债，应按适当的折现率折现后的现值作为其公允价值
取得的被购买方的或有负债	其公允价值在购买日能够可靠计量的，应确认为预计负债。此项负债应当按照假定第三方愿意代购买方承担，就其所承担义务需要购买方支付的金额作为其公允价值
递延所得税资产和递延所得税负债	取得的被购买方各项可辨认资产、负债及或有负债的公允价值与其计税基础之间存在差额的，应当按照《企业会计准则第 18 号——所得税》的规定确认相应的递延所得税资产或递延所得税负债，所确认的递延所得税资产或递延所得税负债的金额不应折现

（2）《企业会计准则第 20 号——企业合并》规定，购买方在购买日应当对合并成本进行分配，确认所取得的被购买方各项可辨认资产、负债及或有负债。

① 购买方对合并成本大于合并中取得的被购买方可辨认净资产公允价值份额的差额，应当确认为商誉。初始确认后的商誉，应当以其成本扣除累计减值准备后的金额计量。商誉的减值应当按照《企业会计准则第 8 号——资产减值》处理。

② 购买方对合并成本小于合并中取得的被购买方可辨认净资产公允价值份额的差额，应当按照下列规定处理：a. 对取得的被购买方各项可辨认资产、负债及或有负债的公允价值以及合并成本的计量进行复核；b. 经复核后合并成本仍小于合并中取得的被购买方可辨认净资产公允价值份额的，其差额应当计入当期损益，在合并资产负债表中调整盈余公积和未分配利润。

（3）被购买方可辨认净资产公允价值，是指合并中取得的被购买方可辨认资产的公允价值减去负债及或有负债公允价值后的余额。

（4）企业合并形成母子公司关系的，母公司应当设置备查簿，记录企业合并中取得的子公司各项可辨认资产、负债及或有负债等在购买日的公允价值。编制合并财务报表时，应当以购买日确定的各项可辨认资产、负债及或有负债的公允价值为基础对子公司的财务报表进行调整。

（5）企业合并发生当期期末，因合并中取得的各项可辨认资产、负债及或有负债公允价值或企业合并成本只能暂时确定的，购买方应当以所确定的暂时价值为基础对企业合并进行确认和计量。购买日后12个月内对确认的暂时价值进行调整的，视为在购买日确认和计量。

（6）企业合并形成母子公司关系的，母公司应当编制购买日合并资产负债表，因企业合并取得的被购买方各项可辨认资产、负债及或有负债应当以公允价值列示。母公司合并成本与取得的子公司可辨认净资产公允价值份额的差额，以按照本准则规定处理的结果列示。

【例20-2】2×18年12月31日，经甲公司和乙公司双方股东大会同意，甲公司与乙公司控股股东A公司签订股权转让协议。协议约定：甲公司向A公司定向发行1000万股本公司股票（每股面值1元），以换取A公司持有的乙公司80%的股权。甲公司定向发行的股票确定为每股8.72元。甲公司和A公司在此项交易前不存在任何关联方关系，该并购事项为非同一控制下企业合并。乙公司当日可辨认净资产的账面价值为10 000万元，其中股本2 000万元，资本公积1 000万元，盈余公积2000万元，未分配利润5 000万元。

除一项账面价值为200万元、公允价值为360万元的库存商品外，其他各项可辨认资产、负债的账面价值与其公允价值均相同。假定不考虑其他因素。

（1）购买日甲公司确认取得的对乙公司的投资。

借：长期股权投资	8 720	
贷：股本		1 000
资本公积		7 720

（2）购买日合并财务报表应确认的商誉=1 000×8.72-（10 000+160）×80%=592（万元）。

（3）编制与购买日合并资产负债表有关的调整分录。

借：存货	160	
贷：资本公积		160

（4）编制与购买日合并资产负债表有关的抵销分录。

借：股本　2 000

　资本公积　1 160

　盈余公积　2 000

　未分配利润　5 000

　商誉　592

　贷：长期股权投资　8 720

　　少数股东权益　2 032

20.4　不同合并方式下的会计处理

20.4.1　控股合并的会计处理

在控股合并方式下，不论是同一控制下的企业合并还是非同一控制下的企业合并，在合并方（或购买方）的个别财务报表中，均体现为母公司（合并方或购买方）对子公司（被合并方或被购买方）的长期股权投资。

（1）企业合并形成长期股权投资的初始投资成本的确定如表20-6所示。

表20-6　企业合并形成长期股权投资的初始投资成本的确定

合并方式	初始投资成本的确定
同一控制下的控股合并	合并方在合并中形成的长期股权投资，应当以合并日取得被合并方账面所有者权益的份额作为其初始投资成本。合并方确认的初始投资成本与其付出合并对价账面价值的差额，应当调整资本公积；资本公积不足冲减的，调整盈余公积和未分配利润。进行上述处理后，在合并日的合并财务报表中，对于被合并方在合并日以前实现的留存收益中归属于合并方的部分，应根据不同情况进行适当的调整，自资本公积转入留存收益
非同一控制下的企业合并	购买方应以付出的资产、发生或承担的负债以及发行的权益性证券的公允价值加上为企业合并发生的各项直接相关费用之和，作为合并中形成的长期股权投资的初始投资成本。其中，作为合并对价付出净资产的公允价值与其账面价值的差额，应作为资产处置损益计入合并当期损益

（2）合并日或购买日编制合并财务报表。合并方或购买方可以编制合并日或购买日的合并财务报表，为合并当期期末及以后期间编制合并财务报表提供基础。

① 同一控制下的控股合并，本质上是两个独立的企业或业务的整合。合并后主体视同在以前期间一直存在，母公司一般应编制合并日的合并财务报表，在合并利润表中，对于被合并方自合并当期期初至合并日实现的净利润，应当在“净利润”项目下单列“其中：被合并方在合并前实现的净利润”项目反映。合并当期资产负债表日，编制比较报表时，合并方应对比较报表有关项目的期初数进行调整，视同合并后主体在以前期间一直存在。

② 非同一控制下的控股合并，本质上属于一次或多次完成的交易。被购买方在合并前实现的净利润已经包含在企业合并成本中，母公司在购买日可以编制合并资产负债表，不编制合并利润表和合并现金流量表。购买日的合并资产负债表反映购买方自购买日起能够控制的经济资源。

20.4.2 吸收合并和新设合并的会计处理

在吸收合并和新设合并方式下，属于同一控制下的企业合并，合并方在合并日对合并中取得的被合并方资产、负债应按其原账面价值计量，支付的合并对价账面价值与取得净资产账面价值之间的差额，调整资本公积和留存收益。对于被合并方在合并前实现的留存收益中属于合并方的部分，应视情况进行调整，自资本公积转入留存收益；属于非同一控制下的企业合并，购买方在购买日对合并中取得的各项可辨认资产、负债应按其公允价值计量，合并成本与合并中取得的可辨认净资产公允价值的差额，按照上述关于非同一控制下控股合并的相关规定处理。

20.5 披露

20.5.1 同一控制下企业合并的披露

《企业会计准则第 20 号——企业合并》规定，企业合并发生当期的期末，合并方应当在附注中披露与同一控制下企业合并有关的下列信息。

（1）参与合并企业的基本情况。

（2）属于同一控制下企业合并的判断依据。

（3）合并日的确定依据。

（4）以支付现金、转让非现金资产以及承担债务作为合并对价的，所支付对价在合并日的账面价值；以发行权益性证券作为合并对价的，合并中发行权益性证券的数量及定价原则，以及参与合并各方交换有表决权股份的比例。

（5）被合并方的资产、负债在上一会计期间资产负债表日及合并日的账面价值；被合并方自合并当期期初至合并日的收入、净利润、现金流量等情况。

（6）合并合同或协议约定将承担被合并方或有负债的情况。

（7）被合并方采用的会计政策与合并方不一致所作调整情况的说明。

（8）合并后已处置或准备处置被合并方资产、负债的账面价值、处置价格等。

20.5.2　非同一控制下企业合并的披露

《企业会计准则第 20 号——企业合并》规定，企业合并发生当期的期末，购买方应当在附注中披露与非同一控制下企业合并有关的下列信息。

（1）参与合并企业的基本情况。

（2）购买日的确定依据。

（3）合并成本的构成及其账面价值、公允价值及公允价值的确定方法。

（4）被购买方各项可辨认资产、负债在上一会计期间资产负债表日及购买日的账面价值和公允价值。

（5）合并合同或协议约定将承担被购买方或有负债的情况。

（6）被购买方自购买日起至报告期期末的收入、净利润和现金流量等情况。

（7）商誉的金额及其确定方法。

（8）因合并成本小于合并中取得的被购买方可辨认净资产公允价值的份额计入当期损益的金额。

（9）合并后已处置或准备处置被购买方资产、负债的账面价值、处置价格等。

20.6　业务合并

《企业会计准则第 20 号——企业合并》解释对于业务合并做出了以下讲解：除了一个企业对另外一个企业的合并外，涉及业务的合并比照本准则规定处理，即应当区分同一控制下的业务合并与非同一控制下的业务合并进行处理。

业务是指企业内部某些生产经营活动或资产组合，组合一般具有投入、加工处理过程和产出能力，能够独立计算其成本费用或所产生的收入，但不构成独立法人资格的部分。某企业对另一企业某分公司、分部或具有独立生产能力的生产车间的并购均属于业务合并。

第 21 章 租赁

21.1 租赁概述

根据《企业会计准则第 21 号——租赁》（以下简称“本准则”）对租赁的定义，租赁，是指在一定期间内，出租人将资产的使用权让与承租人以获取对价的合同。如果合同一方让渡了在一定期间内控制一项或者多项已识别资产使用的权利以换取对价，则该合同为租赁或者包含租赁。

根据《企业会计准则应用指南》和《企业会计准则第 21 号——租赁》，对表 21-1 所示的概念进行解释。

表 21-1　租赁基础概念

序号	项目	概念	关注事项
1	租赁期	承租人有权使用租赁资产且不可撤销的期间	承租人有续租选择权（终止租赁选择权），但合理确定将（不）会行使该选择权的，租赁期应当包含续租选择权（终止租赁选择权）涵盖的期间 发生承租人可控范围内的重大事件或变化，且影响承租人是否合理确定将行使相应选择权的，承租人应当对其是否合理确定将行使续租选择权、购买选择权或不行使终止租赁选择权进行重新评估
2	租赁开始日	租赁合同签署日与租赁各方就主要租赁条款作出承诺日中的较早者	

续表

序号	项目	概念	关注事项
3	租赁期开始日	出租人提供租赁资产使其可供承租人使用的起始日期	在租赁开始日，承租人和出租人应当将租赁认定为融资租赁或经营租赁，并确定在租赁期开始日应确认的金额。在租赁期开始日，出租人应当对融资租赁确认应收融资租赁款，并终止确认融资租赁资产
4	担保余值	与出租人无关的一方向出租人提供担保，保证在租赁结束时租赁资产的价值至少为某指定的金额	担保余值，就承租人而言，是指由承租人或与其有关的第三方担保的资产余值；就出租人而言，是指就承租人而言的担保余值加上与承租人和出租人均无关、但在财务上有能力担保的第三方担保的资产余值。其中，资产余值是指在租赁开始日估计的租赁期届满时租赁资产的公允价值
5	未担保余值	租赁资产余值中，出租人无法保证能够实现或仅由与出租人有关的一方予以担保的部分	对出租人而言，如果租赁资产余值中包含未担保余值，表明这部分余值的风险和报酬并没有转移，其风险应由出租人承担，因此，未担保余值不能作为应收融资租赁款的一部分
6	租赁付款额	承租人向出租人支付的与在租赁期内使用租赁资产的权利相关的款项	包括： （1）固定付款额及实质固定付款额，存在租赁激励的，扣除租赁激励相关金额 （2）取决于指数或比率的可变租赁付款额，该款项在初始计量时根据租赁期开始日的指数或比率确定 （3）购买选择权的行权价格，前提是承租人合理确定将行使该选择权 （4）行使终止租赁选择权需支付的款项，前提是租赁期反映出承租人将行使终止租赁选择权 （5）根据承租人提供的担保余值预计应支付的款项
7	租赁收款额	出租人因让渡在租赁期内使用租赁资产的权利而应向承租人收取的款项	包括： （1）承租人需支付的固定付款额及实质固定付款额，存在租赁激励的，扣除租赁激励相关金额 （2）取决于指数或比率的可变租赁付款额，该款项在初始计量时根据租赁期开始日的指数或比率确定 （3）购买选择权的行权价格，前提是合理确定承租人将行使该选择权 （4）承租人行使终止租赁选择权需支付的款项，前提是租赁期反映出承租人将行使终止租赁选择权 （5）由承租人、与承租人有关的一方以及有经济能力履行担保义务的独立第三方向出租人提供的担保余值 在转租的情况下，若转租的租赁内含利率无法确定，转租出租人可采用原租赁的折现率（根据与转租有关的初始直接费用进行调整）计量转租投资净额

续表

序号	项目	概念	关注事项
8	已识别资产	租赁合同确定时用于确认包含租赁标的物的一项合同是否属于租赁合同的资产	通常由合同明确指定，也可以在资产可供客户使用时隐性指定。但是，即使合同已对资产进行指定，如果资产的供应方在整个使用期间拥有对该资产的实质性替换权，则该资产不属于已识别资产
9	实质性替换权	在租赁期内，合同已对标的资产指定，供应方拥有改变租赁期内标的资产的权利	同时符合下列条件时，表明供应方拥有资产的实质性替换权： （1）资产供应方拥有在整个使用期间替换资产的实际能力 （2）资产供应方通过行使替换资产的权利将获得经济利益
10	租赁内含利率	使出租人的租赁收款额的现值与未担保余值的现值之和等于租赁资产公允价值与出租人的初始直接费用之和的折现率	
11	承租人增量借款利率	承租人在类似经济环境下为获得与使用权资产价值接近的资产，在类似期间以类似抵押条件借入资金须支付的利率	
12	使用权资产	承租人可在租赁期内使用租赁资产的权利	使用权资产应当按照成本进行初始计量。该成本包括： （1）租赁负债的初始计量金额 （2）在租赁期开始日或之前支付的租赁付款额，存在租赁激励的，扣除已享受的租赁激励相关金额 （3）承租人发生的初始直接费用 （4）承租人为拆卸及移除租赁资产、复原租赁资产所在场地或将租赁资产恢复至租赁条款约定状态预计将发生的成本
13	租赁激励	出租人为达成租赁向承租人提供的优惠，包括出租人向承租人支付的与租赁有关的款项、出租人为承租人偿付或承担的成本等	
14	初始直接费用	为达成租赁所发生的增量成本。增量成本是指若企业不取得该租赁，则不会发生的成本，如佣金、印花税等	无论是否实际取得租赁而发生的费用，在实际计量时不作为初始直接费用进行确认，如评估是否签订合同而发生的差旅费用、法律服务费用等

续表

序号	项目	概念	关注事项
15	短期租赁	在租赁期开始日，租赁期不超过 12 个月的租赁	包含购买选择权的租赁不属于短期租赁
16	低价值资产租赁	单项租赁资产为全新资产时价值较低的租赁	低价值资产租赁的判定仅与资产的绝对价值有关，不受承租人规模、性质或其他情况影响 低价值资产租赁还应当符合本准则第十条的规定 承租人转租或预期转租租赁资产的，原租赁不属于低价值资产租赁

21.2　租赁的分类

根据《企业会计准则第 21 号——租赁》，出租人应当在租赁开始日将租赁分为融资租赁和经营租赁。

（一）融资租赁

融资租赁，是指实质上转移了与租赁资产所有权有关的几乎全部风险和报酬的租赁。其所有权最终可能转移，也可能不转移。

一项租赁存在下列一种或多种情形的，通常分类为融资租赁，如图 21-1 所示。

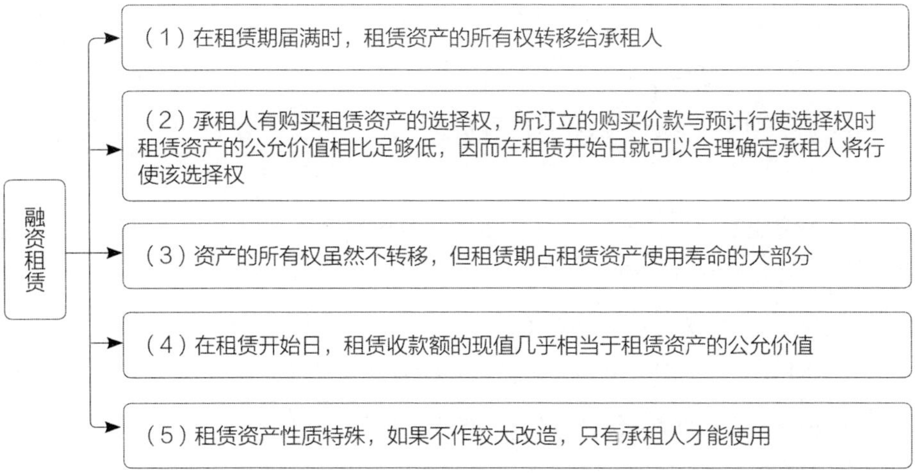

图 21-1　通常情况下融资租赁的确认

一项租赁存在下列一项或多项迹象的，也可能分类为融资租赁，如图 21-2 所示。

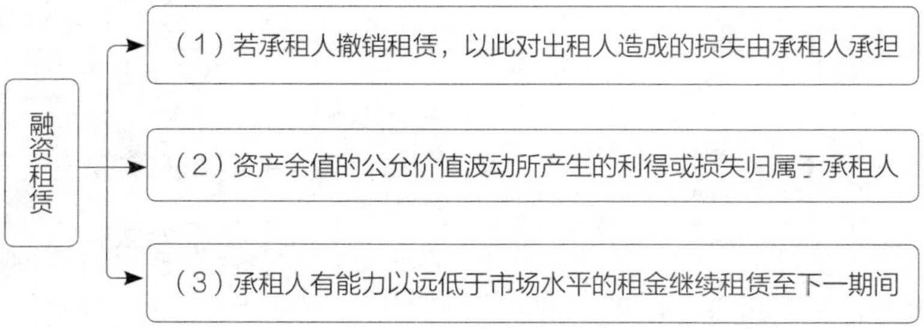

图 21-2　可能情况下融资租赁的确认

（二）经营租赁

根据《企业会计准则第 21 号——租赁》，经营租赁，是指除融资租赁以外的其他租赁。在租赁开始日后，出租人无须对租赁的分类进行重新评估，除非发生租赁变更。租赁资产预计使用寿命、预计余值等会计估计变更或发生承租人违约等情况变化的，出租人不对租赁的分类进行重新评估。

21.3　承租人的会计处理

21.3.1　承租人对租赁资产初始确认的会计处理

根据《企业会计准则第 21 号——租赁》，在租赁期开始日，承租人应当对租赁确认使用权资产和租赁负债。应用短期租赁和低价值租赁简化处理的除外。承租人在租赁谈判和签订租赁合同过程中发生的，可归属于租赁项目的手续费、律师费、差旅费、印花税等初始直接费用，应当计入租入资产价值。

根据《企业会计应用指南》，承租人在计算租赁付款额的现值时，应当采用租赁内含利率作为折现率；无法确定租赁内含利率的，应当采用承租人增量借款利率作为折现率。并按照租赁付款额的现值与租赁付款额之间的差额确认租赁期间未确认融资费用。

实务中，常见的增量利率的参考基础包括承租人同期银行贷款利率、相关租赁合同利率、承租人最近一期类似资产抵押贷款利率等。在进行增量利率的确认时，通常需要在上述考虑基础之上进行调整确定承租人适用增量利率水平。

【例 21-1】2×19 年 1 月 1 日，承租人甲公司与出租人乙公司签订了一份为期 10 年的房屋租赁协议，并拥有 5 年的续租选择权。每年的租赁付款为人民币 1 000 000 元，于每年年末支付。

在租赁期开始日，经甲公司评估后认为，在10年的租赁期结束后不能合理确定承租人是否行使续租选择权，因此将租赁期确定为10年。甲公司无法确定租赁内含利率，需用增量借款利率作为折现率来计算租赁付款额的现值。

甲公司现有的借款包括：

（1）一笔为期6个月的银行短期借款，金额为800 000元，借款期限为2×18年10月1日至2×19年3月31日，利率为4.0%，每季末支付利息，到期时一次性偿还本金，无任何抵押；

（2）一笔为期15年的债券，金额为500 000元，发行日为2×17年1月1日，到期日为2×31年12月31日，票面利率为9.0%，每年末支付利息，到期时一次性偿还本金，无任何抵押。

分析：为确定该租赁的增量借款利率，甲公司需要找到类似期限（即租赁期10年）、类似抵押条件（即以租赁资产作为抵押）、类似经济环境下（例如，借入时点是租赁期开始日，偿付方式是每年等额偿付1 000 000元，10年后拥有类似的5年续租选择权），借入与使用权资产价值接近的资金（即人民币10 000 000元）须支付的固定利率。经比较，无法直接确定利率水平，甲公司以其现有的借款利率以及市场可参考信息（如相同期限的国债利率等）作为基础，估计该租赁的增量借款利率。以可观察的借款利率作为参考基础确定增量借款利率时，通常需要考虑的调整事项包括但不限于以下几点：

（1）本息偿付方式不同，例如，作为参考基础的借款是每年付息且到期一次性偿还本金，而不是每年等额偿付本息；

（2）借款金额不同，例如，作为参考基础的借款金额远高于租赁负债；

（3）借款期限不同，例如，作为参考基础的借款期限短于或长于租赁期；

（4）抵押、担保情况不同，例如，作为参考基础的借款为无抵押借款；

（5）款项的借入时间不同，例如，作为参考基础的国债是2年前发行的，而市场利率水平在2年内发生了较大变化；

（6）提前偿付或其他选择权的影响；借款币种不同，例如，作为参考基础的借款为人民币借款，但租赁付款额的币种为美元。

情形一：甲公司发行的债券有公开市场。当甲公司发行的债券有公开市场时，通常考虑该债券的市场价格及市场利率，因为其反映了甲公司的现有信用状况以及债权投资者所要求的现时回报率。甲公司结合其自身情况判断后认为，以自己发行的15年期债券利率作为估计增量借款利率的起点最为恰当。甲公司在15年期债券利率的基础上，执行了如下步骤，以确定该租赁的增量借款利率。

第一步，确定15年期债券的市场利率。甲公司根据该债券的市场价格和剩余13年的还款情况（即每年末根据票面利率支付利息、到期一次性偿还本金），计算该债券的市场利率。该市场利率反映了甲公司的现有信用状况以及债权投资者所要求的现时回报率，甲公司无须因该债券的发行时间（即2年前）而进行额外调整。

第二步，调整借款金额的不同。15年期债券的金额为500 000元，租赁付款总额为10 000 000元，甲公司根据估计日市场情况考虑上述借款金额的不同是否影响借款利率并相应进行调整。

第三步，调整本息偿付方式的不同。该租赁是每年支付固定的租赁付款，而15年期债券是每年末付息并到期一次性偿还本金。甲公司应考虑该事项对借款利率的影响并做相应调整。

第四步，调整借款期间的不同。该租赁的租赁期为10年，而15年期债券的剩余期间为13年。甲公司应考虑该事项对借款利率的影响并做相应调整。

第五步，调整抵押情况的不同。在确定增量借款利率时，租赁合同视为以租赁资产作为抵押而获得借款，而15年期债券无任何抵押。甲公司应考虑该事项对借款利率的影响并做相应调整。

情形二：甲公司发行的债券没有公开市场。当甲公司发行的债券没有公开市场、但甲公司存在可观察的信用评级时，可考虑以与甲公司信用评级相同的企业所发行的公开交易的债券利率为基础，确定上述第一步的参考利率。

当甲公司发行的债券没有公开市场，且甲公司没有可观察的信用评级时，在市场利率水平和甲公司信用状况在债券发行日至增量借款利率估计日期间没有发生重大变化的情况下，可考虑以该15年期债券发行时的实际利率为基础，作为估计增量借款利率的起点。确定参考利率后，将其调整为增量借款利率的步骤与情形一基本相同。

情形三：甲公司没有任何借款。当甲公司没有任何借款时，可考虑通过银行询价的方式获取同期借款利率，并进行适当调整后确定其增量借款利率；或者，可考虑利用第三方评级机构获取其信用评级，参考情形一下的方法确定其增量借款利率。

（一）租赁负债的初始计量

租赁负债应当按照租赁期开始日尚未支付的租赁付款额的限制进行初始计量。是否应纳入租赁负债的相关付款项目是计量租赁负债的关键。

实际会计处理中租赁负债包含以下部分金额，如图 21-3 所示。

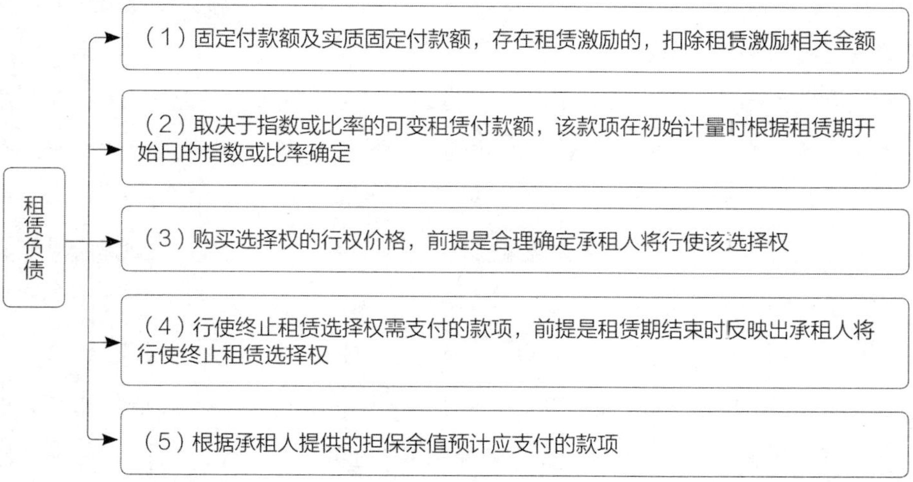

图 21-3　租赁负债包括的金额

（二）使用权资产的初始计量

使用权资产应当按照成本进行初始计量，该成本包括下列部分，如图 21-4 所示。

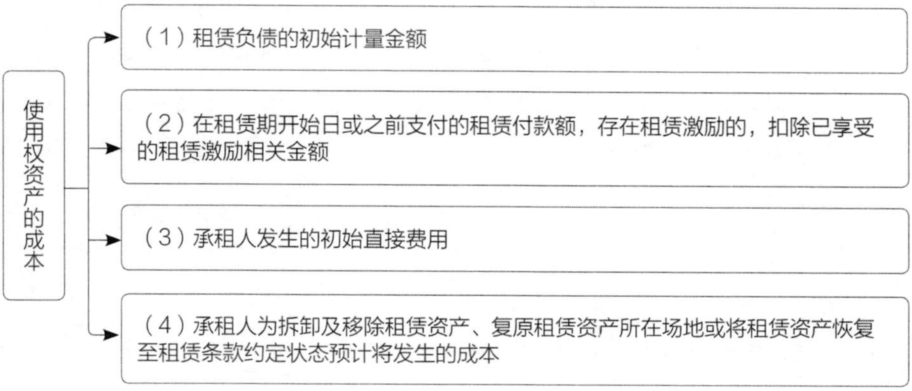

图 21-4　使用权资产的成本

【例 21-2】承租人甲公司就某生产线与出租人乙公司签订了一项租赁合同。合同约定本次租赁生产线的租赁时间为 2×19 年 1 月 1 日至 2×21 年 12 月 31 日，共计 3 年，并乙公司就该项租赁资产有 3 年的续租选择权。相关信息如下：

（1）每年的不含税租金为 1 000 000 元，如行使续租选择权，续租期间每年租金为 800 000 元，租金于每年年末支付；

（2）为取得该项租赁合同所发生的初始直接费用为 100 000 元；

（3）乙公司补偿承租方佣金 50 000 元；

（4）在租赁期开始日，甲公司经评估决定在初始租赁期满后不行使续租权；

（5）租赁期内甲公司确定租赁内含利率为 8%；

（6）该生产线为全新设备，估计使用年限为 5 年，租入后用作生产车间生产设备；

（7）该生产线在 2×20 年 1 月 1 日乙公司计量的公允价值为 2 300 000 元；

（8）2×20 年和 2×21 年两年，甲公司每年按该生产线所生产的产品——微波炉的年销售收入的 1% 向乙公司支付经营分享收入。

不考虑相关税费影响。请分析甲公司的会计处理。

承租人甲公司的会计处理如下：

第一步，计算租赁期开始日的租赁付款额现值。

在租赁期开始日，即 2×19 年 1 月 1 日，将剩余 3 年租赁期内每年度租金进行按照 8% 的租赁内含利率折现，计算可得：

租赁负债 =3 年内租赁付款额现值 =1 000 000×（*P/A*，3，8%）=2 577 100（元）

未确认融资费用 =3 年内租赁付款额 -3 年内租赁付款额现值 =3 000 000-2 577 100=422 900（元）

借：使用权资产　　2 577 100

　　租赁负债——未确认融资费用　　422 900

　　贷：租赁负债——租赁付款额　　3 000 000

第二步，将为取得租赁合同发生的初始直接费用计入使用权资产的初始成本。

借：使用权资产　　100 000

　　贷：银行存款等　　100 000

第三步，将已收的承租方佣金从使用权资产的初始直接成本中扣除。

借：银行存款等　　50 000

　　贷：使用权资产　　50 000

经上述计算，可知甲公司取得的该项租赁标的的初始直接成本=2 577 100+100 000−50 000=2 627 100（元）。

21.3.2　承租人对使用权资产的后续计量

在租赁期开始日之后，承租人应对使用权资产进行后续计量，即使用权资产的折旧处理以及使用权资产减值的会计处理。

（一）使用权资产折旧的计提

使用权资产折旧的计提，如图21-5所示。

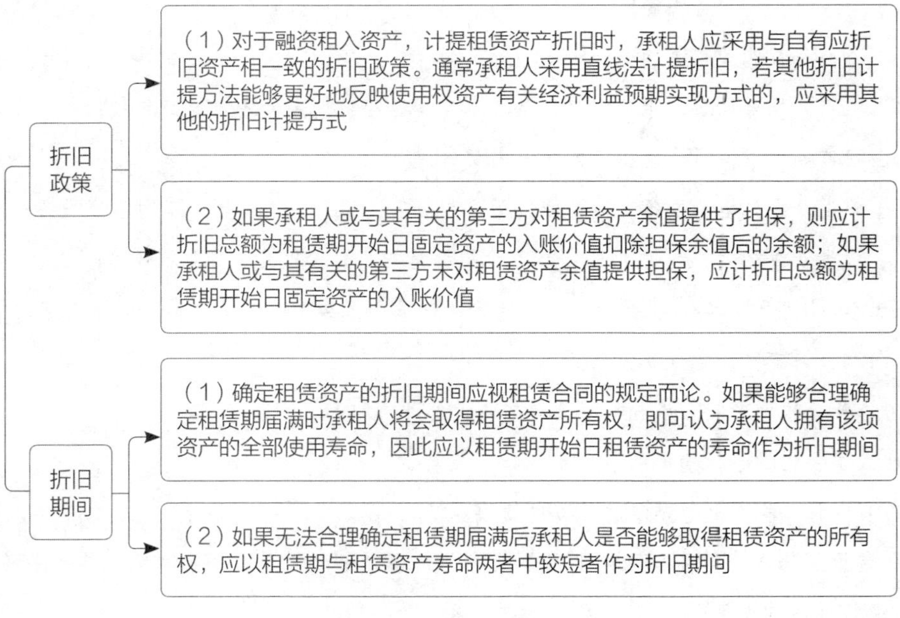

图21-5　使用权资产折旧的计提

【例21-3】沿用【例21-2】甲公司计提租赁资产折旧的会计处理。

第一步，融资租入固定资产折旧的计算（见表21-2）。

第二步，账务处理。

2×19 年 1 月 1 日，计提本月折旧 =875 700÷12=72 975（元）

借：制造费用——折旧费　　72 975

　　贷：累计折旧　　72 975

2×19 年 2 月—2×21 年 12 月的会计分录，同上。

表 21-2　融资租入固定资产折旧的计算过程（年限平均法）

2×19 年 1 月 1 日　　金额单位：元

日期	固定资产原价	折旧率 *	当年折旧费	累计折旧	固定资产净值
（1）2×19 年 1 月 1 日	2 627 100				2 627 100
（2）2×19 年 12 月 31 日		33.33%	875 700	875 700	1 751 400
（3）2×20 年 12 月 31 日		33.33%	875 700	1 751 400	875 700
（4）2×21 年 12 月 31 日		33.34%	875 700	2 627 100	0.00
合计	2 627 100	100.00%	2 627 100		

* 根据合同规定，由于甲公司无法合理确定在租赁期届满时能够取得租赁资产的所有权，所以，应当在租赁期与租赁资产尚可使用年限两者中的较短的期间内计提折旧。本例中租赁期为 3 年，短于租赁资产尚可使用年限 5 年，因此应按 3 年计提折旧。

（二）使用权资产发生减值的会计处理

承租人应当按照《企业会计准则第 8 号——资产减值》的规定，确定使用权资产是否发生减值，并对已识别的减值损失进行会计处理。使用权资产发生减值的，应当按照减值的数值，借记“资产减值损失”科目，贷记“使用权资产减值准备”科目，具体如图 21-6 所示。在本准则中计提的减值损失，一经计提，不得在日后期间转回。并按照减值后的使用权资产账面价值调整每期计提的折旧金额。

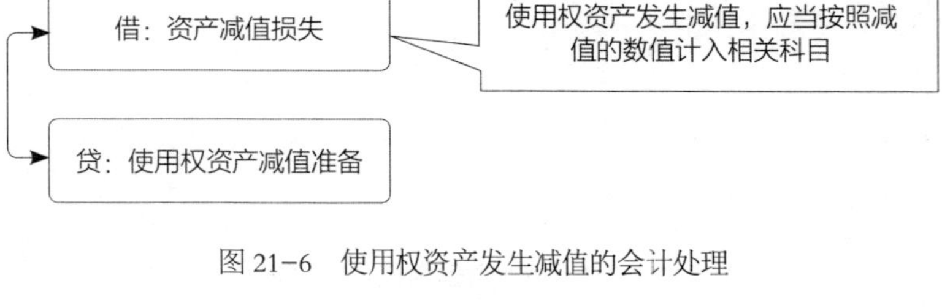

图 21-6　使用权资产发生减值的会计处理

【例 21-4】沿用【例 21-2】，该生产线在 2×20 年 1 月 1 日乙公司计量的公允价值为 2 300 000 元。此时，该项使用权资产的账面价值为 2 627 100-875 700=1 751 400（元），小于该项资产公允价值 2 300 000 元，故该项使用权资产发生了减值，减值金额为 2 300 000-1 751 400=548 600（元）。

相关会计处理如下：

借：资产减值损失　　548 600

　　贷：使用权资产减值准备　　548 600

21.3.3　承租人对租赁负债的后续计量

承租人对租赁负债的后续计量如图 21-7 所示。

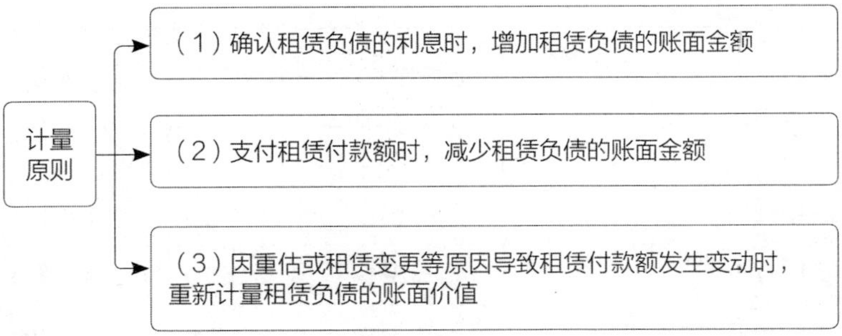

图 21-7　租赁负债的后续计量

注：承租人应当按照固定的周期性利率计算租赁负债在租赁期内各期间的利息费用，并计入当期损益。

【例 21-5】甲公司与乙公司签订一项租赁合同，该合同约定将乙公司的一间商铺出租给甲公司使用，合同期限为 7 年。每年商铺租金为 450 000 元，于每年度末支付。甲公司租赁内含利率为 5.04%。

分析可知，在租赁期开始日，甲公司按照租赁协议约定的每年租金的现值确认租赁负债为 2 600 000 元。第一年年末，支付租赁付款额为 450 000 元，其中，131 040（2 600 000×5.04%）元是当年年度的利息，318 960（450 000-131 040）元是本金，即租赁负债减少 318 960 元。甲公司的账务处理为：

借：租赁负债——租赁付款额　　450 000

　　贷：银行存款等　　450 000

借：财务费用　　131 040

　　贷：租赁负债——未确认融资费用　　131 040

以后年度租赁负债摊销情况如表 21-3 所示。

表 21-3　租赁负债摊销计算过程

单位：元

年度	租赁负债年初余额	利息	租赁付款额	租赁付款额年末余额
	①	②=①×5.04%	③	④=①+②－③
1	2 600 000.00	131 040.00	450 000.00	2 281 040.00

续表

年度	租赁负债年初余额	利息	租赁付款额	租赁付款额年末余额
2	2 281 040.00	114 964.42	450 000.00	1 946 004.42
3	1 946 004.42	98 078.62	450 000.00	1 594 083.04
4	1 594 083.04	80 341.79	450 000.00	1 224 424.83
5	1 224 424.83	61 711.01	450 000.00	836 135.84
6	836 135.84	42 141.25	450 000.00	428 277.09
7	428 277.09	21 722.91	450 000.00	0

21.3.4　租赁变更的会计处理

租赁变更，是指原合同条款之外的租赁范围、租赁对价、租赁期限的变更，包括增加或终止一项或多项租赁资产的使用权，延长或缩短合同规定的租赁期等。

租赁变更导致租赁范围缩小或租赁期缩短的，承租人应当相应调减使用权资产的账面价值，并将部分终止或完全终止租赁的相关利得或损失计入当期损益。其他租赁变更导致租赁负债重新计量的，承租人应当相应调整使用权资产的账面价值。

租赁发生变更且同时符合图 21-8 所示条件的，承租人应当将该租赁变更作为一项单独租赁进行会计处理。

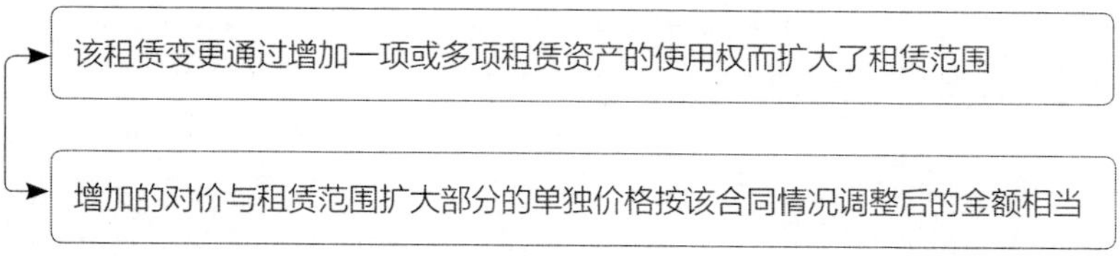

图 21-8　承租人进行单独租赁会计处理的条件

租赁变更未作为一项单独租赁进行会计处理的，在租赁变更生效日，承租人应当按照《企业会计准则第 21 号——租赁》第九条至第十二条的规定分摊变更后合同的对价，按照本准则第十五条的规定重新确定租赁期，并按照变更后租赁付款额和修订后的折现率计算的现值重新计量租赁负债。

【例 21-6】甲公司与乙公司就一处办公场所签订了一份为期 10 年期的租赁合同。年租赁付款额为 50 000 元，租金于每年年末支付。在租赁期开始日，甲公司的租赁内含利率为 6%，相应的租赁负债和使用权资产的初始确认额均为 368 000 元，即 368 000=50 000×（*P/A*，6%，10）。在第 6 年年初，甲公司和乙公司经协商决定对原租赁合同进行变更，自第 6 年年初起，缩减出租面积，出租办公场所面积为原来的一半，之后乙公司每年支付给甲公司的租金（自第 6 至 10 年）调整为 30 000 元。承租人在第 6 年年初的租赁内含利率无法确定，增量借款利率为 5%。

分析：在租赁变更生效日（即第6年年初），甲公司基于以下情况对租赁负债进行重新计量：

①剩余租赁期为5年；

②年付款额为30 000元；

③采用修订后的折现率5%进行折现。据此，计算得出租赁变更后的租赁负债为129 885元，即129 885=30 000×（*P/A*，5%，5）。

甲公司应基于原使用权资产部分终止的比例（即原租赁期开始日确认的使用权资产的一半），来确定使用权资产账面价值的调整数值。在租赁变更之前，原使用权资产的账面价值为184 000元，即368 000×5÷10，其50%的账面价值为92 000元；原租赁负债的账面价值为210 620元，即50 000×（*P/A*，6%，5），其50%的账面价值为105 310元。因此，在租赁变更生效日（第6年年初），甲公司终止确认50%的原使用权资产和原租赁负债，并将租赁负债减少额与使用权资产减少额之间的差额13 310（105 310−92 000）元作为利得计入当期损益。其中，租赁负债的减少额（105 310元）包括租赁付款的减少额125 000（50 000×50% ×5）元，以及未确认融资费用的减少额19 690（125 000−105 310）元。甲公司终止确认50%的原使用权资产和原租赁负债的账务处理如下：

借：租赁负债	125 000	
贷：租赁负债——未确认融资费用		19 690
使用权资产		92 000
资产处置损益		13 310

对甲公司的租赁负债105 310元与变更后重新计量的租赁负债129 885元之间的差额24 575元，调整使用权资产账面价值。

借：使用权资产	24 575	
租赁负债——未确认融资费用	425	
贷：租赁负债——租赁付款额		25 000

21.3.5 其他有关事项的会计处理

租赁业务中其他有关事项的会计处理如表21-4所示。

表21-4　租赁业务中其他有关事项的会计处理

项目	概念	会计处理
履约成本	租赁期内为租赁资产支付的各种使用费用，如技术咨询和服务费、人员培训费、维修费、保险费等	通常应计入当期损益
或有租金	金额不固定，以时间长短以外的其他因素（如销售量、使用量、物价指数等）为依据计算的租金	由于或有租金的金额不固定，无法采用系统合理的方法对其进行分摊，所以在或有租金实际发生时，计入当期损益

续表

项目	概念	会计处理
出租人 提供激励措施	出租人提供免租期或承担了承租人某些费用	出租人提供免租期的，承租人应将租金总额在不扣除免租期的整个租赁期内，按直线法或其他合理的方法进行分摊，免租期内应当确认租金费用及相应的负债；出租人承担了承租人某些费用的，承租人应将该费用从租金费用总额中扣除，按扣除后的租金费用余额在租赁期内进行分摊

【例 21-7】沿用【例 21-2】，甲公司或有租金的会计处理如下。

2×20 年 12 月 31 日，根据合同规定应向乙公司支付经营分享收入 100 000 元：

借：销售费用　　100 000

　　贷：其他应付款——乙公司　　100 000

2×21 年 12 月 31 日，根据合同规定应向乙公司支付经营分享收入 150 000 元：

借：销售费用　　150 000

　　贷：其他应付款——乙公司　　150 000

21.3.6　租赁期届满时的会计处理

租赁期届满时，承租人通常对租赁资产的会计处理有三种情况：返还、优惠续租和留购，具体会计处理如图 21-9 所示。

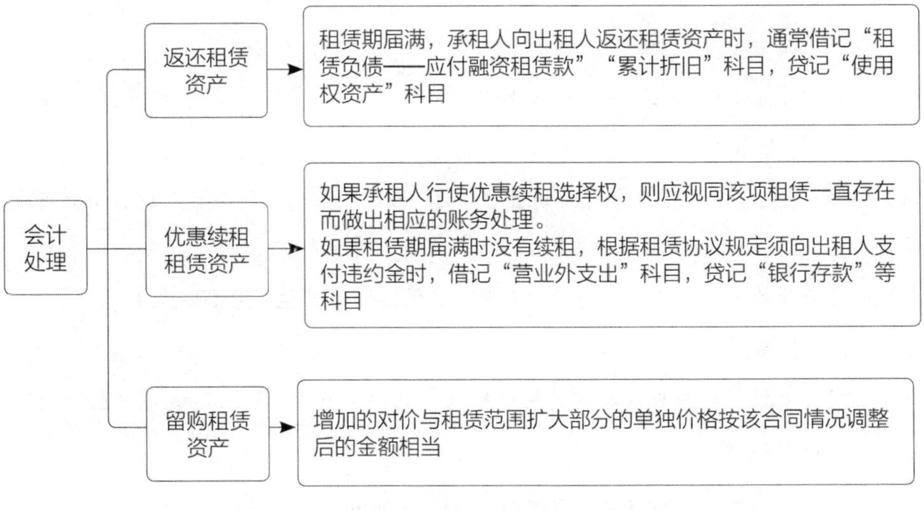

图 21-9　租赁期届满时租赁资产的会计处理

【例 21-8】沿用【例 21-2】，甲公司租期届满时的会计处理如下。

2×21 年 12 月 31 日，将该生产线退还乙公司：

借：累计折旧　　　　2 627 100

　　贷：使用权资产　　　　2 627 100

21.4　出租人的会计处理

21.4.1　出租人对融资租赁的会计处理

（一）初始计量

本准则规定，在租赁期开始日出租人应当进行图 21-10 所示的操作，进行初始计量。

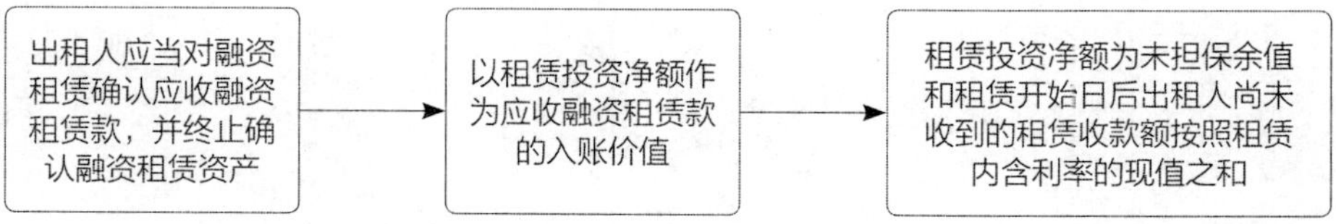

图 21-10　融资租赁的初始计量

【例 21-9】2×19 年 12 月 31 日，甲公司与乙公司就出租一台生产机器达成一项租赁协议。相关信息如下。

（1）租赁标的物：生产性设备一台。

（2）租赁期开始日：2×20 年 1 月 1 日。

（3）租赁期：6 年。

（4）租金：每年年末支付给乙公司租金 170 000 元。每年年末限期内付款的奖励租金为 20 000 元。

（5）租赁期开始日该资产公允价值为 690 000 元，账面价值 600 000 元。

（6）初始直接费用为手续费 30 000 元。

（7）承租人于租赁期结束后具有购买选择权。购买价格为 30 000 元。2×25 年 12 月 31 日该资产的公允价值为 90 000 元。

（8）约定可变租赁付款额为甲公司使用该生产设备所产生的收入的 5%。

（9）担保余值与未担保余值均为 0 元。

（10）该资产为全新资产，预计使用寿命为 7 年。

出租人的相关会计处理如下：

第一步：判断租赁类型。

优惠购买价格30 000元低于租赁期结束日的该项资产公允价值90 000元，因此在租赁期开始日可以确定甲公司会在租赁结束时行使该项购买选择权。租赁期间占该资产使用寿命的比例超过75%。因此，可以将本次租赁分类为融资租赁。

第二步：租赁收款额。

（1）承租人的固定付款额为考虑扣除租赁奖励金额后的数值，为900 000[（170 000−20 000）×6]元。

（2）承租人行使购买选择权的行权价格。

承租人于租赁期结束后具有购买选择权。购买价格为30 000元。优惠购买价格30 000元低于租赁期结束日的该项资产公允价值90 000元，因此在租赁期开始日可以确定甲公司会在租赁结束时行使该项购买选择权。行权价格为30 000元。

（3）由承租人向出租人提供的担保余值为0。

综上所述，租赁收款额=900 000+30 000=930 000（元）

第三步，确定租赁投资总额。

租赁投资总额＝出租人应收租赁收款额＋未担保余值=930 000+0=930 000（元）

第四步，确认租赁投资净额的金额和未实现融资收益。

租赁投资净额＝租赁资产在租赁期开始日公允价值＋出租人初始直接费用=690 000+30 000=720 000（元）

未实现融资收益＝租赁投资总额－租赁投资净额=930 000−720 000=210 000（元）

第五步，计算租赁内含利率。

根据租赁内含利率的定义，租赁内含利率是指在租赁开始日，使租赁投资总额的现值等于租赁资产公允价值与出租人的初始直接费用之和的折现率。

因此有150 000×（P/A，R，6）+30 000×（P/F，R，6）=720 000（元），可知租赁内含利率为7.66%。

第六步，账务处理。

2×20年1月1日：

借：应收融资租赁款——租赁收款额	930 000	
贷：银行存款等		30 000
融资租赁资产		600 000
资产处置损益		90 000
应收融资租赁款——未实现融资收益		210 000

（二）出租人对融资租赁租赁期内的利息收入的会计处理

出租人应当按照固定的周期性利率计算并于账务上确认租赁期内各个期间内的利息

收入。

【例 21-10】 沿用【例 21-9】资料。

计算租赁期间内各期的利息收入，如表 21-5 所示。

表 21-5　计算租赁期间内各期的利息收入

单位：元

日期	租金	利息收入	租赁投资净额余额
①	②	③= 期初 ④ × 7.66%	期末 ④= 期初 ④-②+③
2×20 年 1 月 1 日			720 000.00
2×20 年 12 月 31 日	150 000.00	55 152.00	625 152.00
2×21 年 12 月 31 日	150 000.00	47 886.64	523 038.64
2×22 年 12 月 31 日	150 000.00	40 064.76	413 103.40
2×23 年 12 月 31 日	150 000.00	31 643.72	294 747.12
2×24 年 12 月 31 日	150 000.00	22 577.63	167 324.75
2×25 年 12 月 31 日	150 000.00	12 675.25*	20 000.00
2×25 年 12 月 31 日	30 000.00		
合计	930 000.00	210 000.00	

*12 675.25=150 000+30 000-167 324.75

会计处理如下：

2×20 年 12 月 31 日收到第一笔租金：

借：银行存款等　150 000

　　贷：应收融资租赁款——租赁收款额　150 000

借：应收融资租赁款——未实现融资收益　55 152

　　贷：租赁收入　55 152

2×21 年 12 月 31 日收到第二笔租金：

借：银行存款等　150 000

　　贷：应收融资租赁款——租赁收款额　150 000

借：应收融资租赁款——未实现融资收益　47 886.64

　　贷：租赁收入　47 886.64

后续年份会计处理如上。

（三）出租人对融资租赁变更的会计处理

依据本准则规定，融资租赁行为发生租赁变更时，应在同时满足图 21-11 所示条件的情况下，出租人将本次租赁变更事项作为一项单独的租赁进行会计处理。

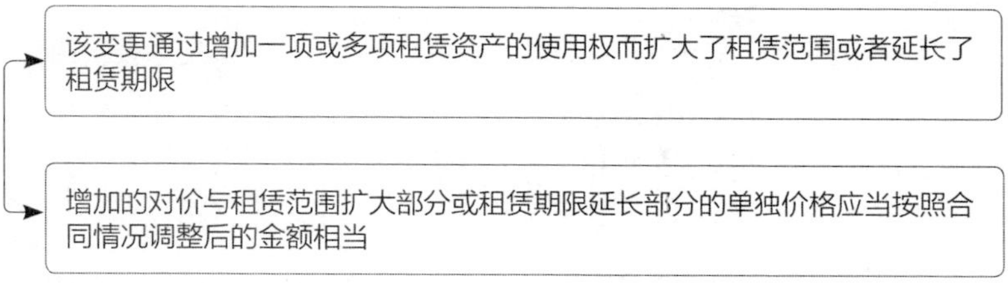

图 21-11　出租人进行单独租赁会计处理的条件

【例 21-11】承租人甲就某机器设备与出租人乙签订了一项为期 5 年的租赁合同。合同规定，每年末承租人向出租人支付租金 20 000 元，租赁期开始日，出租资产公允价值为 75 816 元。按照公式 20 000×（P/A，r，5）=75 816，计算得出租赁内含利率为 10%，租赁收款额为 100 000 元，未确认融资收益为 24 184 元。在第二年年初，承租人和出租人同意对原租赁进行修改，租赁期缩短，租赁期结束日为第三年年末。每年支付租金时点不变，租金总额从 100 000 元变更到 70 000 元。未更改前的租赁构成融资租赁。假设本例中不涉及未担保余值、担保余值、终止租赁罚款等。

分析：本例中，如果原租赁期限设定为 3 年，在租赁开始日，租赁类别被分类为经营租赁，那么，在租赁变更生效日，即第二年年初，出租人将租赁投资净余额 63 398（75 816+75 816×10% -20 000）元作为该套机器设备的入账价值，并从第二年年初开始，作为一项新的经营租赁（2 年租期，每年年末收取租金 25 000 元）进行会计处理。第二年年初会计分录如下：

借：固定资产　　63 398

　　应收融资租赁款——未确认融资收益（24 184-75 816×10%）　　16 602

　贷：应收融资租赁款——租赁收款额（100 000-20 000）　　80 000

如果一项租赁合同被确认为一项融资租赁，在发生租赁变更时并未作为一项单独租赁行为进行会计处理，且满足假如变更在租赁开始日生效，该租赁会被分类为融资租赁条件的，出租人应当按照《企业会计准则第 22 号——金融工具确认和计量》（2017）第四十二条关于修改或重新议定合同的规定进行会计处理。即修改或重新议定租赁合同，未导致应收融资租赁款终止确认，但导致未来现金流量发生变化的，应当重新计算该应收融资租赁款。对于在进行融资租赁变更时所产生的成本费用，应当相应调整应收融资租赁款的账面价值，并在剩余的修改后的租赁期间内进行直线法摊销。

21.4.2　出租人对经营租赁的会计处理

（一）租赁期开始日对租金的会计处理

租赁期开始日租金的会计处理如图 21-12 所示。

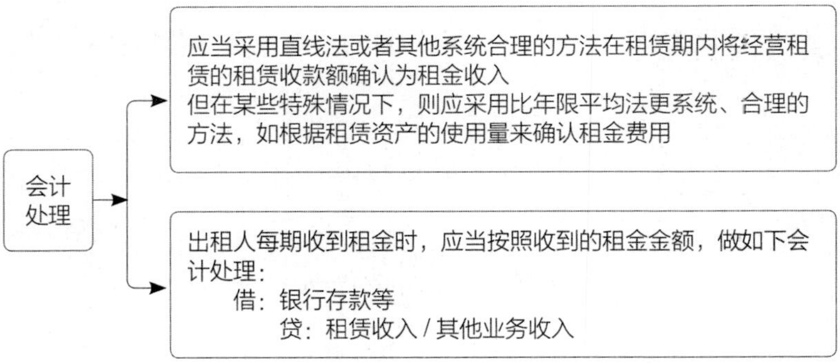

图 21-12　租赁期开始日租金的会计处理

【例 21-12】2×19 年 1 月 1 日，A 公司与 B 公司（承租人）达成租赁协议，就一台办公设备签订为期 3 年的租赁合同。该办公设备在 2×19 年 1 月 1 日的公允价值为 1 000 000 元，预计使用年限为 10 年。租赁合同规定，租赁开始日（2×19 年 1 月 1 日）A 公司向 B 公司预付租金 150 000 元，第一年年末支付租金 150 000 元，第二年年末支付租金 200 000 元，第三年年末支付租金 250 000 元。租赁期届满后 B 公司收回设备，3 年的租金总额为 750 000 元。（假定 A 公司和 B 公司均在年末确认租金费用和租金收入，并且不存在租金逾期支付的情况）。

分析：将融资租赁条件应用于本题当中，可以发现此项租赁没有满足融资租赁的任何一条标准，所以此项租赁应作为经营租赁处理。确认租金费用时，应当将租赁期内取得的全部租金收入在全部租赁期内按照直线法进行分摊。不能依据各期实际支付的租金的金额确定。此项租赁租金费用总额为 750 000 元，按直线法计算，每年应分摊的租金费用为 250 000 元。账务处理如下：

2×19 年 1 月 1 日：

借：长期待摊费用	150 000	
贷：银行存款等		150 000

2×19 年 12 月 31 日：

借：管理费用	250 000	
贷：长期待摊费用		100 000
银行存款等		150 000

2×20 年 12 月 31 日：

借：管理费用	250 000	
贷：长期待摊费用		50 000
银行存款等		200 000

2×21 年 12 月 31 日：

借：管理费用	250 000	
贷：银行存款等		250 000

（二）出租人对经营租赁中未实现融资收益的会计处理

在租赁期开始日，将应收融资租赁款、未担保余值之和与其现值的差额确认为未实现融资收益，在将来收到租金的各期内确认为租赁收入。出租人发生的初始直接费用，应包括在应收融资租赁款的初始计量中，并减少租赁期内确认的收益金额。

根据本准则的规定，未实现融资收益应当在租赁期内各个期间进行分配，确认为各期的租赁收入。分配时，出租人应当采用实际利率法计算当期应当确认的租赁收入。

（三）出租人提供免租期时的会计处理

出租人提供免租期时的会计处理如图 21-13 所示。

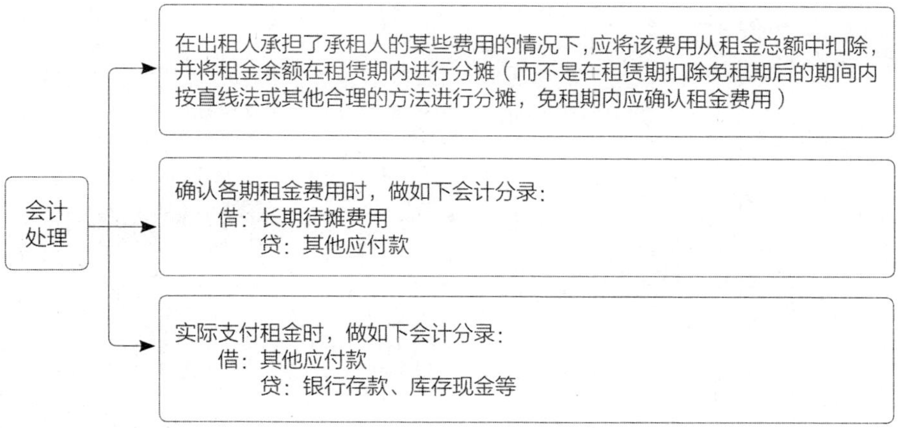

图 21-13　出租人提供免租期时的会计处理

（四）出租人对初始直接费用的会计处理

与经营租赁资产相关的初始直接费用应当采用资本化的方式计入经营租赁资产的成本。

（五）出租人对经营租赁资产折旧和减值的会计处理

出租人对经营租赁资产折旧和减值的会计处理如图 21-14 所示。

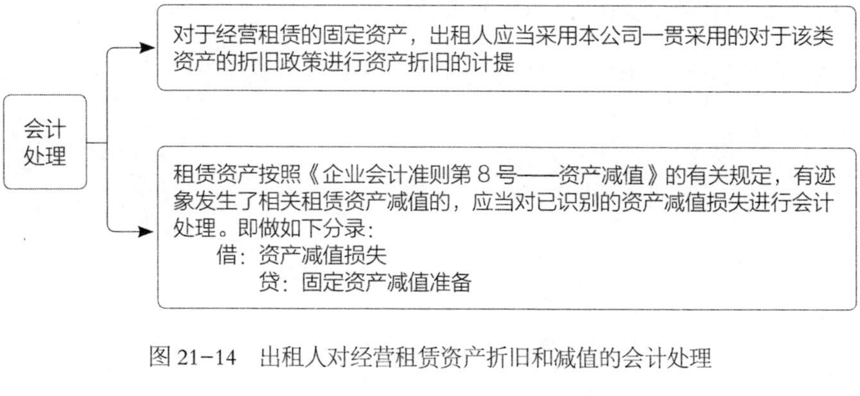

图 21-14　出租人对经营租赁资产折旧和减值的会计处理

（六）出租人对经营租赁中可变租赁付款额的会计处理

出租人取得的与指数或者比率挂钩的、与经营租赁资产相关的可变租赁付款额，应当在租赁期开始日计入租赁收款额。除此之外的款项，应于发生之时计入当期损益。

（七）出租人对经营租赁发生变更事项时的会计处理

本准则规定，在经营租赁发生变更时，出租人应当自变更生效日起将其作为一项新租赁进行会计处理，与变更前租赁有关的预收或应收租赁收款额应当视为新租赁的收款额。

（八）未担保余值发生变动时的会计处理

未担保余值发生变动时的会计处理如图 21-15 所示。

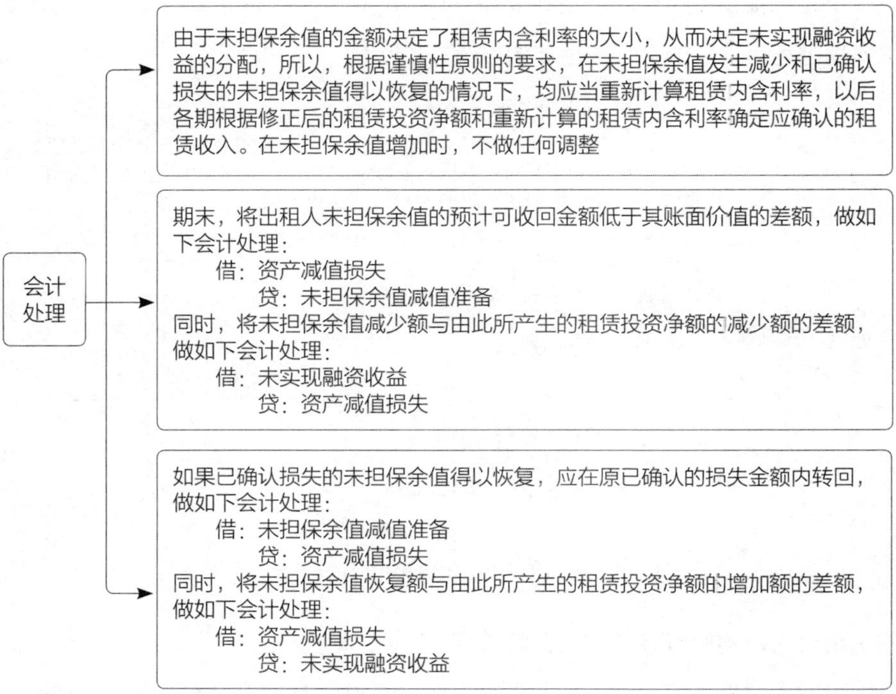

图 21-15　未担保余值发生变动时的会计处理

21.4.3　租赁期届满时出租人的会计处理

（一）租赁期届满时，承租人将租赁资产交还出租人

这时可能出现图 21-16 所示的三种情况。

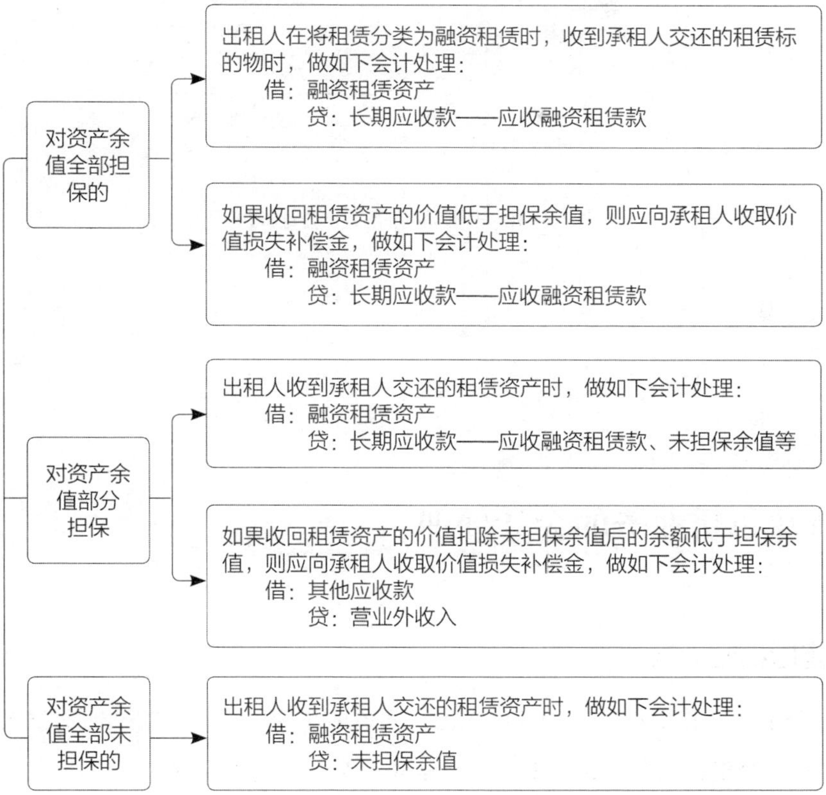

图 21-16　租赁期届满时的可能情况

（二）优惠续租租赁资产

优惠续租租赁资产的会计处理如图 21-17 所示。

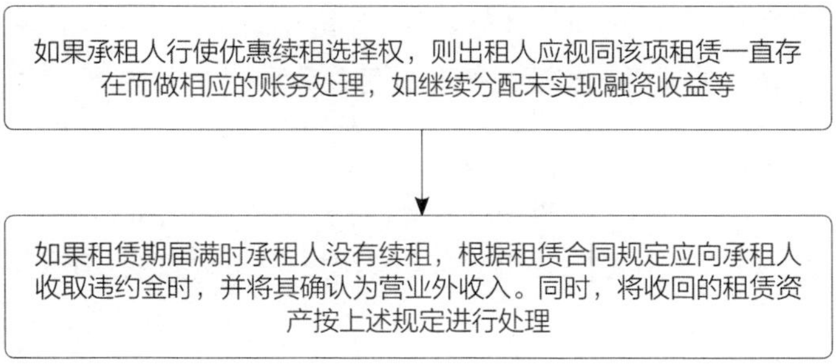

图 21-17　优惠续租租赁资产的会计处理

（三）留购租赁资产

租赁期届满时，依据租赁协议，承租人在协议期结束时拥有购买选择权的，承租人可以选择行使优惠购买选择权。

此时，出租人应按实际收到的承租人支付的购买租赁标的物的价款，进行账务处理。借记“银行存款”等科目，贷记“长期应收款——应收融资租赁款”科目，具体如图 21-18 所示。

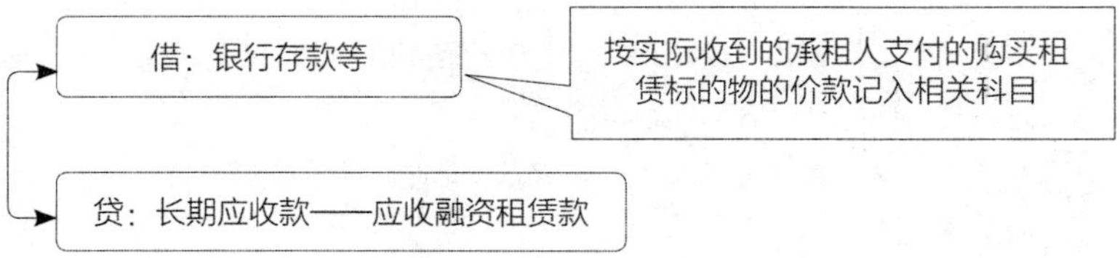

图 21-18　留购租赁资产的会计处理

21.5　特殊租赁业务的会计处理

21.5.1　售后租回业务

若卖方兼承租人将资产转让给其他企业（买方兼出租人），并在出售后的未来某一天将出售资产从买方兼出租人租回，则卖方兼承租人和买方兼出租人均应按照售后租回交易的规定进行会计处理。

如果企业该项交易符合企业会计准则中的《企业会计准则第 14 号——收入》（2017）的规定，经评估确定企业该项售后租回交易中的资产转让涉及收入确认问题，则在进行售后租回会计处理时应当按照收入准则确认收入。而该项会计事项是否确认收入的关键在于其是否符合收入的确认条件，其售后租回时涉及的标的物资产转让行为是否属于销售，并区别进行会计处理。在实际会计处理时，售后租回业务可以分为图 21-19 所示两类，并分别进行会计处理。

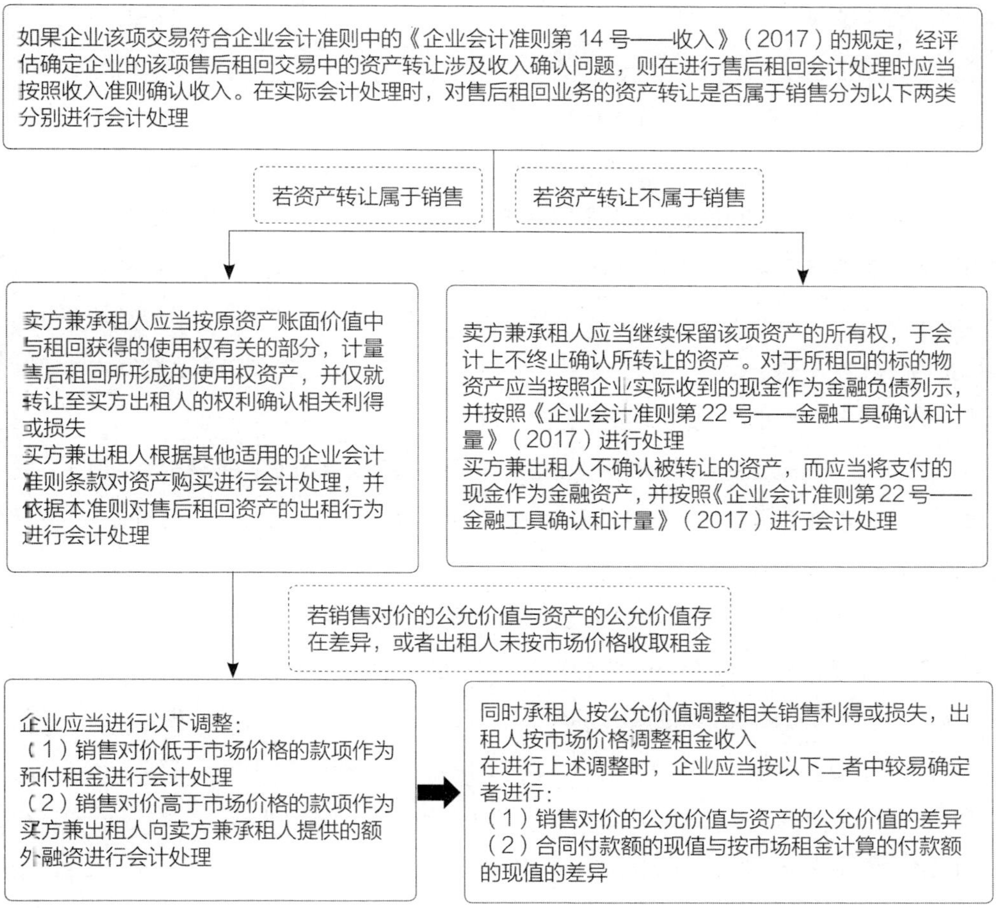

图 21-19　售后租回业务的会计处理

【例 21-13】（1）售后租回交易中的资产转让不属于销售。

甲公司（卖方兼承租人）拥有一栋建筑物，经协商，甲公司以货币资金 30 000 000 元的价格向乙公司（买方兼出租人）出售该栋建筑物。该建筑物在签订合同之前的账面原值是 30 000 000 元，累计折旧是 27 500 000 元。与此同时，甲公司与乙公司签订了合同，取得了该建筑物 20 年的使用权（全部剩余使用年限为 40 年），年租金为 1 000 000 元，于每年年末支付，租赁期满时，甲公司将以 100 元购买该建筑物。根据交易的条款和条件，甲公司转让建筑物不满足《企业会计准则第 14 号——收入》（2017）中关于销售成立的条件。假设不考虑初始直接费用和各项税费的影响。该建筑物在销售当日的公允价值为 36 000 000 元。

分析：在租赁期开始日，甲公司对该交易的会计处理如下：

借：货币资金　　30 000 000

　　贷：长期应付款　　30 000 000

在租赁期开始日，乙公司对该交易的会计处理如下：

借：长期应收款　　　　30 000 000

　　贷：货币资金　　　　30 000 000

（2）售后租回交易中的资产转让属于销售。

甲公司（卖方兼承租人）以货币资金 40 000 000 元的价格向乙公司（买方兼出租人）出售一栋建筑物，交易前该建筑物的账面原值是 24 000 000 元，已计提折旧 4 000 000 元。与此同时，甲公司与乙公司签订了合同，取得了该建筑物 18 年的使用权（全部剩余使用年限为 40 年），年租金为 2 400 000 元，于每年年末支付。根据交易的条款和条件，甲公司转让建筑物符合《企业会计准则第 14 号——收入》（2017）中关于销售成立的条件。假设不考虑初始直接费用和各项税费的影响。该建筑物在销售当日的公允价值为 36 000 000 元。

分析：由于该建筑物的销售对价并非该栋建筑物的实际公允价值，甲公司和乙公司在进行账务处理时应当分别进行调整，以按照公允价值计量销售收益和租赁应收款。超额售价 4 000 000（40 000 000-36 000 000）元作为乙公司向甲公司提供的额外融资进行确认。

甲、乙公司均确定租赁内含年利率为 4.5%。年付款额现值为 29 183 980 元（年付款额为 2 400 000 元，共 18 期，按每年 4.5% 进行折现），其中 4 000 000 元与额外融资相关，25 183 980 元与租赁相关（分别对应年付款额 328 948 元和 2 071 052 元），具体计算过程如下：

年付款额现值 =2 400 000×（*P/A*，4.5%，18)=29 183 980（元）

额外融资年付款额 =4 000 000÷29 183 980×2 400 000=328 948（元）

租赁相关年付款顿 =2 400 000-328 948=2 071 052（元）

（1）在租赁期开始日，甲公司对交易的会计处理如下：

第一步，按与租回获得的使用权部分占建筑物的原账面金额的比例计算售后租回所形成的使用权资产。

使用权资产 =（24 000 000-4 000 000）×（25 183 980÷36 000 C00）=13 991 100（元）

第二步，计算与转让至乙公司的权利相关的利得。

出售该建筑物的全部利得 =36 000 000-20 000 000=16 000 000（元），其中：

① 与该建筑物使用权相关利得 =16 000 000×（25 183 980÷36 000 C00)=11 192 880（元）

② 与转让至乙公司的权利相关的利得 =16 000 000 -①=16 000 000-11 192 880 =4 807 120（元）

第三步，做会计分录。

① 与对外融资相关：

借：货币资金　　　　4 000 000

　　贷：长期应付款　　　　4 000 000

② 与租赁相关：

借：货币资金　　　　36 000 000

　　使用权资产　　　　13 991 100

固定资产——建筑物（累计折旧）　4 000 000
租赁负债——未确认资费用　12 094 956
贷：固定资产——建筑物（原值）　24 000 000
租赁负债——租赁付款额（2 071 052×18）　37 278 936
资产处置损益　4 807 120

（2）甲公司支付的年付款额 2 400 000 元中 2 071 052 元作为租赁付款额处理，328 948 元作为以下两项进行会计处理：

① 结算金融负债 4 000 000 元而支付的款项和利息费用。以第一年年末为例：

借：租赁负债——租赁付款额　2 071 052
长期应付款（328 948-180 000）　148 948
利息费用（25 183 980×4.5% +4 000 000×4.5%）　1 313 279
贷：租赁负债——未确认融资费用　1 133 279
银行存款等　2 400 000

② 综合考虑租期占该建筑物剩余使用年限的比例等因素，乙公司将该建筑物的租赁分类为经营租赁。在租赁期开始日，乙公司对该交易的会计处理如下：

借：固定资产——建筑物　36 000 000
长期应收款　4 000 000
贷：货币资金　40 000 000

（3）租赁期开始日之后，乙公司将从甲公司的年收款额 2 400 000 元中的 2 071 052 元作为租赁收款额进行会计处理。从甲公司年收款额中的其余 328 948 元作为以下两项进行会计处理：

① 结算金融资产 4 000 000 元而收到的款项；

② 利息收入。

以第一年年末为例：

借：银行存款等　2 400 000
贷：租赁收入　2 071 052
利息收入　180 000
长期应收款　148 948

21.5.2　转租赁

转租出租人对原租赁合同和转租赁合同分别根据承租人和出租人会计处理要求，进行会计处理。

（一）转租赁的分类基础

在对转租赁进行分类时，转租出租人应当基于原租赁产生的使用权资产，而不是原租赁的标的资产，对转租赁进行分类。

原租赁资产不归转租出租人所有，原租赁资产也未计入其资产负债表。因此，转租出租人应基于其控制的资产（即使用权资产）进行会计处理。

但是，原租赁为短期租赁，且转租出租人作为承租人已按照租赁准则采用简化会计处理方法的，应将转租赁分类为经营租赁。

（二）转租赁的会计处理

1. 转租赁分类为融资租赁的会计处理

（1）终止确认与原租赁相关且转给转租承租人的使用权资产，并确认转租赁投资净额；

（2）将使用权资产与转租赁投资净额之间的差额确认为损益（资产处置损益）；

（3）在资产负债表中保留原租赁的租赁负债，该负债代表应付原租赁出租人的租赁付款额。在转租期间中间出租人既要确认转租赁的融资收益，也要确认原租赁的利息费用。

2. 转租赁分类为经营租赁的会计处理

签订转租赁时，转租出租人在其资产负债表中继续保留与原租赁相关的租赁负债和使用权资产。在转租期间：

（1）确认使用权资产的折旧费用和租赁负债的利息；

（2）确认转租赁的租赁收入。

21.5.3 生产商或经销商出租人的融资租赁会计处理

生产商或经销商通常为客户提供购买或租赁其产品或商品的选择。如果生产商或经销商出租其产品或商品构成融资租赁，则该交易产生的损益应相当于按照考虑适用的交易量或商业折扣后的正常售价直接销售标的资产所产生的损益。

（一）生产商或经销商出租其产品或商品构成融资租赁的会计处理

构成融资租赁的，生产商或者经销商出租人在租赁期开始日应当按照租赁资产公允价值与租赁收款额按照市场利率折现的现值两者孰低确认收入，并按照租赁资产账面价值和除未担保余值的现值后的余额结转销售成本，收入和销售成本的差额作为销售损益。租赁收款额按租赁内含利率折现的现值。

借：应收融资租赁款——租赁收款额

　　贷：主营业务收入（租赁资产公允价值与租赁收款额按市场利率折现的现值两者孰低）

　　　　应收融资租赁款——未实现融资收益

借：主营业务成本（租赁资产账面价值 - 未担保余值的现值）

　　应收融资租赁款——未担保余值

贷：库存商品

应收融资租赁款——未实现融资收益

（二）取得融资租赁所发生成本的会计处理

由于取得融资租赁所发生的成本主要与生产商或经销商赚取的销售利得相关，生产商或经销商出租人应当在租赁期开始日将其计入损益（销售费用等）。即，与其他融资租赁出租人不同，生产商或经销商出租人取得融资租赁所发生的成本不属于初始直接费用，不计入租赁投资净额。

借：销售费用

贷：银行存款

21.6　租赁的列报和披露

21.6.1　承租人的列报和披露

（一）承租人的列报

承租人的列报如表 21-6 所示。

表 21-6　承租人的列报

报表类型	列报原则
资产负债表	根据《企业会计准则第 21 号——租赁》，承租人应当单独列示使用权资产和租赁负债。其中，租赁负债通常分别非流动负债和一年内到期的非流动负债列示
利润表	承租人应当分别列示租赁负债的利息费用与使用权资产的折旧费用。租赁负债的利息费用在财务费用项目下列示。对于不存在财务费用的金融企业来说，该项租赁负债的利息费用可在“业务及管理费用”项下列示，并在财务报表附注中进行进一步说明
现金流量表	偿还租赁负债本金和利息所支付的现金应当计入筹资活动现金流出；支付的按本准则第三十二条简化处理的短期租赁付款额和低价值资产租赁付款额以及未纳入租赁负债计量的可变租赁付款额应当计入经营活动现金流出

（二）承租人的披露

承租人应当使用列表的形式进行披露，若认为采用其他的格式能够更加便于说明所披露信息，则可以采用其他形式进行租赁事项的披露。具体内容如表 21-7 所示。

表 21-7　承租人的披露

信息类型	内容
应当在附注中披露的信息	（1）各类使用权资产的期初余额、本期增加额、期末余额以及累计折旧额和减值金额 （2）租赁负债的利息费用 （3）计入当期损益的按本准则第三十二条简化处理的短期租赁费用和低价值资产租赁费用。承租人应用本准则第三十二条对短期租赁和低价值资产租赁进行简化处理的，应当披露这一事实 （4）未纳入租赁负债计量的可变租赁付款额 （5）转租使用权资产取得的收入 （6）与租赁相关的总现金流出 （7）售后租回交易产生的相关损益 （8）其他按照《企业会计准则第 37 号——金融工具列报》应当披露的有关租赁负债的信息
根据便于理解财务报表的需要，及时披露的其他定性和定量信息	（1）租赁活动的性质，如对租赁活动基本情况的描述 （2）未纳入租赁负债计量的未来潜在现金流出。该事项的来源可能产生于下述事项：一是可变租赁付款额的存在，二是续租选择权与终止租赁选择权的存在与权利的履行，三是担保余值的存在，四是责任已承诺但尚未开始的租赁 （3）租赁导致的限制或承诺。如对于租赁期内与租赁资产有关的未来不确定收入的确认等 （4）售后租回交易。如对于售后租回业务的租回原因、期限、租回付款额、租回的主要条件等内容需要在报告当中进行披露与列报 （5）其他相关信息。在此项下需要考虑以下两个方面的信息： ① 该信息是否与财务报表使用者相关 ② 该信息是否可以从财务报表主表列报或附注中披露的信息直观得出

21.6.2　出租人的列报和披露

根据《企业会计准则第 21 号——租赁》，出租人应当根据出租资产的性质列报或披露如下信息。

（一）出租人应当在附注中披露与融资租赁有关的信息

出租人应当在附注中披露与融资租赁有关的信息，如表 21-8 所示。

表 21-8　出租人与融资租赁有关信息的披露

信息类型	内容
与融资租赁有关的信息	（1）销售损益、租赁投资净额的融资收益以及与未纳入租赁投资净额的可变租赁付款额相关的收入；出租人应当以列表形式披露上述信息，其他形式更为适当的除外 （2）资产负债表日后连续五个会计年度每年将收到的未折现租赁收款额，以及剩余年度将收到的未折现租赁收款额总额；不足五个会计年度的，披露资产负债表日后连续每年将受到的未折现租赁收款额 （3）未折现租赁收款额与租赁投资净额的调节表，包括对于租赁收款额相关的未实现融资收益、未担保余值的现值等事项的说明

（二）出租人应当在附注中披露与经营租赁有关的信息

出租人应当在附注中披露与经营租赁有关的信息，如表 21-9 所示。

表 21-9　出租人与经营租赁有关信息的披露

<table>
<tr><th>信息类型</th><th>披露性质</th><th>内容</th></tr>
<tr><td rowspan="2">与经营租赁有关的信息</td><td>应当在附注中披露的信息</td><td>（1）租赁收入，并单独披露与未计入租赁收款额的可变租赁付款额相关的收入
（2）将经营租赁固定资产与出租人持有自用的固定资产分开，并按经营租赁固定资产的类别提供《企业会计准则第 4 号——固定资产》要求披露的信息
（3）资产负债表日后连续五个会计年度每年将收到的未折现租赁收款额，以及剩余年度将收到的未折现租赁收款额总额</td></tr>
<tr><td>根据理解财务报表的需要，披露的其他定性和定量信息</td><td>（1）租赁活动的性质，如对租赁活动基本情况的描述
（2）对其在租赁资产中保留的权利进行风险管理的情况
（3）其他相关信息，如租赁活动的性质、对其在租赁资产中保留的权利进行风险管理的情况等</td></tr>
</table>

第 22 章 金融工具确认和计量

22.1 金融工具概述

《企业会计准则第 22 号——金融工具确认和计量》（以下简称“本准则”）将金融工具定义为：形成一方的金融资产并形成其他方的金融负债或权益工具的合同。金融工具分类如表 22-1 所示。

表 22-1 金融工具分类

金融工具类别	定义
金融资产	指企业持有的现金、其他方的权益工具以及符合下列条件之一的资产： （1）从其他方收取现金或其他金融资产的合同权利 （2）在潜在有利条件下，与其他方交换金融资产或金融负债的合同权利 （3）将来须用或可用企业自身权益工具进行结算的非衍生工具合同，且企业根据该合同将收到可变数量的权益工具 （4）将来须用或可用企业自身权益工具进行结算的衍生工具合同、但以固定数量的自身权益工具交换固定金额的现金或其他金融资产的衍生工具合同除外
金融负债	指企业符合下列条件之一的负债： （1）向其他方交付现金或其他金融资产的合同义务 （2）在潜在不利条件下，与其他方交换金融资产或金融负债的合同义务 （3）将来须用或可用企业自身权益工具进行结算的非衍生工具合同，且企业根据该合同将交付可变数量的自身权益工具 （4）将来须用或可用企业自身权益工具进行结算的衍生工具合同，但以固定数量的自身权益工具交换固定金额的现金或其他金融资产的衍生工具合同除外 企业对全部现有同类别非衍生自身权益工具的持有方同比例发行配股权、期权或认股权证，使之有权按比例以固定金额的任何货币换取固定数量的该企业自身权益工具的，该类配股权、期权或认股权证应当分类为权益工具

续表

金融工具类别	定义
衍生工具	指属于本准则范围并同时具备下列特征的金融工具或其他合同： （1）其价值随特定利率、金融工具价格、商品价格、汇率、价格指数、费率指数、信用等级、信用指数或其他变量的变动而变动，变量为非金融变量的，该变量不应与合同的任何一方存在特定关系 （2）不要求初始净投资，或者与对市场因素变化预期有类似反应的其他合同相比，要求较少的初始净投资 （3）在未来某一日期结算。表明衍生工具结算需要经历一段特定期间。远期合同是常见的衍生金融工具
贷款承诺	指按照预先规定的条款和条件提供信用的确定性承诺，本准则适用于下列贷款承诺： （1）企业指定为以公允价值计量且其变动计入当期损益的金融负债的贷款承诺。如果按照以往惯例，企业在贷款承诺产生后不久即出售其所产生资产，则同一类别的所有贷款承诺均应当适用本准则 （2）能够以现金或者通过交付或发行其他金融工具净额结算的贷款承诺。此类贷款承诺属于衍生工具。企业不得仅仅因为相关贷款将分期拨付（如按工程进度分期拨付的按揭建造贷款）而将该贷款承诺视为以净额结算 （3）如果企业存在先例，在贷款承诺形成贷款资产后随即将该资产出售（即等同于以净额结算贷款承诺），则企业所有的同类贷款承诺均应适用本准则 （4）以低于市场利率贷款的贷款承诺
注：企业自身权益工具不包括应当按照《企业会计准则第 37 号——金融工具列报》分类为权益工具的可回售工具或发行方仅在清算时才有义务向另一方按比例交付其净资产的金融工具，也不包括本身就要求在未来收取或交付企业自身权益工具的合同	

【例 22-1】甲企业于 2×17 年 2 月 1 日向乙企业支付 5 000 元购入以自身普通股为标的的看涨期权。根据该期权合同，甲企业有权以每股 100 元的价格向乙企业购入甲企业普通股 1 000 股，行权日为 2×18 年 6 月 30 日。在行权日，期权将以甲企业普通股净额结算。假设行权日甲企业普通股的每股市价为 125 元，期权的公允价值为 25 000 元，则甲企业会收到 200（25 000÷125）股自身普通股对看涨期权进行净额结算。

本例中，期权合同属于将来须用企业自身权益工具进行结算的衍生工具合同，由于合同约定以甲企业的普通股净额结算期权的公允价值，而非按照每股 100 元的价格全额结算 1 000 股甲企业股票，所以不属于“以固定数量的自身权益工具交换固定金额的现金”。在这种情况下，甲企业应当将该看涨期权确认为一项衍生金融资产。

22.2　金融工具确认与终止确认

22.2.1　金融资产和金融负债的确认条件

金融资产或金融负债的确认条件，如图 22-1 所示。

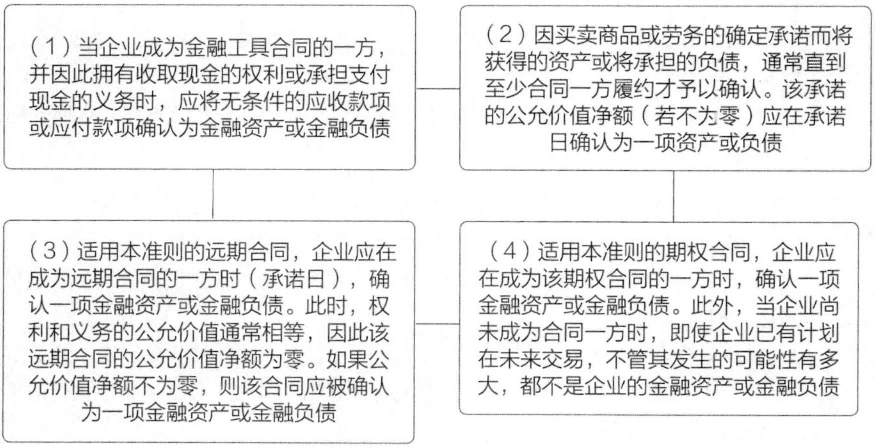

图 22-1　金融资产或金融负债的确认条件

22.2.2　金融资产和金融负债的终止确认

金融资产和金融负债的终止确认如表 22-2 所示。

表 22-2　金融资产和金融负债的终止确认

类型	定义	情形（满足其一即可）
金融资产的终止确认	指企业将之前确认的金融资产从其资产负债表中予以转出	（1）收取该金融资产现金流量的合同权利终止 （2）该金融资产已转移，且该转移满足《企业会计准则第 23 号——金融资产转移》关于金融资产终止确认的规定 以下情形也会导致金融资产的终止确认： （1）合同的实质性修改 （2）核销
金融负债的终止确认	指企业将之前确认的金融负债从其资产负债表中转出。金融负债（或其一部分）的现时义务已经解除的，企业应当终止确认该金融负债（或该部分金融负债）	（1）债务人通过履行义务（如偿付债权人）解除了金融负债（或其一部分）的现时义务。债务人通常使用现金、其他金融资产等方式偿债 （2）债务人通过法定程序（如法院裁定）或债权人（如债务豁免），合法解除了债务人对金融负债（或其一部分）的主要责任

续表

类型	定义	情形（满足其一即可）
企业在判断金融负债现时义务的解除时应注意以下情形： （1）企业将用于偿付金融负债的资产转入某个机构或设立信托，偿付债务的义务仍存在的，不应当终止确认该金融负债，也不能终止确认转出的资产 （2）企业（借入方）与借出方之间签订协议，以承担新金融负债方式替换原金融负债（或其一部分），且合同条款实质上不同的，企业应当终止确认原金融负债（或其一部分），同时确认一项新金融负债 （3）如果一项债务工具的发行人回购了该工具，即使该发行人是该工具的做市商或打算在近期将其再次出售，企业（发行人）应当终止确认该债务工具		

【例 22-2】 甲企业因购买商品于 2×18 年 3 月 1 日确认了一项应付账款 1 000 万元。按合同约定，甲企业于 2×18 年 4 月 1 日支付银行存款 1 000 万元解除了相关现时义务，为此，甲企业应将应付账款 1 000 万元终止确认。如果按合同约定，该货款应于 2×18 年 4 月 1 日、4 月 30 日分两次等额清偿。那么，甲企业应在 4 月 1 日支付银行存款 500 万元时，终止确认应付账款 500 万元，在 4 月 30 日支付剩余的货款 500 万元时终止确认剩余的应付账款 500 万元。

22.3　金融工具的分类

金融工具的分类原则如图 22-2 所示。

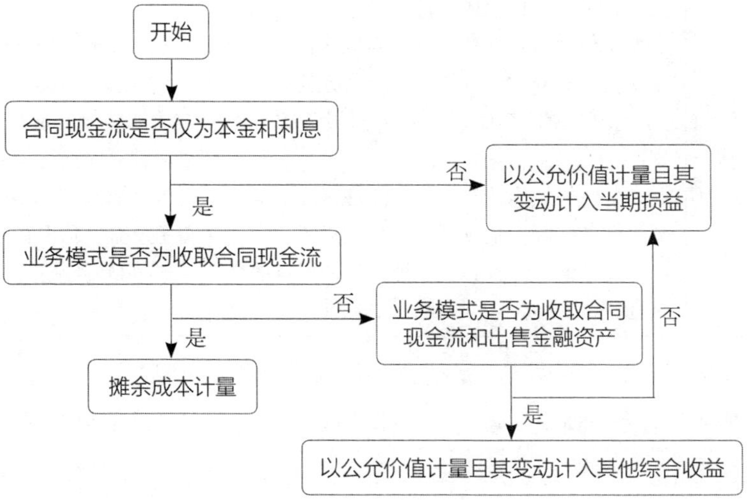

图 22-2　金融工具的分类原则

22.3.1 金融资产的分类

根据《企业会计准则第 22 号——金融工具确认和计量》的规定，企业应当根据其管理金融资产的业务模式和金融资产的合同现金流量特征将金融资产划分为以下 3 类，如表 22-3 所示。

表 22-3 金融资产的分类

金融资产类别	分类依据	举例
以摊余成本计量的金融资产	金融资产同时符合下列条件： （1）企业管理该金融资产的业务模式是以收取合同现金流量为目标 （2）该金融资产的合同条款规定，在特定日期产生的现金流量，仅为对本金和以未偿付本金金额为基础的利息的支付	银行向企业客户发放的固定利率贷款，在没有其他特殊安排的情况下，贷款通常可能符合本金加利息的合同现金流量特征。如果银行管理该贷款的业务模式是以收取合同现金流量为目标，则该贷款可以分类为以摊余成本计量的金融资产
以公允价值计量且其变动计入其他综合收益的金融资产	金融资产同时符合下列条件： （1）企业管理该金融资产的业务模式既以收取合同现金流量为目标又以出售该金融资产为目标 （2）该金融资产的合同条款规定，在特定日期产生的现金流量，仅为对本金和以未偿付本金金额为基础的利息的支付	企业在销售中通常会给予客户一定期间的信用期。为了盘活存量资产，提高资金使用效率，企业与银行签订应收账款无追索权保理总协议，银行向企业一次性授信 10 亿元人民币，企业可以在需要时随时向银行出售应收账款。符合“既以收取合同现金流量为目标又以出售该金融资产为目标”，且该应收账款符合本金加利息的合同现金流量特征，因此符合此分类
以公允价值计量且其变动计入当期损益的金融资产	企业分类为以摊余成本计量的金融资产和以公允价值计量且其变动计入其他综合收益的金融资产之外的金融资产，应当分类为以公允价值计量且其变动计入当期损益的金融资产。 此外，在初始确认时，如果能够消除或显著减少会计错配，企业可以将金融资产指定为以公允价值计量且其变动计入当期损益的金融资产。该指定一经做出，不得撤销	企业常见的下列投资产品： （1）股票。股票的合同现金流量源自收取被投资企业未来股利分配以及其清算时获得剩余收益的权利 （2）基金。常见的股票型基金、债券型基金、货币基金或混合基金 （3）可转换债券

企业管理金融资产的业务模式，是指企业如何管理其金融资产以产生现金流量。业务模式决定企业所管理金融资产现金流量的来源是收取合同现金流量、出售金融资产还是两者兼有。企业确定其管理金融资产的业务模式时，应当注意以下方面，如图 22-3 所示。

（1）企业应当在金融资产组合的层次上确定管理金融资产的业务模式，而不必按照单个金融资产逐项确定业务模式。金融资产组合的层次应当反映企业管理该金融资产的层次。有些情况下，企业可能将金融资产组合分拆为更小的组合，以合理反映企业管理该金融资产的层次

（2）一个企业可能会采用多个业务模式管理其金融资产

（3）企业应当以企业关键管理人员决定的对金融资产进行管理的特定业务目标为基础，确定管理金融资产的业务模式。其中，“关键管理人员”是指《企业会计准则第 36 号——关联方披露》中定义的关键管理人员

（4）企业的业务模式并非企业自愿指定，而是一种客观事实，通常可以从企业为实现其目标而开展的特定活动中得以反映。企业应当考虑在业务模式评估日可获得的所有相关证据，包括企业评价和向关键管理人员报告金融资产业绩的方式等

（5）企业不得以按照合理预期不会发生的情形为基础确定管理金融资产的业务模式

图 22-3　确定管理金融资产业务模式的注意事项

22.3.2　金融负债的分类

金融负债的分类如表 22-4 所示。

表 22-4　金融负债的分类

金融负债类别	分类依据
以摊余成本计量的金融负债	根据《企业会计准则第 22 号——金融工具确认和计量》的规定，除下列各项外的金融负债： （1）以公允价值计量且其变动计入当期损益的金融负债，包括交易性金融负债（含属于金融负债的衍生工具）和指定为以公允价值计量且其变动计入当期损益的金融负债 （2）金融资产转移不符合终止确认条件或继续涉入被转移金融资产所形成的金融负债。对此类金融负债，企业应当按照《企业会计准则第 23 号——金融资产转移》相关规定进行计量 （3）不属于上述（1）或（2）情形的财务担保合同，以及不属于上述（1）情形的、以低于市场利率贷款的贷款承诺。企业作为此类金融负债发行方的，应当在初始确认后按照依据本准则第八章所确定的损失准备金额以及初始确认金额扣除依据《企业会计准则第 14 号——收入》相关规定所确定的累计摊销额后的余额孰高进行计量
以公允价值计量且其变动计入当期损益	在非同一控制下的企业合并中，企业作为购买方确认的或有对价形成金融负债的，该金融负债应当按照以公允价值计量且其变动计入当期损益进行会计处理。 在初始确认时，为了提供更相关的会计信息，企业可以将金融负债指定为以公允价值计量且其变动计入当期损益的金融负债，但该指定应当满足下列条件之一： （1）能够消除或显著减少会计错配 （2）根据正式书面文件载明的企业风险管理或投资策略，以公允价值为基础对金融负债组合或金融资产和金融负债组合进行管理和业绩评价，并在企业内部以此为基础向关键管理人员报告。该指定一经做出，不得撤销

22.4 嵌入衍生工具

22.4.1 嵌入衍生工具的定义

衍生工具通常是独立存在的，但也可能嵌入非衍生金融工具或其他合同（主合同），这种衍生工具称为嵌入衍生工具。嵌入衍生工具与主合同构成混合合同（如企业持有的可转换公司债券）。嵌入衍生工具对混合合同的现金流量产生影响的方式，应当与单独存在的衍生工具类似，且该混合合同的全部或部分现金流量随特定利率、汇率、金融工具价格、商品价格、价格指数、费率指数、信用等级、信用指数或其他变量变动而变动，变量为非金融变量的，该变量不应与合同的任何一方存在特定关系。识别嵌入式衍生工具时的注意事项，如图 22-4 所示。

（1）主合同通常包括租赁合同、保险合同、服务合同、特许权合同、债务工具合同、合营合同等

（2）在混合合同中，嵌入衍生工具通常以具体合同条款体现

（3）衍生工具如果附属于一项金融工具但根据合同规定可以独立于该金融工具进行转让，或者具有与该金融工具不同的交易对手方，则该衍生工具不是嵌入衍生工具，应当作为一项单独存在的衍生工具处理

图 22-4　识别嵌入式衍生工具时的注意事项

22.4.2 混合合同

混合合同参照《企业会计准则第 22 号——金融工具确认和计量》。另外参照表 22-5 所示混合合同的处理原则。

表 22-5　混合合同的处理原则

混合合同包含的主合同是否属于本准则规范的资产	处理原则
混合合同包含的主合同属于本准则规范的资产	企业不应从该混合合同中分拆嵌入衍生工具，而应当将该混合合同作为一个整体适用本准则关于金融资产分类的相关规定
混合合同包含的主合同不属于本准则规范的资产	同时符合下列条件的，企业应当从混合合同中分拆嵌入衍生工具，将其作为单独存在的衍生工具处理： （1）嵌入衍生工具的经济特征和风险与主合同的经济特征和风险不紧密相关 （2）与嵌入衍生工具具有相同条款的单独工具符合衍生工具的定义 （3）该混合合同不是以公允价值计量且其变动计入当期损益进行会计处理

续表

混合合同包含的主合同是否属于本准则规范的资产	处理原则
混合合同包含一项或多项嵌入衍生工具，且其主合同不属于本准则规范的资产	要求企业识别所有此类嵌入衍生工具、评估其是否需要与主合同分拆。并且对于需与主合同分拆的嵌入衍生工具，应以公允价值进行初始确认和后续计量，将整项混合合同指定为以公允价值计量且其变动计入当期损益。但下列情况除外： （1）嵌入衍生工具不会对混合合同的现金流量产生重大改变 （2）在初次确定类似的混合合同是否需要分拆时，几乎不需分析就能明确其包含的嵌入衍生工具不应分拆。如嵌入贷款的提前还款权，允许持有人以接近摊余成本的金额提前偿还贷款，该提前还款权不需要分拆

【例 22-3】甲公司发行了一项可回售可转换优先股。该优先股条款约定，若甲公司 5 年内未能成功上市，则投资者有权在第 5 年年末将该优先股按照约定的收益率回售给甲公司。此外，投资者可以随时将该优先股转换成甲公司的普通股，初始转股价格固定，但当甲公司后续发行新股的价格低于初始转股价格时，投资者有权要求将初始转股价格下调，且下调后不再转回。此例中，股份转换权属于嵌入衍生工具，与主合同不紧密相关。如果混合合同整体没有指定为以公允价值计量且其变动计入当期损益的金融负债，则应将该股份转换权分拆为单独的衍生工具核算。

22.5　金融资产的重分类

22.5.1　金融资产重分类的原则

（一）金融工具重分类的情形

《企业会计准则第 22 号——金融工具确认和计量》规定，企业改变其管理金融资产的业务模式时，应当按照本准则的规定对所有受影响的相关金融资产进行重分类。企业对所有金融负债均不得进行重分类。

（二）管理金融资产业务模式的变更

企业管理金融资产业务模式的变更是一种极其少见的情形。该变更源自外部或内部的变化，必须由企业的高级管理层进行决策，且其必须对企业的经营非常重要，并能够向外部各方证实。因此，只有当企业开始或终止某项对其经营影响重大的活动时（如当企业收购、处置或终止某一业务线时），其管理金融资产的业务模式才会发生变更。

【例 22-4】甲公司持有拟在短期内出售的某商业贷款组合。甲公司近期收购了一家资产管理公司（乙公司），乙公司持有贷款的业务模式是以收取合同现金流量为目标。甲公司决定，对该商业贷款组合的持有不再以出售为目标，而是将该组合与资产管理公司持有的其他贷款一起管理，以收取合同现金流量为目标，则甲公司管理该商业贷款组合的业务模式发生了变更。

图 22-5 所示的情形不属于业务模式变更。

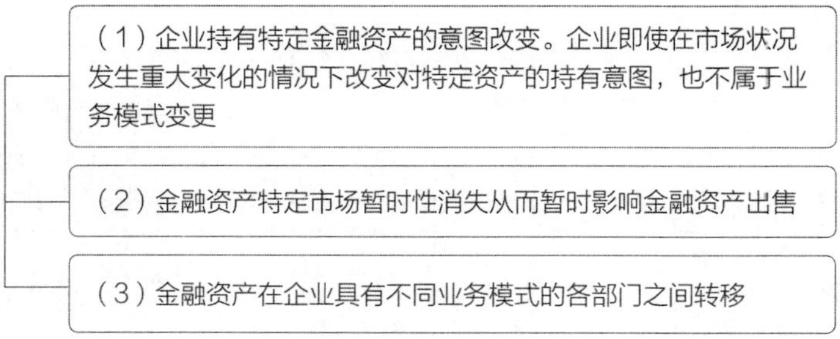

图 22-5　不属于业务模式变更的情形

需要注意的是，如果企业管理金融资产的业务模式没有发生变更，而金融资产的条款发生变更但未导致终止确认的，不允许重分类。如果金融资产条款发生变更导致金融资产终止确认的，不涉及重分类问题，企业应当终止确认原金融资产，同时按照变更后的条款确认一项新金融资产。

22.5.2　金融资产重分类的会计处理

《企业会计准则第 22 号——金融工具确认和计量》规定，企业对金融资产进行重分类，应当自重分类日起采用未来适用法进行相关会计处理，不得对以前已经确认的利得、损失（包括减值损失或利得）或利息进行追溯调整。

重分类日，是指导致企业对金融资产进行重分类的业务模式发生变更后的首个报告期间的第一天。

【例 22-5】甲上市公司决定于 2×17 年 3 月 22 日改变其管理某金融资产的业务模式，则重分类日为 2×17 年 4 月 1 日（即下一个季度会计期间的期初）；乙上市公司决定于 2×17 年 10 月 15 日改变其管理某金融资产的业务模式，则重分类日为 2×18 年 1 月 1 日。

金融资产的重分类及会计处理如表 22-6 所示。

表 22-6　金融资产的重分类及会计处理

序号	原分类	重分类	会计处理
1	以摊余成本计量的金融资产	以公允价值计量且其变动计入当期损益的金融资产	按照该资产在重分类日的公允价值进行计量。原账面价值与公允价值之间的差额计入当期损益
		以公允价值计量且其变动计入其他综合收益的金融资产	按照该资产在重分类日的公允价值进行计量。原账面价值与公允价值之间的差额计入其他综合收益。该金融资产重分类不影响其实际利率和预期信用损失的计量
2	以公允价值计量且其变动计入其他综合收益的金融资产	以摊余成本计量的金融资产	应当将之前计入其他综合收益的累计利得或损失转出，调整该金融资产在重分类日的公允价值，并以调整后的金额作为新的账面价值，即视同该金融资产一直以摊余成本计量。该金融资产重分类不影响其实际利率和预期信用损失的计量
		以公允价值计量且其变动计入当期损益的金融资产	继续以公允价值计量该金融资产。同时企业应当将之前计入其他综合收益的累计利得或损失从其他综合收益转入当期损益
3	以公允价值计量且其变动计入当期损益的金融资产	以摊余成本计量的金融资产	以其在重分类日的公允价值作为新的账面余额
		以公允价值计量且其变动计入其他综合收益的金融资产	继续以公允价值计量该金融资产
注：按照上述第 3 项规定对金融资产重分类进行处理的，企业应当根据该金融资产在重分类日的公允价值确定其实际利率。同时，企业应当自重分类日起对该金融资产适用本准则关于金融资产减值的相关规定，并将重分类日视为初始确认日			

【例 22-6】 2×16 年 10 月 15 日，甲银行以公允价值 500 000 元购入一项债券投资，并按规定将其分类为以摊余成本计量的金融资产，该债券的账面余额为 500 000 元。2×17 年 10 月 15 日，甲银行变更了其管理债券投资组合的业务模式，其变更符合重分类的要求，因此，甲银行于 2×18 年 1 月 1 日将该债券从以摊余成本计量重分类为以公允价值计量且其变动计入当期损益。2×18 年 1 月 1 日，该债券的公允价值为 490 000 元，已确认的减值准备为 6 000 元。假设不考虑该债券的利息收入。

甲银行的会计处理如下：

借：交易性金融资产	490 000	
债权投资减值准备	6 000	
公允价值变动损益	4 000	
贷：债权投资		500 000

【例22-7】2×16年9月15日，甲银行以公允价值500 000元购入一项债券投资，并按规定将其分类为以公允价值计量且其变动计入其他综合收益的金融资产，该债券的账面余额为500 000元。2×17年10月15日，甲银行变更了其管理债券投资组合的业务模式，其变更符合重分类的要求，因此，甲银行于2×18年1月1日将该债券从以公允价值计量且其变动计入其他综合收益的金融资产重分类为以摊余成本计量的金融资产。2×18年1月1日，该债券的公允价值为490 000元，已确认的减值准备为6 000元。假设不考虑利息收入。甲银行的会计处理如下：

借：债权投资　500 000

　其他债权投资——公允价值变动　10 000

　其他综合收益——信用减值准备　6 000

　贷：其他债权投资——成本　500 000

　　其他综合收益——其他债权投资公允价值变动　10 000

　　债权投资减值准备　6 000

22.6 金融工具计量

22.6.1 初始计量

金融工具的初始计量如图22-6所示。

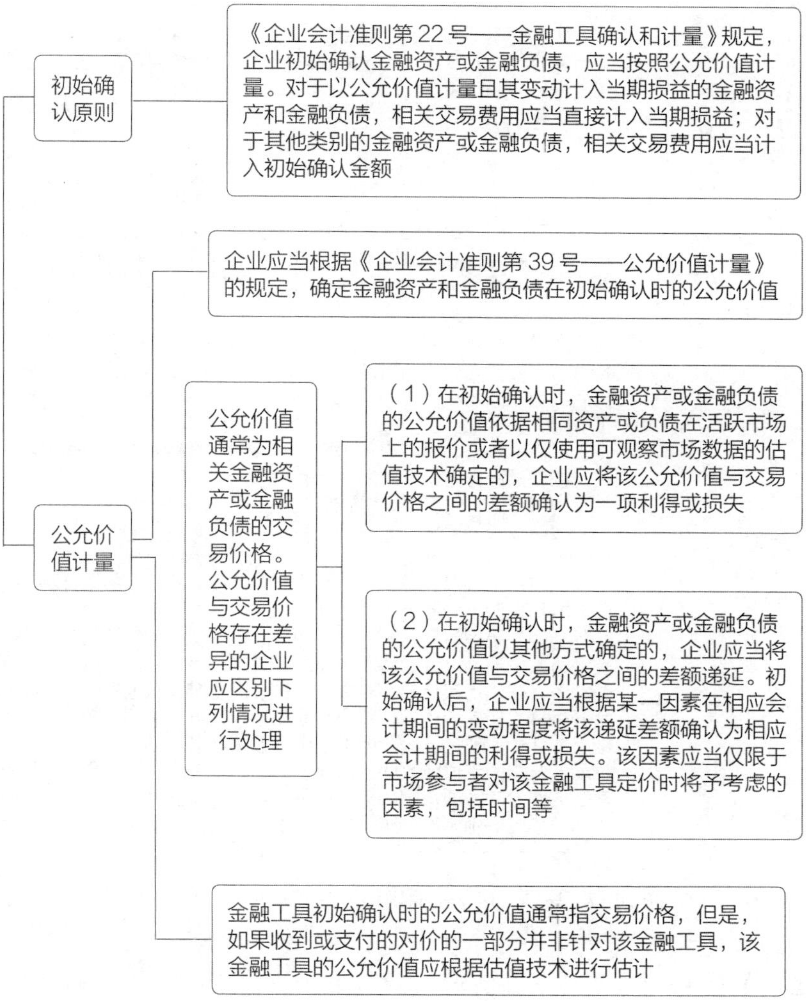

图 22-6　金融工具的初始计量

注：① 交易费用，是指可直接归属于购买、发行或处置金融工具的增量费用。增量费用是指企业没有发生购买、发行或处置相关金融工具的情形就不会发生的费用，包括支付给代理机构、券商、政府有关部门等的手续费、佣金、相关税费以及其他必要支出，不包括债券溢价、折价、融资费用、内部管理成本和持有成本等与交易不直接相关的费用。

② 企业取得金融资产所支付的价款中包含的已宣告但尚未发放的利息或现金股利，应当单独确认为应收项目处理。

22.6.2　后续计量

（一）后续计量基本原则与摊余成本和实际利率法

金融工具的后续计量基本原则与摊余成本和实际利率法，如图 22-7 所示。

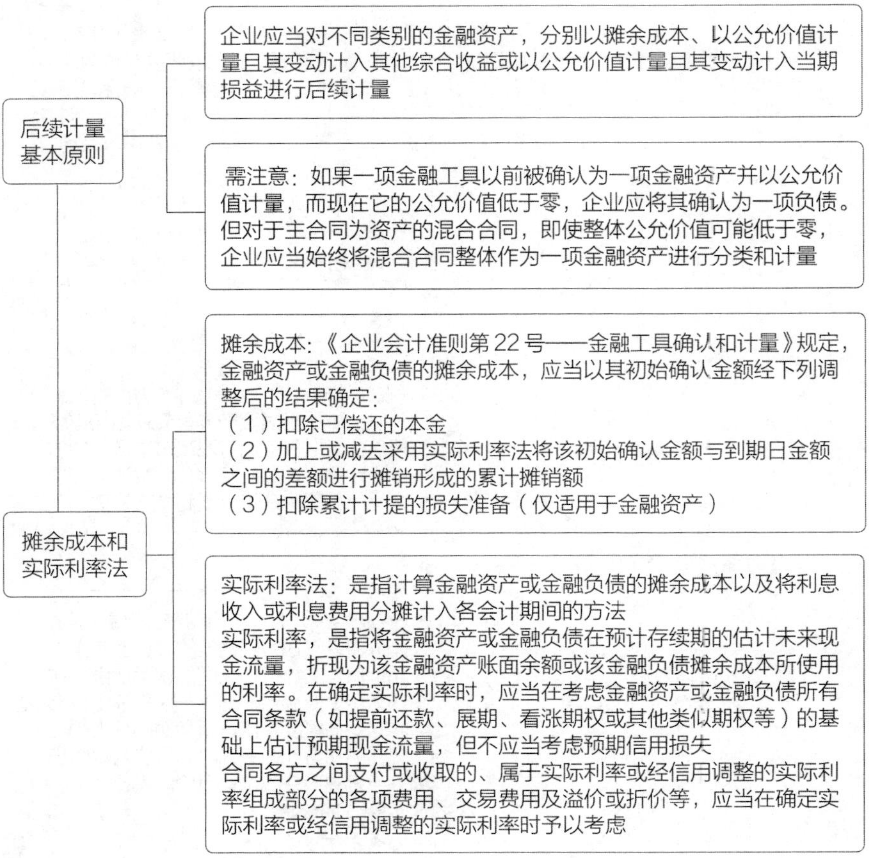

图22-7　后续计量基本原则与摊余成本和实际利率法

【例22-8】2×13年1月1日，甲公司支付价款1 000万元（含交易费用）从上海证券交易所购入乙公司同日发行的5年期公司债券12 500份，债券票面价值总额为1 250万元，票面年利率为4.72%，于年末支付本年度债券利息（即每年利息为59万元），本金在债券到期时一次性偿还。合同约定，该债券的发行方在遇到特定情况时可以将债券赎回，且不需要为提前赎回支付额外款项。甲公司在购买该债券时，预计发行方不会提前赎回。甲公司根据其管理该债券的业务模式和该债券的合同现金流量特征，将该债券分类为以摊余成本计量的金融资产。

假定不考虑所得税、减值损失等因素，计算该债券的实际利率r：

$59\times(1+r)^{-1}+59\times(1+r)^{-2}+59\times(1+r)^{-3}+59\times(1+r)^{-4}+(59+1\ 250)\times(1+r)^{-5}=1\ 000$（万元）

采用插值法，计算得出$r=10\%$。

情形1：

根据表22-7中的数据，甲公司的有关账务处理如下：

表 22-7　期末摊余成本（一）

单位：万元

年度	期初摊余成本(A)	实际利息收入（B=A×10%）	现金流入(C)	期末摊余成本（D=A+B-C）
2×13 年	1 000	100	59	1 041
2×14 年	1 041	104	59	1 086
2×15 年	1 086	109	59	1 136
2×16 年	1 136	114	59	1 191
2×17 年	1 191	118*	1 309	0

注：* 尾数调整 1 250 +59-1 191 =118（万元）。

（1）2×13 年 1 月 1 日，购入乙公司债券。

借：债权投资——成本　　12 500 000

　　贷：银行存款　　10 000 000

　　　　债权投资——利息调整　　2 500 000

（2）2×13 年 12 月 31 日，确认乙公司债券实际利息收入、收到债券利息。

借：应收利息　　590 000

　　债权投资——利息调整　　410 000

　　贷：投资收益　　1 000 000

借：银行存款　　590 000

　　贷：应收利息　　590 000

（3）2×14 年 12 月 31 日，确认乙公司债券实际利息收入、收到债券利息。

借：应收利息　　590 000

　　债权投资——利息调整　　450 000

　　贷：投资收益　　1 040 000

借：银行存款　　590 000

　　贷：应收利息　　590 000

（4）2×15 年 12 月 31 日，确认乙公司债券实际利息收入、收到债券利息。

借：应收利息　　590 000

　　债权投资——利息调整　　500 000

　　贷：投资收益　　1 090 000

借：银行存款　　590 000

　　贷：应收利息　　590 000

（5）2×16 年 12 月 31 日，确认乙公司债券实际利息收入、收到债券利息。

借：应收利息　　590 000

债权投资——利息调整　550 000

贷：投资收益　1 140 000

借：银行存款　590 000

贷：应收利息　590 000

（6）2×17年12月31日，确认乙公司债券实际利息收入、收到债券利息和本金。

借：应收利息　590 000

债权投资——利息调整　590 000

贷：投资收益　1 180 000

借：银行存款　590 000

贷：应收利息　590 000

借：银行存款　12 500 000

贷：债权投资——成本　12 500 000

情形2：

假定在2×15年1月1日，甲公司预计本金的一半（即625万元）将会在该年年末收回，而其余的一半本金将于2×17年年末收回。则甲公司应当调整2×15年年初的摊余成本，计入当期损益；调整时采用最初确定的实际利率。据此，调整上述表中相关数据后如表22-8所示。

表22-8　期末摊余成本（二）

单位：万元

年度	期初摊余成本(*A*)	实际利息收入（*B* =*A*×10%）	现金流入(*C*)	期末摊余成本（*D* =*A*+*B*−*C*）
2×13年	1 000	100	59	1 041
2×14年	1 041	104	59	1 086
2×15年	1 139*	114	684	569
2×16年	569	57	30**	596
2×17年	596	59***	655	0

注：*（625＋59）×（1+10%）$^{-1}$+30×（1+10%）$^{-2}$+（625＋30）×（1+10%）$^{-3}$=1 139（万元）（四舍五入）。

** 625×4.72%=30（万元）（四舍五入）。

*** 625+30−596=59（万元）（尾数调整）。

根据上述调整，甲公司的账务处理如下：

（1）2×15年1月1日，调整期初账面余额。

借：债权投资——利息调整　530 000

贷：投资收益　530 000

（2）2×15年12月31日，确认实际利息、收回本金等。

借：应收利息　590 000

债权投资——利息调整 550 000

贷：投资收益 1 140 000

借：银行存款 590 000

贷：应收利息 590 000

借：银行存款 6 250 000

贷：债权投资——成本 6 250 000

（3）2×16年12月31日，确认实际利息等。

借：应收利息 300 000

债权投资——利息调整 270 000

贷：投资收益 570 000

借：银行存款 300 000

贷：应收利息 300 000

（4）2×17年12月31日，确认实际利息、收回本金等。

借：应收利息 300 000

债权投资——利息调整 290 000

贷：投资收益 590 000

借：银行存款 300 000

贷：应收利息 300 000

借：银行存款 6 250 000

贷：债权投资——成本 6 250 000

情形3：

假定甲公司购买的乙公司债券不是分次付息，而是到期一次还本付息，且利息不以复利计算。此时，甲公司所购买乙公司债券的实际利率 r 计算如下：

$(59+59+59+59+59+1\ 250)\times(1+r)^{-5}=1\ 000$（万元）

由此计算得出 $r\approx9.05\%$。

据此，调整表22-7中相关数据后如表22-9所示。

表22-9 期末摊余成本（三）

单位：万元

年度	期初摊余成本(A)	实际利息收入（B=A×9.05%）	现金流入(C)	期末摊余成本（D=A+B−C）
2×13年	1 000	90.5	0	1 090.50
2×14年	1 090.50	98.69	0	1 189.19
2×15年	1 189.19	107.62	0	1 296.81

续表

年度	期初摊余成本（A）	实际利息收入（$B=A\times9.05\%$）	现金流入（C）	期末摊余成本（$D=A+B-C$）
2×16年	1 296.81	117.36	0	1 414.17
2×17年	1 414.17	130.83*	1 545	0

注：* 尾数调整 1 250 +295−1 414.17 =130.83（万元）。

根据表22-9中的数据，甲公司的有关账务处理如下：

（1）2×13年1月1日，购入乙公司债券。

借：债权投资——成本　　12 500 000
　贷：银行存款　　10 000 000
　　债权投资——利息调整　　2 500 000

（2）2×13年12月31日，确认乙公司债券实际利息收入。

借：债权投资——应计利息　　590 000
　　——利息调整　　315 000
　贷：投资收益　　905 000

（3）2×14年12月31日，确认乙公司债券实际利息收入。

借：债权投资——应计利息　　590 000
　　——利息调整　　396 900
　贷：投资收益　　986 900

（4）2×15年12月31日，确认乙公司债券实际利息收入。

借：债权投资——应计利息　　590 000
　　——利息调整　　486 200
　贷：投资收益　　1 076 200

（5）2×16年12月31日，确认乙公司债券实际利息收入。

借：债权投资——应计利息　　590 000
　　——利息调整　　583 600
　贷：投资收益　　1 173 600

（6）2×17年12月31日，确认乙公司债券实际利息收入、收回债券本金和票面利息。

借：债权投资——应计利息　　590 000
　　——利息调整　　718 300
　贷：投资收益　　1 308 300

借：银行存款　　15 450 000
　贷：债权投资——成本　　12 500 000
　　——应计利息　　2 950 000

（二）利息收入

企业应当按照实际利率法确认利息收入。利息收入应当根据金融资产账面余额乘以实际利率计算确定，但下列情况除外。

（1）对于购入或源生的已发生信用减值的金融资产，企业应当自初始确认起，按照该金融资产的摊余成本和经信用调整的实际利率计算确定其利息收入。

（2）对于购入或源生的未发生信用减值、但在后续期间成为已发生信用减值的金融资产，企业应当在后续期间，按照该金融资产的摊余成本和实际利率计算确定其利息收入。企业按照上述规定对金融资产的摊余成本运用实际利率法计算利息收入的，若该金融工具在后续期间因其信用风险有所改善而不再存在信用减值，并且这一改善在客观上可与应用上述规定之后发生的某一事件相联系（如债务人的信用评级被上调），企业应当转按实际利率乘以该金融资产账面余额来计算确定利息收入。

经信用调整的实际利率，是指将购入或源生的已发生信用减值的金融资产在预计存续期的估计未来现金流量，折现为该金融资产摊余成本的利率。在确定经信用调整的实际利率时，应当在考虑金融资产的所有合同条款（如提前还款、展期、看涨期权或其他类似期权等）以及初始预期信用损失的基础上估计预期现金流量。

【例 22-9】2×16 年 5 月 13 日，甲公司支付价款 1 060 000 元从二级市场购入乙公司发行的股票 100 000 股，每股价格 10.60 元（含已宣告但尚未发放的现金股利 0.60 元），另支付交易费用 1 000 元。甲公司将持有的乙公司股权划分为交易性金融资产，且持有乙公司股权后对其无重大影响。

甲公司的其他相关资料如下：

（1）5 月 23 日，收到乙公司发放的现金股利；

（2）6 月 30 日，乙公司股票价格涨到每股 13 元；

（3）8 月 15 日，将持有的乙公司股票全部售出，每股售价 15 元。

假定不考虑其他因素，甲公司的账务处理如下：

（1）5 月 13 日，购入乙公司股票：

借：交易性金融资产——成本	1 000 000	
应收股利	60 000	
投资收益	1 000	
贷：银行存款		1 061 000

（2）5 月 23 日，收到乙公司发放的现金股利：

借：银行存款	60 000	
贷：应收股利		60 000

（3）6 月 30 日，确认股票价格变动：

借：交易性金融资产——公允价值变动　　300 000

　　贷：公允价值变动损益　　300 000

（4）8 月 15 日，全部售出乙公司股票：

借：银行存款　　1 500 000

　　公允价值变动损益　　300 000

　　贷：交易性金融资产——成本　　1 000 000

　　　　　　　　　　——公允价值变动　　300 000

　　　　投资收益　　500 000

（三）以公允价值进行后续计量的金融资产

以公允价值进行后续计量的金融资产的处理原则如表 22-10 所示。

表 22-10　以公允价值进行后续计量的金融资产的处理原则

金融资产类别	处理原则
以公允价值计量且其变动计入当期损益的金融资产	其产生的利得或损失，应当计入当期损益
以公允价值计量且其变动计入其他综合收益的金融资产	其产生的利得或损失，除减值损失或利得和汇兑损益外，均应当计入其他综合收益，直至该金融资产终止确认或被重分类。但是，采用实际利率法计算的该金融资产的利息应当计入当期损益 该类金融资产终止确认时，之前计入其他综合收益的累计利得或损失应当从其他综合收益中转出，计入当期损益
指定为以公允价值计量且其变动计入其他综合收益的非交易性权益工具投资	其产生的利得或损失，除了获得的股利（属于投资成本收回部分的除外）计入当期损益外，其他相关的利得和损失（包括汇兑损益）均应计入其他综合收益，且后续不得转入当期损益。当其终止确认时，之前计入其他综合收益的累计利得或损失应当从其他综合收益中转出，计入留存收益
注：企业只有在同时符合下列条件时，才能确认股利收入并计入当期损益： ① 企业收取股利的权利已经确立 ② 与股利相关的经济利益很可能流入企业 ③ 股利的金额能够可靠计量	

【例 22-10】2×16 年 1 月 1 日，甲公司从二级市场购入丙公司债券，支付价款合计 1 020 000 元（含已到付息期但尚未领取的利息 20 000 元），另发生交易费用 20 000 元。该债券面值为 1 000 000 元，剩余期限为 2 年，票面年利率为 4%，每半年末付息一次，其合同现金流量特征满足仅为对本金和以未偿付本金金额为基础的利息的支付。甲公司根据其管理该债券的业务模式和该债券的合同现金流量特征，将该债券分类为以公允价值计量且其变动计入当期损益的金融资产。其他资料如下。

（1）2×16年1月5日，收到丙公司债券2×15年下半年利息20 000元。

（2）2×16年6月30日，丙公司债券的公允价值为1 150 000元（不含利息）。

（3）2×16年7月5日，收到丙公司债券2×16年上半年利息。

（4）2×16年12月31日，丙公司债券的公允价值为1 100 000元（不含利息）。

（5）2×17年1月5日，收到丙公司债券2×16年下半年利息。

（6）2×17年6月20日，通过二级市场出售丙公司债券，取得价款1 180 000元（含1季度利息10 000元）。

假定不考虑其他因素，甲公司的账务处理如下：

（1）2×16年1月1日，从二级市场购入丙公司债券。

借：交易性金融资产——成本　　1 000 000

　　应收利息　　20 000

　　投资收益　　20 000

　　贷：银行存款　　1 040 000

（2）2×16年1月5日，收到该债券2×15年下半年利息20 000元。

借：银行存款　　20 000

　　贷：应收利息　　20 000

（3）2×16年6月30日，确认丙公司债券公允价值变动和投资收益。

借：交易性金融资产——公允价值变动　　150 000

　　贷：公允价值变动损益　　150 000

借：应收利息　　20 000

　　贷：投资收益　　20 000

（4）2×16年7月5日，收到丙公司债券2×16年上半年利息。

借：银行存款　　20 000

　　贷：应收利息　　20 000

（5）2×16年12月31日，确认丙公司债券公允价值变动和投资收益。

借：公允价值变动损益　　50 000

　　贷：交易性金融资产——公允价值变动　　50 000

借：应收利息　　20 000

　　贷：投资收益　　20 000

（6）2×17年1月5日，收到丙公司债券2×16年下半年利息。

借：银行存款　　20 000

　　贷：应收利息　　20 000

（7）2×17年6月20日，通过二级市场出售丙公司债券。

借：银行存款　　1 180 000

　　贷：交易性金融资产——成本　　1 000 000

　　　　　　　　　　——公允价值变动　　100 000

　　　　投资收益　　80 000

【例 22-11】 2×16 年 5 月 6 日，甲公司支付价款 1 016 万元（含交易费用 1 万元和已宣告发放现金股利 15 万元），购入乙公司发行的股票 200 万股，占乙公司有表决权股份的 0.5%。甲公司将其指定为以公允价值计量且其变动计入其他综合收益的非交易性权益工具投资。

2×16 年 5 月 10 日，甲公司收到乙公司发放的现金股利 15 万元。

2×16 年 6 月 30 日，该股票市价为每股 5.2 元。

2×16 年 12 月 31 日，甲公司仍持有该股票；当日，该股票市价为每股 5 元。

2×17 年 5 月 9 日，乙公司宣告发放现金股利 4 000 万元。

2×17 年 5 月 13 日，甲公司收到乙公司发放的现金股利。

2×17 年 5 月 20 日，甲公司由于某特殊原因，以每股 4.9 元的价格将股票全部转让。

假定不考虑其他因素，甲公司的账务处理如下：

（1）2×16 年 5 月 6 日，购入股票。

借：应收股利　　150 000

　　其他权益工具投资——成本　　10 010 000

　　贷：银行存款　　10 160 000

（2）2×16 年 5 月 10 日，收到现金股利。

借：银行存款　　150 000

　　贷：应收股利　　150 000

（3）2×16 年 6 月 30 日，确认股票价格变动。

借：其他权益工具投资——公允价值变动　　390 000

　　贷：其他综合收益——其他权益工具投资公允价值变动　　390 000

（4）2×16 年 12 月 31 日，确认股票价格变动。

借：其他综合收益——其他权益工具投资公允价值变动　　400 000

　　贷：其他权益工具投资——公允价值变动　　400 000

（5）2×17 年 5 月 9 日，确认应收现金股利。

借：应收股利　　200 000

　　贷：投资收益　　200 000

（6）2×17 年 5 月 13 日，收到现金股利。

借：银行存款　　200 000

　　贷：应收股利　　200 000

（7）2×17年5月20日，出售股票。

借：盈余公积——法定盈余公积　　1 000

　　利润分配——未分配利润　　9 000

　　贷：其他综合收益——其他权益工具投资公允价值变动　　10 000

借：银行存款　　9 800 000

　　其他权益工具投资——公允价值变动　　10 000

　　盈余公积——法定盈余公积　　20 000

　　利润分配——未分配利润　　180 000

　　贷：其他权益工具投资——成本　　10 010 000

如果甲公司根据其管理乙公司股票的业务模式和乙公司股票的合同现金流量特征，将乙公司股票分类为以公允价值计量且其变动计入当期损益的金融资产，且2×16年12月31日乙公司股票市价为每股4.8元，其他资料不变，则甲公司应做如下账务处理：

（1）2×16年5月6日，购入股票。

借：应收股利　　150 000

　　交易性金融资产——成本　　10 000 000

　　投资收益　　10 000

　　贷：银行存款　　10 160 000

（2）2×16年5月10日，收到现金股利。

借：银行存款　　150 000

　　贷：应收股利　　150 000

（3）2×16年6月30日，确认股票价格变动。

借：交易性金融资产——公允价值变动　　400 000

　　贷：公允价值变动损益　　400 000

（4）2×16年12月31日，确认股票价格变动。

借：公允价值变动损益　　800 000

　　贷：交易性金融资产——公允价值变动　　800 000

注：公允价值变动＝200×（4.8－5.2）＝-80（万元）。

（5）2×17年5月9日，确认应收现金股利。

借：应收股利　　200 000

　　贷：投资收益　　200 000

（6）2×17年5月13日，收到现金股利。

借：银行存款　　200 000

　　贷：应收股利　　200 000

（7）2×17 年 5 月 20 日，出售股票。

借：银行存款　　9 800 000

　　交易性金融资产——公允价值变动　　400 000

　　贷：交易性金融资产——成本　　10 000 000

　　　　投资收益　　200 000

（四）金融负债的后续计量

金融负债的后续计量，如图 22-8 所示。

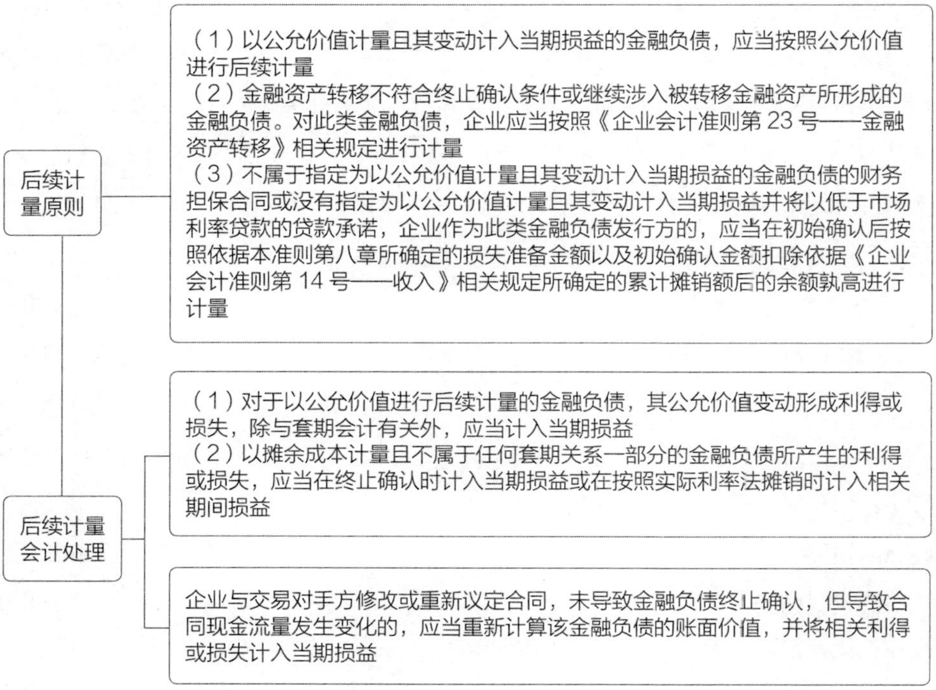

图 22-8　金融负债的后续计量

【例 22-12】2×16 年 7 月 1 日，甲公司经批准在全国银行间债券市场公开发行 10 亿元人民币短期融资券，期限为 1 年，票面年利率为 5.58%，每张面值为 100 元，到期一次还本付息。所募集资金主要用于公司购买生产经营所需的原材料及配套件等。公司将该短期融资券指定为以公允价值计量且其变动计入当期损益的金融负债。假定不考虑发行短期融资券相关的交易费用以及企业自身信用风险变动。

2×16 年 12 月 31 日，该短期融资券市场价格每张 120 元（不含利息）；2×17 年 6 月 30 日，该短期融资券到期兑付完成。

据此，甲公司账务处理如下（金额单位：万元）：

（1）2×16 年 7 月 1 日，发行短期融资券。

借：银行存款　　100 000

　　贷：交易性金融负债　　100 000

（2）2×16 年 12 月 31 日，年末确认公允价值变动和利息费用。

借：公允价值变动损益　　20 000

　　贷：交易性金融负债　　20 000

借：财务费用　　2 790

　　贷：应付利息　　2 790

（3）2×17 年 6 月 30 日，短期融资券到期。

借：财务费用　　2 790

　　贷：应付利息　　2 790

借：交易性金融负债　　120 000

　　应付利息　　5 580

　　贷：银行存款　　105 580

　　　　公允价值变动损益　　20 000

【例 22-13】甲公司发行公司债券为建造专用生产线筹集资金。有关资料如下：

（1）2×13 年 12 月 31 日，委托证券公司以 7 755 万元的价格发行 3 年期分期付息公司债券。该债券面值为 8 000 万元，票面年利率为 4.5%，实际年利率为 5.64%，每年付息一次，到期后按面值偿还。假定不考虑发行公司债券相关的交易费用。

（2）生产线建造工程采用出包方式，于 2×14 年 1 月 1 日开始动工，发行债券所得款项当日全部支付给建造承包商，2×15 年 12 月 31 日所建造生产线达到预定可使用状态。

（3）假定各年度利息的实际支付日期均为下年度的 1 月 10 日；2×17 年 1 月 10 日支付 2×16 年度利息，一并偿付面值。

（4）所有款项均以银行存款支付。

据此，甲公司计算得出该债券在各年末的摊余成本、应付利息金额、当年应予资本化或费用化的利息金额、利息调整的本年摊销和年末余额。有关结果如表 22-11 所示。

表 22-11　利润调整计算结果

单位：万元

时间		2×13 年 12 月 31 日	2×14 年 12 月 31 日	2×15 年 12 月 31 日	2×16 年 12 月 31 日
年末摊余成本	面值	8 000.00	8 000.00	8 000.00	8 000.00
	利息调整	−245.00	−167.62	−85.87	0
	合计	7 755.00	7 832.38	7 914.13	8 000.00

续表

时间	2×13年 12月31日	2×14年 12月31日	2×15年 12月31日	2×16年 12月31日
当年应予资本化或费用化的利息金额		437.38	441.75	445.87
年末应付利息金额		360.00	360.00	360.00
“利息调整”本年摊销额		77.38	81.75	85.87

相关账务处理如下：

（1）2×13年12月31日，发行债券。

借：银行存款　　77 550 000

　　应付债券——利息调整　　2 450 000

　　贷：应付债券——面值　　80 000 000

（2）2×14年12月31日，确认和结转利息。

借：在建工程　　4 373 800

　　贷：应付利息　　3 600 000

　　　　应付债券——利息调整　　773 800

（3）2×15年1月10日，支付利息。

借：应付利息　　3 600 000

　　贷：银行存款　　3 600 000

（4）2×15年12月31日，确认和结转利息。

借：在建工程　　4 417 500

　　贷：应付利息　　3 600 000

　　　　应付债券——利息调整　　817 500

（5）2×16年1月10日，支付利息。

借：应付利息　　3 600 000

　　贷：银行存款　　3 600 000

（6）2×16年12月31日，确认和结转利息。

借：财务费用　　4 458 700

　　贷：应付利息　　3 600 000

　　　　应付债券——利息调整　　858 700

（7）2×17年1月10日，债券到期兑付。

借：应付利息　　3 600 000

　　应付债券——面值　　80 000 000

　　贷：银行存款　　83 600 000

22.7　金融工具的减值

金融工具的减值的会计处理流程，如图 22-9 所示。

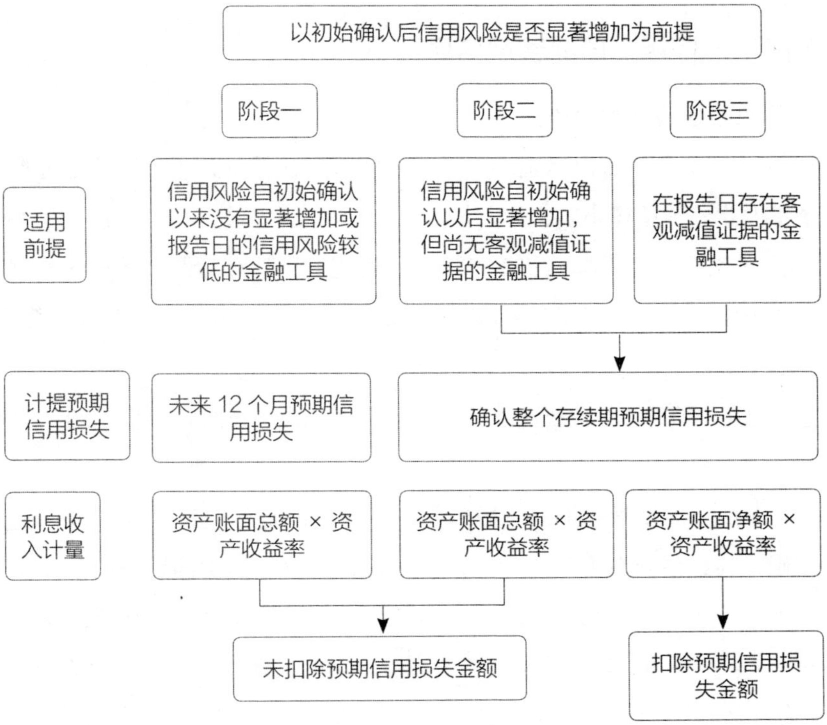

图 22-9　金融工具的减值的会计处理流程

22.7.1　金融工具计提减值准备的原则

《企业会计准则第 22 号——金融工具确认和计量》规定，企业应当以预期信用损失为基础，对图 22-10 所示项目进行减值会计处理并确认损失准备。

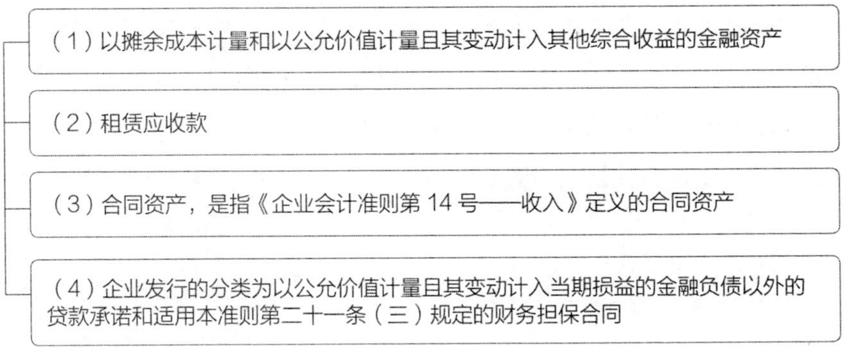

图 22-10　需要进行减值会计处理并确认损失准备的项目

损失准备，是指针对按照以摊余成本计量的金融资产、租赁应收款和合同资产的预期信用损失计提的准备，以公允价值计量且其变动计入其他综合收益计量的金融资产的累计减值金额以及针对贷款承诺和财务担保合同的预期信用损失计提的准备。

22.7.2 金融资产信用减值的客观信息

（一）信用风险显著增加的评估

企业应当在资产负债表日评估金融工具信用风险自初始确认后是否已显著增加。这里的信用风险，是指发生违约的概率。

企业应当通过比较金融工具在初始确认时所确定的预计存续期内的违约概率和该工具在资产负债表日所确定的预计存续期内的违约概率，来判定金融工具信用风险是否显著增加。

企业需要注意以下几点。

（1）这里的违约概率，是指在某一时点上所确定的未来期间发生违约的概率，而不是在该时点发生违约的概率。

（2）对于贷款承诺和财务担保合同，由于其在资产负债表日可能尚未在资产负债表中确认，或者在确认前已经对企业形成信用风险敞口，所以其初始确认日的定义不同于其他金融工具，而应当是该企业做出的不可撤销承诺的生效日。注意这里的初始确认日不一定是承诺日，因为企业做出承诺后，该承诺可能需要履行一定的程序或者满足一定的条件才能生效。

（3）因为预计存续期与违约风险之间的复杂关系，企业在对信用风险的变化进行评估时，不能简单地比较违约风险随时间推移的绝对变化。实务中，企业可以用未来 12 个月内发生违约风险的变化作为整个存续期内发生违约风险变化的合理估计，以确定自初始确认后信用风险是否已显著增加。但是，在某些情形下可能并不适用。例如，合同现金流在预计存续期内不均匀分布，其在未来 12 个月内没有现金流；或者未来 12 个月的违约风险不能充分反映相关的宏观经济因素或其他信用因素的变化。

（4）对于自初始确认后信用风险变化的显著性，应当在与初始确认时确定的违约概率相比较的基础上进行考虑。假如违约概率变化的绝对值一定，则初始确认时违约概率较低的金融工具与初始确认时违约概率较高的金融工具相比，其信用风险变化更为显著。

（二）金融资产信用减值的可观察信息及会计处理

金融资产信用减值的会计处理如图 22-11 所示。

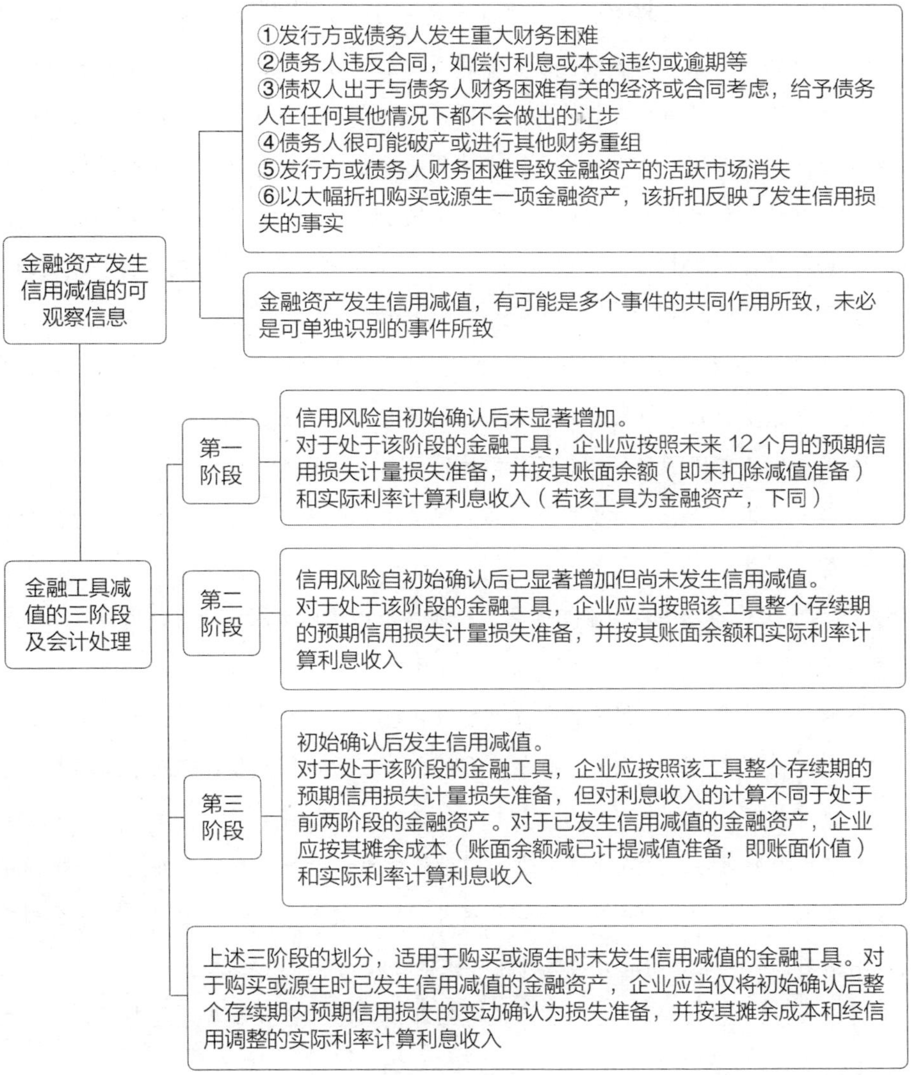

图 22-11　金融资产信用减值的会计处理

【例 22-14】甲公司是乙集团的控股公司，乙集团从事生产经营所处的行业具有周期性。丙银行向甲公司发放了一笔贷款。在发放该贷款时，由于预期该行业的全球需求将进一步增长，所以丙银行认为：该行业的总体前景看好；但考虑到原料价格的波动性，以及该行业在经营周期中所处的位置，预计销量会有所下降。

此外，甲公司以往一直致力于扩大经营规模，不断通过收购相关行业公司的多数股份实现外部增长。因此，乙集团结构复杂并且一直在发生变化。投资者很难对乙集团的预期绩效进行准确分析并对甲公司在控股公司层面可用的现金流量进行预测。在丙银行向甲公司发放贷款时，尽管甲公司的债权人普遍认为其杠杆率尚处于可接受的程度，但由于甲公司有融资即将到期，债权人仍然担心甲公司为其现有债务开展再融资的能力。此外，债权人还担心甲公司是否有能力继续使用其从子公司分得的股息支付当前债务的利息。

在丙银行发放贷款时，基于对该贷款预期存续期内的预测，甲公司的杠杆率与其他的具有相似信用风险的银行客户的杠杆率基本一致。如果不发生违约事件，甲公司的偿债能力比率距离上限还有很大空间。丙银行运用其自有的内部评级方法确定对甲公司贷款的信用风险，得到该贷款的内部信用评级。该内部评级结果以历史、当前和前瞻性信息为基础，旨在反映贷款在存续期内的信用风险。在初始确认时，丙银行认为：该贷款属于高信用风险贷款，具有一定投机因素；认为甲公司受不确定因素（如对乙集团产生现金流量的不确定性预期）的影响可能导致违约。但是，该贷款尚不属于购入或源生的已发生信用减值的金融资产。

在丙银行的资产负债表日之前，甲公司发布公告，由于市场条件持续恶化，乙集团的 5 家重要子公司中的 3 家销量锐减，但根据对行业周期的预期，这些子公司的销售情况预计将在今后数月中得到显著改善。乙集团的另外 2 家子公司的销量稳定。此外，甲公司还公开宣布，将进行公司重组以整合各子公司。这次公司重组将提高为现有债务进行再融资的灵活性，并提升子公司向甲公司支付股息的能力。

本例中，尽管预计市场条件会继续恶化，按照本准则第四十八条规定，丙银行认为对甲公司贷款的信用风险自初始确认后并无显著增加。证明因素如下。

（1）尽管当前销量下降，但丙银行在初始确认时已预计到这一情况。与丙银行在初始确认时的预期相比，这一因素尚未导致更负面的变化。此外，丙银行也预计在接下来的数月中，乙集团的销量将有所改善。

（2）考虑到子公司层面对现有债务进行再融资的灵活性得以提高，并且子公司向甲公司支付股息的能力提高，丙银行认为这次公司重组将导致信用提升。不过，丙银行对甲公司在控股公司层面对现有债务进行再融资的能力仍然存在一些担心。

（3）丙银行内部负责跟踪甲公司信用风险的部门认为，各种最新进展尚不足以证明需要变更对甲公司贷款的内部信用风险级别。

因此，丙银行未对该贷款按整个存续期内预期信用损失确认损失准备，但对 12 个月内预期信用损失的计量进行了更新。

【例 22-15】为取得一项不动产，甲公司从乙银行借入一笔 5 年期贷款，并以该不动产作为该笔贷款的抵押，贷款抵押率（贷款对担保物价值的比率）为 50%。该笔贷款在该不动产的担保顺序上排在第一位。在初始确认时，乙银行认为该贷款不属于本准则所定义的源生的已发生信用减值的贷款。

自初始确认后，由于宏观经济环境的影响，甲公司的收入和营业利润下降。此外，市场预计监管部门对甲公司所属行业的监管要求可能趋于严格，因而可能进一步对甲公司的收入和营业利润产生负面影响。上述变化可能对甲公司的运营产生重大且持续的负面影响。

由于上述近期最新情况以及预计会出现不利经济状况，乙银行预计甲公司的自由现金流量将下降到按合同偿还贷款可能非常紧张的程度。同时乙银行估计，如果甲公司的现金流量状况进一步恶化，将可能致使对该公司的贷款无法按合同规定按时偿还，即发生逾期。

此外，近期的第三方评估结果表明，由于房地产价值下跌，该贷款的抵押率已升至 70%。

本例中，在资产负债表日，乙银行不能认为对甲公司的贷款只具有较低的信用风险。因此，乙银行应当按照本准则第四十八条规定，不考虑其持有担保物的影响，评估甲公司的信用风险自初始确认后是否显著增加。乙银行评估发现，现金流量此时即使出现微小恶化都可能导致甲公司无法按合同规定按时还款，因此该贷款在资产负债表日具有高信用风险。所以，乙银行认为，该贷款的信用风险（即违约的风险）自初始确认后已显著增加。因而该银行对甲公司的贷款确认了整个存续期内的预期信用损失。

尽管乙银行对该贷款确认了整个存续期内的预期信用损失，但是乙银行对预期信用损失的计量应当反映预期自担保物上收回的金额（见后文关于预期信用损失计量中担保物的影响部分），因此该贷款的预期信用损失可能较小。

【例 22-16】甲银行在三个不同地区经营住房抵押贷款，发放的抵押贷款涉及多种贷款抵押率和不同的收入阶层。根据其抵押贷款申请流程，客户需要提供各种相关信息，如客户从事的行业以及抵押房产所在地的地址等。

甲银行的住房抵押贷款审批标准以信用评分为基础。对于信用评分在“正常”以上的贷款申请，甲银行认为借款人有能力按合同规定履行偿还贷款的义务，其信用状况是“可接受的”，因而将批准对其发放贷款。甲银行确定初始确认时的违约风险同样以信用评分为基础。

在资产负债表日，甲银行认为其开展住房抵押贷款业务的所有地区的经济状况均将显著恶化，预计就业形势可能趋于严峻，而住宅房产的价值将下跌，进而导致贷款抵押率上升，因而预期抵押贷款组合的违约率将上升。

分析：

单项评估。

在甲地区，甲银行按月使用自动化行为评分流程对每笔住房抵押贷款进行信用评估。该信用评分模型基于以下参数。

（1）当前和历史的逾期情况。

（2）客户的负债水平。

（3）贷款抵押率指标。甲银行通过重估房产价值的自动化程序定期更新贷款抵押率指标，重估房产价值所用的信息包括各地址区域（邮编区域）的近期房产销售信息以及其他各种能以合理成本获得的、合理且有依据的前瞻性信息。

（4）客户在甲银行其他金融工具上的还款表现。

（5）贷款金额。

（6）住房抵押贷款自发放起的已存续时间。

组合评估。

在乙地区和丙地区，甲银行不具备上述自动化评分能力。因此，为了管理信用风险，甲银行通过逾期状态跟踪违约风险。甲银行对逾期状态为逾期30日以上的所有贷款，按整个存续期内的预期信用损失确认损失准备。尽管甲银行把逾期信息作为唯一的借款人特有信息，但为了评估是否应对逾期不超过30日的贷款确认整个存续期内的预期信用损失，甲银行仍会考虑其他能以合理成本获得的、合理且有依据的前瞻性信息。

（1）乙地区。

乙地区内有一个主要依赖原油生产的大型油田。甲银行注意到，因为国际油价和该油田产能原因，该油田销售额逐年显著下滑，越来越多的该油田生产作业单位前往其他油田甚至海外油田承揽业务。该油田已宣布将逐步关闭部分矿区，并积极实施减员增效等措施。考虑到预期就业形势的影响，尽管乙地区的相关住房抵押贷款客户在资产负债表日并未逾期，但甲银行认为，其客户中属于该油田员工或与油田经营状况关系密切的公司员工的，其抵押贷款的违约风险已经显著增加。因此，甲银行使用贷款申请流程中收集的部分信息，根据客户所在的行业对抵押贷款组合进行细分，以识别与该油田相关的客户。

对于上述贷款，甲银行按整个存续期内的信用损失确认损失准备，而对于乙地区的其他贷款则按12个月内的预期信用损失确认损失准备。上述处理不适用根据单项评估确定的信用风险显著增加的抵押贷款，如逾期30日以上的贷款。对这些贷款，甲银行仍按照整个存续期内的预期信用损失确认损失准备。

对于上述与该油田相关的借款人新发放的贷款，由于其信用风险在自初始确认后并无显著增加，所以甲银行仅按12个月内的预期信用损失确认损失准备。但由于预期部分矿区将逐步关闭，就此类贷款中的一部分而言，其信用风险可能在初始确认后不久即显著增加。

（2）丙地区。

丙地区位于境外，预计在抵押贷款的整个存续期内利率将逐渐上升，因此甲银行预计信用风险将增加。甲银行发现，利率上升是导致丙地区抵押贷款未来发生违约的一项主要原因，尤其对于浮动利率贷款更是如此。历史数据显示，利率上升的幅度与浮动利率贷款组合中信用风险显著增加的贷款比例具有相关性。

当前，利率上升了200个基点。根据其掌握的历史资料，甲银行估计在这一涨幅下，20%的浮动利率抵押贷款组合的信用风险将会显著增加。因此，甲银行对这20%浮动利率贷款组合确认其整个存续期内的预期信用损失，而对其余贷款组合按12个月内的预期信用损失确认损失准备。

上述处理不适用根据单项评估确定的信用风险显著增加的抵押贷款，如逾期30日以上的贷款。对这些贷款，甲银行仍按照整个存续期内的预期信用损失确认损失准备。

【例22-17】2×10年，甲银行向乙公司发放了一笔1亿元的15年期贷款，当时乙公司的内部信用风险评级为4级。在甲银行的信用评级体系中，1代表信用风险级别最低，10代表信用风险级别最高，违约风险随着信用风险级别增加而呈指数级上升。2×15 年，乙公司的内部信用风险评级变为 6 级，甲银行向其又发放了一笔 5 000 万元的 10 年期贷款。2×17 年，乙公司未能继续签约某原有重要客户，导致其收入锐减。甲银行认为，由于丢失该客户，乙公司履行还贷义务的能力显著下降，所以将其内部信用风险评级调为 8 级。

在信用风险管理中，甲银行从交易对手角度对信用风险进行评估，认为乙公司的信用风险显著增加。尽管甲银行未对乙公司的每笔贷款的自初始确认后的信用风险变化进行单项评估，但是从交易对手方层面评估信用风险并对乙公司发放的所有贷款确认整个存续期预期信用损失，仍然符合本准则关于金融工具减值规定的目标。因为，即使从最后一笔贷款发放时（2×15 年）乙公司达到最高信用风险状态算起，其信用风险也已显著增加。甲银行开展的从交易对手方层面进行评估的结果，与对每笔贷款的信用风险变化进行单项评估的结果保持了一致。

22.7.3　预期信用损失

（一）预期信用损失的定义与计量

根据《企业会计准则第 22 号——金融工具确认和计量》，预期信用损失，是指以发生违约的风险为权重的金融工具信用损失的加权平均值。

1. 不同金融工具预期信用损失的计量

不同金融工具的预期信用损失的计量如表 22-12 所示。

表 22-12　不同金融工具的预期信用损失的计量

金融工具	预期信用损失的计量
金融资产	信用损失应为下列两者差额的现值：① 企业依照合同应收取的合同现金流量，② 企业预期能收到的现金流量
租赁应收款	信用损失的计算方法与金融资产相同，其用于确定预期信用损失的现金流量，应当与其按照《企业会计准则第 21 号——租赁》用于计量租赁应收款的现金流量口径保持一致
未提用的贷款承诺	信用损失应为下列两者差额的现值：① 如果贷款承诺的持有人提用相应贷款，企业应收的合同现金流量；② 如果持有人提用相应贷款，企业预期收取的现金流量。企业在估计 12 个月的预期信用损失时，应当考虑预计将在资产负债表日后 12 个月内提用的贷款承诺部分；而在估计整个存续期预期信用损失时，应当考虑预计将在贷款承诺整个存续期内提用的贷款承诺部分
财务担保合同	只有当债务人按照所担保的金融工具合同条款发生违约事件时，企业才需要进行赔付。因此，财务担保合同的信用损失是企业就合同持有人发生的信用损失向其做出赔付的预期付款额，减去企业预期向该合同持有人、债务人或其他方收取的金额的差额的现值

续表

金融工具	预期信用损失的计量
购买或源生时未发生信用减值、但在后续资产负债表日已发生信用减值的金融资产	计量其预期信用损失时，应当基于该金融资产的账面余额与按该金融资产原实际利率折现的预计未来现金流量的现值之间的差额
注：① 在不违反本准则第五十八条规定（金融工具预期信用损失计量方法应反映的要素）的前提下，企业可在计量预期信用损失时运用简便方法。如应收账款的预期信用损失，企业可参照历史信用损失经验，编制应收账款逾期天数与固定准备率对照表 ② 如果企业的历史经验表明不同细分客户群体发生损失的情况存在显著差异，那么企业应当对客户群体进行恰当的分组，在分组基础上运用上述简便方法。企业可用于对资产进行分组的标准可能包括：地理区域、产品类型、客户评级等	

2. 折现率

企业应当采用相关金融工具初始确认时确定的实际利率或其近似值，将现金流缺口折现为资产负债表日的现值，而不是预计违约日或其他日期的现值。如果金融工具具有浮动利率，那么企业应当采用当前实际利率（即最近一次利率重设后的实际利率）对现金流缺口进行折现。不同金融工具折现率的确定如表 22-13 所示。

表 22-13　金融工具折现率的确定

金融工具	折现率的确定
购买或源生已发生信用减值的金融资产	应当采用在初始确认时确定的经信用调整的实际利率（即购买或源生时将减值后的预计未来现金流量折现为摊余成本的利率）
租赁应收款	应当采用按照《企业会计准则第 21 号——租赁》计量租赁应收款所使用的相同折现率
贷款承诺	应当采用在确认源自该承诺的贷款时将应用的实际利率或其近似值
无法确定实际利率的财务担保合同或贷款承诺	应当采用反映货币时间价值和相关现金流量特有风险的折现率

3. 预期信用损失的概率加权属性

根据本准则对预期信用损失的定义以及第五十八条第（一）项和第六十条规定，企业对预期信用损失的估计，是概率加权的结果，应当始终反映发生信用损失的可能性以及不发生信用损失的可能性（即便最可能发生的结果是不存在任何信用损失），而不是仅对最坏或最好的情形做出估计。

实务中，这一要求可能并不需要企业开展复杂的分析。在某些情形下，运用相对简单的模型可能足以满足上述要求，而不需要使用大量具体的情景模拟。

4. 计量中采集和使用的信息

根据本准则第五十八条第（三）项，企业对金融工具预期信用损失的计量方法应当反映能够以合理成本即可获取的、合理且有依据的、关于过去事项、当前状况以及未来经济状况预测的信息。换言之，企业应当采集上述信息，将之作为金融工具预期信用损失计量的依据。

企业所采集和使用的信息应当既包含与借款人特定因素相关的信息，又包含反映总体经济状况和趋势的信息，对表22-14所示的信息类型也可加以考虑。

表22-14　计量金融工具预期信用损失时采集和使用的信息

信息类型	采集和使用
内部和外部的各种数据	包括关于信用损失的企业内部历史经验、企业内部评级、其他企业的信用损失经验、外部评级、外部报告和外部统计数据等
同行业内对类似金融工具（或一组类似金融工具）的经验数据	如果企业没有关于特定金融工具的数据来源或此类来源的数据不够充分，那么企业可以使用此种信息
历史信息	是企业计量预期信用损失的重要基准。某些情形下，未经调整的历史信息可能是最佳的合理且有依据的信息。而其他情形下，企业可能需要使用当期数据对历史数据进行调整，以反映当前状况和未来预测的影响，并剔除与未来现金流量不相关的历史因素的影响
市场信息	企业对预期信用损失的估计，应当反映相关可观察数据的变化并与其保持方向一致（例如，就业率、房价、商品价格的变化可能导致一项或一组金融工具信用损失的变化）。如果存在关于特定金融工具或类似金融工具信用风险的可观察的市场信息，企业应当在预期信用损失计量中予以考虑
前瞻性信息	不要求企业对金融工具整个预计存续期内的情况做出预测，企业只需根据现有资料对未来情况进行推断。企业在估计预期信用损失时需要运用的判断程度的高低，取决于具体信息的可获取性。预测的时间跨度越大，具体信息的可获取性越低，则企业在估计预期信用损失时必须运用判断的程度就越高

5. 预期信用损失计量示例

以下示例说明了企业计量预期信用损失的一些具体方法。为简便起见，这些示例可能只说明了预期信用损失计量中的某个或某几个方面。实务中，企业不能简单仿照这些示例进行判断或计算。

【例22-18】甲银行发放一笔5年期贷款，按合同面值到期一次偿还本金。合同面值为1 000万元，利率为5%，按年付息。本例假定实际利率为5%。第一个会计期间（以下简称“第一期”）期末，由于自初始确认后信用风险无显著增加，甲银行按12个月内预期信用损失确认损失准备，损失准备余额为20万元。

在第二期期末，甲银行确定该贷款自初始确认后的信用风险已显著增加，因此对该笔贷款确认整个存续期内的预期信用损失，损失准备余额为30万元。

在第三期期末，由于借款人出现重大财务困难，甲银行修改了该笔贷款的合同条款和现金流量，将该笔贷款的合同期限延长了一年。所以在修改日(第三期期末)，该笔贷款的剩余期限为三年。本次修改并未导致甲银行终止确认该贷款。

由于进行了上述修改，甲银行根据该贷款的初始实际利率 5%，重新计算修改后的合同现金流量的现值作为该金融资产的账面余额，并将重新计算的账面余额与修改前的账面余额之间的差额确认为合同变更利得或损失。在本例中假定，甲银行确认了修改损失 80 万元，账面余额降为 920 万元。

在考虑修改后的合同现金流量的基础上，甲银行评估了是否应继续对该贷款按整个存续期内预期信用损失计量损失准备，并重新计算了损失准备。甲银行将当前信用风险（基于修改后的现金流量）与初始确认时的信用风险（基于初始未修改的现金流量）进行比较，认为信用风险已显著增加，因此继续按整个存续期内的预期信用损失计量损失准备。在资产负债表日，该贷款按照整个存续期内的预期信用损失计量的损失准备余额为 100 万元。

甲银行对于上述合同现金流量修改的相关计算如表 22-15 所示。

表 22-15　合同现金流量修改的计算

单位：万元

期间	期初账面余额（A）	减值损失 / 利得（B）	修改损失 / 利得（C）	利息收入（D=A×5%）	现金流量（E）	期末账面余额（F=A+C+D−E）	准备损失（G）	期末摊余成本（H=F−G）
1	1 000	（20）		50	50	1 000	20	980
2	1 000	（10）		50	50	1 000	30	970
3	1 000	（70）	（80）	50	50	920	100	820

注：括号内的金额代表损失。

在后续资产负债表日，甲银行按照本准则第五十六条规定，将该贷款初始确认时的信用风险（基于初始未修改的现金流量）与资产负债表日的信用风险（基于修改后的现金流量）进行比较，以评估信用风险是否显著增加。

修改贷款合同再过两个期间之后（第五期），与修改日的预期相比，借款人的实际业绩明显好于其经营计划。而且，借款人所属行业的前景好于此前预测。通过使用以合理成本即可获得的、合理且有依据的信息进行评估，甲银行发现该贷款的整体信用风险和在整个存续期内的违约风险率下降，因此甲银行在第五期期末调整了借款人的内部信用评级。

考虑到这一进展，甲银行对该贷款信用状况进行了重新评估，并确定该贷款的信用风险已经下降，与初始确认时的信用风险相比已无显著增加。因此，甲银行重新按 12 个月内预期信用损失计量该贷款的损失准备。

【例 22-19】甲公司是一家制造业企业，其经营地域单一且固定。2×17 年，甲公司应收账款合计为 3 亿元。考虑到客户群由众多小客户构成，甲公司根据代表偿付能力的客户共同风险特征对应收账款进行分类。上述应收账款不包含重大融资成分。甲公司对上述应收账款始终按整个存续期内的预期信用损失计量损失准备。

甲公司使用逾期天数与违约损失率对照表确定该应收账款组合的预期信用损失。对照表以此类应收账款预计存续期的历史违约损失率为基础，并根据前瞻性估计予以调整。在每个资产负债表日，甲公司都将分析前瞻性估计的变动，并据此对历史违约损失率进行调整。公司预测下一年的经济形势将恶化。

甲公司的逾期天数与违约损失率对照表估计如表 22-16 所示。

表 22-16　甲公司的逾期天数与违约损失率对照表估计

	未逾期	逾期 1~30 日	逾期 31~60 日	逾期 61~90 日	逾期＞ 90 日
违约损失率	0.003	0.016	0.036	0.066	0.106

来自众多小客户的应收账款合计 30 000 000 元，根据逾期天数违约损失率计算其预期信用损失，如表 22-17 所示。

表 22-17　预期信用损失计算过程

单位：元

	账面余额（A）	违约损失率（B）	按整个存续期内预期信用损失确认的损失准备（账面余额 × 整个存续期预期信用损失率）（$C=A\times B$）
未逾期	15 000 000	0.30%	45 000
逾期 1~30 日	7 500 000	1.60%	120 000
逾期 31~60 日	4 000 000	3.60%	144 000
逾期 61~90 日	2 500 000	6.60%	165 000
逾期＞ 90 日	1 000 000	10.60%	106 000

（二）预期信用损失计量期限

估计预期信用损失的期间，是指相关金融工具可能发生的现金流缺口所属的期间。根据本准则第六十一条，企业计量预期信用损失的最长期限应当为企业面临信用风险的最长合同期限（包括由于续约选择权可能延续的合同期限）。对于贷款承诺和财务担保合同，计量预期信用损失的最长期限应当为企业承担提供信贷或财务担保的现时义务的最长合同期限。

某些金融工具可能同时包含贷款和未提用的贷款承诺，企业根据合同规定有通知借款人还款和取消未提用信用额度的能力，但这种能力未将企业所面临信用损失的期间限定在通知期之内，则企业对于此类金融工具确认预期信用损失的期间，应当为其面临信用风险且无法用信用风险管理措施予以缓释的期间，即使该期间超过了最长合同期限（通知期）。

例如，对于信用卡持卡人，银行可以最短提前 1 天通知撤销循环信用额度；但在实务中，银行只有当持卡人出现违约后才会撤销授信额度，而此时对于阻止全部或部分预期信用损失的发生而言可能已经太迟。因此银行不可能以 1 天的通知期作为估计预期信用损失的期间。

（三）金融工具减值的账务处理

金融工具减值的账务处理如图 22-12 所示。

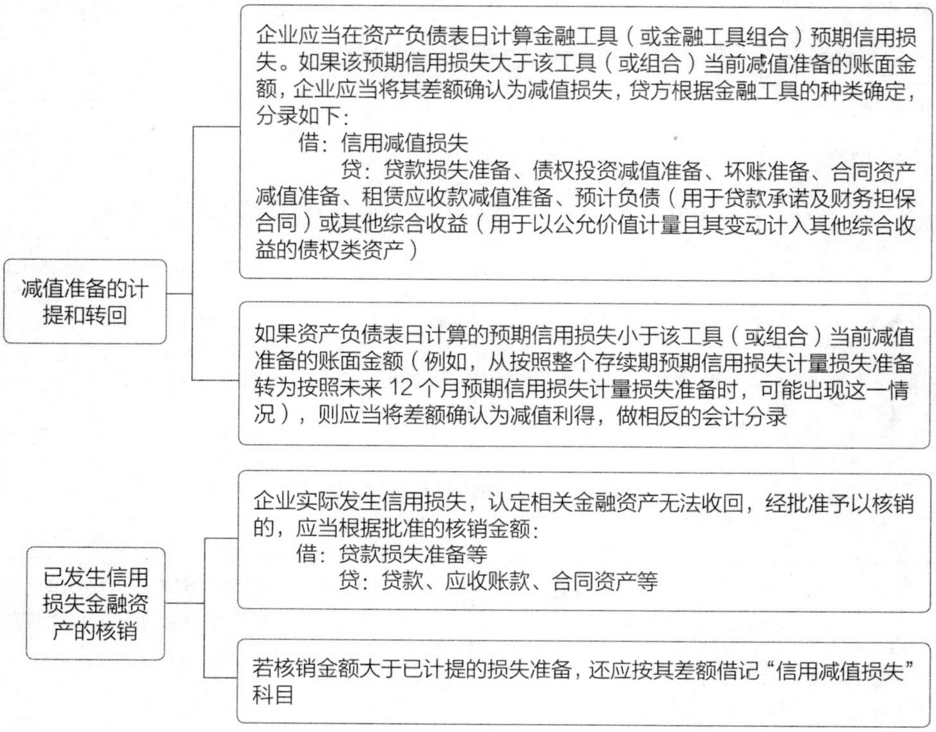

图 22-12　金融工具减值的账务处理

【例 22-20】甲银行对其发放的贷款以摊余成本计量。2×17 年 12 月 31 日，甲银行向乙公司发放一笔 5 年期信用贷款。贷款本金为 5 000 万元，年利率为 4%，每年 12 月 31 日付息，2×22 年 12 月 31 日还本。假设不考虑交易费用，该贷款的实际利率为 4%。

2×18 年 12 月 31 日，乙公司按约支付利息。甲银行评估认为该贷款信用风险自初始确认以来未显著增加，并计算其未来 12 个月预期信用损失为 80 万元。

2×19 年 12 月 31 日，乙公司按约支付利息。甲银行评估认为该贷款信用风险自初始确认以来已经显著增加，并计算剩余存续期预期信用损失为 300 万元。

2×20 年 6 月 30 日，甲银行了解到乙公司面临重大财务困难，认定该贷款已发生减值。同日，甲银行计算剩余存续期预期信用损失为 800 万元。

2×20 年 12 月 31 日，乙公司未按约支付利息。甲银行计算剩余存续期预期信用损失为 1 200 万元。

2×21 年 6 月 30 日，甲银行计算剩余存续期预期信用损失为 1 600 万元，并以 3 500 万元价格将该贷款所有风险和报酬转让给丙资产管理公司。

根据所掌握情况，丙资产管理公司将该贷款认定为已发生信用减值的金融资产，并预计该贷款的未来现金流量如表 22-18 所示。

表 22-18　未来现金流量

单位：元

日期	金额
2×22 年 12 月 31 日	20 000 000
2×23 年 6 月 30 日	18 500 000

根据以上数据，丙资产管理公司计算该贷款经信用调整的实际利率为 5.6352%。丙资产管理公司以摊余成本计量该贷款，其账面价值摊余过程如表 22-19 所示。

表 22-19　账面价值摊余过程

单位：元

日期	计提利息期限（年）	应计利息	还款	摊余成本
2×21 年 6 月 30 日				35 000 000
2×21 年 12 月 31 日	0.5	972 649		35 972 649
2×22 年 12 月 31 日	1	2 027 138	−20 000 000	17 999 787
2×23 年 6 月 30 日	0.5	500 213	−18 500 000	

2×21 年 12 月 31 日，丙资产管理公司对该贷款回收金额和回收时间的预期未发生改变（即预期信用损失变动为零）。

2×22 年 12 月 31 日，丙资产管理公司实际收到乙公司还款 2 000 万元，对该贷款后续回收金额和回收时间的预期未发生改变。

2×23 年 6 月 30 日，丙资产管理公司实际收到乙公司还款 1 900 万元，贷款合同终止。

根据上述资料，相关账务处理如下（不考虑税费影响）：

（1）甲银行。

① 2×17 年 12 月 31 日，发放贷款：

借：贷款　　50 000 000

　　贷：吸收存款　　50 000 000

② 2×18 年 12 月 31 日，确认利息收入和收到的利息：

利息收入 = 账面余额 × 实际利率 =5 000×4% =200（万元）

借：应收利息　　2 000 000

　　贷：利息收入　　2 000 000

借：吸收存款　　2 000 000

贷：应收利息 2 000 000

计提减值准备：

借：信用减值损失 800 000

贷：贷款损失准备 800 000

③ 2×19 年 12 月 31 日，确认利息收入和收到的利息：

借：应收利息 2 000 000

贷：利息收入 2 000 000

借：吸收存款 2 000 000

贷：应收利息 2 000 000

补提减值准备：

借：信用减值损失 2 200 000

贷：贷款损失准备 2 200 000

④ 2×20 年 6 月 30 日，确认实际减值前利息收入：

利息收入 = 账面余额 × 实际利率 =50 000 000×[（1+4%）$^{0.5}$−1] =990 195（元）

借：应收利息 990 195

贷：利息收入 990 195

补提减值准备：

借：信用减值损失 5 000 000

贷：贷款损失准备 5 000 000

⑤ 2×20 年 12 月 31 日，确认实际减值后利息收入：

利息收入 = 摊余成本 × 实际利率 =（50 000 000+990 195−8 000 000）×[（1+4%）$^{0.5}$−1] = 851 374（元）

借：应收利息 851 374

贷：利息收入 851 374

补提减值准备：

借：信用减值损失 4 000 000

贷：贷款损失准备 4 000 000

⑥ 2×21 年 6 月 30 日，确认利息收入：

利息收入 = 摊余成本 × 实际利率 =（50 000 000+990 195+851 374−12 000 000）×[（1+4%）$^{0.5}$−1]=789 019（元）

借：应收利息 789 019

贷：利息收入 789 019

补提减值准备：

借：信用减值损失 4 000 000

贷：贷款损失准备 4 000 000

终止确认贷款：

借：存放中央银行款项 35 000 000

贷款损失准备 16 000 000

贷款处置损益 1 630 588

贷：贷款 50 000 000

应收利息 2 630 588

（2）丙资产管理公司。

① 2×21年6月30日，确认购入贷款：

借：债权投资——本金 35 000 000

贷：银行存款 35 000 000

② 2×21年12月31日，确认利息收入：

借：债权投资——应计利息 972 649

贷：利息收入 972 649

③ 2×22年12月31日，确认利息收入：

借：债权投资——应计利息 2 027 138

贷：利息收入 2 027 138

确认收到的还款：

借：银行存款 20 000 000

贷：债权投资——本金 17 000 213

——应计利息 2 999 787

④ 2×23年6月30日，确认利息收入：

借：债权投资——应计利息 500 213

贷：利息收入 500 213

确认收到的还款，终止确认贷款：

借：银行存款 19 000 000

贷：债权投资——本金 17 999 787

——应计利息 500 213

信用减值损失（利得） 500 000

22.7.4 判断事项

金融资产损失准备的判断事项如表22-20所示。

表 22-20　金融资产损失准备的判断事项

事项	判断原则
违约风险	企业应当通过比较金融工具在资产负债表日发生违约的风险与在初始确认日发生违约的风险，以确定金融工具预计存续期内发生违约风险的变化情况。另外，应当考虑违约风险的相对变化，而非违约风险变动的绝对值
逾期信息与前瞻性信息	企业在确定信用风险自初始确认后是否显著增加时，企业无须付出不必要的额外成本或努力即可获得合理且有依据的前瞻性信息的，不得仅依赖逾期信息来确定信用风险自初始确认后是否显著增加；企业必须付出不必要的额外成本或努力才可获得合理且有依据的逾期信息以外的单独或汇总的前瞻性信息的，可以采用逾期信息来确定信用风险自初始确认后是否显著增加
较低信用风险	企业确定金融工具在资产负债表日只具有较低的信用风险的，可以假设该金融工具的信用风险自初始确认后并未显著增加。 如果金融工具的违约风险较低，借款人在短期内履行其合同现金流量义务的能力很强，并且即便较长时期内经济形势和经营环境存在不利变化但未必一定降低借款人履行其合同现金流量义务的能力，该金融工具被视为具有较低的信用风险
合同变化	企业与交易对手方修改或重新议定合同，未导致金融资产终止确认，但导致合同现金流量发生变化的，企业在评估相关金融工具的信用风险是否已经显著增加时，应当将基于变更后的合同条款在资产负债表日发生违约的风险与基于原合同条款在初始确认时发生违约的风险进行比较

22.8　利得和损失

22.8.1　以公允价值计量的金融工具

《企业会计准则第 22 号——金融工具确认和计量》规定，企业应当将以公允价值计量的金融资产或金融负债的利得或损失计入当期损益，除非该金融资产或金融负债属于图 22-13 所示情形之一。

（1）属于《企业会计准则第 24 号——套期会计》规定的套期关系的一部分

（2）是一项对非交易性权益工具的投资，且企业已按照本准则前述规定将其指定为以公允价值计量且其变动计入其他综合收益的金融资产

（3）是一项被指定为以公允价值计量且其变动计入当期损益的金融负债，且按照本准则规定，该负债由企业自身信用风险变动引起的其公允价值变动应当计入其他综合收益

（4）是一项按照本准则规定分类为以公允价值计量且其变动计入其他综合收益的金融资产，且企业根据本准则规定，其减值损失或利得和汇兑损益之外的公允价值变动计入其他综合收益

图 22-13　不以公允价值计量的金融工具的情形

22.8.2　以摊余成本计量的金融工具

《企业会计准则第 22 号——金融工具确认和计量》规定，以摊余成本计量且不属于任何套期关系的一部分的金融资产所产生的利得或损失，应当在终止确认、按照本准则规定重分类、按照实际利率法摊销或按照本准则规定确认减值时，计入当期损益。如果企业将以摊余成本计量的金融资产重分类为其他类别，应当根据本准则第三十条规定处理其利得或损失。

以摊余成本计量且不属于任何套期关系的一部分的金融负债所产生的利得或损失，应当在终止确认时计入当期损益或在按照实际利率法摊销时计入相关期间损益。

22.8.3　股利收入

《企业会计准则第 22 号——金融工具确认和计量》规定，企业只有在同时符合图 22-14 所示条件时，才能确认股利收入并计入当期损益。

（1）企业收取股利的权利已经确立

（2）与股利相关的经济利益很可能流入企业

（3）股利的金额能够可靠计量

图 22-14　确认股利收入并计入当期损益的条件

22.8.4 其他规定

金融工具利得或损失处理的其他规定，如表 22-21 所示。

表 22-21 金融工具利得或损失处理的其他规定

金融工具类型	利得或损失的处理规定
以公允价值计量且其变动计入当期损益的金融负债	（1）由企业自身信用风险变动引起的该金融负债公允价值的变动金额，应当计入其他综合收益 （2）该金融负债的其他公允价值变动计入当期损益 按照（1）规定对该金融负债的自身信用风险变动的影响进行处理会造成或扩大损益中的会计错配的，企业应当将该金融负债的全部利得或损失（包括企业自身信用风险变动的影响金额）计入当期损益 该金融负债终止确认时，之前计入其他综合收益的累计利得或损失应当从其他综合收益中转出，计入留存收益
指定为以公允价值计量且其变动计入其他综合收益的非交易性权益工具	当该金融资产终止确认时，之前计入其他综合收益的累计利得或损失应当从其他综合收益中转出，计入留存收益
以公允价值计量且其变动计入其他综合收益的金融资产	所产生的所有利得或损失，除减值损失或利得和汇兑损益之外，均应当计入其他综合收益，直至该金融资产终止确认或被重分类。但是，采用实际利率法计算的该金融资产的利息应当计入当期损益。该金融资产计入各期损益的金额应当与视同其一直按摊余成本计量而计入各期损益的金额相等 该金融资产终止确认时，之前计入其他综合收益的累计利得或损失应当从其他综合收益中转出，计入当期损益

第 23 章
金融资产转移

23.1　金融资产转移与终止确认

23.1.1　金融资产转移

金融资产转移，是指企业（转出方）将金融资产（或其现金流量）让与或交付给该金融资产发行方之外的另一方（转入方）。票据背书转让、商业票据贴现、应收账款保理、资产证券化、债券买断式回购、融资融券等业务均涉及金融资产转移。金融资产转移的情形如图 23-1 所示。

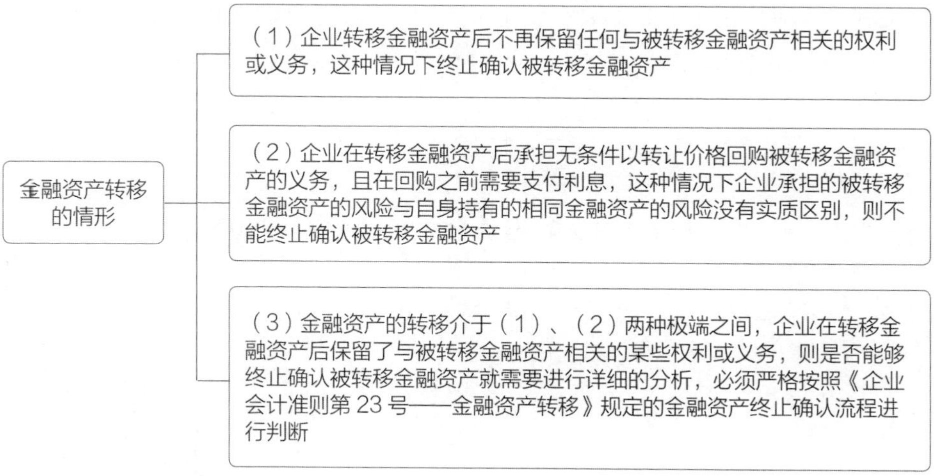

图 23-1　金融资产转移的情形

23.1.2 金融资产终止确认的一般原则

金融资产的一部分满足图 23-2 所示条件之一的，企业应当将终止确认的规定适用于该金融资产部分，除此之外，企业应当将终止确认的规定适用于该金融资产整体。

（1）该金融资产部分仅包括金融资产所产生的特定可辨认现金流量。如企业就某债务工具与转入方签订一项利息剥离合同，合同规定转入方有权获得该债务工具利息现金流量，但无权获得该债务工具本金现金流量，终止确认的规定适用于该债务工具的利息现金流量

（2）该金融资产部分仅包括与该金融资产所产生的全部现金流量完全成比例的现金流量部分。如企业就某债务工具与转入方签订转让合同，合同规定转入方拥有获得该债务工具全部现金流量一定比例的权利，终止确认的规定适用于该债务工具全部现金流量一定比例的部分

（3）该金融资产部分仅包括与该金融资产所产生的特定可辨认现金流量完全成比例的现金流量部分。如企业就某债务工具与转入方签订转让合同，合同规定转入方拥有获得该债务工具利息现金流量一定比例的权利，终止确认的规定适用于该债务工具利息现金流量一定比例的部分

图 23-2 终止确认金融资产部分的一般原则

企业发生满足上述（1）或（2）条件的金融资产转移，且存在一个以上转入方的，只要企业转移的份额与金融资产全部现金流量或特定可辨认现金流量完全成比例即可，不要求每个转入方均持有成比例的份额。

23.1.3 金融资产终止确认的条件

《企业会计准则第 23 号——金融资产转移》（以下简称“本准则”）规定，金融资产终止确认，是指企业将之前确认的金融资产从其资产负债表中予以转出。金融资产满足图 23-3 所示条件之一的，应当终止确认。

（1）收取该金融资产现金流量的合同权利终止

（2）该金融资产已转移，且该转移满足准则关于终止确认的规定

图 23-3 金融资产终止确认的条件

23.2　金融资产终止确认的判断流程

根据本准则的规定，企业在判断金融资产是否应当终止确认以及在多大程度上终止确认时，判断流程可归结为图 23-4。

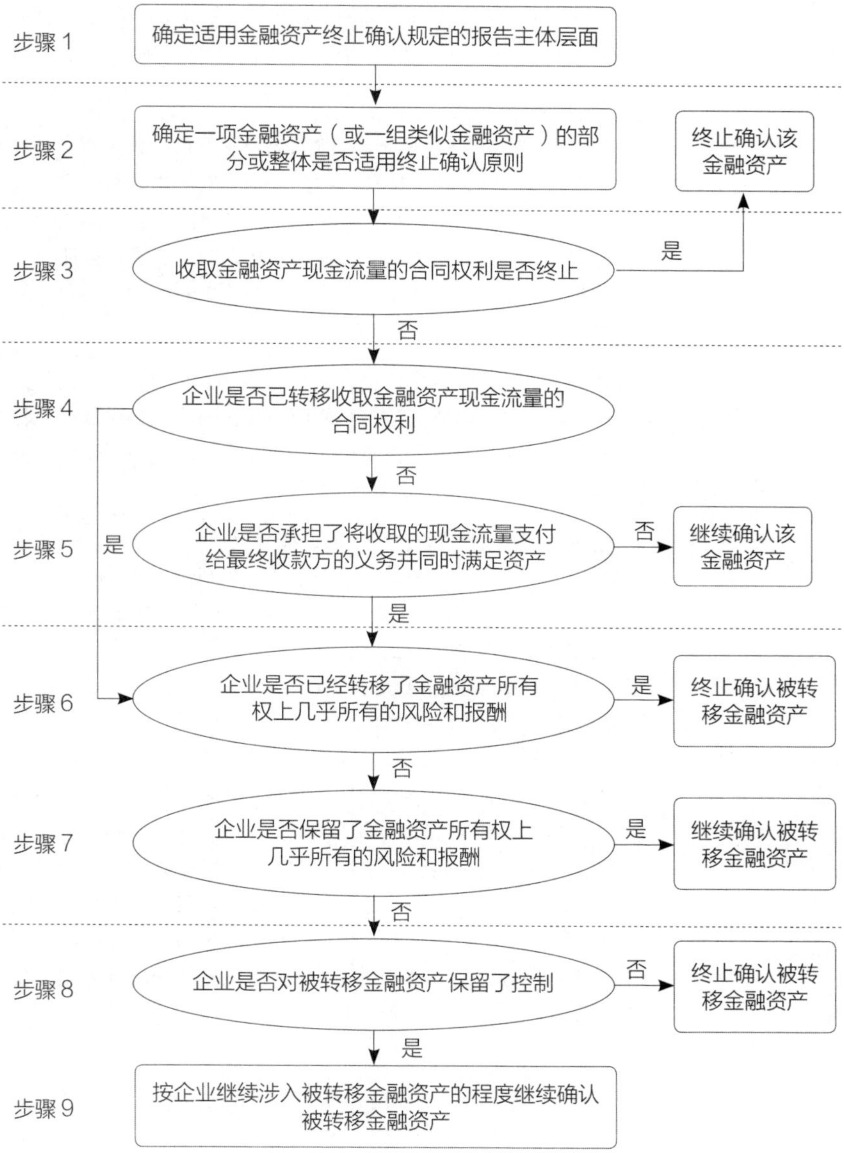

图 23-4　金融资产终止确认的判断流程

上述判断流程的具体判断原则如表 23-1 所示。

表 23–1　金融资产终止确认的具体判断原则

序号	步骤	内容
1	确定适用金融资产终止确认规定的报告主体层面	《企业会计准则第 23 号——金融资产转移》规定，企业（转出方）对金融资产转入方具有控制权的，除在该企业个别财务报表基础上应用准则外，在编制合并财务报表时，还应当按照《企业会计准则第 33 号——合并财务报表》的规定合并所有纳入合并范围的子公司（含结构化主体），并在合并财务报表层面应用本准则。因此金融资产终止确认判断时，企业应首先确定报告主体，即是编制合并财务报表还是个别财务报表
2	确定金融资产是部分还是整体适用终止确认原则	《企业会计准则第 23 号——金融资产转移》中的“金融资产”既可能指一项金融资产或其部分，也可能指一组类似金融资产或其部分。一组类似金融资产通常指金融资产的合同现金流量在金额和时间分布上相似并且具有相似的风险特征，如合同条款类似、到期期限接近的一组住房抵押贷款等。除终止确认的相关规定适用于该金融资产部分的情况外，本准则有关金融资产终止确认的相关规定适用于金融资产的整体
3	确定收取金融资产现金流量的合同权利是否终止	此步骤判断是否对金融资产进行终止确认。本准则规定，收取金融资产现金流量的合同权利已经终止的，企业应当终止确认该金融资产。若收取金融资产的现金流量的合同权利没有终止，企业应当判断是否转移了金融资产，并确定是否应当终止确认被转移金融资产
4	判断企业是否已转移金融资产	企业在判断是否已转移金融资产时，应分以下两种情形做进一步的判断。 （1）企业将收取金融资产现金流量的合同权利转移给其他方。 （2）企业保留了收取金融资产现金流量的合同权利，但承担了将收取的该现金流量支付给一个或多个最终收款方的合同义务，当且仅当同时符合以下三个条件时，转出方才能按照金融资产转移的情形进行后续分析及处理；否则，被转移金融资产应予以继续确认： ① 企业（转出方）只有从该金融资产收到对等的现金流量时，才有义务将其支付给最终收款方；② 转让合同规定禁止企业（转出方）出售或抵押该金融资产，但企业可以将其作为向最终收款方支付现金流量义务的保证；③ 企业（转出方）有义务将代表最终收款方收取的所有现金流量及时划转给最终收款方，且无重大延误。企业无权将该现金流量进行再投资。但是，如果企业在收款日和最终收款方要求的划转日之间的短暂结算期内将代为收取的现金流量进行现金或现金等价物投资，并且按照合同约定将此类投资的收益支付给最终收款方，则视同满足本条件

续表

序号	步骤	内容
5	分析所转移金融资产的风险和报酬转移情况	《企业会计准则第 23 号——金融资产转移》规定，企业在判断金融资产转移是否导致金融资产终止确认时，应当评估其在多大程度上保留了金融资产所有权上的风险和报酬，即比较其在转移前后所承担的该金融资产未来净现金流量金额及其时间分布变动的风险，并分别按以下情形进行处理。 （1）企业转移了金融资产所有权上几乎所有风险和报酬的，应当终止确认该金融资产，并将转移中产生或保留的权利和义务单独确认为资产或负债。以下情形表明企业已将金融资产所有权上几乎所有的风险和报酬转移给了转入方：① 企业无条件出售金融资产；② 企业出售金融资产，同时约定按回购日该金融资产的公允价值回购；③ 企业出售金融资产，同时与转入方签订看跌或看涨期权合约，且该看跌或看涨期权为深度价外期权（即到期日之前不大可能变为价内期权） 企业需要通过计算判断是否转移或保留了金融资产所有权上几乎所有风险和报酬的，在计算金融资产未来现金流量净现值时，应考虑所有合理、可能的现金流量变动，采用适当的市场利率作为折现率，并采用概率加权平均方法 （2）企业保留了金融资产所有权上几乎所有风险和报酬的，应当继续确认该金融资产。如以下情形：① 企业出售金融资产并与转入方签订回购协议，协议规定企业将按照固定价格或是按照原售价加上合理的资金成本向转入方回购原被转移金融资产，或者与售出的金融资产相同或实质上相同的金融资产；② 企业融出证券或进行证券出借；③ 企业出售金融资产并附有将市场风险敞口转回给企业的总回报互换；④ 企业出售短期应收款项或信贷资产，并且全额补偿转入方可能因被转移金融资产发生的信用损失；⑤ 企业出售金融资产，同时与转入方签订看跌或看涨期权合约，且该看跌期权或看涨期权为一项价内期权；⑥ 采用附追索权方式出售金融资产 （3）企业既没有转移也没有保留金融资产所有权上几乎所有的风险和报酬的，应当判断其是否保留了对金融资产的控制，根据是否保留了控制分别进行处理
6	分析企业是否保留了控制	如果没有保留对该金融资产的控制的，应当终止确认该金融资产。对于“控制”的判断：如果转入方有实际能力单方面决定将转入的金融资产整体出售给与其不相关的第三方，且没有额外条件对此项出售加以限制，则表明企业作为转出方未保留对被转移金融资产的控制；在除此之外的其他情况下，则应视为企业保留了对金融资产的控制。 企业在运用上述原则进行判断时，应当遵循以下要求： （1）如果不存在被转移资产的市场，则处置被转移资产的合同权利几乎没有实际作用 （2）如果转入方不能自由地处置被转移金融资产，则处置该资产的能力几乎没有实际作用 因此，在评估转入方处置被转移金融资产的实际能力时，企业（转出方）应当关注被转移金融资产的市场。如果被转移金融资产可以在活跃市场交易，通常表明转入方有出售被转移资产的实际能力，因为当转入方需要将被转移金融资产交还给企业时，它能够在市场上回购该被转移金融资产

续表

序号	步骤	内容
7	按照其继续涉入被转移金融资产的程度确认有关金融资产	企业既没有转移也没有保留金融资产所有权上几乎所有的风险和报酬，且未放弃对该金融资产控制的，应当按照其继续涉入被转移金融资产的程度确认有关金融资产，并相应确认有关负债。在这种情况下确认的有关金融资产和有关负债反映了企业所承担的被转移金融资产价值变动风险或报酬的程度。导致转出方对被转移金融资产形成继续涉入的常见方式有：具有追索权，享有继续服务权，签订回购协议，签发或持有期权或提供担保等

表 23-1 中的步骤 5~7 可以总结为表 23-2 进行记忆。

表 23-2　金融资产转移时的终止确认情况

<table>
<tr><th colspan="2">情形</th><th>结果</th></tr>
<tr><td colspan="2">已转移金融资产所有权上几乎所有的风险和报酬</td><td rowspan="2">终止确认该金融资产（确认新资产 / 负债）</td></tr>
<tr><td rowspan="2">既没有转移也没有保留金融资产所有权上几乎所有的风险和报酬</td><td>放弃了对金融资产的控制</td></tr>
<tr><td>未放弃对金融资产的控制</td><td>按照继续涉入被转移金融资产的程度确认有关金融资产和负债</td></tr>
<tr><td>保留了金融资产所有权上几乎所有的风险和报酬</td><td colspan="2">继续确认该金融资产，并将收到的对价确认为金融负债</td></tr>
</table>

企业认定金融资产所有权上几乎所有风险和报酬已经转移的，除非企业在新的交易中重新获得被转移金融资产，不应当在未来期间再次确认该金融资产。

在金融资产转移不满足终止确认条件的情况下，转入方不应当将被转移金融资产全部或部分确认为自身资产。转入方应当终止确认所支付的现金或其他对价，同时确认一项对转出方的应收款项。企业（转出方）同时拥有以固定金额重新控制整个被转移金融资产的权利和义务的（如以固定金额回购被转移金融资产），在满足《企业会计准则第 22 号——金融工具确认和计量》关于摊余成本计量规定的情况下，转入方可以将该应收款项以摊余成本计量。

【例 23-1】2×18 年 2 月 1 日，甲公司将其持有的乙上市公司股票转让给丙公司，甲公司与丙公司约定，在 4 个月后（即 6 月 1 日）将按照 6 月 1 日乙公司股票的市价回购被转让股票。由于甲公司已经将乙公司股票的所有价值变动风险和报酬转让给丙公司，可以认定甲公司已经转移了该项金融资产所有权上几乎所有的风险和报酬，应当终止确认其转让的乙公司股票。

【例 23-2】甲公司向不存在关联方关系的乙公司出售剩余期限为 30 天、总金额为 100 万元人民币的短期应收账款组合。假设甲公司承诺为应收账款组合最先发生的、不超过应收款总金额 1.25% 损失的部分提供担保，且该交易被认定为金融资产转移。

分析：为了判断其保留的该短期应收账款组合所有权上的风险和报酬的程度，甲公司对应收账款组合的未来现金流量设定了 6 种不同的合理且可能发生的假设情景进行分析，估计每种情景下的现金流量现值和发生概率，甲公司采用现值变动的绝对值与发生概率的乘积来衡量风险变动程度，计算得出转移前甲公司面临该应收账款组合的现金流量变动总额，即未来现金流量现值预计变动敞口，如表 23-3 所示。

表 23-3　未来现金流量现值预计变动敞口

单位：元

假设情景	未来现金流量现值	发生概率	概率加权	假设情景下的现值变动	现值变动概率加权	预计变动
	①	②	③=①×②	④=①- Σ ③	⑤=②×④	⑥
低损失	990 000	15.00%	148 500	11 050	1 658	1 658
正常损失和少量损失提前还款	985 000	20.00%	197 000	6 050	1 210	1 210
正常损失	980 000	35.00%	343 000	1 050	368	368
正常损失和大量损失提前还款	970 000	25.00%	242 500	−8 950	−2 238	2 238
严重损失	960 000	4.50%	43 200	−18 950	−853	853
非常严重损失	950 000	0.50%	4 750	−28 950	−145	145
合计		100%	978 950	−38 700		6 472

采用类似的方法可以计算出转移后甲公司面临该应收账款组合的预期现金流量变动情况，如表 23-4 所示。

表 23-4　转移后应收账款组合的预期现金流量变动情况

单位：元

假设情景	未来现金流量现值	发生概率	概率加权	假设情景下的现值变动	现值变动概率加权	预计变动
	①	②	③=①×②	④=①- Σ ③	⑤=②×④	⑥
低损失	10 000	15.00%	1 500	−2 125	−319	319
正常损失和少量损失提前还款	12 500	20.00%	2 500	375	75	75
正常损失	12 500	35.00%	4 375	375	131	131

续表

假设情景	未来现金流量现值	发生概率	概率加权	假设情景下的现值变动	现值变动概率加权	预计变动
	①	②	③=①×②	④=①− Σ ③	⑤=②×④	⑥
正常损失和大量损失提前还款	12 500	25.00%	3 125	375	94	94
严重损失	12 500	4.50%	563	375	17	17
非常严重损失	12 500	0.50%	62	375*	2	2
合计		100%	12 125	−250		638

* 舍去小数位

结论：根据上述计算，转移后甲公司承受的相对变动为 638÷6 472=9.86%，表明甲公司已经转移了该应收账款组合所有权上几乎所有的风险和报酬，应当终止确认该应收账款组合。

【例 23-3】甲银行持有一组类似的可提前偿还的固定利率贷款，2×18 年 1 月 1 日该组贷款的本金和摊余成本均为 1 亿元人民币，合同利率和实际利率均为 10%，剩余偿还期限为 2 年。经协商，甲银行拟将该组贷款转移给某信托机构（以下简称“转入方”）进行证券化。有关资料如下。

2×18 年 1 月 1 日，甲银行与转入方签订协议，将该组贷款转移给转入方，并办理有关手续。甲银行收到款项 9 115 万元人民币，同时保留以下权利：（1）收取本金 1 000 万元人民币以及这部分本金按 10% 的利率计算确定利息的权利；（2）收取以 9 000 万元人民币为本金、以 0.5% 为利率所计算确定利息（超额利差账户）的权利。转入方取得收取该组贷款本金中的 9 000 万元人民币以及这部分本金按 9.5% 的利率收取利息的权利。根据双方签订的协议，如果债务人提前偿付该组贷款，则偿付金额按 1:9 的比例在甲银行和转入方之间进行分配；但是，如该组贷款发生违约，则违约金额从甲银行拥有的 1 000 万元人民币贷款本金中扣除，直到扣完为止。

分析：

该交易不满足本准则第四条判断将终止确认的规定适用于金融资产部分的条件，因此应对金融资产整体适用相关规定。假设该交易可以被认定为金融资产转移，为了判断甲银行保留的该组贷款所有权上的风险和报酬的程度，甲银行对该组贷款的未来现金流量设定了 4 种不同的假设情景进行分析，估计每种情景下的现金流量金额和发生概率，并采用 8.5% 的折现率进行折现，如表 23-5 所示。

表 23-5　不同情景下现金流量金额和发生概率

单位：万元

假设情景		合计	转入方	甲银行
情形 1：所有贷款被立刻提前偿还且没有违约，发生概率为 20%	2×18 年 1 月 1 日未折现的预计现金流量	10 000	9 000	1 000
	现金流量净现值合计	10 000	9 000	1 000
情形 2：所有贷款被立刻提前偿还且没有违约，发生概率为 30%	2×18 年 1 月 1 日未折现的预计现金流量	10 000	9 000	1 000
	2×19 年 1 月 1 日未折现的预计现金流量	11 000	9 855	1 145
	现金流量净现值合计	10 138	9 083	1 055
情形 3：所有贷款在 2 年后到期日被偿还且没有违约，发生概率为 30%	2×18 年 1 月 1 日未折现的预计现金流量	10 000	9 000	1 000
	2×19 年 1 月 1 日未折现的预计现金流量	1 000	855	145
	2×20 年 1 月 1 日未折现的预计现金流量	11 000	9 855	1 145
	现金流量净现值合计	10 265	9 159	1 106
情形 4：所有贷款在 1 年后违约，处置后收回现金 10 741 万元，发生概率为 20%	2×18 年 1 月 1 日未折现的预计现金流量	10 000	9 000	1 000
	2×19 年 1 月 1 日未折现的预计现金流量	10 741	9 855	886
	现金流量净现值合计	9 900	9 083	817

甲银行采用现值变动的标准差来衡量风险和报酬的变动程度，计算得出转移前甲银行面临该组贷款的现金流量变动总额，即未来现金流量现值变动敞口，如表 23-6 所示。用现值变动概率加权合计 18 600 万元的平方根衡量转移前甲银行承担的该组贷款的风险敞口为 136 万元。

表 23-6　风险敞口计算过程（一）

单位：万元

假设情景	未来现金流量现值	发生概率	概率加权	现值变动	现值变动概率加权
	①	②	③=①×②	④=①-Σ③	⑤=④^2×②
情形 1	10 000	20.00%	2 000	-101	2 040
情形 2	10 138	30.00%	3 041	37	410
情形 3	10 265	30.00%	3 080	164	8 069

续表

假设情景	未来现金流量现值	发生概率	概率加权	现值变动	现值变动概率加权
	①	②	③=①×②	④=①－∑③	⑤=④^2×②
情形 4	9 900	20.00%	1 980	-201	8 081
合计		100%	10 101		18 600

甲银行采用相同的方法计算得出转移后甲银行面临该组贷款的未来现金流量现值变动敞口，如表 23-7 所示。用现值变动概率加权合计 10 839 万元的平方根衡量转移后甲银行承担的该组贷款的风险敞口为 104 万元。

表 23-7　风险敞口计算过程（二）

单位：万元

假设情景	未来现金流量现值	发生概率	概率加权	现值变动	现值变动概率加权
	①	②	③=①×②	④=①－∑③	⑤=④^2×②
情形 1	1 000	20.00%	200	-12	29
情形 2	1 055	30.00%	317	43	554
情形 3	1 106	30.00%	332	94	2 651
情形 4	817	20.00%	163	-195	7 605
合计		100%	1 012		10 839

结论：比较转移前后甲银行承担的该组贷款的风险敞口的变动情况（104÷136=76%），甲银行认为其既没有转移也没有保留该组贷款所有权上几乎所有风险和报酬，应当进一步判断其是否保留了对金融资产的控制以确定是否应终止确认该组贷款。

23.3　金融资产转移的确认和计量

23.3.1　满足终止确认条件的金融资产转移

对于满足终止确认条件的金融资产转移，企业应当按照被转移的金融资产是金融资产的整体还是金融资产的一部分，分别按照以下方式进行会计处理。

（一）金融资产整体转移的会计处理

金融资产整体转移满足终止确认条件的，应当将图 23-5 所示两项金额的差额计入当期损益。

（1）被转移金融资产在终止确认日的账面价值

（2）因转移金融资产而收到的对价，与原直接计入其他综合收益的公允价值变动累计额（涉及转移的金融资产为根据《企业会计准则第 22 号——金融工具确认和计量》第十八条分类为以公允价值计量且其变动计入其他综合收益的金融资产的情形）之和

图 23-5　金融资产整体转移的两项金额

【例 23-4】2×18 年 1 月 20 日，甲银行与乙资产管理公司签订协议，甲银行将 100 笔贷款打包出售给乙资产管理公司。该组贷款总金额为 8 000 万元人民币，原已计提的减值准备为 1 200 万元人民币，双方协议转让价为 6 000 万元人民币，转让后甲银行不再保留任何权利和义务。2×18 年 2 月 20 日，甲银行收到该批贷款出售款项。

分析：本例中，由于甲银行将贷款转让后不再保留任何权利和义务，所以可以判断，贷款所有权上的风险和报酬已经全部转移给乙公司，甲银行应当终止确认该组贷款。甲银行应做如下账务处理。

借：存放中央银行款项	60 000 000	
贷款损失准备	12 000 000	
贷款处置损益 *	8 000 000	
贷：贷款		80 000 000

注：* 本例中，甲银行使用“贷款处置损益”科目核算转让贷款实现的损益。实务中，如果此类业务不频繁发生，企业也可在“投资收益”科目核算此类损益。

对于按照《企业会计准则第 22 号——金融工具确认和计量》第十八条分类为以公允价值计量且其变动计入其他综合收益的金融资产（债务工具投资）整体转移满足终止确认条件的，企业在计量该项转移形成的损益时，应当将原计入其他综合收益的公允价值变动累计利得或损失转出。（注意不适用于根据该准则第十九条指定为以公允价值计量且其变动计入其他综合收益的非交易性权益工具投资）。

【例 23-5】2×17 年 1 月 1 日，甲公司将持有的乙公司发行的 10 年期公司债券出售给丙公司，经协商出售价格为 311 万元人民币，2×16 年 12 月 31 日该债券公允价值为 310 万元人民币。该债券于 2×16 年 1 月 1 日发行，甲公司持有该债券时将其分类为以公允价值计量且其变动计入其他综合收益的金融资产，面值（取得成本）为 300 万元人民币。

本例中，假设甲公司和丙公司在出售协议中约定，出售后该公司债券发生的所有损失均由丙

公司自行承担，甲公司已将债券所有权上的几乎所有风险和报酬转移给丙公司，因此，应当终止确认该金融资产。

根据上述资料，首先，应确定出售日该笔债券的账面价值。由于资产负债表日（即 2×16 年 12 月 31 日）该债券的公允价值为 310 万元人民币，而且该债券属于以公允价值计量且其变动计入其他综合收益的金融资产，所以出售日该债券账面价值为 310 万元人民币。

其次，应确定已计入其他综合收益的公允价值累计变动额。2×16 年 12 月 31 日甲公司计入其他综合收益的利得为 10（310−300）万元人民币。

最后，确定甲公司出售该债券形成的损益。按照金融资产整体转移形成的损益的计算公式计算，出售该债券形成的收益为 11（311−310+10）万元人民币（包含因终止确认而从其他综合收益中转出至当期损益的 10 万元）。

甲公司出售该公司债券业务应做如下账务处理：

借：银行存款　　3 110 000

　　贷：其他债权投资　　3 100 000

　　　　投资收益　　10 000

同时，将原计入其他综合收益的公允价值变动转出：

借：其他综合收益——公允价值变动　　100 000

　　贷：投资收益　　100 000

因金融资产转移获得了新金融资产或服务资产，或承担了新金融负债或服务负债的，应当在转移日按照公允价值确认该新金融资产或服务资产、金融负债或服务负债，并将该新金融资产和服务资产扣除新金融负债及服务负债后的净额作为对价的组成部分。新获得的金融资产或新承担的金融负债，通常包括看涨期权、看跌期权、担保负债、远期合同、互换等。

【例 23-6】沿用【例 23-5】资料，甲公司将债券出售给丙公司时，同时签订了一项看涨期权合约，期权行权日为 2×17 年 12 月 31 日，行权价为 400 万元人民币，期权的公允价值为 1 万元人民币，且假定该看涨期权为深度价外期权。其他条件不变。

分析：本例中，转出方持有的看涨期权属于深度价外期权，即预计该期权在行权日之前不太可能变为价内期权。所以，在转让日，可以判定债券所有权上的几乎所有风险和报酬已经转移给丙公司，甲公司应当终止确认该债券。但同时，由于签订了看涨期权合约，获得了一项新的资产，应当按照在转让日的公允价值（1 万元）确认该期权。

甲公司出售该债券业务应做如下账务处理：

借：银行存款　　3 110 000

　　衍生工具　　10 000

　　贷：其他债权投资　　3 100 000

　　　　投资收益　　20 000

同时，将原计入其他综合收益的公允价值变动转出：

借：其他综合收益——公允价值变动　　100 000

　　贷：投资收益　　100 000

（二）金融资产部分转移的会计处理

《企业会计准则第 23 号——金融资产转移》规定，企业转移了金融资产的一部分，且该被转移部分满足终止确认条件的，应当将转移前金融资产整体的账面价值，在终止确认部分和继续确认部分（在此种情形下，所保留的服务资产应当视同继续确认金融资产的一部分）之间，按照转移日各自的相对公允价值进行分摊，并将图 23-6 所示两项金额的差额计入当期损益。

（1）被转移金融资产在终止确认日的账面价值

（2）因转移金融资产而收到的对价，与原直接计入其他综合收益的公允价值变动累计额（涉及转移的金融资产为根据《企业会计准则第 22 号——金融工具确认和计量》第十八条分类为以公允价值计量且其变动计入其他综合收益的金融资产的情形）之和

图 23-6　金融资产部分转移的两项金额

企业在确定继续确认部分的公允价值时，应当遵循图 23-7 所示的规定。

（1）企业出售过与继续确认部分类似的金融资产，或继续确认部分存在其他市场交易的，近期实际交易价格可作为其公允价值的最佳估计

（2）继续确认部分没有报价或近期没有市场交易的，其公允价值的最佳估计为转移前金融资产整体的公允价值扣除终止确认部分的对价后的差额

（3）在计量终止确认部分和继续确认部分的公允价值时，除适用上述规定外，企业还应适用《企业会计准则第 39 号——公允价值计量》相关规定

图 23-7　继续确认部分的公允价值的确认规定

23.3.2　继续确认被转移金融资产

企业保留了被转移金融资产所有权上几乎所有的风险和报酬的，表明企业所转移的金融资产不满足终止确认的条件，不应当将其从企业的资产负债表中转出。此时，企业应当继续确认所转移的金融资产整体，因资产转移而收到的对价，应当在收到时确认为一项金融负债。需要注意的是，该金融负债与被转移金融资产应当分别确认和计量，不得相互抵销。在后续会计期间，企业应当继续确认该金融资产产生的收入或利得以及该金融负债产生的费用或

损失。

【例 23-7】2×18 年 4 月 1 日，甲公司将其持有的一笔国债出售给丙公司，售价为 20 万元人民币。同时，甲公司与丙公司签订了一项回购协议，3 个月后由甲公司将该笔国债购回，回购价为 20.175 万元。2×18 年 7 月 1 日，甲公司将该笔国债购回。不考虑其他因素，甲公司应做如下账务处理。

（1）判断是否终止确认。

由于此项出售属于附回购协议的金融资产出售，到期后甲公司应按固定价格将该笔国债购回，所以可以判断，甲公司保留了该笔国债几乎所有的风险和报酬，不应终止确认，该笔国债应按转移前的计量方法继续进行后续计量。

（2）2×18 年 4 月 1 日，甲公司出售该笔国债时，应做如下账务处理。

借：银行存款　　200 000

　　贷：卖出回购金融资产款　　200 000

（3）2×18 年 6 月 30 日，甲公司应按根据未来回购价款计算的该卖出回购金融资产款的实际利率计算并确认有关利息费用，计算得出该卖出回购金融资产的实际利率为 3.5%。

卖出回购国债的利息费用 =200 000 ×3.5%×3÷12 =1 750（元）

借：利息支出　　1 750

　　贷：卖出回购金融资产款　　1 750

（4）2×18 年 7 月 1 日，甲公司回购时：

借：卖出回购金融资产款　　201 750

　　贷：银行存款　　201 750

该笔国债与该笔卖出回购金融资产款在资产负债表上不应抵销；该笔国债确认的收益，与该笔卖出回购金融资产款产生的利息支出在利润表中不应抵销。

23.3.3 继续涉入被转移金融资产

企业既没有转移也没有保留金融资产所有权上几乎所有风险和报酬，且保留了对该金融资产控制的，应当按照其继续涉入被转移金融资产的程度继续确认该被转移金融资产，并相应确认相关负债。企业所确认的被转移的金融资产和相关负债，应当反映企业所保留的权利和承担的义务。

企业应当对因继续涉入被转移金融资产形成的有关资产确认相关收益，对继续涉入形成的有关负债确认相关费用。

按继续涉入程度继续确认的被转移金融资产应根据所转移金融资产的原性质及其分类，继续列报于资产负债表中的贷款、应收款项等。

相关负债应当根据被转移的资产是按公允价值计量还是按摊余成本计量予以计量，使得被转移资产和相关负债的账面价值：（1）被转移的金融资产以摊余成本计量的，等于企业保留的权利和义务的摊余成本；（2）被转移金融资产以公允价值计量的，等于企业保留的权利和义务按独立基础计量的公允价值。如果所转移的金融资产以摊余成本计量，确认的相关负债不得指定为以公允价值计量且其变动计入当期损益的金融负债。

继续涉入被转移金融资产主要有以下 6 种类型，相应的会计处理见表 23-8。

表 23-8　继续涉入被转移金融资产类型及其会计处理

序号	类型	会计处理
1	通过对被转移金融资产提供担保方式继续涉入被转移金融资产	应当在转移日按照金融资产的账面价值和担保金额两者之中的较低者，按继续涉入的程度继续确认被转移资产，同时按照担保金额和担保合同的公允价值之和确认相关负债。这里的担保金额，是指企业所收到的对价中，将可能被要求偿还的最高金额。担保合同的公允价值，通常是指提供担保而收取的费用
2	因持有看涨期权或签出看跌期权而继续涉入以摊余成本计量的被转移金融资产	应当按照其可能回购的被转移金融资产的金额继续确认被转移金融资产，在转移日按照收到的对价确认相关负债 后续期间，被转移金融资产在期权到期日的摊余成本和相关负债初始确认金额之间的差额，应当采用实际利率法摊销，计入当期损益；同时，调整相关负债的账面价值。相关期权行权的，应当在行权时，将相关负债的账面价值与行权价格之间的差额计入当期损益
3	因持有看涨期权而继续涉入以公允价值计量的被转移金融资产	应当继续按照公允价值计量被转移金融资产，同时按照下列规定计量相关负债： （1）该期权是价内或平价期权的，应当按照期权的行权价格扣除期权的时间价值后的金额，计量相关负债 （2）该期权是价外期权的，应当按照被转移金融资产的公允价值扣除期权的时间价值后的金额，计量相关负债
4	因签出看跌期权而继续涉入以公允价值计量的被转移金融资产	应当按照该金融资产的公允价值和该期权行权价格两者的较低者，计量继续涉入形成的资产；同时，按照该期权的行权价格与时间价值之和，计量相关负债。也就是说，如果企业签出的一项看跌期权使其不能终止确认被转移金融资产，则企业仍应按继续涉入的程度继续确认该项资产。由于企业对被转移金融资产公允价值高于期权行权价格的部分不拥有权利，所以，当该金融资产按照原公允价值进行计量时，继续确认该项资产的金额为其公允价值与期权行权价格之间的较低者
5	因同时持有看涨期权和签出看跌期权而继续涉入以公允价值计量的被转移金融资产	应当继续按照公允价值计量被转移金融资产，同时按照下列规定计量相关负债： （1）该看涨期权是价内或平价期权的，应当按照看涨期权的行权价格和看跌期权的公允价值之和，扣除看涨期权的时间价值后的金额，计量相关负债 （2）该看涨期权是价外期权的，应当按照被转移金融资产的公允价值和看跌期权的公允价值之和，扣除看涨期权的时间价值后的金额，计量相关负债

续表

序号	类型	会计处理
6	对金融资产的继续涉入仅限于金融资产一部分	企业应当根据《企业会计准则第 23 号——金融资产转移》第十六条的规定，按照转移日因继续涉入而继续确认部分和不再确认部分的相对公允价值，在两者之间分配金融资产的账面价值，并将下列两项金额的差额计入当期损益： （1）分配至不再确认部分的账面金额（以转移日为准） （2）不再确认部分所收到的对价 如果涉及转移的金融资产为根据《企业会计准则第 22 号——金融工具确认和计量》第十八条分类为以公允价值计量且其变动计入其他综合收益的金融资产的，不再确认部分的金额对应的原计入其他综合收益的公允价值变动累计额应当计入当期损益

关于继续涉入被转移金融资产的相关例题如下。

【例 23-8】甲公司（转出方）持有一组应收账款，该组应收账款的合同到期日为 2×18 年 6 月 30 日，账面价值为 500 万元。2×18 年 1 月 1 日，甲公司和乙公司签订了保理协议，将该组应收账款转让给乙公司，转让价格为 490 万元。该交易中，甲公司保留了最高 30 日的迟付风险。若应收账款逾期 30 日，则认定为违约，乙公司将向其他信用保险公司（与甲公司不相关）索偿。甲公司需要为该迟付风险按实际迟付天数（不超过 30 日）支付年化 6% 的费率。迟付风险担保的公允价值为 2 万元。除了迟付风险，甲公司没有保留任何信用风险或利率风险，也不承担应收账款相关的服务。该组应收账款没有交易市场。

在本例中，甲公司保留了迟付风险，但转移了其他风险。根据测算，甲公司既未转移也未保留该组应收账款所有权上几乎所有风险和报酬。由于该组应收账款没有市场，乙公司没有出售被转移资产的实际能力，甲公司保留了对该组应收账款的控制。所以，甲公司继续涉入该组被转移的应收账款。

分析：

甲公司应按以下金额中孰低确认对被转移资产的继续涉入程度。

（1）被转移资产的账面价值为 500 万元。

（2）甲公司被要求返还的因转移已收取对价中的最大金额，即担保金额 2.5（500×30÷360×6%）万元。

甲公司已担保金额 2.5 万元加上担保的公允价值 2 万元为 4.5 万元。甲公司以此初始计量相关负债。相关账务处理如下：

借：银行存款	4 900 000	
继续涉入资产	25 000	
贷款处置损益	120 000	
贷：应收账款		5 000 000

继续涉入负债 45 000

甲公司后续期间的账务处理：

（1）摊销担保的对价（分期）：

借：继续涉入负债 20 000

贷：其他业务收入 20 000

（2）如果乙公司按时收到所有应收账款，则担保到期失效。随着被转移应收账款的及时付款，甲公司可能被要求返还的最大金额减为零，甲公司在保留迟付风险的后续期间做如下账务处理。

借：继续涉入负债 25 000

贷：继续涉入资产 25 000

（3）如果发生迟付风险，乙公司要求支付1.5万元，甲公司账务处理如下。

借：信用减值损失 15 000

贷：继续涉入资产 15 000

（4）当甲公司实际支付赔偿时，账务处理如下。

借：继续涉入负债 15 000

贷：银行存款 15 000

【例23-9】乙公司持有一笔账面价值（即摊余成本）为102万元的长期债券投资，该债券在公开市场不能交易且不易获得，乙公司将其分类为以摊余成本计量的金融资产。2×18年1月1日，乙公司以100万元价款将该笔债券出售给丙公司，同时与丙公司签订一项看涨期权合约，行权日为2×19年12月31日，行权价为105万元。行权日该债券的摊余成本为106万元，公允价值为104万元。

分析：本例中，乙公司收取债券未来现金流量（债券本金和利息）的权利没有终止，而暂时将这项权利转移给了丙公司。但是，出售债券所附的看涨期权既不是重大的价内期权也不是重大的价外期权，因此，乙公司既没有转移也没有保留该债券所有权上几乎所有的风险和报酬。同时，因债券没有活跃的市场，丙公司不拥有出售该债券的实际能力，所以乙公司保留了对该债券的控制。因此，乙公司应当按照继续涉入程度确认和计量被转移债券。有关计算和账务处理如下。

2×18年1月1日，乙公司应当确认继续涉入形成的负债的入账价值为100万元。

借：银行存款 1 000 000

贷：继续涉入负债 1 000 000

2×18年1月1日至2×19年12月31日期间，乙公司将该负债与行权日债券的摊余成本之间的差额6（106−100）万元，采用实际利率法分期摊销并计入损益，使继续涉入形成的负债在2×19年12月31日的账面价值达到1 060 000元。

与此同时，乙公司继续以摊余成本计量该债券，并且采用实际利率法分期摊销债券行权日的摊余成本与出售日账面价值之间的差额4（106−102）万元，使该债券在2×19年12月31日的账面价值达到1 060 000元。

2×19年12月31日，如果乙公司行权：

借：继续涉入负债　　1 060 000

　　贷：银行存款　　1 050 000

　　　　投资收益　　10 000

如果乙公司不行权：

借：继续涉入负债　　1 060 000

　　贷：债权投资　　1 060 000

如果转出方向转入方签出一项看跌期权，其会计处理方法与本例类似。

【例23-10】2×17年1月1日，甲公司向乙公司出售一项分类为以公允价值计量且其变动计入其他综合收益的债务工具投资，该金融资产初始入账价值为80万元，出售日的公允价值为104万元。双方签订了一项甲公司可以于2×18年12月31日以105万元购回该资产的看涨期权合约。上述交易中，乙公司向甲公司支付对价100万元。假定乙公司没有出售该资产的实际能力，即甲公司保留了对该资产的控制。

分析：

在本例中，由于甲公司持有一项看涨期权，使得其既没有转移也没有保留该金融资产所有权上几乎所有的风险和报酬，同时也保留了对该金融资产的控制，所以，应当按照继续涉入程度确认有关金融资产和负债。具体账务处理如下。

（1）2×17年1月1日，甲公司继续按照公允价值确认该金融资产。其在其他综合收益中累计确认的利得为24（104-80）万元。

由于该看涨期权为价外期权［行权价（105万元）大于转移日资产的公允价值（104万元）］，内在价值为零，甲公司收到的对价低于该金融资产公允价值，差额4（104-100）万元即为期权的时间价值，所以，继续涉入负债的入账价值为100（104-4）万元。账务处理如下。

借：银行存款　　1 000 000

　　贷：继续涉入负债　　1 000 000

（2）2×17年12月31日，假定资产的公允价值增加为106万元，此时，该期权为价内期权（105＜106），假定其时间价值为2万元。因此，继续涉入负债变为103（105-2）万元。账务处理如下。

借：其他债权投资　　20 000

　　其他综合收益　　10 000

　　贷：继续涉入负债　　30 000

（3）2×18年12月31日，假定该金融资产的公允价值未发生变动，甲公司将以价内行权。账务处理如下。

借：继续涉入负债　　1 030 000
　　其他综合收益　　20 000
　　贷：银行存款　　1 050 000

假定资产的公允价值降为 103 万元，此时，甲公司将不会行权，则甲公司将终止确认该金融资产和继续涉入的负债，账务处理如下。

借：继续涉入负债　　1 030 000
　　其他综合收益　　230 000
　　贷：其他债权投资　　1 060 000
　　　　投资收益　　200 000

【例 23-11】 2×17 年 12 月 31 日，甲公司向乙公司出售一项分类为以公允价值计量且其变动计入其他综合收益的债务工具投资，该投资初始入账价值为 80 万元，转让日的公允价值为 97 万元。双方还签订了一项看跌期权协议，约定两年后乙公司可以 96 万元的价格返售给甲公司。上述交易中，乙公司向甲公司支付对价 102 万元。假定乙公司没有出售该金融资产的实际能力，即甲公司保留了对该资产的控制。

分析：

本例中，由于甲公司签出一项看跌期权，使得其既没有转移也没有保留该金融资产所有权上几乎所有的风险和报酬，同时保留了对该金融资产的控制，所以，应当按照继续涉入程度确认有关金融资产和负债。具体计算和账务处理如下。

（1）2×17 年 12 月 31 日，甲公司按照该金融资产的公允价值（97 万元）和该期权行权价格（96 万元）之间的较低者，确认继续涉入形成的资产为 96 万元。由于看跌期权的时间价值（额外收款额）为 5（102－97）万元，所以，继续涉入形成负债的入账金额为 101（96+5）万元，账务处理如下。

借：银行存款　　1 020 000
　　贷：继续涉入负债　　1 010 000
　　　　其他债权投资　　10 000

（2）2×18 年 12 月 31 日，假定资产公允价值下跌为 94 万元。此时，期权为价内期权（96＞94），假设期权时间价值为 2 万元。因此，继续涉入资产的价值从 96 万元降为 94 万元，相应地，继续涉入负债的金额从 101 万元降为 98（96+2）万元，账务处理如下。

借：继续涉入负债　　30 000
　　贷：其他债权投资　　20 000
　　　　其他综合收益　　10 000

（3）2×19 年 12 月 31 日，假定资产的公允价值没有发生变动，乙公司决定在价内行权，甲公司必须以行权价重新取得该投资，账务处理如下。

借：继续涉入负债　　　　980 000
　　贷：银行存款　　　　　　960 000
　　　　其他综合收益　　　　20 000

【例 23-12】甲公司与乙公司签订一项股票转让协议，同时购入一项行权价为 110 万元的看涨期权，并出售了一项行权价为 90 万元的看跌期权。假定转移日该股票的公允价值为 100 万元，看涨期权和看跌期权公允价值也即时间价值（由于上述期权均为价外期权，所以无内在价值）分别为 5 万元和 2 万元，甲公司收到 97 万元。

分析：

由于甲公司因卖出一项看跌期权和购入一项看涨期权使所转移股票投资不满足终止确认条件，且按照公允价值来计量该股票投资，所以，甲公司应当在转移日仍按照公允价值确认被转移金融资产。甲公司应确认的金融资产金额为 100 万元，由于该看涨期权是价外期权，应确认的继续涉入形成的负债金额为 97 [（100+2）−5] 万元。

借：银行存款　　　　970 000
　　贷：继续涉入负债　　　　970 000

【例 23-13】沿用【例 23-3】资料，并补充以下资料：

2×18 年 1 月 1 日，该组贷款的公允价值为 10 100 万元，0.5% 的超额利差账户的公允价值为 40 万元。

分析：

（1）甲银行收到 9 115 万元对价，由两部分构成：一部分是转移的 90% 计入贷款及相关利息的对价，即 9 090（10 100×90%）万元；另一部分是因为使保留的权利次级化所取得的对价 25（9 115−9 090）万元。此外，由于超额利差账户的公允价值为 40 万元，从而甲银行的该项金融资产转移交易的信用增级相关的对价为 65 万元。

假定甲银行无法取得所转移该组贷款的 90% 和 10% 部分各自的公允价值，则甲银行所转移该组贷款的 90% 计入部分形成的利得或损失计算如表 23-9 所示。

表 23-9　利得或损失计算表

单位：万元

	估计公允价值	占整体公允价值的百分比	分摊的账面价值
终止确认部分	9 090	90.00%	9 000
继续确认部分	1 010	10.00%	1 000
合计	10 100	100%	10 000

甲银行该项金融资产转移形成的利得 =9 090−9 000=90（万元）

（2）甲银行仍保留贷款部分的账面价值为 1 000 万元。

（3）甲银行因继续涉入而确认资产的金额，按双方协议约定的、因信用增级使甲银行不能收到的现金流入量最大值 1 000 万元；另外，超额利差账户形成的资产 40 万元本质上也是继续涉入形成的资产。

因继续涉入而确认负债的金额，按因信用增级使甲银行不能收到的现金流入最大值 1 000 万元和信用增级的公允价值总额 65 万元，两项合计为 1 065 万元。

据此，甲银行在金融资产转移日应做如下账务处理。

借：存放中央银行款项　　91 150 000

　　继续涉入资产——次级权益　　10 000 000

　　　　　　　　——超额利差账户　　400 000

　　贷：贷款　　90 000 000

　　　　继续涉入负债　　10 650 000

　　　　贷款处置损益　　900 000

（4）金融资产转移后，甲银行应根据收入确认原则，采用实际利率法将信用增级取得的对价 65 万元分期予以确认。账务处理为：

借：继续涉入负债　　650 000

　　贷：其他业务收入　　650 000

此外，还应在资产负债表日计提减值损失。假设 2×18 年 12 月 31 日，已转移贷款的信用损失为 200 万元，则甲银行应做如下账务处理：

借：信用减值损失　　2 000 000

　　贷：继续涉入资产——次级权益　　2 000 000

赔付时：

借：继续涉入负债　　2 000 000

　　贷：存放中央银行款项　　2 000 000

23.4　衔接规定

《企业会计准则第 23 号——金融资产转移》规定，在本准则施行日，企业仍继续涉入被转移金融资产的，应当按照《企业会计准则第 22 号——金融工具确认和计量》及本准则关于被转移金融资产确认和计量的相关规定进行追溯调整，再按照本准则的规定对其所确认的相关负债进行重新计量，并将相关影响按照与被转移金融资产一致的方式在本准则施行日进行调整。追溯调整不切实可行的除外。

第 24 章 套期会计

24.1　套期会计概述

24.1.1　套期的定义

《企业会计准则第 24 号——套期会计》将套期定义为：企业为管理外汇风险、利率风险、价格风险、信用风险等特定风险引起的风险敞口，指定金融工具为套期工具，以使套期工具的公允价值或现金流量变动，预期抵销被套期项目全部或部分公允价值或现金流量变动的风险管理活动。

24.1.2　套期的分类

《企业会计准则第 24 号——套期会计》（以下简称“本准则”）将套期分为公允价值套期、现金流量套期和境外经营净投资套期，具体如表 24-1 所示。

表 24-1　套期的分类

套期分类	定义
公允价值套期	指对已确认资产或负债、尚未确认的确定承诺，或上述项目组成部分的公允价值变动风险敞口进行的套期。该公允价值变动源于特定风险，且将影响企业的损益或其他综合收益。其中，影响其他综合收益的情形，仅限于企业对指定为以公允价值计量且其变动计入其他综合收益的非交易性权益工具投资的公允价值变动风险敞口进行的套期

续表

套期分类	定义
现金流量套期	指对现金流量变动风险敞口进行的套期。该现金流量变动源于与已确认资产或负债、极可能发生的预期交易，或与上述项目组成部分有关的特定风险，且将影响企业的损益
境外经营净投资套期	指对境外经营净投资外汇风险敞口进行的套期。境外经营净投资套期中的被套期风险是指境外经营的记账本位币与母公司的记账本位币之间的折算差额。此外，企业对确定承诺的外汇风险进行套期的，按照本准则的规定，可以将其作为现金流量套期或公允价值套期处理

【例 24–1】公允价值套期的例子。

（1）某企业签订一项以固定利率换浮动利率的利率互换合约，对其承担的固定利率负债的利率风险引起的公允价值变动风险敞口进行套期。

（2）某石油公司签订一项 6 个月后以固定价格购买原油的合同（尚未确认的确定承诺），为规避原油价格风险，该公司签订一项未来卖出原油的期货合约，对该确定承诺的价格风险引起的公允价值变动风险敞口进行套期。

（3）某企业购买一项看跌期权合同，对持有的选择以公允价值计量且其变动计入其他综合收益的非交易性权益工具投资的证券价格风险引起的公允价值变动风险敞口进行套期。

【例 24–2】现金流量套期的例子。

（1）某企业签订一项以浮动利率换固定利率的利率互换合约，对其承担的浮动利率债务的利率风险引起的现金流量变动风险敞口进行套期。

（2）某橡胶制品公司签订一项未来买入橡胶的远期合同，对 3 个月后预期极可能发生的与购买橡胶相关的价格风险引起的现金流量变动风险敞口进行套期。

（3）某企业签订一项购入外币的外汇远期合同，对以固定外币价格买入原材料的极可能发生的预期交易的外汇风险引起的现金流量变动风险敞口进行套期。

24.1.3　套期会计方法

套期会计方法，是指企业将套期工具和被套期项目产生的利得或损失在相同会计期间计入当期损益（或其他综合收益）以反映风险管理活动影响的方法。这有助于处理被套期项目和套期工具在确认和计量方面存在的差异，并在企业财务报告中如实反映企业进行风险管理活动的影响。

24.2 套期工具

24.2.1 套期工具的定义与范围

《企业会计准则第 24 号——套期会计》规定了套期工具的定义与范围。套期工具，是指企业为进行套期而指定的、其公允价值或现金流量变动预期可抵销被套期项目的公允价值或现金流量变动的金融工具，包括表 24-2 所示的三种套期工具。

表 24-2 套期工具的定义与注意事项

套期工具	注意事项
以公允价值计量且其变动计入当期损益的衍生工具，但签出期权除外	企业只有在对购入期权（包括嵌入在混合合同中的购入期权）进行套期时，签出期权才可以作为套期工具。嵌入在混合合同中但未分拆的衍生工具不能作为单独的套期工具
以公允价值计量且其变动计入当期损益的非衍生金融资产或非衍生金融负债	指定为以公允价值计量且其变动计入当期损益、且其自身信用风险变动引起的公允价值变动计入其他综合收益的金融负债除外
外汇风险套期	企业可以将非衍生金融资产（选择以公允价值计量且其变动计入其他综合收益的非交易性权益工具投资除外）或非衍生金融负债的外汇风险成分指定为套期工具

【例 24-3】甲公司持有 1 年期的票据，其收益率与黄金价格指数挂钩。甲公司将该票据分类为以公允价值计量且其变动计入当期损益的金融资产。同时，甲公司签订了一项 1 年后以固定价格购买黄金的合同（尚未确认的确定承诺），以满足生产需要。

本例中，该票据作为以公允价值计量且其变动计入当期损益的非衍生金融资产，可以被指定为套期工具，对尚未确认的确定承诺的价格风险引起的公允价值变动风险敞口进行套期。

【例 24-4】甲公司的记账本位币为人民币，甲公司发行了 5 000 万美元、年利率为 5% 的固定利率债券，每半年支付一次利息，2 年后到期。甲公司将该债券分类为以摊余成本计量的金融负债。甲公司同时签订了 2 年后到期的、5 000 万美元的固定价格销售承诺（尚未确认的确定承诺）。

本例中，甲公司可以将以摊余成本计量的美元负债的外汇风险成分作为套期工具，对固定价格销售承诺的外汇风险引起的公允价值变动或者现金流量变动风险敞口进行套期。

24.2.2 指定套期工具

指定套期工具的定义与注意事项如表 24-3 所示。

表 24-3　指定套期工具的定义与注意事项

指定套期工具	注意事项
《企业会计准则第24号——套期会计》规定，在确立套期关系时，企业应当将符合条件的金融工具整体指定为套期工具	下列情形除外： （1）对于期权，企业可以将期权的内在价值和时间价值分开，只将期权的内在价值变动指定为套期工具。 （2）对于远期合同，企业可以将远期合同的远期要素和即期要素分开，只将即期要素的价值变动指定为套期工具。 （3）对于金融工具，企业可以将金融工具的外汇基差单独分拆，只将排除外汇基差后的金融工具指定为套期工具
企业可以将套期工具的一定比例指定为套期工具	不可以将套期工具剩余期限内某一时段的公允价值变动部分指定为套期工具
企业可以将两项或两项以上金融工具（或其一定比例）的组合指定为套期工具	包括组合内的金融工具形成风险头寸相互抵销的情形 对于一项由签出期权和购入期权组成的期权（如利率上下限期权），或对于两项或两项以上金融工具（或其一定比例）的组合，其在指定日实质上相当于一项净签出期权的，不能将其指定为套期工具。只有在对购入期权（包括嵌入在混合合同中的购入期权）进行套期时，净签出期权才可以作为套期工具
企业通常将单项套期工具指定为对一种风险进行套期	但是，如果套期工具与被套期项目的不同风险敞口之间有具体对应关系，则一项套期工具可以被指定为对一种以上的风险进行套期

【例24-5】某公司拥有一项支付固定利息、收取浮动利息的互换合同，打算将其用于对所发行的浮动利率债券进行套期。该互换合同的剩余期限为10年，而债券的剩余期限为5年。在这种情况下，甲公司不能在互换合同剩余期限中的某5年将互换合同公允价值变动指定为套期工具。

【例24-6】甲公司发行了10年期的固定利率债券。甲公司的风险管理策略为固定未来12个月的利率。因此，甲公司在发行该债券时签订了10年期收取固定利率、支付浮动利率的互换合同（互换条款与债券条款完全匹配）和1年期收取浮动利率、支付固定利率的互换合同。

本例中，如果其他套期会计条件均满足，甲公司可以将这两个互换合同的组合指定为对该债券第2年到第10年利率风险进行公允价值套期的套期工具。

【例24-7】甲公司发行了5年期、1亿元的浮动利率债券。为了对该债券利率风险进行套期，甲公司在债券发行当日购入利率上下限期权组合以对债券高于8%、低于4%的利率风险进行套期。发行当日市场上同等期限债券的市场利率为6%，购入期权的上限与签出期权的下限相比很可能产生溢价，因此甲公司支付净期权费50万元。该利率上下限期权组合中购入的上限8%和签出的下限4%的名义本金同为1亿元。

本例中，由于甲公司未收取净期权费（支付净期权费50万元），签出期权和购入期权的关键条款相同，且签出期权的名义本金不大于购入期权的名义本金，所以甲公司可以将该利率上下限期权组合指定为对浮动利率债券进行现金流量套期的套期工具。

【例 24-8】甲公司的记账本位币是人民币，其承担了一项 5 年期浮动利率的美元债务。为规避该金融负债的外汇风险和利率风险，甲公司与某金融机构签订一项交叉货币利率互换合同（互换合同的条款与金融负债的条款相匹配），并将该互换合同指定为套期工具。根据该互换合同，甲公司将定期收取以美元浮动利率计算确定的利息，同时支付以人民币固定利率计算确定的利息。

本例中，该项互换合同被指定为同时对金融负债的外汇风险和利率风险进行套期的套期工具。

24.3 被套期项目

24.3.1 符合条件的被套期项目

企业可以将下列单个项目、项目组合或其组成部分指定为被套期项目，如表 24-4 所示。

表 24-4 被套期项目

项目	内容
已确认资产或负债	
尚未确认的确定承诺	确定承诺，是指在未来某特定日期或期间，以约定价格交换特定数量资源、具有法律约束力的协议；尚未确认，是指尚未在资产负债表中确认
极可能发生的预期交易	预期交易，是指尚未承诺但预期会发生的交易。评估预期交易发生的可能性不能仅依靠企业管理人员的意图，还应当基于可观察的事实和相关因素。企业应当明确区分预期交易与确定承诺
境外经营净投资	指企业在境外经营净资产中的权益份额。境外经营可以是企业在境外的子公司、合营安排、联营企业或分支机构。在境内的子公司、合营安排、联营企业或分支机构，采用不同于企业记账本位币的，也视同境外经营

【例 24-9】甲公司为我国境内机器生产企业，采用人民币作为记账本位币。甲公司与境外乙公司签订了一项设备购买合同，约定 6 个月后按固定的外币价格购入设备，即甲公司与乙公司达成了一项确定承诺。同时，甲公司签订了一份外币远期合同，以对该项确定承诺产生的外汇风险进行套期。

本例中，该确定承诺可以被指定为被套期项目，外币远期合同可以被指定为公允价值套期或现金流量套期中的套期工具。

【例 24-10】预期交易：2×18 年 5 月 1 日，甲公司预期 2 个月后将购买 200 吨铜，用于 2×18 年 7 月的生产。

确定承诺：2×18 年 5 月 1 日，甲公司签订了一份法律上具有约束力的采购协议，约定于 2×18 年 6 月 30 日向乙公司以每吨 4 万元的价格购买 200 吨铜。

本例中，签订了法律上具有约束力的采购协议为确定承诺，而尚未承诺但预期会发生的交易为预期交易。

【例 24-11】甲公司的记账本位币为人民币，2×18 年 1 月 1 日，甲公司以 1 亿美元从非关联方处购买了境外乙公司的全部普通股股份，取得控制权。在购买日，乙公司的可辨认净资产的公允价值为 7 000 万美元。甲公司合并财务报表中确认相应商誉 3 000 万美元。同时，在购买日，甲公司向乙公司提供长期借款 2 000 万美元，甲公司将其作为长期应收款处理，但甲公司既无计划也无可能在可预见的未来会计期间收回这笔长期应收款。

在购买日，如果甲公司计划对乙公司的境外经营净投资进行套期，则能够被指定为被套期项目的境外经营净投资的最大金额为 1.2 亿美元，包括所购境外经营的可辨认净资产 7 000 万美元，构成境外经营净投资一部分的商誉 3 000 万美元，以及甲公司对乙公司的长期应收款 2 000 万美元。

24.3.2　确定被套期项目的注意事项

确定被套期项目的注意事项如图 24-1 所示。

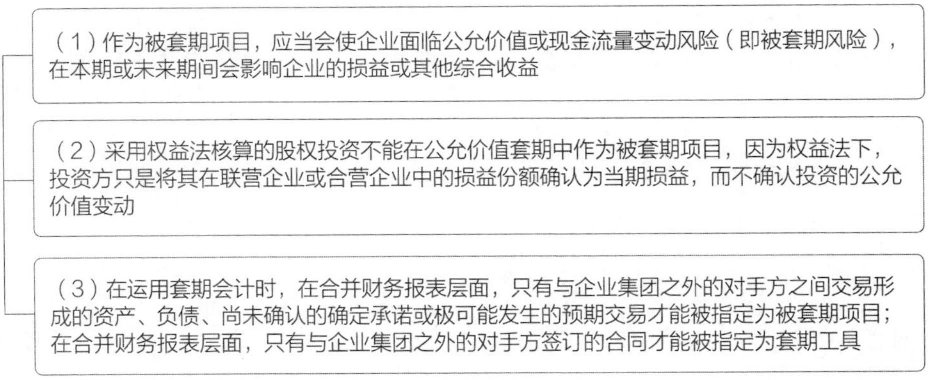

图 24-1　确定被套期项目的注意事项

24.3.3　项目组成部分作为被套期项目的规定和要求

项目组成部分是指小于项目整体公允价值或现金流量变动的部分，企业只能将下列项目组成部分或其组合指定为被套期项目，如表 24-5 所示。

表 24-5　项目组成部分作为被套期项目的规定和要求

项目	规定和要求
项目整体公允价值或现金流量变动中仅由某一个或多个特定风险引起的公允价值或现金流量变动部分（风险成分）	根据在特定市场环境下的评估，该风险成分应当能够单独识别并可靠计量。风险成分也包括被套期项目公允价值或现金流量的变动仅高于或仅低于特定价格或其他变量的部分
一项或多项选定的合同现金流量	
项目名义金额的组成部分	项目名义金额的组成部分包括项目整体的一定比例部分（如一项贷款的合同现金流量的 50% 部分）和项目整体的某一层级部分。其中，项目某一层级部分可以从已设定但开放式的总体中指定一个层级，也可以从已设定的名义金额中指定一个层级

【例 24-12】甲公司与乙公司订立了一项以合同指定公式进行定价的长期天然气供应合同，该公式主要参考商品价格（如柴油）和其他因素（如运输费）对长期天然气进行定价。为了管理长期天然气供应合同涉及的长期天然气价格风险，甲公司利用柴油远期合同对该供应合同定价中的柴油价格风险进行套期。由于该供应合同的条款和条件对柴油组成部分做出了明确规定，所以柴油价格风险引起的公允价值变动部分属于合同明确的风险成分。

根据长期天然气供应合同定价公式，该风险成分能够单独识别；同时，市场上存在可交易的柴油远期合同，该风险成分能够可靠计量。因此，甲公司的长期天然气供应合同定价中的柴油价格风险引起的公允价值变动部分可以作为符合条件的风险成分，被指定为被套期项目。

【例 24-13】企业有一笔期限为 10 年、年利率为 8%、按年付息的长期银行借款，企业出于风险管理需要，对该笔借款所产生的前 5 年应支付利息进行套期。按照本准则规定，一项或多项选定的合同现金流量可以被指定为被套期项目。

【例 24-14】下列各项均属于项目某一层级部分。

① 货币性交易量的一部分。例如，甲公司 2×17 年 1 月实现首笔 20 万美元的出口销售之后，下一笔金额为 20 万美元的出口销售所产生的现金流量，可以作为指定的被套期项目。

② 实物数量的一部分。例如，甲公司储藏在某地的 500 万立方米的底层天然气，可以作为指定的被套期项目。

③ 实物或其他交易量的一部分。例如，甲炼化公司 2×17 年 6 月购入的前 1 000 桶石油，乙发电企业 2×17 年 6 月售出的前 100 兆瓦小时的电力等，均可以作为指定的被套期项目。

④ 被套期项目的名义金额的某一层。例如，金额为 1 亿元的确定承诺的最后 8 000 万元部分；金额为 1 亿元的固定利率债券的底层 2 000 万元部分；可按公允价值提前偿付的总金额为 1 亿元（设定的名义金额为 1 亿元）的固定利率债务的顶层 3 000 万元部分。

24.3.4　项目组成部分与项目总现金流量之间的关系

当金融项目或非金融项目的现金流量的组成部分被指定为被套期项目时，该组成部分应当少于或等于整个项目的现金流量总额。但是，整个项目的所有现金流量可以被指定为被套期项目，而且被套期的只能是某一特定风险（如一项基准利率或者基准商品价格变动所形成的变动风险）。

【例 24–15】甲公司发行了一笔固定利率债券，该债券利率以上海银行间同业拆借利率（Shanghai Interbank Offered Rate，SHIBOR）4.20% 减去 20 个基点为基础确定，即 4.00%。在本例中，甲公司不能将该债券等于 SHIBOR 的利息部分（即 4.20%）指定为被套期项目，因为该金额大于债券的合同现金流量总额。但是甲公司可以将该债券的所有合同现金流量指定为被套期项目，并明确这些被套期的现金流量是可归属于 SHIBOR 的变动部分。

24.3.5　被套期项目的组合

被套期项目的组合如图 24–2 所示。

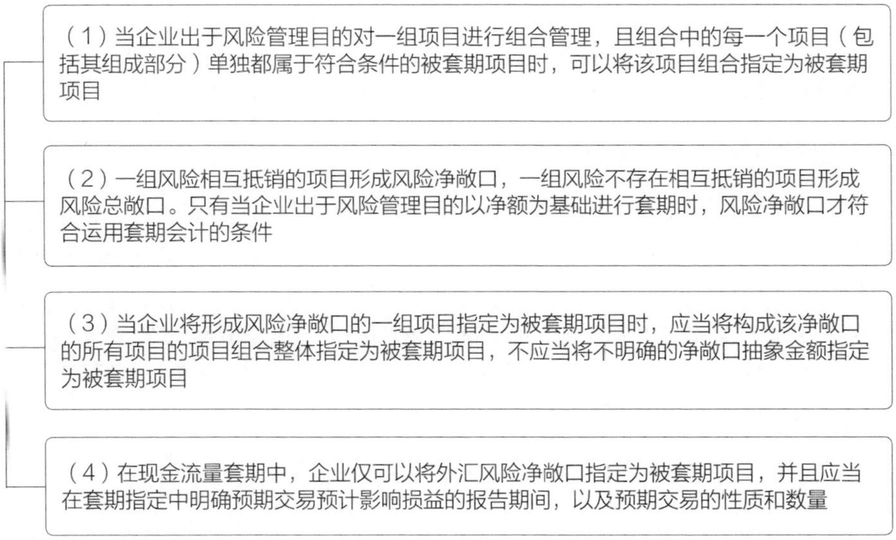

图 24–2　被套期项目的组合

【例 24–16】甲公司拥有一个在同一个月发行的固定利率、分期还款的人民币贷款投资组合，但不可提前还款。该投资组合中的各项贷款遵循相同的分期还款时间表，且甲公司能够识别每一项贷款的合同现金流量的发生时间。该投资组合中所有贷款的名义金额之和为 10 亿元，甲公司的风险管理目标是对相当于该组贷款总额中底层名义金额 2.5 亿元部分的利率风险进行套期。为此，甲公司可以从该组贷款中识别出指定为被套期项目的 2.5 亿元底层贷款部分。

24.4 套期关系评估与套期会计

24.4.1 运用套期会计的条件

《企业会计准则第 24 号——套期会计》规定，公允价值套期、现金流量套期或境外经营净投资套期同时满足图 24-3 所示条件的，才能运用本准则规定的套期会计方法进行处理。

①套期关系仅由符合条件的套期工具和被套期项目组成

②在套期开始时，企业正式指定了套期工具和被套期项目，并准备了关于套期关系和企业从事套期的风险管理策略和风险管理目标的书面文件。该文件至少载明了套期工具、被套期项目、被套期风险的性质以及套期有效性评估方法（包括套期无效部分产生的原因分析以及套期比率确定方法）等内容

③套期关系符合套期有效性要求

图 24-3 运用套期会计的条件

24.4.2 套期有效性

套期有效性定义、要求及评价方法如表 24-6 所示。

表 24-6 套期有效性定义、要求及评价方法

	内容
定义	套期工具的公允价值或现金流量变动能够抵销被套期风险引起的被套期项目公允价值或现金流量变动的程度。套期工具的公允价值或现金流量变动大于或小于被套期项目的公允价值或现金流量变动的部分为套期无效部分
符合套期有效性要求	（1）被套期项目和套期工具之间存在经济关系。该经济关系使得套期工具和被套期项目的价值因面临相同的被套期风险而发生方向相反的变动 （2）被套期项目和套期工具经济关系产生的价值变动中，信用风险的影响不占主导地位 （3）套期关系的套期比率，应当等于企业实际套期的被套期项目数量与对其进行套期的套期工具实际数量之比，但不应当反映被套期项目和套期工具相对权重的失衡，这种失衡会导致套期无效，并可能产生与套期会计目标不一致的会计结果

续表

	内容
套期有效性的评价方法	（1）《企业会计准则第 24 号——套期会计》规定，企业应当在套期开始日及以后期间持续地对套期关系是否符合套期有效性要求进行评估，尤其应当分析在套期剩余期限内预期将影响套期关系的套期无效部分产生的原因 （2）一般情况下，套期工具和被套期项目的公允价值或现金流量变动难以实现完全抵销，因而会出现套期无效部分 （3）为计算被套期项目的价值变动，企业可使用其条款与被套期项目的主要条款相匹配的衍生工具 （4）在评估被套期项目和套期工具之间是否存在经济关系时，企业可以采用定性或定量的方法 （5）企业的风险管理策略是评估套期关系是否符合套期有效性要求的主要信息来源

【例 24-17】甲公司制定了管理债务融资利率风险敞口的策略，该策略规定甲公司将维持 20%~40% 的固定利率债务。甲公司根据市场利率水平决定如何执行该风险管理策略，即其固定利率债务风险敞口将锁定在 20%~40% 范围内的某一位置。在市场利率较低时，与利率较高时相比，甲公司将选择维持更大比例的固定利率债务。在这种情况下，甲公司风险管理策略本身保持不变，但是根据市场利率变化对风险管理策略的执行发生了改变，即风险管理目标发生了变化（被套期的利率敞口发生变化）。

24.4.3　套期关系再平衡

套期关系再平衡的适用条件及定义、意义如表 24-7 所示。

表 24-7　套期关系再平衡的适用条件及定义、意义

	内容
适用条件	套期关系由于套期比率的原因而不再符合套期有效性要求，但指定该套期关系的风险管理目标没有改变的，企业应当进行套期关系再平衡
定义	对已经存在的套期关系中被套期项目或套期工具的数量进行调整，以使套期比率重新符合套期有效性要求。基于其他目的对被套期项目或套期工具所指定的数量进行变动，不构成本准则所称的套期关系再平衡
意义	调整套期比率使得企业可以应对由于基础变量或风险变量而引起的套期工具和被套期项目之间关系的变动。当套期工具和被套期项目之间关系发生的变动能通过调整套期比率得以弥补时，再平衡将可以使得套期关系得到延续

【例 24-18】甲公司运用参考外币 B 的外币衍生工具对外币 A 的风险敞口进行套期，而外币 A 和外币 B 之间的汇率是挂钩的（即其汇率由中央银行或其他监管机构设定或者保持在某一区间）。如果外币 A 与外币 B 的汇率发生了变动（即设定了一个新区间或汇率），则再平衡套期关系以反映新汇率，可确保套期关系在新情况下的套期比率继续满足套期有效性的要求。但是，如

果外币衍生工具发生违约，则更改套期比率并不能确保套期关系能够继续满足套期有效性的要求。

24.4.4 套期关系的终止

套期关系的终止处理如表 24-8 所示。

表 24-8　套期关系的终止处理

	内容
适用条件	如果套期关系不再满足套期风险管理目标或在再平衡之后不符合套期会计条件等本准则规定情形的，则企业必须终止套期关系。 当只有部分套期关系不再满足运用套期会计的条件时，套期关系将部分终止，其余部分将继续适用套期会计
处理办法	企业应当采用未来适用法，自不再满足套期会计条件或风险管理目标之日起终止运用套期会计
终止运用套期会计（包括部分终止和整体终止）的情形	（1）因风险管理目标发生变化，导致套期关系不再满足风险管理目标 （2）套期工具已到期、被出售、合同终止或已行使 （3）被套期项目与套期工具之间不再存在经济关系，或者被套期项目和套期工具经济关系产生的价值变动中，信用风险的影响开始占主导地位 （4）套期关系不再满足本准则所规定的运用套期会计方法的其他条件。在适用套期关系再平衡的情况下，企业应当首先考虑套期关系再平衡，然后评估套期关系是否满足本准则所规定的运用套期会计方法的条件

【例 24-19】假定甲公司共发行有 1 亿元的浮动利率债券，公司的风险管理策略是在其债务总额中需要维持 20%~40% 的固定利率债务。为此，公司在债券发行之初，选择了对其中 4 000 万元的浮动利率债券进行套期，通过互换合同将其转换为固定利率债券。此后，由于市场利率走低，公司管理层决定调低固定利率债务占比至 20%。在此情况下，公司风险管理目标发生了变化，公司将原被套期的 4 000 万元浮动利率债券中的 2 000 万元终止运用套期会计。

24.5 套期保值的确认与计量

24.5.1 公允价值套期

（一）会计处理原则

《企业会计准则第 24 号——套期会计》规定，公允价值套期满足运用套期会计方法条件的，应当按照表24-9所示原则处理。

表24-9　公允价值套期会计处理原则

分类	套期项目	会计处理
套期工具	通常的项目	套期工具产生的利得或损失应当计入当期损益
	以公允价值计量且其变动计入其他综合收益的非交易性权益工具投资（或其组成部分）	套期工具产生的利得或损失应当计入其他综合收益
被套期项目	通常项目	因被套期风险敞口形成的利得或损失应当计入当期损益，同时调整未以公允价值计量的已确认被套期项目的账面价值
	以公允价值计量且其变动计入其他综合收益的金融资产（或其组成部分）	因被套期风险敞口形成的利得或损失应当计入当期损益，其账面价值已经按公允价值计量，不需要调整
	以公允价值计量且其变动计入其他综合收益的非交易性权益工具投资（或其组成部分）	因被套期风险敞口形成的利得或损失应当计入其他综合收益，其账面价值已经按公允价值计量，不需要调整
	尚未确认的确定承诺（或其组成部分）	因被套期风险引起的公允价值累计变动额应当确认为一项资产或负债，相关的利得或损失应当计入各相关期间损益。 当履行确定承诺而取得资产或承担负债时，应当调整该资产或负债的初始确认金额，以包括已确认的被套期项目的公允价值累计变动额
	以摊余成本计量的金融工具（或其组成部分）	对被套期项目账面价值所作的调整应当按照开始摊销日重新计算的实际利率进行摊销，并计入当期损益。该摊销可以自调整日开始，但不应当晚于对被套期项目终止进行套期利得和损失调整的时点
	以公允价值计量且其变动计入其他综合收益的金融资产（或其组成部分）	应当按照与以摊余成本计量的金融工具相同的方式对累计已确认的套期利得或损失进行摊销，并计入当期损益，但不调整金融资产（或其组成部分）的账面价值

（二）会计处理举例

【例24-20】2×17年1月1日，甲公司为规避所持有铜存货公允价值变动风险，与某金融机构签订了一项铜期货合同，并将其指定为对2×17年前两个月铜存货的商品价格变化引起的公允价值变动风险的套期工具。铜期货合同的标的资产与被套期项目铜存货在数量、质次和产地方面相同。假设不考虑期货市场中每日无负债结算制度的影响。

2×17年1月1日，铜期货合同的公允价值为0，被套期项目（铜存货）的账面价值和成本均为1 000 000元，公允价值为1 100 000元。2×17年1月31日，铜期货合同公允价值上涨了25 000元，铜存货的公允价值下降了25 000元。2×17年2月28日，铜期货合同公允价值下降了15 000元，铜存货的公允价值上升了15 000元。当日，甲公司将铜存货以1 090 000元的价格出售，并将铜期货合同结算。

甲公司通过分析发现，铜存货与铜期货合同存在经济关系，且经济关系产生的价值变动中信用风险不占主导地位，套期比率也反映了套期的实际数量，符合套期有效性要求。

假定不考虑商品销售相关的增值税及其他因素，甲公司的账务处理如下：

（1）2×17年1月1日，指定铜存货为被套期项目：

借：被套期项目——库存商品铜　　1 000 000

　贷：库存商品——铜　　1 000 000

2×17年1月1日，被指定为套期工具的铜期货合同的公允价值为0，不做账务处理。

（2）2×17年1月31日，确认套期工具和被套期项目公允价值变动：

借：套期工具——铜期货合同　　25 000

　贷：套期损益　　25 000

借：套期损益　　25 000

　贷：被套期项目——库存商品铜　　25 000

（3）2×17年2月28日，确认套期工具和被套期项目公允价值变动：

借：套期损益　　15 000

　贷：套期工具——铜期货合同　　15 000

借：被套期项目——库存商品铜　　15 000

　贷：套期损益　　15 000

确认铜存货销售收入：

借：应收账款或银行存款　　1 090 000

　贷：主营业务收入　　1 090 000

结转铜存货销售成本：

借：主营业务成本　　990 000

　贷：被套期项目——库存商品铜　　990 000

结算铜期货合同：

借：银行存款　　10 000

　贷：套期工具——铜期货合同　　10 000

注：由于甲公司采用套期进行风险管理，规避了铜存货公允价值变动风险，所以其铜存货公允价值下降没有对预期毛利100 000（1 100 000–1 000 000）元产生不利影响。同时，甲公司运用公允价值套期将套期工具与被套期项目的公允价值变动损益计入相同会计期间，消除了因企业风险管理活动可能导致的损益波动。

24.5.2　现金流量套期

（一）会计处理原则

现金流量套期会计的处理原则如表 24-10 所示。

表 24-10　现金流量套期会计的处理原则

	会计处理
基本规定	（1）套期工具产生的利得或损失中属于套期有效的部分，作为现金流量套期储备，应当计入其他综合收益。现金流量套期储备的金额，应当按照下列两项的绝对额中较低者确定： ① 套期工具自套期开始的累计利得或损失 ② 被套期项目自套期开始的预计未来现金流量现值的累计变动额 每期计入其他综合收益的现金流量套期储备的金额应当为当期现金流量套期储备的变动额。 （2）套期工具产生的利得或损失中属于套期无效的部分（即扣除计入其他综合收益后的其他利得或损失），应当计入当期损益
现金流量套期储备的后续处理	（1）被套期项目为预期交易，且该预期交易使企业随后确认一项非金融资产或非金融负债的，或者非金融资产或非金融负债的预期交易形成一项适用于公允价值套期会计的确定承诺时，企业应当将原在其他综合收益中确认的现金流量套期储备金额转出，计入该资产或负债的初始确认金额 （2）对于不属于上面（1）涉及的现金流量套期，企业应当在被套期的预期现金流量影响损益的相同期间，将原在其他综合收益中确认的现金流量套期储备金额转出，计入当期损益 （3）如果在其他综合收益中确认的现金流量套期储备金额是一项损失，且该损失全部或部分预计在未来会计期间不能弥补的，企业应当在预计不能弥补时，将预计不能弥补的部分从其他综合收益中转出，计入当期损益
终止运用套期会计的会计处理	在其他综合收益中确认的累计现金流量套期储备金额，应当按照下列规定进行处理： （1）被套期的未来现金流量预期仍然会发生的，累计现金流量套期储备的金额应当予以保留，并按照现金流量套期储备的后续处理的规定进行会计处理 （2）被套期的未来现金流量预期不再发生的，累计现金流量套期储备的金额应当从其他综合收益中转出，计入当期损益。被套期的未来现金流量预期不再极可能发生但可能预期仍然会发生，在预期仍然会发生的情况下，累计现金流量套期储备的金额应当予以保留，并按照现金流量套期储备的后续处理的规定进行会计处理

（二）会计处理举例

【例 24-21】2×17 年 1 月 1 日，甲公司预期在 2×17 年 2 月 28 日销售一批商品，数量为 100 吨，预期售价为 1 100 000 元。为规避该预期销售中与商品价格有关的现金流量变动风险，甲公司于 2×17 年 1 月 1 日与某金融机构签订了一项商品期货合同，且将其指定为对该预期商品销售的套期工具。商品期货合同的标的资产与被套期预期销售商品在数量、质次、价格变动和产地等方面相同，并且商品期货合同的结算日和预期商品销售日均为 2×17 年 2 月 28 日。

2×17 年 1 月 1 日，商品期货合同的公允价值为 0。2×17 年 1 月 31 日，商品期货合同的公允价值上涨了 25 000 元，预期销售价格下降了 25 000 元。2×17 年 2 月 28 日，商品期货合同的公允价值上涨了 10 000 元，商品销售价格下降了 10 000 元。当日，甲公司将商品出售，并结算了商品期货合同。

甲公司分析认为该套期符合套期有效性的条件。假定不考虑商品销售相关的增值税及其他因素，且不考虑期货市场每日无负债结算制度的影响。

甲公司的账务处理如下：

（1）2×17 年 1 月 1 日，甲公司不做账务处理，但需编制指定文档。

（2）2×17 年 1 月 31 日，确认现金流量套期储备：

借：套期工具——商品期货合同　　25 000

　　贷：其他综合收益——套期储备　　25 000

（3）2×17 年 2 月 28 日，确认现金流量套期储备：

借：套期工具——商品期货合同　　10 000

　　贷：其他综合收益——套期储备　　10 000

套期工具自套期开始的累计利得或损失与被套期项目自套期开始的预计未来现金流量现值的累计变动额一致，因此将套期工具公允价值变动全部作为现金流量套期储备计入其他综合收益。

确认商品的销售收入：

借：应收账款或银行存款　　1 065 000

　　贷：主营业务收入　　1 065 000

结算商品期货合同：

借：银行存款　　35 000

　　贷：套期工具——商品期货合同　　35 000

将现金流量套期储备金额转出，调整主营业务收入：

借：其他综合收益——套期储备　　35 000

　　贷：主营业务收入　　35 000

24.5.3 境外经营净投资的套期

（一）会计处理原则

境外经营净投资套期的会计处理原则如表 24-11 所示。

表 24-11　境外经营净投资套期的会计处理原则

	会计处理
基本原则	应当按照类似于现金流量套期会计的规定处理： （1）套期工具形成的利得或损失中属于套期有效的部分，应当计入其他综合收益。全部或部分处置境外经营时，上述计入其他综合收益的套期工具利得或损失应当相应转出，计入当期损益 （2）套期工具形成的利得或损失中属于套期无效的部分，应当计入当期损益

续表

	会计处理
多个母公司进行的套期	在一项由境外经营净投资产生的外汇风险的套期中，被套期项目的金额可以等于或小于母公司合并财务报表中该境外经营净资产账面价值。企业可以将被套期风险指定为境外经营的记账本位币与其任何母公司（直接的、中间的或最终的母公司）的记账本位币之间产生的外汇风险敞口 境外经营净投资产生的外汇风险敞口只有在合并财务报表中才可能符合套期会计的条件。如果同一境外经营净资产的同一风险被集团内部一家以上的母公司（如直接和间接母公司）分别进行套期，则在最终母公司合并财务报表中只有一项套期关系符合套期会计的条件 如果一项套期关系由较低层次间接母公司在其合并财务报表中进行了指定，那么在更高层次的母公司合并财务报表中可以决定保留该套期关系或重新指定 如果较高层次的母公司决定不保留该套期关系而是重新指定，那么，在较高层次母公司的合并财务报表中必须先转回较低层次母公司所运用的套期会计，再按照重新指定的套期关系运用套期会计 相反地，套期会计可以在较高层次母公司的合并财务报表中直接指定，不必在较低层次间接母公司的合并财务报表中进行指定
集团内可以持有套期工具的企业	一项衍生或非衍生金融工具（或衍生和非衍生金融工具的组合）可以被指定为境外经营净投资套期工具。只要满足本准则对境外经营净投资套期的指定、文件记录和有效性要求，套期工具就可由集团内部的任一家或几家企业持有 如果持有套期工具的企业的记账本位币与投资于境外经营的母公司的记账本位币相同，就较容易进行套期有效性评估，因为在评估套期有效性时，可以假设持有境外经营的母公司也同时持有套期工具 如果持有套期工具的企业的记账本位币与投资于境外经营的母公司的记账本位币不同，评估套期有效性会较为复杂。这种情况下，套期有效性不仅要反映持有套期工具的企业的利得或损失（如果不使用套期会计，应计入合并损益），还应当反映对套期工具重新折算为母公司记账本位币的影响（如果不使用套期会计，应在合并其他综合收益中确认）

（二）会计处理举例

【例 24-22】2×16 年 10 月 1 日，甲公司（记账本位币为人民币）在其境外子公司有一项境外经营净投资外币：远期合同（Forward Contract，简称 FC）5 000 万元（即 FC 5 000 万元）。为规避境外经营净投资外汇风险，甲公司与某境外金融机构签订了一项外汇远期合同，约定于 2×17 年 4 月 1 日卖出 FC 5 000 万元。其他有关资料如表 24-12 所示。

表 24-12　汇率及远期合同的公允价值

单位：人民币元

日期	近期汇率（FC/ 人民币）	远期汇率（FC/ 人民币）	远期合同的公允价值
2×16 年 10 月 1 日	1.71	1.70	0
2×16 年 12 月 31 日	1.64	1.63	3 430 000
2×16 年 3 月 31 日	1.60	不适用	5 000 000

假定不考虑远期合同的远期要素。甲公司的上述套期满足运用套期会计方法的所有条件。

甲公司的账务处理如下：

（1）2×16 年 10 月 1 日，外汇远期合同的公允价值为 0，不做账务处理。

（2）2×16 年 12 月 31 日，确认外汇远期合同的公允价值变动：

借：套期工具——外汇远期合同　　3 430 000

　　贷：其他综合收益——外币报表折算差额　　3 430 000

确认对子公司净投资的汇兑损益：汇兑损益 =（1.64−1.71）×50 000 000=−3 500 000

借：其他综合收益——外币报表折算差额　　3 500 000

　　贷：长期股权投资　　3 500 000

（3）2×17 年 3 月 31 日，确认外汇远期合同的公允价值变动：

借：套期工具——外汇远期合同　　1 570 000

　　贷：其他综合收益——外币报表折算差额　　1 570 000

确认对子公司净投资的汇兑损益：汇兑损益 =（1.6−1.64）×50 000 000=2 000 000

借：其他综合收益——外币报表折算差额　　2 000 000

　　贷：长期股权投资　　2 000 000

结算外汇远期合同：

借：银行存款　　5 000 000

　　贷：套期工具——外汇远期合同　　5 000 000

注：境外经营净投资中套期工具形成的利得在其他综合收益中列示，直至子公司被处置。

24.5.4　套期关系再平衡

（一）会计处理原则

套期关系再平衡的会计处理原则如图 24-4 所示。

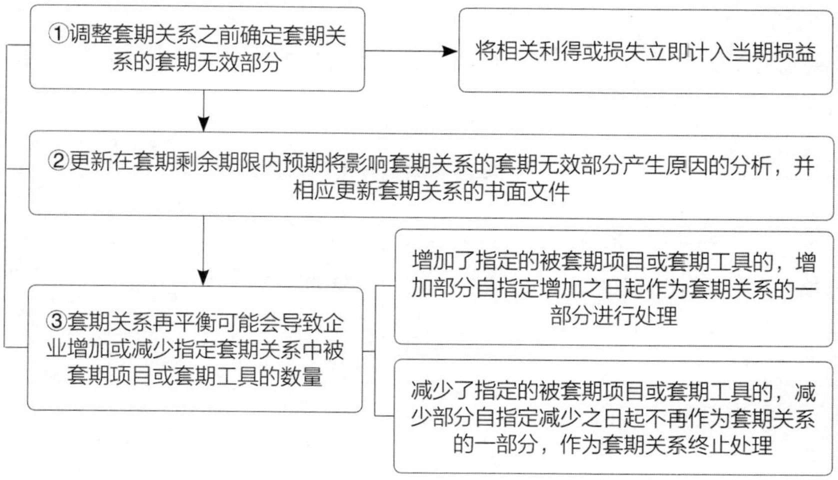

图 24-4　套期关系再平衡的会计处理原则

（二）会计处理举例

【例 24-23】2×16 年 1 月 1 日，甲公司预计在未来 12 个月内采购 100 万桶西得克萨斯轻质（West Texas Intermediate）原油（WTI 原油）。甲公司采用现金流量套期，并购入 105 万桶布伦特原油（Brent 原油）期货合约，以对极可能发生的 100 万桶 WTI 原油的预期采购进行套期（套期比率为 1:1.05）。该期货合约在指定日的公允价值为 0。

2×16 年 6 月 30 日，被套期项目 WTI 原油的预期采购自套期开始的预计未来现金流量现值的累计变动额为 200 万美元，套期工具的公允价值累计下降了 229 万美元。甲公司通过分析发现，Brent 原油相对 WTI 原油的经济关系与预期不同，因此考虑对套期关系进行再平衡。甲公司通过分析决定将套期比率重新设定为 1:0.98。

为了在 2×16 年 6 月 30 日进行再平衡，甲公司可以指定更大的被套期风险敞口或终止指定部分套期工具。甲公司决定选择后者，即终止指定 7 万桶 Brent 原油期货合约的套期工具。

假定甲公司的上述套期满足运用套期会计方法的所有条件，不考虑其他因素。

甲公司的账务处理如下（假定美元兑人民币的汇率为 1:6）：

（1）2×16 年 1 月 1 日，甲公司不做账务处理。

（2）2×16 年 6 月 30 日：

借：其他综合收益——套期储备　　12 000 000

　　套期损益　　1 740 000

　　贷：套期工具——期货合同　　13 740 000

计入其他综合收益的金额：2 000 000×6=12 000 000（元人民币）

应计入有效套期的金额：（229−200）×10 000×6=1 740 000（元人民币）

在总计 105 万桶 Brent 原油期货合约中，7 万桶不再属于该套期关系。因此，甲公司需将 7/105 的套期工具重分类为衍生工具，有关套期文件的书面记录应当相应更新。

甲公司进行再平衡时的会计处理如下：

借：套期工具——期货合同　　916 000

　　贷：衍生工具——期货合同　　916 000

[再平衡时，重分类的套期工具的公允价值 =13 740 000×7÷105=916 000（元人民币）]

24.5.5　一组项目套期

（一）会计处理原则

一组项目套期的会计处理原则如表 24-13 所示。

表 24-13　一组项目套期的会计处理原则

	会计处理
对于被套期项目为风险净敞口的套期，被套期风险影响利润表不同列报项目的，企业应当将相关套期利得或损失单独列报，不应当影响利润表中与被套期项目相关的损益列报项目（如营业收入或营业成本）金额	如果销售收入产生的期间早于费用发生的期间，则销售收入仍应当按照即期汇率计量。相关的套期利得或损失应当单独列报，从而在损益中反映出净头寸套期的影响，并相应调整现金流量套期储备
	如果被套期的费用将影响以后期间的损益（如该费用将分期摊销），则之前对费用确认的套期利得或损失应在以后期间重分类至损益，且在利润表中与包含被套期费用的项目区分开单独列报
被套期项目为一组项目的公允价值套期	在套期关系存续期间，应当针对被套期项目组合中各组成项目，分别确认公允价值变动所引起的相关利得或损失，按照本准则的相关规定进行相应处理，计入当期损益或其他综合收益，涉及调整被套期各组成项目账面价值的，应当对各项资产和负债的账面价值做相应调整
被套期项目为一组项目的现金流量套期	在将其他综合收益中确认的相关现金流量套期储备转出时，应当按照系统、合理的方法将转出金额在被套期各组成项目中分摊，并按照本准则相关规定进行处理

（二）会计处理举例

【例 24-24】2×16年1月1日，甲公司预期2×16年12月31日将有一项1 000万美元的现金销售和一项1 200万美元的固定资产现金采购，上述交易极有可能发生。甲公司的记账本位币为人民币。

2×16年1月1日，甲公司签订了一项1年期外汇远期合同对上述200万美元的外汇净头寸进行套期，甲公司1年后将按1美元=6.5人民币元的汇率购入200万美元。上述固定资产将采用直线法在5年内计提折旧。

2×16年1月1日及2×16年12月31日美元的即期汇率分别为1美元=6.5元人民币及1美元=6.4元人民币。2×16年1月1日，外汇远期合同的公允价值为0。2×16年12月31日，外汇远期合同的公允价值为亏损20万元人民币。

预期销售现金流入和预期采购现金流出如期于2×16年12月31日发生，外汇远期合同也于2×16年12月31日结算。假设不考虑外汇远期合同的远期要素，所有款项均以银行存款支付。

甲公司相关账务处理如下：

（1）2×16年1月1日，外汇远期合同公允价值为0，无须进行账务处理。

（2）2×16年12月31日，确认套期工具公允价值变动：

借：其他综合收益——套期储备　　200 000

　　贷：套期工具——外汇远期合同　　200 000

结算外汇远期合同：

借：套期工具——外汇远期合同　　200 000

贷：银行存款　　200 000

将套期工具的累计损失中对应预期销售的部分 1 000 000[10 000 000×（6.5−6.4）]元人民币利得从其他综合收益中转出，并将其计入净敞口套期损益：

借：其他综合收益——套期储备　　1 000 000

贷：净敞口套期损益　　1 000 000

借：银行存款　　64 000 000

贷：主营业务收入　　64 000 000

将套期工具的累计损失中对应预期采购的部分 −1 200 000[12 000 000×（6.4−6.5）]元人民币损失从其他综合收益中转出，并将其计入固定资产的初始确认金额：

借：固定资产　　78 000 000

贷：银行存款　　76 800 000

其他综合收益——套期储备　　1 200 000

后续第 2 年至第 6 年，基于固定资产采购价格（不含套期调整）每年计提的折旧 =76 800 000÷5=15 360 000（人民币元）：

借：制造费用——折旧费用　　15 360 000

贷：累计折旧　　15 360 000

将套期调整在固定资产折旧期间进行摊销，摊销费 =1 200 000÷5=240 000（人民币元），并将其计入净敞口套期损益：

借：净敞口套期损益　　240 000

贷：累计折旧　　240 000

注：由于本例涉及净敞口套期，所以与被套期项目相关的利润表列报项目（即营业收入和营业成本）不会因采用套期会计而受到影响。

24.6　关于信用风险敞口的公允价值选择权

信用风险敞口的公允价值选择权如表 24-14 所示。

表 24-14　信用风险敞口的公允价值选择权

	内容
准则规定	企业使用以公允价值计量且其变动计入当期损益的信用衍生工具管理金融工具（或其组成部分）的信用风险敞口时，可以在该金融工具（或其组成部分）初始确认时、后续计量中或尚未确认时，将其指定为以公允价值计量且其变动计入当期损益的金融工具，并同时作出书面记录，但应当同时满足下列条件： （1）金融工具信用风险敞口的主体（如借款人或贷款承诺持有人）与信用衍生工具涉及的主体相一致 （2）金融工具的偿付级次与根据信用衍生工具条款须交付的工具的偿付级次相一致
会计处理	企业应当在指定时将其账面价值（如有）与其公允价值之间的差额计入当期损益。 如该金融工具是分类为以公允价值计量且其变动计入其他综合收益的金融资产，企业应当将之前计入其他综合收益的累计利得或损失转出，计入当期损益
终止确认情形	在选择运用针对信用风险敞口（全部或部分）的公允价值选择权之后，同时满足下列条件的，企业应当对金融工具（或其一定比例）终止以公允价值计量且其变动计入当期损益： （1）本准则规定的条件不再适用，如信用衍生工具或金融工具（或其一定比例）已到期、被出售、合同终止或已行使，或企业的风险管理目标发生变化，不再通过信用衍生工具进行风险管理 （2）金融工具（或其一定比例）按照规定，仍然不满足以公允价值计量且其变动计入当期损益的金融工具的条件
终止确认会计处理	该金融工具（或其一定比例）在终止时的公允价值应当作为其新的账面价值。同时，企业应当采用与该金融工具被指定为以公允价值计量且其变动计入当期损益之前相同的方法进行计量

【例 24-25】甲银行向乙公司提供了一笔 1 亿元的 5 年期浮动利率贷款。甲银行管理该贷款的业务模式以收取合同现金流量为目标，且合同现金流量特征仅为对本金和以未偿付本金金额为基础的利息的支付，因此以摊余成本计量。甲银行的信用风险政策要求针对整个贷款存续期内的全部信用风险进行风险管理。甲银行使用的风险管理工具为信用违约互换合同。

由于信用违约互换合同以公允价值计量且其变动计入当期损益，但贷款以摊余成本计量，为了降低上述计量不一致所产生的损益波动，甲银行将贷款指定为以公允价值计量且其变动计入当期损益。为确保有可恢复至以摊余成本计量的灵活性，甲银行清晰地记录了该指定按照本准则做出，而非根据《企业会计准则第 22 号——金融工具确认和计量》做出。信用违约互换合同的目标债务为乙公司 1 亿元的 5 年期浮动利率债务，甲银行贷款的受偿顺序与发生信用损失事件时根据信用违约互换合同所交割贷款的受偿顺序一致，均为次级债务。

2 年后，甲银行认为，根据银行的信用风险管理政策，该项贷款的信用风险已降至无须通过信用违约互换合同管理的程度，于是终止了该信用违约互换合同。此时贷款的公允价值为 1.1 亿元。

甲银行持有该项贷款的业务模式仍是以收取合同现金流量为目标，所以不满足以公允价值计量且其变动计入当期损益的条件。因此，甲银行对该贷款终止以公允价值计量且其变动计入当期损益，并开始以摊余成本计量，实际利率基于该项贷款的新账面价值 1.1 亿元计算。

第 25 章
保险合同

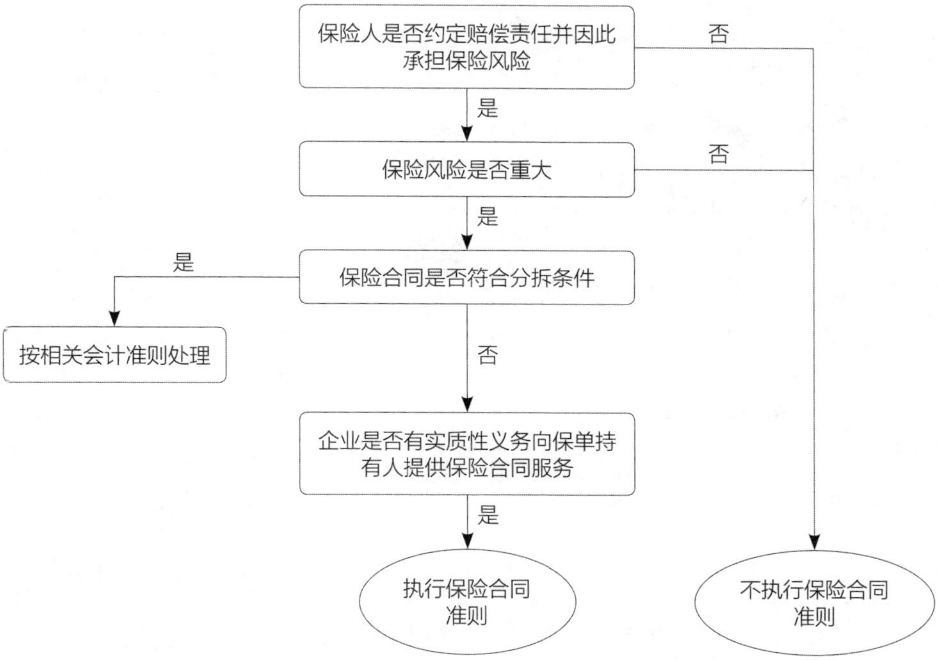

图 25-1　保险合同的确认

根据《企业会计准则第 25 号——保险合同》（以下简称“保险合同准则”），保险合同是指企业（合同签发人）与保单持有人约定，在特定保险事项对保单持有人产生不利影响时给予其赔偿，并因此承担源于保单持有人重大保险风险的合同。保险合同的确认如图 25-1 所示。

根据《企业会计准则第 25 号——保险合同》具体准则，对表 25-1 所示概念进行解释：

表 25-1　保险合同基础概念

序号	项目	概念	关注事项
1	保险事项	保险合同所承保的、产生保险风险的不确定未来事项	—
2	保险风险	是指从保单持有人转移至合同签发人的除金融风险之外的风险	—

续表

序号	项目	概念	关注事项
3	再保险合同	再保险分入人（再保险合同签发人）与再保险分出人约定，对再保险分出人由对应的保险合同所引起的赔付等进行补偿的保险合同	本准则适用于下列保险合同： （1）企业签发的保险合同（含分入的再保险合同）； （2）企业分出的再保险合同； （3）企业在合同转让或非同一控制下企业合并中取得的上述保险合同。 签发保险合同的企业所签发的具有相机参与分红特征的投资合同适用本准则
4	具有相机参与分红特征的投资合同	赋予特定投资者合同权利以收取保证金额和附加金额的金融工具。附加金额由企业（合同签发人）基于特定项目回报相机决定，且预计构成合同利益的重要部分	具有直接参与分红特征的保险合同，是指在合同开始日同时符合下列条件的保险合同： （1）合同条款规定保单持有人参与分享清晰可辨认的基础项目； （2）企业预计将基础项目公允价值变动回报中的相当大部分支付给保单持有人； （3）预计应付保单持有人金额变动中的相当大部分将随基础项目公允价值的变动而变动
5	投资成分	无论保险事项是否发生均须偿还给保单持有人的金额	保险合同中包含可明确区分的投资成分时，企业应当将其予以分拆，适用金融工具相关会计准则，但与投资成分相关的合同条款符合具有相机参与分红特征的投资合同定义的，应当适用本准则
6	保险合同服务	企业为保险事项提供的保险保障服务、为不具有直接参与分红特征的保险合同持有人提供的投资回报服务，以及代具有直接参与分红特征的保险合同持有人管理基础项目的投资相关服务	保险合同中包含可明确区分的商品或非保险合同服务的承诺时，企业应当将其予以分拆，适用《企业会计准则第14号——收入》
7	责任期	企业向保单持有人提供保险合同服务的期间	企业应当在下列时点中的最早时点确认其签发的合同组： （1）责任期开始日； （2）保单持有人首付款到期日，或者未约定首付款到期日时企业实际收到首付款日； （3）发生亏损时
8	保险获取现金流量	因销售、核保和承保已签发或预计签发的合同组而产生的，可直接归属于其对应合同组合的现金流量	企业应当将合同组确认前已付或应付的、系统合理分摊至相关合同组的保险获取现金流量，确认为保险获取现金流量资产

续表

序号	项目	概念	关注事项
9	合同服务边际	企业因在未来提供保险合同服务而将于未来确认的未赚利润	企业应当在合同组初始确认时按照履约现金流量与合同服务边际之和对保险合同负债进行初始计量
10	非金融风险调整	企业在履行保险合同时，因承担非金融风险导致的未来现金流量在金额和时间方面的不确定性而要求得到的补偿	履约现金流量包括下列各项： （1）与履行保险合同直接相关的未来现金流量的估计； （2）货币时间价值及金融风险调整； （3）非金融风险调整
11	保险财务损益	计入当期及以后期间损益的保险合同金融变动额	保险财务损益包括企业签发的保险合同的承保财务损益和分出的再保险合同的分出再保险财务损益
12	浮动收费	企业因代保单持有人管理基础项目并提供投资相关服务而取得的对价，等于基础项目公允价值中企业享有份额减去不随基础项目回报变动的履约现金流量	企业应当按照基础项目公允价值扣除浮动收费的差额，估计具有直接参与分红特征的保险合同组的履约现金流量
13	分出再保险合同组的合同服务边际	企业为在未来获得再保险分入人提供的保险合同服务而产生的净成本或净利得	企业在初始确认其分出的再保险合同组时，应当按照履约现金流量与合同服务边际之和对分出再保险合同资产进行初始计量
14	分保摊回未到期责任资产	包括资产负债表日分摊至分出的再保险合同组的、与未到期责任有关的履约现金流量和当日该合同组的合同服务边际	企业应当在资产负债表日按照分保摊回未到期责任资产与分保摊回已发生赔款资产之和对分出再保险合同资产进行后续计量
15	分保摊回已发生赔款资产	包括资产负债表日分摊至分出的再保险合同组的、与已发生赔款及其他相关费用的摊回有关的履约现金流量	
16	修正追溯调整法	企业在对本准则第十章所涉及相关事项采用追溯调整法不切实可行时，使用在过渡日无须付出不必要的额外成本或努力即可获得的合理可靠的信息，以获得接近追溯调整法结果为目标，在衔接处理上按本准则规定进行简化的方法	对合同组采用追溯调整法不切实可行的，企业应当采用修正追溯调整法或公允价值法。对合同组采用修正追溯调整法也不切实可行的，企业应当采用公允价值法
17	公允价值法	以过渡日合同组公允价值与履约现金流量的差额确定合同组在该日的合同服务边际或未到期责任负债亏损部分，以及在衔接处理上按本准则规定进行简化的方法	

25.1 保险合同的识别、分组和确认

25.1.1 识别

根据《企业会计准则第 25 号——保险合同》具体准则，企业应当评估各单项合同的保险风险是否重大，据此判断该合同是否为保险合同。

如图 25-2 所示，企业在对保险合同进行识别时，应当同时考虑以下因素：

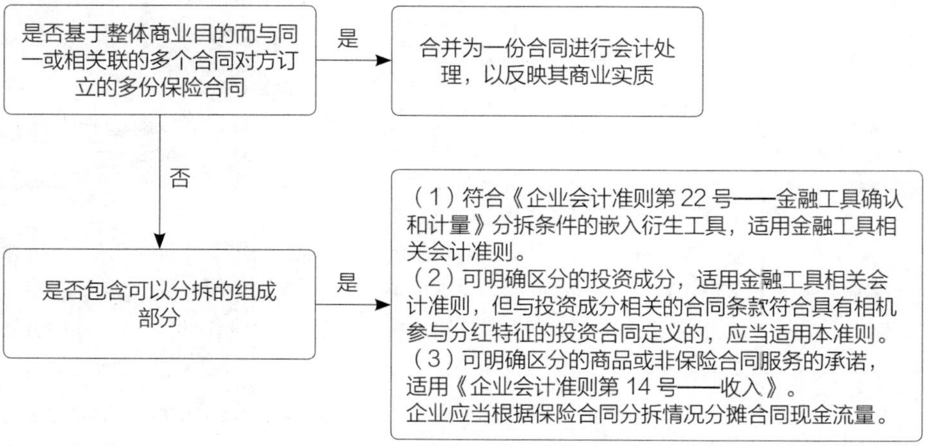

图 25-2 保险合同的识别

25.1.2 分组

根据《企业会计准则第 25 号——保险合同》具体准则，企业应当将具有相似风险且统一管理的保险合同归为同一保险合同组合。

企业应当以合同组合中单项合同为基础，逐项评估其归属的合同组。但有合理可靠的信息表明多项合同属于同一合同组的，企业可以多项合同为基础评估其归属的合同组。

如图 25-3 所示，企业应当同一合同组合至少分为下列合同组：

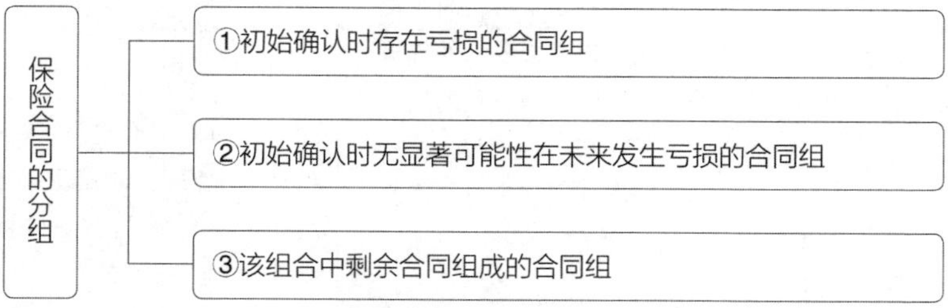

图 25-3 保险合同的分组

企业可以按照获利水平、亏损程度或初始确认后在未来发生亏损的可能性等，对合同组

作进一步细分。

25.1.3　确认

根据《企业会计准则第 25 号——保险合同》具体准则，企业应当在下列时点中的最早时点确认其签发的合同组，如图 25-4 所示。

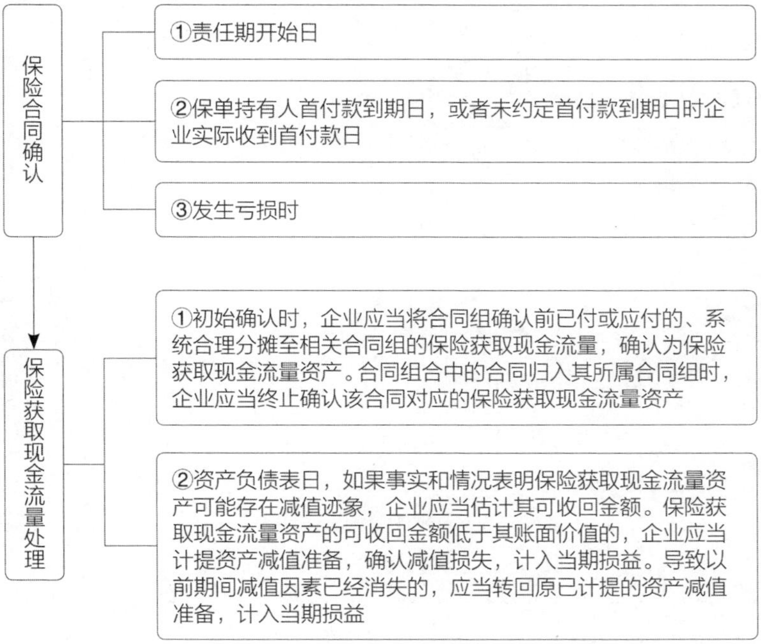

图 25-4　保险合同的确认及保险获取现金流量处理

25.1.4　保险合同负债初始确认

根据《企业会计准则第 25 号——保险合同》具体准则，企业应当以合同组作为计量单元，在合同组初始确认时按照履约现金流量与合同服务边际之和对保险合同负债进行初始计量。

25.1.4.1　履约现金流量的确认

在保险合同的初始计量中，履约现金流量和合同服务边际的确认是计量保险合同负债的关键。

如图 25-5 所示，实际会计处理中履约现金流量的确认主要考虑以下因素：

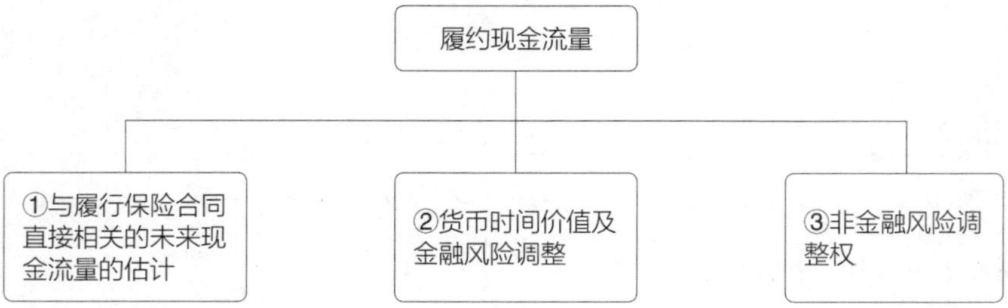

图 25-5　履约现金流量的确认

（一）未来现金流量的估计

其中对未来现金流量的估计应当符合下列要求，如图 25-6 所示。

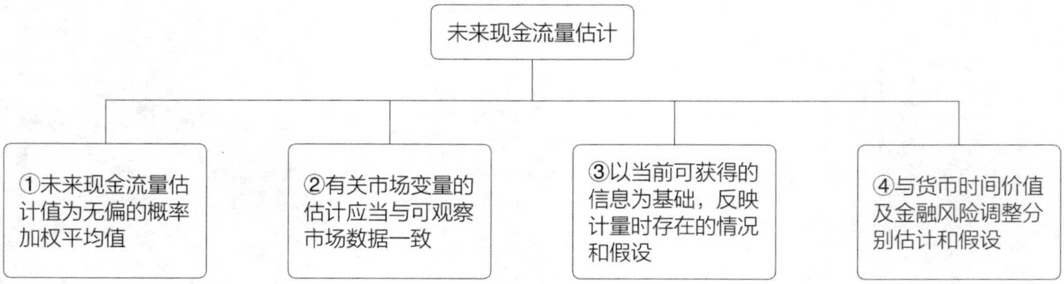

图 25-6　未来现金流量估计的要求

需要注意的是，企业估计未来现金流量时应当考虑合同组内各单项合同边界内的现金流量，不得将合同边界外的未来现金流量用于合同组的计量。

其中，当企业有权要求保单持有人支付保费或者有实质性义务向保单持有人提供保险合同服务时，该权利或义务所产生的现金流量在保险合同边界内。

企业无实质性义务向保单持有人提供保险合同服务的情形	① 企业有实际能力重新评估该保单持有人的风险，并据此可重新设定价格或承诺利益水平以充分反映该风险
	② 企业有实际能力重新评估该合同所属合同组合的风险，并据此可重新设定价格或承诺利益水平以充分反映该风险，且重新评估日前对应保费在定价时未考虑重新评估日后的风险

（二）折现率的确定

企业应当采用适当的折现率对履约现金流量进行货币时间价值及金融风险调整，以反映货币时间价值及未包含在未来现金流量估计中的有关金融风险。适当的折现率应当同时符合下列要求，如图 25-7 所示。

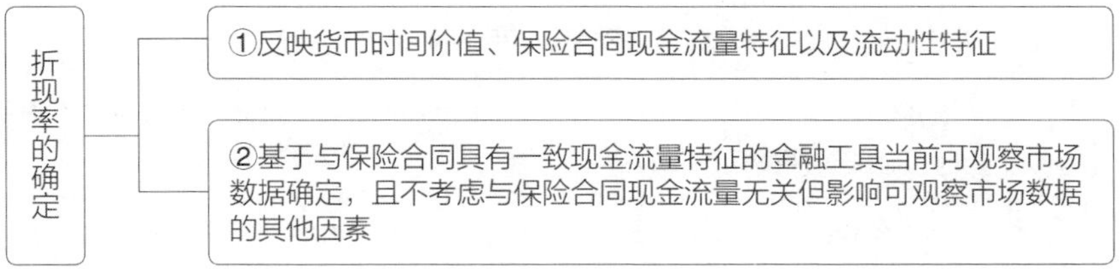

图 25-7　折现率的确定

注意，企业应当单独估计非金融风险调整，不得在未来现金流量和折现率的估计中隐含非金融风险调整。

25.1.4.2　合同服务边际的确认

《企业会计准则第 25 号——保险合同》具体准则规定，企业应当在合同组初始确认时计算下列各项之和，并据此确定合同服务边际，如图 25-8 所示。

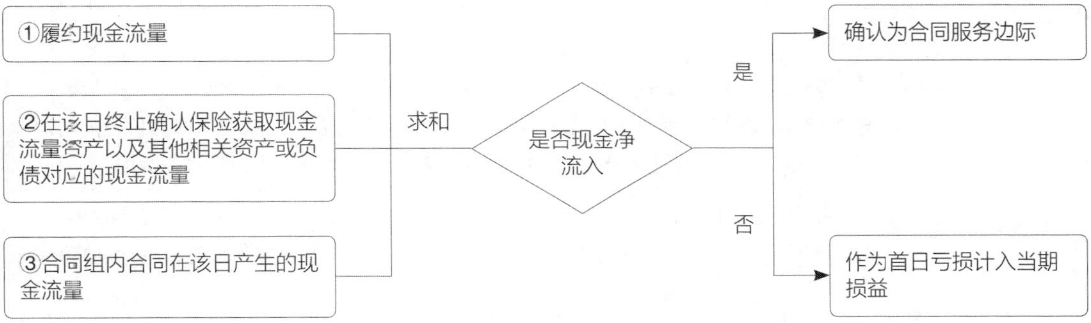

图 25-8　合同服务边际的确认

25.1.5　保险合同后续计量

25.1.5.1　保险合同负债的会计处理

根据《企业会计准则第 25 号——保险合同》具体准则，企业应当在资产负债表日按照未到期责任负债与已发生赔款负债之和对保险合同负债进行后续计量。

未到期责任负债	包括资产负债表日分摊至保险合同组的、与未到期责任有关的履约现金流量和当日该合同组的合同服务边际
已发生赔款负债	包括资产负债表日分摊至保险合同组的、与已发生赔案及其他相关费用有关的履约现金流量

其中，对于不具有直接参与分红特征的保险合同组，资产负债表日合同组的合同服务边际账面价值应当以期初账面价值为基础，经下列各项调整后予以确定：

资产负债表日合同服务边际调整项	① 当期归入该合同组的合同对合同服务边际的影响金额
	② 合同服务边际在当期计提的利息，计息利率为该合同组内合同确认时、不随基础项目回报变动的现金流量所适用的加权平均利率
	③ 与未来服务相关的履约现金流量的变动金额，但履约现金流量增加额超过合同服务边际账面价值所导致的亏损部分，以及履约现金流量减少额抵销的未到期责任负债的亏损部分除外
	④ 合同服务边际在当期产生的汇兑差额
	⑤ 合同服务边际在当期的摊销金额

25.1.5.2 保险服务收入的会计处理

（一）一般规定

保险服务收入的会计处理	① 按照提供保险合同服务的模式，合理确定合同组在责任期内各个期间的责任单元，并据此对经调整后的合同服务边际账面价值进行摊销，计入当期及以后期间保险服务收入
	② 因当期提供保险合同服务导致未到期责任负债账面价值的减少额，应当确认为保险服务收入；因当期发生赔案及其他相关费用导致已发生赔款负债账面价值的增加额，以及与之相关的履约现金流量的后续变动额，应当确认为保险服务费用
	③ 将合同组内的保险获取现金流量，随时间流逝进行系统摊销，计入责任期内各个期间的保险服务费用，同时确认为保险服务收入，以反映该类现金流量所对应的保费的收回
	④ 将货币时间价值及金融风险的影响导致的未到期责任负债和已发生赔款负债账面价值变动额，作为保险合同金融变动额
	⑤ 将非金融风险调整账面价值变动中除保险合同金融变动额以外的金额计入当期及以后期间损益

其中，对于保险合同金融变动额的会计处理，企业应当考虑持有的相关资产及其会计处理，在合同组合层面做出下列会计政策选择：

保险合同金融变动额的会计处理	① 将保险合同金融变动额全额计入当期保险财务损益
	② 将保险合同金融变动额分解计入当期保险财务损益和其他综合收益。选择该会计政策的，企业应当在合同组剩余期限内，采用系统合理的方法确定计入各个期间保险财务损益的金额，其与保险合同金融变动额的差额计入其他综合收益

对于中期财务报表中根据本准则作出的相关会计估计处理结果，企业应当就是否在本年度以后中期财务报表和年度财务报表中进行调整做出会计政策选择，并一致应用于本准则适用范围内的合同组。

（二）具有相机参与分红特征的投资合同的特殊规定

对于本准则适用范围内的具有相机参与分红特征的投资合同，企业应当按照本准则有关保险合同的规定进行会计处理，但下列各项特殊规定除外：

具有相机参与分红特征的投资合同的特殊规定	① 初始确认的时点为企业成为合同一方的日期
	② 企业有支付现金的实质性义务的，该义务所产生的现金流量在合同边界内。企业有实际能力对其支付现金的承诺进行重新定价以充分反映其承诺支付现金的金额及相关风险的，表明企业无支付现金的实质性义务
	③ 企业应当按照投资服务的提供模式，在合同组期限内采用系统合理的方法对合同服务边际进行摊销，计入当期及以后期间损益

25.1.6　具有直接参与分红特征的保险合同组计量的特殊规定

（一）定义

根据《企业会计准则第 25 号——保险合同》具体准则的规定，具有直接参与分红特征的保险合同，是指在合同开始日同时符合下列条件的保险合同，如图 25-9 所示。

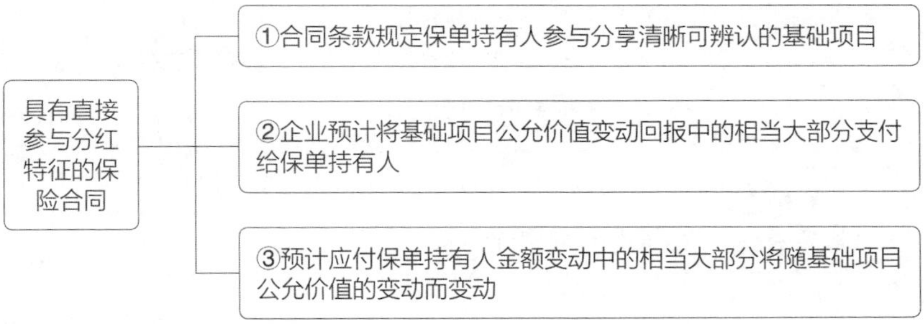

图 25-9　具有直接参与分红特征的保险合同的分类

企业应当在合同开始日评估一项合同是否为具有直接参与分红特征的保险合同，后续不再重新评估。

（二）会计处理

对特殊合同组的会计处理如图 25-10 所示。

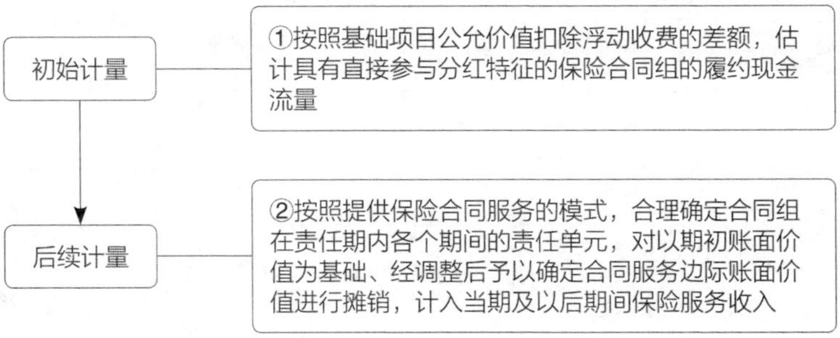

图 25-10　对特殊合同组的会计处理

对具有直接参与分红特征的保险合同组在资产负债表日的具体调整如下：

资产负债表日对于具有直接参与分红特征的保险合同组的合同服务边际账面价值调整项目	① 当期归入该合同组的合同对合同服务边际的影响金额
	② 基础项目公允价值中企业享有份额的变动金额，但以下情形除外： ➢ 企业使用衍生工具或分出再保险合同管理与该金额变动相关金融风险时，对符合本准则规定条件的，可以选择将该金额变动中由货币时间价值及金融风险的影响导致的部分计入当期保险财务损益。但企业将分出再保险合同的保险合同金融变动额分解计入当期保险财务损益和其他综合收益的，该金额变动中的相应部分也应予以分解。 ➢ 基础项目公允价值中企业享有份额的减少额超过合同服务边际账面价值所导致的亏损部分。 ➢ 基础项目公允价值中企业享有份额的增加额抵销的未到期责任负债的亏损部分
	③ 与未来服务相关且不随基础项目回报变动的履约现金流量的变动金额，但以下情形除外： ➢ 企业使用衍生工具、分出再保险合同或以公允价值计量且其变动计入当期损益的非衍生金融工具管理与该履约现金流量变动相关金融风险时，对符合本准则规定条件的，可以选择将该履约现金流量变动中由货币时间价值及金融风险的影响导致的部分计入当期保险财务损益。但企业将分出再保险合同的保险合同金融变动额分解计入当期保险财务损益和其他综合收益的，该履约现金流量变动中的相应部分也应予以分解。 ➢ 该履约现金流量的增加额超过合同服务边际账面价值所导致的亏损部分。 ➢ 该履约现金流量的减少额抵销的未到期责任负债的亏损部分
	④ 合同服务边际在当期产生的汇兑差额
	⑤ 合同服务边际在当期的摊销金额

其中，采用风险管理措施对具有直接参与分红特征的保险合同产生的金融风险予以缓释时，同时符合下列条件的，对于相关金额变动中由货币时间价值及金融风险的影响导致的部分，可以选择不调整合同服务边际，如图 25-11 所示。

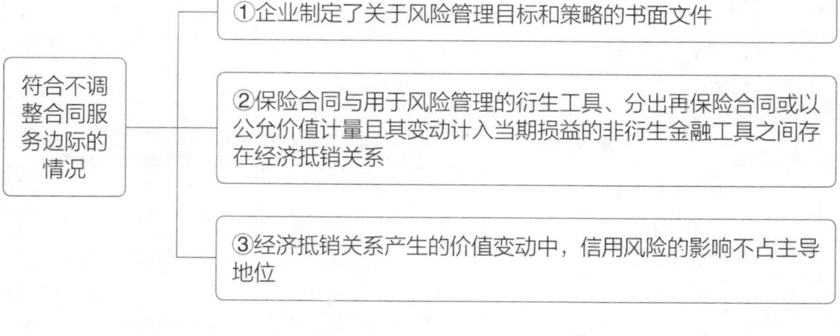

图 25-11　符合不调整合同服务边际的情况

25.1.7　亏损保险合同组计量的特殊规定

对亏损保险合同组计量的会计处理如图 25-12 所示。

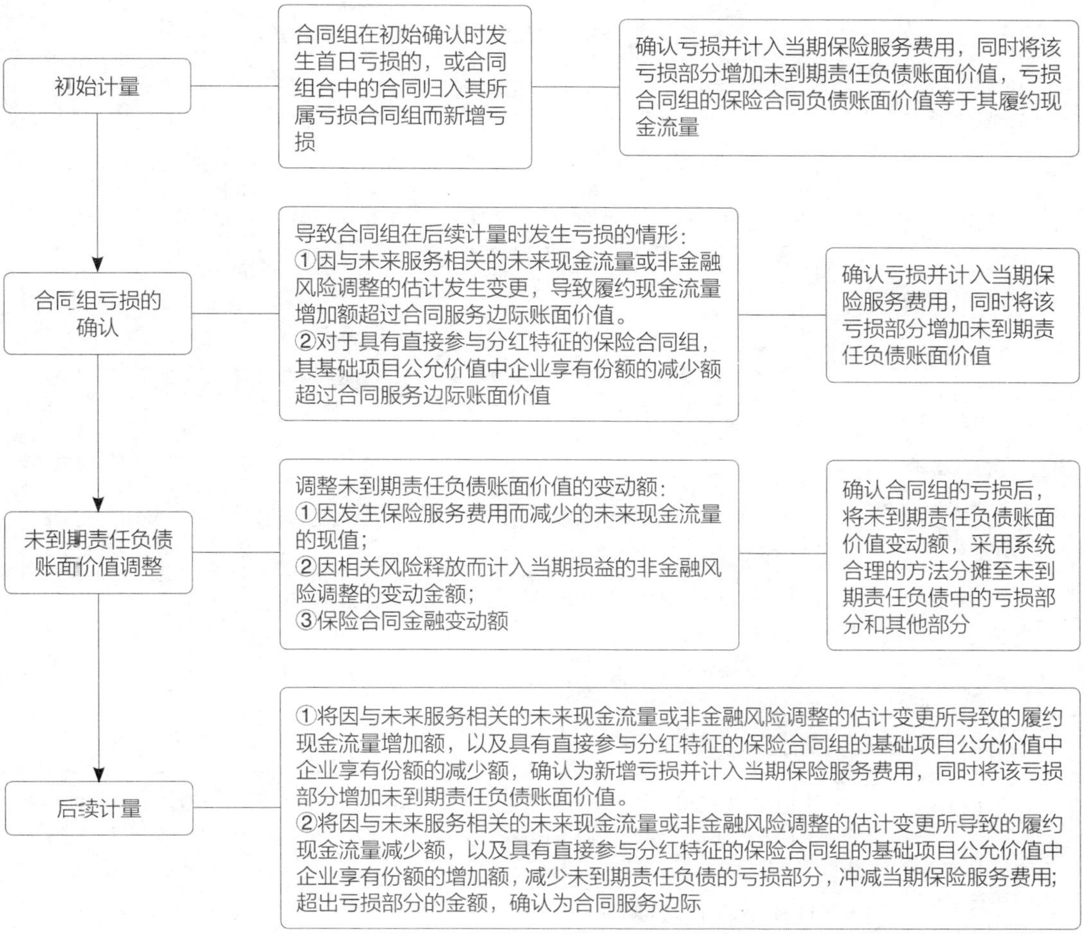

图 25-12　对亏损保险合同组计量的会计处理

25.1.8　保险合同组计量的简化处理规定

根据《企业会计准则第 25 号——保险合同》具体准则的规定，符合下列条件之一的，企业可以采用保费分配法简化合同组的计量：

符合保费分配法的应用条件	① 企业能够合理预计采用本节简化处理规定与根据本准则前述章节规定计量合同组未到期责任负债的结果无重大差异。企业预计履约现金流量在赔案发生前将发生重大变化的，表明该合同组不符合本条件
	② 该合同组内各项合同的责任期不超过一年

需要注意的是，企业对其签发的保险合同采用保费分配法时，应当假设初始确认时该合同所属合同组合内不存在亏损合同，该假设与相关事实和情况不符的除外。

对采用保费分配法的保险合同组的会计处理如图 25-13 所示。

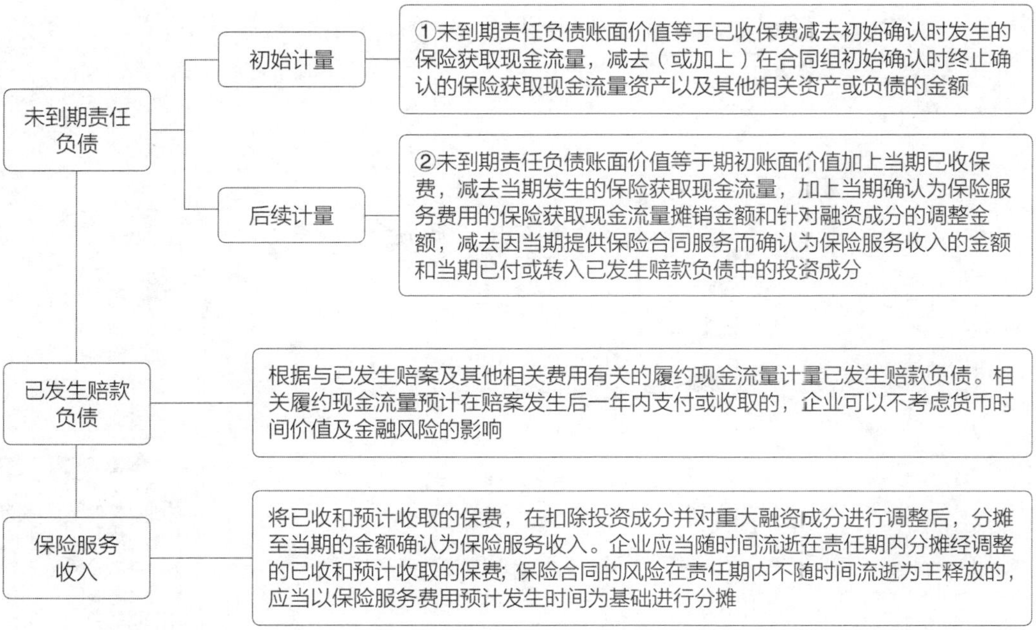

图 25-13　对采用保费分配法的保险合同组的会计处理

对未到期责任负债的其他调整如下表所示。

未到期责任负债的其他调整	① 合同组内的合同中存在重大融资成分的，企业应当按照合同组初始确认时确定的折现率，对未到期责任负债账面价值进行调整，以反映货币时间价值及金融风险的影响。注意，合同组初始确认时，如果企业预计提供保险合同服务每一部分服务的时点与相关保费到期日之间的间隔不超过一年，可以不考虑合同中存在的重大融资成分
	② 相关事实和情况表明合同组在责任期内存在亏损时，企业应当将该日与未到期责任相关的履约现金流量超过按照本准则第五十三条确定的未到期责任负债账面价值的金额，计入当期保险服务费用，同时增加未到期责任负债账面价值

25.1.9　分出的再保险合同组的确认和计量

（一）分组

根据《企业会计准则第 25 号——保险合同》具体准则的规定，企业应当将同一分出的再保险合同组至少分为下列合同组，如图 25-14 所示。

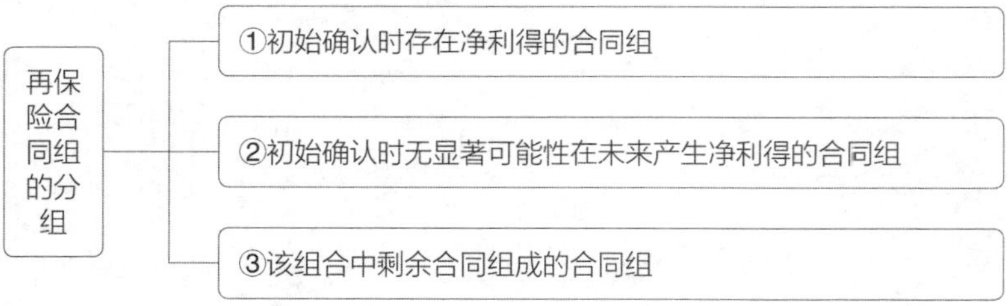

图 25-14　再保险合同组的分组

企业可以按照净成本或净利得水平以及初始确认后在未来产生净利得的可能性等，对分出的再保险合同组作进一步细分，但不得将分出时间间隔超过一年的合同归入同一分出的再保险合同组。

（二）确认

企业应当在下列时点中的最早时点确认其分出的再保险合同组：

再保险合同组确认时点：取二者孰早	① 分出的再保险合同组责任期开始日
	② 分出的再保险合同组所对应的保险合同组确认为亏损合同组时
分出的再保险合同组分出成比例责任时：取二者孰早	① 分出的再保险合同组责任期开始日和任一对应的保险合同初始确认时点中较晚的时点
	② 分出的再保险合同组所对应的保险合同组确认为亏损合同组时

（三）计量

对分出的再保险合同组的会计处理按照以下流程进行，如图 25-15 所示。

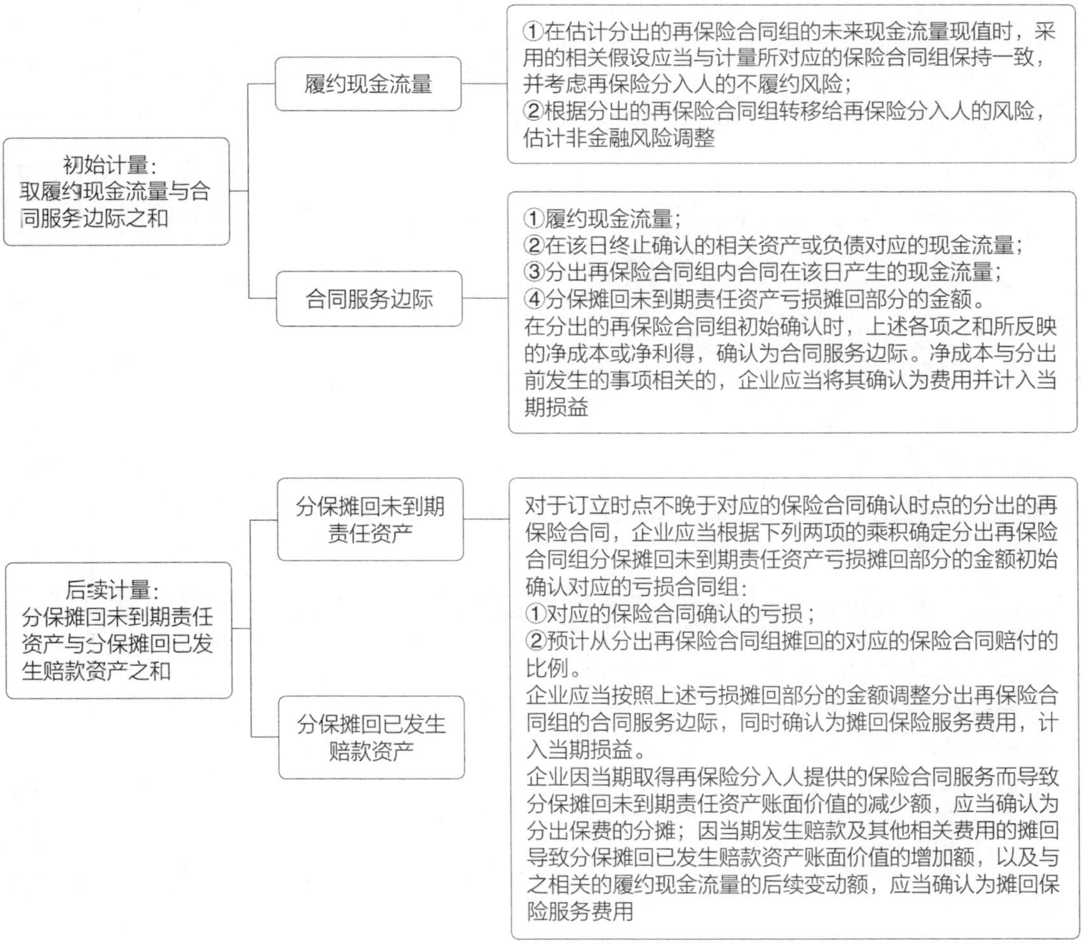

图 25-15　再保险合同组合的会计处理

资产负债表日分出的再保险合同组的合同服务边际账面价值应当以期初账面价值为基础，经下列各项调整后予以确定：

分出的再保险合同组的合同服务边际调整项	① 当期归入该合同组的合同对合同服务边际的影响金额
	② 合同服务边际在当期计提的利息，计息利率为该合同组内合同确认时、不随基础项目回报变动的现金流量所适用的加权平均利率
	③ 分保摊回未到期责任资产亏损摊回部分的金额，以及与分出再保险合同组的履约现金流量变动无关的分保摊回未到期责任资产亏损摊回部分的转回
	④ 与未来服务相关的履约现金流量的变动金额，但分摊至对应的保险合同组且不调整其合同服务边际的履约现金流量变动而导致的变动，以及对应的保险合同组采用保费分配法计量时因确认或转回亏损而导致的变动除外
	⑤ 合同服务边际在当期产生的汇兑差额
	⑥ 合同服务边际在当期的摊销金额

企业应当按照取得保险合同服务的模式，合理确定分出再保险合同组在责任期内各个期间的责任单元，并据此对调整后的合同服务边际账面价值进行摊销，计入当期及以后期间损益。

注意，再保险分入人不履约风险导致的履约现金流量变动金额与未来服务无关，企业不应当因此调整分出再保险合同组的合同服务边际；确认分出保费的分摊和摊回保险服务费用时，不得包含分出再保险合同中的投资成分。

符合下列条件之一的，企业可以采用保费分配法简化分出的再保险合同组的计量：

简化计量条件	① 企业能够合理预计采用保费分配法与不采用保费分配法计量分出再保险合同组的结果无重大差异。企业预计履约现金流量在赔案发生前将发生重大变化的，表明该合同组不符合本条件
	② 该分出的再保险合同组内各项合同的责任期不超过一年

采用保费分配法计量分出的再保险合同组时，亏损摊回部分的金额应当调整分出再保险合同组的分保摊回未到期责任资产账面价值，同时确认为摊回保险服务费用，计入当期损益。

25.1.10 合同转让或非同一控制下企业合并中取得的保险合同的确认和计量

合同转让或非同一控制下企业合并中取得的保险合同确认和计量	① 视为在转让日（或购买日）订立该合同，并根据本准则相关规定将该合同归入其所属合同组
	② 为取得保险合同而收到或支付的对价，应当视为收取或支付的保费

25.2　保险合同的修改和终止确认

保险合同条款修改后的处理方式按照下表方式认定：

<table>
<tr><td rowspan="4">保险合同的修改</td><td rowspan="3">符合终止确认条件 / 保险合同约定的义务因履行、取消或到期而解除：
终止确认原合同，并按照修改后的合同条款确认一项新合同</td><td>① 假设修改后的合同条款自合同开始日适用，出现下列情形之一的：
➢ 修改后的合同不属于本准则的适用范围。
➢ 修改后的合同应当予以分拆且分拆后适用本准则的组成部分发生变化。
➢ 修改后的合同的合同边界发生实质性变化。
➢ 修改后的合同归属于不同的合同组</td></tr>
<tr><td>② 原合同与修改后的合同仅有其一符合具有直接参与分红特征的保险合同的定义</td></tr>
<tr><td>③ 原合同采用保费分配法，修改后的合同不符合采用保费分配法的条件</td></tr>
<tr><td>不符合终止确认条件：
将合同条款修改导致的现金流量变动作为履约现金流量的估计变更进行处理</td><td>其他情况</td></tr>
</table>

对保险合同修改或终止确认的会计处理如图 25-16 所示。

图 25-16　对保险合同修改或终止确认的会计处理

25.3 保险合同的列报和披露

25.3.1 资产负债表和利润表相关项目的列示及披露（见表25-2）

表25-2 资产负债表和利润表相关项目的列示及披露

报表类型	列报原则
资产负债表	根据《企业会计准则第21号——租赁》具体准则，企业应当在资产负债表中分别列示与保险合同有关的下列项目： （1）保险合同资产； （2）保险合同负债； （3）分出再保险合同资产； （4）分出再保险合同负债。 企业签发的保险合同组合账面价值为借方余额的，列示为保险合同资产；分出的再保险合同组合账面价值为贷方余额的，列示为分出再保险合同负债。保险获取现金流量资产于资产负债表日的账面价值应当计入保险合同组合账面价值
利润表	企业应当在利润表中分别列示与保险合同有关的下列项目： （1）保险服务收入； （2）保险服务费用； （3）分出保费的分摊； （4）摊回保险服务费用； （5）承保财务损益； （6）分出再保险财务损益

25.3.2 附注的列示及披露（见表25-3）

表25-3 保险合同的披露

信息类型		内容
一般情况	与保险合同账面价值变动有关信息	企业应当在附注中分别就签发的保险合同和分出的再保险合同，单独披露未到期责任负债（或分保摊回未到期责任资产）和已发生赔款负债（或分保摊回已发生赔款资产）余额调节表，以反映与保险合同账面价值变动有关的下列信息： （一）保险合同负债和保险合同资产（或分出再保险合同资产和分出再保险合同负债）的期初和期末余额及净额，及净额调节情况； （二）未到期责任负债（或分保摊回未到期责任资产）当期变动情况，亏损部分（或亏损摊回部分）应单独披露； （三）已发生赔款负债（或分保摊回已发生赔款资产）当期变动情况，采用保费分配法的保险合同应分别披露未来现金流量现值和非金融风险调整； （四）当期保险服务收入； （五）当期保险服务费用，包括当期发生赔款及其他相关费用、保险获取现金流量的摊销、亏损部分的确认及转回和已发生赔款负债相关履约现金流量变动；

续表

信息类型		内容
一般情况	与保险合同账面价值变动有关信息	（六）当期分出保费的分摊； （七）当期摊回保险服务费用，包括摊回当期发生赔款及其他相关费用、亏损摊回部分的确认及转回和分保摊回已发生赔款资产相关履约现金流量变动； （八）不计入当期损益的投资成分，保费返还可以在此项合并披露； （九）与当期服务无关但影响保险合同账面价值的金额，包括当期现金流量、再保险分入人不履约风险变动额、保险合同金融变动额、其他与保险合同账面价值变动有关的金额。当期现金流量应分别披露收到保费（或支付分出保费）、支付保险获取现金流量、支付赔款及其他相关费用（或收到摊回赔款及其他相关费用）
	保险获取现金流量资产	企业应当在附注中披露关于保险获取现金流量资产的下列定量信息： （一）保险获取现金流量资产的期初和期末余额及其调节情况； （二）保险获取现金流量资产减值准备当期计提和当期转回情况； （三）期末保险获取现金流量资产预计在未来按适当的时间段终止确认的相关信息
	其他信息	企业应当披露当期保险合同金融变动额的定量信息及其解释性说明，包括对保险合同金融变动额与相关资产投资回报关系的说明
未采用保费分配法的情况	保险合同账面价值变动有关信息	企业应当在附注中分别就签发的保险合同和分出的再保险合同，单独披露履约现金流量和合同服务边际余额调节表，以反映与保险合同账面价值变动有关的下列信息： （一）保险合同负债和保险合同资产（或分出再保险合同资产和分出再保险合同负债）的期初和期末余额及净额，及净额调节情况； （二）未来现金流量现值当期变动情况； （三）非金融风险调整当期变动情况； （四）合同服务边际当期变动情况； （五）与当期服务相关的变动情况，包括合同服务边际的摊销、非金融风险调整的变动、当期经验调整； （六）与未来服务相关的变动情况，包括当期初始确认的保险合同影响金额、调整合同服务边际的估计变更、不调整合同服务边际的估计变更； （七）与过去服务相关的变动情况，包括已发生赔款负债（或分保摊回已发生赔款资产）相关履约现金流量变动； （八）与当期服务无关但影响保险合同账面价值的金额，包括当期现金流量、再保险分入人不履约风险变动额、保险合同金融变动额、其他与保险合同账面价值变动有关的金额。当期现金流量应分别披露收到保费（或支付分出保费）、支付保险获取现金流量、支付赔款及其他相关费用（或收到摊回赔款及其他相关费用）

续表

<table>
<tr><th colspan="2">信息类型</th><th>内容</th></tr>
<tr><td rowspan="3">未采用保费分配法的情况</td><td>初始确认的保险合同对资产负债表影响</td><td>企业应当在附注中分别就签发的保险合同和分出的再保险合同，披露当期初始确认的保险合同对资产负债表影响的下列信息：
（一）未来现金流出现值，保险获取现金流量的金额应单独披露；
（二）未来现金流入现值；
（三）非金融风险调整；
（四）合同服务边际。
对于当期初始确认的亏损合同组以及在合同转让或非同一控制下企业合并中取得的保险合同，企业应当分别披露其对资产负债表影响的上述信息</td></tr>
<tr><td>确认保险服务收入</td><td>企业应当在附注中披露与本期确认保险服务收入相关的下列定量信息：
（一）与未到期责任负债变动相关的保险服务收入，分别披露期初预计当期发生的保险服务费用、非金融风险调整的变动、合同服务边际的摊销、其他金额（如与当期服务或过去服务相关的保费经验调整）；
（二）保险获取现金流量的摊销</td></tr>
<tr><td>其他有关信息</td><td>（一）企业应就签发的保险合同和分出的再保险合同，披露期末合同服务边际在剩余期限内按适当的时间段摊销计入利润表的定量信息</td></tr>
<tr><td>具有直接参与分红特征的保险合同</td><td></td><td>企业应当披露与具有直接参与分红特征的保险合同相关的下列信息：
（一）基础项目及其公允价值；
（二）根据本准则第四十二条和第四十三条规定，将货币时间价值及金融风险的影响金额计入当期保险财务损益或其他综合收益对当期合同服务边际的影响</td></tr>
</table>

25.3.3 与保险合同计量相关的披露

根据《企业会计准则第 25 号——保险合同》具体准则，企业应当披露与保险合同计量所采用的方法、输入值和假设等相关的下列信息（见表 25-4）：

表 25-4　与保险合同计量相关的披露

<table>
<tr><th colspan="2">信息类型</th><th>内容</th></tr>
<tr><td>与保险合同计量有关的信息</td><td>一般情况</td><td>（一）保险合同计量所采用的方法以及估计相关输入值的程序。企业应当披露相关输入值的定量信息，不切实可行的除外。
（二）上述（一）中所述方法和程序的变更及其原因，以及受影响的合同类型。
（三）与保险合同计量有关的下列信息：
1. 对于不具有直接参与分红特征的保险合同，区分相机抉择与其他因素导致未来现金流量估计变更的方法；
2. 确定非金融风险调整的计量方法及计量结果所对应的置信水平，以及非金融风险调整变动额根据本准则第三十三条 在利润表中的列示方法；
3. 确定折现率的方法，以及用于不随基础项目回报变动的现金流量折现的收益率曲线（或收益率曲线范围）；
4. 确定投资成分的方法；
5. 确定责任单元组成部分及相对权重的方法</td></tr>
</table>

续表

信息类型		内容
与保险合同计量有关的信息	采用保费分配法的情况	（一）合同组适用保费分配法的判断依据； （二）未到期责任负债（或分保摊回未到期责任资产）和已发生赔款负债（或分保摊回已发生赔款资产）的计量是否反映货币时间价值及金融风险的影响； （三）是否在保险获取现金流量发生时将其确认为费用

25.3.4　与风险相关的披露

根据《企业会计准则第 25 号——保险合同》具体准则，企业应当披露与保险合同产生的保险风险和金融风险等相关的定性和定量信息（见表 25-5）：

表 25-5　出租人与经营租赁有关信息的披露

信息类型		内容
与风险有关的信息	一般情况	对于保险合同产生的各类风险，企业应当按类别披露下列信息： （一）风险敞口及其形成原因，以及在本期发生的变化。 （二）风险管理的目标、政策和程序以及计量风险的方法及其在本期发生的变化。 （三）期末风险敞口的汇总数据。该数据应当以向内部关键管理人员提供的相关信息为基础。期末风险敞口不能反映企业本期风险敞口变动情况的，企业应当进一步提供相关信息。 （四）风险集中度信息，包括企业确定风险集中度的说明和参考因素（如保险事项类型、行业特征、地理区域、货币种类等）。 企业应当披露相关监管要求（如最低资本要求、保证利率等）对本准则适用范围内的合同的影响
	保险风险和市场风险敏感性分析及信息	（一）资产负债表日保险风险变量和各类市场风险变量发生合理、可能的变动时，将对企业损益和所有者权益产生的影响。 对于保险风险，敏感性分析应当反映对企业签发的保险合同及其经分出的再保险合同进行风险缓释后的影响。 对于各类市场风险，敏感性分析应当反映保险合同所产生的风险变量与企业持有的金融资产所产生的风险变量之间的关联性。 （二）本期进行敏感性分析所使用的方法和假设，以及在本期发生的变化及其原因。 企业为管理保险合同所产生的风险，采用不同于本准则第一百零一条中所述方法进行敏感性分析的，应当披露下列信息： （一）用于敏感性分析的方法、选用的主要参数和假设； （二）所用方法的目的，以及该方法提供信息的局限性
	索赔进展情况	索赔进展情况的披露应当从赔付时间和金额在资产负债表日仍存在不确定性的重大赔付最早发生期间开始，但最长披露期限可不超过十年。赔付时间和金额的不确定性在未来一年内将消除的索赔进展信息可以不披露

续表

信息类型		内容
与风险有关的信息	信用风险	（一）签发的保险合同和分出的再保险合同分别于资产负债表日的最大信用风险敞口； （二）与分出再保险合同资产的信用质量相关的信息
	流动性风险	（一）对管理流动性风险的说明。 （二）对资产负债表日保险合同负债和分出再保险合同负债的到期期限分析。 （三）保单持有人可随时要求偿还的金额。企业应当说明该金额与相关保险合同组合账面价值之间的关联性

25.3.5 与衔接处理相关的披露

信息类型	内容
与衔接处理相关信息	（一）在采用修正追溯调整法和公允价值法的保险合同的存续期间，说明该类保险合同在过渡日的衔接处理； （二）在本准则第八十六条和第八十七条规定的调节表中，分别就过渡日采用修正追溯调整法和公允价值法的保险合同，在该类保险合同存续期间单独披露其对保险服务收入和合同服务边际的影响； （三）企业根据本准则第一百一十二条和第一百一十五条（三）的规定，采用修正追溯调整法或公允价值法确定过渡日计入其他综合收益的累计金额的，在该金额减计为零之前的期间，应当披露以公允价值计量且其变动计入其他综合收益的相关金融资产计入其他综合收益的累计金额自期初至期末的调节情况
与首次执行日对金融资产的处理有关信息	（一）根据本准则第一百一十八条（一）对管理相关金融资产的业务模式进行重新评估并确定金融资产分类的标准； （二）相关金融资产列报类型和账面价值的变化； （三）撤销之前指定为以公允价值计量且其变动计入当期损益的金融资产的期末账面价值； （四）指定或撤销指定以公允价值计量且其变动计入当期损益的相关金融资产的原因

25.4 衔接规定

《企业会计准则 25 号——保险合同》规定，首次执行日之前的保险合同会计处理与本准则规定不一致的，企业应当按照《企业会计准则第 28 号——会计政策、会计估计变更和差错更正》的规定采用追溯调整法处理，但对合同组采用追溯调整法不切实可行的，企业应当采用修正追溯调整法或公允价值法。对合同组采用修正追溯调整法也不切实可行的，企业应当采用公允价值法。

过渡日，三种方法在不同情况下的会计处理如下表所示。

<table>
<tr><th>方法</th><th colspan="2">会计处理</th></tr>
<tr><td>追溯调整法</td><td colspan="2">（一）假设一直按照本准则要求识别、确认和计量保险合同组；
（二）假设一直按照本准则要求识别、确认和计量保险获取现金流量资产，但无须估计该资产于过渡日前的可收回金额；
（三）确认追溯调整对所有者权益的累积影响数；
（四）不得在过渡日前运用本准则第四十三条规定的风险管理缓释选择权</td></tr>
<tr><td rowspan="2">修正追溯调整法</td><td>一般情况</td><td>（一）保险合同组，但在按照本准则规定进行保险合同分组时无法获得合理可靠的信息的，企业可以将签发或分出时间间隔超过一年的合同归入同一合同组；
（二）具有直接参与分红特征的保险合同；
（三）不具有直接参与分红特征的保险合同中的相机抉择现金流量；
（四）具有相机参与分红特征的投资合同。
企业采用修正追溯调整法时，对于在合同转让或非同一控制下企业合并中取得的保险合同，应当将该类合同在转让日或购买日前已发生的赔付义务确认为已发生赔款负债</td></tr>
<tr><td>不具有直接参与分红特征的保险合同组在过渡日的合同服务边际或未到期责任负债亏损部分</td><td>（一）以过渡日或更早日期（如适用）估计的未来现金流量为基础，根据合同组初始确认时至过渡日或更早日期（如适用）发生的现金流量进行调整，确定合同组在初始确认时的未来现金流量；
（二）基于过渡日前最近至少三个会计年度可观察数据，考虑该数据与本准则第二十五条规定的折现率的相似性或差异，采用适当方法确定合同组在初始确认时或以后的折现率；
（三）以过渡日估计的非金融风险调整金额为基础，根据在过渡日签发或分出的类似保险合同的相关风险释放方式，估计过渡日之前合同组非金融风险调整的变动金额，确定合同组在初始确认时的非金融风险调整金额；
（四）采用与过渡日后一致的方法将过渡日前已付或应付的保险获取现金流量系统合理地分摊至过渡日确认和预计将于过渡日后确认的合同组，分别调整过渡日合同服务边际和确认为保险获取现金流量资产。企业无法获得合理可靠的信息进行上述处理的，则不应调整合同服务边际或确认保险获取现金流量资产；
（五）合同组在初始确认时根据上述（一）至（四）确认合同服务边际的，应当按照本条（二）确定的初始确认时折现率计提利息，并基于过渡日合同组中的剩余责任单元和该日前的责任单元，确定过渡日前计入损益的合同服务边际；
（六）合同组在初始确认时根据本条（一）至（四）确认未到期责任负债亏损部分的，应当采用系统合理的方法，确定分摊至过渡日前的亏损部分；
（七）对于订立时点不晚于对应的亏损保险合同确认时点的分出的再保险合同，应当根据过渡日对应的亏损保险合同的未到期责任负债亏损部分乘以预计从分出的再保险合同组摊回的对应的保险合同赔付的比例，计算分出再保险合同组分保摊回未到期责任资产在过渡日的亏损摊回部分金额，企业无法获得合理可靠的信息确定该亏损摊回部分金额的，则不应确认亏损摊回部分</td></tr>
</table>

续表

方法	会计处理	
修正追溯调整法	具有直接参与分红特征的保险合同组在过渡日的合同服务边际或未到期责任负债亏损部分	（一）以过渡日基础项目公允价值减去该日履约现金流量的金额为基础，根据过渡日前相关现金流量以及非金融风险调整的变动进行恰当调整； （二）采用与过渡日后一致的方法将过渡日前已付或应付的保险获取现金流量系统合理地分摊至过渡日确认和预计将于过渡日后确认的合同组，分别调整过渡日合同服务边际和确认为保险获取现金流量资产。企业无法获得合理可靠的信息进行上述处理的，则不应调整合同服务边际或确认保险获取现金流量资产； （三）合同组根据本条（一）和（二）确认合同服务边际的，应当基于过渡日合同组中的剩余责任单元和该日前的责任单元，确定过渡日前计入损益的合同服务边际； （四）合同组根据本条（一）和（二）确认未到期责任负债亏损部分的，应当将该亏损部分调整为零，同时将该亏损部分增加过渡日未到期责任负债账面价值
	保险合同金融变动额的处理	（一）根据本准则第一百零九条（一）规定将签发或分出时间相隔超过一年的合同归入同一合同组的，可以在过渡日确定合同组初始确认时或以后适用的折现率。企业根据本准则第三十四条选择将保险合同金融变动额分解计入保险财务损益和其他综合收益的，应当采用适当方法确定过渡日计入其他综合收益的累计金额。 （二）未将签发或分出时间相隔超过一年的合同归入同一合同组的，应当按照本准则第一百一十条（二）估计合同组初始确认时或以后适用的折现率。企业根据本准则第三十四条选择将保险合同金融变动额分解计入保险财务损益和计入其他综合收益的，应当采用适当方法确定过渡日计入其他综合收益的累计金额
公允价值法	（一）企业可以在过渡日确定合同组初始确认时或以后适用的折现率； （二）对于分出的再保险合同组对应亏损保险合同的，应当根据过渡日对应的亏损保险合同的未到期责任负债亏损部分乘以预计从分出的再保险合同组摊回的对应的保险合同赔付的比例，计算分出再保险合同组分保摊回未到期责任资产在过渡日的亏损摊回部分金额； （三）企业根据本准则第三十四条选择将保险合同金融变动额分解计入保险财务损益和其他综合收益的，应当采用适当方法确定过渡日计入其他综合收益的累计金额； （四）对保险获取现金流量资产采用追溯调整法不切实可行时，企业应当采用适当方法确定过渡日的保险获取现金流量资产	

第 26 章
石油天然气开采

26.1　石油天然气开采的定义及核算范围

26.1.1　核算范围

石油天然气（以下简称“油气”）开采活动包括矿区权益的取得以及油气的勘探、开发和生产等阶段。油气开采活动以外的油气储存、集输、加工和销售等业务的会计处理，适用除《企业会计准则第 27 号——石油天然气开采》外的其他相关会计准则。

油气开采包括了矿区的取得、油气勘探、油气开发和油气生产四个主要环节。因此，油气开采活动中发生的支出可以分为矿区取得支出、油气勘探支出、油气开发支出和油气生产支出四类，如图 26-1 所示。

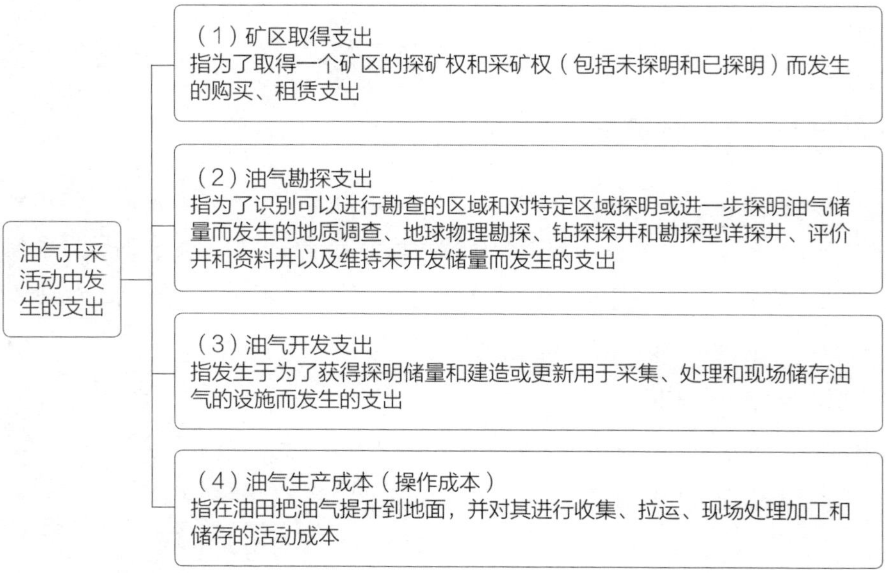

图 26-1　油气开采活动中发生的支出

26.1.2 相关定义解释

石油天然气开采（以下简称“油气开采”）的会计核算是以矿区为基础的。矿区的定义及划分原则如表 26-1 所示。

表 26-1 矿区的定义及划分原则

定义	指企业进行油气开采活动所划分的区域或独立的开发单元。矿区的划分是计提油气资产折耗、进行减值测试等的基础
划分原则	（1）一个油气藏可作为一个矿区 （2）若干相临且地质构造或储层条件相同或相近的油气藏可作为一个矿区 （3）一个独立集输计量系统为一个矿区 （4）一个大的油气藏分为几个独立集输系统并分别进行计量的，可分为几个矿区 （5）采用重大新型采油技术并实行工业化推广的区域可作为一个矿区 （6）在同一地理区域内不得将分属不同国家的作业区划分在同一个矿区或矿区组内 通常情况下，特定矿区在勘探、开发和生产期间所发生的所有资本化成本都是作为一个整体来产生现金流的，因此计提折耗和减值测试均应以矿区作为成本中心

矿区权益是指企业取得的在矿区内勘探、开发和生产油气的权利。矿区权益分类如图 26-2 所示。

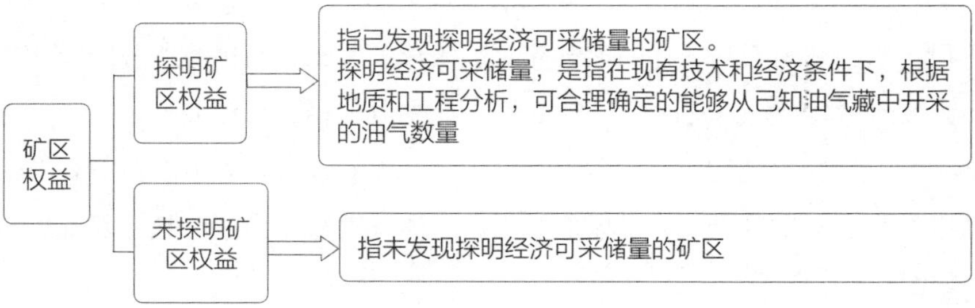

图 26-2 矿区权益分类

26.1.3 石油天然气开采会计核算概述

石油天然气开采（以下简称“油气开采”）的会计处理是以矿区为基础的。矿区是指企业开展油气开采活动所处的区域，具有相同的油藏地质构造或储层条件，以及独立的压力系统和独立的集输系统，可作为独立的开发单元。矿区是计提折耗、进行减值测试等活动的成本中心，是石油天然气会计中的重要概念。矿区的划分应遵循以下原则：

（1）一个油气藏可作为一个矿区；

（2）若干相邻且地质构造或储层条件相同或相近的油气藏可作为一个矿区；

（3）一个独立集输计量系统为一个矿区；

（4）一个大的油气分为几个独立集输系统并分别计量的，可以分为几个矿区；

（5）采用重大新型采油技术并工业化推广的区域可作为一个矿区；

（6）一般而言，划分矿区应优先考虑国家的不同，在同一地理区域内不得将分属不同国家的作业区划分在同一个矿区或矿区组内。

在油气开采活动中，与某一或某几个油气藏相关的单项资产，例如单井，能够单产生可计量现金流量的情况极为少见。通常情况下，特定矿区在勘探、开发和生产期所发生的所有资本化成本作为一个整体来产生现金流的，因此计提折耗和减值测试应以矿区作为成本中心。

从事油气开采的企业所拥有或控制的井及相关设施和矿区权益统称油气资产。油气资产是一种递耗资产，反映了企业在油气开采活动中取得的油气储量以及利用储量生产原油或天然气的设施的价值。油气开采企业通过计提折耗，将油气资产的值随着开采工作的开展逐渐转移到所开采的产品成本中。油气资产折耗是油气资源体上的直接耗减，折耗费用是产品成本的直接组成部分。油气资产的内容应包括取得探明经济可采储量的成本、暂时资本化的未探明经济可采储量的成本、全部油气开发支出以及预计的弃置成本。油气资产是油气生产企业最重要的资产，其价值在企业总资产中所占的份额相当大。

为了开采油气，企业需要增置一些附属的辅助设备和设施，如房屋、机器等。按照《企业会计准则第 27 号——石油天然气开采》（以下简称“油气准则”）的规定，这类固定资产应计提折旧，而不是计提折耗。

处于探活动中的矿区权益，应当按照油气准则进行处理；处于勘探活动开始前和结束后的矿区权益，应按其他相关准则进行处理。石油天然气以外的采掘业企业的勘探和评价活动参照油气准则执行，其他活动应按照相关准则进行处理。

26.2 矿区权益的会计处理

26.2.1 初始计量

为取得矿区权益而发生的成本应当在发生时予以资本化。企业取得的矿区权益，应当按照取得时的成本进行初始计量，如图 26-3 所示。

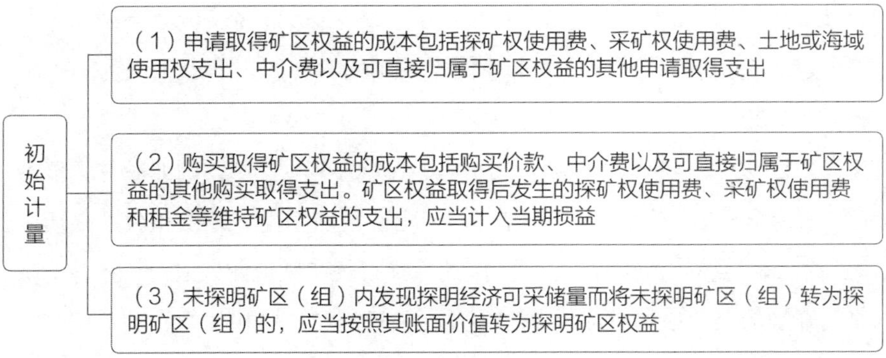

图 26-3　矿区权益初始计量

26.2.2　矿区权益的折耗

企业应当采用产量法或年限平均法对探明矿区权益计提折耗。计提折耗的具体方法如图 26-4 所示。

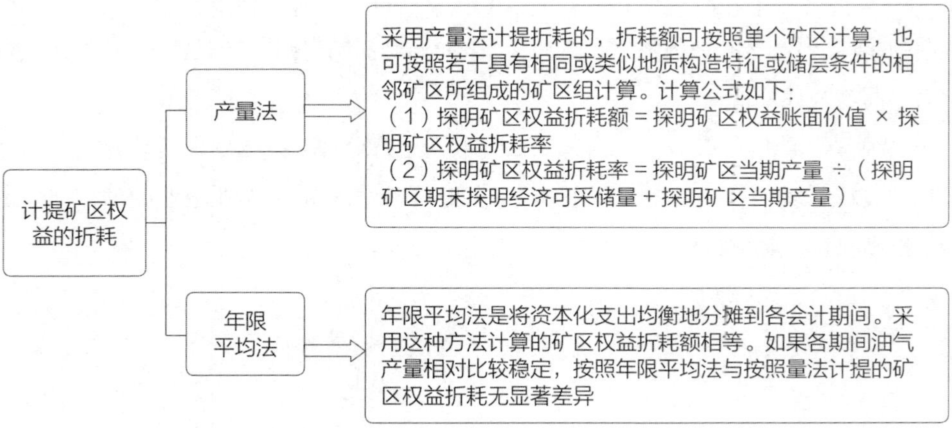

图 26-4　计提矿区权益折耗的两种方法

26.2.3　矿区权益的减值

企业对于矿区权益的减值，应当分别不同情况确认减值损失，如图 26-5 所示。

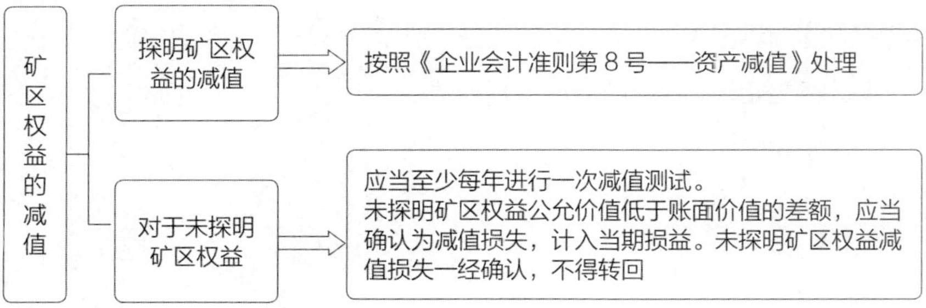

图 26-5　矿区权益的减值

26.2.4　矿区权益的处置

（一）矿区权益的转让

1. 基本原则

根据《企业会计准则第 27 号——石油天然气开采》（以下简称“本准则”）的规定，企业转让矿区权益的，应当按照下列规定进行处理，如图 26-6 所示。

矿区权益转让的基本原则

（1）转让全部探明矿区权益的，将转让所得与矿区权益账面价值的差额计入当期损益。转让部分探明矿区权益的，按照转让权益和保留权益的公允价值比例，计算确定已转让部分矿区权益账面价值，转让所得与已转让矿区权益账面价值的差额计入当期损益

（2）转让单独计提减值准备的全部未探明矿区权益的，转让所得与未探明矿区权益账面价值的差额，计入当期损益。转让单独计提减值准备的部分未探明矿区权益的，如果转让所得大于矿区权益账面价值，将其差额计入当期损益；如果转让所得小于矿区权益账面价值，以转让所得冲减矿区权益账面价值，不确认损益

（3）转让以矿区组为基础计提减值准备的未探明矿区权益的，如果转让所得大于矿区权益账面原值，将其差额计入当期损益；如果转让所得小于矿区权益账面原值，以转让所得冲减矿区权益账面原值，不确认损益。转让该矿区组最后一个未探明矿区的剩余矿区权益时，转让所得与未探明矿区权益账面价值的差额，计入当期损益

图 26-6　矿区权益转让的基本原则

2. 转让的具体会计处理

（1）探明矿区权益的转让。

① 转让全部探明矿区权益。

根据本准则，企业应将转让所得与矿区权益账面价值之间的差额计入当期损益。

【例 26-1】×石油公司转让了其拥有的矿区 A，其账面原值为 1 000 万元，已计提减值准备 200 万元，目前账面价值为 800 万元，转让所得为 900 万元。

×公司应当将转让所得大于矿区权益账面价值的差额确认为收益。相关账务处理如下（以万元为单位）：

借：油气资产减值准备	200	
银行存款	900	
贷：矿区权益		1 000
营业外收入		100

如果转让所得为 700 万元，×公司应当将转让所得小于矿区权益账面价值的差额确认为损失。相关账务处理如下（以万元为单位）：

借：油气资产减值准备　200
　　银行存款　700
　　营业外支出　100
　　贷：矿区权益　1 000

② 转让部分探明矿区权益。

根据本准则，企业应按照转让权益和保留权益的公允价值比例，计算确定已转让部分矿区权益账面价值，转让所得与已转让矿区权益账面价值的差额计入当期损益。

【例 26-2】×石油公司转让了其拥有的矿区 B 中的 20km^2，转让部分的公允价值为 400 万元，转让所得为 500 万元。整个矿区 B 的面积为 50km^2，账面原值为 1 000 万元，已计提减值准备 200 万元，目前账面价值为 800 万元，公允价值为 900 万元。

×公司转让部分矿区权益且剩余矿区权益成本的收回不存在较大不确定性，因此应按照转让权益和保留权益的公允价值比例，计算确定已转让部分矿区权益账面价值：

转让权益的账面价值 =400÷900×800=356（万元）

转让权益的减值准备 =400-356=44（万元）

相关账务处理如下（以万元为单位）：

借：油气资产减值准备　44
　　银行存款　500
　　贷：矿区权益　356
　　　　营业外收入　188

如果转让所得为 300 万元，相关账务处理如下（以万元为单位）：

借：油气资产减值准备　44
　　银行存款　300
　　营业外支出　12
　　贷：矿区权益　356

（2）未探明矿区权益的转让。

① 转让全部未探明矿区权益且该矿区权益单独计提减值准备。

根据本准则，企业应将转让全部未探明矿区权益的所得与矿区权益账面价值之间的差额计入当期损益。

【例 26-3】×石油公司转让未探明矿区 C，其账面原值为 1 000 万元，已计提减值准备 200 万元，目前账面价值为 800 万元，转让所得为 900 万元。

×公司转让全部未探明矿区 C 权益，应当将转让所得大于矿区权益账面价值的差额确认为收益。相关账务处理如下（以万元为单位）：

借：油气资产减值准备　　200
　　银行存款　　900
　　贷：矿区权益　　1 000
　　　　营业外收入　　100

如果转让所得为 700 万元，× 公司应当将转让所得小于矿区权益账面价值的差额确认为损失。相关账务处理如下（以万元为单位）：

借：油气资产减值准备　　200
　　银行存款　　700
　　营业外支出　　100
　　贷：矿区权益　　1 000

② 转让全部未探明矿区权益且该矿区权益以矿区组为基础计提减值准备。

如果转让所得大于未探明矿区权益的账面原值，应将其差额确认为收益；如果转让所得小于矿区账面原值，将转让所得冲减矿区组权益的账面价值，冲减至零为止。

【例 26-4】× 石油公司拥有的未探明矿区 D1 和 D2 在进行减值测试时构成一个矿区组。其中 D1 矿区权益账面原值为 1 000 万元，D2 矿区权益账面原值为 2 000 万元，矿区组已计提减值准备 600 万元，目前矿区组账面价值为 2 400 万元。现 × 公司转让矿区 D1，转让所得为 1 100 万元。

转让所得大于未探明矿区 D1 权益的账面原值，× 公司应将其差额确认为收益。相关账务处理如下（以万元为单位）：

借：银行存款　　1 100
　　贷：矿区权益　　1 000
　　　　营业外收入　　100

如果转让所得为 900 万元，转让所得小于未探明矿区 D1 权益的账面原值，× 公司应将转让所得冲减矿区组权益的账面价值。相关账务处理如下（以万元为单位）：

借：银行存款　　900
　　贷：矿区权益　　900

③ 转让部分未探明矿区权益且该矿区权益单独计提减值准备。

如果转让部分未探明矿区权益所得大于该未探明矿区权益的账面价值，应将其差额计入收益；如果转让所得小于其账面价值，应将转让所得冲减被转让矿区权益账面价值，冲减至零为止。

【例 26-5】× 石油公司拥有的未探明矿区 E，面积为 $50km^2$，其账面原值为 1 000 万元，已计提减值准备 200 万元，目前账面价值为 800 万元。

（1）× 公司转让矿区 E 中的 $20km^2$，转让所得为 200 万元。

因转让所得小于矿区 E 的账面价值（800 万元），故 × 公司应将转让所得冲减被转让矿区权益账面价值。相关账务处理如下（以万元为单位）：

借：银行存款　200

　贷：矿区权益　200

（2）× 公司再次转让矿区 E 中的 $10km^2$，转让所得为 500 万元。

因转让所得小于其账面价值（600 万元），故 × 公司应将转让所得冲减被转让矿区权益账面价值。相关账务处理如下（以万元为单位）：

借：银行存款　500

　贷：矿区权益　500

（3）如果 × 公司转让矿区 E 剩下的 $20km^2$，转让所得为 400 万元。

× 公司转让部分矿区 E 的所得大于该未探明矿区权益的账面价值（100 万元），应将其差额计入收益。相关账务处理如下（以万元为单位）：

借：油气资产减值准备　200

　银行存款　400

　贷：矿区权益　300

　　营业外收入　300

（4）如果 × 公司转让矿区 E 剩余 $20km^2$，转让所得为 50 万元。

× 公司转让矿区 E 的所得小于该未探明矿区权益的账面价值（100 万元），应继续将转让所得冲减被转让矿区权益账面价值，冲减至 0 为止（以万元为单位）。

借：银行存款　50

　贷：矿区权益　50

根据本准则规定，× 公司期末应对矿区 E 权益的剩余账面价值全额计提减值准备。计算减值损失 =（1 000-200）-200-500-50=50（万元）。账务处理如下（以万元为单位）：

借：资产减值损失　50

　贷：油气资产减值准备　50

（5）转让部分未探明矿区权益且该矿区权益以矿区组为基础计提减值准备。

如果转让所得大于未探明矿区权益的账面原值，企业应将其差额计入收益；如果转让所得小于该未探明矿区权益的账面原值，企业应将转让所得冲减矿区组的账面价值，冲减至零为止。

【例 26-6】× 石油公司拥有的未探明矿区 F1 和 F2 在进行减值测试时构成一个矿区组。其中 F1 账面原值为 1 000 万元，F2 账面原值为 2 000 万元，矿区组已经计提减值准备 600 万元，矿区组账面价值为 2 400 万元。2×17 年 4 月和 10 月分别转让矿区 F1 的一部分，10 月将整个 F1 转让完毕。

（1）4 月，转让所得为 500 万元。

转让所得小于 F1 的账面原值，× 公司应将转让所得冲减矿区组的账面价值。相关账务处理如下（以万元为单位）：

借：银行存款　　500

　　贷：矿区权益　　500

（2）10 月，如果转让所得为 600 万元。

转让所得已经大于 F1 的账面原值，X 公司企业应将其差额计入收益（以万元为单位）：

借：银行存款　　600

　　贷：矿区权益　　500

　　　　营业外收入　　100

（3）10 月，如果转让所得为 400 万元。

累计转让所得小于 F1 的账面原值，X 公司应将转让所得继续冲减矿区组的账面价值。相关账务处理如下（以万元为单位）：

借：银行存款　　400

　　贷：矿区权益　　400

（二）矿区权益的转销

未探明矿区因最终未能发现探明经济可采储量而放弃的，应当按照放弃时的账面价值转销未探明矿区权益并计入当期损益。因未完成义务工作量等因素导致发生的放弃成本，计入当期损益。

26.3　油气勘探的会计处理

26.3.1　基本原则

油气勘探的会计核算基本原则如表 26-2 所示。

表 26-2　油气勘探的会计核算基本原则

基本原则	具体步骤
（1）钻井勘探支出在完井后，确定该井发现了探明经济可采储量的，应当将钻探该井的支出结转为井及相关设施成本	① 确定该井未发现探明经济可采储量的，应当将钻探该井的支出扣除净残值后计入当期损益 ② 确定部分井段发现了探明经济可采储量的，应当将发现探明经济可采储量的有效井段的钻井勘探支出结转为井及相关设施成本，无效井段钻井勘探累计支出转入当期损益 ③ 未能确定该探井是否发现探明经济可采储量的，应当在完井后一年内将钻探该井的支出予以暂时资本化

续表

基本原则	具体步骤
（2）在完井一年时仍未能确定该探井是否发现探明经济可采储量，同时满足下列条件的，应当将钻探该井的资本化支出继续暂时资本化，否则应当计入当期损益	① 该井已发现足够数量的储量，但要确定其是否属于探明经济可采储量，还需要实施进一步的勘探活动 ② 进一步的勘探活动已在实施中或已有明确计划并即将实施。钻井勘探支出已费用化的探井又发现了探明经济可采储量的，已费用化的钻井勘探支出不作调整，重新钻探和完井发生的支出应当予以资本化
（3）非钻井勘探支出于发生时计入当期损益	

26.3.2 会计处理

钻井勘探支出的资本化方法，国际同行业有成果法和全部成本法两种。我国企业会计准则的规定类似成果法。

按照成果法，只有发现了探明经济可采储量的钻井勘探支出才能资本化，结转为井及相关设施成本；否则计入当期损益。全部成本法要求全部钻井勘探支出均应资本化。具体的方法如图 26-7 所示。

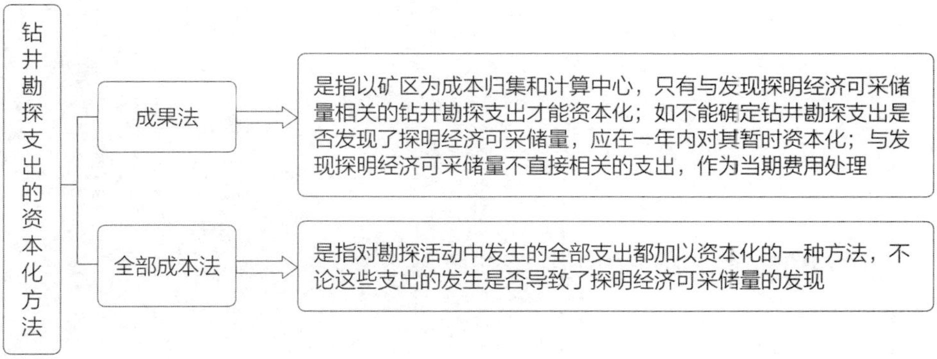

图 26-7　钻井勘探支出的资本化方法

两种方法的主要差异如表 26-3 所示。

表 26-3　成果法与全部成本法的主要差异

项目	成果法下的处理	全部成本法下的处理
地质 / 地理研究支出	当期费用	资本化
矿区权益取得支出	暂时资本化，根据评估结果进行处理	资本化
钻井勘探支出	暂时资本化，根据评估结果进行处理	资本化
开发钻井支出	资本化	资本化
生产	当期费用	当期费用

续表

项目	成果法下的处理	全部成本法下的处理
折耗	以矿区或矿区组为成本中心；以账面价值为折耗基础；以探明经济可采储量或已开发探明经济可采储量为基础计算折耗率	以国家为成本中心；以账面价值加未来开发支出为折耗基础；以已开发及未开发探明经济可采储量为基础计算折耗率

26.4　油气开发的会计处理

油气开发，是指为了取得探明矿区中的油气而建造或更新井及相关设施的活动。更详细地，开发支出是为了获得探明储量和建造或更新用于采集、处理和现场储存油气的设施而发生的支出，包括开采探明储量的开发井的成本和生产设施的支出，这些生产设施包括矿区输油管、分离器、处理器、加热器、储罐、提高采收率系统和附近的天然气加工设施。

（1）对油气开发活动所发生的支出要按照本准则具体规定的处理程序和方法进行处理。油气开发活动所发生的支出应当根据其用途分别予以资本化，作为油气开发形成的井及相关设施的成本。

油气开发形成的井及相关设施成本的主要内容，如图 26-8 所示。

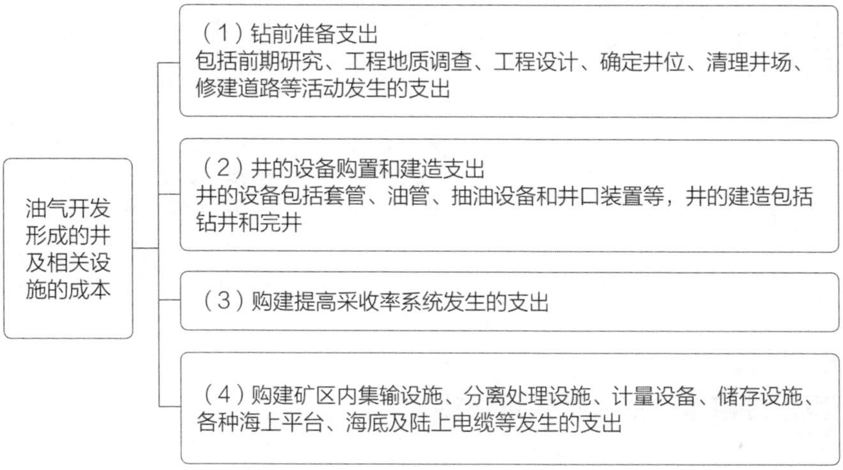

图 26-8　油气开发形成的井及相关设施成本的主要内容

（2）在探明矿区内，钻井至现有已探明层位的支出，作为油气开发支出；为获取新增探明经济可采储量而继续钻至未探明层位的支出，作为钻井勘探支出，按照本准则第十三条和第十四条处理。

26.5　油气生产的会计处理

26.5.1　定义及核算范围

油气生产成本的定义及核算范围如图 26-9 所示。

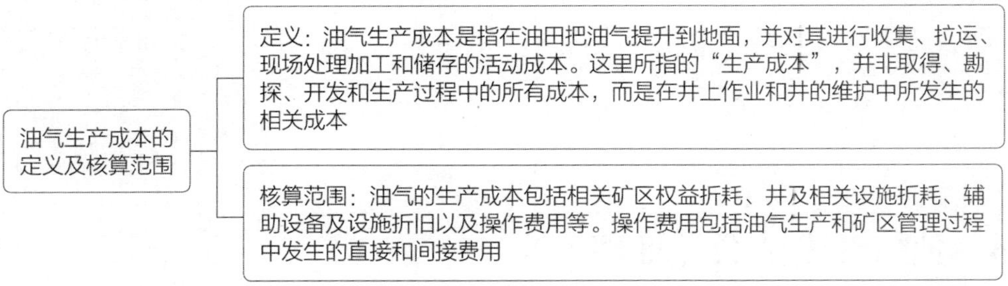

图 26-9　油气生产成本的定义及核算范围

26.5.2　井及相关设备的折耗计提

企业应当采用产量法或年限平均法对井及相关设施计提折耗。具体方法如图 26-10 所示。

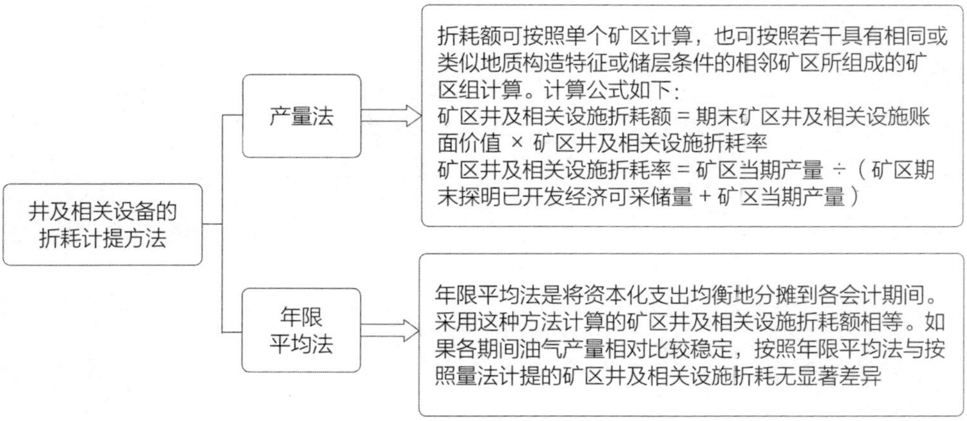

图 26-10　井及相关设备的折耗计提方法

26.5.3　其他经济事项的会计处理适用准则

下列事项应分别按照相应的准则确定会计处理方法。

（1）地震设备、建造设备、车辆、修理车间、仓库、供应站、通信设备、办公设施等辅助设备及设施，应当按照《企业会计准则第 4 号——固定资产》处理。

（2）企业承担的矿区废弃处置义务，满足《企业会计准则第 13 号——或有事项》中预计负债确认条件的，应当将该义务确认为预计负债，并相应增加井及相关设施的账面价值。

不符合预计负债确认条件的，在废弃时发生的拆卸、搬移、场地清理等支出，应当计入当期损益。矿区废弃，是指矿区内的最后一口井停产。

（3）井及相关设施、辅助设备及设施的减值，应当按照《企业会计准则第 8 号——资产减值》处理。

26.6　油气资产的确认及计量

26.6.1　油气资产相关定义

（1）油气资产，是指油气开采企业所拥有或控制的井及相关设施和矿区权益。油气资产属于递耗资产。

（2）递耗资产是通过开掘、采伐、利用而逐渐耗竭，以致无法恢复或难以恢复、更新或按原样重置的自然资源，如矿藏、原始森林等。油气资产是油气生产企业的重要资产，其价值在总资产中占有较大比重。

企业为开采油气所必需的辅助设备和设施（如房屋、机器等），作为一般固定资产管理，适用《企业会计准则第 4 号——固定资产》。

26.6.2　油气资产折耗方法

（1）油气资产的折耗，是指油气资产随着当期采掘工作的开展而逐渐转移到所开采产品（油气）成本的价值。企业应当采用产量法或年限平均法对油气资产计提折耗。未探明矿区权益不计提折耗。

油气资产的折耗方法如图 26-11 所示。

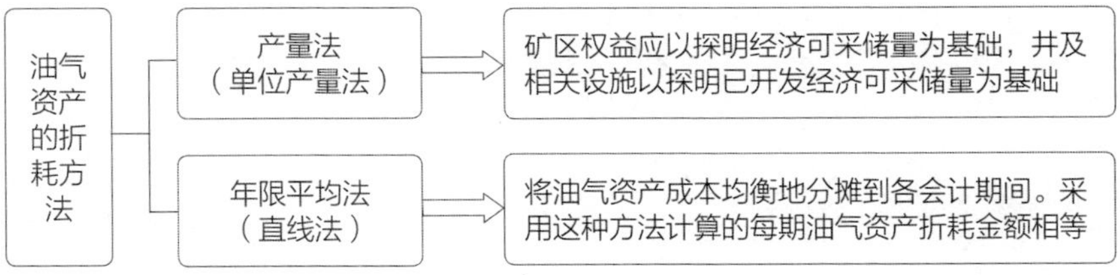

图 26-11　油气资产的折耗方法

本准则规定了采用产量法，同时也允许采用年限平均法。企业无论是采用产量法还是年限平均法，一经确定不得随意变更。

（2）折耗方法的选择。如果各期间油气产量相对比较稳定，按照年限平均法与按照产量法计提的油气资产折耗无显著差异；但如果各期间油气产量差异较大，产量法能更好地反映油气资产在报告期间的消耗。

【例 26-7】某油田开始几年年产量要高于随后几年的年产量，如果采用年限平均法，则开始几年单位产量的折旧比随后几年单位产量的折旧低。另外，随着油田中后期开采难度越来越大，由于单位变动成本增加，需要支出更多的设备维修费用。考虑这些生产后期单位生产成本上升的因素，年限平均法就可能歪曲企业的经营成果，即开始几年的利润比较大，而随后年份的利润较低。

在我国现行油气开采会计实务中，对油气资产一直采用年限平均法计提折耗，在海外上市的企业还需依照国际会计标准调整为产量法进行对外报告。本准则规定了产量法，同时也保留了年限平均法。无论选择产量法还是年限平均法，一经选定不得随意更改。

26.6.3 油气资产减值处理

本准则中涉及的资产主要有矿区权益（包括探明矿区权益和未探明矿区权益）、井及相关设施、辅助设备及设施。对于这些资产的减值处理，应遵循以下规定。

（1）探明矿区权益、井及相关设施、辅助设备及设施的减值，按照《企业会计准则第 8 号——资产减值》处理。

油气资产以矿区或矿区组作为资产组，按此进行减值测试、计提减值准备。井及相关设施计提折旧、折耗及摊销的基数应扣除已提取的井及相关设施减值准备。

（2）未探明矿区权益的减值应按照本准则的规定，至少每年进行一次减值测试。分别以下情况处理。

① 按照单个矿区进行减值测试并计提准备的，除应每年进行减值测试外，其处理与《企业会计准则第 8 号——资产减值》规定的其他长期资产减值相同。

② 按照矿区组进行减值测试并计提准备的，该减值损失不在不同的单个矿区权益之间进行分配，因为未探明的矿区权益中包含很大风险。

26.7 弃置义务

弃置义务应当以矿区为基础进行预计，通常涉及井及相关设施的弃置、拆移、填埋、清理、恢复生态环境等。

弃置义务的会计处理如图 26-12 所示。

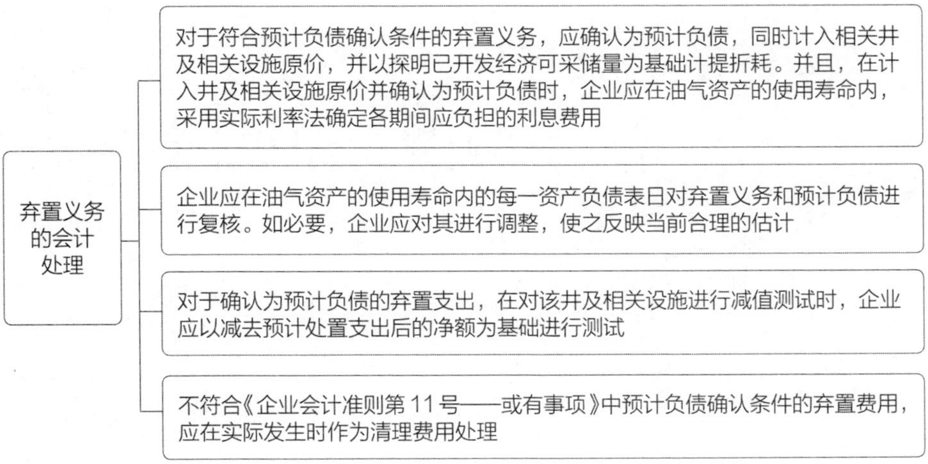

图 26-12　弃置义务的会计处理

26.8　披露

本准则要求下列信息应在报表附注中予以披露。

（1）拥有国内和国外的油气储量年初、年末数据。

（2）当期在国内和国外发生的矿区权益的取得、油气勘探和油气开发各项支出的总额。

（3）探明矿区权益、井及相关设施的账面原值，累计折耗和减值准备累计金额及其计提方法；与油气开采活动相关的辅助设备及设施的账面原价，累计折旧和减值准备累计金额及其计提方法。

第 27 章 会计政策、会计估计变更和差错更正

27.1 会计政策及其变更

27.1.1 会计政策概述

会计政策，是指企业在会计确认、计量和报告中所采用的原则、基础和会计处理方法。具体如表 27-1 所示。

表 27-1 会计政策

内容	解释
会计原则	指按照企业会计准则规定的、适合于企业会计核算所采用的具体会计原则，如预计负债的确认条件，投资性房地产后续计量方法等
会计基础	指为了将会计原则应用于交易或者事项而采用的基础，主要是计量基础，如以公允价值计量且其变动计入当期损益的金融资产采用公允价值进行后续计量，投资性房地产后续计量采用成本模式还是公允价值模式计量等
会计处理方法	指企业在会计核算中按照法律、行政法规或者国家统一的会计制度等规定采用或者选择的、适合于本企业的具体会计处理方法，如发出存货的计价方法，长期股权投资核算的成本法和权益法，研发支出的处理方法等

企业应当对相同或者相似的交易或事项采用相同的会计政策进行处理，另有规定的除外。

企业应当披露重要的会计政策，不具有重要性的会计政策可以不予披露。判断会计政策是否重要，应当考虑与会计政策相关项目的性质和金额。

27.1.2　会计政策变更概述

企业会计政策变更的概念、条件以及不属于会计政策变更的情形，如表 27-2 所示。

表 27-2　会计政策变更的概念、条件以及不属于会计政策变更的情形

项目	说明
会计政策变更的概念	指企业对相同的交易或者事项由原来采用的会计政策改用另一会计政策的行为
会计政策变更的条件	（1）法律、行政法规或者国家统一的会计制度等要求变更 （2）会计政策变更能够提供更可靠、更相关的会计信息
不属于会计政策变更的情形	（1）本期发生的交易或者事项与以前相比具有本质差别而采用新的会计政策 （2）对初次发生的或不重要的交易或者事项采用新的会计政策

企业的会计政策一经确定，不得随意变更。

27.1.3　会计政策变更的会计处理

发生会计政策变更时，有两种会计处理方法，即追溯调整法和未来适用法，两种方法适用于不同情形。

（一）追溯调整法

追溯调整法定义及步骤如图 27-1 所示。

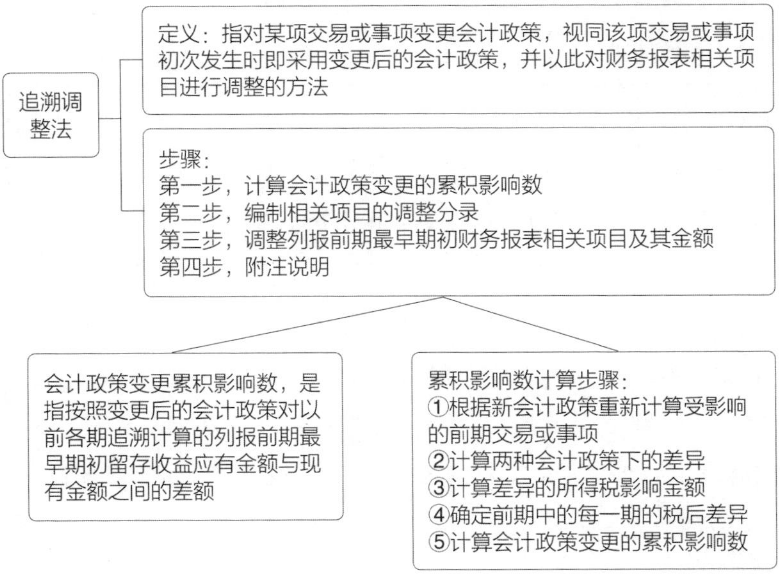

图 27-1　追溯调整法定义及步骤

【例 27-1】甲公司 20×5 年、20×6 年分别以 3 600 000 元和 1 200 000 元的价格从股票市场购入 A、B 两只以交易为目的的股票（假设不考虑购入股票发生的交易费用），市价一直高于购入成本。公司采用成本与市价孰低法对购入股票进行计量。

公司从 20×7 年起对其以交易为目的购入的股票由成本与市价孰低改为公允价值计量，公司保存的会计资料比较齐备，可以通过会计资料追溯计算。

假设所得税税率为 25%，公司按净利润的 10% 提取法定盈余公积，按净利润的 5% 提取任意盈余公积。公司发行股票份额为 4 500 万股。两种方法计量的交易性金融资产账面价值如表 27-3 所示。

表 27-3　交易性金融资产账面价值

单位：元

股票	成本与市价孰低	20×5 年年末公允价值	20×6 年年末公允价值
A 股票	3 600 000	4 200 000	4 200 000
B 股票	1 200 000	–	1 300 000

分析：

（1）计算改变交易性金融资产计量方法后的累积影响数，见表 27-4。

表 27-4　累积影响数

单位：元

时间	公允价值	成本与市价孰低	税前差异	所得税影响	税后差异
20×5 年年末	4 200 000	3 600 000	600 000	150 000	450 000
20×6 年年末	1 300 000	1 200 000	100 000	25 000	75 000
合计	5 500 000	4 800 000	700 000	175 000	525 000

甲公司 20×7 年 12 月 31 日的比较财务报表列报前期最早期初为 20×6 年 1 月 1 日。

甲公司在 20×5 年年末按公允价值计量的账面价值为 4 200 000 元，按成本与市价孰低计量的账面价值为 3 600 000 元，两者的所得税影响合计为 150 000 元，两者差异的税后影响净额为 450 000 元，即为该公司 20×6 年期初由成本与市价孰低改为公允价值的累积影响数。

甲公司在 20×6 年年末按公允价值计量的账面价值为 5 500 000 元，按成本与市价孰低计量的账面价值为 4 800 000 元，两者的所得税影响合计为 175 000 元，两者差异的税后影响净额为 525 000 元，其中，450 000 元是调整 20×5 年累积影响数，75 000 元是调整 20×6 年当期金额。

甲公司按照公允价值重新计量 20×6 年年末 B 股票账面价值，其结果为公允价值变动收益少计了 100 000 元，所得税费用少计了 25 000 元，净利润少计了 75 000 元。

（2）编制有关项目的调整分录：

① 对 20×5 年有关事项的调整分录：

a. 调整会计政策变更累积影响数：

借：交易性金融资产——公允价值变动　　600 000

　贷：利润分配——未分配利润　　450 000

　　　递延所得税负债　　　　150 000

b. 调整利润分配：

按照净利润的 10% 提取法定盈余公积，按照净利润的 5% 提取任意盈余公积，共计提取盈余公积 450 000×15%=67 500（元）。

借：利润分配——未分配利润　　　　67 500

　　贷：盈余公积　　　　67 500

② 对 20×6 年有关事项的调整分录：

a. 调整交易性金融资产：

借：交易性金融资产——公允价值变动　　　　100 000

　　贷：利润分配——未分配利润　　　　75 000

　　　　递延所得税负债　　　　25 000

b. 调整利润分配：

按照净利润的 10% 提取法定盈余公积，按照净利润的 5% 提取任意盈余公积，共计提取盈余公积 75 000×15%=11 250（元）。

借：利润分配——未分配利润　　　　11 250

　　贷：盈余公积　　　　11 250

（3）财务报表调整和重述（财务报表略）。

甲公司在列报 20×7 年财务报表时，应调整 20×7 年资产负债表有关项目的年初余额、利润表有关项目的上年金额及所有者权益变动表有关项目的上年金额和本年金额也应进行调整。

① 资产负债表的调整：

调增交易性金融资产年初余额 700 000 元；调增递延所得税负债年初余额 175 000 元；调增盈余公积年初余额 78 750 元；调增未分配利润年初余额 446 250 元。

② 利润表项目的调整：

调增公允价值变动收益上年金额 100 000 元；调增所得税费用上年金额 25 000 元；调增净利润上年金额 75 000 元；调增基本每股收益上年金额 0.0017 元。

③ 所有者权益变动表项目的调整：

调增会计政策变更项目中盈余公积上年金额 67 500 元，未分配利润上年金额 382 500 元，所有者权益合计上年金额 450 000 元。

调增会计政策变更项目中盈余公积本年金额 11 250 元，未分配利润本年金额 63 750 元，所有者权益合计本年金额 75 000 元。

（二）未来适用法

未来适用法的定义及要求如图 27-2 所示。

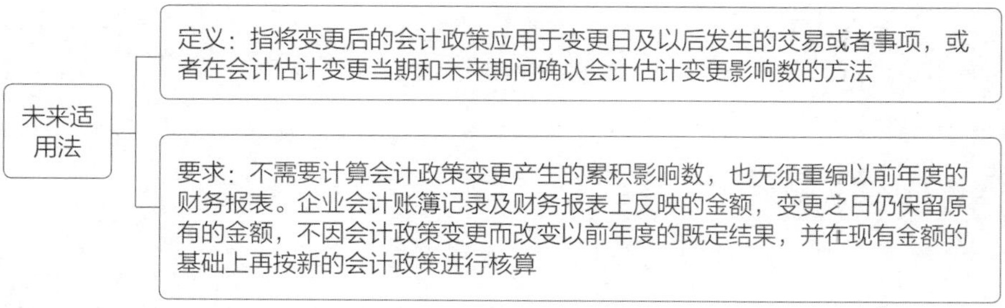

图 27-2　未来适用法的定义及要求

（三）会计政策变更的会计处理方法的选择

对于会计政策变更，企业应当根据具体情况，分别采用不同的会计处理方法，如表 27-5 所示。

表 27-5　不同情况的会计处理方法

情形	处理方法
法律、行政法规或者国家统一的会计制度等要求变更的情况下	（1）国家发布相关的会计处理办法，则按照国家发布的相关会计处理规定进行处理 （2）国家没有发布相关的会计处理办法，则采用追溯调整法进行会计处理
会计政策变更能够提供更可靠、更相关的会计信息的情况下	应当采用追溯调整法进行会计处理，将会计政策变更累积影响数调整列报前期最早期初留存收益，其他相关项目的期初余额和列报前期披露的其他比较数据也应当一并调整
确定会计政策变更对列报前期影响数不切实可行的	应当从可追溯调整的最早期间期初开始应用变更后的会计政策；在当期期初确定会计政策变更对以前各期累积影响数不切实可行的，应当采用未来适用法处理

（四）会计政策变更的披露

企业应当在附注中披露与会计政策变更有关的下列信息。

（1）会计政策变更的性质、内容和原因。

（2）当期和各个列报前期财务报表中受影响的项目名称和调整金额。

（3）无法进行追溯调整的，说明该事实和原因以及开始应用变更后的会计政策的时点、具体应用情况。

27.2　会计估计及其变更

27.2.1　会计估计与会计估计变更

会计估计与会计变更相关概念及范围如表 27-6 所示。

表 27-6　会计估计与会计变更相关概念及范围

会计估计	是指企业对结果不确定的交易或者事项以最近可利用的信息为基础所作的判断
会计估计变更	是指由于资产和负债的当前状况及预期经济利益和义务发生了变化，从而对资产或负债的账面价值或者资产的定期消耗金额进行调整
会计估计变更的情形	（1）赖以进行估计的基础发生了变化 例如，企业的某项无形资产摊销年限原定为 10 年，以后发生的情况表明，该资产的受益年限已不足 10 年，相应调减摊销年限。 （2）取得了新的信息、积累了更多的经验 例如，企业原根据当时能够得到的信息，对应收账款每年按其余额的 5%计提坏账准备。现在掌握了新的信息，判定不能收回的应收账款比例已达 15%，企业改按 15%的比例计提坏账准备

27.2.2　会计政策变更与会计估计变更的划分

企业应当正确划分会计政策变更与会计估计变更，并按照不同的方法进行相关会计处理。企业应当以变更事项的会计确认、计量基础和列报项目是否发生变更作为判断该变更是会计政策变更，还是会计估计变更的划分基础。具体如图 27-3 所示。

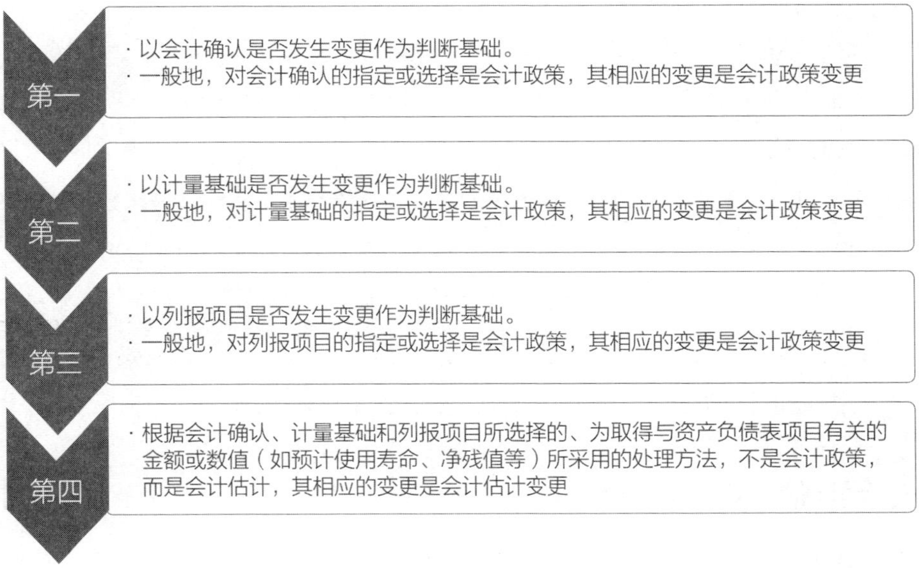

图 27-3　会计政策变更与会计估计变更的划分

企业可以采用以下具体方法划分会计政策变更与会计估计变更。具体方法及举例如表 27-7 所示。

表 27-7　划分会计政策变更与会计估计变更的方法及举例

<table>
<tr><th>方法</th><th>举例</th></tr>
<tr><td>分析并判断该事项是否涉及会计确认、计量基础选择或列报项目的变更，当至少涉及上述一项划分基础变更时，该事项是会计政策变更</td><td rowspan="2">企业在前期将购建固定资产相关的一般借款利息计入当期损益，当期根据会计准则的规定，将其予以资本化，企业因此将对该事项进行变更。该事项的计量基础未发生变更，即都是以历史成本作为计量基础；该事项的会计确认发生变更，即前期将借款费用确认为一项费用，而当期将其确认为一项资产；同时，会计确认的变更导致该事项在资产负债表和利润表相关项目的列报也发生变更。该事项涉及会计确认和列报的变更，所以属于会计政策变更</td></tr>
<tr><td>不涉及上述划分基础变更时，该事项可以判断为会计估计变更</td></tr>
</table>

分析并判断该事项是否涉及会计确认、计量基础选择或列报项目的变更，当至少涉及上述一项划分基础变更时，该事项是会计政策变更；不涉及上述划分基础变更时，该事项可以判断为会计估计变更。

【例 27-2】以下几种变更分别属于会计政策变更还是会计估计变更？

（1）企业变更固定资产折旧方法，由原采用双倍余额递减法改为直线法计提固定资产折旧。

分析：企业变更计提折旧方法前后，折旧都是以历史成本作为计量基础，对该事项的会计确认和列报项目也未发生变更，只是固定资产折旧、固定资产净值等相关金额发生了变化。因此，该事项属于会计估计变更。

（2）某商业企业在前期将商品采购费用列入营业费用，当期根据《企业会计准则第 1 号——存货》的规定，将采购费用列入存货成本。

分析：由于列报项目发生了变化，所以该变更是会计政策变更。

（3）企业对某项资产采用公允价值进行计量，市场情况发生变化，确定公允价值的方法变更。

分析：企业需要对某项资产采用公允价值进行计量，而公允价值的确定需要根据市场情况选择不同的处理方法。在不存在销售协议和资产活跃市场的情况下，需要根据同行业类似资产的近期交易价格对该项资产进行估计；在不存在销售协议但存在资产活跃市场的情况下，其公允价值应当按照该项资产的市场价格为基础进行估计。因为企业所确定的公允价值是与该项资产有关的金额，所以为确定公允价值所采用的处理方法是会计估计，不是会计政策。相应地，当企业面对的市场情况发生变化时，其采用的确定公允价值的方法变更是会计估计变更，不是会计政策变更。

27.2.3　会计估计变更的会计处理

企业对会计估计变更应当采用未来适用法处理。即在会计估计变更当期及以后期间采用新的会计估计不改变以前期间的会计估计，也不调整以前期间的报告结果。

会计变更影响数确定原则如图 27-4 所示。

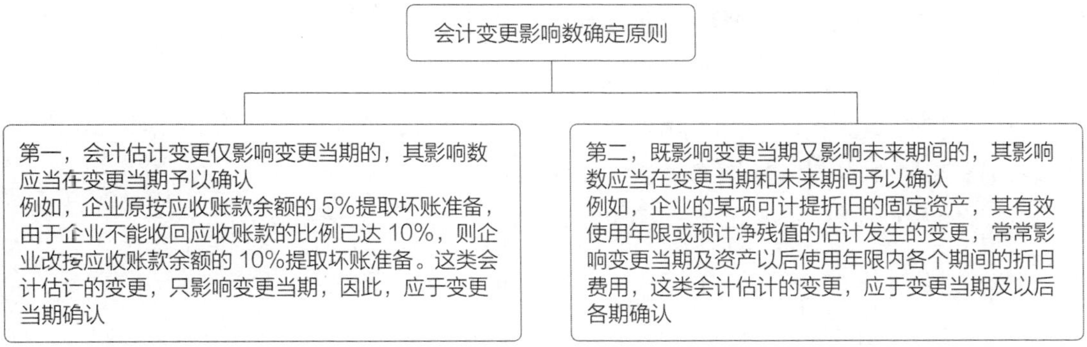

图 27-4　会计变更影响数确定原则

会计估计变更的影响数应计入变更当期与前期相同的项目中。为了保证不同期间的财务报表具有可比性，如果以前期间的会计估计变更的影响数计入企业日常经营活动损益，则以后期间也应计入日常经营活动损益；如果以前期间的会计估计变更的影响数计入特殊项目，则以后期间也应计入特殊项目。

企业应当正确划分会计政策变更和会计估计变更，并按不同的方法进行相关会计处理。企业通过判断会计政策变更和会计估计变更划分基础仍然难以对某项变更进行区分的，应当将其作为会计估计变更处理。

【例 27-3】乙公司有一台管理用设备，原始价值为 64 000 元，预计使用寿命为 6 年，净残值为 4 000 元，自 20×6 年 1 月 1 日起按直线法计提折旧。20×8 年 1 月，由于新技术的发展等原因，需要对原预计使用寿命和净残值做出修正，修改后的预计使用寿命为 5 年，净残值为 2 000 元。乙公司适用所得税税率均为 25%。假定税法允许按变更后的折旧额在税前扣除。

（1）分析：

乙公司对上述会计估计变更的处理如下：① 不调整以前各期折旧，也不计算累积影响数；② 变更日以后发生的经济业务改按新估计使用寿命提取折旧。

（2）计算：

按原估计，每年折旧额为 10 000 元，已提折旧 2 年，共计 20 000 元，固定资产净值为 44 000 元。

改变估计使用寿命后，自 20×8 年 1 月 1 日起每年计提的折旧费用为 14 000 [（44 000-2 000）-（5-2）] 元。20×8 年不必对以前年度已提折旧进行调整，只需按重新预计的尚可使用寿命和净残值计算确定的年折旧费用。

（3）编制会计分录如下：

借：管理费用　　14 000

　　贷：累计折旧　　14 000

27.2.4　会计估计变更的披露

企业应当在附注中披露与会计估计变更有关的下列信息。

（1）会计估计变更的内容和原因。其包括变更的内容、变更日期以及为什么要对会计估计进行变更。

（2）会计估计变更对当期和未来期间的影响数。其包括会计估计变更对当期和未来期间损益的影响金额，以及对其他各项目的影响金额。

（3）会计估计变更的影响数不能确定的，应当披露这一事实和原因。

【例 27-4】沿用【例 27-3】，应在财务报表附注中做如下说明：

本公司一台管理用设备，原始价值为 64 000 元，原预计使用寿命为 6 年，预计净残值为 4 000 元，按直线法计提折旧。由于新技术的发展，该设备已不能按原预计使用寿命计提折旧，本公司于 20×8 年年初变更该设备的使用寿命为 5 年，预计净残值为 2 000 元，以反映该设备的真实耐用寿命和净残值。此估计变更影响本年度净利润减少数为 3 000 [（14 000−10 000）×（1−25%）] 元。

27.3 前期差错及其更正

27.3.1 前期差错概述

前期差错的概念及内容如表 27-8 所示。

表 27-8 前期差错的概念及内容

项目	说明
前期差错概念	是指由于没有运用或错误运用下列两种信息，而对前期财务报表造成省略或错报。 （1）编报前期财务报表时预期能够取得并加以考虑的可靠信息 （2）前期财务报告批准报出时能够取得的可靠信息
前期差错内容	通常包括计算错误、应用会计政策错误、疏忽或曲解事实以及舞弊产生的影响以及存货、固定资产盘盈等

27.3.2 前期差错更正的会计处理

企业应当采用追溯重述法更正重要的前期差错，但确定前期差错累积影响数不切实可行的除外。对于不重要的会计差错采用，未来适用法更正。前期差错所影响的财务报表项目的金额或性质，是判断该前期差错是否具有重要性的决定性因素。

追溯重述法，是指在发现前期差错时，视同该项前期差错从未发生过，从而对财务报表相关项目进行更正的方法。追溯重述法与追溯调整法的区分如图 27-5 所示。

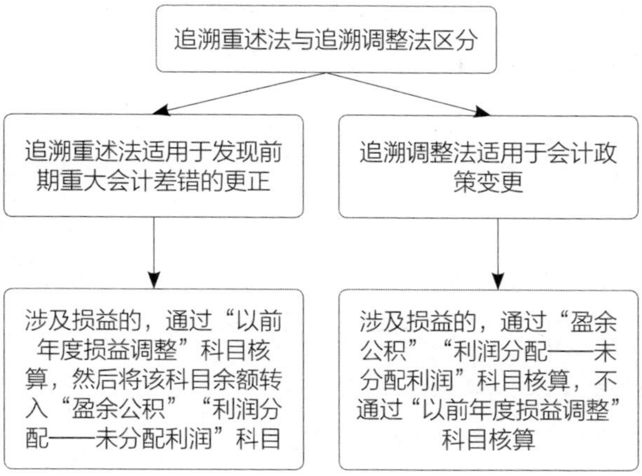

图 27-5　追溯重述法与追溯调整法的区分

（一）不重要的前期差错的会计处理

对于不重要的前期差错，企业不需调整财务报表相关项目的期初数，但应调整发现当期与前期相同的相关项目。属于影响损益的，应直接计入本期与上期相同的净损益项目。不属于影响损益的，应调整本期与前期相同的相关项目。

【例 27-5】A 公司在 20×8 年 12 月 31 日发现一台价值 6 000 元，应计入固定资产，并于 20×7 年 2 月 1 日开始计提折旧的管理用设备，在 20×7 年计入了当期费用。该公司固定资产折旧采用直线法，该资产估计使用年限为 4 年，假设不考虑净残值因素。则在 20×8 年 12 月 31 日更正此差错的会计分录为：

借：固定资产	6 000	
贷：管理费用		3 125
累计折旧		2 875

假设该项差错直到固定资产全部计提折旧后才发现，则不需要做任何分录，因为该项差错已经抵销了。

（二）重要的前期差错的会计处理

对于重要的前期差错，企业应当在其发现当期的财务报表中，调整前期比较数据。具体地说，企业应当在重要的前期差错发现当期的财务报表中，通过下述处理对其进行追溯更正：

（1）追溯重述差错发生期间列报的前期比较金额；

（2）如果前期差错发生在列报的最早前期之前，则追溯重述列报的最早前期的资产、负债和所有者权益相关项目的期初余额。

确定前期差错影响数不切实可行的，可以从可追溯重述的最早期间开始调整留存收益的期初余额，财务报表其他相关项目的期初余额也应当一并调整，也可以采用未来适用法。

【例27-6】B公司在20×9年发现，20×8年公司漏记一项固定资产的折旧费用120 000元，所得税申报表中未扣除该项费用。假设20×8年适用所得税税率为25%，无其他纳税调整事项。该公司按净利润的10%、5%提取法定盈余公积和任意盈余公积。公司发行股票份额为1 500 000股。假定税法允许调整应交所得税。

（1）分析前期差错的影响数。

20×8年少计折旧费用120 000元；多计所得税费用30 000（120 000×25%）元；多计净利润90 000元；多计应交税费30 000（120 000×25%）元；多提法定盈余公积和任意盈余公积9 000（90 000×10%）元和4 500（90 000×5%）元。

（2）编制有关项目的调整分录。

①补提折旧：

借：以前年度损益调整　　120 000

　　贷：累计折旧　　120 000

②调整应交所得税：

借：应交税费——应交所得税　　30 000

　　贷：以前年度损益调整　　30 000

③将“以前年度损益调整”科目余额转入利润分配：

借：利润分配——未分配利润　　90 000

　　贷：以前年度损益调整　　90 000

④调整利润分配有关数字：

借：盈余公积　　13 500

　　贷：利润分配——未分配利润　　13 500

（3）财务报表调整和重述（财务报表略）。

B公司在列报20×9年财务报表时，应调整20×9年资产负债表有关项目的年初余额、利润表有关项目及所有者权益变动表的上年金额。

①资产负债表项目的调整：

调增累计折旧120 000元；调减应交税费30 000元；调减盈余公积13 500元；调减未分配利润76 500元。

②利润表项目的调整：

调增营业成本上年金额120 000元；调减所得税费用上年金额30 000元；调减净利润上年金额90 000元；调减基本每股收益上年金额0.06元。

③所有者权益变动表项目的调整：

调减前期差错更正项目中盈余公积上年金额13 500元，未分配利润上年金额76 500元，所有者权益合计上年金额90 000元。

27.3.3　前期差错更正的披露

企业应当在附注中披露与前期差错更正有关的下列信息。

（1）前期差错的性质。

（2）各个列报前期财务报表中受影响的项目名称和更正金额。

（3）无法进行追溯重述的，说明该事实和原因以及对前期差错开始进行更正的时点、具体更正情况。

在以后期间的财务报表中，不需要重复披露在以前期间的附注中已披露的前期差错更正的信息。

【例 27-7】沿用【例 27-6】，应在财务报表附注中做如下说明：

本年度发现 20×8 年漏记固定资产折旧 120 000 元，在编制 20×8 年与 20×9 年比较财务报表时，已对该项差错进行了更正。更正后，调减 20×8 年净利润及留存收益 90 000 元，调增累计折旧 120 000 元。

第 28 章 资产负债表日后事项

28.1 资产负债表日后事项概述

28.1.1 资产负债表日后事项的定义

资产负债表日后事项的定义如图 28-1 所示。

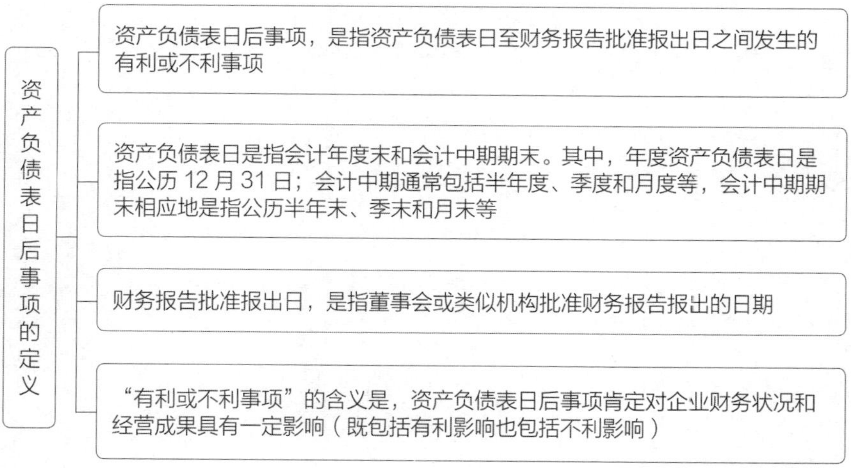

图 28-1　资产负债表日后事项的定义

28.1.2 资产负债表日后事项涵盖的期间

资产负债表日后事项涵盖期间是自资产负债表日次日起至财务报告批准报出日止的一段时间。具体是指：报告年度次年的 1 月 1 日或报告期下一期间的第一天至董事会或类似机构批准财务报告对外公布的日期。财务报告批准报出以后、实际报出之前又发生与资产负债表日后事项有关的事项，并由此影响财务报告对外公布日期的，应以董事会或类似机构再次批准财务报告对外公布的日期为截止日期。示例如图 28-2 所示。

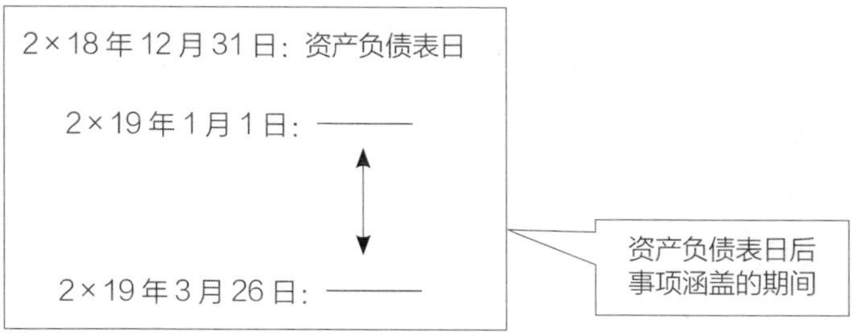

图 28-2　资产负债表日后事项涵盖的期间

28.1.3　资产负债表日后事项分类

资产负债表日后事项包括资产负债表日后调整事项和资产负债表日后非调整事项，如表 28-1 所示。

表 28-1　资产负债表日后事项分类

	资产负债表日后调整事项	资产负债表日后非调整事项
定义	指对资产负债表日已经存在的情况提供了新的或进一步证据的事项	指表明资产负债表日后发生的情况的事项
涵盖内容	（1）资产负债表日后诉讼案件结案，法院判决证实了企业在资产负债表日已经存在现时义务，需要调整原先确认的与该诉讼案件相关的预计负债，或确认一项新负债 （2）资产负债表日后取得确凿证据，表明某项资产在资产负债表日发生了减值或者需要调整该项资产原先确认的减值金额 （3）资产负债表日后进一步确定了资产负债表日前购入资产的成本或售出资产的收入 （4）资产负债表日后发现了财务报表舞弊或差错	（1）资产负债表日后发生重大诉讼、仲裁、承诺 （2）资产负债表日后资产价格、税收政策、外汇汇率发生重大变化 （3）资产负债表日后因自然灾害导致资产发生重大损失 （4）资产负债表日后发行股票和债券以及其他巨额举债 （5）资产负债表日后资本公积转增资本 （6）资产负债表日后发生巨额亏损 （7）资产负债表日后发生企业合并或处置子公司 （8）资产负债表日后，企业利润分配方案中拟分配的以及经审议批准宣告发放的股利或利润
二者区别	某一事项究竟是调整事项还是非调整事项，取决于该事项表明的情况在资产负债表日或资产负债表日以前是否已经存在。若该情况在资产负债表日或之前已经存在，则属于调整事项；反之，则属于非调整事项	

【例 28-1】某上市公司 20×7 年的年度财务报告于 20×8 年 2 月 20 日编制完成，注册会计师完成年度财务报表审计工作并签署审计报告的日期为 20×8 年 4 月 16 日，董事会批准财务报告对外公布的日期为 20×8 年 4 月 17 日，财务报告实际对外公布的日期为 20×8 年 4 月 23 日，股

东大会召开日期为 20×8 年 5 月 10 日。

根据资产负债表日后事项涵盖期间的规定，本例中，该公司 20×7 年年报资产负债表日后事项涵盖的期间为 20×8 年 1 月 1 日至 20×8 年 4 月 17 日。如果在 4 月 17 日至 23 日之间发生了重大事项，需要调整财务报表相关项目的数字或需要在财务报表附注中披露，经调整或说明后的财务报告再经董事会批准报出的日期为 20×8 年 4 月 25 日，实际报出的日期为 20×8 年 4 月 30 日，则资产负债表日后事项涵盖的期间为 20×8 年 1 月 1 日至 20×8 年 4 月 25 日。

28.2 资产负债表日后调整事项

28.2.1 基本处理原则

企业发生的资产负债表日后调整事项，应当调整资产负债表日的财务报表。资产负债表日后调整事项的会计处理原则如图 28-3 所示。

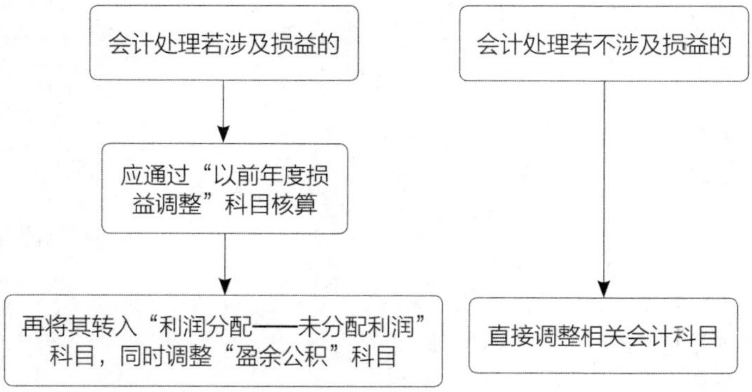

图 28-3 资产负债表日后调整事项的会计处理原则

通过上述账务处理后，还应同时调整财务报表相关项目的数字，包括：

（1）资产负债表日编制的财务报表相关项目的期末数或本年发生数；

（2）当期编制的财务报表相关项目的期初数或上年数；

（3）经过上述调整后，如果涉及报表附注内容的，还应当调整报表附注相关项目的数字。

需要注意的是，涉及损益的调整事项如果发生在资产负债表日所属年度（即报告年度）所得税汇算清缴前的，应按《企业会计准则第 29 号——资产负债表日后事项》（以下简称“本准则”）要求调整报告年度应纳税所得额、应纳所得税税额；发生在报告年度所得税汇算清缴后的，应按本准则要求调整本年度（即报告年度的次年）应纳所得税税额。

【例28-2】甲公司因产品质量问题被消费者起诉。20×7年12月31日法院尚未判决，考虑到消费者胜诉要求甲公司赔偿的可能性较大，甲公司为此确认了500万元的预计负债。20×8年2月20日，在甲公司20×7年度财务报告对外报出之前，法院判决消费者胜诉，要求甲公司支付赔偿款700万元。

本例中，甲公司在20×7年12月31日结账时已经知道消费者胜诉的可能性较大，但不知道法院判决的确切结果，因此确认了500万元的预计负债。20×8年2月20日法院判决结果为甲公司预计负债的存在提供了进一步的证据。此时，按照20×7年12月31日存在状况编制的财务报表所提供的信息已不能真实反映企业的实际情况，应据此对财务报表相关项目的数字进行调整。

28.2.2　具体会计处理

本小节中所有例子均假定如下：财务报告批准报出日是次年3月31日，所得税税率为33%，按净利润的10%提取法定盈余公积，提取法定盈余公积后不再做其他分配；调整事项按税法规定均可调整应交的所得税；涉及递延所得税资产的，均假定未来期间很可能取得用来抵扣暂时性差异的应纳税所得额。

（一）资产负债表日后诉讼案件结案，法院判决证实了企业在资产负债表日已经存在现时义务，需要调整原先确认的与该诉讼案件相关的预计负债，或确认一项新负债

这一事项是指导致诉讼的事项在资产负债表日已经发生，但尚不具备确认负债的条件而未确认，因此法院判决后应确认一项新负债；或者虽已确认，但需要调整已确认负债的金额。

【例28-3】甲公司因违约，于20×7年12月被乙公司告上法庭，要求甲公司赔偿80万元。20×7年12月31日法院尚未判决，甲公司按或有事项准则对该诉讼事项确认预计负债50万元。20×8年3月10日，经法院判决甲应赔偿60万元，甲、乙双方均服从判决。判决当日，甲向乙支付赔偿款60万元。甲、乙两公司20×7年所得税汇算清缴在20×8年4月10日完成（假定该项预计负债产生的损失不允许税前扣除）。

本例中，20×8年3月10日的判决证实了甲、乙两公司在资产负债表日（即20×7年12月31日）分别存在现时赔偿义务和获赔权利，因此两公司都应将“法院判决”这一事项作为调整事项进行处理。

（1）甲公司的账务处理如下：

①20×8年3月10日，记录支付的赔款，并调整递延所得税资产：

借：以前年度损益调整	100 000	
贷：其他应付款		100 000
借：应交税费——应交所得税	33 000	
贷：以前年度损益调整（100 000×33%）		33 000

借：应交税费——应交所得税　　165 000

　　贷：以前年度损益调整（600 000×33%-33 000）　　165 000

借：以前年度损益调整　　165 000

　　贷：递延所得税资产　　165 000

借：预计负债　　500 000

　　贷：其他应付款　　500 000

借：其他应付款　　600 000

　　贷：银行存款　　600 000

注：①资产负债表日后事项如果涉及货币资金收支项目，均不调整报告年度资产负债表的货币资金项目和现金流量表各项目的数字。本例中，虽然当日已经支付了赔偿款，但在调整财务报表相关数字时，只需调整上述前五笔分录，第六笔分录应作为 20×8 年的会计事项处理。

②20×7 年年末因确认预计负债 50 万元时已确认相应的递延所得税资产，资产负债表日后事项发生后递延所得税资产不复存在，故应冲销相应记录。

②将“以前年度损益调整”科目余额转入未分配利润：

借：利润分配——未分配利润　　67 000

　　贷：以前年度损益调整　　67 000

③因净利润变动，调整盈余公积：

借：盈余公积（67 000×10%）　　6 700

　　贷：利润分配——未分配利润　　6 700

④调整报告年度报表（略）。

（2）乙企业的账务处理如下：

①20×8 年 3 月 10 日，记录收到的赔款：

借：银行存款　　600 000

　　贷：以前年度损益调整　　600 000

借：以前年度损益调整（600 000×33%）　　198 000

　　贷：应交税费——应交所得税　　198 000

②将“以前年度损益调整”科目余额转入未分配利润：

借：以前年度损益调整　　402 000

　　贷：利润分配——未分配利润　　402 000

③因净利润增加，补提盈余公积：

借：利润分配——未分配利润　　40 200

　　贷：盈余公积（402 000×10%）　　40 200

④调整报告年度报表（略）。

（二）资产负债表日后取得确凿证据，表明某项资产在资产负债表日发生了减值或者需要调整该项资产原先确认的减值金额

【例 28-4】20×7 年 4 月甲公司销售给乙公司一批产品，货款为 58 000 元（含增值税），乙公司于 5 月收到所购物资并验收入库，按合同规定，乙公司应于收到所购物资后一个月内付款。乙公司由于财务状况不佳，到 20×7 年 12 月 31 日仍未付款。

甲公司于 12 月 31 日编制 20×7 年度财务报表时，已为该项应收账款提取坏账准备 2 900 元，12 月 31 日资产负债表上“应收账款”项目的金额为 76 000 元，其中 55 100 元为该项应收账款。甲公司于 20×8 年 2 月 2 日（所得税汇算清缴前）收到法院通知，乙公司已宣告破产清算，无力偿还所欠部分货款，甲公司预计可收回应收账款的 40%。

本例中，甲公司在收到法院通知后，首先可判断该事项属于资产负债表日后调整事项；然后应根据调整事项的处理原则进行处理。具体过程如下：

（1）补提坏账准备：

应补提的坏账准备 =58 000×60% -2 900=31 900（元）

借：以前年度损益调整　　　　31 900

　　贷：坏账准备　　　　　　　　31 900

（2）调整递延所得税资产：

借：递延所得税资产　　　　10 527

　　贷：以前年度损益调整（31 900×33%）　　　　10 527

（3）将“以前年度损益调整”科目的余额转入利润分配：

借：利润分配——未分配利润　　　　21 373

　　贷：以前年度损益调整（31 900-10 527）　　　　21 373

（4）调整利润分配有关数字：

借：盈余公积　　　　2 137.30

　　贷：利润分配——未分配利润（21 373×10%）　　　　2 137.30

（5）调整报告年度财务报表相关项目的数字：

① 资产负债表项目的调整：

调减应收账款净值 31 900 元；调增递延所得税资产 10 527 元；调减盈余公积 2 137.30 元；调减未分配利润 19 235.70 元。

② 利润表项目的调整：

调增管理费用 31 900 元；调减所得税费用 10 527 元。

③ 所有者权益变动表项目的调整：

调减净利润 21 373 元，调减提取盈余公积 2 137.30 元。

（6）调整 20×8 年 2 月资产负债表相关项目的年初数：

甲公司在编制 20×8 年 1 月的资产负债表时，按照调整前 20×7 年 12 月 31 日的资产负债表的数字作为资产负债表的年初数，由于发生了资产负债表日后调整事项，甲公司除了调整 20×7 年年度资产负债表相关项目的数字外，还应当调整 20×8 年 2 月及以后月份资产负债表相关项目的年初数，其年初数按照 20×7 年 12 月 31 日调整后的数字填列。

（三）资产负债表日后进一步确定了资产负债表日前购入资产的成本或售出资产的收入

这类调整事项具体包含的内容如图 28-4 所示。

具体包含的两方面内容

- 若资产负债表日前购入的资产已经按暂估金额等入账，资产负债表日后获得证据，可以进一步确定该资产的成本，则应该对已入账的资产成本进行调整
- 企业在资产负债表日已根据收入确认条件确认资产销售收入，但资产负债表日后获得关于资产收入的进一步证据，如发生销售退回等，此时也应调整财务报表相关项目的金额。需要说明的是，资产负债表日后发生的销售退回，既包括报告年度或报告中期销售的商品在资产负债表日后发生的销售退回，也包括以前期间销售的商品在资产负债表日后发生的销售退回

图 28-4　具体包含的两方面内容

发生于资产负债表日后至财务报告批准报出日之间的销售退回事项，可能发生于年度所得税汇算清缴之前，也可能发生于年度所得税汇算清缴之后，其会计处理分别为：

（1）涉及报告年度所属期间的销售退回发生于报告年度所得税汇算清缴之前，应调整报告年度利润表的收入、成本等，并相应调整报告年度的应纳税所得额以及报告年度应缴纳的所得税等。

【例 28-5】甲公司 2×19 年 12 月 20 日销售一批商品给丙企业，取得收入 100 000 元（不含税，增值税税率为 13%）。甲公司发出商品后，按照正常情况已确认收入，并结转成本 80 000 元。此笔货款到年末尚未收到，甲公司按应收账款的 4% 计提了坏账准备 4 520 元。

2×20 年 1 月 18 日，由于产品质量问题，本批货物被退回。按税法规定，并经税务机关批准，在应收款项余额 5‰ 的范围内计提的坏账准备可以在税前扣除，本年度除应收丙企业账款计提的坏账准备外，无其他纳税调整事项。

企业于 2×20 年 2 月 28 日完成 2×19 年所得税汇算清缴。

本例中，销售退回业务发生在资产负债表日后事项涵盖期间内，应属于资产负债表日后调整事项。

甲公司的账务处理如下：

（1）2×20 年 1 月 18 日，调整销售收入：

借：以前年度损益调整	100 000	
应交税费——应交增值税（销项税额）	13 000	
贷：应收账款		113 000

（2）调整坏账准备余额：

借：坏账准备　4 520

　　贷：以前年度损益调整　4 520

（3）调整销售成本：

借：库存商品　80 000

　　贷：以前年度损益调整　80 000

（4）调整应缴纳的所得税：

应交所得税 =（100 000−80 000−113 000×5‰）×33% =6 413.55（元）

借：应交税费——应交所得税　6 413.55

　　贷：以前年度损益调整　6 413.55

（5）调整已确认的递延所得税资产：

应调递延所得税资产 =（4 520−113 000×5‰）×33% =1 305.15（元）

借：以前年度损益调整　1 305.15

　　贷：递延所得税资产　1 305.15

（6）将“以前年度损益调整”科目余额转入未分配利润：

以前年度损益 =100 000−80 000−4 520−6 413.55+1 305.15=10 371.6（元）

借：利润分配——未分配利润　10 371.6

　　贷：以前年度损益调整　10 371.6

（7）调整盈余公积：

借：盈余公积　1 037.16

　　贷：利润分配——未分配利润　1 037.16

（2）资产负债表日后事项中涉及报告年度所属期间的销售退回发生于报告年度所得税汇算清缴之后，应调整报告年度会计报表的收入、成本等，但按照税法规定在此期间的销售退回所涉及的应缴所得税，应作为本年度的纳税调整事项。

【例28-6】沿用【例28-5】的资料，假定销售退回的时间改为20×8年3月5日（即报告期所得税汇算清缴后）。

甲公司的账务处理如下：

（1）20×8年3月5日，调整销售收入：

借：以前年度损益调整　100 000

　　应交税费——应交增值税（销项税额）　13 000

　　贷：应收账款　113 000

（2）调整坏账准备余额：

借：坏账准备　4 520

贷：以前年度损益调整　　4 520

（3）调整销售成本：

借：库存商品　　80 000

贷：以前年度损益调整　　80 000

（4）调整所得税费用：

应交所得税 =（100 000-80 000+113 000×5‰）×33%=6 786.45（元）

借：应交税费——应交所得税　　6 786.45

贷：所得税费用　　6 786.45

（5）调整已确认的递延所得税资产：

应调递延所得税资产 =113 000×（4%-5‰）×33%=1 484.14（元）

借：以前年度损益调整　　1 484.14

贷：递延所得税资产　　1 484.14

（6）将“以前年度损益调整”科目余额转入未分配利润：

以前年度损益调整 =100 000-80 000-4 520+1 484.14=16 964.14（元）

借：利润分配——未分配利润　　16 964.14

贷：以前年度损益调整　　16 964.14

（7）调整盈余公积

借：盈余公积　　1 696.41

贷：利润分配——未分配利润　　1 696.41

（四）资产负债表日后发现了财务报表舞弊或差错

这一事项是指资产负债表日后发现报告期或以前期间存在的财务报表舞弊或差错。企业发生这一事项后，应当将其作为资产负债表日后调整事项，调整报告年度的年度财务报告或中期财务报告相关项目的数字。

28.3　资产负债表日后非调整事项

“企业发生的资产负债表日后非调整事项，不应当调整资产负债表日的财务报表。”

《企业会计准则讲解》对本准则的上述规定进行了补充，但有的非调整事项对财务报告使用者具有重大影响，如不加以说明，将不利于财务报告使用者做出正确估计和决策，因此，本准则要求在附注中披露“重要的资产负债表日后非调整事项的性质、内容，及其对财务状况和经营成果的影响。”具体内容见表 28-1。

另外，资产负债表日后，企业利润分配方案中拟分配的以及经审议批准宣告发放的股利或利润，不确认为资产负债表日的负债，但应当在附注中单独披露。

【例 28-7】甲公司 20×7 年度财务报告于 20×8 年 3 月 20 日经董事会批准对外公布。20×8 年 2 月 27 日，甲公司与银行签订了 5 000 万元的贷款合同，用于生产项目的技术改造，贷款期限自 20×8 年 3 月 1 日起至 20×9 年 12 月 31 日止。

本例中，甲公司向银行贷款的事项发生在 20×8 年度，且在公司 20×7 年度财务报告尚未批准对外公布的期间内，即该事项发生在资产负债表日后事项所涵盖的期间内。该事项在 20×7 年 12 月 31 日尚未发生，与资产负债表日存在的状况无关，不影响资产负债表日企业的财务报表数字。但是，该事项属于重要事项，会影响公司以后期间的财务状况和经营成果，因此，需要在附注中予以披露。

28.4　披露

企业应当在附注中披露与资产负债表日后事项有关的下列信息。

（1）财务报告的批准报出者和财务报告批准报出日。

按照有关法律、行政法规等规定，企业所有者或其他方面有权对报出的财务报告进行修改的，应当披露这一情况。

（2）每项重要的资产负债表日后非调整事项的性质、内容，及其对财务状况和经营成果的影响。无法做出估计的，应当说明原因。

企业在资产负债表日后取得了影响资产负债表日存在情况的新的或进一步的证据，应当调整与之相关的披露信息。

第 29 章 财务报表列报

29.1 财务报表概览

财务报表是对企业财务状况、经营成果和现金流量的结构性表述。财务报表组成内容如图 29-1 所示。

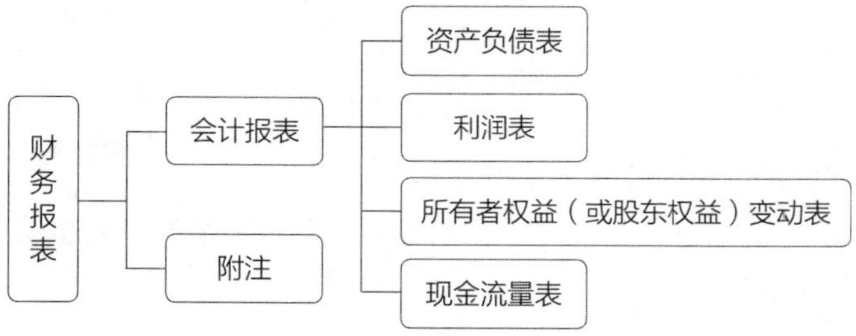

图 29-1 财务报表组成内容

财务报表可以按照不同的标准进行分类，如表 29-1 所示。

表 29-1 财务报表按照不同的标准分类

分类标准	种类
按财务报表编报期间的不同	分为中期财务报表和年度财务报表 中期财务报表是以短于一个完整会计年度的报告期间为基础编制的财务报表，包括月报、季报和半年报等。中期财务报表至少应当包括资产负债表、利润表、现金流量表和附注。中期财务报表中的附注披露可适当简略
按财务报表编报主体的不同	分为个别财务报表和合并财务报表 （1）个别财务报表是由企业在自身会计核算基础上对账簿记录进行加工而编制的财务 （2）合并报表是指由母公司编制的包括所有控股子公司会计报表的有关数据的报表。该报表可向报表使用者提供公司集团的财务状况和经营成果

29.2　资产负债表列报

29.2.1　资产负债表的定义及内容

资产负债表的定义及内容如图 29-2 所示。

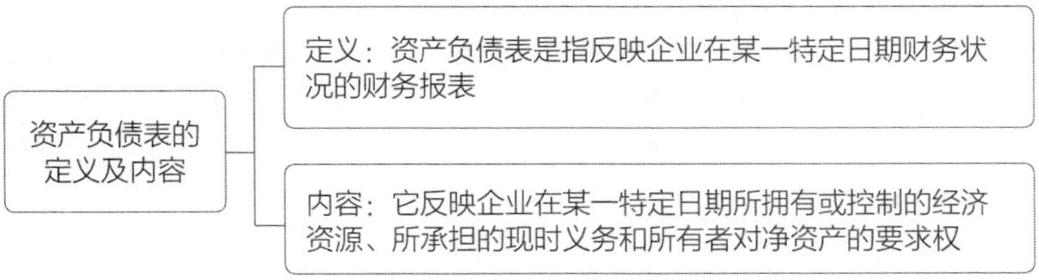

图 29-2　资产负债表的定义及内容

29.2.2　资产负债表项目列报分类

根据《企业会计准则第 30 号——财务报表列表》（以下简称“本准则”）的规定，资产负债表中资产和负债应当分别流动资产和非流动资产、流动负债和非流动负债列示。

（一）资产、负债的流动性划分

资产、负债的流动性划分如表 29-2 所示。

表 29-2　资产、负债的流动性划分

	资产的流动性划分	负债的流动性划分
满足下列条件之一的，应当归类为流动资产，负债	（1）预计在一个正常营业周期中变现、出售或耗用 （2）主要为交易目的而持有 （3）预计在资产负债表日起一年内（含一年，下同）变现 （4）自资产负债表日起一年内，交换其他资产或清偿负债的能力不受限制的现金或现金等价物	（1）预计在一个正常营业周期中清偿 （2）主要为交易目的而持有 （3）自资产负债表日起一年内到期应予以清偿 （4）企业无权自主地将清偿推迟至资产负债表日后一年以上
其他	流动资产以外的资产应当归类为非流动资产，并应按其性质分类列示	流动负债以外的负债应当归类为非流动负债，并应按其性质分类列示

续表

	资产的流动性划分	负债的流动性划分
特殊处理	（1）持有待售资产及负债处理 被划分为持有待售的非流动资产（如固定资产、无形资产、长期股权投资等），以及被划分为持有待售处置组中的资产，应当归类为流动资产。被划分为持有待售的非流动负债以及被划分为持有待售的处置组中的与转让资产相关的负债，应当归类为流动负债 （2）可展期负债的处理 对于在资产负债表日起一年内到期的负债，企业预计能够自主地将清偿义务展期至资产负债表日后一年以上的，应当归类为非流动负债；不能自主地将清偿义务展期的，即使在资产负债表日后、财务报告批准报出日前签订了重新安排清偿计划协议，该项负债仍应归类为流动负债 （3）有清偿期限的负债处理 企业在资产负债表日或之前违反了长期借款协议，导致贷款人可随时要求清偿的负债，应当归类为流动负债	

（二）资产负债表单独列报项目

资产负债表单独列报项目如表29-3所示。

表29-3　资产负债表单独列报项目

	资产	负债	所有者权益
单独列报项目	（1）货币资金 （2）交易性金融资产 （3）应收款项 （4）预付款项 （5）存货 （6）被划分为持有待售的非流动资产及被划分为持有待售的处置组中的资产 （7）债权投资 （8）其他债权投资 （9）长期股权投资 （10）投资性房地产 （11）固定资产 （12）生物资产 （13）无形资产 （14）递延所得税资产	（1）短期借款 （2）交易性金融负债 （3）应付款项 （4）预收款项 （5）应付职工薪酬 （6）应交税费 （7）被划分为持有待售的处置组中的负债 （8）长期借款 （9）应付债券 （10）长期应付款 （11）预计负债 （12）递延所得税负债	（1）实收资本（或股本，下同） （2）资本公积 （3）盈余公积 （4）未分配利润

资产负债表中的资产类（负债类）至少应当包括流动资产（负债）和非流动资产（负债）的合计项目，按照企业的经营性质不切实可行的除外。资产负债表中的所有者权益类应当包括所有者权益的合计项目。

在合并资产负债表中，应当在所有者权益类单独列示少数股东权益。

另外，资产负债表中的所有者权益类应当包括所有者权益的合计项目；资产负债表应当列示资产总计项目，负债和所有者权益总计项目。

29.2.3　资产负债表列报的格式和填列方法

（一）一般企业资产负债表格式

一般企业资产负债表格式及列示说明如表 29-4 所示。

表 29-4　资产负债表

会企 01 表

编制单位：　　　　　　　　　　年　　月　　日　　　　　　　　　　单位：元

资产	期末余额	年初余额	负债和所有者权益（或股东权益）	期末余额	年初余额
流动资产：			流动负债：		
货币资金			短期借款		
交易性金融资产			交易性金融负债		
衍生金融资产			衍生金融负债		
应收票据及应收账款			应付票据及应付账款		
预付款项			预收款项		
其他应收款			合同负债		
存货			应付职工薪酬		
合同资产			应交税费		
持有待售资产			其他应付款		
一年内到期的非流动资产			持有待售负债		
其他流动资产			一年内到期的非流动负债		
流动资产合计			其他流动负债		
非流动资产：			流动负债合计		
债权投资			非流动负债：		
其他债权投资			长期借款		
长期应收款			应付债券		
长期股权投资			其中：优先股		
其他权益工具投资			永续债		
其他非流动金融资产			长期应付款		
投资性房地产			预计负债		

续表

资产	期末余额	年初余额	负债和所有者权益（或股东权益）	期末余额	年初余额
固定资产			递延收益		
在建工程			递延所得税负债		
生产性生物资产			其他非流动负债		
油气资产			非流动负债合计		
无形资产			负债合计		
开发支出			所有者权益（或股东权益）：		
商誉			实收资本（或股本）		
长期待摊费用			其他权益工具		
递延所得税资产			其中：优先股		
其他非流动资产			永续债		
非流动资产合计			资本公积		
			减：库存股		
			其他综合收益		
			盈余公积		
			未分配利润		
			所有者权益（或股东权益）合计		
资产总计			负债和所有者权益（或股东权益）总计		

（二）资产负债表的填列方法

（1）“上年年末余额”栏的列报方法。

资产负债表“上年年末余额”栏内各项数字，应根据上年年末资产负债表“期末余额”栏内所列数字填列。如果上年度资产负债表规定的各个项目的名称和内容同本年度不相一致，应对上年年末资产负债表各项目的名称和数字按照本年度的规定进行调整，填入表中“上年年末余额”栏内。

（2）“期末余额”栏的列报方法。

资产负债表“期末余额”栏内各项数字，一般应根据资产、负债和所有者权益类科目的期末余额填列。主要包括以下方式，如图 29-3 所示。

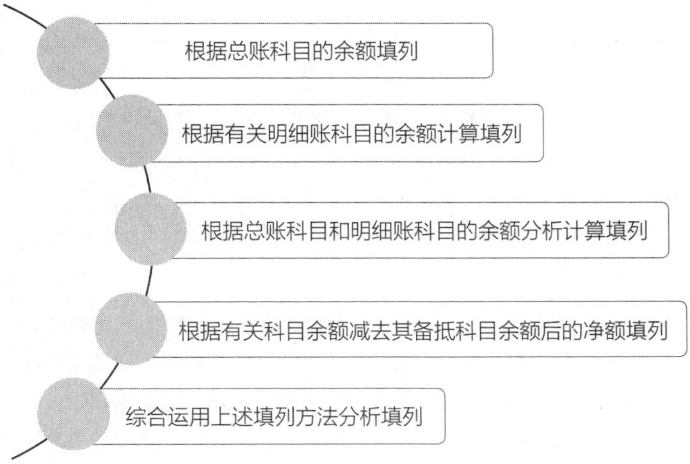

图 29-3　资产负债表“期末余额”栏的列报方法

29.2.4　资产负债表填列说明

（一）资产项目的填列说明

资产项目的填列说明如表 29-5 所示。

表 29-5　资产项目的填列说明

资产项目	填列说明
货币资金	反映企业库存现金、银行结算户存款、外埠存款、银行汇票存款、银行本票存款、信用卡存款、信用证保证金存款等的合计数。 本项目应根据“库存现金”“银行存款”“其他货币资金”科目期末余额的合计数填列
交易性金融资产	反映资产负债表日企业分类为以公允价值计量且其变动计入当期损益的金融资产，以及企业持有的指定为以公允价值计量且其变动计入当期损益的金融资产的期末账面价值。 该项目应根据“交易性金融资产”科目的相关明细科目期末余额分析填列。自资产负债表日起超过一年到期且预期持有超过一年的以公允价值计量且其变动计入当期损益的非流动金融资产的期末账面价值，在“其他非流动金融资产”项目反映
应收票据及应收账款	反映资产负债表日以摊余成本计量的、企业因销售商品、提供服务等收到的商业汇票及应收款项。 应根据“应收票据”和“应收账款”科目的期末余额，减去“坏账准备”科目中相关坏账准备期末余额后的金额填列
预付款项	反映企业按照购货合同规定预付给供应单位的款项等。 本项目应根据“预付账款”和“应付账款”科目所属各明细科目的期末借方余额合计数，减去“坏账准备”科目中有关预付账款计提的坏账准备期末余额后的金额填列。如“预付账款”科目所属明细科目期末为贷方余额的，应在资产负债表“应付账款”项目内填列

续表

资产项目	填列说明
其他应收款	反映企业除应收票据、应收账款、预付账款等经营活动以外的其他各种应收、暂付的款项。 本项目应根据“应收利息”“应收股利”“其他应收款”科目的期末余额合计数，减去“坏账准备”科目中相关坏账准备期末余额后的金额填列。其中的“应收利息”仅反映相关金融工具已到期可收取但于资产负债表日尚未收到的利息。基于实际利率法计提的金融工具的利息应包含在相应金融工具的账面余额中
存货	反映企业期末在库、在途和在加工中的各种存货的可变现净值或成本（成本与可变现净值孰低）。存货包括各种材料、商品、在产品、半成品、包装物、低值易耗品、发出商品等。 本项目应根据“材料采购”“原材料”“库存商品”“周转材料”“委托加工物资”“发出商品”“生产成本”“受托代销商品”等科目的期末余额合计数，减去“受托代销商品款”“存货跌价准备”科目期末余额后的金额填列。材料采用计划成本核算，以及库存商品采用计划成本核算或售价核算的企业，还应按加减材料成本差异、商品进销差价后的金额填列
合同资产	反映企业按照《企业会计准则第 14 号——收入》（2018）的相关规定，根据本企业履行履约义务与客户付款之间的关系在资产负债表中列示的合同资产。该项目应根据“合同资产”科目的相关明细科目期末余额分析填列，同一合同下的合同资产和合同负债应当以净额列示，其中净额为借方余额的，应当根据其流动性在“合同资产”或“其他非流动资产”项目中填列，已计提减值准备的，还应以减去“合同资产减值准备”科目中相关的期末余额后的金额填列；其中净额为贷方余额的，应当根据其流动性在“合同负债”或“其他非流动负债”项目中填列
持有待售资产	反映资产负债表日划分为持有待售类别的非流动资产及划分为持有待售类别的处置组中的流动资产和非流动资产的期末账面价值。 该项目应根据“持有待售资产”科目的期末余额，减去“持有待售资产减值准备”科目的期末余额后的金额填列
一年内到期的非流动资产	反映企业预计自资产负债表日起一年内变现的非流动资产。 本项目应根据有关科目的期末余额分析填列。对于按照相关会计准则采用折旧（或摊销、折耗）方法进行后续计量的固定资产、使用权资产、无形资产和长期待摊费用等非流动资产，折旧（或摊销、折耗）年限（或期限）只剩一年或不足一年的，或预计在一年内（含一年）进行折旧（或摊销、折耗）的部分，不得归类为流动资产，仍在各该非流动资产项目中填列，不转入“一年内到期的非流动资产”项目
债权投资	反映资产负债表日企业以摊余成本计量的长期债权投资的期末账面价值 该项目应根据“债权投资”科目的相关明细科目期末余额，减去“债权投资减值准备”科目中相关减值准备的期末余额后的金额分析填列。自资产负债表日起一年内到期的长期债权投资的期末账面价值，在“一年内到期的非流动资产”项目反映。企业购入的以摊余成本计量的一年内到期的债权投资的期末账面价值，在“其他流动资产”项目反映
其他债权投资	反映资产负债表日企业分类为以公允价值计量且其变动计入其他综合收益的长期债权投资的期末账面价值。 该项目应根据“其他债权投资”科目的相关明细科目期末余额分析填列。自资产负债表日起一年内到期的长期债权投资的期末账面价值，在“一年内到期的非流动资产”项目反映。企业购入的以公允价值计量且其变动计入其他综合收益的一年内到期的债权投资的期末账面价值，在“其他流动资产”项目反映

续表

资产项目	填列说明
长期应收款	反映企业租赁产生的应收款项和采用递延方式分期收款、实质上具有融资性质的销售商品和提供劳务等经营活动产生的应收款项。 本项目应根据“长期应收款”科目的期末余额，减去相应的“未实现融资收益”科目和“坏账准备”科目所属相关明细科目期末余额后的金额填列
长期股权投资	反映投资方对被投资单位实施控制、重大影响的权益性投资，以及对其合营企业的权益性投资。 本项目应根据“长期股权投资”科目的期末余额，减去“长期股权投资减值准备”科目的期末余额后的金额填列
其他权益工具投资	反映资产负债表日企业指定为以公允价值计量且其变动计入其他综合收益的非交易性权益工具投资的期末账面价值。 该项目应根据“其他权益工具投资”科目的期末余额填列
固定资产	反映资产负债表日企业固定资产的期末账面价值和企业尚未清理完毕的固定资产清理净损益。 该项目应根据“固定资产”科目的期末余额，减去“累计折旧”和“固定资产减值准备”科目的期末余额后的金额，以及“固定资产清理”科目的期末余额填列
在建工程	反映资产负债表日企业尚未达到预定可使用状态的在建工程的期末账面价值和企业为在建工程准备的各种物资的期末账面价值。 该项目应根据“在建工程”科目的期末余额，减去“在建工程减值准备”科目的期末余额后的金额，以及“工程物资”科目的期末余额，减去“工程物资减值准备”科目的期末余额后的金额填列
使用权资产	反映资产负债表日承租人企业持有的使用权资产的期末账面价值。 该项目应根据“使用权资产”科目的期末余额，减去“使用权资产累计折旧”和“使用权资产减值准备”科目的期末余额后的金额填列
无形资产	反映企业持有的专利权、非专利技术、商标权、著作权、土地使用权等无形资产的成本减去累计摊销和减值准备后的净值。 本项目应根据“无形资产”科目的期末余额，减去“累计摊销”和“无形资产减值准备”科目期末余额后的金额填列
开发支出	反映企业开发无形资产过程中能够资本化形成无形资产成本的支出部分。 本项目应当根据“研发支出”科目中所属的“资本化支出”明细科目期末余额填列
长期待摊费用	反映企业已经发生但应由本期和以后各期负担的分摊期限在一年以上的各项费用。长期待摊费用中在一年内（含一年）摊销的部分，在资产负债表“一年内到期的非流动资产”项目填列。 本项目应根据“长期待摊费用”科目的期末余额，减去将于一年内（含一年）摊销的数额后的金额分析填列
递延所得税资产	反映企业根据相关准则确认的可抵扣暂时性差异产生的所得税资产。 本项目应根据“递延所得税资产”科目的期末余额填列
其他非流动资产	反映企业除上述非流动资产以外的其他非流动资产。 本项目应根据有关科目的期末余额填列

（二）负债项目的填列说明

负债项目的填列说明如表 29-6 所示。

表 29-6　负债项目的填列说明

负债项目	填列说明
短期借款	反映企业向银行或其他金融机构等借入的期限在一年以下（含一年）的各种借款 本项目应根据“短期借款”科目的期末余额填列
交易性金融负债	反映企业资产负债表日承担的交易性金融负债，以及企业持有的直接指定为以公允价值计量且其变动计入当期损益的金融负债的期末账面价值 该项目应根据“交易性金融负债”科目的相关明细科目期末余额填列
应付票据及应付账款	反映资产负债表日以摊余成本计量的、企业因购买材料、商品和接受服务等经营活动应支付的款项，以及开出、承兑的商业汇票，包括银行承兑汇票和商业承兑汇票 应根据“应付票据”科目的期末余额，以及“应付账款”和“预付账款”科目所属的相关明细科目的期末贷方余额合计数填列
预收款项	反映企业按照购货合同规定预收供应单位的款项 本项目应根据“预收账款”和“应收账款”科目所属各明细科目的期末贷方余额合计数填列。如“预收账款”科目所属明细科目期末为借方余额的，应在资产负债表“应收账款”项目内填列
合同负债	反映企业按照《企业会计准则第 14 号——收入》（2018）的相关规定，根据本企业履行履约义务与客户付款之间的关系在资产负债表中列示的合同负债。“合同负债”项目应根据“合同负债”的相关明细科目期末余额分析填列
应付职工薪酬	反映企业为获得职工提供的服务或解除劳动关系而给予的各种形式的报酬或补偿 本项目应根据“应付职工薪酬”科目所属各明细科目的期末贷方余额分析填列。外商投资企业按规定从净利润中提取的职工奖励及福利基金，也在本项目列示
应交税费	反映企业按照税法规定计算应缴纳的各种税费，包括增值税、消费税、城市维护建设税、教育费附加、企业所得税、资源税、土地增值税、房产税、城镇土地使用税、车船税、矿产资源补偿费等。企业代扣代缴的个人所得税，也通过本项目列示。企业所缴纳的税金不需要预计应交数的，如印花税、耕地占用税等，不在本项目列示 本项目应根据“应交税费”科目的期末贷方余额填列，如“应交税费”科目期末为借方余额，应以“-”号填列。需要说明的是，“应交税费”科目下的“应交增值税”“未交增值税”“待抵扣进项税额”“待认证进项税额”“增值税留抵税额”等明细科目期末借方余额应根据情况，在资产负债表中的“其他流动资产”或“其他非流动资产”项目列示；“应交税费——待转销项税额”等科目期末贷方余额应根据情况，在资产负债表中的“其他流动负债”或“其他非流动负债”项目列示；“应交税费”科目下的“未交增值税”“简易计税”“转让金融商品应交增值税”“代扣代交增值税”等科目期末贷方余额应在资产负债表中的“应交税费”项目列示

续表

负债项目	填列说明
其他应付款	反映企业除应付票据、应付账款、预收账款、应付职工薪酬、应交税费等经营活动以外的其他各项应付、暂收的款项 本项目应根据“应付利息”“应付股利”“其他应付款”科目的期末余额合计数填列。其中，“应付利息”科目仅反映相关金融工具已到期应支付但于资产负债表日尚未支付的利息。基于实际利率法计提的金融工具的利息应包含在相应金融工具的账面余额中
持有待售负债	反映资产负债表日处置组中与划分为持有待售类别的资产直接相关的负债的期末账面价值 本项目应根据“持有待售负债”科目的期末余额填列
一年内到期的非流动负债	反映企业非流动负债中将于资产负债表日后一年内到期部分的金额，如将于一年内偿还的长期借款 本项目应根据有关科目的期末余额分析填列
长期借款	反映企业向银行或其他金融机构借入的期限在一年以上（不含一年）的各项借款 本项目应根据“长期借款”科目的期末余额，扣除“长期借款”科目所属的明细科目中将在资产负债表日起一年内到期且企业不能自主地将清偿义务展期的长期借款后的金额计算填列
应付债券	反映企业为筹集长期资金而发行的债券本金及应付的利息 本项目应根据“应付债券”科目的期末余额分析填列。对于资产负债表日企业发行的金融工具，分类为金融负债的，应在本项目填列；对于优先股和永续债还应在本项目下的“优先股”项目和“永续债”项目分别填列
租赁负债	反映资产负债表日承租人企业尚未支付的租赁付款额的期末账面价值 本项目应根据“租赁负债”科目的期末余额填列。自资产负债表日起一年内到期应予以清偿的租赁负债的期末账面价值，在“一年内到期的非流动负债”项目反映
长期应付款	反映资产负债表日企业除长期借款和应付债券以外的其他各种长期应付款项的期末账面价值 本项目应根据“长期应付款”科目的期末余额，减去相关的“未确认融资费用”科目的期末余额后的金额，以及“专项应付款”科目的期末余额填列
预计负债	反映企业根据或有事项等相关准则确认的各项预计负债，包括对外提供担保、未决诉讼、产品质量保证、重组义务以及固定资产和矿区权益弃置义务等产生的预计负债 本项目应根据“预计负债”科目的期末余额填列。企业按照《企业会计准则第 22 号——金融工具确认和计量》（2018）的相关规定，对贷款承诺等项目计提的损失准备，应当在本项目中填列
递延收益	反映尚待确认的收入或收益。本项目核算包括企业根据《企业会计准则第 16 号——政府补助》确认的应在以后期间计入当期损益的政府补助金额、售后租回形成融资租赁的售价与资产账面价值差额等其他递延性收入 本项目应根据“递延收益”科目的期末余额填列。本项目中摊销期限只剩一年或不足一年的，或预计在一年内（含一年）进行摊销的部分，不得归类为流动负债，仍在本项目中填列，不转入“一年内到期的非流动负债”项目

续表

负债项目	填列说明
递延所得税负债	反映企业根据所得税准则确认的应纳税暂时性差异产生的所得税负债 本项目应根据“递延所得税负债”科目的期末余额填列
其他非流动负债	反映企业除以上非流动负债以外的其他非流动负债 本项目应根据有关科目期末余额，减去将于一年内（含一年）到期偿还数后的余额分析填列。非流动负债各项目中将于一年内（含一年）到期的非流动负债，应在“一年内到期的非流动负债”项目内反映

（三）所有者权益项目的填列说明

所有者权益项目的填列说明如表 29-7 所示。

表 29-7　所有者权益项目的填列说明

所有者权益项目	填列说明
实收资本（或股本）	反映企业各投资者实际投入的资本（或股本）总额 本项目应根据“实收资本（或股本）”科目的期末余额填列
其他权益工具	反映资产负债表日企业发行在外的除普通股以外分类为权益工具的金融工具的期末账面价值，并下设“优先股”和“永续债”两个项目，分别反映企业发行的分类为权益工具的优先股和永续债的账面价值
资本公积	反映企业收到投资者出资超出其在注册资本或股本中所占的份额以及直接计入所有者权益的利得和损失等 本项目应根据“资本公积”科目的期末余额填列
其他综合收益	反映企业其他综合收益的期末余额 本项目应根据“其他综合收益”科目的期末余额填列
专项储备	反映高危行业企业按国家规定提取的安全生产费的期末账面价值 本项目应根据“专项储备”科目的期末余额填列
盈余公积	反映企业盈余公积的期末余额 本项目应根据“盈余公积”科目的期末余额填列
未分配利润	反映企业尚未分配的利润 本项目应根据“本年利润”科目和“利润分配”科目的余额计算填列。未弥补的亏损在本项目内以“-”号填列

29.3　利润表列报

29.3.1　利润表的定义及内容

利润表的定义及内容如图 29-4 所示。

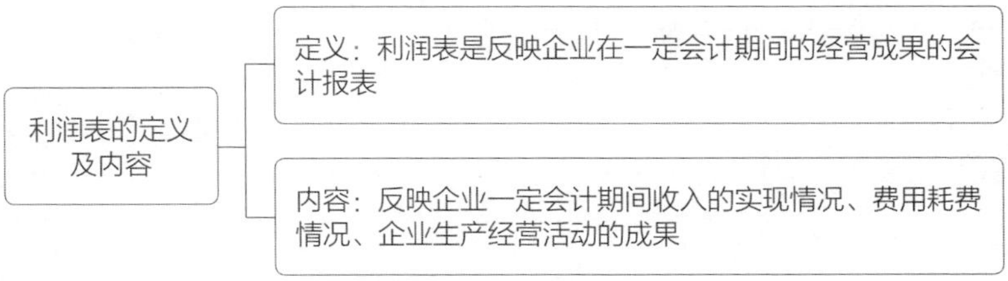

图 29-4　利润表的定义及内容

29.3.2　利润表列报总要求

利润表列报总要求如图 29-5 所示。

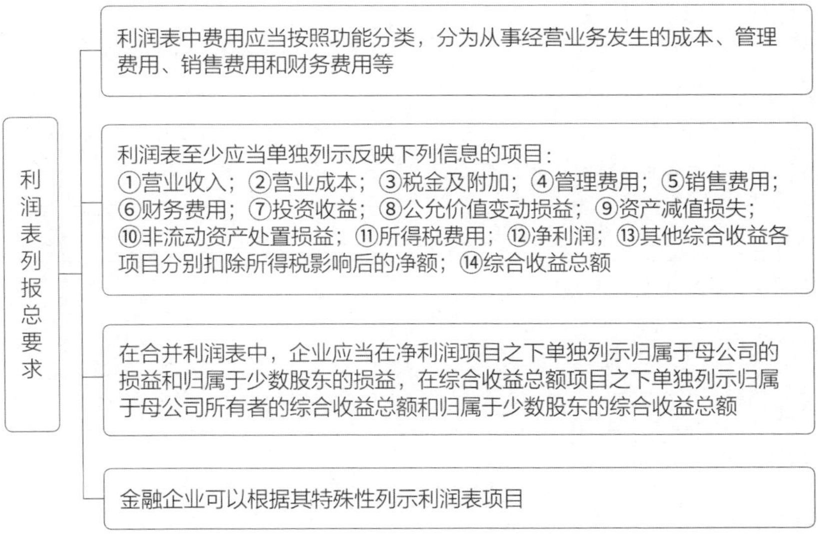

图 29-5　利润表列报总要求

29.3.3　利润表项目列报

（一）利润表一般格式

利润表一般格式如表 29-8 所示。

表 29-8　利润表

会企 02 表

编制单位：　　　　　　　　　　　年　　　月　　　　　　　　　　　单位：元

项　目	本期金额	上期金额
一、营业收入		
减：营业成本		
税金及附加		
销售费用		
管理费用		
研发费用		
财务费用		
其中：利息费用		
利息收入		
资产减值损失		
信用减值损失		
加：其他收益		
投资收益（损失以"–"号填列）		
其中：对联营企业和合营企业的投资收益		
净敞口套期收益（损失以"–"号填列）		
公允价值变动收益（损失以"–"号填列）		
资产处置收益（损失以"–"号填列）		
二、营业利润（亏损以"–"号填列）		
加：营业外收入		
减：营业外支出		
三、利润总额（亏损总额以"–"号填列）		
减：所得税费用		
四、净利润（净亏损以"–"号填列）		
（一）持续经营净利润（净亏损以"–"号填列）		
（二）终止经营净利润（净亏损以"–"号填列）		
五、其他综合收益的税后净额		

续表

项　目	本期金额	上期金额
（一）不能重分类进损益的其他综合收益		
1．重新计量设定受益计划变动额		
2．权益法下不能转损益的其他综合收益		
3．其他权益工具投资公允价值变动		
4．企业自身信用风险公允价值变动		
……		
（二）将重分类进损益的其他综合收益		
1．权益法下可转损益的其他综合收益		
2．其他债权投资公允价值变动		
3．金融资产重分类计入其他综合收益的金额		
4．其他债权投资信用减值准备		
5．现金流量套期储备		
6．外币财务报表折算差额		
……		
六、综合收益总额		
七、每股收益		
（一）基本每股收益		
（二）稀释每股收益		

（二）利润表的填列方法（报表主要项目的计算）

（1）利润表的格式一般有两种：单步式利润表和多步式利润表。具体格式如图 29-6 所示。

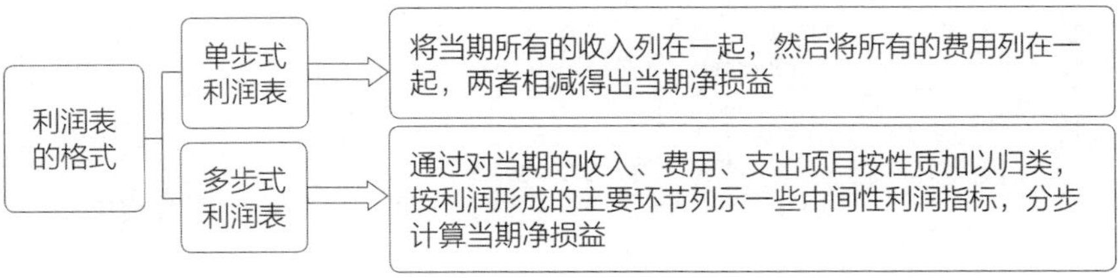

图 29-6　利润表的格式

本准则规定，企业应当采用多步式列报利润表，将不同性质的收入和费用类别进行对比，从而可以得出一些中间性的利润数据，便于使用者理解企业经营成果的不同来源。

（2）利润表的填列方法。利润表的填列方法如表 29-9 所示。

表 29-9　利润表的填列方法

项目	计算过程
营业收入（成本）	营业收入（成本）= 主营业务收入（成本）+ 其他业务收入（成本）
营业利润	营业利润 = 营业收入 – 营业成本 – 税金及附加 – 销售费用 – 管理费用 – 研发费用 – 财务费用 – 资产减值损失 – 信用减值损失 + 其他收益 ± 投资收益（损失）± 净敞口套期收益（损失）± 公允价值变动收益（损失）± 资产处置收益（损失）
利润总额	利润总额 = 营业利润 + 营业外收入 – 营业外支出
净利润	净利润 = 利润总额 – 所得税费用
其他综合收益的税后净额	反映企业根据企业会计准则规定未在损益中确认的各项利得和损失扣除所得税影响后的净额
综合收益总额	反映企业净利润与其他综合收益的税后净额的合计金额

29.4　所有者权益变动表列报

29.4.1　所有者权益变动表定义

所有者权益变动表应当反映构成所有者权益的各组成部分当期的增减变动情况。

综合收益和与所有者（或股东，下同）的资本交易导致的所有者权益的变动，应当分别列示。综合收益的定义与内容如图 29-7 所示。

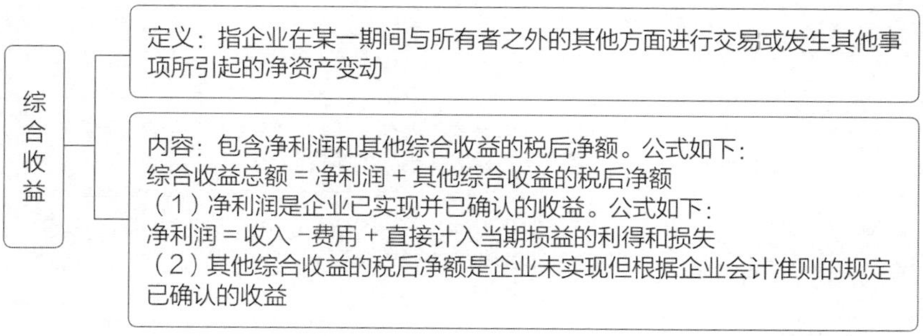

图 29-7　综合收益的定义与内容

29.4.2　所有者权益表列报的基本原则

所有者权益表列报的基本原则如表 29-10 所示。

表 29-10　所有者权益表列报的基本原则

	基本原则
（1）单独列报项目	① 综合收益总额，在合并所有者权益变动表中还应单独列示归属于母公司所有者的综合收益总额和归属于少数股东的综合收益总额 ② 会计政策变更和前期差错更正的累积影响金额 ③ 所有者投入资本和向所有者分配利润等 ④ 按照规定提取的盈余公积 ⑤ 所有者权益各组成部分的期初和期末余额及其调整情况
（2）以矩阵的形式列报	为了清楚地表明构成所有者权益的各组成部分当期的增减变动情况，所有者权益变动表应当以矩阵的形式列示
（3）列示所有者权益变动表的比较信息	根据本准则的规定，企业需要提供比较所有者权益变动表，因此，所有者权益变动表还就各项目再分为“本年金额”和“上年金额”两栏分别填列

29.4.3　所有者权益变动表列报格式及说明

（一）一般工商企业所有者权益变动表列报格式

一般工商企业所有者权益变动表列报格式如表 29-11 所示。

表 29-11　所有者权益变动表

会企 04 表

编制单位：　　　　　　　　　　年度　　　　　　　　　　单位：元

项目	本年金额										上年金额									
	实收资本（或股本）	其他权益工具			资本公积	减：库存股	其他综合收益	盈余公积	未分配利润	所有者权益合计	实收资本（或股本）	其他权益工具			资本公积	减：库存股	其他综合收益	盈余公积	未分配利润	所有者权益合计
		优先股	永续债	其他								优先股	永续债	其他						
一、上年年末余额																				
加：会计政策变更																				
前期差错更正																				
其他																				
二、本年年初余额																				
三、本年增减变动金额（减少以“–”号填列）																				
（一）综合收益总额																				
（二）所有者投入和减少资本																				
1. 所有者投入的普通股																				
2. 其他权益工具持有者投入资本																				
3. 股份支付计入所有者权益的金额																				

续表

项目	本年金额										上年金额									
	实收资本（或股本）	其他权益工具			资本公积	减：库存股	其他综合收益	盈余公积	未分配利润	所有者权益合计	实收资本（或股本）	其他权益工具			资本公积	减：库存股	其他综合收益	盈余公积	未分配利润	所有者权益合计
		优先股	永续债	其他								优先股	永续债	其他						
4．其他																				
（三）利润分配																				
1．提取盈余公积																				
2．对所有者（或股东）的分配																				
3．其他																				
（四）所有者权益内部结转																				
1．资本公积转增资本（或股本）																				
2．盈余公积转增资本（或股本）																				
3．盈余公积弥补亏损																				
4．设定受益计划变动额结转留存收益																				
5．其他综合收益结转留存收益																				
6．其他																				
四、本年年末余额																				

（二）一般工商企业所有者权益变动表列报说明

1.“上年年末余额”项目

“上年年末余额”项目，应根据上年资产负债表中“实收资本（或股本）”“其他权益工具”“资本公积”“其他综合收益”“盈余公积”“未分配利润”等项目的年末余额填列，如表 29-12 所示。

表 29-12　“上年年末余额”项目

项目	实收资本（或股本）	其他权益工具	资本公积	减：库存股	其他综合收益	盈余公积	未分配利润	所有者权益合计
上年年末余额								

2.“会计政策变更”和“前期差错更正”项目

“会计政策变更”和“前期差错更正”项目，应根据“盈余公积”“利润分配”“以前年度损益调整”等科目的发生额分析填列，并在“上年年末余额”的基础上调整得出“本年年初余额”项目，如表 29-13 所示。

表 29-13　“会计政策变更”和“前期差错更正”项目

项目	实收资本（或股本）	其他权益工具	资本公积	减：库存股	其他综合收益	盈余公积	未分配利润	所有者权益合计
一、上年年末余额								
加：会计政策变更								
前期差错更正								
其他								
二、本年年初余额								

注：图中箭头指向填列处（下同）。

3.“本年增减变动金额”项目

（1）“综合收益总额”项目。

“综合收益总额”项目，反映企业当年的综合收益总额，应根据当年利润表中“其他综合收益的税后净额”和“净利润”项目填列，并对应列在“其他综合收益”和“未分配利润”栏，如表 29-14 所示。

表 29-14 “综合收益总额”项目

项目	实收资本（或股本）	其他权益工具	资本公积	减：库存股	其他综合收益	盈余公积	未分配利润	所有者权益合计
三、本年增减变动金额（减少以“－”号填列）								
（一）综合收益总额								

（2）“所有者投入和减少资本”项目。

“所有者投入和减少资本”项目，反映企业当年所有者投入的资本和减少的资本，其中：

①“所有者投入的普通股”项目，反映企业接受投资者投入形成的实收资本（或股本）和资本公积，应根据“实收资本”“资本公积”等科目的发生额分析填列，并对应列在“实收资本”和“资本公积”栏。

②“其他权益工具持有者投入资本”项目，反映企业接受其他权益工具持有者投入资本，应根据“其他权益工具”等科目的发生额分析填列，并对应列在“其他权益工具”栏。

③“股份支付计入所有者权益的金额”项目，反映企业处于等待期中的权益结算的股份支付当年计入资本公积的金额，应根据“资本公积”科目所属的“其他资本公积”二级科目的发生额分析填列，并对应列在“资本公积”栏。具体列示方法如表 29-15 所示。

表 29-15 “所有者投入和减少资本”项目

项目	实收资本（或股本）	其他权益工具	资本公积	减：库存股	其他综合收益	盈余公积	未分配利润	所有者权益合计
三、本年增减变动金额（减少以“-”号填列）								
（二）所有者投入和减少资本								
1. 所有者投入的普通股								
2. 其他权益工具持有者投入资本								
3. 股份支付计入所有者权益的金额								
4. 其他								

（3）“利润分配”下各项目反映当年对所有者（或股东）分配的利润（或股利）金额和按照规定提取的盈余公积金额，并对应列在“未分配利润”和“盈余公积”栏。其中：

“提取盈余公积”项目，反映企业按照规定提取的盈余公积，应根据“盈余公积”“利润分配”科目的发生额分析填列。

“对所有者（或股东）的分配”项目，反映对所有者（或股东）分配的利润（或股利）金额，应根据“利润分配”科目的发生额分析填列。具体列示方法如表 29-16 所示。

表 29-16　“利润分配”下各项目

项目	实收资本（或股本）	其他权益工具	资本公积	减：库存股	其他综合收益	盈余公积	未分配利润	所有者权益合计
……								
三、本年增减变动金额（减少以“-”号填列）								
……								
（三）利润分配								
1. 提取盈余公积								
2. 对所有者（或股东）的分配								
3. 其他								

（4）“所有者权益内部结转”下各项目反映不影响当年所有者权益总额的所有者权益各组成部分之间当年的增减变动，其中：

①“资本公积转增资本（或股本）”项目，反映企业以资本公积转增资本或股本的金额，应根据“实收资本”“资本公积”等科目的发生额分析填列。

②“盈余公积转增资本（或股本）”项目，反映企业以盈余公积转增资本或股本的金额，应根据“实收资本”“盈余公积”等科目的发生额分析填列。

③“盈余公积弥补亏损”项目，反映企业以盈余公积弥补亏损的金额，应根据“盈余公积”“利润分配”等科目的发生额分析填列。

④“设定受益计划变动额结转留存收益”项目和“其他综合收益结转留存收益”项目，应根据“其他综合收益”“盈余公积”“利润分配”等科目的发生额分析填列。具体列示方法如表 29-17 所示。

表 29-17　“所有者权益内部结转”下各项目

项目	实收资本（或股本）	其他权益工具	资本公积	减：库存股	其他综合收益	盈余公积	未分配利润	所有者权益合计
……								
（四）所有者权益内部结转								
1. 资本公积转增资本（或股本）								
2. 盈余公积转增资本（或股本）								
3. 盈余公积弥补亏损								
4. 设定受益计划变动额结转留存收益								
5. 其他综合收益结转留存收益								
6. 其他								

29.5　附注

29.5.1　财务报表附注的定义

附注是对在资产负债表、利润表、现金流量表和所有者权益变动表等报表中列示项目的文字描述或明细资料，以及对未能在这些报表中列示项目的说明等。

29.5.2　附注应当披露的内容及顺序

（1）附注应当披露财务报表的编制基础，相关信息应当与资产负债表、利润表、现金流量表和所有者权益变动表等报表中列示的项目相互参照。

（2）附注一般应当按照下列顺序披露，如表 29-18 所示。

表 29-18　附注披露顺序

顺序	具体内容
（1）企业的基本情况	企业注册地、组织形式和总部地址；企业的业务性质和主要经营活动；母公司以及集团最终母公司的名字；财务报告的批准报出者和财务报告批准报出日，或者以签字人及其签字日期为准；营业期限有限的企业，还应当披露有关其营业期限的信息
（2）财务报表的编制基础	是指财务报表是在持续经营基础上还是非持续经营基础上编制的
（3）遵循企业会计准则的声明	企业应当声明编制的财务报表符合企业会计准则的要求，真实、完整地反映了企业的财务状况、经营成果和现金流量等有关信息
（4）重要会计政策和会计估计	包括财务报表项目的计量基础和在运用会计政策过程中所做的重要判断等。重要会计估计的说明，包括可能导致下一个会计期间内资产、负债账面价值重大调整的会计估计的确定依据等
（5）会计政策和会计估计变更以及差错更正的说明	—
（6）报表重要项目的说明	企业应当采用文字和数字描述相结合的方式，按照资产负债表、利润表、现金流量表、所有者权益变动表的顺序及其项目列示的顺序进行披露。报表重要项目的明细金额合计，应当与报表项目金额相衔接 企业应当在附注中披露费用按照性质分类的利润表补充资料，可将费用分为耗用的原材料、职工薪酬费用、折旧费用、摊销费用等
（7）或有和承诺事项、资产负债表日后非调整事项、关联方关系及其交易等需要说明的事项	—
（8）有助于财务报表使用者评价管理资本的目标、政策及程序的信息	① 企业资本管理的目标、政策及程序的定性信息 ② 资本结构的定量数据摘要 ③ 企业当期是否遵循了其受制的外部强制性资本要求；以及当企业未遵循外部强制性资本要求时，其未遵循的后果

29.6　案例

本节以一般工商企业的财务报告为例，详细展示财务报告的列报过程及结果。

天华股份有限公司 2×14 年 12 月 31 日的资产负债表（年初余额略）及 2×15 年 12 月 31 日的科目余额表分别见表 29-19 和表 29-20。假设天华股份有限公司 2×15 年度除计提固定资产减值准备导致固定资产账面价值与其计税基础存在可抵扣暂时性差异外，其他资产和负债项目的账面价值均等于其计税基础。假定天华公司未来很可能获得足够的应纳税所得额用来抵扣可抵扣暂时性差异，适用的所得税税率为 25%。

29.6.1　资产负债表

2×14 年年末的资产负债表如表 29-19 所示，2×15 年年末科目余额表如表 29-20 所示。

表 29-19　资产负债表

会企 01 表

编制单位：天华股份有限公司　　2×14 年 12 月 31 日　　单位：元

资产	期末余额	年初余额	负债和所有者权益（或股东权益）	期末余额	年初余额
流动资产：			流动负债：		
货币资金	1 161 300		短期借款	302 500	
交易性金融资产	15 000		交易性金融负债	0	
衍生金融资产	0		衍生金融负债	0	
应收票据及应收账款	545 100		应付票据及应付账款	1 153 800	
预付款项	100 000		预收款项	0	
其他应收款	5 000		合同负债	0	
存货	2 580 000		应付职工薪酬	110 000	
合同资产	0		应交税费	36 600	
持有待售资产	0		其他应付款	51 000	
一年内到期的非流动资产	0		持有待售负债	0	
其他流动资产	100 000		一年内到期的非流动负债	1 000 000	
流动资产合计	4 580 000		其他流动负债	0	
非流动资产：			流动负债合计	2 653 900	
债权投资	55 000		非流动负债：		
其他债权投资	200 000		长期借款	600 000	
长期应收款	0		应付债券	0	
长期股权投资	424 000		其中：优先股		
其他权益工具投资			永续债		
其他非流动金融资产	0		长期应付款	0	
投资性房地产	0		预计负债	0	

续表

资产	期末余额	年初余额	负债和所有者权益（或股东权益）	期末余额	年初余额
固定资产	1 100 000		递延收益	0	
在建工程	1 500 000		递延所得税负债	2 500	
生产性生物资产	0		其他非流动负债	0	
油气资产	0		非流动负债合计	602 500	
无形资产	600 000		负债合计	3 256 400	
开发支出	0		所有者权益（或股东权益）：		
商誉	0		实收资本（或股本）	5 000 000	
长期待摊费用	0		其他权益工具	0	
递延所得税资产	0		其中：优先股	0	
其他非流动资产	202 500		永续债	0	
非流动资产合计	4 081 500		资本公积	0	
			减：库存股	0	
			其他综合收益	31 500	
			盈余公积	100 000	
			未分配利润	200 000	
			所有者权益（或股东权益）合计	5 331 500	
资产总计	8 587 900		负债和所有者权益（或股东权益）总计	8 587 900	

表 29-20　科目余额表

2×15年12月31日　　单位：元

科目名称	借方余额	科目名称	贷方余额
库存现金	2 000	短期借款	105 150
银行存款	529 831	应付票据	100 000
其他货币资金	7 300	应付账款	953 800
交易性金融资产	0	其他应付款	70 026.25
应收票据	66 000	应付职工薪酬	180 000
应收账款	600 000	应交税费	226 731

续表

科目名称	借方余额	科目名称	贷方余额
坏账准备	–1 800	应付利息	0
预付账款	100 000	递延所得税负债	0
其他应收款	5 000	长期借款	1 160 000
材料采购	275 000	股本	5 000 000
原材料	45 000	资本公积	0
周转材料	38 050	其他综合收益	64 500
库存商品	2 122 400	盈余公积	136 960
材料成本差异	4 250	利润分配（未分配利润）	512 613.75
其他流动资产	100 000		
债权投资	286 000		
其他债权投资	0		
长期股权投资	652 000		
固定资产	2 401 000		
累计折旧	– 170 000		
固定资产减值准备	– 30 000		
工程物资	300 000		
在建工程	428 000		
无形资产	600 000		
累计摊销	–60 000		
递延所得税资产	9 750		
其他长期资产	200 000		
合计	8 509 781	合计	8 509 781

根据上述资料，编制天华股份有限公司 2×15 年 12 月 31 日的资产负债表，如表 29–21 所示。

表 29–21　资产负债表

会企 02 表

编制单位：天华股份有限公司　　　　2×15 年 12 月 31 日　　　　单位：元

资产	期末余额	年初余额	负债和所有者权益（或股东权益）	期末余额	年初余额
流动资产：			流动负债：		

续表

资产	期末余额	年初余额	负债和所有者权益（或股东权益）	期末余额	年初余额
货币资金	539 131	1 161 300	短期借款	105 150	302 500
交易性金融资产	0	15 000	交易性金融负债	0	0
衍生金融资产	0	0	衍生金融负债	0	0
应收票据及应收账款	664 200	545 100	应付票据及应付账款	1 053 800	1 153 800
预付款项	100 000	100 000	预收款项	0	0
其他应收款	5 000	5 000	合同负债	0	0
存货	2 484 700	2 580 000	应付职工薪酬	180 000	110 000
合同资产	0	0	应交税费	226 731	36 600
持有待售资产	0	0	其他应付款	70 026.25	51 000
一年内到期的非流动资产	0	0	持有待售负债	0	0
其他流动资产	100 000	100 000	一年内到期的非流动负债	0	1 000 000
流动资产合计	3 893 031	4 580 000	其他流动负债	0	0
非流动资产：			流动负债合计	1 635 707.25	2 653 900
债权投资	286 000	55 000	非流动负债：		
其他债权投资	0	200 000	长期借款	1 160 000	600 000
长期应收款	0	0	应付债券	0	0
长期股权投资	652 000	424 000	其中：优先股	0	0
其他权益工具投资	0		永续债	0	0
其他非流动金融资产	0	0	长期应付款	0	0
投资性房地产	0	0	预计负债	0	0
固定资产	2 201 000	1 100 000	递延收益	0	0
在建工程	728 000	1 500 000	递延所得税负债	0	2 500
生产性生物资产	0	0	其他非流动负债	0	0
油气资产	0	0	非流动负债合计	1 160 000	602 500
无形资产	540 000	600 000	负债合计	2 795 707.25	3 256 400
开发支出	0	0	所有者权益（或股东权益）：		
商誉	0	0	实收资本（或股本）	5 000 000	5 000 000
长期待摊费用	0	0	其他权益工具	0	0

续表

资产	期末余额	年初余额	负债和所有者权益（或股东权益）	期末余额	年初余额
递延所得税资产	9 750	0	其中：优先股	0	0
其他非流动资产	200 000	202 500	永续债	0	0
非流动资产合计	4 616 750	4 081 500	资本公积	0	0
			减：库存股	0	0
			其他综合收益	64 500	31 500
			盈余公积	1 36 960	100 000
			未分配利润	512 613.75	200 000
			所有者权益（或股东权益）合计	5 714 073.75	5 331 500
资产总计	8 509 781	8 587 900	负债和所有者权益（或股东权益）总计	8 509 781	8 587 900

29.6.2　利润表

天华股份有限公司 2×15 年度有关损益类科目本年累计发生净额如表 29-22 所示。

表 29-22　天华股份有限公司损益类科目 2×15 年度累计发生净额

2×15 年　　单位：元

科目名称	借方发生额	贷方发生额
主营业务收入		1 250 000
主营业务成本	750 000	
税金及附加	2 000	
销售费用	20 000	
管理费用	157 100	
财务费用	41 500	
资产减值损失	30 900	
投资收益		227 500
营业外收入		50 000
营业外支出	19 700	
所得税费用	136 700	

以后将重分类进损益的其他综合收益，如表29-23所示。

表29-23　以后将重分类进损益的其他综合收益

单位：元

明细科目名称	借方发生额	贷方发生额
权益法下在被投资单位以后将重分类进损益的其他综合收益中享有的份额		36 000
其他债权投资公允价值变动		3 750
金融资产重分类计入其他综合收益的金额	6 750	
合　计	6 750	39 750

根据上述资料，编制天华股份有限公司2×15年度利润表，如表29-24所示。

表29-24　利润表

会企03表

编制单位：天华股份有限公司　　2×15年　　单位：元

项　目	本期金额	上期金额（略）
一、营业收入	1 250 000	
减：营业成本	750 000	
税金及附加	2 000	
销售费用	20 000	
管理费用	157 100	
研发费用	0	
财务费用	41 500	
其中：利息费用	62 000	
利息收入	20 500	
资产减值损失	30 900	
信用减值损失	0	
加：其他收益	0	
投资收益（损失以“-”号填列）	227 500	
其中：对联营企业和合营企业的投资收益	0	
净敞口套期收益（损失以“-”号填列）	0	
公允价值变动收益（损失以“-”号填列）	120 000	
资产处置收益（损失以“-”号填列）	107 500	
二、营业利润（亏损以“-”号填列）	476 000	
加：营业外收入	50 000	

续表

项　目	本期金额	上期金额（略）
减：营业外支出	19 700	
三、利润总额（亏损总额以“–”号填列）	506 300	
减：所得税费用	136 700	
四、净利润（净亏损以“–”号填列）	369 600	
（一）持续经营净利润（净亏损以“–”号填列）	略	
（二）终止经营净利润（净亏损以“–”号填列）	略	
五、其他综合收益的税后净额	33 000	
（一）不能重分类进损益的其他综合收益	0	
1．重新计量设定受益计划变动额	0	
2．权益法下不能转损益的其他综合收益	0	
3．其他权益工具投资公允价值变动	0	
4．企业自身信用风险公允价值变动 ……	0	
（二）将重分类进损益的其他综合收益	33 000	
1．权益法下可转损益的其他综合收益	36 000	
2．其他债权投资公允价值变动	3 750	
3．金融资产重分类计入其他综合收益的金额	–6 750	
4．其他债权投资信用减值准备	0	
5．现金流量套期储备	0	
6．外币财务报表折算差额	0	
……		
六、综合收益总额	4 026 000	
七、每股收益	略	
（一）基本每股收益	略	
（二）稀释每股收益		

29.6.3　所有者权益变动表

天华股份有限公司的所有者权益变动相关资料为：提取盈余公积 36 960 元，向投资者分配现金股利 20 026.25 元。

根据上述资料，编制天华股份有限公司 2×15 年度的所有者权益变动表，如表 29-25 所示。

表 29-25　所有者权益变动表

会企 04 表

编制单位：天华股份有限公司　　2×15 年度　　单位：元

项目	本年金额											上年金额										
	实收资本（或股本）	其他权益工具			资本公积	减：库存股	其他综合收益	盈余公积	未分配利润	所有者权益合计		实收资本（或股本）	其他权益工具			资本公积	减：库存股	其他综合收益	盈余公积	未分配利润	所有者权益合计
		优先股	永续债	其他									优先股	永续债	其他						
一、上年年末余额	5 000 000	0	0	0	0	0	31 500	100 000	200 000	5 331 500											
加：会计政策变更																					
前期差错更正																					
其他																					
二、本年年初余额	5 000 000	0	0	0	0	0	31 500	100 000	200 000	5 331 500											
三、本年增减变动金额（减少以"–"号填列）																					
（一）综合收益总额							33 000		369 600	402 600											
（二）所有者投入和减少资本																					
1. 所有者投入的普通股																					
2. 其他权益工具持有者投入资本																					
3. 股份支付计入所有者权益的金额																					
4. 其他																					

续表

项目	本年金额										上年金额									
	实收资本（或股本）	其他权益工具			资本公积	减：库存股	其他综合收益	盈余公积	未分配利润	所有者权益合计	实收资本（或股本）	其他权益工具			资本公积	减：库存股	其他综合收益	盈余公积	未分配利润	所有者权益合计
		优先股	永续债	其他								优先股	永续债	其他						
（三）利润分配																				
1. 提取盈余公积								36 960	−36 960	0										
2. 对所有者（或股东）的分配								−20 026.25	−20 026.25											
3. 其他																				
（四）所有者权益内部结转																				
1. 资本公积转增资本（或股本）																				
2. 盈余公积转增资本（或股本）																				
3. 盈余公积弥补亏损																				
4. 设定受益计划变动额结转留存收益																				
5. 其他综合收益结转留存收益																				
6. 其他																				
四、本年年末余额	5 000 000	0	0	0	0	0	64 500	136 960	512 613.75	5 714 073.75										

29.6.4 附注

以下摘录了杭州天海公司财务报表的附注部分内容，读者可以通过此例子明确附注披露的内容。

一、公司基本情况。

杭州天海新材料科技有限公司于 2000 年 7 月 3 日批准成立，公司位于杭州市石祥路 86 号，法定代表人为华生，注册资本 8000 万元。2000 年 10 月经浙江省科技厅浙科工发〔2000〕303 号文认定为高新技术企业。

公司的主要经营范围：技术开发、技术咨询、技术服务、成果转让：回火胎圈钢丝，橡胶轮胎，优质结构钢丝绳，高性能抽油线缆，电铲绳三角股钢丝，线接触钢丝绳，金属制品设备；设计：金属制品设备；组织生产：公司开发的产品；零售：公司开发的产品。

二、主要会计政策。

1. 会计制度：企业现执行《企业会计准则》《企业会计制度》及其补充规定。

2. 会计年度：公历 1 月 1 日起至 12 月 31 日。

3. 记账本位币：公司以人民币元作为记账本位币。

4. 记账基础和计价原则：记账基础按权责发生制，计价原则按实际成本法。

5. 外币业务核算方法：记账本位币为人民币，对发生外币业务外币折算，按当月一日国家公布的外汇牌价折合人民币记账，月末外币余额按国家公布的外汇牌价调整账面汇率，汇兑损益列入本月损益。

6. 现金等价物的确定标准：公司持有的期限短、流动性强、易于转化为已知现金、价值变动风险很小的投资为现金等价物。

7. 坏账核算方法：公司对于债务人破产或死亡，以其破产财产或遗产清偿后仍无法收回的应收款项和因债务人逾期未履行其清偿义务，而且具有明显特征表明无法收回的应收款项确认为坏账损失。

公司坏账采用备抵法核算。根据债务单位财务状况、现金流量等情况，坏账准备按账龄分析法计提，并计入当年度损益类账项。坏账准备计提比例如表 29-26 所示。

表 29-26　坏账准备计提比例

账龄	计提比例
一年以内	5‰
一至二年	1%
二至三年	2%
三至四年	5%
四至五年	10%
五年以上	20%

8. 存货核算方法：采用永续盘存法对购进的各种存货按实际成本计价入账，存货发出采用加权平均法。低值易耗品的摊销方法采用五五摊销法。

9. 固定资产及折旧：固定资产标准依照《企业会计准则》的规定，按实际成本核算，固定资产折旧按固定资产原值扣减残值3%，采用分类折旧以直线法计提折旧，如表29-27所示。

表29-27　固定资产及折旧

类别	折旧年限	折旧率
房屋建筑物	20~40	4.85%~2.43%
机器设备	10~15	9.70%~6.47%
运输设备	6~16	16.17%~6.06%
其他设备	5~10	19.40%~9.70%

以下略。

第 30 章 现金流量表

30.1 现金流量表概述

30.1.1 现金流量表的相关概念

现金流量表的相关概念如图 30-1 所示。

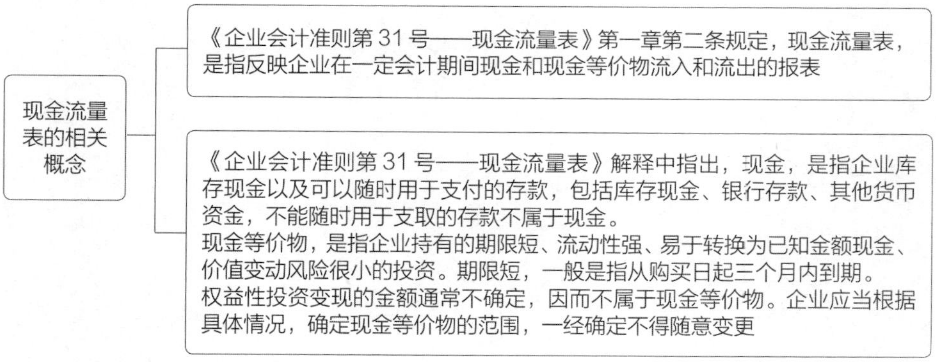

图 30-1 现金流量表的相关概念

30.1.2 现金流量表内容与结构

现金流量表内容与结构如图 30-2 所示。

图 30-2　现金流量表内容与结构

《企业会计准则第 31 号——现金流量表》应用指南规定了一般企业现金流量表格式，如表 30-1 所示。

表 30-1　现金流量表

会企 03 表

编制单位：　　　　　　　　　　　　年度　　　　　　　　　　　　单位：元

项目	行次	本年金额	上年金额
一、经营活动产生的现金流量：			
销售商品、提供劳务收到的现金			
收到的税费返还			
收到其他与经营活动有关的现金			
经营活动现金流入小计			
购买商品、接受劳务支付的现金			
支付给职工以及为职工支付的现金			
支付的各项税费			
支付其他与经营活动有关的现金			

续表

项目	行次	本年金额	上年金额
经营活动现金流出小计			
经营活动产生的现金流量净额			
二、投资活动产生的现金流量：			
收回投资收到的现金			
取得投资收益收到的现金			
处置固定资产、无形资产和其他长期资产收回的现金净额			
处置子公司及其他营业单位收到的现金净额			
收到其他与投资活动有关的现金			
投资活动现金流入小计			
购建固定资产、无形资产和其他长期资产支付的现金			
投资支付的现金			
取得子公司及其他营业单位支付的现金净额			
支付其他与投资活动有关的现金			
投资活动现金流出小计			
投资活动产生的现金流量净额			
三、筹资活动产生的现金流量：			
吸收投资收到的现金			
取得借款收到的现金			
收到其他与筹资活动有关的现金			
筹资活动现金流入小计			
偿还债务支付的现金			
分配股利、利润或偿付利息支付的现金			
支付其他与筹资活动有关的现金			
筹资活动现金流出小计			
筹资活动产生的现金流量净额			
四、汇率变动对现金及现金等价物的影响			
五、现金及现金等价物净增加额			
加：期初现金及现金等价物余额			
六、期末现金及现金等价物余额			

30.1.3　现金流量表的编制方法及程序

现金流量表的编制方法及程序如表 30-2 所示。

表 30-2　现金流量表的编制方法及程序

编制方法	编制程序
直接法	一般是以利润表中的营业收入为起算点，调节与经营活动有关的项目的增减变动，然后计算出经营活动产生的现金流量
间接法	将净利润调节为经营活动现金流量，实际上就是将按权责发生制原则确定的净利润调整为现金净流入，并剔除投资活动和筹资活动对现金流量的影响
工作底稿法	第一步，将资产负债表的期初数和期末数过入工作底稿的期初数栏和期末数栏 第二步，对当期业务进行分析并编制调整分录。编制调整分录时，要以利润表项目为基础，从“营业收入”开始，结合资产负债表项目逐一进行分析 第三步，将调整分录过入工作底稿中的相应部分 第四步，核对调整分录，借方、贷方合计数均已经相等，资产负债表项目期初数加减调整分录中的借贷金额以后，也等于期末数 第五步，根据工作底稿中的现金流量表项目部分编制正式的现金流量表
T 形账户法	第一步，为所有的非现金项目（包括资产负债表项目和利润表项目）分别开设 T 形账户，并将各自的期末、期初变动数过入各该账户。如果项目的期末数大于期初数，则将差额过入和项目余额相同的方向；反之则过入相反的方向 第二步，开设一个大的“现金及现金等价物”T 形账户，每一边分为经营活动、投资活动和筹资活动三个部分，左边记现金流入，右边记现金流出 第三步，以利润表项目为基础，结合资产负债表分析每一个非现金项目的增减变动，并据此编制调整分录 第四步，将调整分录过入各 T 形账户，并进行核对，该账户借贷相抵后的余额与原先过入的期末、期初变动数应当一致 第五步，根据大的“现金及现金等价物”T 形账户编制正式的现金流量表
分析填列法	直接根据资产负债表、利润表和有关会计科目明细账的记录，分析计算出现金流量表各项目的金额，并据以编制现金流量表

30.2　现金流量表编制

30.2.1　经营活动产生的现金流量有关项目的编制

经营活动产生的现金流量有关项目的编制如图 30-3 所示。

经营活动产生的现金流量有关项目的编制

- 销售商品、提供劳务收到的现金。本项目反映本期销售商品、提供劳务收到的现金，以及前期销售商品、提供劳务本期收到的现金和本期预收的款项，减去本期销售本期退回的商品和前期销售本期退回的商品支付的现金
- 收到的税费返还。本项目反映企业收到返还的各种税费，如收到的增值税、所得税、消费税、关税和教育费附加返还款等
- 收到其他与经营活动有关的现金。本项目反映企业除上述各项目外，收到的其他与经营活动有关的现金，如罚款收入、经营租赁固定资产收到的现金、流动资产损失中由个人赔偿的现金收入、除税费返还外的其他政府补助收入等
- 购买商品、接受劳务支付的现金。本项目反映企业购买材料、商品、接受劳务实际支付的现金，包括支付的货款以及与货款一并支付的增值税进项税额，具体包括：本期购买商品，接受劳务支付的现金，以及本期支付前期购买商品、接受劳务的未付款项和本期预付款项，减去本期发生的购货退回收到的现金
- 支付给职工以及为职工支付的现金。本项目反映企业实际支付给职工的现金以及为职工支付的现金，包括企业为获得职工提供的服务，本期实际给予各和形式的报酬以及其他相关支出，如支付给职工的工资、奖金、各种津贴和补贴等，以及为职工支付的其他费用，不包括支付给在建工程人员的工资
- 支付的各项税费。本项目反映企业按规定支付的各项税费，包括本期发生并支付的税费，以及本期支付以前各期发生的税费和预交的税费，如支付的教育费附加、印花税、房产税、土地增值税、车船使用税、增值税、所得税等。不包括本期退回的增值税、所得税
- 支付其他与经营活动有关的现金。本项目反映企业除上述各项目外，支付的其他与经营活动有关的现金，如罚款支出、差旅费、业务招待费、保险费、经营租赁支付的现金等

图 30-3　经营活动产生的现金流量有关项目的编制

（一）销售商品、提供劳务收到的现金

【例 30-1】甲企业本期销售一批商品，开出的增值税专用发票上注明的销售价款为 2 500 000元，增值税销项税额为 325 000 元，以银行存款收讫；应收票据期初余额为 300 000 元，期末余额为 40 000 元；应收账款期初余额为 800 000 元，期末余额为 400 000 元；年度内核销的坏账损失为 5 000 元。另外，本期因商品质量问题发生退货，支付银行存款 50 000 元，货款已通过银行转账支付。

本期销售商品、提供劳务收到的现金计算如下（单位为元）：

本期销售商品收到的现金（2 500 000+325 000）	2 825 000
加：本期收到前期的应收票据（300 000−40 000）	260 000
本期收到前期的应收账款（800 000−400 000−5 000）	395 000
减：本期因销售退回支付的现金	50 000

本期销售商品、提供劳务收到的现金	3 430 000

（二）收到的税费返还

【例 30-2】 甲企业前期出口商品一批，已缴纳增值税，按规定应退增值税 6 800 元，前期未退，本期以转账方式收讫；本期收到退回的消费税为 16 000 元、收到的教育费附加返还为 33 000 元，款项已存入银行。

本期收到的税费返还计算如下（单位为元）：

本期收到的出口退还增值税	6 800
加：收到的退还消费税	16 000
收到的教育费附加返还	33 000
本期收到的税费返还	55 800

（三）购买商品、接受劳务支付的现金

【例 30-3】 甲公司本期购买原材料，收到的增值税专用发票上注明的材料价款为 180 000 元，增值税进项税额为 23 400 元，款项已通过银行转账支付；本期支付应付票据为 160 000 元；购买工程用物资 130 000 元，货款已通过银行转账支付。

本期购买商品、接受劳务支付的现金计算如下（单位为元）：

本期购买原材料支付的价款	180 000
加：本期购买原材料支付的增值税进项税额	23 400
本期支付的应付票据	160 000
本期购买商品、接受劳务支付的现金	363 400

（四）支付给职工以及为职工支付的现金

【例 30-4】 甲企业本期实际支付工资 500 000 元，其中经营人员工资为 300 000 元，在建工程人员工资为 200 000 元。

本期支付给职工以及为职工支付的现金为 300 000 元。

（五）支付的各项税费

【例 30-5】 甲企业本期向税务机关缴纳增值税 68 000 元；本期发生的所得税 3 300 000 元已全部缴纳；企业期初未缴所得税 310 000 元；期末未缴所得税 180 000 元。

本期支付的各项税费计算如下（单位为元）：

本期支付的增值税额	68 000
加：本期发生并缴纳的所得税额	3 300 000
前期发生本期缴纳的所得税额（310 000−180 000）	130 000
本期支付的各项税费	3 498 000

30.2.2　投资活动产生的现金流量有关项目的编制

投资活动产生的现金流量有关项目的编制如图 30-4 所示。

投资活动产生的现金流量有关项目的编制

- 收回投资收到的现金。本项目反映企业出售、转让或到期收回除现金等价物以外的金融资产及长期股权投资而收到的现金。不包括债权性投资收回的利息、收回的非现金资产，以及处置子公司及其他营业单位收到的现金净额
- 取得投资收益收到的现金。本项目反映企业因股权性投资而分得的现金股利，从子公司、联营企业或合营企业分回利润而收到的现金，因债权性投资而取得的现金利息收入
- 处置固定资产、无形资产和其他长期资产收回的现金净额。本项目反映企业出售固定资产、无形资产和其他长期资产所取得的现金，减去为处置这些资产而支付的有关费用后的净额。如净额为负数，则在“支付其他与投资活动有关的现金”项目中反映
- 处置子公司及其他营业单位收到的现金净额。本项目反映企业处置子公司及其他营业单位所取得的现金减去子公司或其他营业单位持有的现金和现金等价物以及相关处置费用后的净额。若净额为负数，则将该金额填列至“支付其他与投资活动有关的现金”项目中
- 收到其他与投资活动有关的现金。本项目反映企业除上述各项目外，收到的其他与投资活动有关的现金
- 购建固定资产、无形资产和其他长期资产支付的现金。本项目反映企业购买、建造固定资产，取得无形资产和其他长期资产支付的现金，包括购买机器设备所支付的现金及增值税款、建造工程支付的现金、支付在建工程人员的工资等现金支出，不包括为购建固定资产、无形资产和其他长期资产而发生的借款利息资本化部分，以及融资租入固定资产所支付的租赁费用
- 投资支付的现金。本项目反映企业进行权益性投资和债权性投资所支付的现金，包括企业取得的除现金等价物以外的金融资产和长期股权投资而支付的现金，以及支付的佣金、手续费等交易费用
- 取得子公司及其他营业单位支付的现金净额。本项目反映企业取得子公司及其他营业单位购买出价中以现金支付的部分，减去子公司或其他营业单位持有的现金和现金等价物后的净额
- 支付其他与投资活动有关的现金。本项目反映企业除上述各项目外，支付的其他与投资活动有关的现金

图 30-4　投资活动产生的现金流量有关项目的编制

（一）收回投资收到的现金

【例 30-6】甲企业出售某项长期股权投资，收回的全部投资金额为 510 000 元；出售某项长期债权性投资，收回的全部投资金额为 270 000 元，其中，20 000 元是债券利息。

本期收回投资所收到的现金计算如下（单位为元）：

收回长期股权投资金额	510 000
加：收回长期债权性投资本金（270 000-20 000）	250 000
本期收回投资所收到的现金	760 000

（二）取得投资收益收到的现金

【例 30-7】甲企业期初长期股权投资余额为 2 400 000 元，其中 1 600 000 元投资于联营企业 A 企业，占其股本的 25%，采用权益法核算，另外 300 000 元和 500 000 元分别投资于 B 企业和 C 企业，各占接受投资企业总股本的 5% 和 10%，采用成本法核算；当年 A 企业盈利 2 500 000 元，分配现金股利 900 000 元，B 企业亏损没有分配股利，C 企业盈利 500 000 元，分配现金股利 100 000 元。企业已如数收到现金股利。

本期取得投资收益收到的现金计算如下（单位为元）：

取得 A 企业实际分回的投资收益（900 000×25%）	225 000
加：取得 B 企业实际分回的投资收益	0
取得 C 企业实际分回的投资收益（100 000×10%）	10 000
本期取得投资收益收到的现金	235 000

（三）处置固定资产、无形资产和其他长期资产收回的现金净额

【例 30-8】乙公司出售一台不需用设备，收到价款 36 000 元，该设备原价为 45 000 元，已提折旧 15 000 元。支付该项设备拆卸费用 300 元，运输费用 75 元，设备已由购入单位运走。本期处置固定资产、无形资产和其他长期资产所收回的现金净额计算如下（单位为元）：

本期出售固定资产收到的现金	36 000
减：支付出售固定资产的清理费用	375
本期处置固定资产、无形资产和其他长期资产收回的现金净额	35 625

（四）购建固定资产、无形资产和其他长期资产支付的现金

【例 30-9】乙公司购入房屋一栋，价款为 1 650 000 元，通过银行转账 1 500 000 元，其他价款用公司产品抵偿。为在建厂房购进建筑材料一批，价值为 200 000 元，价款已通过银行转账支付。

本期购建固定资产、无形资产和其他长期资产支付的现金计算如下（单位为元）：

购买房屋支付的现金	1 500 000
加：为在建工程购买材料支付的现金	200 000
本期购建固定资产、无形资产和其他长期资产支付的现金	1 700 000

（五）投资支付的现金

【例 30-10】甲企业以银行存款 2 500 000 元投资于 A 企业的股票。此外，购买中国光大银行发行的金融债券，面值总额为 150 000 元，票面利率为 7%，实际支付金额为 160 500 元。

本期投资所支付的现金计算如下（单位为元）：

投资于 A 企业的现金总额	2 500 000
加：投资于中国光大银行金融债券的现金总额	160 500
本期投资所支付的现金	2 660 500

（六）取得子公司及其他营业单位支付的现金净额

【例 30-11】甲企业购买丙企业的一子公司，出价 170 000 元，全部以银行存款转账支付。该子公司的有关资料如下：

该子公司有 23 000 元的现金及银行存款，没有现金等价物。

甲企业的实际现金流出为（单位为元）：

购买子公司出价	170 000
减：子公司持有的现金和现金等价物	−23 000
购买子公司支付的现金净额	147 000

30.2.3 筹资活动产生的现金流量有关项目的编制

筹资活动产生的现金流量有关项目的编制如图 30-5 所示。

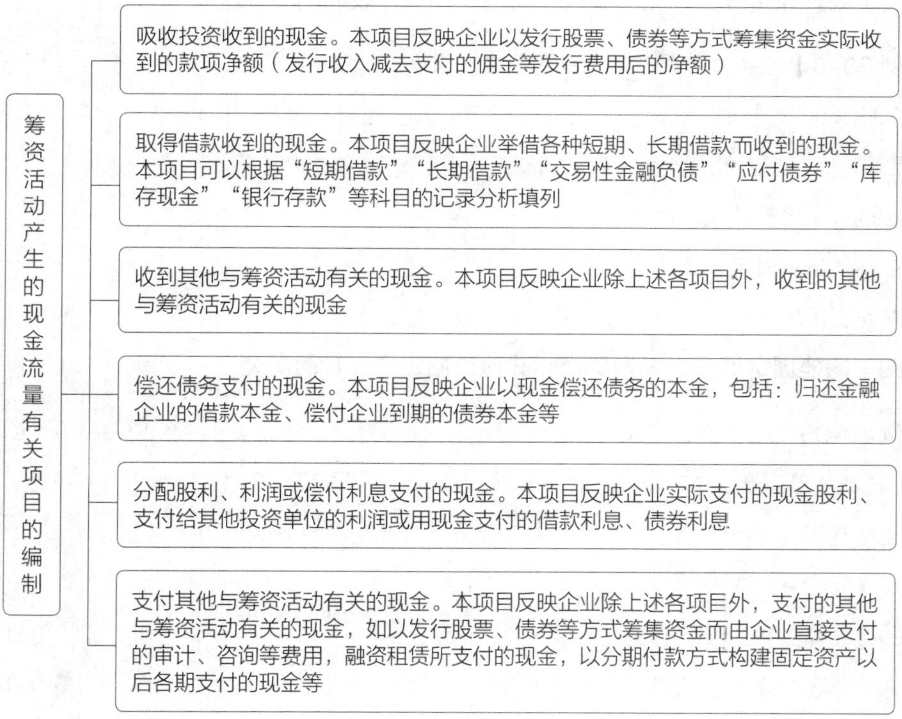

图 30-5　筹资活动产生的现金流量有关项目的编制

（一）吸收投资收到的现金

【例30-12】甲企业对外公开募集股份1 000 000股，每股1元，发行价每股1.1元，代理发行的证券公司为其支付的各种费用，共计17 000元。

此外，甲企业为建设一新项目，批准发行1 800 000元的长期债券。

与证券公司签署的协议规定：该批长期债券委托证券公司代理发行，发行手续费为发行总额的3.5%，宣传及印刷费由证券公司代为支付，并从发行总额中扣除。该企业至委托协议签署为止，已支付咨询费、公证费等6 300元。证券公司按面值发行，价款全部收到，支付宣传及印刷费等各种费用14 070元。按协议将发行款划至企业在银行的存款账户上。

本期吸收投资收到的现金计算如下（单位为元）：

发行股票取得的现金	1 083 000
其中：发行总额（1 000 000×1.1）	1 100 000
减：发行费用	17 000
发行债券取得的现金	1 737 000
其中：发行总额	1 800 000
减：发行手续费（1 800 000×3.5%）	63 000
本期吸收投资收到的现金	2 820 000

本例中，已支付的咨询费、公证费等6 300元，应在“支付其他与筹资活动有关的现金”项目中反映。

（二）分配股利、利润或偿付利息支付的现金

【例30-13】甲企业期初应付现金股利为14 000元，本期宣布并发放现金股利37 000元，期末应付现金股利8 000元。

本期分配股利、利润或偿付利息所支付的现金计算如下（单位为元）：

本期宣布并发放的现金股利	37 000
加：本期支付的前期应付股利（14 000-8 000）	6 000
本期分配股利、利润或偿付利息支付的现金	43 000

30.2.4 汇率变动对现金的影响

汇率变动对现金的影响，指企业外币现金流量及境外子公司的现金流量折算成记账本位币时，所采用的是现金流量发生日的汇率或按照系统合理的方法确定的、与现金流量发生日即期汇率近似的汇率，而现金流量表“现金及现金等价物净增加额”项目中外币现金净增加额按资产负债表日的即期汇率折算。这两者的差额即为汇率变动对现金的影响。

【例30–14】甲企业当期出口商品一批，售价为8 000美元。假设销售实现时的汇率为1：7.87，收汇当日汇率为1：7.85；当期进口货物一批，价值为6 000美元，结汇当日汇率为1：7.88，资产负债表日的即期汇率为1：7.89；当期没有其他业务发生。

汇率变动对现金的影响额计算如下：

经营活动流入的现金	8 000（美元）
汇率变动（7.89–7.85）	0.04
汇率变动对现金流入的影响额	320（元）
经营活动流出的现金	6 000（美元）
汇率变动（7.89–7.88）	0.01
汇率变动对现金流出的影响额	60（元）
汇率变动对现金的影响额	260（元）

现金流量表中（单位为元）：

经营活动流入的现金（8 000×7.85）	62 800
经营活动流出的现金（6 000×7.88）	47 280
经营活动产生的现金流量净额	15 520
汇率变动对现金的影响额	260
现金及现金等价物净增加额	15 780

现金流量表补充资料中：

现金及现金等价物净增加情况：

银行存款的期末余额（2 000×7.89）	15 780
银行存款的期初余额	0
现金及现金等价物净增加额	15 780

从上例可以看出，现金流量表“现金及现金等价物净增加额”项目数额与现金流量表补充资料中“现金及现金等价物净增加额”数额相等，应当核对相符。在编制现金流量表时，对当期发生的外币业务，也可不必逐笔计算汇率变动对现金的影响，可以通过现金流量表补充资料中“现金及现金等价物净增加额”数额与现金流量表中“经营活动产生的现金流量净额”“投资活动产生的现金流量净额”“筹资活动产生的现金流量净额”三项之和比较，其差额即为汇率变动对现金的影响额。

30.3　现金流量表附注

30.3.1　现金流量表补充资料的编制

企业应当采用间接法在现金流量附注中披露将净利润调节为经营活动现金流量的信息。《企业会计准则第 31 号——现金流量表》准则应用指南列示的现金流量表附注披露格式（见表 30-3）适用于一般企业、商业银行、保险公司、证券公司等各类企业。

表 30-3　现金流量表附注披露格式

单位：元

补充资料	本期金额	上期金额
1. 将净利润调节为经营活动现金流量：		
净利润		
加：资产减值准备		
固定资产折旧、油气资产折耗、生产性生物资产折旧		
无形资产摊销		
长期待摊费用摊销		
处置固定资产、无形资产和其他长期资产的损失（收益以“-”号填列）		
固定资产报废损失（收益以“-”号填列）		
公允价值变动损失（收益以“-”号填列）		
财务费用（收益以“-”号填列）		
投资损失（收益以“-”号填列）		
递延所得税资产减少（增加以“-”号填列）		
递延所得税负债增加（减少以“-”号填列）		
存货的减少（增加以“-”号填列）		
经营性应收项目的减少（增加以“-”号填列）		
经营性应付项目的增加（减少以“-”号填列）		
其他		
经营活动产生的现金流量净额		
2. 不涉及现金收支的重大投资和筹资活动：		
债务转为资本		
一年内到期的可转换公司债券		

续表

补充资料	本期金额	上期金额
融资租入固定资产		
3. 现金及现金等价物净变动情况：		
现金的期末余额		
减：现金的期初余额		
加：现金等价物的期末余额		
减：现金等价物的期初余额		
现金及现金等价物净增加额		

现金流量表补充资料包括将净利润调节为经营活动现金流量、不涉及现金收支的重大投资和筹资活动、现金及现金等价物净变动情况等项目。其中，“现金及现金等价物净增加额”项目与现金流量表中的“现金及现金等价物净增加额”项目的金额相等。

（一）将净利润调节为经营活动现金流量的编制

将净利润调节为经营活动现金流量的编制程序与方法如表 30-4 所示。

表 30-4　将净利润调节为经营活动现金流量的编制

调整项目	说明
资产减值准备	企业计提的各项资产减值准备，包括在利润表中，属于利润的减除项目，但没有发生现金流出。所以，在将净利润调节为经营活动现金流量时，需要加回
固定资产折旧、油气资产折耗、生产性生物资产折旧	计入管理费用的部分，作为期间费用在计算净利润时从中扣除，但没有发生现金流出，在将净利润调节为经营活动现金流量时，需要予以加回。计入制造费用的没有变现的部分，既不涉及现金收支，也不影响企业当期净利润。由于在调节存货时，已经从中扣除，在此处将净利润调节为经营活动现金流量时，需要予以加回。同理，企业计提的油气资产折耗、生产性生物资产折旧，也需要予以加回
无形资产摊销和长期待摊费用摊销	计入管理费用等期间费用和计入制造费用的已变现的部分，在计算净利润时已从中扣除，但没有发生现金流出；计入制造费用中的没有变现的部分，在调节存货时已经从中扣除，但不涉及现金收支，所以，在此处将净利润调节为经营活动现金流量时，需要予以加回
处置固定资产、无形资产和其他长期资产的损失（减：收益）	企业处置固定资产、无形资产和其他长期资产发生的损益，属于投资活动产生的损益，不属于经营活动产生的损益，所以，在将净利润调节为经营活动现金流量时，需要予以剔除。如为损失，在将净利润调节为经营活动现金流量时，应当加回；如为收益，在将净利润调节为经营活动现金流量时，应当扣除
固定资产报废损失	企业发生的固定资产报废损益，属于投资活动产生的损益，不属于经营活动产生的损益，所以，在将净利润调节为经营活动现金流量时，需要予以剔除。同样，投资性房地产发生报废、毁损而产生的损失，也需要予以剔除。如为净损失，在将净利润调节为经营活动现金流量时，应当加回；如为净收益，在将净利润调节为经营活动现金流量时，应当扣除

续表

调整项目	说明
公允价值变动损失	企业发生的公允价值变动损益，通常与企业的投资活动或筹资活动有关，而且并不影响企业当期的现金流量。为此，应当将其从净利润中剔除。如为持有损失，在将净利润调节为经营活动现金流量时，应当加回；如为持有利得，在将净利润调节为经营活动现金流量时，应当扣除
财务费用	企业发生的财务费用中不属于经营活动的部分，应当将其从净利润中剔除
投资损失（减：收益）	企业发生的投资损益，属于投资活动产生的损益，不属于经营活动产生的损益，所以，在将净利润调节为经营活动现金流量时，需要予以剔除。如为净损失，在将净利润调节为经营活动现金流量时，应当加回；如为净收益，在将净利润调节为经营活动现金流量时，应当扣除
递延所得税资产减少（减：增加）	如果递延所得税资产减少使计入所得税费用的金额大于当期应交的所得税金额，其差额没有发生现金流出，但在计算净利润时已经扣除，在将净利润调节为经营活动现金流量时，应当加回。如果递延所得税资产增加使计入所得税费用的金额小于当期应交的所得税金额，二者之间的差额并没有发生现金流入，但在计算净利润时已经包括在内，在将净利润调节为经营活动现金流量时，应当扣除
递延所得税负债增加（减：减少）	如果递延所得税负债增加使计入所得税费用的金额大于当期应交的所得税金额，其差额没有发生现金流出，但在计算净利润时已经扣除，在将净利润调节为经营活动现金流量时，应当加回。如果递延所得税负债减少使计入当期所得税费用的金额小于当期应交的所得税金额，其差额并没有发生现金流入，但在计算净利润时已经包括在内，在将净利润调节为经营活动现金流量时，应当扣除
存货的减少（减：增加）	期末存货比期初存货减少，说明本期生产经营过程耗用的存货有一部分是期初的存货，耗用这部分存货并没有发生现金流出，但在计算净利润时已经扣除，所以，在将净利润调节为经营活动现金流量时，应当加回。期末存货比期初存货增加，说明当期购入的存货除耗用外，还剩余一部分，这部分存货也发生了现金流出，但在计算净利润时没有包括在内，所以，在将净利润调节为经营活动现金流量时，需要扣除
经营性应收项目的减少（减：增加）	经营性应收项目包括应收票据、应收账款、预付账款、长期应收款和其他应收款中与经营活动有关的部分，以及应收的增值税销项税等 经营性应收项目期末余额小于经营性应收项目期初余额，说明本期收回的现金大于利润表中所确认的销售收入，所以，在将净利润调节为经营活动现金流量时，需要加回。经营性应收项目期末余额大于经营性应收项目期初余额，说明本期销售收入中有一部分没有收回现金，但是，在计算净利润时这部分销售收入已包括在内，所以，在将净利润调节为经营活动现金流量时，需要扣除
经营性应付项目的增加（减：减少）	经营性应付项目包括应付票据、应付账款、预收账款、应付职工薪酬、应交税费、应付利息、长期应付款、其他应付款中与经营活动有关的部分，以及应付的增值税进项税等 经营性应付项目期末余额大于经营性应付项目期初余额，说明本期购入的存货中有一部分没有支付现金，但是，在计算净利润时却通过销售成本包括在内，在将净利润调节为经营活动现金流量时，需要加回；经营性应付项目期末余额小于经营性应付项目期初余额，说明本期支付的现金大于利润表中所确认的销售成本，在将净利润调节为经营活动产生的现金流量时，需要扣除

（二）不涉及现金收支的重大投资和筹资活动的披露

不涉及现金收支的重大投资和筹资活动，反映企业一定期间内影响资产或负债但不形成该期现金收支的所有投资和筹资活动的信息。这些投资和筹资活动虽然不涉及当期现金收支，但对以后各期的现金流量有重大影响。例如，企业融资租入设备，将形成的负债记入“长期应付款”科目，当期并不支付设备款及租金，但以后各期必须为此支付现金，从而在一定期间内形成了一项固定的现金支出。具体的披露见图 30-6。

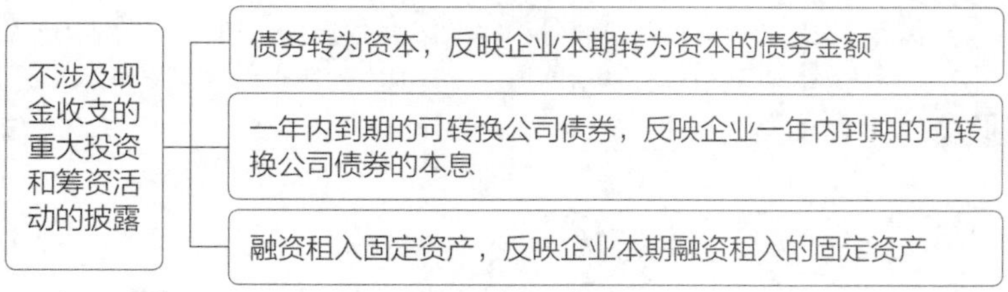

图 30-6　不涉及现金收支的重大投资和筹资活动的披露

30.3.2　企业当期取得或处置子公司及其他营业单位的披露

企业当期取得或处置子公司及其他营业单位的披露如图 30-7 所示。

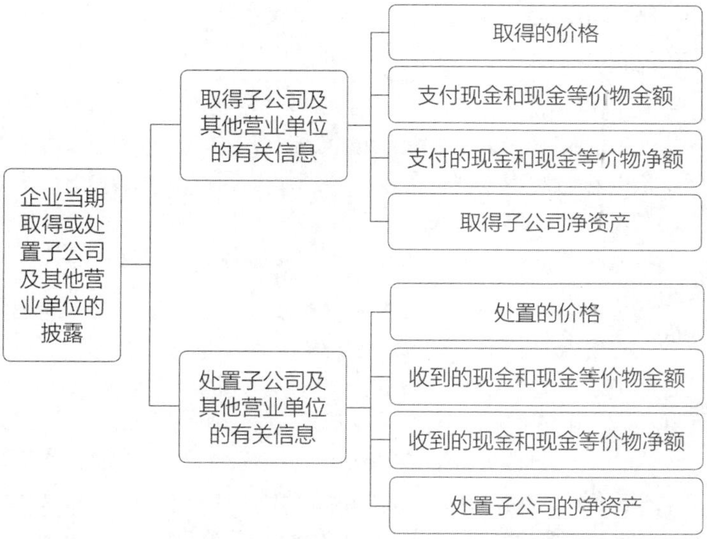

图 30-7　企业当期取得或处置子公司及其他营业单位的披露

30.4　披露

按照《企业会计准则第 31 号——现金流量表》对现金流量表信息披露的规定，企业应当在附注中披露将净利润调节为经营活动现金流量的信息。至少应当单独披露对净利润进行调节的下列项目。

（1）资产减值准备。

（2）固定资产折旧。

（3）无形资产摊销。

（4）长期待摊费用摊销。

（5）待摊费用。

（6）预提费用。

（7）处置固定资产、无形资产和其他长期资产的损益。

（8）固定资产报废损失。

（9）公允价值变动损益。

（10）财务费用。

（11）投资损益。

（12）递延所得税资产和递延所得税负债。

（13）存货。

（14）经营性应收项目。

（15）经营性应付项目。

企业应当在附注中以总额披露当期取得或处置子公司及其他营业单位的下列信息。

（1）取得或处置价格。

（2）取得或处置价格中以现金支付的部分。

（3）取得或处置子公司及其他营业单位收到的现金。

（4）取得或处置子公司及其他营业单位按照主要类别分类的非现金资产和负债。

企业应当在附注中披露不涉及当期现金收支，但影响企业财务状况或在未来可能影响企业现金流量的重大投资和筹资活动。

企业应当在附注中披露与现金和现金等价物有关的下列信息。

（1）现金和现金等价物的构成及其在资产负债表中的相应金额。

（2）企业持有但不能由母公司或集团内其他子公司使用的大额现金和现金等价物金额。

第 31 章
中期财务报告

31.1 中期财务报告概述

31.1.1 中期财务报告的定义

《企业会计准则第 32 号——中期财务报告》基本准则规定，中期财务报告，是指以中期为基础编制的财务报告。中期，是指短于一个完整的会计年度的报告期间。中期财务报告分类如图 31-1 所示。

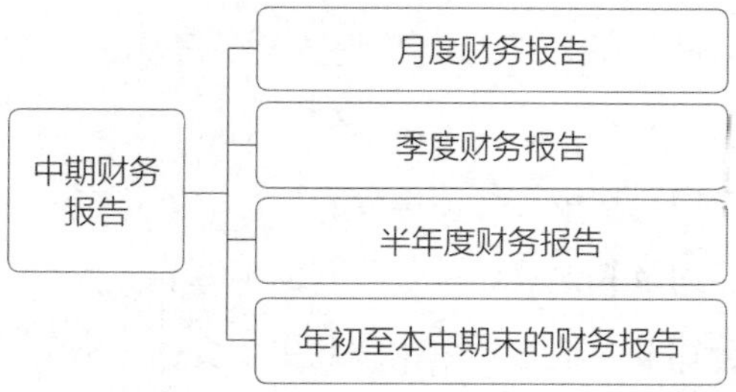

图 31-1 中期财务报告分类

31.1.2 中期财务报告的内容

《企业会计准则第 32 号——中期财务报告》（以下简称“本准则”）规定，中期财务报告内容如图 31-2 所示。

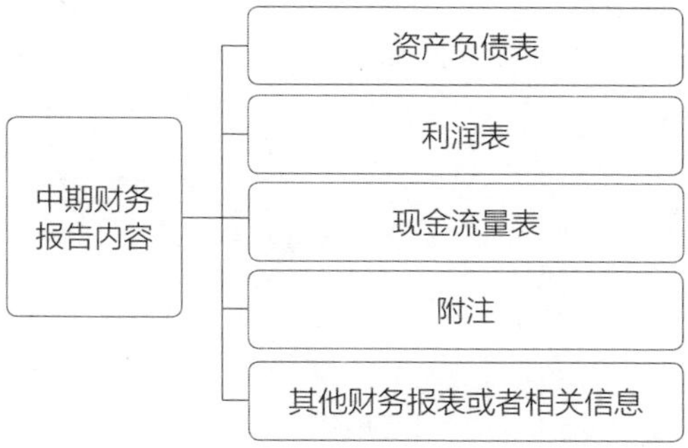

图 31-2　中期财务报告内容

31.2　确认和计量

31.2.1　基本原则

中斯财务报告确认与计量的基本原则如图 31-3 所示。

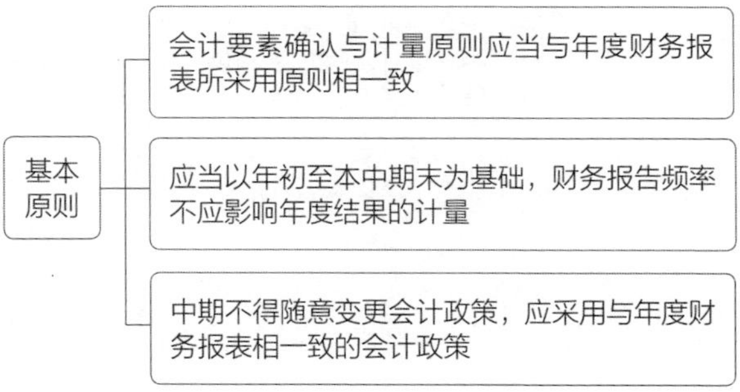

图 31-3　中期财务报告确认与计量的基本原则

31.2.2　会计政策

《企业会计准则讲解》对本准则的会计政策变更规定进行了详细解释，如图 31-4 所示。

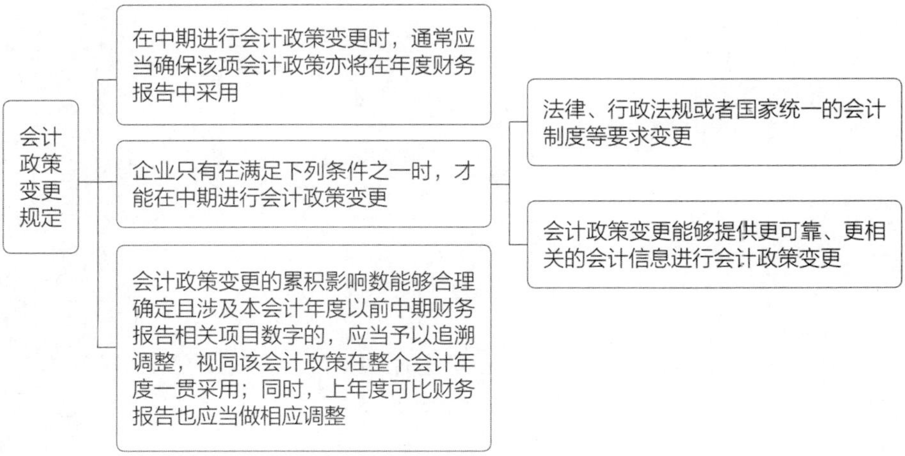

图 31-4　会计政策变更规定

31.2.3　会计估计

《企业会计准则讲解》对本准则的会计估计变更规定进行了详细解释，如图 31-5 所示。

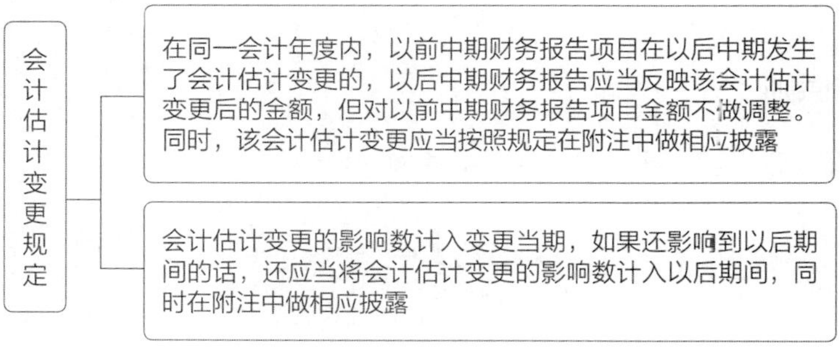

图 31-5　会计估计变更规定

31.2.4　重要性

《企业会计准则讲解》对本准则的重要性规定进行了详细解释，如图 31-6 所示。

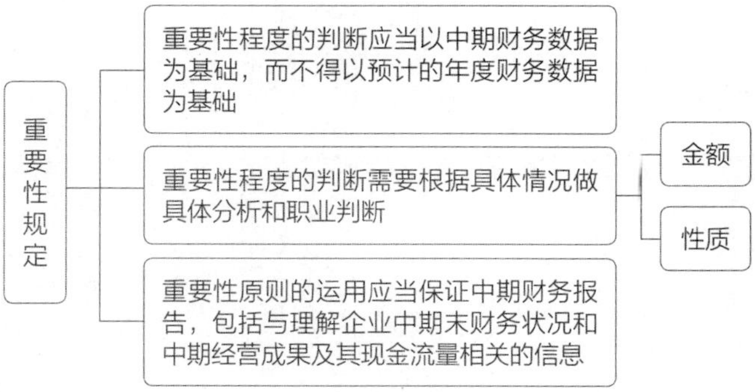

图 31-6　重要性规定

31.2.5　会计计量

《企业会计准则第 32 号——中期财务报告》规定，中期会计计量应当以年初至本中期末为基础，财务报告的频率不应当影响年度结果的计量。

【例 31-1】ABC 公司于 20×7 年 11 月利用专门借款资金开工兴建一项固定资产。20×8 年 3 月 1 日，固定资产建造工程由于资金周转发生困难而停工。公司预计在一个半月内即可获得补充专门借款，解决资金周转问题，工程可以重新施工。

根据《企业会计准则第 17 号——借款费用》的规定，固定资产的购建活动发生非正常中断、并且中断时间连续超过 3 个月的，应当暂停借款费用的资本化，将在中断期间发生的借款费用确认为当期费用，直至资产的购建活动重新开始。据此，在第一季度末，公司考虑到所购建固定资产的非正常中断时间将短于 3 个月，所以，在编制 20×8 年第一季度财务报告时，没有中断借款费用的资本化，将 3 月发生的符合资本化条件的借款费用继续资本化，计入在建工程成本。后来的事实发展表明，公司直至 20×8 年 6 月 15 日才获得补充专门借款，工程才重新开工。这样，公司在编制 20×8 年第二季度财务报告时，如果仅以第二季度发生的交易或者事项作为会计计量的基础，那么，公司在第二季度发生工程非正常中断的时间也只有两个半月，短于借款费用准则规定的借款费用应当暂停资本化的 3 个月的期限，从而在第二季度内将 4 月 1 日至 6 月 15 日所发生的与购建固定资产有关的借款费用将继续资本化，计入在建工程成本。

显然，上述处理是错误的。因为，如果企业只需编制年度财务报告，不必编制季度财务报告，那么，从全年来看，企业建造固定资产工程发生非正常中断的时间为 3 个半月，企业应当暂停这 3 个半月内所发生借款费用资本化。也就是说，如果以整个会计年度作为会计计量的基础，上述 3 月 1 日至 6 月 15 日发生的借款费用都应当予以费用化，计入当期损益。而如果仅以每一报告季度作为会计计量的基础，则上述 3 月 1 日至 6 月 15 日发生的相关借款费用都将继续资本化，计入在建工程成本。季度计量的结果与年度计量的结果将发生不一致，而这种不一致的产生就是由于财务报告的频率由按年编报变为按季编报所致的。毫无疑问，单纯以季度为基础对上述固定资产建造中断期间所发生的借款费用进行计量是不正确的。为了避免企业中期会计计量与年度会计计量的不一致，防止企业因财务报告的频率而影响其年度财务结果的计量，企业应当以年初至本中期末为期间基础进行中期会计计量。

在本例中，当企业编制第二季度财务报告时，对于所购建固定资产中断期间所发生的借款费用的会计处理，应当以 20×8 年 1 月 1 日至 6 月 30 日的期间为基础。显然，在 1 月 1 日至 6 月 30 日的期间基础之上，所购建固定资产的中断期间超过了 3 个月，应当将中断期间所发生的所有借款费用全部费用化，所以在编制第二季度财务报告时，不仅第二季度 4 月 1 日至 6 月 15 日发生的借款费用应当费用化，计入第二季度的损益，而且，上一季度已经资本化了的 3 月的借款费用也应当费用化，调减在建工程成本，调增财务费用，这样计量的结果将能够保证中期会计计量结果与年度会计计量结果相一致，实现财务报告的频率不影响年度结果计量的目标。

需要说明的是，本例还涉及会计估计变更事项，因此企业还应当根据本准则的规定，在其第二季度财务报告附注中作相应披露。

31.2.6 季节性、周期性或者偶然性取得收入的确认和计量

《企业会计准则第 32 号——中期财务报告》规定，企业取得的季节性、周期性或者偶然性收入，应当在发生时予以确认和计量，不应在中期财务报表中预计或者递延，但会计年度末允许预计或者递延的除外。

【例 31-2】HF 公司为一家房地产开发公司，采取滚动开发房地产的方式，即每开发完成一个房地产项目后，再开发下一个房地产项目。该公司于 20×7 年 1 月 1 日开始开发一住宅小区，小区建成完工需 2 年。公司采取边开发、边销售楼盘的策略。假定该公司在 20×7 年各季度分别收到楼盘销售款 1 000 万元、3 000 万元、2 500 万元和 2 000 万元；为小区建设分别发生开发成本 2 000 万元、1 500 万元、2 200 万元和 1 800 万元；在 20×8 年各季度分别收到楼盘销售款 2 500 万元、3 000 万元、3 000 万元和 1 000 万元；为小区建设分别发生开发成本 1 000 万元、1 700 万元、500 万元和 300 万元。小区所有商品房于 20×8 年 11 月完工，12 月全部交付给购房者，并办理完有关产权手续。

本例中，HF 公司的经营业务具有明显的周期性特征，公司只有在每隔一个周期待房地产开发完成并实现对外销售后，才能确认收入，即公司只有在 20×8 年 12 月所建商品房完工后，与商品房有关的风险和报酬已经转移给了购房者，符合收入确认标准后，才能确认收入。这一收入就属于周期性取得的收入，在 20×8 年 12 月之前的各中期都不能预计收入，也不能将已经收到的楼盘销售款直接确认为收入，企业应当在收到这些款项时将其作为预收款处理。对于开发小区所发生的成本也应当首先归集在“开发成本”中，待到确认收入时，再结转相应的成本。另外，该公司对于其经营的周期性特征，则应当根据本准则的要求在各有关中期财务报告附注中予以披露。

31.2.7 会计年度中不均匀发生的费用的确认和计量

《企业会计准则第 32 号——中期财务报告》规定，企业在会计年度中不均匀发生的费用，应当在发生时予以确认和计量，不应在中期财务报表中预提或者待摊，但会计年度末允许预提或者待摊的除外。

【例 31-3】ABC 公司根据年度培训计划，在 20×7 年 6 月对员工进行了专业技能和管理知识方面的集中培训，共发生培训费用 30 万元。

本例中，对于该项培训费用，公司应当直接计入 6 月的损益，不能在 6 月之前预提，也不能在 6 月之后待摊。

31.3　合并财务报表

《企业会计准则讲解》对准则的合并财务报表规定进行了详细解释，如图 31-7 所示。

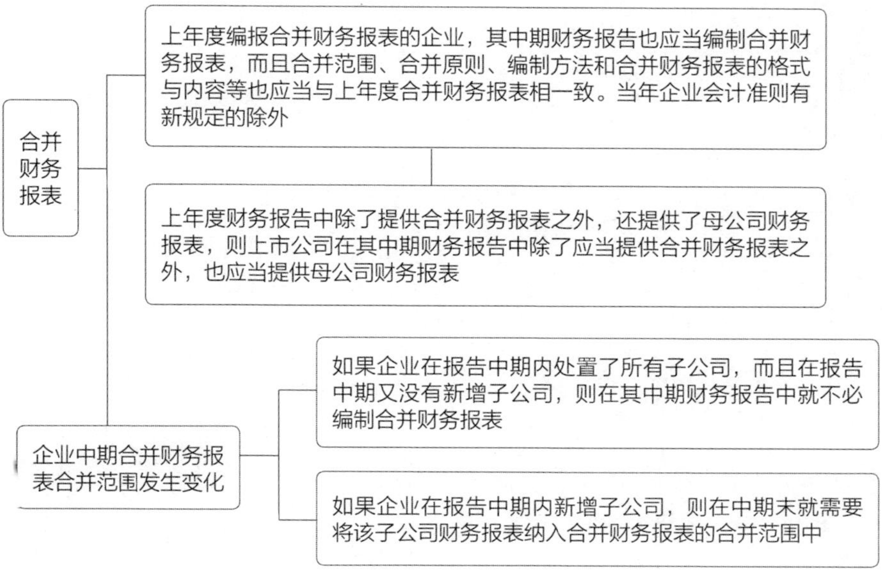

图 31-7　合并财务报表规定

【例 31-4】XYZ 公司成立于 20×7 年年初，公司成立之初没有一家子公司，因此公司在 20×7 年第一季度财务报告中只需要提供公司本身财务报表。在 20×7 年第二季度，公司购并一家 LLQ 公司，获得了该公司 80% 的股份，从而使该公司成为 XYZ 公司的控股子公司。这样，在 20×7 年第二季度财务报告中，XYZ 公司就需要同时提供合并财务报表和母公司财务报表。第 3 季度财务报告和 20×7 年年度财务报告也是如此。

假定在 20×8 年第 1 季度，公司又将 LLQ 子公司对外出售，这样，XYZ 公司在 20×8 年又没有了子公司，所以，尽管公司在上年度财务报告中编制了合并财务报表，但是在 20×8 年第一季度财务报告中，公司无须编制合并财务报表。而且由于在上年度第一季度财务报告中公司也没有编制合并财务报表，所以，在提供上年度比较财务报表时，除了上年度末的资产负债表仍然应当包括合并财务报表和母公司财务报表之外，其他比较财务报表（包括利润表和现金流量表）都不必提供合并财务报表。在 20×8 年第二季度，公司仍然没有需要纳入合并财务报表合并范围的子公司，因此仍然不必编制合并财务报表，但是，在提供上年度比较财务报表时，则应当同时提供合并财务报表和母公司财务报表。

31.4 比较财务报表

《企业会计准则第 32 号——中期财务报告》规定，中期财务报告应当按照下列规定提供比较财务报表，如图 31-8 所示。

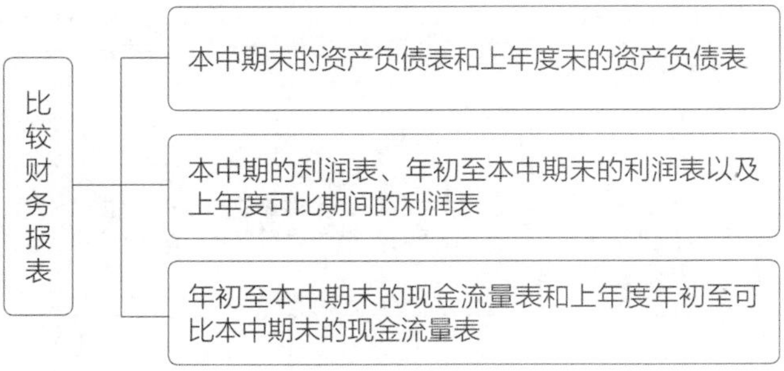

图 31-8 比较财务报表内容

【例 31-5】某企业按要求需要提供半年度中期财务报告，则该企业在截至 20×7 年 6 月 30 日的上半年财务报告中应当提供如下财务报表（见表 31-1）。

表 31-1 财务报表的时间

报表类别	本年度中期财务报表时间（或者期间）	上年度比较财务报表时间（或者期间）
资产负债表	20×7 年 6 月 30 日	20×6 年 12 月 31 日
利润表	20×7 年 1 月 1 日至 6 月 30 日	20×6 年 1 月 1 日至 6 月 30 日
现金流量表	20×7 年 1 月 1 日至 6 月 30 日	20×6 年 1 月 1 日至 6 月 30 日

《企业会计准则》对本准则中比较财务报表的规定进行如下补充说明，如图 31-9 所示。

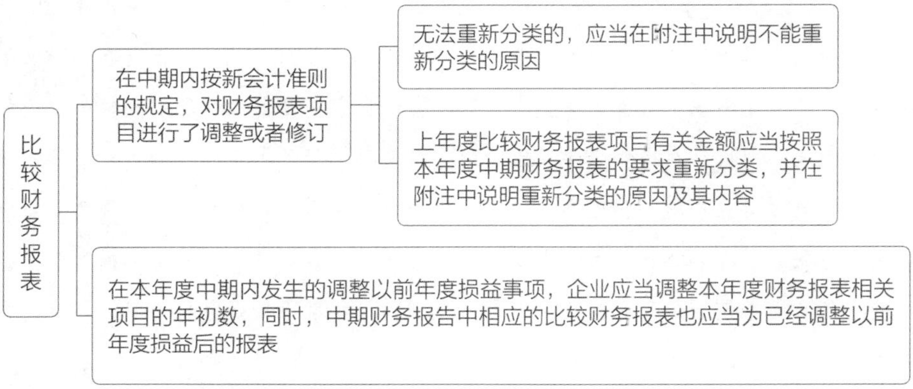

图 31-9 比较财务报表的规定

31.5　附注

《企业会计准则第 32 号——中期财务报告》规定，中期财务报告附注应当按照下列规定进行编制，如图 31-10 所示。

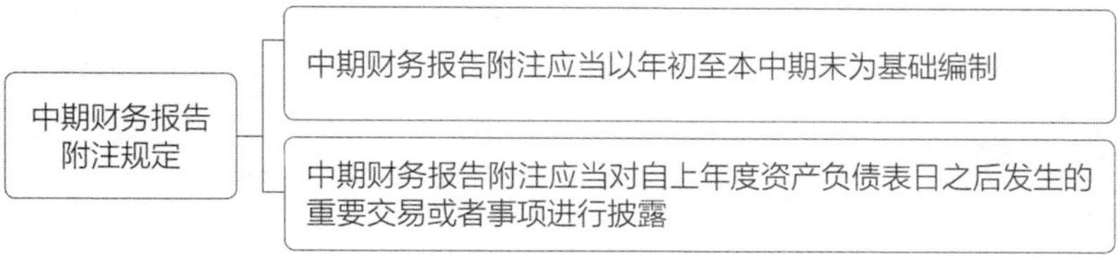

图 31-10　中期财务报告附注规定

1. 中期财务报告附注应当以年初至本中期末为基础编制

【例 31-6】 KK 公司需要编制季度财务报告，该公司在 20×7 年 3 月 5 日对外进行重大投资，设立一家子公司。

本例中，对于这一事项，KK 公司不仅应当在 20×7 年度第一季度财务报告附注中予以披露，还应在 20×7 年度第二季度财务报告和第三季度财务报告附注中予以披露。

2. 中期财务报告附注应当对自上年度资产负债表日之后发生的重要交易或者事项进行披露

【例 31-7】 ABC 公司在 20×7 年 1 月 1 日至 6 月 30 日累计实现净利润 2 500 万元，其中，第二季度实现净利润 80 万元，公司在第二季度转回前期计提的坏账准备 100 万元，第二季度末应收账款余额为 800 万元。

本例中，尽管该公司第二季度转回的坏账准备仅占 ABC 公司 1—6 月净利润总额的 4%（100÷2 500），可能并不重要，但是该项转回金额占第二季度净利润的 125%（100÷80），占第二季度末应收账款余额的 12.5%，对于理解第二季度（4—6 月）经营成果和第二季度末财务状况而言，属于重要事项，所以，ABC 公司应当在第二季度财务报告附注中披露该事项。在实务工作中，企业还应当综合考虑资产规模、经营特征等因素，以对重要性做出较为合理的判断。

《企业会计准则第 32 号——中期财务报告》规定，中期财务报告中的附注至少应当包括下列信息。

（1）中期财务报表所采用的会计政策与上年度财务报表相一致的声明。

会计政策发生变更的，应当说明会计政策变更的性质、内容、原因及其影响数；无法进行追溯调整的，应当说明原因。

（2）会计估计变更的内容、原因及其影响数；影响数不能确定的，应当说明原因。

（3）前期差错的性质及其更正金额；无法进行追溯重述的，应当说明原因。

（4）企业经营的季节性或者周期性特征。

（5）存在控制关系的关联方发生变化的情况；关联方之间发生交易的，应当披露关联方关系的性质、交易类型和交易要素。

（6）合并财务报表的合并范围发生变化的情况。

（7）对性质特别或者金额异常的财务报表项目的说明。

（8）证券发行、回购和偿还情况。

（9）向所有者分配利润的情况，包括在中期内实施的利润分配和已提出或者已批准但尚未实施的利润分配情况。

（10）根据《企业会计准则第35号——分部报告》规定应当披露分部报告信息的，应当披露主要报告形式的分部收入与分部利润（亏损）。

（11）中期资产负债表日至中期财务报告批准报出日之间发生的非调整事项。

（12）上年度资产负债表日以后所发生的或有负债和或有资产的变化情况。

（13）企业结构变化情况，包括企业合并，对被投资单位具有重大影响、共同控制或者控制关系的长期股权投资的购买或者处置，终止经营等。

（14）其他重大交易或者事项，包括重大的长期资产转让及其出售情况、重大的固定资产和无形资产取得情况、重大的研究和开发支出、重大的资产减值损失情况等。

第 32 章
合并财务报表

32.1　合并财务报表基础

32.1.1　合并财务报表的定义及解释

（一）财务报表定义及特点

合并财务报表，是指反映母公司和其全部子公司形成的企业集团（以下简称“企业集团”）整体财务状况、经营成果和现金流量的财务报表。

与个别财务报表（指企业单独编制的财务报表，为了与合并财务报表相区别，将其称之为个别财务报表）相比，合并财务报表具有以下特点，如图 32-1 所示。

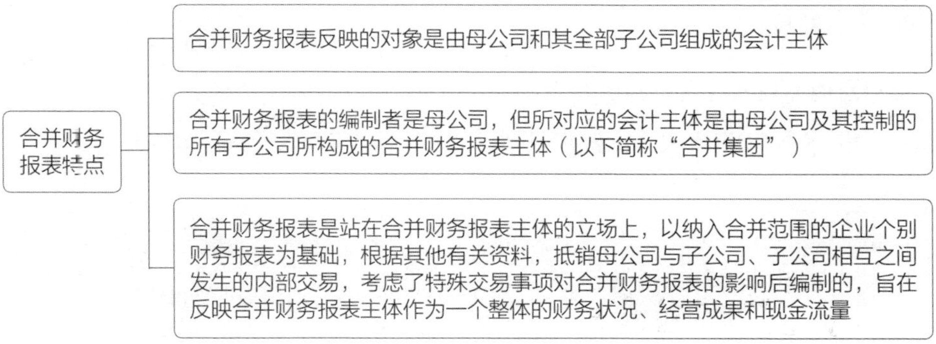

图 32-1　合并财务报表特点

（二）豁免规定

合并财务报表也有可以豁免的情况，如图 32-2 所示。

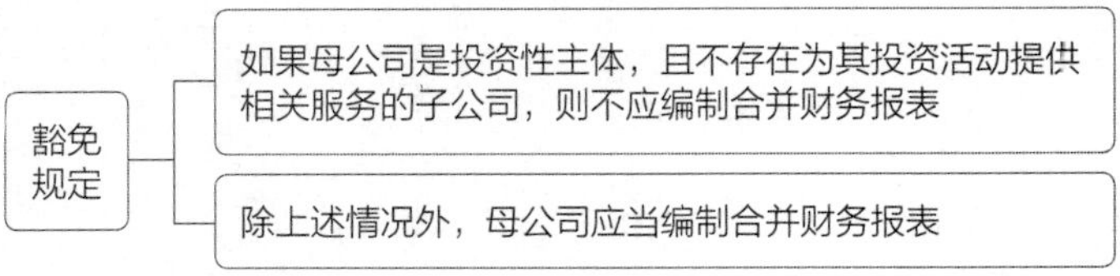

图 32-2　豁免规定

32.1.2　合并范围的确定

（一）控制的定义

《企业会计准则第 33 号——合并财务报表》（修订版）（以下简称“本准则”）对合并范围做出如下规定：合并财务报表的合并范围应当以控制为基础予以确定。

控制，是指投资方拥有对被投资方的权力，通过参与被投资方的相关活动而享有可变回报，并且有能力运用对被投资方的权力影响其回报金额。

（二）控制的要素

要实现控制，必须满足以下三项基本要素，如图 32-3 所示。

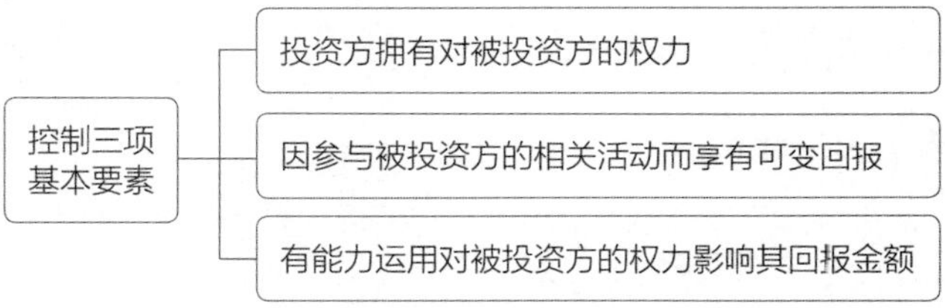

图 32-3　控制三项基本要素

在判断投资方是否能够控制被投资方时，当且仅当投资方具备上述三要素时，才能表明投资方能够控制被投资方。

1．投资方拥有对被投资方的权力

投资方拥有对被投资方权力的确定条件，如图 32-4 所示。

图 32-4　投资方拥有对被投资方权力的确定条件

（1）评估被投资方的设计安排。

被投资方的设计安排如图 32-5 所示。

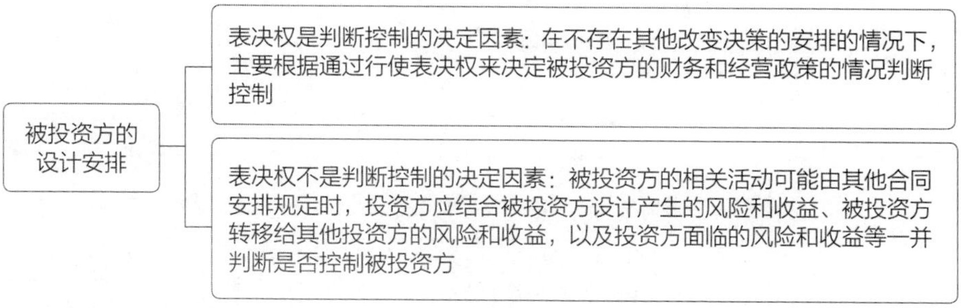

图 32-5　被投资方的设计安排

（2）识别被投资方的相关活动及其决策机制。

① 被投资方的相关活动。相关活动是对被投资方的回报产生重大影响的活动。这些活动可能包括但不限于下列活动，如图 32-6 所示。

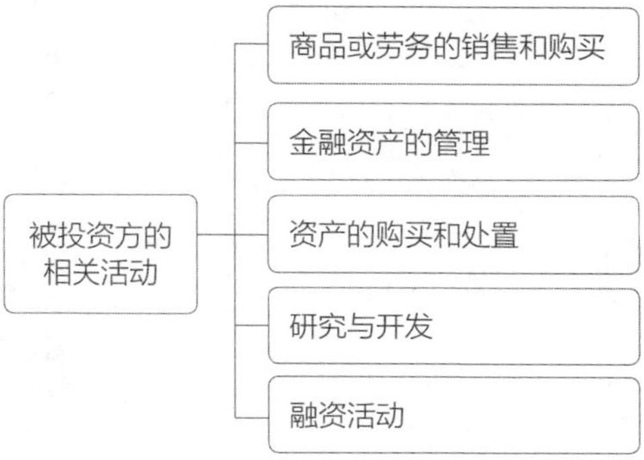

图 32-6　被投资方的相关活动

② 被投资方相关活动的决策机制。投资方是否拥有权力，不仅取决于被投资方的相关活动，还取决于对相关活动进行决策的方式。就相关活动做出的决策包括但不限于下列活动，如图 32-7 所示。

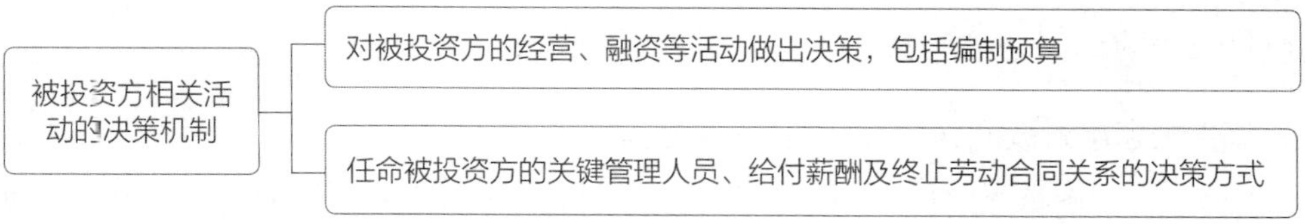

图 32-7　被投资方相关活动的决策机制

本准则第十条规定，当两个或两个以上投资方能够分别单方面主导被投资方的不同相关活动时，能够主导对被投资方回报产生最重大影响的活动的一方拥有对被投资方的权力，此时，通常需要考虑的因素，如图 32-8 所示。

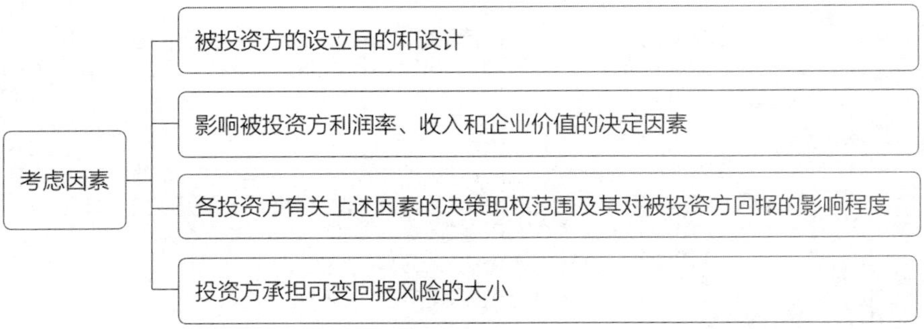

图 32-8　考虑因素

（3）确定投资方拥有的与被投资方相关的权力。

确定投资方拥有的与被投资方相关的权力，需要评估的因素比较多，如图 32-9 所示。

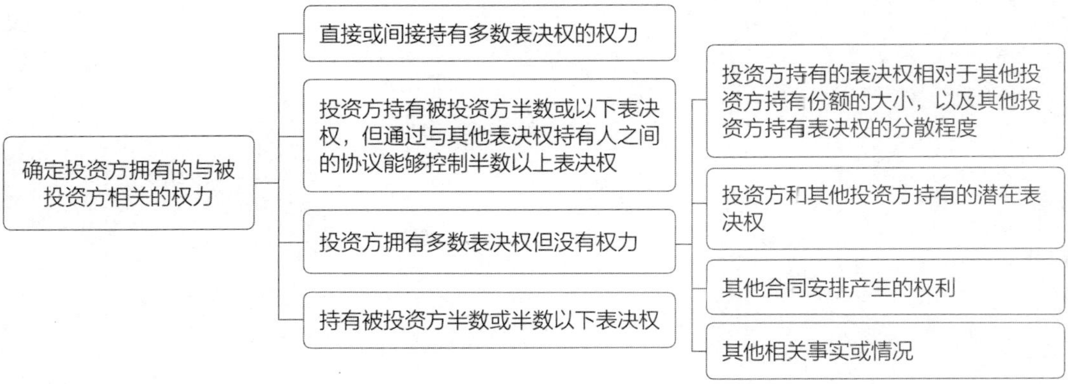

图 32-9　确定投资方拥有的与被投资方相关的权力

2. 因参与被投资方的相关活动而享有可变回报

可变回报是不固定的并可能随被投资方业绩而变动的回报，可能是正数，也可能是负数，或者有正有负。投资方在判断其享有被投资方的回报是否变动以及如何变动时，应当根据合同安排的实质，而不是法律形式。

3. 有能力运用对被投资方的权力影响其回报金额

《企业会计准则第 33 号——合并财务报表》（修订版）第十八条规定，拥有决策权的投资方在判断是否控制被投资方时，需要考虑其决策行为是以主要责任人（即实际决策人）的身份进行还是以代理人的身份进行。此外，在其他方拥有决策权时，投资方还需要考虑其他方是否是以代理人的身份代表该投资方行使决策权。

（1）投资方的代理人。

在判断控制时，代理人的决策权应被视为由主要责任人直接持有，权力属于主要责任人而非代理人，因此，投资方应当将授予代理人的决策权视为自己直接持有的决策权，即使被投资方有多个投资方且其中两个或两个以上投资方有代理人。

决策者在确定其是否为代理人时，根据本准则第十九条规定，应综合考虑该决策者与被投资方以及其他方之间的关系，尤其需要考虑下列四项，如图 32-10 所示。

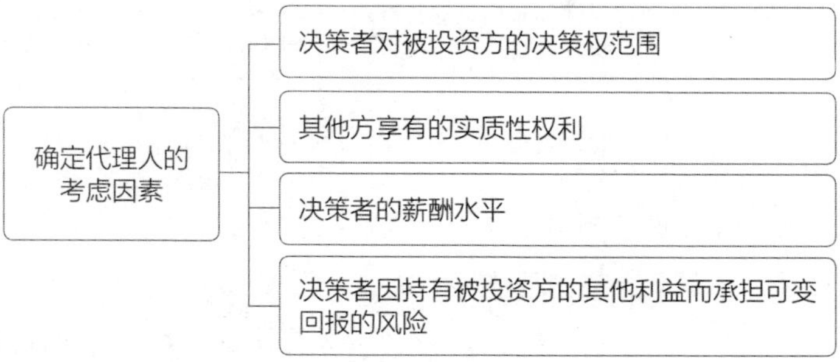

图 32-10　确定代理人的考虑因素

（2）实质代理人。

当投资方（或有能力主导投资方活动的其他方）能够主导某一方代表其行动时，被主导方为投资方的实质代理人。在这种情况下，投资方在判断是否控制被投资方时，应将其实质代理人的决策权以及通过实质代理人而间接承担（或享有）的可变回报风险（或权利）与其自身的权利一并考虑。根据各方的关系，表明一方可能是投资方的实质代理人的情况包括以下情形，如图 32-11 所示。

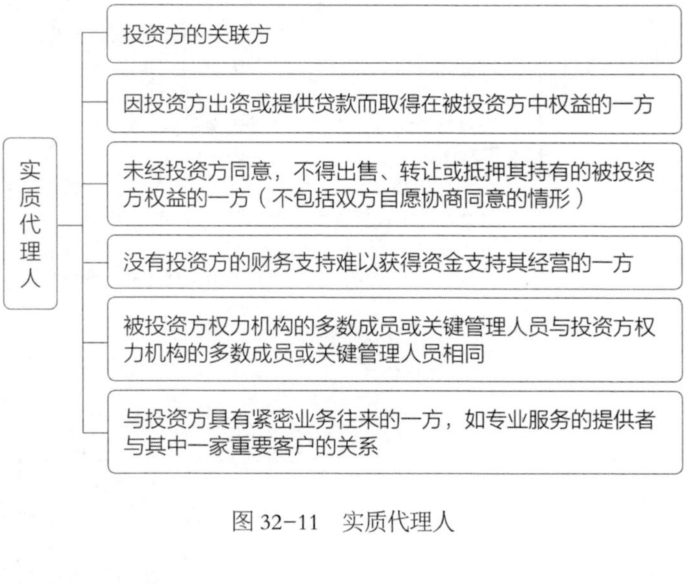

图 32-11　实质代理人

4. 对被投资方可分割部分的控制

本准则第二十条规定，投资方通常应当对是否控制被投资方整体进行判断。但在少数情况下，如果有确凿证据表明同时满足下列条件并且符合相关法律法规规定的，投资方应当将被投资方的一部分（以下简称“该部分”）视为被投资方可分割部分，进而判断是否控制该部分，如图 32-12 所示。

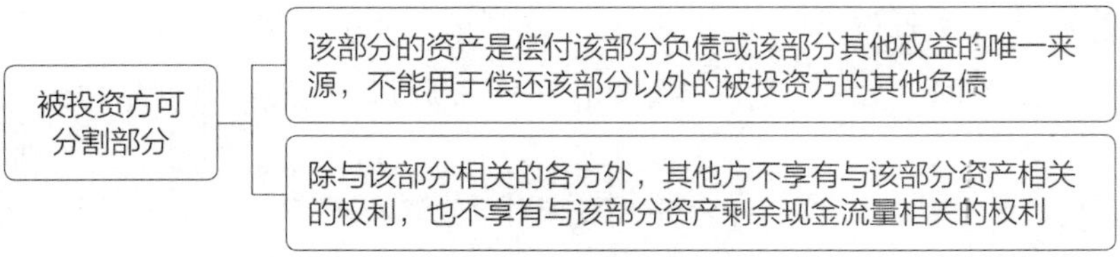

图 32-12　被投资方可分割部分

如果被投资方的一部分资产和负债及相关权益满足上述条件，构成可分割部分，则投资方应当基于控制的判断标准确定其是否能够控制该可分割部分，包括考虑该可分割部分的相关活动及其决策机制，投资方是否有能力主导可分割部分的相关活动并据以从中取得可变回报等。如果投资方控制该可分割部分，则应将其进行合并。此时，其他方在考虑是否控制并合并被投资方时，应仅对被投资方的剩余部分进行评估，不包括该可分割部分。

5．控制的持续评估

控制的评估是持续的，当环境或情况发生变化时，投资方需要评估控制的三项基本要素中的一项或多项是否发生了变化。如果有任何事实或情况表明控制的三项基本要素中的一项或多项发生了变化，投资方应重新评估对被投资方是否具有控制，如图 32-13 所示。

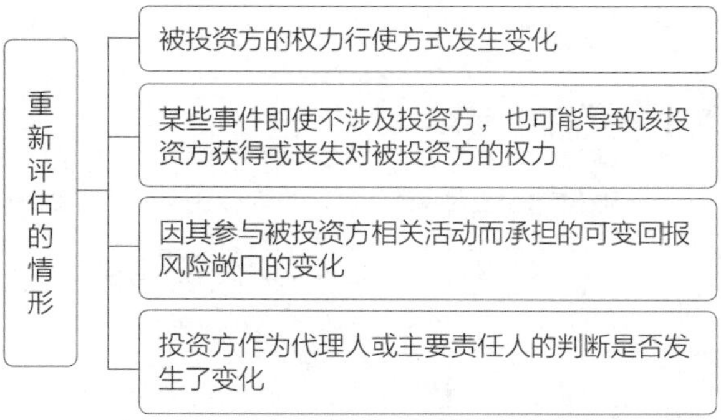

图 32-13　重新评估的情形

6．投资性主体

本准则第二十一条规定，母公司应当将其全部子公司（包括母公司所控制的被投资单位可分割部分、结构化主体）纳入合并范围。如果母公司是投资性主体，则只应将那些为投资性主体的投资活动提供相关服务的子公司（如有）纳入合并范围，其他子公司不应予以合并，应按照公允价值计量且其变动计入当期损益。

一个投资性主体的母公司如果其本身不是投资性主体，则应当将其控制的全部主体，包括投资性主体以及通过投资性主体间接控制的主体，纳入合并财务报表范围。

（1）投资性主体的定义。

根据准则第二十二条的规定，投资性主体的定义中包含了三个需要同时满足的条件，如图 32-14 所示。

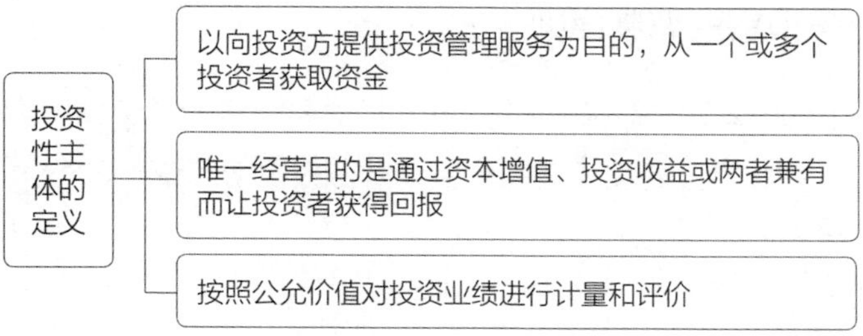

图 32-14　投资性主体的定义

（2）投资性主体的特征。

本准则第二十三条规定，投资性主体通常应当具备下列四个特征，如图 32-15 所示。

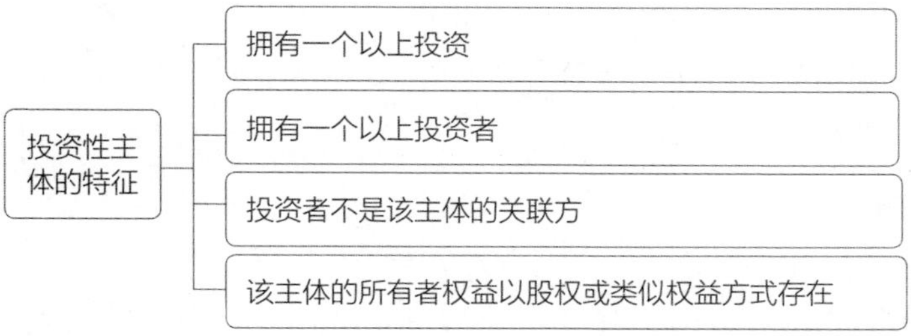

图 32-15　投资性主体的特征

当主体不完全具备上述四个特征时，需要审慎评估，判断是否有确凿证据证明虽然缺少其中一个或几个特征，但该主体仍然符合投资性主体的定义。

（3）投资性主体的转换。

投资性主体的判断需要持续进行，当有事实和情况表明构成投资性主体定义的三项要素发生变化，或者任何典型特征发生变化时，应当重新评估其是否符合投资性主体，如图 32-16 所示。

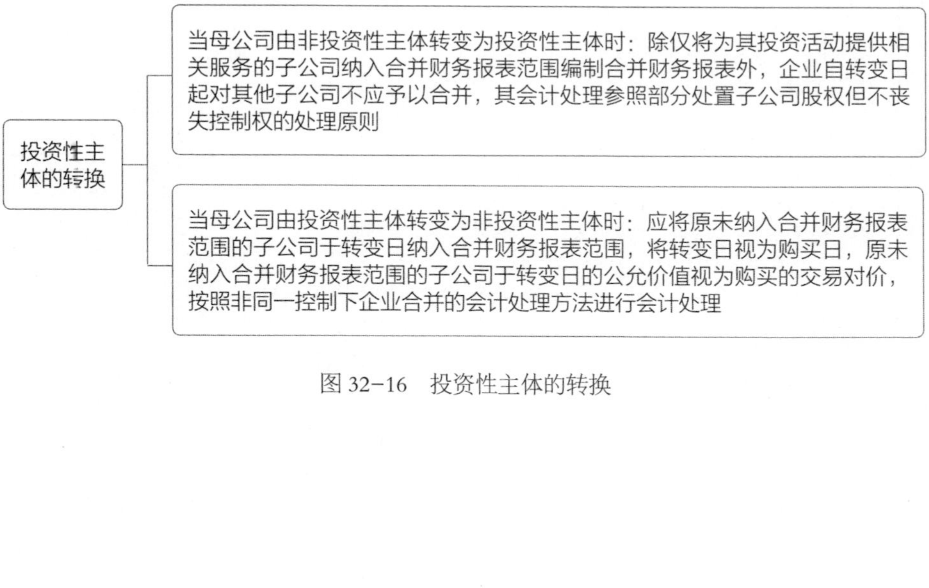

图 32-16　投资性主体的转换

32.1.3　合并财务报表的编制原则

合并财务报表作为财务报表，必须符合财务报表编制的一般原则和基本要求，这些基本要求包括真实可靠、内容完整、重要性等。合并财务报表的编制除了遵循财务报表编制的一般原则和要求外，还应遵循一体性原则。

32.1.4　编制合并财务报表的前期准备工作

合并财务报表的编制涉及多个子公司，为了使编制的合并财务报表准确、全面反映企业集团的真实情况，必须做好一系列的前期准备工作，主要包括以下方面，如图 32-17 所示。

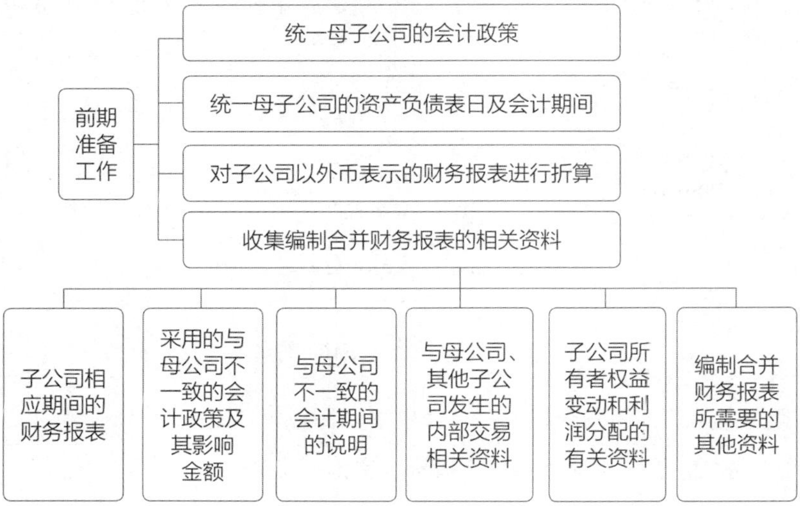

图 32-17　前期准备工作

32.1.5　合并财务报表的编制程序

合并财务报表编制的一般程序，如图 32-18 所示。

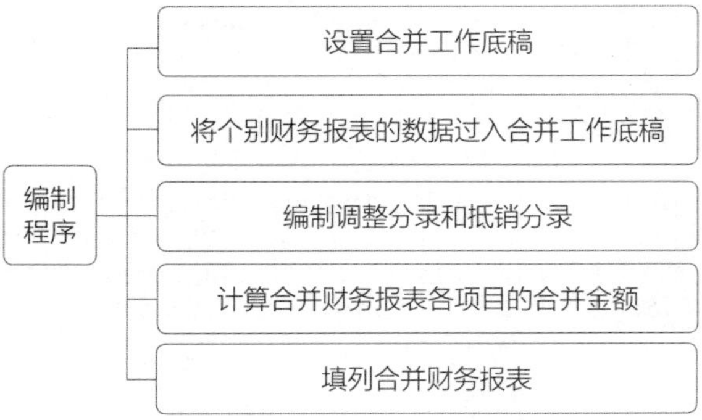

图 32-18　合并财务报表编制的一般程序

32.1.6　报告期内增减子公司的处理

（一）增加子公司

母公司因追加投资等原因控制了另一个企业即实现了企业合并，应当根据《企业会计准则第 20 号——企业合并》（以下简称“企业合并准则”）的规定编制合并日或购买日的合并财务报表。在企业合并发生当期的期末和以后会计期间，母公司应当根据本准则的规定编制合并财务报表，分别情况进行处理，如图 32-19 所示。

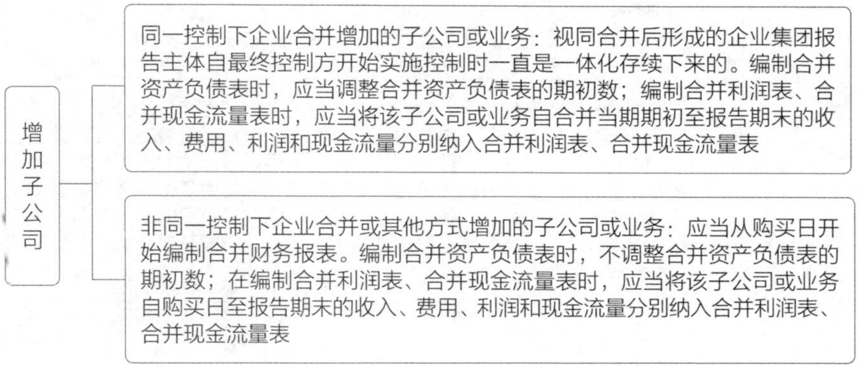

图 32-19　增加子公司的会计处理

（二）处置子公司

在报告期内，如果母公司处置子公司或业务，失去对子公司或业务的控制，被投资方从处置日开始不再是母公司的子公司，不应继续将其纳入合并财务报表的合并范围，在编制合并资产负债表时，不应当调整合并资产负债表的期初数；在编制合并利润表时，应当将该子公司或业务自当期期初至处置日的收入、费用、利润纳入合并利润表；在编制合并现金流量表时，应将该子公司或业务自当期期初至处置日的现金流量纳入合并现金流量表。

32.2　合并日财务报表的编制

在合并日，主要编制合并资产负债表。《企业会计准则第 33 号——合并财务报表》规定，合并资产负债表是反映企业集团在某一特定日期财务状况的财务报表，由合并资产、负债和所有者权益各项目组成。合并资产负债表应当以母公司和子公司的资产负债表为基础，在抵销母公司与子公司、子公司相互之间发生的内部交易对合并资产负债表的影响后，由母公司合并编制。

32.2.1 对子公司的个别财务报表进行调整

在编制合并财务报表时，首先应对各子公司进行分类，分为同一控制下企业合并中取得的子公司和非同一控制下企业合并中取得的子公司两类。很多情况下，需要对子公司的个别财务报表进行调整，如图 32-20 所示。

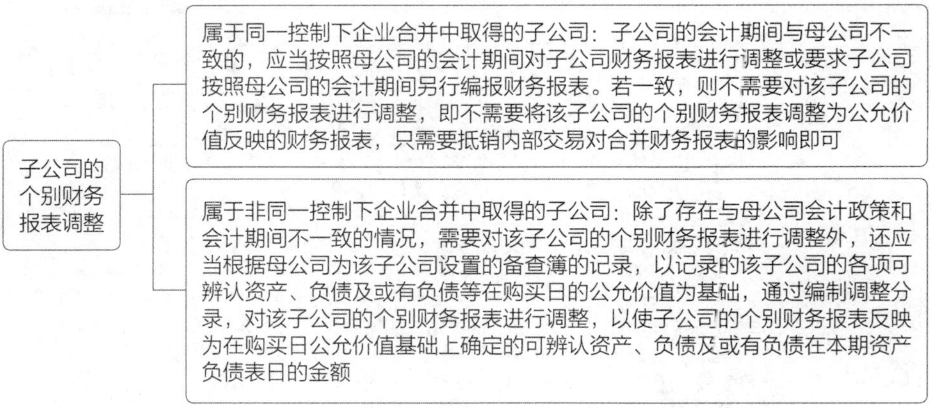

图 32-20 子公司的个别财务报表调整

32.2.2 合并日资产负债表的编制

本准则规定，合并财务报表应当以母公司和其子公司的财务报表为基础，根据其他有关资料，按照权益法调整对子公司的长期股权投资后，由母公司编制。

在合并工作底稿中，按权益法调整对子公司的长期股权投资时，应按照《企业会计准则第 2 号——长期股权投资》所规定的权益法进行调整。应享有子公司净损益的份额的确认如图 32-21 所示。

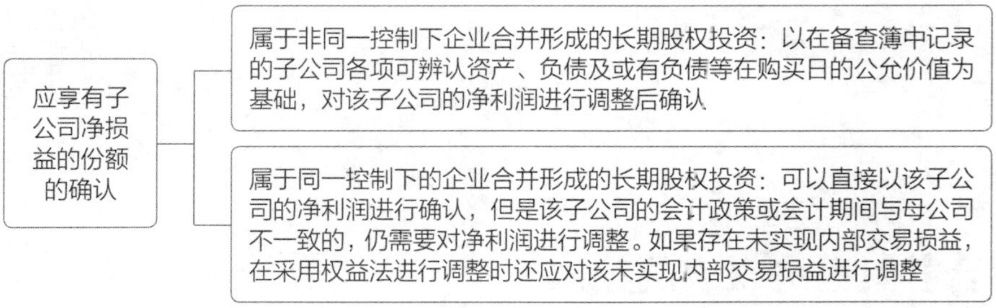

图 32-21 应享有子公司净损益的份额的确认

合并工作底稿中编制的调整分录如图 32-22 所示。

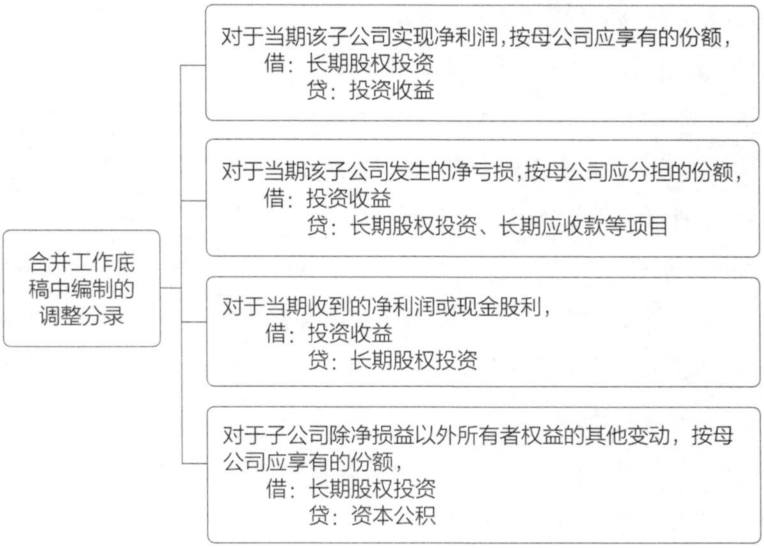

图 32-22　合并工作底稿中编制的调整分录

本准则也允许企业直接在对子公司的长期股权投资采用成本法核算的基础上编制合并财务报表，但是所生成的合并财务报表应当符合本准则的相关规定。

需要注意的是，母子公司有交叉持股情形的，在编制合并财务报表时，对于母公司持有的子公司股权，与通常情况下母公司长期股权投资与子公司所有者权益的合并抵销处理相同，如图 32-23 所示。

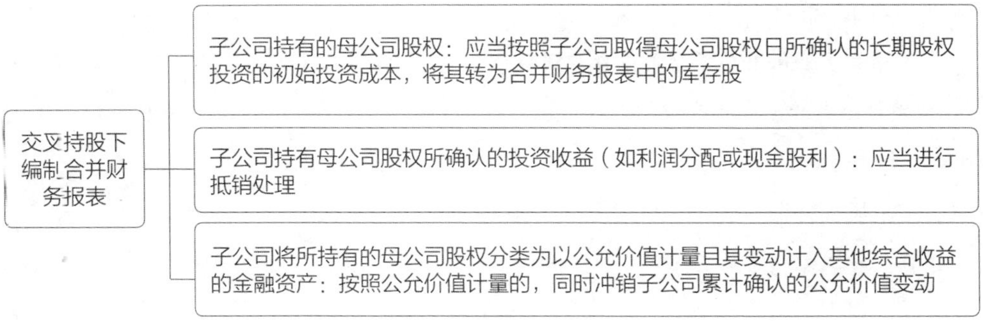

图 32-23　交叉持股下编制合并财务报表

【例 32-1】M 股份有限公司（以下简称“M 公司”）是一家从事新能源产业开发的上市公司。2×13 年 1 月 1 日，M 公司以定向增发普通股股票的方式，从非关联方处购买取得了 N 股份有限公司（以下简称“N 公司”）70% 的股权，于同日通过产权交易所完成了该项股权转让程序，并完成了工商变更登记。M 公司定向增发普通股股票 5 000 万股，每股面值为 1 元，每股市场价格为 2.95 元。M 公司与 N 公司属于非同一控制下的企业。

N 公司 2×13 年 1 月 1 日（购买日）资产负债表有关项目信息列示如下：

（1）股东权益总额为 16 000 万元。其中：股本为 10 000 万元，资本公积为 4 000 万元，盈余公积为600万元，未分配利润为1 400万元。

（2）应收账款账面价值为1 960万元，经评估的公允价值为1 560万元；存货的账面价值为10 000万元，经评估的公允价值为11 000万元；固定资产账面价值为9 000万元，经评估的公允价值为12 000万元，固定资产评估增值为公司办公楼增值，该办公楼采用年限平均法计提折旧，该办公楼的剩余折旧年限为15年。

M公司取得N公司可辨认资产、负债和所有者权益在购买日的公允价值备查簿见表32-1；2×13年1月1日，M公司资产负债表、N公司资产负债表及资产负债公允价值见表32-2。

假定M公司、N公司均是中国境内公司，M公司计划长期持有对N公司的股权，不考虑上述合并事项中所发生的审计、评估、股票发行以及法律服务等相关费用，N公司的会计政策和会计期间与M公司一致，购买日，N公司资产和负债的公允价值与其计税基础之间形成的暂时性差异均符合确认递延所得税资产或递延所得税负债的条件，不考虑M公司、N公司除企业合并和编制合并财务报表之外的其他税费，两家公司适用的所得税税率均为25%。除非有特别说明，本案例中的资产和负债的账面价值与计税基础相同。（本案例的会计分录以万元表示）

分析：

M公司购买N公司股权形成了非同一控制下的企业合并，按照本准则的规定，非同一控制下的企业合并，母公司应当编制购买日的合并资产负债表，因企业合并取得的被购买方各项可辨认资产、负债应当以公允价值列示，母公司应当设置备查簿，记录企业合并中取得的子公司各项可辨认资产、负债在购买日的公允价值。

合并日调整项目：

（1）对母子公司个别资产负债表的调整。

① 调整母公司长期股权投资的入账价值。M公司将购买取得N公司70%的股权作为长期股权投资入账的会计处理如下：

借：长期股权投资——N公司（2.95×5 000）	14 750	（1）
贷：股本	5 000	
资本公积	9 750	

② 调整子公司资产和负债的公允价值。

编制购买日的合并资产负债表时，根据M公司购买N公司设置的股权备查簿中登记的信息，将N公司资产和负债的评估增值或减值分别调增或调减相关资产和负债项目的金额。

根据税法规定，在购买日子公司N公司的资产和负债的计税基础还是其原来的账面价值。购买日子公司资产和负债的公允价值与其计税基础之间的差异，形成暂时性差异。在符合有关原则和确认条件的情况下，编制购买日合并财务报表时，需要对该暂时性差异确认相应的递延所得税资产或递延所得税负债。

本例中，N公司应收账款的公允价值低于其计税基础的金额为400（1 960-1 560）万元，形成可抵扣暂时性差异，应当对其确认递延所得税资产100（400×25%）万元；存货的公允价值高于其计税基础的金额为1 000（11 000-10 000）万元，形成应纳税暂时性差异，应当对其确认递延所得税负债250（1 000×25%）万元；固定资产中的办公楼的公允价值高于其计税基础的金额为3 000（4 000-1 000）万元，形成应纳税暂时性差异，应当对其确认递延所得税负债750（3 000×25%）万元。在合并工作底稿中的调整分录如下：

借：存货　　1 000（2）
　固定资产　　3 000
　递延所得税资产　　100
　贷：应收账款　　400
　　递延所得税负债（250+750）　　1 000
　　资本公积　　2 700

（2）母公司长期股权投资与子公司所有者权益的抵销处理。经过对N公司资产和负债的公允价值调整后，N公司所有者权益总额=16 000+2 700=18 700（万元），M公司对N公司所有者权益中拥有的份额为13 090（18 700×70%）万元，M公司对N公司长期股权投资的金额为14 750万元，因此合并商誉为1 660（14 750-13 090）万元。M公司购买N公司股权所形成的商誉，在M公司个别财务报表中表示对N公司长期股权投资的一部分，在编制合并财务报表时，将长期股权投资与在子公司所有者权益中所拥有的份额相抵销，其抵销差额在合并资产负债表中则表现为商誉。M公司购买股权备查簿如表32-1所示，合并资产负债表如表32-2所示。

M公司长期股权投资与其在N公司所有者权益中拥有份额的抵销分录如下：

借：股本　　10 000（3）
　资本公积　　6 700
　盈余公积　　600
　未分配利润　　1 400
　商誉　　1 660
　贷：长期股权投资——N公司　　14 750
　　少数股东权益　　5 610

表32-1　M公司购买股权备查簿——N公司

单位：万元

购买日：2×13年1月1日；购买价：14 750万元；本次交易后累计持股：70%

项目	购买日账面价值	购买日公允价值	公允价值与账面价值的差额	合并报表调整	公允价值增加额计提折旧或摊销后余额	备注
流动资产	17 500	18 100	600			
其中：应收账款	1 960	1 560	–400			

续表

项目	购买日账面价值	购买日公允价值	公允价值与账面价值的差额	合并报表调整	公允价值增加额计提折旧或摊销后余额	备注
存货	10 000	11 000	1 000			
非流动资产	11 500	14 500	3 000			
其中：固定资产——N 办公楼	1 000	4 000	3 000			
资产总计	29 000	32 600	3 600			
流动负债	10 500	10 500	0			
非流动负债	2 500	2 500	0			
负债合计	13 000	13 000	0			
股本	10 000	10 000	0			
资本公积	4 000					
盈余公积	600	600	0			
未分配利润	1 400	1 400	0			
股东权益合计	16 000	19 600	3 600			
负债和股东权益总计	29 000	32 600	3 600			

表 32-2　资产负债表（简表）

会企 01 表

编制单位：M 公司　　　　2×13 年 1 月 1 日　　　　单位：元

资产	M 公司	N 公司		负债和所有者权益（或股东权益）	M 公司	N 公司	
		账面价值	公允价值			账面价值	公允价值
流动资产：				流动负债：			
货币资金	4 500	2 100	2 100	短期借款	6 000	2 500	2 500
交易性金融资产	2 000	900	900	交易性金融负债	1 900	0	0
衍生金融资产	0	0	0	衍生金融负债	0	0	0
应收票据及应收账款	5 250	3 460	3 060	应付票据及应付账款	14 000	3 600	3 600
预付款项	1 000	440	440	预收款项	1 500	650	650
其他应收款	2 100	0	0	合同负债	0	0	0
存货	15 500	10 000	11 000	应付职工薪酬	3 000	800	800

续表

资产	M 公司	N 公司		负债和所有者权益（或股东权益）	M 公司	N 公司	
		账面价值	公允价值			账面价值	公允价值
合同资产	0	0	0	应交税费	1 000	600	600
持有待售资产	0	0	0	其他应付款	2 000	2 000	2 000
一年内到期的非流动资产	0	0	0	持有待售负债	0	0	0
其他流动资产	650	600	600	一年内到期的非流动负债	0	0	0
流动资产合计	31 000	17 500	18 100	其他流动负债	600	350	350
非流动资产：				流动负债合计	30 000	10 500	10 500
债权投资	3 000	700	700	非流动负债：			
其他债权投资	5 500	0	0	长期借款	2 000	1 500	1 500
长期应收款	0	0	0	应付债券	10 000	1 000	1 000
长期股权投资	16 000	0	0	其中：优先股	0	0	0
其他权益工具投资	0	0	0	永续债	0	0	0
其他非流动金融资产	0	0	0	长期应付款	1 000	0	0
投资性房地产	0	0	0	预计负债	0	0	0
固定资产	10 500	9 000	12 000	递延收益	0	0	0
在建工程	10 000	1 000	1 000	递延所得税负债	0	0	0
生产性生物资产	0	0	0	其他非流动负债	0	0	0
油气资产	0	0	0	非流动负债合计	13 000	2 500	2 500
无形资产				负债合计	43 000	13 000	13 000
开发支出	2 000	800	800	所有者权益（或股东权益）：			
商誉	0	0	0	实收资本（或股本）	20 000	10 000	10 000
长期待摊费用	0	0	0	其他权益工具	0	0	0
递延所得税资产	0	0	0	其中：优先股	0	0	0
其他非流动资产	0	0	0	永续债	0	0	0
非流动资产合计	47 000	11 500	14 500	资本公积	5 000	4 000	7 600

续表

资产	M 公司	N 公司		负债和所有者权益(或股东权益)	M 公司	N 公司	
		账面价值	公允价值			账面价值	公允价值
				减：库存股	0	0	0
				其他综合收益	0	0	0
				盈余公积	5 500	600	600
				未分配利润	4 500	1 400	1 400
				所有者权益（或股东权益）合计	35 000	16 000	19 600
资产总计	78 000	29 000	32 600	负债和所有者权益(或股东权益)总计	78 000	29 000	32 600

根据上述调整分录和抵销分录，M 公司编制购买日合并资产负债表工作底稿见表 32-3。

表 32-3　合并资产负债表工作底稿（简表）

编制单位：M 公司　　　　2×13 年 1 月 1 日　　　　单位：万元

项目	M 公司	N 公司	合计金额	调整分录		抵销分录		合并金额
				借方	贷方	借方	贷方	
流动资产：								
货币资金	4 500	2 100	6 600					6 600
交易性金融资产	2 000	900	2 900					2 900
应收票据及应收账款	5 250	3 460	8 710		（2）400			8 310
预付账款	1 000	440	1 440					1 440
其他应收款	2 100	0	0					2 100
存货	15 500	10 000	25 500	（2）1 000				26 500
其他流动资产	650	600	1 250					1 250
流动资产合计	31 000	17 500	48 500	1 000	400	0	0	49 100
非流动资产：								
债权投资	3 000	700	3 700					3 700
其他债权投资	5 500	0	5 500					5 500
长期应收款	0	0	0					0
长期股权投资	16 000	0	16 000	（1）14 750			（3）14 750	16 000

续表

项目	M 公司	N 公司	合计金额	调整分录		抵销分录		合并金额
				借方	贷方	借方	贷方	
固定资产	10 500	9 000	19 500	（2）3 000				22 500
在建工程	10 000	1 000	11 000					11 000
无形资产	2 000	800	2 800					2 800
商誉	0	0	0			（3）1 600		1 600
递延所得税资产	0	0	0	（2）100				100
其他非流动资产	0	0	0					0
非流动资产合计	47 000	11 500	58 500	17 850	0	1 660	14 750	63 260
资产合计	78 000	29 000	107 000	18 850	400	1 660	14 750	112 360
流动负债：								
短期借款	6 000	2 500	8 500					8 500
交易性金融负债	1 900	0	1 900					1 900
应付票据及应付账款	14 000	3 600	17 600					17 600
预收账款	1 500	650	2 150					2 150
应付职工薪酬	3 000	800	3 800					3 800
应交税费	1 000	600	1 600					1 600
其他应付款	2 000	2 000	0					2 000
其他流动负债	600	350	950					950
流动负债合计	30 000	10 500	40 500					40 500
非流动负债：								
长期借款	2 000	1 500	3 500					3 500
应付债券	10 000	1 000	11 000					11 000
长期应付款	1 000	0	1 000					1 000
递延所得税负债	0	0	0		（2）1 000			1 000
其他非流动负债	0	0	0					0
非流动负债合计	13 000	2 500	15 500		1 000			16 500
负债合计	43 000	13 000	56 000		1 000			57 000
所有者权益（或股东权益）：								

续表

项目	M 公司	N 公司	合计金额	调整分录		抵销分录		合并金额
				借方	贷方	借方	贷方	
实收资本（或股本）	20 000	10 000	30 000		（1）5 000	（3）10 000		25 000
资本公积	5 000	4 000	9 000		（1）9 750 （2）2 700	（3）6 700		14 750
其他综合收益	0	0	0					0
盈余公积	5 500	600	6 100			（3）600		5 500
未分配利润	4 500	1 400	5 900			（3）1 400		4 500
归属于母公司所有者权益合计	35 000	16 000	51 000	0	17 450	18 700	0	49 750
少数股东权益							（3）5 610	5 610
所有者权益合计	35 000	16 000	51 000		17 450	18 700	5 610	55 360
负债和所有者权益合计	78 000	29 000	107 000	0	18 450	18 700	5 610	112 360

32.3 购买日后合并财务报表的编制

32.3.1 合并资产负债表

合并资产负债表是以母公司和子公司的个别资产负债表为基础编制的。个别资产负债表则是以单个企业为会计主体进行会计核算的结果。从发生内部交易的企业来看，发生交易的各方都在其个别资产负债表中进行了反映。作为反映企业集团整体财务状况的合并资产负债表，必须将这些重复计算的因素予以扣除，对这些重复的因素进行抵销处理。编制合并资产负债表时需要进行抵销处理的，主要有以下项目，如图 32-24 所示。

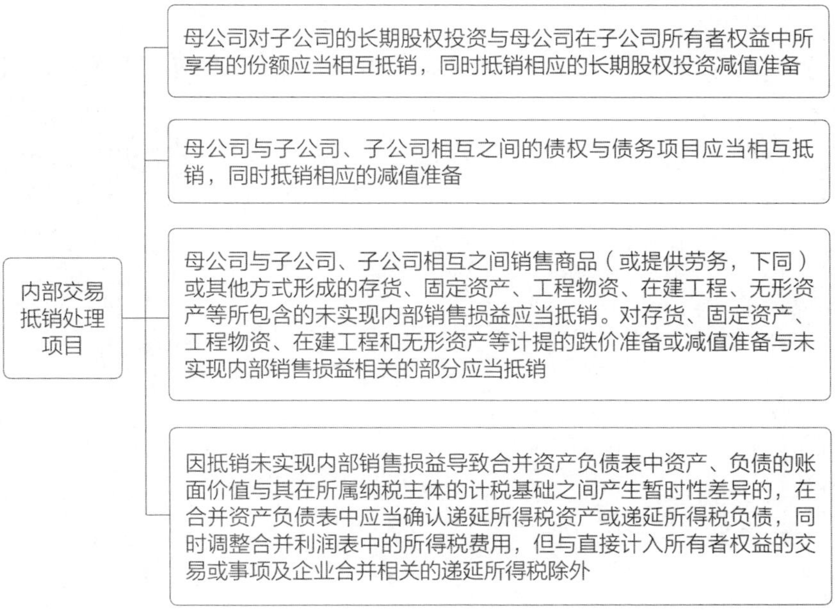

图 32-24　内部交易抵销处理项目

（一）母公司对子公司的长期股权投资与母公司在子公司所有者权益中所享有的份额应当相互抵销，同时抵销相应的长期股权投资减值准备

长期股权投资的抵销处理，如图 32-25 所示。

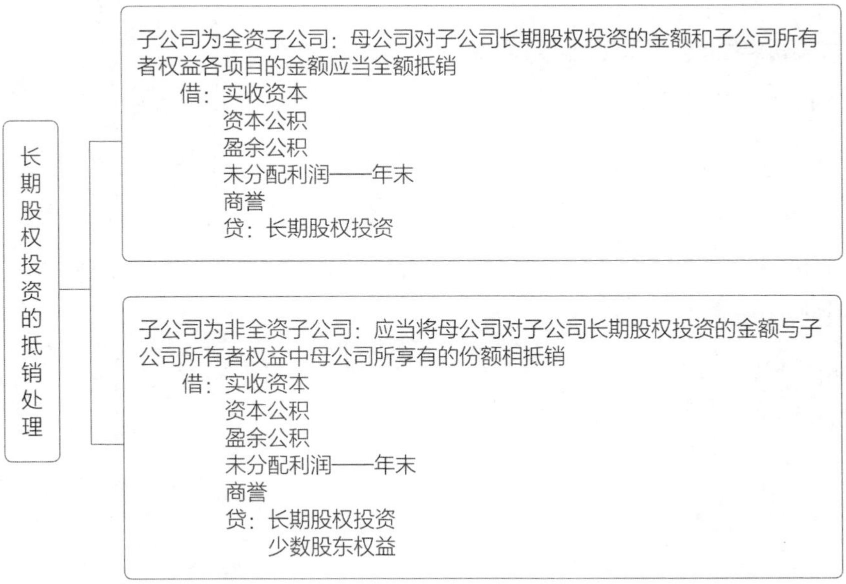

图 32-25　长期股权投资的抵销处理

另外，子公司持有母公司的长期股权投资，应当视为企业集团的库存股，作为所有者权益的减项，在合并资产负债表中所有者权益项目下以“减：库存股”项目列示。子公司相互之间持有的长期股权投资，应当比照母公司对子公司的股权投资的抵销方法，将长期股权投资与其对应的子公司所有者权益中所享有的份额相互抵销。

（二）母公司与子公司、子公司相互之间的债权与债务项目应当相互抵销，同时抵销相应的减值准备

债权与债务项目抵销处理，如图 32-26 所示。

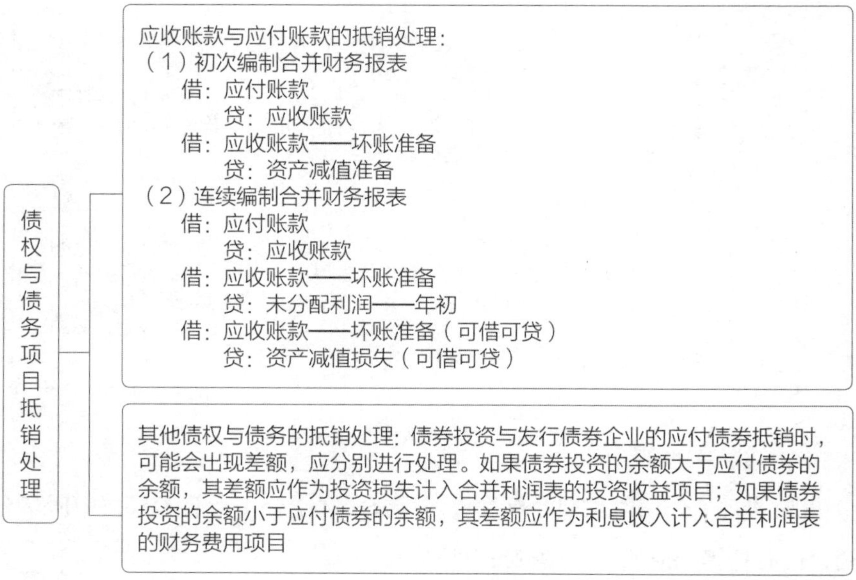

图 32-26　债权与债务项目抵销处理

1. 应收账款与应付账款的抵销处理

初次编制合并财务报表时应收账款与应付账款的抵销处理。

【例 32-2】P 公司 2×13 年个别资产负债表中应收账款为 475 万元（假定不含增值税，下同）为 2×13 年向 S 公司销售商品发生的应收销货款的账面价值，P 公司对该笔应收账款计提的坏账准备为 25 万元。S 公司 2×13 年个别资产负债表中应付账款 500 万元系 2×13 年向 P 公司购进商品存货发生的应付购货款。

在编制合并财务报表时，应将内部应收账款与应付账款相互抵销；同时还应将内部应收账款计提的坏账准备予以抵销，其抵销分录为：

借：应付账款	5 000 000	
贷：应收账款		5 000 000
借：应收账款——坏账准备	250 000	
贷：资产减值损失		250 000

2. 其他债权与债务的抵销处理

【例 32-3】P 公司 2×13 年个别资产负债表中预收款项 100 万元为 S 公司预付账款；应收

票据 400 万元为 S 公司 2×13 年向 P 公司购买商品 3 500 万元开具的票面金额为 400 万元的商业承兑汇票；S 公司应付债券 200 万元为 P 公司所持有（P 公司划归为债权投资）。对此，在编制合并资产负债表时，应编制如下抵销分录：

将内部预收账款与内部预付账款抵销时，应编制如下抵销分录：

借：预收款项　　1 000 000

　　贷：预付款项　　1 000 000

将内部应收票据与内部应付票据抵销时，应编制如下抵销分录：

借：应付票据　　4 000 000

　　贷：应收票据　　4 000 000

将债权投资中债券投资与应付债券抵销时，应编制如下抵销分录：

借：应付债券　　2 000 000

　　贷：债权投资　　2 000 000

（三）母公司与子公司、子公司相互之间销售商品（或提供劳务，下同）或其他方式形成的存货、固定资产、工程物资、在建工程、无形资产等所包含的未实现内部销售损益应当抵销。对存货、固定资产、工程物资、在建工程和无形资产等计提的跌价准备或减值准备与未实现内部销售损益相关的部分应当抵销

1. 存货价值中包含的未实现内部销售损益的抵销处理

在编制合并资产负债表时，应当将存货价值中包含的未实现内部销售损益予以抵销，如图 32-27 所示。

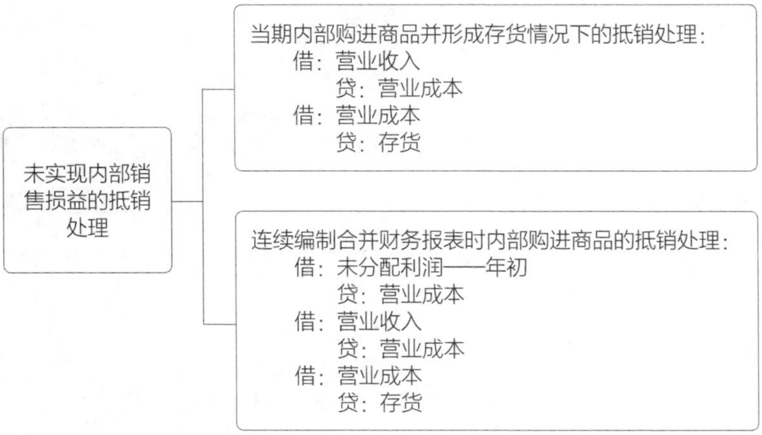

图 32-27　未实现内部销售损益的抵销处理

【例 32-4】 S 公司 2×13 年向 P 公司销售商品 1 000 万元，其销售成本为 800 万元，该商品的销售毛利率为 20%。P 公司购进的该商品 2×13 年全部未实现对外销售而形成期末存货。编制如下分录：

借：主营业务收入　　　　10 000 000

　　贷：主营业务成本　　　　10 000 000

借：主营业务成本　　　　2 000 000

　　贷：存货　　　　2 000 000

2. 内部固定资产交易的抵销处理

内部固定资产交易是指企业集团内部发生交易的一方与固定资产有关的购销业务。对于企业集团内部固定资产交易，根据销售企业销售的是产品还是固定资产，可以将其划分为两种类型，如图 32-28 所示。

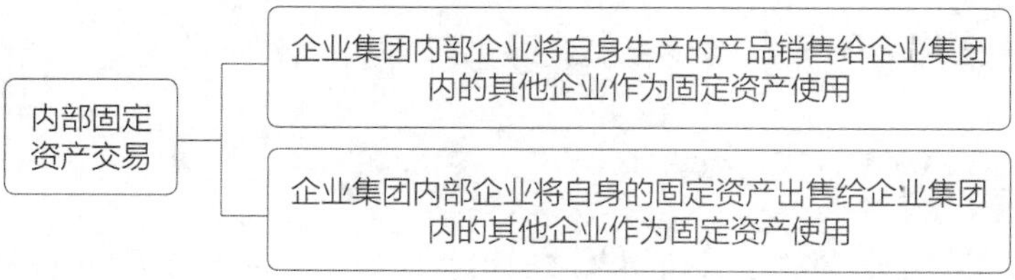

图 32-28　内部固定资产交易

（1）企业集团内部的母公司或子公司将自身生产的产品销售给企业集团内部的其他企业作为固定资产使用，以下重点介绍这种类型的内部固定资产交易的抵销处理，如图 32-29 所示。

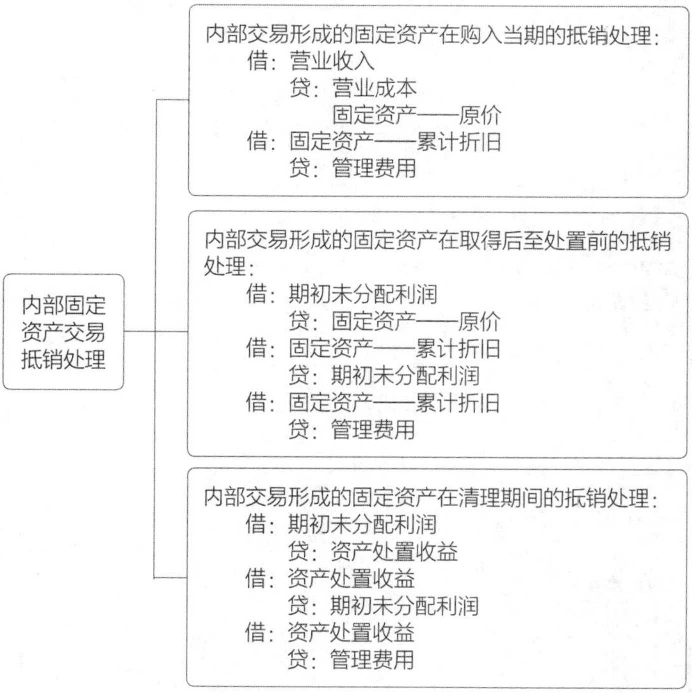

图 32-29　内部固定资产交易抵销处理（产品——固定资产）

为便于理解，本节有关内部交易形成的固定资产多计提的折旧费的抵销，均假定该固定资产为购买企业的管理用固定资产，通过“管理费用”科目进行抵销。

【例32-5】S公司2×13年以300万元的价格将其生产的产品销售给P公司，其销售成本为270万元，因该内部固定资产交易实现的销售利润为30万元。P公司购买该产品作为管理用固定资产使用，按300万元入账。假设P公司对该固定资产按3年的使用寿命采用年限平均法计提折旧，预计净残值为0。该固定资产交易时间为2×13年1月1日，本章为简化抵销处理，假定P公司该内部交易形成的固定资产于2×13年按12个月计提折旧。

本例有关抵销处理如下：

与该固定资产相关的销售收入、销售成本以及原价中包含的未实现内部销售损益的抵销。

借：主营业务收入	3 000 000	
贷：主营业务成本		2 700 000
固定资产——原价		300 000

该固定资产当期多计提折旧额的抵销。

该固定资产折旧年限为3年，原价为300万元，预计净残值为0。2×13年计提的折旧额为100万元，而按抵销其原价中包含的未实现内部销售损益后的原价2×13年计提的折旧额为90万元，当期多计提的折旧额为10万元。本例中应当按10万元分别抵销管理费用和累计折旧。

借：固定资产——累计折旧	100 000	
贷：管理费用		100 000

通过上述抵销分录，在合并工作底稿中固定资产累计折旧额减少10万元，管理费用减少10万元，在合并财务报表中该固定资产的累计折旧为90万元，该固定资产当期计提的折旧费为90万元。

（2）企业集团内部企业将其自用的固定资产出售给集团内部的其他企业。内部固定资产交易抵销处理（固定资产——固定资产）如图32-30所示。

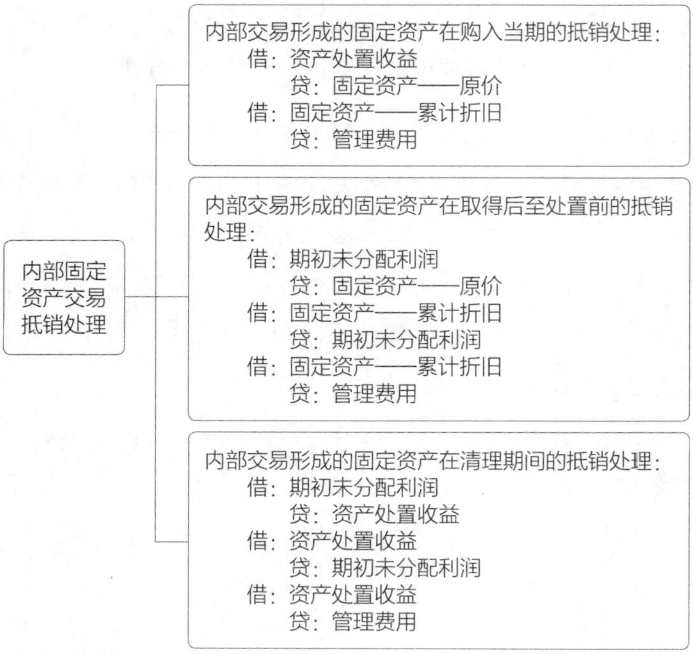

图32-30　内部固定资产交易抵销处理（固定资产——固定资产）

【例32-6】假设P公司将其账面价值为130万元的某项固定资产以120万元的价格出售给S公司作为管理用固定资产。P公司因该内部固定资产交易发生处置损失10万元。假设S公司以120万元作为该项固定资产的成本入账，S公司对该固定资产按5年的使用寿命采用年限平均法计提折旧，预计净残值为0。该固定资产交易时间为2×13年7月1日，本章为简化处理，假定S公司该内部交易固定资产于2×13年按6个月计提折旧。

本例有关抵销处理如下：

该固定资产的处置损失与固定资产原价中包含的未实现内部销售损益的抵销。

借：固定资产——原价　　100 000

　　贷：资产处置收益　　100 000

该固定资产当期少计提折旧额的抵销。

该固定资产折旧年限为5年，原价为120万元，预计净残值为0。2×13年计提的折旧额为12万元，而按抵销其原价中包含的未实现内部销售损益后的原价，2×13年应计提的折旧额为13万元，当期少计提的折旧额为1万元。本例中应当按1万元分别抵销管理费用和累计折旧。

借：管理费用　　10 000

　　贷：固定资产——累计折旧　　10 000

通过上述抵销分录，在合并工作底稿中固定资产累计折旧额增加1万元，管理费用增加1万元，在合并财务报表中该固定资产的累计折旧为13万元，该固定资产当期计提的折旧费为13万元。

（四）内部交易抵销所得税的会计处理

在编制合并财务报表时，由于需要对企业集团内部交易进行合并抵销处理，由此可能导致在合并财务报表中反映的资产、负债账面价值与其计税基础不一致，存在着差异。在计算确定资产、负债的账面价值与计税基础之间差异的基础上，确认相应的递延所得税资产或递延所得税负债。

【例 32-7】甲公司持有 A 公司 80% 的股权，是 A 公司的母公司。甲公司 20×1 年利润表列示的营业收入有 5 000 万元，是当年向 A 公司销售产品取得的销售收入，该产品销售成本为 3 500 万元。A 公司在 20×1 年将该批内部购进商品的 60% 实现对外销售，其销售收入为 3 750 万元，销售成本为 3 000 万元，并列示于其利润表中；该批商品的另外 40% 则形成 A 公司期末存货，即期末存货为 2 000 万元，列示于 A 公司 20×1 年的资产负债表中。假定该期末存货未发生减值。甲公司和 A 公司适用的企业所得税税率均为 25%。

甲公司在编制合并财务报表时，其合并处理如下：

借：营业收入　　5 000
　贷：营业成本　　4 400
　　存货　　600
借：递延所得税资产（600×25%）　　150
　贷：所得税费用　　150

32.3.2　合并利润表

《企业会计准则第 33 号——合并财务报表》规定，合并利润表应当以母公司和子公司的利润表为基础，在抵销母公司与子公司、子公司相互之间发生的内部交易对合并利润表的影响后，由母公司合并编制。

编制合并利润表时需要进行抵销处理的，主要有以下项目，如图 32-31 所示。

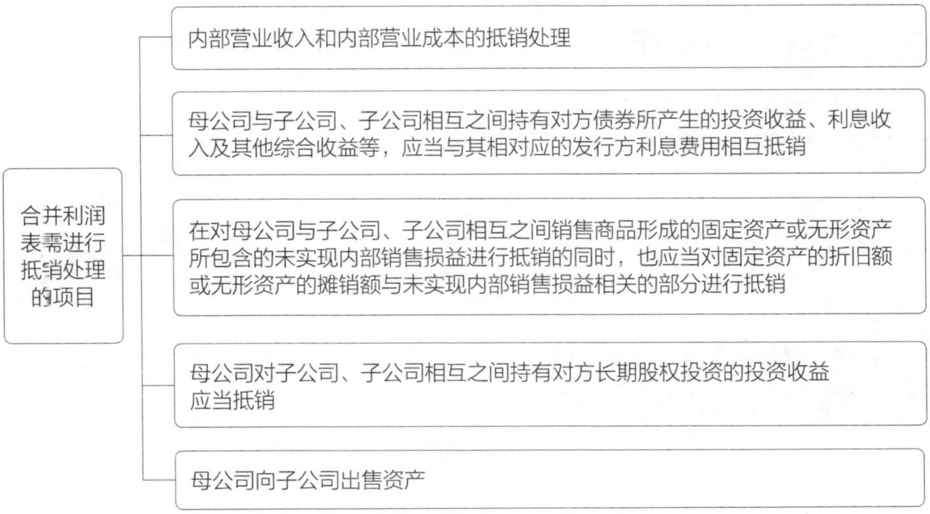

图 32-31　合并利润表需进行抵销处理的项目

（一）内部营业收入和内部营业成本的抵销处理

（1）母公司与子公司、子公司相互之间销售商品，期末全部实现对外销售。

从整个企业集团来看，这一购销业务只是实现了一次对外销售，其销售收入只是购买企业向企业集团外部企业销售该产品的销售收入，其销售成本只是销售企业向购买企业销售该商品的成本。因此，在编制合并利润表时，就必须将重复反映的内部营业收入与内部营业成本予以抵销。

【例32-8】假设P公司2×19年利润表的营业收入中有3 500万元，系向S公司销售产品取得的销售收入，该产品销售成本为3 000万元。S公司在本期将该产品全部售出，其销售收入为5 000万元，销售成本为3 500万元，反映在S公司利润表中。

对此，编制合并利润表将内部销售收入和内部销售成本予以抵销，应编制如下抵销分录：

借：主营业务收入　　35 000 000

　贷：主营业务成本　　35 000 000

（2）母公司与子公司、子公司相互之间销售商品，期末未实现对外销售而形成存货的抵销处理。

母公司与子公司、子公司相互之间销售商品，期末未实现对外销售而形成存货、固定资产、工程物资、在建工程、无形资产等资产的，在抵销销售商品的营业成本和营业收入的同时，应当将各项资产所包含的未实现内部销售损益予以抵销。

（3）母公司与子公司、子公司相互之间销售商品，期末部分实现对外销售、部分形成期末存货的抵销处理。即内部购进的部分商品实现对外销售、部分形成期末存货的情况，可以将内部购买的商品分解为两部分来理解：一部分为当期购进并全部实现对外销售；另一部分为当期购进但未实现对外销售而形成期末存货。【例32-8】介绍的就是前一部分的抵销处理；【例32-4】介绍的则是后一部分的抵销处理。

将【例32-8】和【例32-4】的抵销处理合在一起，就是第三种情况下的抵销处理。其抵销处理如下：

借：主营业务收入（35 000 000+10 000 000）　　45 000 000

　贷：主营业务成本　　45 000 000

借：主营业务成本（0+2 000 000）　　2 000 000

　贷：存货　　2 000 000

（二）母公司与子公司、子公司相互之间持有对方债券所产生的投资收益、利息收入及其他综合收益等，应当与其相对应的发行方利息费用相互抵销

【例32-9】假设S公司2×19年确认的应向P公司支付的债券利息费用总额为20万元（假定该债券的票面利率与实际利率相差较小，发生的债券利息费用不符合资本化条件）。在编制合并利润表时，应将内部债券投资收益与应付债券利息费用相互抵销，其抵销分录为：

借：投资收益　　200 000

　　贷：财务费用　　200 000

（三）母公司对子公司、子公司相互之间持有对方长期股权投资的投资收益应当抵销

【例 32-10】S 公司为非全资子公司，P 公司拥有其 80% 的股份。在合并工作底稿中 P 公司按权益法调整的 S 公司本期投资收益为 627.2（784×80%）万元，S 公司本期少数股东损益为 156.8（784×0.2）万元。S 公司年初未分配利润为 0 元，S 公司本期计提的盈余公积为 100 万元、分派现金股利为 600 万元、未分配利润为 84（784-600-100）万元。为此，对 S 公司 2×13 年利润分配进行抵销处理时，应编制如下抵销分录：

借：投资收益　　6 272 000

　　少数股东损益　　1 568 000

　　未分配利润——年初　　0

　　贷：提取盈余公积　　1 000 000

　　　　对所有者（或股东）的分配　　6 000 000

　　　　未分配利润——年末　　840 000

（四）母公司向子公司出售资产

母公司向子公司出售资产所发生的未实现内部交易损益，应当全额抵销“归属于母公司所有者的净利润”。子公司向母公司出售资产所发生的未实现内部交易损益，应当按照母公司对该子公司的分配比例在“归属于母公司所有者的净利润”和“少数股东损益”之间分配抵销。子公司之间出售资产所发生的未实现内部交易损益，应当按照母公司对出售方子公司的分配比例在“归属于母公司所有者的净利润”和“少数股东损益”之间分配抵销。

32.3.3 合并现金流量表

合并现金流量表是综合反映母公司及其所有子公司组成的企业集团在一定会计期间现金和现金等价物流入和流出的报表。合并现金流量表应当以母公司和子公司的现金流量表为基础，在抵销母公司与子公司、子公司相互之间发生的内部交易对合并现金流量表的影响后，由母公司合并编制。

现金流量表作为以单个企业为会计主体进行会计核算的结果，分别从母公司本身和子公司本身反映其在一定会计期间的现金流入和现金流出。在以其个别现金流量表为基础计算的现金流入和现金流出项目的加总金额中，也必然包含有重复计算的因素，因此，编制合并现金流量表时，也需要将这些重复的因素予以剔除。

编制合并现金流量表时需要进行抵销处理的项目，主要有如下项目，如图 32-32 所示。

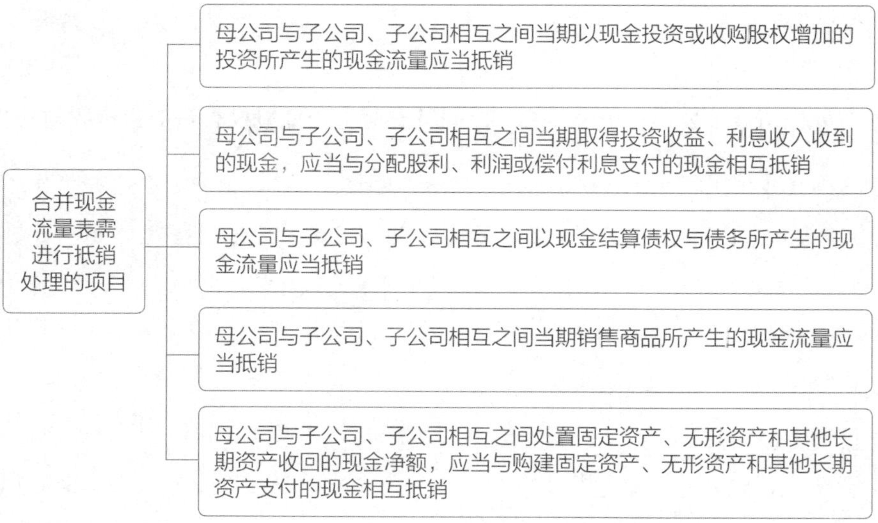

图 32-32　合并现金流量表需进行抵销处理的项目

（一）母公司与子公司、子公司相互之间当期以现金投资或收购股权增加的投资所产生的现金流量应当抵销

从企业集团整体来看，母公司以现金对子公司进行的长期股权投资实际上相当于母公司将资本拨付下属核算单位，并不引起整个企业集团现金流量的增减变动。因此，编制合并现金流量表时，应当在母公司与子公司现金流量表数据简单相加的基础上，将母公司当期以现金对子公司长期股权投资所产生的现金流量予以抵销。

【例 32-11】P 公司在购买日（2×13 年 1 月 1 日）支付银行存款 3 000 万元购得 S 公司 80% 的股份，从而取得对 S 公司的控制权，使 S 公司成为其子公司。在该日，S 公司实际持有货币资金 300 万元，在编制合并现金流量表时，应在合并工作底稿中编制如下抵销分录：

借：取得子公司及其他营业单位支付的现金净额　　3 000 000

　贷：年初现金及现金等价物余额　　3 000 000

（二）母公司与子公司、子公司相互之间当期取得投资收益、利息收入收到的现金，应当与分配股利、利润或偿付利息支付的现金相互抵销

从整个企业集团来看，这种投资收益的现金收支，并不引起整个企业集团现金流量的增减变动。因此，编制合并现金流量表时，应当在母公司与子公司现金流量表数据简单相加的基础上，将母公司当期取得投资收益收到的现金与子公司分配股利、利润或偿付利息支付的现金予以抵销。

【例 32-12】2×13 年，P 公司收到 S 公司向其支付的债券利息费用 200 000 元和 S 公司分派的 2×13 年现金股利 4 800 000 元。P 公司应编制如下抵销分录：

借：分配股利、利润或偿付利息支付的现金　　5 000 000

　贷：取得投资收益收到的现金　　5 000 000

（三）母公司与子公司、子公司相互之间以现金结算债权与债务所产生的现金流量应当抵销

从整个企业集团来看，这种现金结算债权与债务的方式，并不引起整个企业集团现金流量的增减变动。因此，编制合并现金流量表时，应当在母公司与子公司现金流量表数据简单相加的基础上，将母公司与子公司、子公司相互之间当期以现金结算债权与债务所产生的现金流量予以抵销。

（四）母公司与子公司、子公司相互之间当期销售商品所产生的现金流量应当抵销

从整个企业集团来看，这种内部商品购销现金收支，并不会引起整个企业集团现金流量的增减变动。因此，编制合并现金流量表时，应当在母公司与子公司现金流量表数据简单相加的基础上，将母公司与子公司、子公司相互之间当期销售商品所产生的现金流量予以抵销。

【例32-13】假设P公司2×13年向S公司销售商品的价款3 500万元中实际收到S公司支付的银行存款2 600万元，同时S公司还向P公司开具了票面金额为400万元的商业承兑汇票。S公司2×13年向P公司销售商品1 000万元的价款全部收到。应编制如下抵销分录：

借：购买商品、接受劳务支付的现金　　36 000 000

　　贷：销售商品、提供劳务收到的现金　　36 000 000

【例32-14】2×13年1月1日，S公司向P公司销售商品，P公司将作为固定资产。假设S公司2×13年1月1日向P公司销售商品300万元的价款全部收到。应编制如下抵销分录：

借：购建固定资产、无形资产和其他长期资产支付的现金　　3 000 000

　　贷：销售商品、提供劳务收到的现金　　3 000 000

（五）母公司与子公司、子公司相互之间处置固定资产、无形资产和其他长期资产收回的现金净额，应当与购建固定资产、无形资产和其他长期资产支付的现金相互抵销

从整个企业集团来看，这种固定资产处置与购置的现金收支，并不会引起整个企业集团现金流量的增减变动。因此，在编制合并现金流量表时，应当在母公司与子公司现金流量表数据简单相加的基础上，将母公司与子公司、子公司相互之间处置固定资产、无形资产和其他长期资产收回的现金净额与购建固定资产、无形资产和其他长期资产支付的现金相互抵销。

【例32-15】假设P公司向S公司出售固定资产的价款120万元全部收到。应编制如下抵销分录：

借：购建固定资产、无形资产和其他长期资产支付的现金　　1 200 000

　　贷：处置固定资产、无形资产和其他长期资产收回的现金　　1 200 000

另外，合并现金流量表的编制与个别现金流量表相比，一个特殊的问题就是在子公司为非全资子公司的情况下，涉及子公司与其少数股东之间的现金流入和现金流出的处理问题。

对于子公司与少数股东之间发生的现金流入和现金流出，从整个企业集团来看，也影响到其整体的现金流入和流出数量的增减变动，必须在合并现金流量表中予以反映。子公司与少数股东之间发生的影响现金流入和现金流出的经济业务及其在合并现金流量表中的反映见图 32-33。

子公司与少数股东之间发生的影响现金流入和现金流出的经济业务

- 子公司的少数股东增加在子公司中的权益性投资：
  在合并现金流量表中应当在“筹资活动产生的现金流量”之下的“吸收投资收到的现金”项目下“其中：子公司吸收少数股东投资收到的现金”项目反映
- 子公司向少数股东支付现金股利或利润：
  在合并现金流量表中应当在“筹资活动产生的现金流量”之下的“分配股利、利润或偿付利息支付的现金”项目下“其中：子公司支付给少数股东的股利、利润”项目反映
- 子公司的少数股东依法抽回在子公司中的权益性投资：
  在合并现金流量表应当在“筹资活动产生的现金流量”之下的“支付其他与筹资活动有关的现金”项目反映

图 32-33　子公司与少数股东之间发生的影响现金流入和现金流出的经济业务

需要说明的是，在企业合并当期，母公司购买子公司及其他营业单位支付对价中以现金支付的部分与子公司及其他营业单位在购买日持有的现金和现金等价物应当相互抵销，区别以下两种情况分别处理（见图 32-34）。

子公司及其他营业单位在购买日持有的现金和现金等物价与母公司现金支付对价部分的抵销

- 子公司及其他营业单位在购买日持有的现金和现金等物价小于母公司支付对价中以现金支付的部分：按减去子公司及其他营业单位在购买日持有的现金和现金等价物后的净额在“取得子公司及其他营业单位支付的现金净额”项目反映。
  应编制的抵销分录为：
  借：取得子公司及其他营业单位支付的现金净额
  　贷：年初现金及现金等物价余额
- 子公司及其他营业单位在购买日持有的现金和现金等物价大于母公司支付对价中以现金支付的部分：按减去子公司及其他营业单位在购买日持有的现金和现金等价物后的净额在“收到其他与投资活动有关的现金”项目反映。
  应编制的抵销分录为：
  借：取得子公司及其他营业单位支付的现金净额
  　　收到其他与投资活动有关的现金
  　贷：年初现金及现金等物价余额

图 32-34　子公司及其他营业单位在购买日持有的现金和现金等物价与母公司现金支付对价部分的抵销

32.3.4　合并所有者权益变动表

合并所有者权益变动表是反映构成企业集团所有者权益的各组成部分当期的增减变动情况的财务报表。本准则规定，合并所有者权益变动表应当以母公司和子公司的所有者权益变动表为基础，在抵销母公司与子公司、子公司相互之间发生的内部交易对合并所有者权益变

动表的影响后，由母公司合并编制。合并所有者权益变动表也可以根据合并资产负债表和合并利润表进行编制。

编制合并所有者权益变动表时需要进行抵销处理的项目主要如下（见图 32-35）。

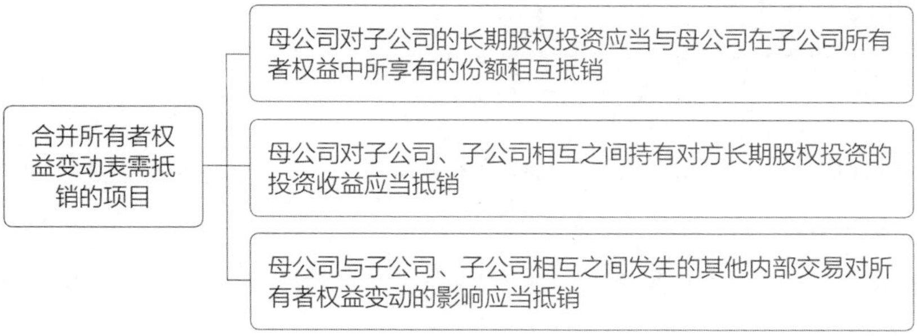

图 32-35　合并所有者权益变动表需抵销的项目

还需要说明的是，子公司在“专项储备”项目中反映的按照国家相关规定提取的安全生产费等，与留存收益不同，在长期股权投资与子公司所有者权益相互抵销后，应当按归属于母公司所有者的份额予以恢复，借记“未分配利润”项目，贷记“专项储备”项目。子公司其他所有者权益变动的影响中以公允价值计量且其变动计入其他综合收益的金融资产公允价值变动净额归属于母公司的份额等，在编制合并所有者权益变动表时，也应在合并工作底稿中进行重分类，将其由“权益法下被投资单位其他所有者权益变动的影响”项目反映调整至“以公允价值计量且其变动计入其他综合收益的金融资产公允价值变动净额”等项目反映。编制会计分录如图 32-36 所示。

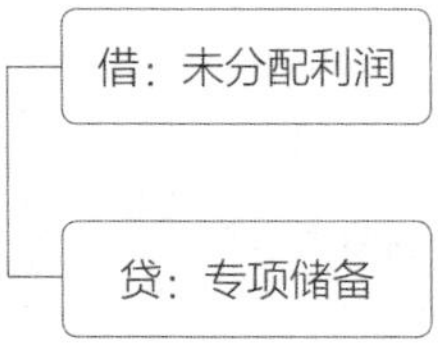

图 32-36　子公司在“专项储备”项目的抵销恢复

32.3.5　案例分析

【例 32-16】接【例 32-1】，N 公司 2×13 年 12 月 31 日资产负债表有关项目信息列示如下：

（1）股东权益总额为 19 150 万元。其中：股本为 10 000 万元，资本公积为 4 000 万元、其他综合收益为 150 万元（以公允价值计量且其变动计入其他综合收益的金融资产公允价值变动的利得），盈余公积为 1 600 万元，未分配利润为 3 400 万元。

（2）2×13 年全年实现净利润 5 250 万元，当年提取盈余公积 1 000 万元，年末向股东宣告分配现金股利 2 250 万元，现金股利款项尚未支付。

（3）截至 2×13 年 12 月 31 日，应收账款按购买日评估确认的金额收回，评估确认的坏账已核销；购买日发生评估增值的存货当年已全部实现对外销售。

2×13年，M公司和N公司内部交易和往来事项列示如下：

（1）截至2×13年12月31日，M公司个别资产负债表应收账款中有480万元为应收N公司账款，该应收账款账面余额为500万元，M公司当年计提坏账准备20万元。N公司个别资产负债表中应付账款中列示有应付M公司账款500万元。

（2）2×13年5月1日，M公司向N公司销售商品1 000万元，商品销售成本为700万元，N公司以支票支付商品价款500万元，其余价款待商品售出后支付。N公司购进的该商品本期全部未实现对外销售而形成年末存货。2×13年年末，N公司对存货进行检查时，发现该商品已经部分陈旧，其可变现净值已降至980万元。为此，N公司2×13年年末对该存货计提存货跌价准备20万元，并在其个别财务报表中列示。

2×13年6月1日，N公司向M公司销售商品1 200万元，商品销售成本为800万元，M公司以支票支付全款。M公司购进该商品本期40%未实现对外销售。年末，M公司对剩余存货进行检查，并未发生存货跌价损失。

（3）2×13年6月20日，M公司将其资产原值为1 000万元，账面价值为600万元的某厂房，以1 200万元的价格变卖给N公司作为厂房使用，N公司以支票支付全款。该厂房预计剩余使用年限为15年，M公司和N公司均采用直线法对其计提折旧。

2×13年12月31日，M公司、N公司资产负债表见表32-4；2×13年，M公司、N公司当年利润表、现金流量表和所有者权益变动表分别见表32-5、表32-6和表32-7。

表32-4　资产负债表（简表）

会企01表

编制单位：M公司/N公司　　2×13年12月31日　　单位：万元

资产	M公司	N公司	负债和所有者权益（或股东权益）	M公司	N公司
流动资产：			流动负债：		
货币资金	2 850	3 250	短期借款	5 000	2 400
交易性金融资产	1 500	2 500	交易性金融负债	2 000	1 200
衍生金融资产	0	0	衍生金融负债	0	0
应收票据及应收账款	7 850	4 350	应付票据及应付账款	15 500	4 400
预付款项	750	1 250	预收款项	2 000	1 950
其他应收款	250	650	合同负债	0	0
存货	18 500	9 000	应付职工薪酬	2 500	800
合同资产	0	0	应交税费	1 350	700
持有待售资产	0	0	其他应付款	2 650	2 450

续表

资产	M公司	N公司	负债和所有者权益（或股东权益）	M公司	N公司
一年内到期的非流动资产	0	0	持有待售负债	0	0
其他流动资产	650	600	一年内到期的非流动负债	0	0
流动资产合计	35 000	21 500	其他流动负债	1 000	450
非流动资产：			流动负债合计	32 000	14 350
债权投资	4 500	900	非流动负债：		
其他债权投资	7 000	2 000	长期借款	2 000	2 400
长期应收款	0	0	应付债券	10 000	3 500
长期股权投资	34 750	0	其中：优先股	0	0
其他权益工具投资	0	0	永续债	0	0
其他非流动金融资产	0	0	长期应付款	3 000	0
投资性房地产	0	0	预计负债	0	0
固定资产	14 000	13 000	递延收益	0	0
在建工程	6 500	1 200	递延所得税负债	0	100
生产性生物资产	0	0	其他非流动负债	0	0
油气资产	0	0	非流动负债合计	15 000	6 000
无形资产			负债合计	47 000	20 350
开发支出	2 000	800	所有者权益（或股东权益）：		
商誉	0	0	实收资本（或股本）	25 000	10 000
长期待摊费用	0	0	其他权益工具	0	0
递延所得税资产	0	0	其中：优先股	0	0
其他非流动资产	0	0	永续债	0	0
非流动资产合计	69 750	18 000	资本公积	14 750	4 000
			减：库存股	0	0
			其他综合收益	0	150
			盈余公积	9 000	1 600
			未分配利润	9 000	3 400
			所有者权益（或股东权益）合计	57 750	19 150
资产总计	104 750	39 500	负债和所有者权益（或股东权益）总计	104 750	39 500

表 32-5　利润表（简表）

会企 02 表

编制单位：M 公司 /N 公司　　　　2×13 年度　　　　单位：万元

项　目	M 公司	N 公司
一、营业收入	75 000	47 400
减：营业成本	48 000	36 500
税金及附加	900	500
销售费用	2 600	1 700
管理费用	3 000	1 950
研发费用	0	0
财务费用	600	400
其中：利息费用	略	略
利息收入	略	略
资产减值损失	300	150
信用减值损失	略	略
加：其他收益	略	略
投资收益（损失以“–”号填列）	略	略
其中：对联营企业和合营企业的投资收益	略	略
净敞口套期收益（损失以“–”号填列）	略	略
公允价值变动收益（损失以“–”号填列）	4 900	100
资产处置收益（损失以“–”号填列）	略	略
二、营业利润（亏损以“–”号填列）	24 500	6 300
加：营业外收入	800	1 200
减：营业外支出	1 300	500
三、利润总额（亏损总额以“–”号填列）	24 000	7 000
减：所得税费用	6 000	1 750
四、净利润（净亏损以“–”号填列）	18 000	5 250
（一）持续经营净利润（净亏损以“–”号填列）		
（二）终止经营净利润（净亏损以“–”号填列）		
五、其他综合收益的税后净额		150
（一）不能重分类进损益的其他综合收益		
1. 重新计量设定受益计划变动额		

续表

项　目	M 公司	N 公司
2. 权益法下不能转损益的其他综合收益		
3. 其他权益工具投资公允价值变动		
4. 企业自身信用风险公允价值变动 ……		
（二）将重分类进损益的其他综合收益		150
1. 权益法下可转损益的其他综合收益		
2. 其他债权投资公允价值变动		
3. 金融资产重分类计入其他综合收益的金额		
4. 其他债权投资信用减值准备		
5. 现金流量套期储备		
6. 外币财务报表折算差额		
……		
六、综合收益总额	18 000	5 400
七、每股收益		
（一）基本每股收益		
（二）稀释每股收益		

表 32-6　现金流量表（简表）

会企 03 表

编制单位：M 公司 /N 公司　　　　2×13 年度　　　　单位：万元

项目	M 公司	N 公司
一、经营活动产生的现金流量：		
销售商品、提供劳务收到的现金	53 000	45 000
收到其他与经营活动有关的现金		
经营活动现金流入小计	53 000	45 000
购买商品、接受劳务支付的现金	42 400	36 600
支付给职工以及为职工支付的现金	6 000	4 500
支付的各项税费	4 495	1 775
支付其他与经营活动有关的现金		
经营活动现金流出小计	52 895	42 875
经营活动产生的现金流量净额	105	2 125

续表

项目	M 公司	N 公司
二、投资活动产生的现金流量：		
取得投资收益收到的现金	125	
处置固定资产、无形资产和其他长期资产收回的现金净额	100	
收到其他与投资活动有关的现金		
投资活动现金流入小计	225	
购建固定资产、无形资产和其他长期资产支付的现金净额	1 030	225
投资支付的现金		
支付其他与投资活动有关的现金		
投资活动现金流出小计	1 030	225
投资活动产生的现金流量净额	–805	–225
三、筹资活动产生的现金流量：		
吸收投资收到的现金		
收到其他与筹资活动有关的现金		
筹资活动现金流入小计		
偿还债务支付的现金	950	750
支付其他与筹资活动有关的现金		
筹资活动现金流出小计	950	750
筹资活动产生的现金流量净额	–950	–750
四、汇率变动对现金及现金等价物的影响		
五、现金及现金等价物净增加额	–1 650	1 150
加：期初现金及现金等价物余额	4 500	2 100
六、期末现金及现金等价物余额	2 850	3 250

表 32-7　所有者权益变动表

会企 04 表

编制单位：M 公司 /N 公司　　2×13 年度　　单位：万元

项目	M 公司											N 公司										
	实收资本（或股本）	其他权益工具			资本公积	减：库存股	其他综合收益	盈余公积	未分配利润	所有者权益合计		实收资本（或股本）	其他权益工具			资本公积	减：库存股	其他综合收益	盈余公积	未分配利润	所有者权益合计
		优先股	永续债	其他									优先股	永续债	其他						
一、上年年末余额	20 000				5 000		0	5 500	4 500	35 000		10 000				4 000		0	600	1 400	16 000
加：会计政策变更																					
前期差错更正																					
其他																					
二、本年年初余额	20 000				5 000		0	5 500	4 500	35 000		10 000				4 000		0	600	1 400	16 000
三、本年增减变动金额（减少以“-”号填列）																					
（一）综合收益总额									18 000	18 000								150		5 250	5 400
（二）所有者投入和减少资本																					
1. 所有者投入的普通股	5 000				9 750					14 750											

续表

项目	M 公司										N 公司									
	实收资本（或股本）	其他权益工具			资本公积	减：库存股	其他综合收益	盈余公积	未分配利润	所有者权益合计	实收资本（或股本）	其他权益工具			资本公积	减：库存股	其他综合收益	盈余公积	未分配利润	所有者权益合计
		优先股	永续债	其他								优先股	永续债	其他						
2. 其他权益工具持有者投入资本																				
3. 股份支付计入所有者权益的金额																				
4. 其他																				
（三）利润分配																				
1. 提取盈余公积								3 500	−3 500	0								1 000	−1 000	
2. 对所有者（或股东）的分配									−10 000	−10 000									−2 250	−2 250
3. 其他																				
（四）所有者权益内部结转																				
1. 资本公积转增资本（或股本）																				

续表

项目	M公司										N公司									
	实收资本（或股本）	其他权益工具			资本公积	减：库存股	其他综合收益	盈余公积	未分配利润	所有者权益合计	实收资本（或股本）	其他权益工具			资本公积	减：库存股	其他综合收益	盈余公积	未分配利润	所有者权益合计
		优先股	永续债	其他								优先股	永续债	其他						
2. 盈余公积转增资本（或股本）																				
3. 盈余公积弥补亏损																				
4. 设定受益计划变动额结转留存收益																				
5. 其他综合收益结转留存收益																				
6. 其他																				
四、本年年末余额	25 000					14 750		9 000	9 000	57 750	10 000					4 000	150	1 600	3 400	19 150

（1）对母子公司个别财务报表的调整处理（分录单位：万元）。

①调整子公司资产和负债的公允价值。根据M公司购买N公司设置的股权备查簿中登记的信息，将N公司资产和负债的评估增值或减值分别调增或调减相关资产和负债项目的金额。在合并工作底稿中的调整分录如下：

借：存货　1 000（1）
　固定资产　3 000
　递延所得税资产　100
　贷：应付账款　400
　　递延所得税负债（250+750）　1 000
　　资本公积　2 700

②根据子公司已实现的公允价值调整当期净利润。本例中，合并财务报表要求以子公司资产、负债的公允价值为基础进行确认，而子公司个别财务报表是按其资产、负债的原账面价值为基础编制的，其当期计算的净利润也是以其资产、负债的原账面价值为基础计算的结果。因此，上述公允价值与原账面价值存在差额的资产或负债项目，在经营过程中因资产的折旧、摊销和减值等对子公司当期净利润的影响，需要在净利润计算中予以反映。在合并财务报表工作底稿中的调整分录如下（分录单位：万元）：

借：营业成本　1 000（2）
　管理费用　200
　应收账款　400
　贷：存货　1 000
　　固定资产　200
　　资产减值损失　400

因此，经已实现公允价值调整后的N公司2×13年度净利润=5 250+400（因购买日应收账款公允价值减值的实现而调减资产减值损失）−1 000（因购买日存货公允价值增值的实现而调增营业成本）−200（因固定资产公允价值增值计算的折旧而调增管理费用）=4 450（万元）。

③递延所得税资产或递延所得税负债的暂时性差异的转叵。

由于N公司应收账款按购买日评估的确认的金额已收回，评估确认的坏账已核销，因递延所得税资产的转回而增加当期所得税费用100（400×25%）万元；由于N公司购买日发生评估增值的存货当年已全部实现对外销售，因递延所得税负债的转回而减少当期所得税费用250（1 000×25%）万元；由于N公司购买日发生增值的办公楼2×13年年末应纳税暂时性差异为2 800（3 000−200）万元应确认的递延所得税负债为700（2 800×25%）万元，因递延所得税负债的转回而减少当期所得税费用50（750−700）万元。在合并财务报表工作底稿中的调整分录如下（分录单位：万元）：

借：递延所得税负债（250+50）　　300（3）

　　贷：递延所得税资产　　100

　　　　所得税费用　　200

因此，考虑递延所得税后N公司当年净利润为4 650（4 450+200）万元。

④按照权益法调整母公司财务报表项目。编制合并财务报表时，按照权益法对母公司个别财务报表进行调整。本例中，应当调整M公司2×13年投资N公司取得的投资收益3 255（4 650×70%）万元，已确认取得的N公司已宣告分派的现金股利1 575（2 250×70%）万元以及N公司本期其他综合收益150万元中归属于M公司的份额105（150×70%）万元。在合并财务报表工作底稿中的调整分录如下（分录单位：万元）：

借：长期股权投资（3 255+105）　　3 360（4）

　　投资收益　　1 575

　　贷：投资收益　　3 255

　　　　长期股权投资　　1 575

　　　　其他综合收益　　105

（2）抵销合并财务报表相关项目。

⑤抵销长期股权投资与所有者权益项目。

将M公司对N公司的长期股权投资与其在N公司股东权益中拥有的份额予以抵销。N公司2×13年年末经调整后的未分配利润=1 400（年初）+4 650（经已实现公允价值和递延所得税调整后的本年净利润）-1 000（提取盈余公积）-2 250（分派股利）=2 800（万元）；公司本期由于以公允价值计量且其变动计入其他综合收益的金融资产公允价值变动增加其他综合收益150万元，其中归属于M公司的份额为105（150×70%）万元，归属于少数股东的份额为45（150-105）万元；M公司2×13年年末对N公司长期股权投资为16 535（14 750+3 255-2 250×70%+105）万元；少数股东权益为6 375 [5 610（2×13年1月1日少数股东投入资本）+1 395（4 650×30%，本年少数股东损益）+45（归属于少数股东的其他综合收益）-675（2 250×30%，本年对少数股东的利润分配）] 万元。在合并财务报表工作底稿中的抵销分录如下（分录单位：万元）：

借：股本　　10 000（5）

　　资本公积　　6 700

　　其他综合收益　　150

　　盈余公积　　1 600

　　未分配利润——年末　　2 800

　　商誉　　1 660

　　贷：长期股权投资　　16 535

　　　　少数股东权益　　6 375

⑥ 抵销投资收益与子公司利润分配等项目。

将M公司对N公司的投资收益与N公司本年利润分配有关项目的金额予以抵销。N公司年末向股东宣告分配现金股利2 250万元，其中，归属于少数股东的现金股利为675（2 250－1 575）万元。在合并财务报表工作底稿中的抵销分录如下（分录单位：万元）：

借：投资收益（4 650×70%）	3 255 （6）	
少数股东损益（4 650×30%）	1 395	
未分配利润——年初	1 400	
贷：未分配利润——本年提取盈余公积		1 000
——本年利润分配		2 250
——年末		2 800

⑦ 抵销应收账款与应付账款项目。

在合并财务报表工作底稿中的抵销分录如下（分录单位：万元）：

借：应付账款	500（7）	
贷：应收账款		500

⑧ 抵销坏账准备与资产减值损失项目。M公司将与N公司往来的内部应收账款与应付账款相互抵销的同时，还应将内部应收账款计提的坏账准备予以抵销。在合并财务报表工作底稿中的抵销分录如下（分录单位：万元）：

借：应收账款	20（8）	
贷：资产减值损失		20

需要注意的是，在连续编制合并财务报表时，对于内部应收款项及其坏账准备，应当按照如下程序进行合并处理：首先，将内部应收款项与应付款项予以抵销，按照内部应付款项的数额，借记"应付账款""应付票据"等科目，贷记"应收账款""应收票据"等科目；其次，应将上期资产减值损失中抵销的各内部应收款项计提的相应坏账准备对本期期初未分配利润的影响予以抵销，按照上期资产减值损失项目中抵销的各内部应收款项计提的相应坏账准备的数额，借记"应收账款"等科目，贷记"未分配利润——期初"科目；最后，对于本期各内部应收款项在个别财务报表中补提或者冲销的相应坏账准备的数额也应予以抵销，按照本期期末内部应收款项在个别资产负债表中补提（或冲销）的坏账准备的数额，借记（或贷记）"应收账款"等科目，贷记（或借记）"资产减值损失"科目。具体的会计处理如图32-37所示。

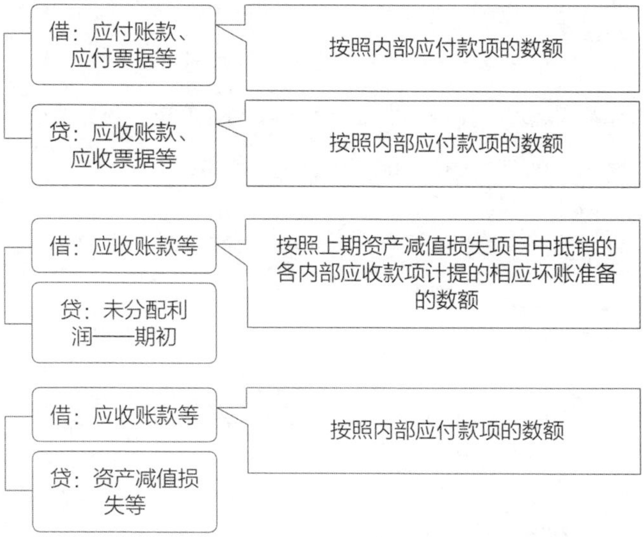

图32-37　连续编制合并财务报表时内部应收应付款的会计处理

⑨抵销因抵销坏账准备与资产减值损失产生的所得税影响。

在合并财务报表工作底稿中的抵销分录如下（分录单位：万元）：

借：所得税费用（20×25%）　5（9）

　贷：递延所得税资产　5

⑩抵销应收股利与应付股利项目。

M公司根据N公司宣告分派现金股利的公告，按照其所享有的金额已确认应收股利，并在其资产负债表中计列应收股利1 575万元。在合并财务报表工作底稿中的抵销分录如下（分录单位：万元）：

借：应付股利　1 575（10）

　贷：应收股利　1 575

（3）抵销内部顺流交易的存货。

⑪抵销内部销售收入、成本和内部销售形成的存货价值中包含的未实现内部销售损益。在合并财务报表工作底稿中的抵销分录如下（分录单位：万元）：

借：营业收入　1 000（11）

　贷：营业成本　700

　　存货　300

需要注意的是，在连续编制合并财务报表时，对于内部销售存货，应当按照如下程序进行合并处理：首先，将上期抵销的存货价值中包含的未实现内部损益对本期期初未分配利润的影响进行抵销，按照上期内部购入存货价值中包含的未实现内部销售损益的数额，借记“未分配利润——期初”科目，贷记“营业成本”科目；其次，对于本期发生的内部销售存货，将内部销售收入、内部销售成本及内部购入存货中未实现内部销售损益予以抵销，按照销售企业内部销售收入的数额，借记“营业收入”科目，贷记“营业成本”科目；最后，将期末内部购入存货价值中包含的未实现内部销售损益予以抵销，对于期末内部销售形成的存货（包括上期结转形成的本期存货），应当按照购买企业期末内部购入存货价值中包含的未实现内部销售损益的数额，借记“营业成本”科目，贷记“存货”科目。具体的会计处理如图 32-38 所示。

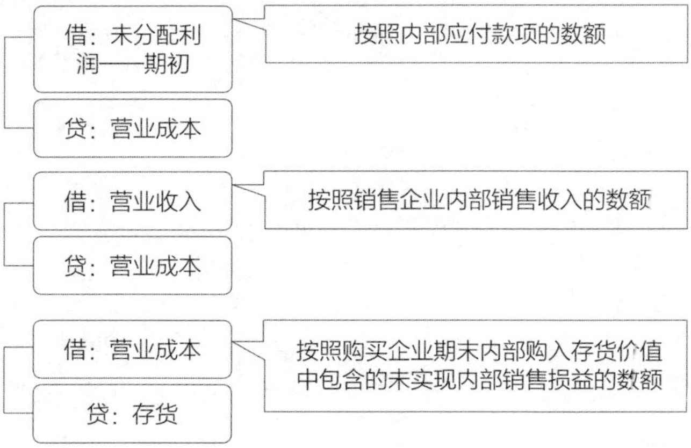

图 32-38　连续编制合并财务报表时内部销售存货的会计处理

⑫ 抵销 N 公司本期计提的存货跌价准备。在合并财务报表工作底稿中的抵销分录如下（分录单位：万元）：

借：存货　　20（12）

　　贷：资产减值损失　　20

需要注意的是，在连续编制合并财务报表时，对于内部销售存货的存货跌价准备，应当按照如下程序进行合并处理：首先，将上期资产减值损失中抵销的存货跌价准备对本期期初未分配利润的影响予以抵销，按照上期资产减值损失项目中抵销的存货跌价准备的数额，借记“存货”科目，贷记“未分配利润——期初”科目；其次，对于本期对内部购入存货在个别财务报表中补提（或冲销）的存货跌价准备的数额也应予以抵销，按照本期对内部购入存货在个别财务报表中补提（或冲销）的存货跌价准备的数额，借记（或贷记）“存货”科目，贷记（或借记）“资产减值损失”科目。具体的会计处理如图 32-39 所示。

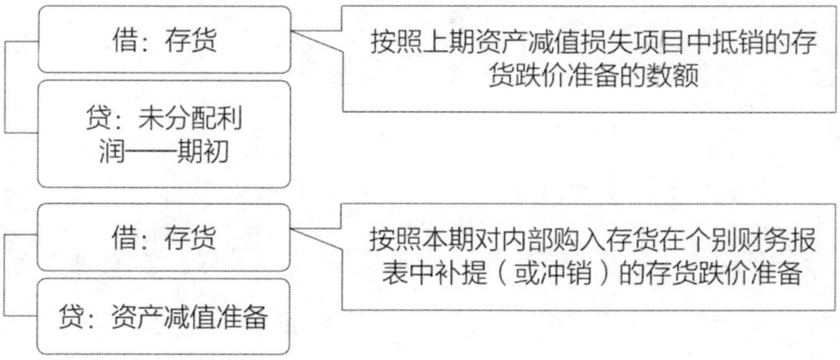

图 32-39　连续编制合并财务报表时内部销售存货的存货跌价准备的会计处理

对于抵销存货跌价准备的数额，应当分别下列不同情况进行处理：当本期内部购入存货的可变现净值低于持有该存货企业的取得成本但高于抵销未实现内部销售损益后的取得成本（即销售企业对该存货的取得成本）时，其抵销的存货跌价准备的金额为本期存货跌价准备的增加额；当本期内部购入存货的可变现净值低于抵销未实现内部销售损益后的取得成本（即销售企业对该存货的取得成本）时，其抵销的存货跌价准备的金额为相对于购买企业该存货的取得成本高于销售企业取得成本的差额部分计提的跌价准备的数额扣除期初内部购入存货计提的存货跌价准备的金额后的余额，即本期期末存货中包含的未实现内部销售损益的金额减去期初内部购入存货计提的存货跌价准备的金额后的余额。

⑬ 抵销内部顺流存货交易的所得税影响。在合并财务报表工作底稿中的抵销分录如下（分录单位：万元）：

借：递延所得税资产［（300-20）×25%］　　70（13）

　贷：所得税费用　　70

⑭ 抵销顺流存货交易中内部存货交易的现金流量。在合并财务报表工作底稿中的抵销分录如下（分录单位：万元）：

借：购买商品、接受劳务支付的现金　　1 000（14）

　贷：销售商品、提供劳务收到的现金　　1 000

（4）抵销内部逆流交易的存货。

⑮ 抵销内部销售收入、成本和内部销售形成的存货中包含的未实现内部销售损益。存货中包含的未实现内部销售损益为160［（1 200-800）×40%］万元。在合并财务报表工作底稿中的抵销分录如下（分录单位：万元）：

借：营业收入　　1 200（15）

　贷：营业成本　　1 040

　　存货　　160

⑯ 将内部销售形成的存货中包含的未实现内部销售损益进行分摊。在存货中包含的未实现内部销售损益中，归属于少数股东的未实现内部销售损益分摊金额为48（160×30%）万元。在合并财务报表工作底稿中的抵销分录如下（分录单位：万元）：

借：少数股东权益　　48（16）

　贷：少数股东损益　　48

⑰ 抵销因逆流存货交易的所得税影响。在合并财务报表工作底稿中的抵销分录如下（分录单位：万元）：

借：递延所得税资产（160×25%）　　40（17）

　贷：所得税费用　　40

⑱ 抵销因抵销逆流存货交易发生的递延所得税对少数股东权益的份额。在合并财务报表工作底稿中的抵销分录如下（分录单位：万元）：

借：少数股东损益（40×30%）　　12（18）

　　贷：少数股东权益　　12

⑲抵销逆流存货交易中内部存货交易的现金流量。在合并财务报表工作底稿中的抵销分录如下（分录单位：万元）：

借：购买商品、接受劳务支付的现金　　1 200 （19）

　　贷：销售商品、提供劳务收到的现金　　1 200

（5）抵销内部固定资产购销交易。

⑳抵销内部固定资产购销交易。在合并财务报表工作底稿中的抵销分录如下（分录单位：万元）：

借：营业外收入（1 200-600）　　600（20）

　　贷：固定资产——从M公司购入×厂房　　600

㉑抵销内部固定资产交易计提折旧中包含的未实现内部销售损益。在合并财务报表工作底稿中的抵销分录如下（分录单位：万元）：

借：固定资产——从M公司购入×厂房（600÷15×1÷2）　　20（21）

　　贷：管理费用　　20

需要注意的是，在连续编制合并财务报表时，对于内部销售固定资产，应当按照如下程序进行合并处理：首先，将内部交易固定资产中包含的未实现内部销售损益抵销，并调整期初未分配利润，按照内部交易固定资产中包含的未实现内部销售损益数额，借记“未分配利润——期初”科目，贷记“固定资产”科目；其次，将以前会计期间内部交易固定资产多计提的累计折旧抵销，并调整期初未分配利润，按照以前会计期间抵销该内部交易固定资产因包含未实现内部销售损益而多计提（或少计提）的累计折旧额，借记（或贷记）“固定资产”科目，贷记（或借记）“未分配利润——期初”科目；最后，将当期由于该内部交易固定资产因包含未实现内部销售损益而多计提的折旧费用予以抵销，并调整本期计提的累计折旧额，按照本期该内部交易的固定资产多计提的折旧额，借记“固定资产”科目，贷记“管理费用”等费用科目。具体的会计处理如图32-40所示。

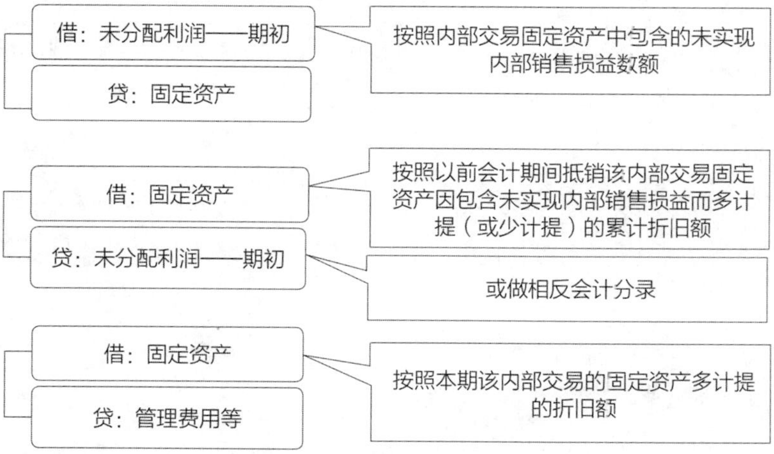

图32-40　连续编制合并财务报表时内部销售固定资产的会计处理

㉒抵销内部固定资产交易对所得税的影响。在合并财务报表工作底稿中的抵销分录如下（分录单位：万元）：

借：递延所得税资产［（600-20）×25%］　　　　145（22）

　　贷：所得税费用　　　　145

㉓抵销内部固定资产交易的现金流量。在合并财务报表工作底稿中的抵销分录如下（分录单位：万元）：

借：购建固定资产、无形资产和其他长期资产支付的现金　　　　1 200（23）

　　贷：处置固定资产、无形资产和其他长期资产收四的现金净额　　　　1 200

根据上述资料及有关调整、抵销分录编制合并工作底稿见表 32-8。

根据合并财务报表工作底稿（见表 32-8），编制 M 公司 2×13 年合并资产负债表、合并利润表、合并现金流量表及合并所有者权益变动表见表 32-9 至表 32-12。

表 32-8　合并财务报表工作底稿（简表）

编制单位：M 公司　　　　2×13 年 13 月 31 日　　　　单位：万元

项目	M 公司	N 公司	合计金额	调整、抵销分录		少数股东权益	合并金额
				借方	贷方		
一、营业收入	75 000	47 400	122 400	（11）1 000 （15）1200			120 200
减：营业成本	48 000	36 500	84 500	（2）1 000	（11）700 （15）1 040		83 760
税金及附加	9 00	500	1 400				1 400
销售费用	2 600	1 700	4 300				4 300
管理费用	3 000	1 950	4 950	（2）200	（21）20		5 130
财务费用	600	400	1 000				1 000
资产减值损失	300	150	450		（2）400 （8）20 （12）20		10
加：公允价值变动损益（损失以“–”号填列）							
投资收益（损失以“–”号填列）	4 900	100	5 000	（4）1 575 （6）3 255	（4）3 255		3 425
二、营业利润（亏损以“–”号填列）	24 500	6 300	30 800	8 230	5 455		28 025
加：营业外收入	800	1 200	2 000	（20）600			1 400
减：营业外支出	1 300	500	1 800				1 800

续表

项目	M公司	N公司	合计金额	调整、抵销分录		少数股东权益	合并金额
				借方	贷方		
三、利润总额（亏损总额以“–”号填列）	24 000	7 000	31 000	8 830	5 455		27 625
减：所得税费用	6 000	1 750	7 750	（9）5	（3）200 （13）70 （17）40 （22）145		7 300
四、净利润（净亏损以“–”号填列）	18 000	5 250	23 250	8 835	5 910		20 325
少数股东损益				（6）1 395 （18）12	（16）48	1 359	1 359
归属于母公司股东的净利润	18 000	5 250	23 250	10 242	5 958		18 966
五、其他综合收益的税后净额		150	150	150	105	45	150
（一）以后不能重分类进损益的其他综合收益							
（二）以后将重分类进损益的其他综合收益		150	150	150	105		105
其中：权益法核算的在被投资单位以后将重分类进损益的其他综合收益中所享有的份额					（4）105		105
以公允价值计量且其变动计入其他综合收益的金融资产公允价值变动的利得或损失		150	150	（5）150		（5）45	45
六、综合收益总额	18 000	5 400	23 400	8 985	6 015	45	20 475
归属于母公司所有者的综合收益总额							19 071
归属于少数股东的综合收益总额						1 404	1 404
（所有者权益变动表项目）							
未分配利润——年初	4 500	1 400	5 900	（6）1 400			4 500
未分配利润——本期	4 500	2 000	6 500				5 471
其中：归属于母公司股东的净利润	18 000	5 250	23 250	10 242	5 958		18 966
提取盈余公积	–3 500	–2 250	–4 500		（6）1 000		–3 500
对所有者（或股东）的分配	–10 000	–2 250	–12 250		（6）2 250		–10 000

续表

项目	M公司	N公司	合计金额	调整、抵销分录		少数股东权益	合并金额
				借方	贷方		
未分配利润——期末	9 000	3 400	12 400	（5）2 800 14 442	（6）2 800 12 008		9 966
（资产负债表项目）							
流动资产：							
货币资金	2 850	3 250	6 100				6 100
交易性金融资产	1 500	2 500	4 000				4 000
应收票据及应收账款	7 850	4 350	12 200	（2）400 （8）20	（1）400 （7）500		11 720
预付账款	750	1 250	2 000				2 000
其他应收款	2 650	650	3 300		（10）1 575		1 725
存货	18 500	9 000	27 500	（1）1 000 （12）20	（2）1 000 （11）300 （15）160		27 060
其他流动资产	900	500	1 400				1 400
流动资产合计	35 000	21 500	56 500	1 440	3 935		54 005
非流动资产：							
债权投资	4 500	900	5 400				5 400
其他债权投资	7 000	2 000	9 000				9 000
长期股权投资	34 750		34 750	（4）3 360	（4）1 575 （5）16 535		20 000
固定资产	14 000	13 000	27 000	（1）3 000 （21）20	（2）200 （20）600		29 220
在建工程	6 500	1 200	7 700				7 700
无形资产	3 000	900	3 900				3 900
商誉				（5）1 660			1 660
递延所得税资产				（1）100 （13）70 （17）40 （22）145	（3）100 （9）5		250
非流动资产合计	69 750	18 000	87 750	8 395	19 015		77 130
资产合计	104 750	39 500	144 250	9 835	22 950		131 135

续表

项目	M 公司	N 公司	合计金额	调整、抵销分录		少数股东权益	合并金额
				借方	贷方		
流动负债：							
短期借款	5 000	2 400	7 400				7 400
交易性金融负债	2 000	1 200	3 200				3 200
应付票据及应收账款	15 500	4 400	19 900	（7）500			19 400
预收账款	2 000	1 950	3 950				3 950
应付职工薪酬	2 500	800	3 300				3 300
应交税费	1 350	700	2 050				2 050
其他应付款	2 650	2 450	5 100	（10）1 575			3 525
其他流动负债	1 000	450	1 450				1 450
流动负债合计	32 000	14 350	46 350	2 075			44 275
非流动负债：							
长期借款	2 000	2 400	4 400				4 400
应付债券	10 000	3 500	13 500				13 500
长期应付款	3 000		3 000				3 000
递延所得税负债		100	100	（3）300	（1）1 000		800
其他非流动负债合计	15 000	6 000	21 000	300	1 000		21 700
负债合计	47 000	20 350	67 350	2 375	1 000		65 975
所有者权益（或股东权益）：							
实收资本（或股本）	25 000	10 000	35 000	（5）10 000			25 000
资本公积	14 750	4 000	18 750	（5）6 700	（1）2 700		14 750
其他综合收益		150	150			45	105
盈余公积	9 000	1 600	10 600	（5）1 600			9 000
未分配利润	9 000	3 400	12 400	14 442	12 008		9 966
归属于母公司所有者权益合计							58 821
少数股东权益			0	（16）48	（5）6 375 （18）12		6 339
所有者权益合计	57 750	19 150	76 900	32 790	21 095		65 160

续表

项目	M 公司	N 公司	合计金额	调整、抵销分录		少数股东权益	合并金额
				借方	贷方		
负债和所有者权益合计	104 750	29 500	144 250	35 165	22 095		131 135
（现金流量表项目）							
一、经营活动产生的现金流量：							
销售商品、提供劳务收到的现金	53 000	45 000	98 000		（14）1 000 （19）1 200		95 800
经营活动现金流入小计	53 000	45 000	98 000		2 200		95 800
购买商品、接受劳务支付的现金	42 400	36 600	79 000	（14）1 000 （19）1 200			
支付给职工以及为职工支付的现金	6 000	4 500	10 500				10 500
支付的各项税费	4 495	1 775	6 270				6 270
支付其他与经营活动有关的现金	52 895	42 875	95 770				95 770
经营活动现金流出小计	105	2 125	2 230	2 200	2 200		2 230
经营活动产生的现金流量净额							
二、投资活动产生的现金流量：							
取得投资收益收到的现金	125	0	125				125
处置固定资产、无形资产和其他长期资产收回的现金净额	100	0	100		（23）1 200		–1 100
投资活动现金流入小计	225	0	225	0	1 200		–975
购建固定资产、无形资产和其他长期资产支付的现金净额	1 030	225	1 255	（23）1 200			55
投资活动现金流出小计	1 030	225	1 255	1 200	0		55
投资活动产生的现金流量净额	–805	–225	–1 030	1 200	1 200		–1 030
三、筹资活动产生的现金流量：							
吸收投资收到的现金							
收到其他与筹资活动有关的现金							
筹资活动现金流入小计							
偿还债务支付的现金	950	750	1 700				1 700
筹资活动现金流出小计	950	750	1 700				1 700
筹资活动产生的现金流量净额	–950	–750	–1 700				–1 700

续表

项目	M 公司	N 公司	合计金额	调整、抵销分录		少数股东权益	合并金额
				借方	贷方		
四、现金及现金等价物净增加额	–1 650	–1 150	–500				–500
加：期初现金及现金等价物余额	4 500	2 100	6 600				6 600
五、期末现金及现金等价物余额	2 850	3 250	6 100				6 100

表 32–9　合并资产负债表（简表）

会企 01 表

编制单位：M 公司　　　　2×13 年 12 月 31 日　　　　单位：万元

资产	期初余额	期末余额	负债和所有者权益（或股东权益）	期初余额	期末余额
流动资产：			流动负债：		
货币资金	6 100		短期借款	7 400	
交易性金融资产	4 000		交易性金融负债	3 200	
衍生金融资产	0		衍生金融负债	0	
应收票据及应收账款	11 720		应付票据及应付账款	19 400	
预付款项	2 000		预收款项	3 950	
其他应收款	1 725		合同负债	0	
存货	27 060		应付职工薪酬	3 300	
合同资产	0		应交税费	2 050	
持有待售资产	0		其他应付款	3 525	
一年内到期的非流动资产	0		持有待售负债	0	
其他流动资产	1 400		一年内到期的非流动负债	0	
流动资产合计	54 005		其他流动负债	1 450	
非流动资产：			流动负债合计	44 275	
债权投资	5 400		非流动负债：		
其他债权投资	9 000		长期借款	4 400	
长期应收款	0		应付债券	13 500	
长期股权投资	20 000		其中：优先股	0	
其他权益工具投资	0		永续债	0	
其他非流动金融资产	0		长期应付款	3 000	
投资性房地产	0		预计负债	0	

续表

资产	期初余额	期末余额	负债和所有者权益（或股东权益）	期初余额	期末余额
固定资产	29 220		递延收益	0	
在建工程	7 700		递延所得税负债	800	
生产性生物资产	0		其他非流动负债	0	
油气资产	0		非流动负债合计	21 700	
无形资产	3 900		负债合计	65 975	
开发支出	0		所有者权益（或股东权益）：		
商誉	1 660		实收资本（或股本）	25 000	
长期待摊费用	0		其他权益工具	0	
递延所得税资产	250		其中：优先股	0	
其他非流动资产	0		永续债	0	
非流动资产合计	69 750		资本公积	14 750	
			减：库存股	0	
			其他综合收益	105	
			盈余公积	9 000	
			未分配利润	9 966	
			归属于母公司所有者权益合计	58 821	
			少数股东权益合计	6 339	
			所有者权益（或股东权益）合计	65 160	
资产总计	104 750		负债和所有者权益（或股东权益）总计	131 135	

表 32–10 合并利润表

会企 02 表

编制单位：M 公司　　　　2×13 年度　　　　单位：万元

项　目	期初余额	期末余额
一、营业收入	120 200	
减：营业成本	83 760	
税金及附加	1 400	

续表

项　目	期初余额	期末余额
销售费用	4 300	
管理费用	5 130	
研发费用	0	
财务费用	1 000	
其中：利息费用	略	
利息收入	略	
资产减值损失	10	
信用减值损失	略	
加：其他收益	略	
投资收益（损失以“–”号填列）	略	
其中：对联营企业和合营企业的投资收益	略	
净敞口套期收益（损失以“–”号填列）	略	
公允价值变动收益（损失以“–”号填列）	3 425	
资产处置收益（损失以“–”号填列）	略	
二、营业利润（亏损以“–”号填列）	28 025	
加：营业外收入	1 400	
减：营业外支出	1 800	
三、利润总额（亏损总额以“–”号填列）	27 625	
减：所得税费用	7 300	
四、净利润（净亏损以“–”号填列）	20 325	
（一）持续经营净利润（净亏损以“–”号填列）		
（二）终止经营净利润（净亏损以“–”号填列）		
五、其他综合收益的税后净额	150	
（一）不能重分类进损益的其他综合收益		
1. 重新计量设定受益计划变动额		
2. 权益法下不能转损益的其他综合收益		
3. 其他权益工具投资公允价值变动		
4. 企业自身信用风险公允价值变动 ……		

续表

项　目	期初余额	期末余额
（二）将重分类进损益的其他综合收益		
1．权益法下可转损益的其他综合收益		
2．其他债权投资公允价值变动		
3．金融资产重分类计入其他综合收益的金额		
4．其他债权投资信用减值准备		
5．现金流量套期储备		
6．外币财务报表折算差额		
……		
六、综合收益总额	20 475	
归属于母公司所有者的综合收益总额	19 071	
归属于少数股东的综合收益总额	1 404	
七、每股收益		
（一）基本每股收益		
（二）稀释每股收益		

表 32-11　合并现金流量表

会企 03 表

编制单位：M 公司　　　　2×13 年度　　　　单位：万元

项目	期末余额	期初余额
一、经营活动产生的现金流量		
销售商品、提供劳务收到的现金	95 800	
收到其他与经营活动有关的现金	0	
经营活动现金流入小计	95 800	
购买商品、接受劳务支付的现金	76 800	
支付给职工以及为职工支付的现金	10 500	
支付的各项税费	6 270	
支付其他与经营活动有关的现金	0	
经营活动现金流出小计	93 570	
经营活动产生的现金流量净额	2 230	

续表

项目	期末余额	期初余额
二、投资活动产生的现金流量		
收回投资收到的现金	0	
取得投资收益收到的现金	–975	
处置固定资产、无形资产和其他长期资产收回的现金净额	55	
收到其他与投资活动有关的现金	0	
投资活动现金流入小计	55	
购建固定资产、无形资产和其他长期资产支付的现金净额	–1 100	
投资支付的现金	0	
支付其他与投资活动有关的现金	0	
投资活动现金流出小计	55	
投资活动产生的现金流量净额	–1 030	
三、筹资活动产生的现金流量		
吸收投资收到的现金	0	
收到其他与筹资活动有关的现金	0	
筹资活动现金流入小计	0	
偿还债务支付的现金	1 700	
支付其他与筹资活动有关的现金	0	
筹资活动现金流出小计	1 700	
筹资活动产生的现金流量净额	–1 700	
四、汇率变动对现金及现金等价物的影响	0	
五、现金及现金等价物净增加额	–500	
加：期初现金及现金等价物余额	6 600	
六、期末现金及现金等价物余额	6 100	

表 32-12　合并所有者权益变动表

会企 04 表

编制单位：M 公司　　　　2×13 年度　　　　单位：万元

项目	本年金额											上年金额										
	归属于母公司所有者权益											归属于母公司所有者权益										
	实收资本（或股本）	其他权益工具			资本公积	减：库存股	其他综合收益	盈余公积	未分配利润	少数股东权益	所有者权益合计	实收资本（或股本）	其他权益工具			资本公积	减：库存股	其他综合收益	盈余公积	未分配利润	少数股东权益	所有者权益合计
		优先股	永续债	其他									优先股	永续债	其他							
一、上年年末余额	20 000				5 000		0	5 500	4 500	0	35 000											
加：会计政策变更																						
前期差错更正																						
其他																						
二、本年年初余额	20 000				5 000		0	5 500	4 500	0	35 000											
三、本年增减变动金额（减少以“-”号填列）																						
（一）综合收益总额							105		18 966	1404	20 475											
（二）所有者投入和减少资本																						

续表

项目	本年金额											上年金额										
	归属于母公司所有者权益											归属于母公司所有者权益										
	实收资本（或股本）	其他权益工具			资本公积	减：库存股	其他综合收益	盈余公积	未分配利润	少数股东权益	所有者权益合计	实收资本（或股本）	其他权益工具			资本公积	减：库存股	其他综合收益	盈余公积	未分配利润	少数股东权益	所有者权益合计
		优先股	永续债	其他									优先股	永续债	其他							
1. 所有者投入的普通股	5 000	9 750								5 610	20 360											
2. 其他权益工具持有者投入资本																						
3. 股份支付计入所有者权益的金额																						
4. 其他																						
（三）利润分配																						
1. 提取盈余公积								3 500	−3 500													
2. 对所有者（或股东）的分配									−10 000	−675	−10 675											
3. 其他																						
（四）所有者权益内部结转																						

续表

项目	本年金额											上年金额										
	归属于母公司所有者权益											归属于母公司所有者权益										
	实收资本（或股本）	其他权益工具			资本公积	减：库存股	其他综合收益	盈余公积	未分配利润	少数股东权益	所有者权益合计	实收资本（或股本）	其他权益工具			资本公积	减：库存股	其他综合收益	盈余公积	未分配利润	少数股东权益	所有者权益合计
		优先股	永续债	其他									优先股	永续债	其他							
1. 资本公积转增资本（或股本）																						
2. 盈余公积转增资本（或股本）																						
3. 盈余公积弥补亏损																						
4. 设定受益计划变动额结转留存收益																						
5. 其他综合收益结转留存收益																						
6. 其他																						
四、本年年末余额	25 000					14 750	105	9 000	9 966	6 339	65 160											

32.4 特殊交易的会计处理

32.4.1 追加投资的会计处理

追加投资既包括母公司购买少数股东拥有的子公司股权的情况，也包括企业因追加投资等原因能够对非同一控制下的被投资方实施控制的情况。追加投资的会计处理应分个别财务报表和合并财务报表进行会计处理，个别财务报表的会计处理，参见《企业会计准则第2号——长期股权投资》（以下简称“长期股权投资准则”）的相关内容，合并财务报表中的会计处理应当分别以下情况进行（见图32-41）。

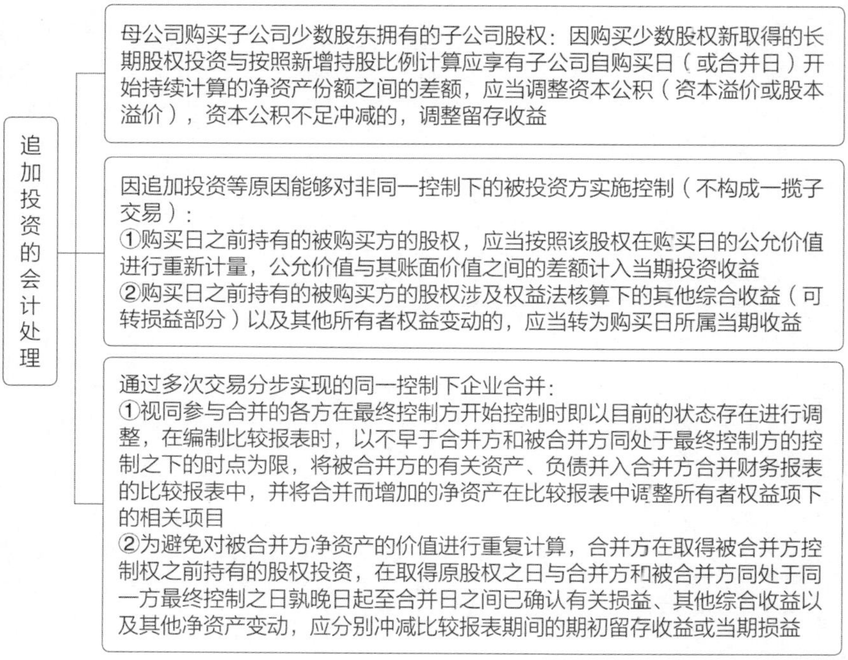

图32-41 追加投资的会计处理

企业通过多次交易分步实现非同一控制下企业合并的，在合并财务报表上，首先，应结合分步交易的各个步骤的协议条款，以及各个步骤中所分别取得的股权比例、取得对象、取得方式、取得时点及取得对价等信息来判断分步交易是否属于“一揽子交易”。

本准则第五十一条规定，各项交易的条款、条件以及经济影响符合以下一种或多种情况的，通常应将多次交易事项作为“一揽子交易”进行会计处理（见图32-42）。

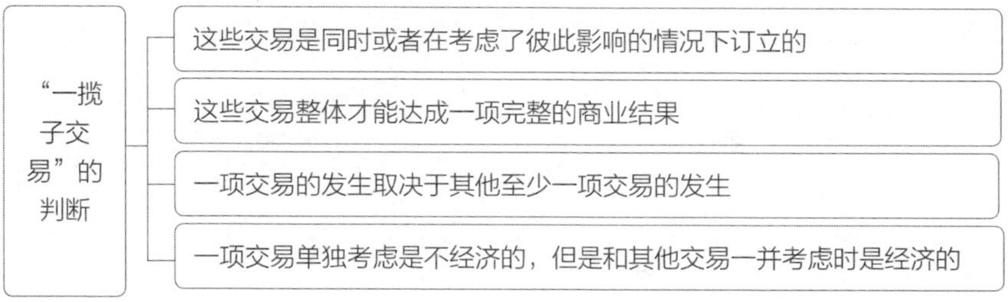

图 32-42　"一揽子交易"的判断

如果分步取得对子公司股权投资直至取得控制权的各项交易属于"一揽子交易"，应当将各项交易作为一项取得子公司控制权的交易，并区分企业合并的类型分别进行会计处理。

32.4.2　处置对子公司投资的会计处理

处置对子公司的投资既包括母公司处置对子公司长期股权投资但不丧失控制权的情况，也包括处置对子公司长期股权投资而丧失控制权的情况。处置子公司的会计处理应分个别财务报表和合并财务报表进行会计处理，个别财务报表的会计处理，参见长期股权投资准则的相关内容，合并财务报表中的会计处理应当分别以下情况进行（见图 32-43）。

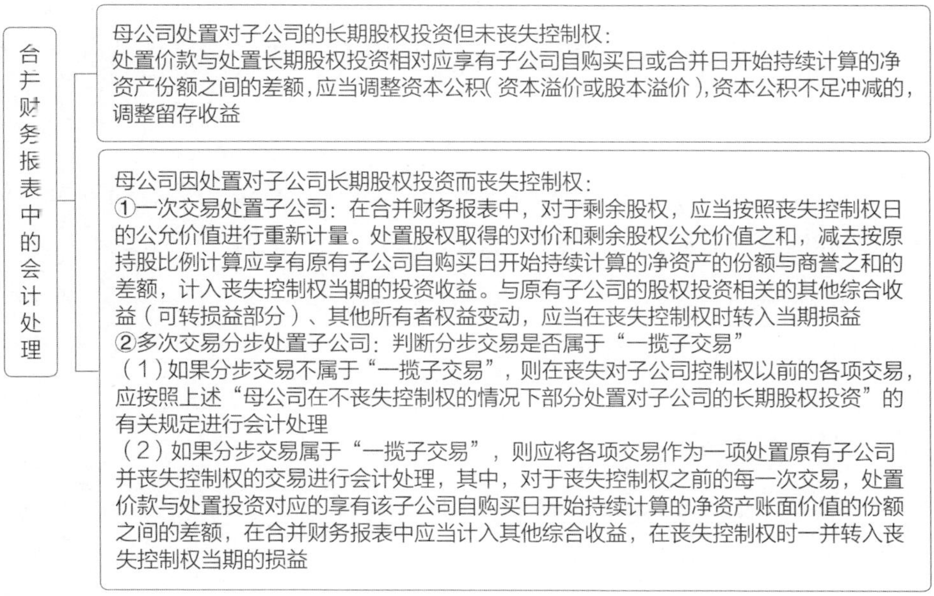

图 32-43　合并财务报表中的会计处理

如果预期出现母公司处置股权至实际转移之间存在跨期的情况，母公司应在合并财务报表中考虑上述递延所得税的影响。

32.4.3 因子公司的少数股东增资而稀释母公司拥有的股权比例

有时，子公司的其他股东对子公司进行增资，由此稀释了母公司对子公司的股权比例，在这种情况下，应当按照增资前的母公司股权比例计算其在增资前子公司账面净资产中的份额，该份额与增资后按母公司持股比例计算的在增资后子公司账面净资产份额之间的差额计入资本公积，资本公积不足冲减的，调整留存收益。

【例 32-17】A 公司原持有 B 公司 100% 的股权并控制 B 公司。2×11 年 1 月 1 日，第二方 C 公司向 B 公司增资 100 万元，增资前 B 公司净资产账面价值为 900 万元，增资后 B 公司净资产账面价值和公允价值均为 1 000 万元。增资后 C 公司占 B 公司 10% 的股权，A 公司仍控制 B 公司（不考虑所得税等影响）。

本例中，由于第二方 C 公司增资导致 A 公司持股比例下降。A 公司按原持股比例享有的子公司净资产账面价值的份额 900（900×100%）万元和按新持股比例享有的子公司净资产账面价值 900（1 000×90%）万元份额之间的差额为 0，因此对归属母公司股东的权益不产生影响。

【例 32-18】2×11 年，A 公司和 B 公司分别出资 750 万元和 250 万元设立 C 公司，A 公司、B 公司的持股比例分别为 75% 和 25%。C 公司为 A 公司的子公司。

2×12 年 B 公司对 C 公司增资 500 万元，增资后占 C 公司股权比例 35%。交易完成后，A 公司仍控制 C 公司。C 公司自成立日至增资前实现净利润 1 000 万元，除此以外，不存在其他影响 C 公司净资产变动的事项（不考虑所得税等影响）。

本例中，在 A 公司合并财务报表中，B 公司对 C 公司增资的会计处理如下：

A 公司持股比例原为 75%，由于少数股东增资而变为 65%。增资前，A 公司按照 75% 的持股比例享有的 C 公司净资产账面价值为 1 500（2 000×75%）万元；增资后，A 公司按照 65% 持股比例享有的净资产账面价值为 1 625（2 500×65%）万元，两者之间的差额 125 万元，在 A 公司合并资产负债表中应调增资本公积。

32.4.4 其他特殊交易

对于站在企业集团合并财务报表角度的确认和计量结果与其所属的母公司或子公司的个别财务报表层面的确认和计量结果不一致的，在编制合并财务报表时，应站在企业集团角度对该特殊交易事项予以调整。例如，母公司将借款作为实收资本投入子公司用于长期资产的建造，母公司应在合并财务报表层面反映借款利息的资本化金额。再如，子公司作为投资性房地产的大厦，出租给集团内其他企业使用，母公司应在合并财务报表层面作为固定资产反映。

第 33 章 每股收益

33.1 基本每股收益

《企业会计准则第 34 号——每股收益》第二章规定，基本每股收益只考虑当期实际发行在外的普通股股份，按照归属于普通股股东的当期净利润，除以当期实际发行在外普通股的加权平均数计算确定。

33.1.1 分子的确定

每股收益分子的确定如图 33-1 所示。

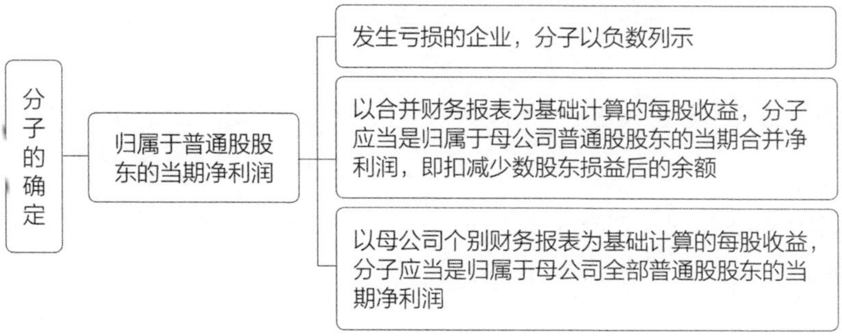

图 33-1 分子的确定

33.1.2 分母的确定

每股收益分母的确定如图 33-2 所示。

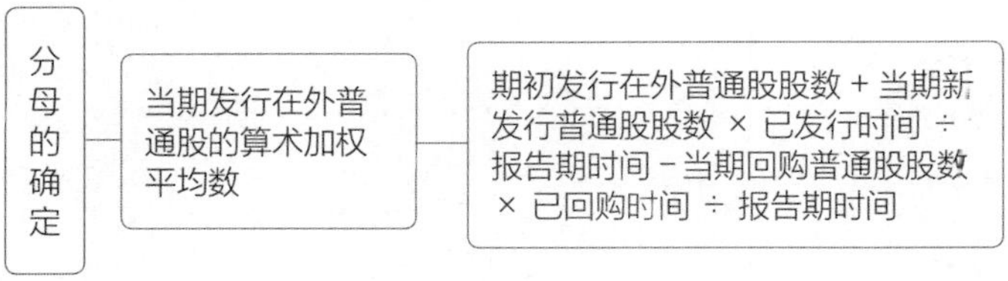

图 33-2　分母的确定

其中，作为权数的已发行时间、报告期时间和已回购时间通常按天数计算，在不影响计算结果合理性的前提下，也可以采用简化的计算方法，如按月数计算（见图 33-3）。

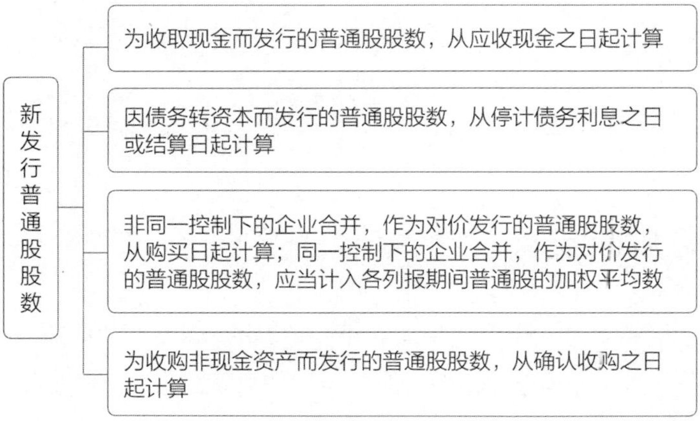

图 33-3　新发行普通股股数计算

【例 33-1】某公司 20×9 年期初发行在外的普通股为 40 000 万股；4 月 30 日新发行普通股 13 200 万股；12 月 1 日回购普通股 6 000 万股，以备将来奖励职工之用。该公司当年实现净利润 16 250 万元。假定该公司按月数计算每股收益的时间权重。20×9 年度基本每股收益计算如下：

发行在外普通股加权平均数 =40 000×12÷12 +13 200×8÷12−6 000×1÷12 =48 300（万股）

或者 40 000×4÷12+53 200×7÷12+47 200×1÷12=48 30C（万股）

基本每股收益 =16 250÷48 300=0.336（元 / 股）

33.2　稀释每股收益

33.2.1　基本计算原则

稀释每股收益的基本计算原则如图 33-4 所示。

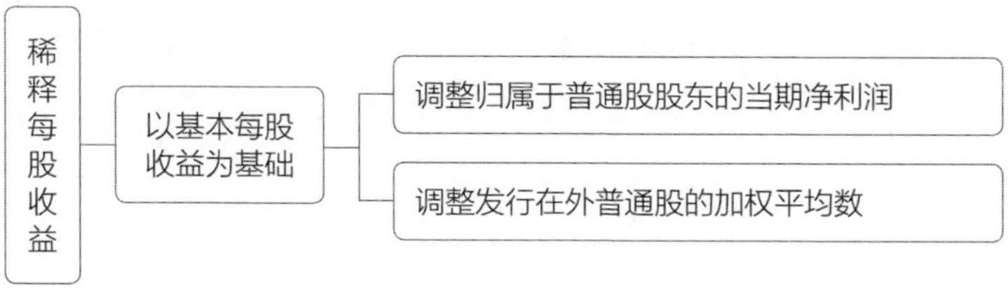

图 33-4　稀释每股收益的基本计算原则

（一）稀释性潜在普通股

潜在普通股是指赋予其持有者在报告期或以后期间享有取得普通股权利的一种金融工具或其他合同。目前，我国企业发行的潜在普通股主要有可转换公司债券、认股权证、股份期权等。

稀释性潜在普通股，是指假设当期转换为普通股会减少每股收益的潜在普通股。对于亏损企业而言，稀释性潜在普通股假定当期转换为普通股，将会增加企业每股亏损。

需要特别说明的是，潜在普通股是否具有稀释性的判断标准是看其对持续经营每股收益的影响；也就是说，假定潜在普通股当期转换为普通股，如果会减少持续经营每股收益或增加持续经营每股亏损，表明具有稀释性，否则，具有反稀释性。

（二）分子的调整

计算稀释每股收益时，应当根据下列事项对归属于普通股股东的当期净利润进行调整，以下调整应当考虑相关的所得税影响，如图 33-5 所示。

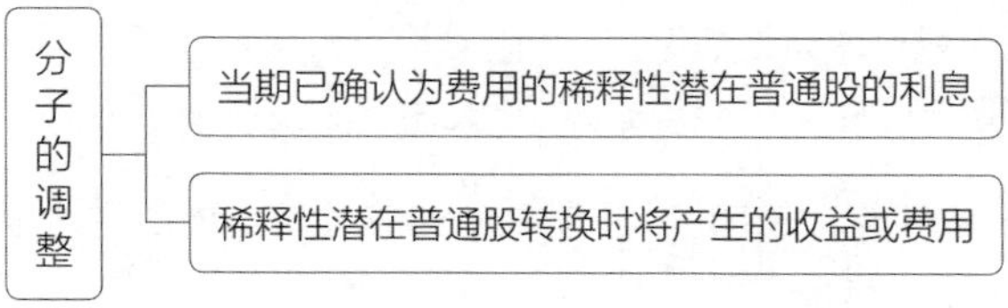

图 33-5　稀释每股收益分子的调整

（三）分母的调整

计算稀释每股收益时，当期发行在外普通股的加权平均数应当为计算基本每股收益时普通股的加权平均数与假定稀释性潜在普通股转换为已发行普通股而增加的普通股股数的加权平均数之和。假定稀释性潜在普通股转换为已发行普通股而增加的普通股股数，应当按照其发行在外时间进行加权平均。具体转换方法如图 33-6 所示。

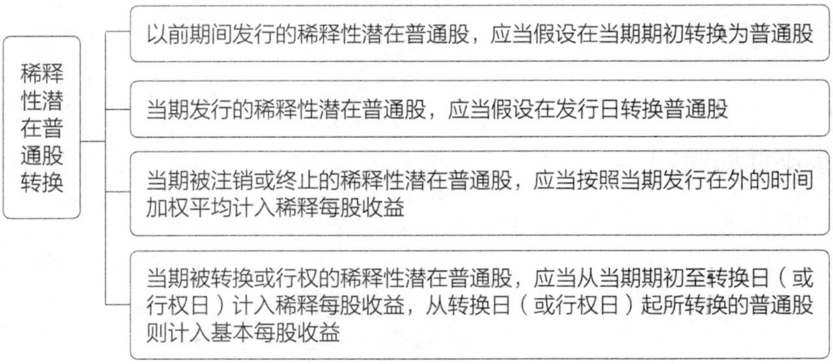

图 33-6　稀释性潜在普通股转换

33.2.2　可转换公司债券

可转换公司债券是指发行公司依法发行、在一定期间内依据约定的条件可以转换成股份的公司债券。可转换公司债券稀释每股收益计算方法如图 33-7 所示。

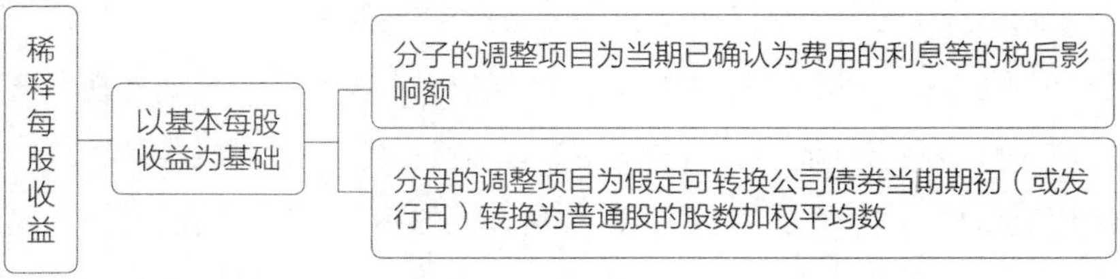

图 33-7　可转换公司债券稀释每股收益计算

【例 33-2】某上市公司 20×9 年归属于普通股股东的净利润为 36 000 万元，期初发行在外普通股股数为 25 000 万股，年内普通股股数未发生变化。20×9 年 1 月 1 日，公司按面值发行 50 000 万元的三年期可转换公司债券，每张债券面值为 100 元，票面固定年利率为 2%，利息自发行之日起每年支付一次，即每年 12 月 31 日为付息日。该批可转换公司债券自发行结束后 12 个月以后即可转换为公司股票，即转股期为发行 12 个月后至债券到期日止的期间。转股价格为每股 10 元，即每 100 元债券可转换为 10 股面值为 1 元的普通股。债券利息不符合资本化条件，直接计入当期损益，所得税税率为 25%。

假设不具备转换选择权的类似债券的市场利率为 3%。公司在对该批可转换公司债券初始确认时，根据《企业会计准则第 37 号——金融工具列报》的有关规定将负债和权益成分进行了分拆。

20×9 年度每股收益计算如下：

基本每股收益 =36 000÷25 000=1.44（元 / 股）

每年支付利息 =50 000×2% =1 000（万元）

负债成分公允价值 =1 000÷（1+3%）+1 000÷$(1+3\%)^2$+51 000÷$(1+3\%)^3$=48 585.69（万元）

权益成分公允价值 =50 000−48 585.69 =1 414.31（万元）

假设转换所增加的净利润 =48 585.69×3%×（1−25%）=1 093.18（万元）

假设转换所增加的普通股股数 =50 000÷10 =5 000（万股）

增量股的每股收益 =1 093.18÷5 000=0.22（元 / 股）

增量股的每股收益小于基本每股收益，可转换公司债券具有稀释作用。

稀释每股收益 =（36 000+1 093.18）÷（25 000 +5 000）=1.24（元 / 股）

33.2.3　认股权证、股份期权

认股权证是指公司发行的、约定持有人有权在履约期间内或特定到期日按约定价格向本公司购买新股的有价证券。认股权证、股份期权稀释性判断如图 33-8 所示。

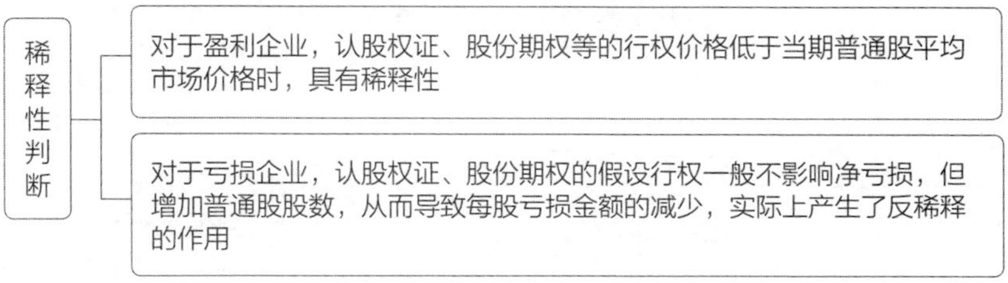

图 33-8　认股权证、股份期权稀释性判断

对于稀释性认股权证、股份期权，计算稀释每股收益时，一般无须调整分子净利润金额，只需要按照下列步骤对分母普通股加权平均数进行调整，如图 33-9 所示。

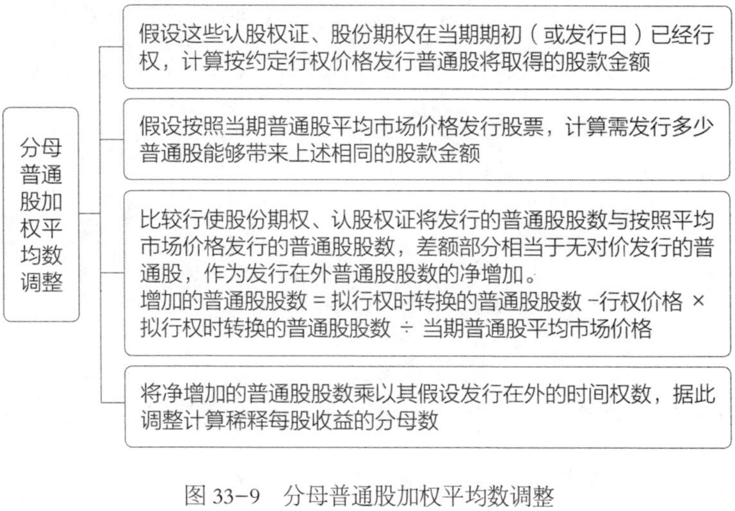

图 33-9　分母普通股加权平均数调整

【例 33-3】某公司 20×9 年度归属于普通股股东的净利润为 3 500 万元，发行在外普通股加权平均数为 7 000 万股，该普通股平均每股市场价格为 8 元。20×9 年 1 月 1 日，该公司对外发行 1 200 万份认股权证，行权日为 20×9 年 3 月 1 日，每份认股权证可以在行权日以 7 元的价格认购本公司 1 股新发的股份。该公司 20×9 年度每股收益计算如下：

基本每股收益 =3 500÷7 000=0.5（元 / 股）

调整增加的普通股股数 =1 200-1 200×7÷8 =150（万股）

稀释每股收益 =3 500÷（7 000 +150）=0.49（元 / 股）

33.2.4 企业承诺将回购其股份的合同

企业承诺将回购其股份的合同中规定的回购价格高于当期普通股平均市场价格时，应当考虑其稀释性。计算稀释每股收益时，与前面认股权证、股份期权的计算思路恰好相反，具体步骤如图 33-10 所示。

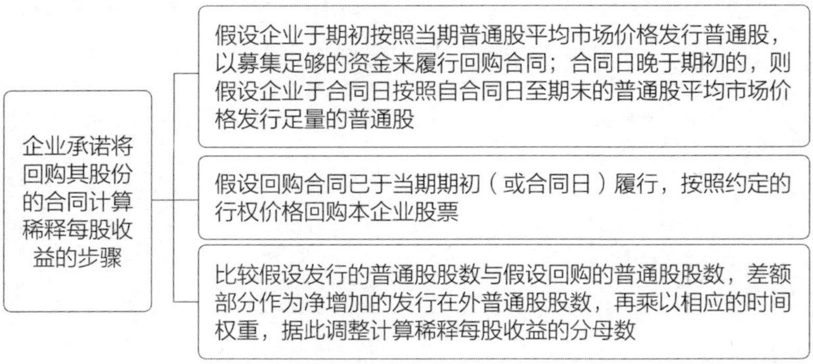

图 33-10 企业承诺将回购其股份的合同计算稀释每股收益的步骤

【例 33-4】某公司 20×9 年度归属于普通股股东的净利润为 600 万元，发行在外普通股加权平均数为 2 000 万股。20×9 年 3 月 2 日，该公司与股东签订一份远期回购合同，承诺一年后以每股 4.5 元的价格回购其发行在外的 200 万股普通股。假设，该普通股 20×9 年 3 月至 12 月平均市场价格为 4 元。20×9 年度每股收益计算如下：

基本每股收益 =600÷2 000=0.3（元 / 股）

调整增加的普通股股数 =200×4.5÷4-200=25（万股）

稀释每股收益 =600÷（2 000 +25×10÷12）=0.30（元 / 股）

33.2.5 多项潜在普通股

企业对外发行不同潜在普通股的，单独考察其中某潜在普通股可能具有稀释作用，但如果和其他潜在普通股一并考察时可能刚好变为反稀释作用。为了反映潜在普通股最大的稀释作用，应当按照各潜在普通股的稀释程度从大到小的顺序计入稀释每股收益，直至稀释每股收益达到最小值。

需要强调的是，企业每次发行的潜在普通股应当视作不同的潜在普通股，分别判断其稀释性，而不能将其作为一个总体考虑。通常情况下，股份期权和认股权证排在前面计算，因为其假设行权一般不影响净利润。对外发行多项潜在普通股的企业应当按照下列步骤计算稀释每股收益，计算流程如图 33-11 所示。

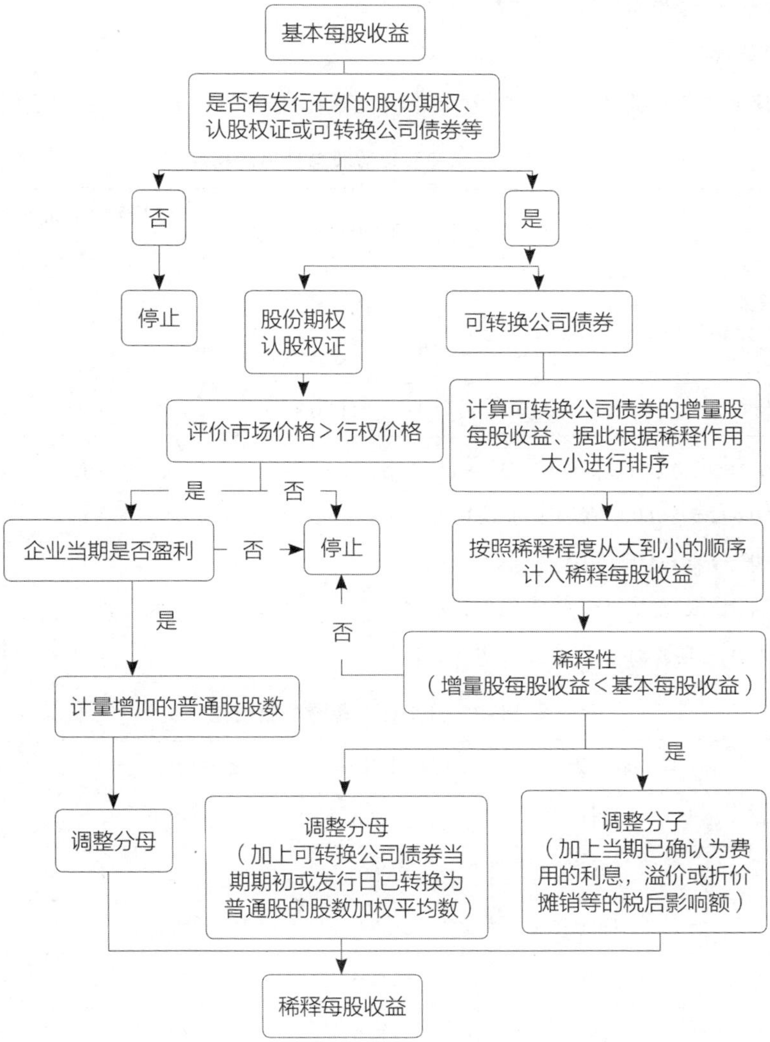

图 33-11　稀释每股收益计算流程

【例 33-5】某公司 20×9 年度归属于普通股股东的净利润为 5 600 万元，发行在外普通股加权平均数为 19 000 万股。年初已发行在外的潜在普通股有：（1）认股权证 7 700 万份，每份认股权证可以在行权日以 7 元的价格认购 1 股本公司新发股票；（2）按面值发行的 5 年期可转换公司债券 72 000 万元，每张债券面值为 100 元，票面年利率为 2.5%，转股价格为每股 12.5 元，即每 100 元债券可转换为 8 股面值为 1 元的普通股；（3）按面值发行的三年期可转换公司债券为 140 000 万元，债券每张面值为 100 元，票面年利率为 1.4%，转股价格为每股 10 元，即每 100 元债券可转换为 10 股面值为 1 元的普通股。当期普通股平均市场价格为 11 元，年度内没有认股权证被行权，也没有可转换公司债券被转换或赎回，所得税税率为 25%。假设不考虑可转换公司债券在负债和权益成分的分拆，且债券票面利率等于实际利率。

20×9 年度每股收益计算如下：

基本每股收益 =5 600÷19 000=0.29（元 / 股）

计算稀释每股收益：

（1）假设潜在普通股转换为普通股，计算增量股每股收益并排序，计算过程如表 33-1 所示。

表 33-1　增量股每股收益计算和排序

	净利润增加（万元）	股数增加（万股）	增量股的每股收益（元）	顺序
认股权证	–	2 800①	–	1
2.5% 债券	1 350②	5 760③	0.23	3
1.4% 债券	1 470④	14 000⑤	0.11	2

注：① 7 700–7 700 × 7 ÷ 11 =2 800（万股）；② 72 000 × 2.5% ×（1–25%）=1 350（万元）；

③ 72 000 ÷ 12.5=5 760（万股）；④ 140 000 × 1.4% ×（1–25%）=1 470（万元）；

⑤ 140 000 ÷ 10 =14 000（万股）。

由此可见，认股权证的稀释性最大，2.5% 利率可转债的稀释性最小。

（2）分步计入稀释每股收益，如表 33-2 所示。

表 33-2　分步计入稀释每股收益

	净利润（万元）	股数（万股）	每股收益（元）	稀释性
基本每股收益	5 600	19 000	0.29	
认股权证	0	2 800		
	5 600	21 800	0.26	稀释
1.4% 债券	1 470	14 000		
	7 070	35 800	0.20	稀释
2.5% 债券	1 350	5 760		
	8 420	41 560	0.20	稀释

因此，稀释每股收益为 0.20 元。

33.2.6　子公司、合营企业或联营企业发行的潜在普通股

子公司、合营企业、联营企业发行能够转换成其普通股的稀释性潜在普通股，不仅应当包括在其稀释每股收益计算中，而且还应当包括在合并稀释每股收益以及投资者稀释每股收益的计算中。

【例 33-6】甲公司 20×9 年度归属于普通股股东的净利润为 60 000 万元（不包括子公

司乙公司利润或乙公司支付的股利），发行在外普通股加权平均数为 55 000 万股，持有乙公司 80% 的普通股股权。乙公司 20×9 年度归属于普通股股东的净利润为 36 000 万元，发行在外普通股加权平均数为 15 000 万股，该普通股当年平均市场价格为 8 元。年初，乙公司对外发行 1 000 万份可用于购买其普通股的认股权证，行权价格为 5 元，甲公司持有 20 万份认股权证，当年无认股权证被行权。假设除股利外，母子公司之间没有其他需抵销的内部交易；甲公司取得对乙公司投资时，乙公司各项可辨认资产等的公允价值与其账面价值一致。20×9 年度每股收益计算如下：

（1）子公司每股收益：

① 基本每股收益 =36 000÷15 000=2.40（元 / 股）

② 调整增加的普通股股数 =1 000−1 000×4÷8=500（万股）

稀释每股收益 =36 000÷（15 000+500）=2.32（元 / 股）

（2）合并每股收益：

① 归属于母公司普通股股东的母公司净利润 =60 000（万元）

包括在合并基本每股收益计算中的子公司净利润部分 =2.4×15 000×80%=28 800（万元）

基本每股收益 =（60 000+28 800）÷55 000 =1.61（元 / 股）

② 子公司净利润中归属于普通股且由母公司享有的部分 =2.32×15 000×80%=27 840（万元）

子公司净利润中归属于认股权证且由母公司享有的部分 =2.32×500×20÷1 000=23.2（万元）

稀释每股收益 =（60 000+27 840+23.2）÷55 000=1.60（元 / 股）

33.3　每股收益的列报

33.3.1　重新计算

每股收益需要重新计算的情形如图 33-12 所示。

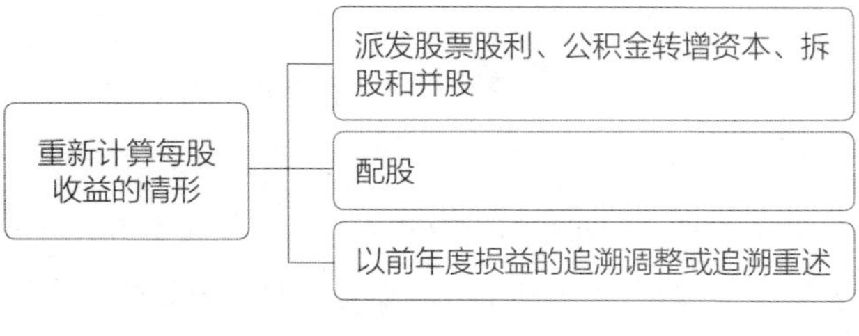

图 33-12　重新计算每股收益的情形

（一）派发股票股利、公积金转增资本、拆股和并股

企业派发股票股利、公积金转增资本、拆股或并股等，会增加或减少其发行在外普通股或潜在普通股的数量，但并不影响所有者权益金额。因此，为了保持会计指标的前后期可比性，企业应当在相关报批手续全部完成后，按调整后的股数重新计算各列报期间的每股收益。

【例33-7】某企业20×8年和20×9年归属于普通股股东的净利润分别为1 600万元和1 750万元，20×8年1月1日发行在外的普通股为830万股，20×8年4月1日按市价新发行普通股200万股，20×9年7月1日分派股票股利，以20×8年12月31日总股本1 010万股为基数每10股送3股，假设不存在其他股数变动因素。

20×9年度比较利润表中基本每股收益的计算如下：

20×9年发行在外的普通股加权平均数＝（830+200+303）×12÷12 =1 333（万股）

20×8年发行在外的普通股加权平均数=830×1.3×12÷12+200×1.3×9÷12=1 274(万股)

20×9年度基本每股收益=1 750÷1 333=1.31（元/股）

20×8年度基本每股收益=1 600÷1 274=1.26（元/股）

（二）配股

配股在计算每股收益时比较特殊，因为它是向全部现有股东以低于当前股票市价的价格发行普通股，实际上可以理解为按市价发行股票和无对价送股的混合体。配股时每股收益的计算步骤如图33-13所示。

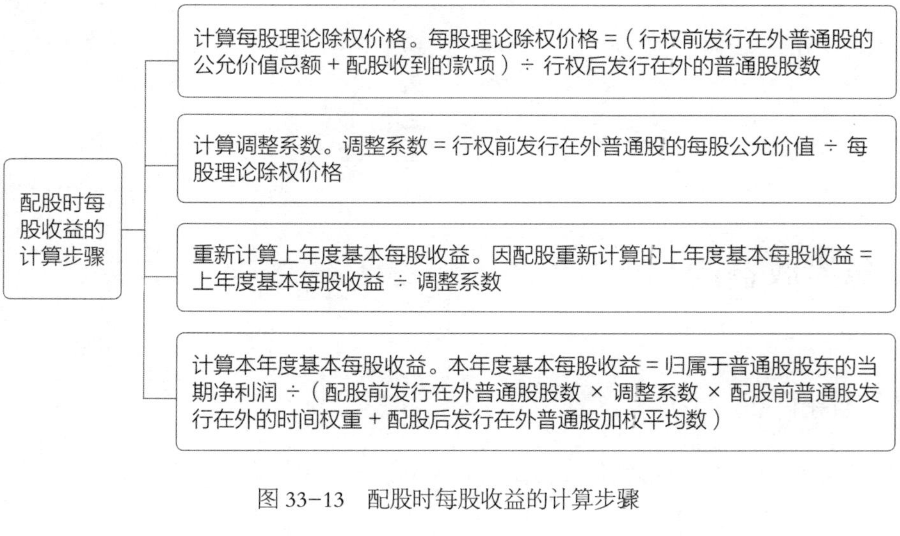

图33-13 配股时每股收益的计算步骤

【例33-8】某企业20×9年度归属于普通股股东的净利润为22 000万元，20×9年1月1日发行在外普通股股数为7 600万股，20×9年6月10日，该企业发布增资配股公告，向截至20×9年6月30日（股权登记日）所有登记在册的老股东配股，配股比例为每4股配1股，配股价格为每股6元，除权交易基准日为20×9年7月1日。假设行权前一日的市价为每股11元，20×8年度基本每股收益为2.56元。

20×9 年度比较利润表中基本每股收益的计算如下：

每股理论除权价格 =（11×7 600+6×1 900）÷（7 600+1 900）=10（元）

调整系数 =11÷10=1.1

因配股重新计算的 20×8 年度基本每股收益 =2.56÷1.1=2.33（元 / 股）

20×9 年度基本每股收益 =22 000÷（7 600×1.1×6÷12 +9 500×6÷12）=2.46（元）

（三）以前年度损益的追溯调整或追溯重述

按照《企业会计准则第 28 号——会计政策、会计估计变更和差错更正》的规定对以前年度损益进行追溯调整或追溯重述的，应当重新计算各列报期间的每股收益。

33.3.2 列报

已公开交易普通股或潜在普通股以及正处于公开发行普通股或潜在普通股的企业每股收益的列报如图 33-14 所示。

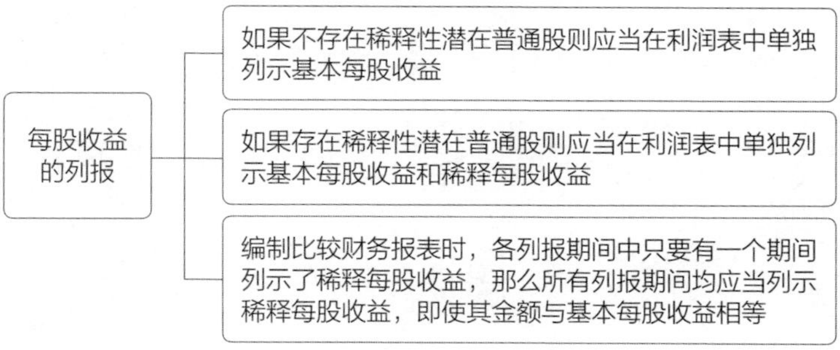

图 33-14 每股收益的列报

企业对外提供合并财务报表的每股收益列报要求如图 33-15 所示。

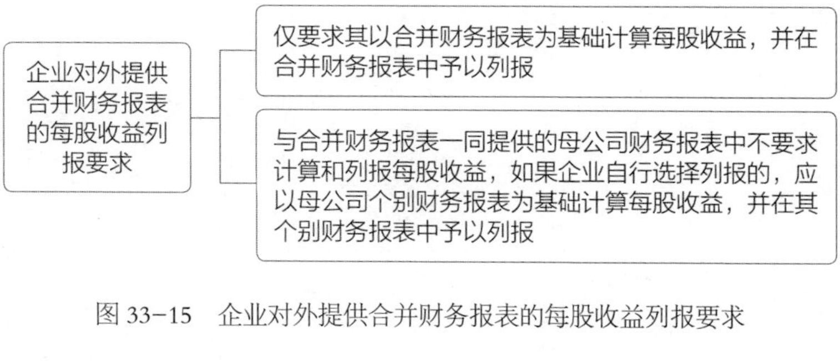

图 33-15 企业对外提供合并财务报表的每股收益列报要求

企业应当在附注中披露与每股收益有关的下列信息，如图 33-16 所示。

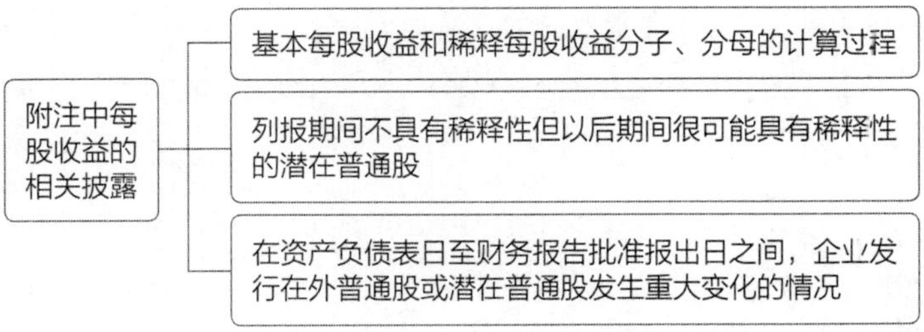

图 33-16　在附注中披露与每股收益有关的信息

企业如有终止经营的情况，应当在附注中分别持续经营和终止经营披露基本每股收益和稀释每股收益。

第 34 章 分部报告

34.1 分部报告概述

分部报告的定义及编制意义如图 34-1 所示。

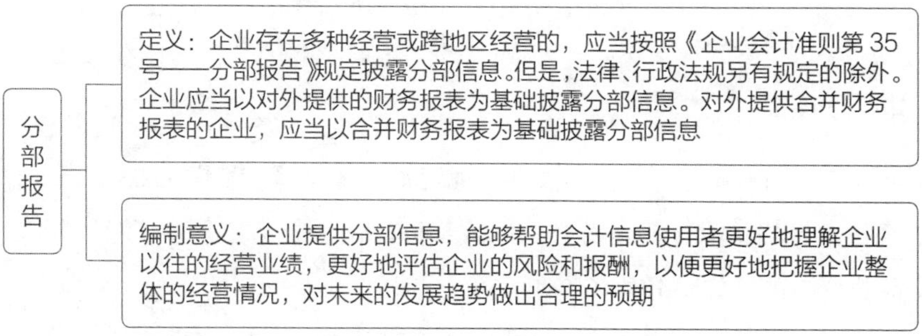

图 34-1 分部报告的定义及其编制意义

34.2 报告分部的确定

34.2.1 业务分部

《企业会计准则第 35 号——分部报告》规定：业务分部，是指企业内可区分的、能够提供单项或一组相关产品或劳务的组成部分。该组成部分承担了不同于其他组成部分的风险和报酬。

企业在确定业务分部时，应当结合企业内部管理要求，并考虑下列因素，如图 34-2 所示。

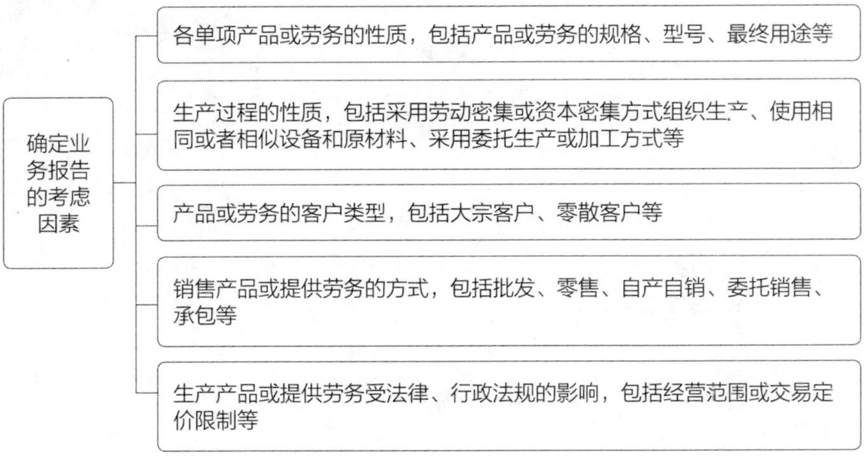

图 34-2　确定业务报告的考虑因素

但是，企业在具体确定业务分部时，特定的分部不大可能同时符合上述列明的全部因素。通常情况下，业务分部应当在包含了上述列明的大部分因素时予以确定。

34.2.2　地区分部

《企业会计准则第 35 号——分部报告》规定：地区分部，是指企业内可区分的、能够在一个特定的经济环境内提供产品或劳务的组成部分。该组成部分承担了不同于在其他经济环境内提供产品或劳务的组成部分的风险和报酬。

企业在确定地区分部时，应当结合企业内部管理要求，并考虑下列因素，如图 34-3 所示。

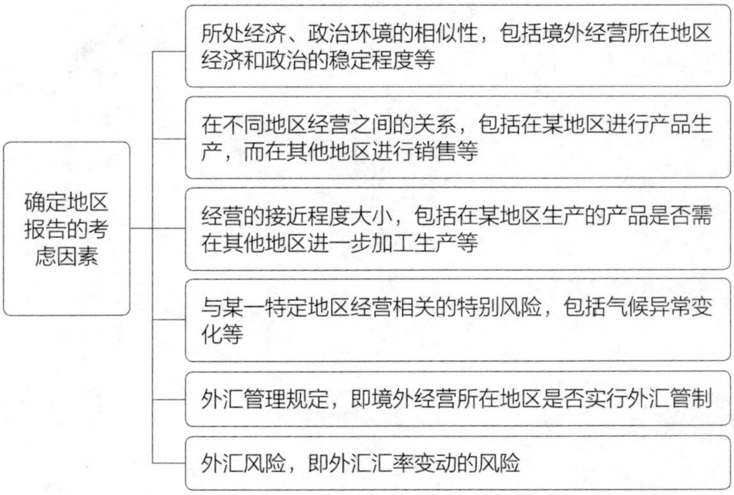

图 34-3　确定地区报告的考虑因素

但是，企业在具体确定地区分部时，特定的分部不大可能同时符合上述列明的全部因素。通常，当包含了上述列明的大部分因素时，就可认定为某个地区分部。

34.2.3　分部合并的条件

《企业会计准则第 35 号——分部报告》规定，两个或两个以上的业务分部或地区分部同时满足下列条件的，可以予以合并，如图 34-4 所示。

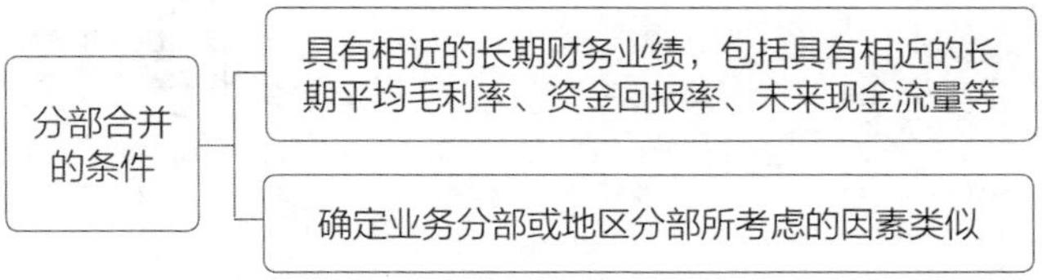

图 34-4　分部合并的条件

【例 34-1】XYZ 公司是一家全球性公司，总部在美国，主要生产 A、B、C、D 四个品牌的皮箱、各种手提包、公文包、皮带等，以及进行相关产品的运输、销售，每种产品均由独立的业务部门完成。其生产的产品主要销往中国、日本、美国等地。该公司各项业务 20×7 年 12 月 31 日的相关收入、费用、利润等信息如表 34-1 所示（金额单位为万元）。假定经预测，生产皮箱的 4 个部门今后 5 年内平均销售毛利率与本年度差异不大，并且各品种皮箱的生产过程、客户类型、销售方式等类似，该公司将业务分部作为主要报告形式提供分部信息。

表 34–1　分部信息

单位：万元

项目	皮箱				手提包	公文包	皮带	销售公司	运输公司	合计
	品牌 A	品牌 B	品牌 C	品牌 D						
营业收入	106 000	130 000	100 000	95 000	260 000	230 000	69 000	270 000	50 000	1 310 000
对外交易	100 000	120 000	80 000	90 000	180 000	150 000	50 000	270 000	50 000	1 090 000
分部间交易	6 000	10 000	20 000	5 000	80 000	80 000	19 000			220 000
营业费用	74 200	92 300	69 000	66 500	156 000	142 600	55 200	220 000	30 000	905 800
对外交易	60 000	78 300	57 000	62 000	149 000	132 000	47 200	205 000	30 000	820 500
分部间交易	14 200	14 000	12 000	4 500	7 000	10 600	8 000	15 000		85 300
营业利润	31 800	37 700	31 000	28 500	104 000	87 400	13 800	50 000	20 000	
销售毛利率	30%	29%	31%	30%	40%	38%	20%	18.5%	40%	
资产总额	350 000	400 000	300 000	250 000	650 000	590 000	250 000	700 000	300 000	3 790 000
负债总额	150 000	170 000	130 000	100 000	300 000	200 000	150 000	300 000	180 000	1 680 000

从上述资料可以看出，XYZ 公司生产皮箱的部门有 4 个，分别是生产品牌 A、品牌 B、品牌 C、品牌 D 皮箱的部门，其销售毛利率分别是 30%、29%、31%、30%。由于其近 5 年平均销售毛利率差异不大，所以可以认为这 4 个皮箱分部具有相近的长期财务业绩；同时，A、B、C、D 这 4 个部门都生产皮箱，其生产过程、客户类型、销售方式等类似，符合确定业务分部所考虑因素的相似性。因此，XYZ 公司在确定业务分部时，可以将生产 4 个品牌皮箱的分部予以合并，组成一个“皮箱”分部。合并后，皮箱分部的分部收入为 431 000 万元，分部费用为 302 000 万元，分部利润为 129 000 万元。

34.2.4　分部报告的确定

（一）分部报告的确定条件

《企业会计准则第 35 号——分部报告》规定，企业应当以业务分部或地区分部为基础确定分部报告。

业务分部或地区分部的大部分收入是对外交易收入，且满足下列条件之一的，应当将其确定为分部报告，具体见图 34-5。

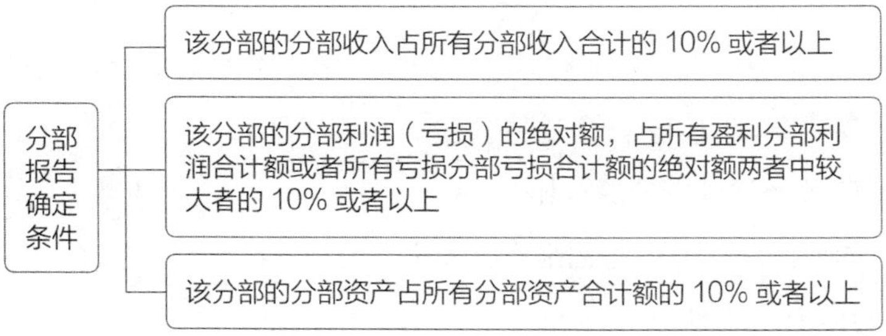

图 34-5　分部报告确定条件

（1）该分部的分部收入占所有分部收入合计的 10%或者以上。分部收入的规定如图 34-6 所示。

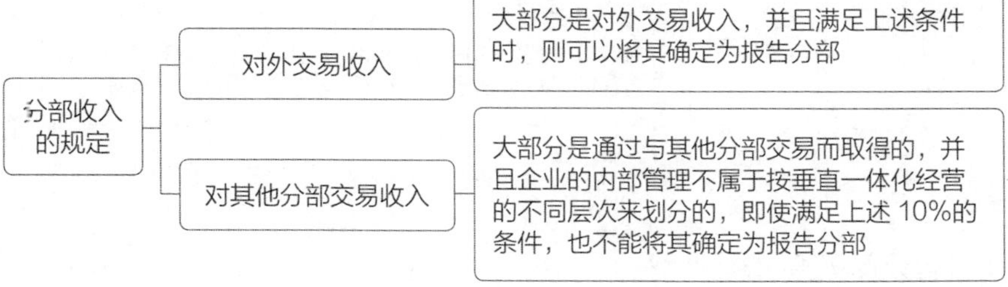

图 34-6　分部收入的规定

【例 34-2】沿用【例 34-1】资料，皮箱分部合并后，其分部收入合计 431 000 万元，其中对外交易收入合计 390 000 万元。对外交易收入占该分部收入合计的比例为 90.49%（390 000÷431 000×100%），大部分收入为对外交易取得。同时，由于皮箱分部收入占所有分部收入合计的比例为 32.9%（431 000÷1 310 000×100%），满足了不低于 10% 的条件，所以，该企业在确定分部报告时，应当将皮箱分部确定为分部报告。

（2）企业的分部收入大部分是通过对外交易而取得的，并且该分部的分部利润或者分部亏损的绝对额，占所有盈利分部利润合计额或者所有亏损分部亏损合计额的绝对额两者较大者的 10% 或者以上，则可以将其确定为分部报告。

（3）该分部的分部资产占所有分部资产合计额的 10% 或者以上。

分部资产定义如图 34-7 所示。

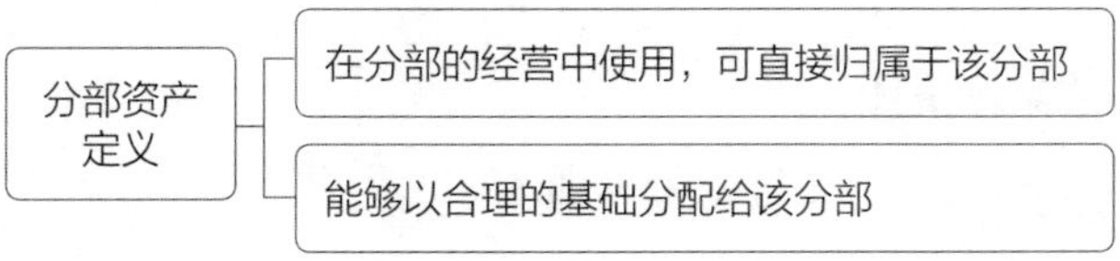

图 34-7　分部资产定义

企业在计量分部资产时，应当按照分部资产的账面价值进行计量，即按扣除相关累计折旧或摊销额以及累计减值准备后的金额计量。

当某一分部的大部分收入是对外交易收入，并且分部资产占所有分部资产合计额的 10% 或者以上，则可以将其确定为报告分部。

（二）低于 10% 重要性标准的选择

《企业会计准则第 35 号——分部报告》规定，业务分部或地区分部未满足上述条件的，可以按照下列规定处理，如图 34-8 所示。

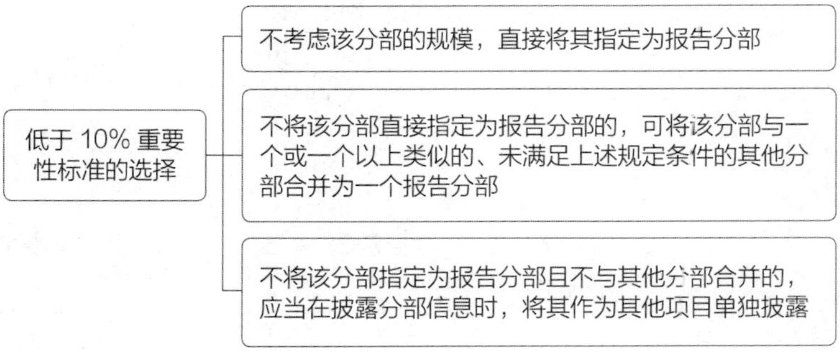

图 34-8　低于 10% 重要性标准的选择

（三）报告分部 75% 的标准

《企业会计准则第 35 号——分部报告》规定，报告分部的对外交易收入合计额占合并总收入或企业总收入的比重未达到 75% 的，应当将其他的分部确定为报告分部，直到该比重达到 75%。

（四）垂直一体化经营下报告分部的确定

《企业会计准则第 35 号——分部报告》规定，企业的内部管理按照垂直一体化经营的不同层次来划分的，即使其大部分收入不通过对外交易取得，仍可将垂直一体化经营的不同层次确定为独立的报告业务分部。

（五）为提供可比信息报告分部的确定

《企业会计准则第 35 号——分部报告》规定，对于上期确定为报告分部的，企业本期认为其依然重要，即使本期未满足上述规定条件的，仍应将其确定为本期的报告分部。

34.3　分部信息的披露

34.3.1　分部信息披露的主要报告形式和次要报告形式

《企业会计准则第 35 号——分部报告》规定，企业应当区分主要报告形式和次要报告形式披露分部信息。具体情况如图 34-9 所示。

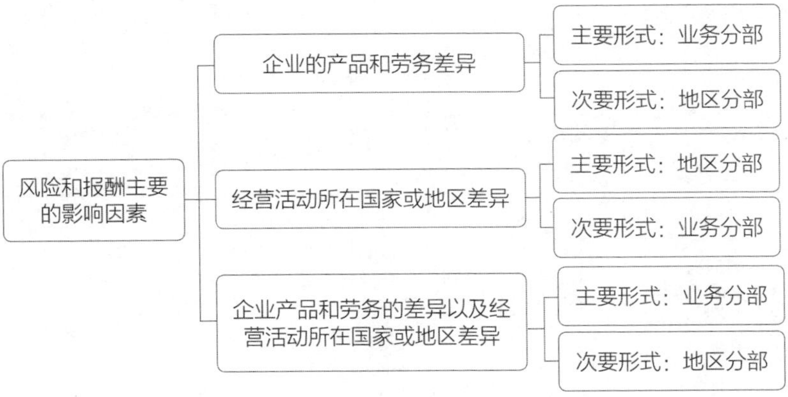

图 34-9　分部信息披露的主要报告形式和次要报告形式

34.3.2　主要报告形式下分部信息的披露

《企业会计准则第 35 号——分部报告》（以下简称“本准则”）规定，对于主要报告形式，企业应当在附注中披露分部收入、分部费用、分部利润（亏损）、分部资产总额和分部负债总额等。主要内容如图 34-10 所示。

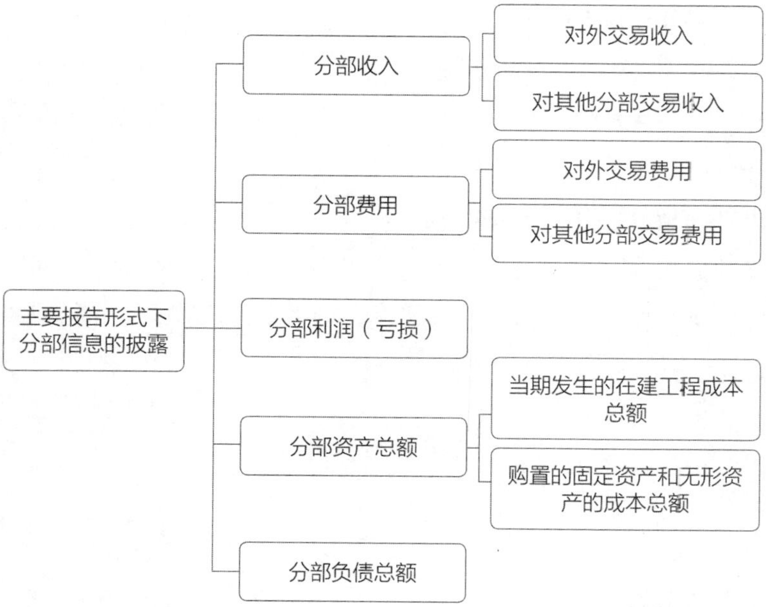

图 34-10　主要报告形式下分部信息的披露

（1）分部收入，是指可归属于分部的对外交易收入和对其他分部交易收入。分部的对外交易收入和对其他分部交易收入，应当分别披露。

《企业会计准则第 35 号——分部报告》应用指南对本准则的上述规定解释如下，分部收入是指可归属于分部的对外交易收入和对其他分部交易收入。分部收入主要由可归属于分部的对外交易收入构成，通常为营业收入，下列项目不包括在内，如图 34-11 所示。

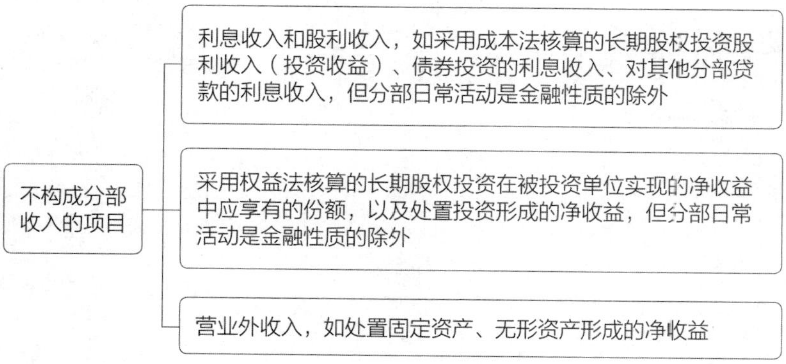

图 34-11　不构成分部收入的项目

（2）分部费用，是指可归属于分部的对外交易费用和对其他分部交易费用。分部的折旧费用、摊销费用以及其他重大的非现金费用，应当分别披露。

《企业会计准则第 35 号——分部报告》应用指南对本准则的上述规定解释如下，分部费用是指可归属于分部的对外交易费用和对其他分部交易费用。分部费用通常包括营业成本、税金及附加、销售费用等，下列项目不包括在内，如图 34-12 所示。

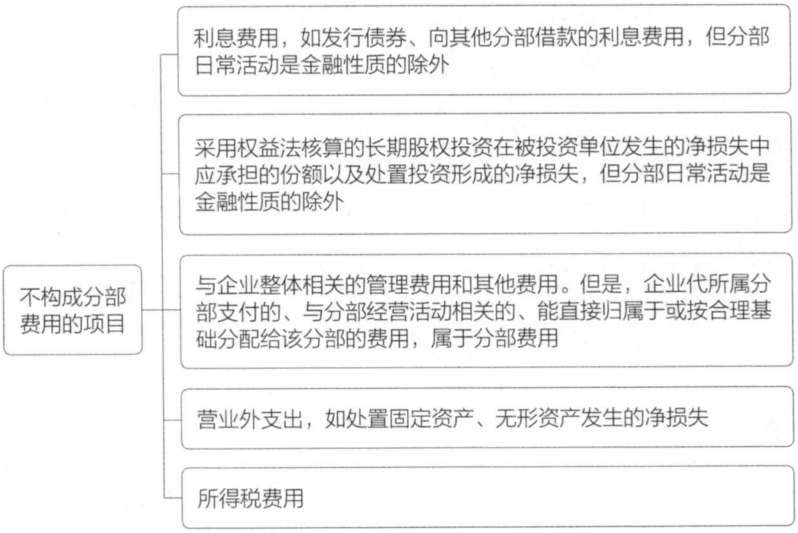

图 34-12　不构成分部费用的项目

（3）分部利润（亏损），是指分部收入减去分部费用后的余额。在合并利润表中，分部利润（亏损）应当在调整少数股东损益前确定。

（4）分部资产，是指分部经营活动使用的可归属于该分部的资产，不包括递延所得税资产。分部资产的披露金额应当按照扣除相关累计折旧或摊销额以及累计减值准备后的金额确定。

（5）分部负债，是指分部经营活动形成的可归属于该分部的负债，不包括递延所得税负债。

34.3.3　分部信息与企业合并财务报表或企业财务报表总额信息的衔接

《企业会计准则第 35 号——分部报告》规定，企业披露的分部信息，应当与合并财务报表或企业财务报表中的总额信息相衔接，如图 34-13 所示。

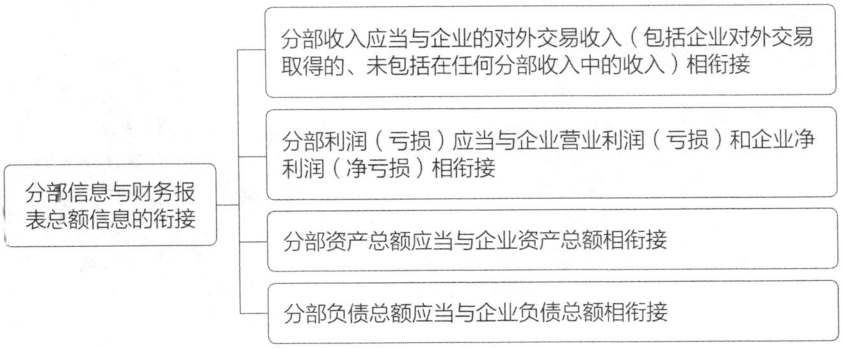

图 34-13　分部信息与财务报表总额信息的衔接

（1）分部收入在与企业的对外交易收入相衔接时，需要将分部之间的内部交易进行抵销，各个报告分部的对外交易收入与未包含在任何分部中的对外交易收入金额之和，应当与企业的对外交易收入总额一致。

（2）企业的分部利润（亏损）在进一步考虑不属于分部的收入或费用等调整因素之后，可以计算出企业的营业利润（亏损）和企业的净利润（净亏损）。

（3）分部资产总额加上未分配给各个分部的资产总额的合计额，与企业资产总额相一致。

（4）分部负债总额加上未分配给各个分部的负债总额的合计额，与企业负债总额相一致。

34.3.4 次要报告形式下分部信息的披露

《企业会计准则第 35 号——分部报告》规定的次要报告形式下分部信息披露的内容如图 34-14 所示。

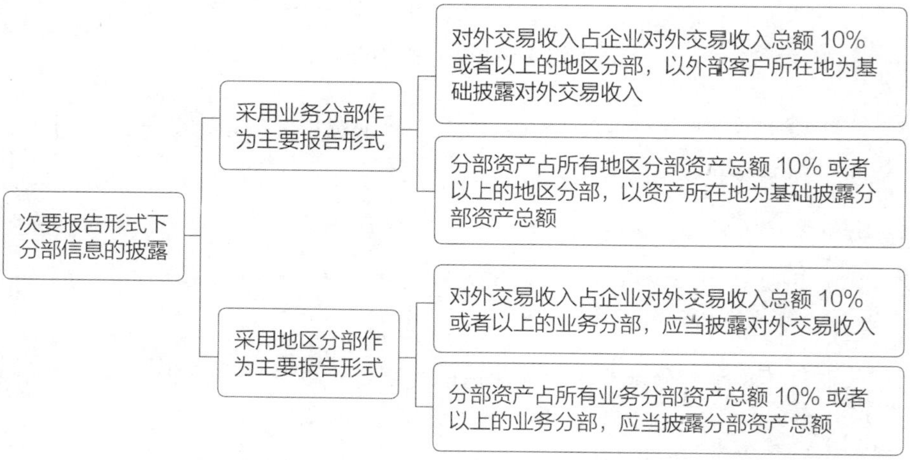

图 34-14　次要报告形式下分部信息的披露

34.3.5 其他披露要求

企业在编制分部报告时，除对上述信息进行披露以外，还应当对下列内容进行披露，如图 34-15 所示。

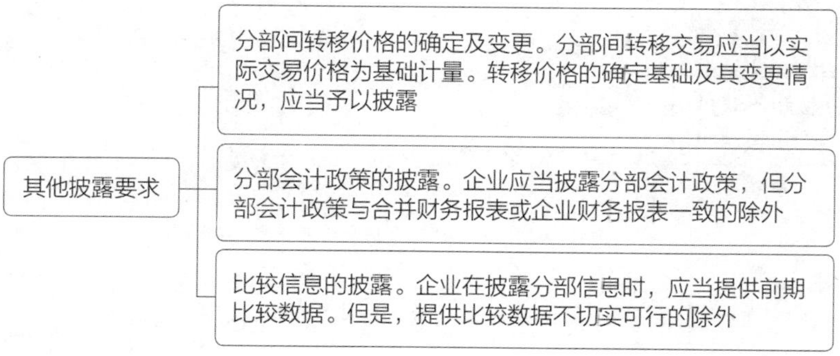

图 34-15　其他披露要求

第 35 章
关联方披露

35.1　关联方披露的基本规定

按照《企业会计准则第 36 号——关联方披露》（以下简称“本准则”）的规定，企业财务报表中应当披露所有关联方关系及其交易的相关信息。对外提供合并财务报表的，对于已经包括在合并范围内各企业之间的交易不予披露，但应当披露与合并范围外各关联方的关系及其交易。

关联方的认定及相关概念如图 35-1 所示。

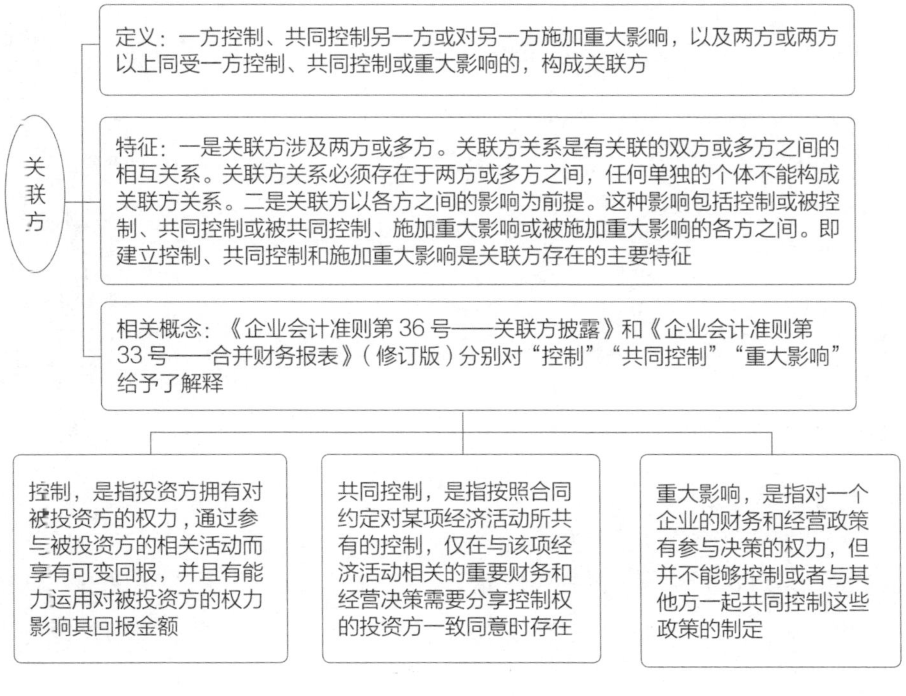

图 35-1　关联方的认定及相关概念

35.2 关联方关系的认定

35.2.1 关联方关系认定的一般原则

根据《企业会计准则讲解》的解释，关联方关系的存在是以控制、共同控制或重大影响为前提条件的。在判断是否存在关联方关系时，尤其应当遵守实质重于形式的原则。本准则第三条是判断关联方关系是否存在的基本标准，界定了构成企业关联方关系的有关方面，如图 35-2 所示。

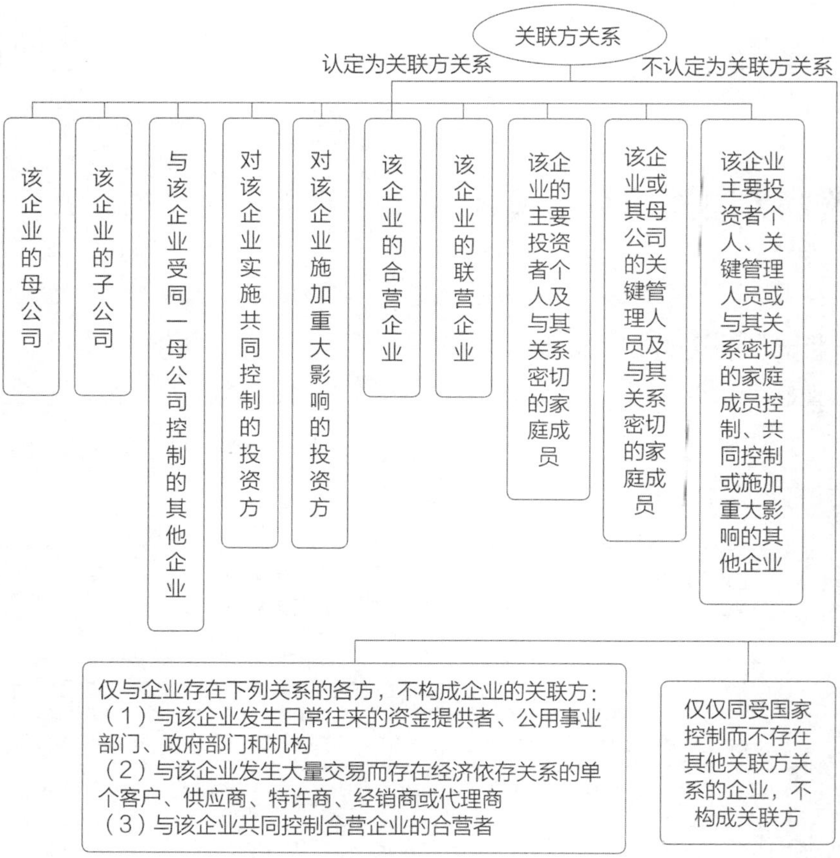

图 35-2　关联方关系认定框架

《企业会计准则第 36 号——关联方披露》对关联方的范围进行了具体阐释，规定以下企业构成关联方关系。

（一）该企业的母公司

根据《企业会计准则讲解》的具体解释，该企业的母公司，不仅包括直接或间接地控制该企业的其他企业，也包括能够对该企业实施直接或间接控制的单位等，具体如下。

（1）某一个企业直接控制一个或多个企业。例如，母公司控制一个或若干个子公司，则母公司与子公司之间即为关联方关系。

（2）某一个企业通过一个或若干个中间企业间接控制一个或多个企业。例如，母公司通过其子公司，间接控制子公司的子公司，表明母公司与其子公司的子公司存在关联方关系。

（3）一个企业直接地和通过一个或若干中间企业间接地控制一个或多个企业。例如，母公司对某一企业的投资虽然没有达到控股的程度，但由于其子公司也拥有该企业的股份或权益，如果母公司与其子公司对该企业的投资之和达到拥有该企业一半以上表决权资本的控制权，则母公司直接和间接地控制该企业，表明母公司与该企业之间存在关联方关系。

（二）该企业的子公司

《企业会计准则讲解》解释，该企业的子公司，包括直接或间接地被该企业控制的其他企业，也包括直接或间接地被该企业控制的单位、信托基金等。

（三）与该企业受同一母公司控制的其他企业

《企业会计准则讲解》认为，因为两个或多个企业有相同的母公司，对它们都具有控制能力，即两个或多个企业如果有相同的母公司，它们的财务和经营政策都由相同的母公司决定，各个被投资企业之间由于受相同母公司的控制，可能为自身利益而进行的交易受到某种限制。所以，本准则规定与该企业受同一母公司控制的两个或多个企业之间构成关联方关系。例如，该企业与受其母公司控制的其他公司之间构成关联方关系。

（四）对该企业实施共同控制的投资方

《企业会计准则讲解》解释，这里的共同控制包括直接的共同控制和间接的共同控制。需要强调的是，对企业实施直接或间接共同控制的投资方与该企业之间是关联方关系，但这些投资方之间并不能仅因为共同控制了同一家企业而视为存在关联方关系。例如，A、B、C 三个企业共同控制 D 企业，从而 A 和 D、B 和 D 以及 C 和 D 成为关联方关系。如果不存在其他关联方关系，A 和 B、A 和 C 以及 B 和 C 之间不构成关联方关系，具体的关系如图 35-3 所示。

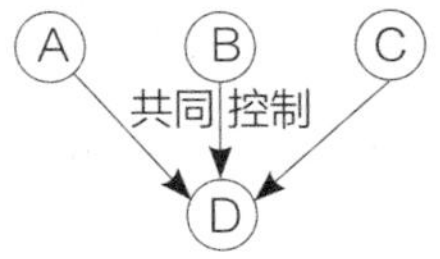

图 35-3　关联方关系（1）

（五）对该企业施加重大影响的投资方

《企业会计准则讲解》对此解释，这里的重大影响包括直接的重大影响和间接的重大影响。对企业实施重大影响的投资方与该企业之间是关联方关系，但这些投资方之间并不能仅因为对同一家企业具有重大影响而视为存在关联方关系。例如，A 企业和 C 企业均能够对 B

企业施加重大影响，如果 A 和 C 不存在其他关联方关系，则 A 和 C 不构成关联方关系，如图 35-4 所示。

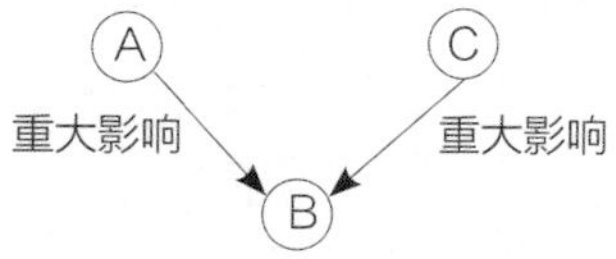

图 35-4　关联方关系（2）

（六）该企业的合营企业

根据《企业会计准则讲解》的解释，合营企业，是指按照合同规定经营活动由投资双方或若干方共同控制的企业。合营企业的主要特点在于投资各方均不能对被投资企业的财务和经营政策单独做出决策，必须由投资各方共同做出决策。因此，合营企业是以共同控制为前提的，两方或多方共同控制某一企业时，该企业则为投资者的合营企业。例如，A、B、C、D 企业各占 F 企业表决权资本的 25%，按照合同规定，投资各方按照出资比例控制 F 企业，由于出资比例相同，F 企业由 A、B、C、D 企业共同控制，在这种情况下，A 和 F、B 和 F、C 和 F 以及 D 和 F 之间构成关联方关系，如图 35-5 所示。

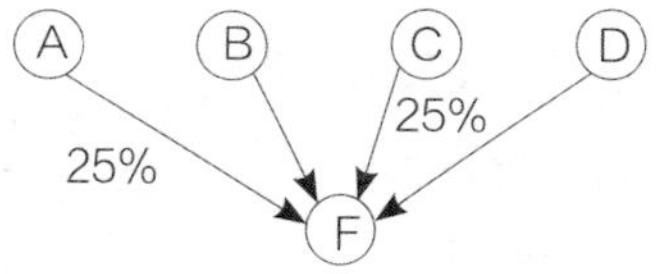

图 35-5　关联方关系（3）

（七）该企业的联营企业

根据《企业会计准则讲解》的解释，联营企业，是指投资方对其具有重大影响，但不是投资者的子公司或合营企业的企业。联营企业和重大影响是相联系的，如果投资者能对被投资企业施加重大影响，则该被投资企业视为投资者的联营企业。

（八）该企业的主要投资者个人及与其关系密切的家庭成员

主要投资者个人，是指能够控制、共同控制一个企业或者对一个企业施加重大影响的个人投资者。

（1）某一企业与其主要投资者个人之间的关系。例如，张三是 A 企业的主要投资者，则 A 企业与张三构成关联方关系。

（2）某一企业与其主要投资者个人关系密切的家庭成员之间的关系。例如，A 企业的主要投资者张三的儿子张小三与 A 企业构成关联方关系。

（九）该企业或其母公司的关键管理人员及与其关系密切的家庭成员

关键管理人员，是指有权力并负责计划、指挥和控制企业活动的人员。与主要投资者个人或关键管理人员关系密切的家庭成员，是指在处理与企业的交易时可能影响该个人或受该个人影响的家庭成员。

《企业会计准则讲解》的相关解释如下。

（1）某一企业与其关键管理人员之间的关系。例如，A 企业的总经理与 A 企业构成关联方关系。

（2）某一企业与其关键管理人员关系密切的家庭成员之间的关系。例如，A 企业的总经理张三的儿子张小三与 A 企业构成关联方关系。

（十）该企业主要投资者个人、关键管理人员或与其关系密切的家庭成员控制、共同控制或施加重大影响的其他企业

《企业会计准则讲解》对此做出了详细解释，与主要投资者个人或关键管理人员关系密切的家庭成员，是指在处理与企业的交易时可能影响该个人或受该个人影响的家庭成员，如父母、配偶、兄弟、姐妹和子女等。判断与主要投资者个人或关键管理人员关系密切的家庭成员是否为一个企业的关联方，应当视他们在处理与企业交易时的互相影响程度而定。对于这类关联方，应当根据主要投资者个人、关键管理人员或与其关系密切的家庭成员对两家企业的实际影响力具体分析判断。

（1）某一企业与受该企业主要投资者个人控制、共同控制或施加重大影响的其他企业之间的关系。例如，A 企业的主要投资者 H 拥有 B 企业 60% 的表决权资本，则 A 和 B 存在关联方关系。

（2）某一企业与受该企业主要投资者个人关系密切的家庭成员控制、共同控制或施加重大影响的其他企业之间的关系。例如，A 企业的主要投资者 Y 的妻子拥有 B 企业 60% 的表决权资本，则 A 和 B 存在关联方关系。

（3）某一企业与受该企业关键管理人员控制、共同控制或施加重大影响的其他企业之间的关系。例如，A 企业的关键管理人员 H 控制了 B 企业，则 A 和 B 存在关联方关系。

（4）某一企业与受该企业关键管理人员关系密切的家庭成员控制、共同控制或施加重大影响的其他企业之间的关系。例如，A 企业的财务总监 Y 的妻子是 B 企业的董事长，则 A 和 B 存在关联方关系。

35.2.2 关联方关系界定的例外情况

《企业会计准则第 36 号——关联方披露》规定了以下例外情况不认定为关联方关系。

（一）仅与企业存在下列关系的各方，不构成企业的关联方

（1）与该企业发生日常往来的资金提供者、公用事业部门、政府部门和机构。

（2）与该企业发生大量交易而存在经济依存关系的单个客户、供应商、特许商、经销商或代理商。

针对前两种特例，《企业会计准则讲解》解释，因为企业在日常经营活动中，往往与资金提供者，公用事业部门，与企业发生大量交易的供应商、代理商、购买者等往来比较密切，特别是国有企业与政府部门和机构也有较多的联系，如果它们之间不存在控制和被控制、共同控制和被共同控制、施加重大影响和被施加重大影响，通常情况下不构成关联方关系。

（3）与该企业共同控制合营企业的合营者。

《企业会计准则讲解》解释，因为，如果两个企业按照合同分享一个合营企业的控制权，某个企业单方面无法做出合营企业的经营和财务的决策，而合营企业是一个独立的法人，合营方各自对合营企业有重大影响，但各合营者无法影响其他合营者。在没有其他关联关系的情况下，仅因为某一合营企业的共同合营者，不能认定各合营者之间是关联方。

（二）仅仅同受国家控制而不存在其他关联方关系的企业，不构成关联方

根据《企业会计准则讲解》的解释，因为在我国，国有经济规模大，国有企业仍然占有相当大的比重，包括上市公司，国有企业之间的交易数量往往占重要部分。如果我们把这一部分国有企业都视为关联方，这些企业之间的交易都作为关联交易来处理，在现实当中是无法操作的。特别是国有商业银行，由于涉及的面更加广，如果把它们都作为关联方，就扭曲了关联方及其交易的本质，掩盖了真正的关联方及其交易。所以，如果将同受国家控制的企业之间视为关联方，在不存在控制、共同控制和重大影响时，则所有的国有企业由于其拥有共同的所有者而都成为关联方，这就扩大了关联方的范围，对国家控制的企业之间的交易予以披露，既无必要，又增加了企业的信息披露成本。

35.3 关联方交易

关联方交易的定义及类型如图 35-6 所示。

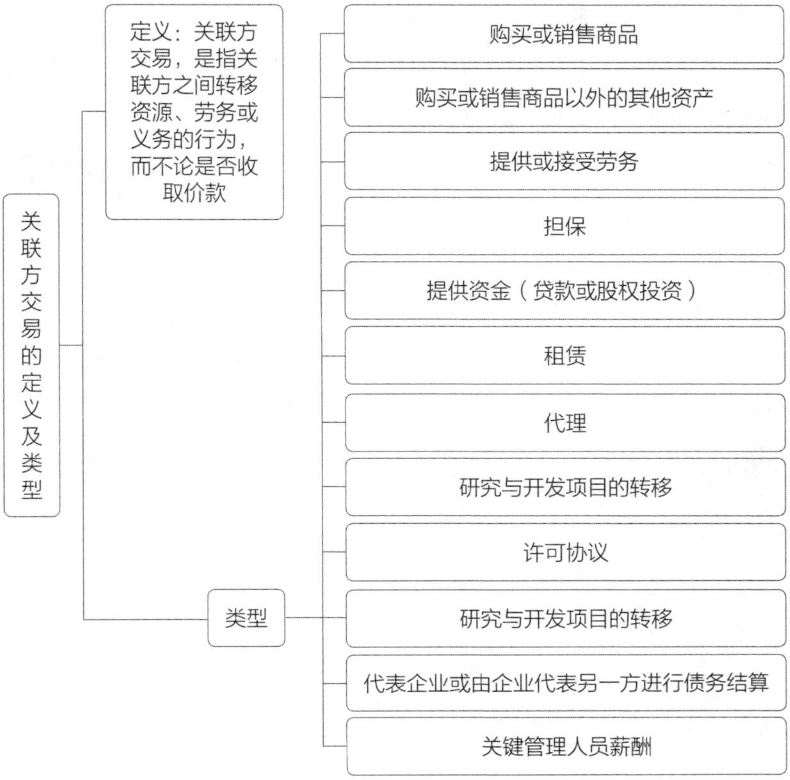

图 35-6　关联方交易的定义及类型

《企业会计准则第 36 号——关联方披露》规定关联方交易的类型通常包括下列各项：

（1）购买或销售商品。《企业会计准则讲解》解释，购买或销售商品是关联方交易较常见的交易事项，如企业集团成员之间互相购买或销售商品，从而形成了关联方交易。

（2）购买或销售商品以外的其他资产。《企业会计准则讲解》对此举例，母公司出售给其子公司设备或建筑物等。

（3）提供或接受劳务。《企业会计准则讲解》举例说明，A 企业是 B 企业的联营企业，A 企业专门从事设备维修服务，B 企业的所有设备均由 A 企业负责维修，B 企业每年支付设备维修费用 300 万元。

（4）担保。《企业会计准则讲解》解释，担保包括在借贷、买卖、货物运输、加工承揽等经济活动中，为了保障其债权实现而实行的担保等。当存在关联方关系时，一方往往为另一方提供为取得借款、买卖等经济活动中所需要的担保。

（5）提供资金（贷款或股权投资）。《企业会计准则讲解》举例说明，企业从其关联方取得资金，或权益性资金在关联方之间的增减变动等。

（6）租赁。《企业会计准则讲解》解释，租赁通常包括经营租赁和融资租赁等，关联方之间的租赁合同也是主要的交易事项。

（7）代理。《企业会计准则讲解》解释，代理主要是依据合同条款，一方可为另一方代理某些事务，如代理销售货物或代理签订合同等。

（8）研究与开发项目的转移。《企业会计准则讲解》解释，在存在关联方关系时，有时某一企业所研究与开发的项目会由于一方的要求而放弃或转移给其他企业。例如，B 公司是 A 公司的子公司，A 公司要求 B 公司停止对某一新产品的研究和试制，并将 B 公司研究的现有成果转给 A 公司最近购买的、研究与开发能力超过 B 公司的 C 公司继续研制，从而形成关联方交易。

（9）许可协议。《企业会计准则讲解》解释，当存在关联方关系时，关联方之间可能达成某项协议，允许一方使用另一方商标等，从而形成了关联方之间的交易。

（10）代表企业或由企业代表另一方进行债务结算。

（11）关键管理人员薪酬。《企业会计准则讲解》解释，企业支付给关键管理人员的报酬，也是一项主要的关联方交易。

35.4 关联方及其交易的披露

《企业会计准则第 36 号——关联方披露》规定，涉及关联方及其交易的企业，在财务报表中必须披露下列信息（见图 35-7）。

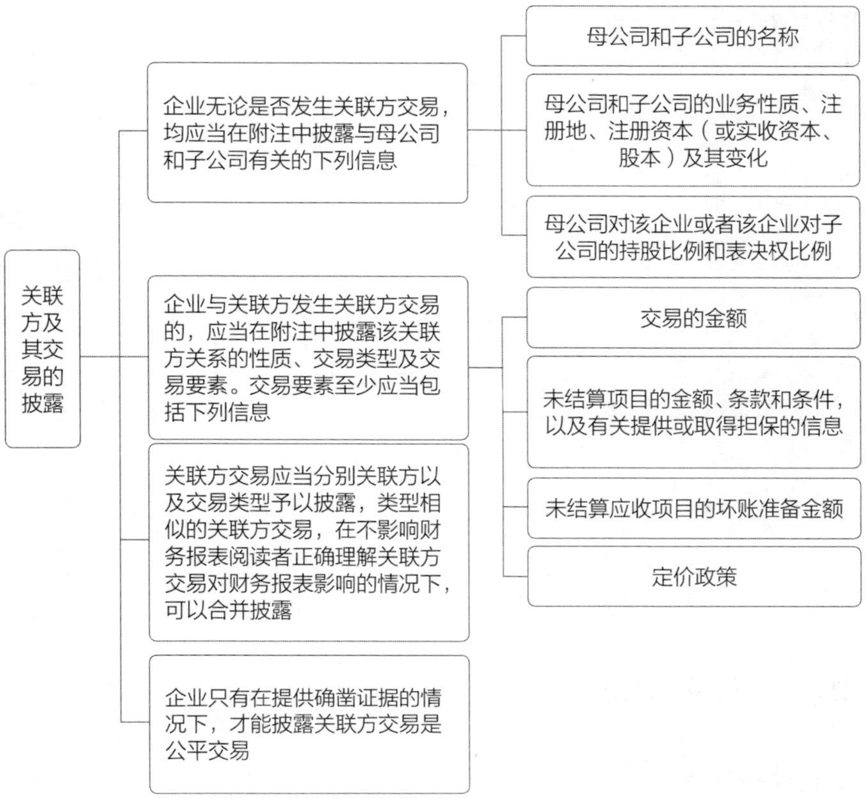

图 35-7　关联方及其交易的披露

《企业会计准则讲解》对关联方关系的性质、交易类型和交易要素做出了明确解释，并说明了披露所遵循的原则。

（1）关联方关系的性质，是指关联方与该企业的关系，即关联方是该企业的子公司、合营企业、联营企业等。交易类型通常包括购买或销售商品、购买或销售商品以外的其他资产、提供或接受劳务、担保、提供资金（贷款或股权投资）、租赁、代理、研究与开发项目的转移、许可协议、代表企业或由企业代表另一方进行债务结算等。交易要素至少应当包括交易的金额，未结算项目的金额、条款和条件，以及有关提供或取得担保的信息，未结算应收项目坏账准备金额，定价政策。关联方交易的金额应当披露两年期的比较数据。

（2）关联方交易的披露应遵循重要性原则。对企业财务状况和经营成果有影响的关联方交易，应当分别关联方以及交易类型披露；不具有重要性的，类型相似的非重大交易可合并披露，但以不影响财务报表阅读者正确理解企业财务状况、经营成果为前提。判断关联方交易是否重要，不应以交易金额的大小作为判断标准，而应当以交易对企业财务状况和经营成果的影响程度来确定。

第 36 章 金融工具列报

36.1 金融工具列报概述

《企业会计准则第 37 号——金融工具列报》规范了金融负债和权益工具的区分，企业发行的金融工具相关利息、股利、利得和损失的会计处理，金融资产和金融负债的抵销，金融工具在财务报表中的列示和披露以及金融工具相关风险的披露。

金融工具相关披露的目标，是有助于财务报表使用者了解企业所发行金融工具的分类、计量和列示，以及企业所持有的金融资产和承担的金融负债的情况，并就金融工具对企业财务状况和经营成果影响的重要程度、金融工具使企业在报告期间和期末所面临风险的性质和程度，以及企业如何管理这些风险做出合理评价。

金融工具列报概述如图 36-1 所示。

金融工具列报概述

- 含义：金融工具列报，包括金融工具列示和金融工具披露。金融工具列示，是指发行金融工具的企业应当将其正确地在资产负债表中列示为一项金融资产、金融负债或权益工具，并在利润表的相关项目中列示与金融工具有关的收入、费用、利得或损失。金融工具披露，是指发行金融工具的企业应当在财务报表附注中披露与金融工具有关的性质、分类、风险及对企业财务报表产生的具体影响
- 目的：金融工具列报的信息，应当有助于财务报表使用者了解企业所有发行金融工具的分类、计量和列报的情况，以及企业所持有的金融资产和承担的金融负债的情况，并就金融工具对企业财务状况和经营成果影响的重要程度、金融工具使企业在报告期间和期末所面临风险的性质和程度，以及企业如何管理这些风险做出合理评价
- 适用范围：通常情况下，符合《企业会计准则第 22 号——金融工具确认和计量》中金融工具定义的项目，应当按照该准则核算，并按照《企业会计准则第 37 号——金融工具列报》列报

图 36-1　金融工具列报概述

36.2　金融负债和权益工具的区分

36.2.1　金融工具的分类

金融工具的分类如图 36-2 所示。

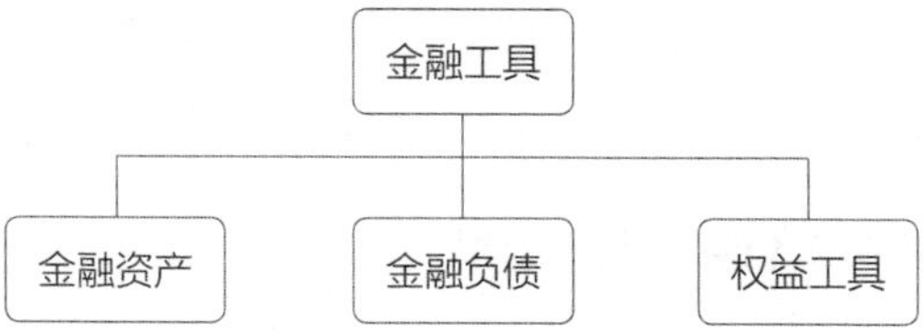

图 36-2　金融工具的分类

36.2.2　金融负债和权益工具区分的总体要求、基本原则和列示

（一）金融负债和权益工具区分的总体要求

1. 金融负债和权益工具的定义

金融负债，是指企业符合下列条件之一的负债。

（1）向其他方交付现金或其他金融资产的合同义务，如发行的承诺支付固定利息的公司债券。

（2）在潜在不利条件下，与其他方交换金融资产或金融负债的合同义务，如签出的外汇期权。

（3）将来须用或可用企业自身权益工具进行结算的非衍生工具合同，且企业根据该合同将交付可变数量的自身权益工具。例如，企业取得一项金融资产，并承诺两个月后向卖方交付本企业发行的普通股，交付的普通股数量根据交付时的股价确定，则该项承诺是一项金融负债。

（4）将来须用或可用企业自身权益工具进行结算的衍生工具合同，以固定数量的自身权益工具交换固定金额的现金或其他金融资产的衍生工具合同除外，如以普通股净额结算的股票期权（见【例 36-6】）。企业对全部现有同类别非衍生自身权益工具的持有方（如普通股股东）同比例发行配股权、期权或认股权证，使之有权按比例以固定金额的任何货币换取固定数量的该企业自身权益工具的，该类配股权、期权或认股权证应当分类为权益工具。其中，企业自身权益工具不包括应按照《企业会计准则第 37 号——金融工具列报》第三章分类为权益工具的金融工具，也不包括本身就要求在未来收取或交付企业自身权益工具的合同。

权益工具，是指能证明拥有某个企业在扣除所有负债后的资产中的剩余权益的合同。在同时满足下列条件的情况下，企业应当将发行的金融工具分类为权益工具。

（1）该金融工具应当不包括交付现金或其他金融资产给其他方，或在潜在不利条件下与其他方交换金融资产或金融负债的合同义务。

（2）将来须用或可用企业自身权益工具结算该金融工具。如为非衍生工具，该金融工具应当不包括交付可变数量的自身权益工具进行结算的合同义务；如为衍生工具，企业只能通过以固定数量的自身权益工具交换固定金额的现金或其他金融资产结算该金融工具。企业自身权益工具不包括应按照《企业会计准则第 37 号——金融工具列报》第三章分类为权益工具的金融工具，也不包括本身就要求在未来收取或交付企业自身权益工具的合同。

2．区分金融负债和权益工具需考虑的因素

（1）合同所反映的经济实质。在判断一项金融工具是否应划分为金融负债或权益工具时，应当以相关合同条款及其所反映的经济实质而非仅以法律形式为依据，运用金融负债和权益工具区分的原则，正确地确定该金融工具或其组成部分的会计分类。对金融工具合同所反映经济实质的评估应基于合同的具体条款。企业不应仅依据监管规定或工具名称进行划分。

（2）工具的特征。有些金融工具（如企业发行的某些优先股）可能既有权益工具的特征，又有金融负债的特征。因此，企业应当全面、细致地分析此类金融工具各组成部分的合同条款，以确定其显示的是金融负债还是权益工具的特征，并进行整体评估，以判定整个工具应划分为金融负债或权益工具，还是既包括负债成分又包括权益工具成分的复合金融工具。

（二）金融负债和权益工具区分的基本原则

1．是否存在无条件地避免交付现金或其他金融资产的合同义务

（1）如果企业不能无条件地避免以交付现金或其他金融资产来履行一项合同义务，则该合同义务符合金融负债的定义。实务中，常见的该类合同义务情形包括以下方面。

① 不能无条件避免的赎回，即金融工具发行方不能无条件地避免赎回此金融工具。如果一项合同（根据《企业会计准则第 37 号——金融工具列报》第三章分类为权益工具的特殊金融工具除外）使发行方承担了以现金或其他金融资产回购自身权益工具的义务，即使发行方的回购义务取决于合同对手是否行使回售权，发行方应当在初始确认时将该义务确认为一项金融负债，其金额等于回购所需支付金额的现值（如远期回购价格的现值、期权行权价格的现值或其他回售金额的现值）。如果发行方最终无须以现金或其他金融资产回购自身权益工具，应当在合同对手回售权到期时将该项金融负债按照账面价值重分类为权益工具。

② 强制付息，即金融工具发行方被要求强制支付利息。例如，一项以面值人民币 1 亿元发行的优先股要求每年按 6% 的股息率支付优先股股息，则发行方承担了未来每年支付 6% 股息的合同义务，应当就该强制付息的合同义务确认金融负债。又如，企业发行的一项永续债，无固定还款期限且不可赎回、每年按 8% 的利率强制付息。尽管该项工具的期限永续且不可赎回，但由于企业承担了以利息形式永续支付现金的合同义务，所以符合金融负债的定义。

需要说明的是，对企业履行交付现金或其他金融资产的合同义务能力的限制（如无法获得外币、需要得到有关监管部门的批准才能支付或其他法律法规的限制等），并不能解除企业就该金融工具所承担的合同义务，也不能表明该企业无须承担该金融工具的合同义务。

（2）如果企业能够无条件地避免交付现金或其他金融资产，如能够根据相应的议事机制自主决定是否支付股息（即无支付股息的义务），同时所发行的金融工具没有到期日且合同对手没有回售权，或虽有固定期限但发行方有权无限期递延（即无支付本金的义务），则此类交付现金或其他金融资产的结算条款不构成金融负债。如果发放股利由发行方根据相应的议事机制自主决定，则股利是累积股利还是非累积股利本身不影响该金融工具被分类为权益工具。

实务中，优先股等金融工具发行时还可能会附有与普通股股利支付相连结的合同条款。这类工具常见的连结条款包括“股利制动机制”“股利推动机制”等。“股利制动机制”的合同条款要求企业如果不宣派或支付（视具体合同条款而定，下同）优先股等金融工具的股利，则其也不能宣派或支付普通股股利。“股利推动机制”的合同条款要求企业如果宣派或支付普通股股利，则其也须宣派或支付优先股等金融工具的股利。如果优先股等金融工具所连结的是诸如普通股的股利，发行方根据相应的议事机制能够自主决定普通股股利的支付，则“股利制动机制”及“股利推动机制”本身均不会导致相关金融工具被分类为金融负债。对于本段所述判断依据，企业应谨慎地将其适用范围限制在普通股股利支付相连结的情形，不能推广到其他情形，如与交叉保护条款或其他投资者保护条款相连结。

【例36-1】甲公司发行了一项年利率为8%、无固定还款期限、可自主决定是否支付利息的不可累积永续债，其他合同条款如下。

（1）该永续债嵌入了一项看涨期权，允许甲公司在发行第5年及之后以面值回购该永续债。

（2）如果甲公司在第5年末没有回购该永续债，则之后的票息率增加至11%（通常称为“票息递增”特征）。

（3）该永续债票息在甲公司向其普通股股东支付股利时必须支付（即“股利推动机制”）。

甲公司根据相应的议事机制能够自主决定普通股股利的支付；该公司发行该永续债之前多年来均支付普通股股利。

分析：

本例中，尽管甲公司多年来均支付普通股股利，但由于甲公司能够根据相应的议事机制自主决定普通股股利的支付，并进而影响永续债利息的支付，对甲公司而言，该永续债利息并未形成支付现金或其他金融资产的合同义务；尽管甲公司有可能在第5年末行使回购权，但是甲公司并没有回购的合同义务。如果没有其他情形导致该工具被分类为金融负债，则该永续债应整体被分类为权益工具。同时，虽然合同中存在利率跳升安排，但该安排也不构成企业无法避免的支付义务。

【例36-2】甲公司发行了一项年利率为8%、无固定还款期限、可自主决定是否支付利息的不可累积永续债，合同条款中包含的投资者保护条款如下。

当发行人未能清偿到期应付的其他债务融资工具、企业债或任何金融机构贷款的本金或利息时，发行人立即启动投资者保护机制（实务中有时将此类保护条款称为“交叉保护”），即主承销商于 20 个工作日内召开永续债持有人会议。永续债持有人有权对以下处理方案进行表决。

（1）无条件豁免违反约定。

（2）有条件豁免违反约定，即如果发行人采取了补救方案（如增加担保），并在 30 日内完成相关法律手续的，则豁免违反约定。

如上述豁免的方案经表决生效，发行人应无条件接受持有人会议做出的上述决议，并于 30 个工作日内完成相关法律手续。如上述方案未获表决通过，则永续债本息应在持有人会议召开日的次日立即到期应付。

分析：

本例中，首先，因为受市场对生产经营的影响等因素，能否有足够的资金支付到期的债务不在甲公司的控制范围内，即其无法控制是否会对债务产生违约；其次，当甲公司对债务产生违约时，其无法控制持有人大会是否会通过上述豁免的方案。而当持有人大会决定不豁免时，永续债本息就到期应付。所以，甲公司不能无条件地避免以交付现金或其他金融资产来履行一项合同义务，该永续债符合金融负债的定义，应当被分类为金融负债而非权益工具。

除上述示例中的相关条款外，企业还应当注意其他投资者保护条款。例如，一旦发行人破产或视同清算、发生超过净资产 10% 以上重大损失、财务指标承诺未达标、财务状况发生重大变化、控制权变更或信用评级被降级、发生其他投资者认定足以影响债权实现的事项等情形，那么该永续债一次到期应付，除非持有人大会通过豁免的决议。在这些合同中，破产往往是指无力偿债、拖欠到期应付款项、停止或暂停支付所有或大部分债务或终止经营其业务，或根据《中华人民共和国企业破产法》规定进入破产程序，因此，由于发行人不能控制能否按时偿债、是否会发生超过净资产 10% 以上重大损失、财务指标承诺能否达标、财务状况是否发生重大变化、控制权是否会变更或信用等级是否会被降级、是否会发生其他投资者认定足以影响债权实现的事项等情形，进而无法无条件地避免以交付现金或其他金融资产来履行一项合同义务。所以，包含此类条款的永续债也应当被分类为金融负债。

企业应当基于真实、完整的合同进行相关分析和判断。在实务中，有时存在部分条款措辞不够严谨或不够明确的情况，企业应当进一步明确合同条款是否会导致发行人存在交付现金或其他金融资产的义务。企业应当确保合同措辞明确，能够以此为基础做出合理的会计判断。另外，某些永续债条款可能也会约定永续债债权人破产清算时的清偿顺序等同于其他债务。在此类情况下，企业应当考虑这些条款是否会导致该永续债分类为金融负债。

（3）判断一项金融工具是划分为权益工具还是金融负债，不受下列因素的影响：

① 以前实施分配的情况；

② 未来实施分配的意向；

③ 相关金融工具如果没有发放股利对发行方普通股的价格可能产生的负面影响；

④ 发行方的未分配利润等可供分配权益的金额；

⑤ 发行方对一段期间内损益的预期；

⑥ 发行方是否有能力影响其当期损益。

（4）有些金融工具虽然没有明确地包含交付现金或其他金融资产义务的条款和条件，但有可能通过其他条款和条件间接地形成合同义务。例如，企业可能在显著不利的条件下选择交付现金或其他金融资产，而不是选择履行非金融合同义务，或选择交付自身权益工具。在实务中，相关合同可能包含利率跳升等特征，往往可能构成发行方交付现金或其他金融资产的间接义务。企业须借助合同条款和相关信息，全面分析判断。例如，对于【例 36-1】中存在的"票息递增"条款，考虑到其只有一次利率跳升机会，且跳升幅度为 3%（300 基点），尚不构成《企业会计准则第 37 号——金融工具列报》第十条所述的间接义务。

2. 是否通过交付固定数量的自身权益工具结算

根据《企业会计准则第 37 号——金融工具列报》，权益工具是证明拥有企业的资产扣除负债后的剩余权益的合同。因此，对于将来须交付企业自身权益工具的金融工具，如果未来结算时交付的权益工具数量是可变的，或者收到的对价的金额是可变的，则该金融工具的结算将对其他权益工具所代表的剩余权益带来不确定性（通过影响剩余权益总额或者稀释其他权益工具），也就不符合权益工具的定义。

实务中，一项须用或可用企业自身权益工具结算的金融工具是否对其他权益工具的价值带来不确定性，通常与该工具的交易目的相关。如果该自身权益工具是作为现金或其他金融资产的替代品（如作为商品交易中的支付手段），则该自身权益工具的接收方一般而言需要该工具在交收时具有确定的公允价值，以便得到与接受现金或其他金融资产的同等收益，因此企业所交付的自身权益工具数量是根据交付时的公允价值计算的，是可变的。反之，如果该自身权益工具是为了使持有方作为出资人享有企业（发行人）资产扣除负债的剩余权益，那么需要交付的自身权益工具数量通常在一开始就已商定，而不是在交付时计算确定。

将来须用或可用企业自身权益工具结算的金融工具应当区分为衍生工具和非衍生工具。例如，甲公司发行了一项无固定期限、能够自主决定支付本息的可转换优先股。按合同规定，甲公司将在第 5 年末将发行的该工具强制转换为可变数量的普通股，则该可转换优先股是一项非衍生工具。又如，甲公司发行一项 5 年期分期付息到期还本，同时到期可转换为固定数量普通股的可转换债券，则该可转换债券中嵌入的转换权是一项衍生工具。

（1）基于自身权益工具的非衍生工具。

对于非衍生工具，如果发行方未来有义务交付可变数量的自身权益工具进行结算，则该非衍生工具是金融负债；否则，该非衍生工具是权益工具。

某项合同并不仅因为其可能导致企业交付自身权益工具而成为一项权益工具。企业可能承担交付一定数量的自身权益工具的合同义务，如果将交付的企业自身权益工具数量是变化的，使得将交付的企业自身权益工具的数量乘以其结算时的公允价值等于合同义务的金额，则无论该合同义务的金额是固定的，还是完全或部分地基于除企业自身权益工具的市场价格以外变量（如利率、某种商品的价格或某项金融工具的价格）的变动而变化，该合同应当分类为金融负债。

【例 36-3】甲公司与乙公司签订的合同约定，甲公司以 100 万元等值的自身权益工具偿还所欠乙公司债务。

分析：

本例中，甲公司需偿还的负债金额 100 万元是固定的，但甲公司需交付的自身权益工具的数量随着其权益工具市场价格的变动而变动。在这种情况下，甲公司发行的该金融工具应当划分为金融负债。

【例 36-4】甲公司与乙公司签订的合同约定，甲公司以 100 盎司（1 盎司 =28.35 克）黄金等值的自身权益工具偿还所欠乙公司债务。

分析：

本例中，甲公司需偿还的负债金额随黄金价格变动而变动，同时，甲公司需交付的自身权益工具的数量随着其权益工具市场价格的变动而变动。在这种情况下，该金融工具应当划分为金融负债。

【例 36-5】甲公司发行了名义金额 100 元人民币的优先股，合同条款规定甲公司在 3 年后将优先股强制转换为普通股，转股价格为转股日前一工作日的该普通股市价。

分析：

本例中，转股价格是变动的，未来须交付的普通股数量是可变的，实质可视作甲公司将在 3 年后使用自身普通股并按其市价履行支付优先股每股 100 元人民币的义务。在这种情况下，该强制可转换优先股整体是一项金融负债。

在上述三个例子中，虽然企业通过交付自身权益工具来结算合同义务，该合同仍属于一项金融负债，而并非企业的权益工具。因为企业以可变数量的自身权益工具作为合同结算方式，该合同不能证明持有方享有发行方在扣除所有负债后的资产中的剩余权益。

（2）基于自身权益工具的衍生工具。

对于衍生工具，如果发行方只能通过以固定数量的自身权益工具交换固定金额的现金或其他金融资产进行结算（即“固定换固定”），则该衍生工具是权益工具；如果发行方以固定数量自身权益工具交换可变金额现金或其他金融资产，或以可变数量自身权益工具交换固定金额现金或其他金融资产，或在转换价格不固定的情况下以可变数量自身权益工具交换可变金额现金或其他金融资产，则该衍生工具应当确认为衍生金融负债或衍生金融资产。例如，发行在外的股票期权赋予了工具持有方以固定价格购买固定数量的发行方股票的权利。该合同的公允价值可能会随着股票价格以及市场利率的波动而变动。但是，只要该合同的公允价值变动不影响结算时发行方可收取的现金或其他金融资产的金额，也不影响需交付的权益工具的数量，则发行方应将该股票期权作为一项权益工具处理。

运用上述“固定换固定”原则来判断会计分类的金融工具常见于可转换债券，具备转股条款的永续债、优先股等。如果发行的金融工具合同条款中包含在一定条件下转换成发行方普通股的约定且存在交付现金或其他金融资产的义务（如每年支付固定股息的可转换优先股中的转换条款），该转股权将涉及发行方是否需要交付可变数量自身权益工具或者是否“固定换固定”的判断。在实务中，转股条款呈现的形式可能纷繁复杂，发行方应审慎确定其合同条款及所反映的经济实质是否能够满足“固定换固定”原则。

需要说明的是，在实务中，对于附有可转换为普通股条款的可转换债券等金融工具，在其转换权存续期内，发行方可能发生新的融资或者与资本结构调整有关的经济活动，如股份拆分或合并、配股、转增股本、增发新股、发放现金股利等。通常情况下，即使转股价初始固定，但为了确保此类金融工具持有方在发行方权益中的潜在利益不会被稀释，合同条款会规定在此类事项发生时，转股价将相应进行调整。此类对转股价格以及相应转股数量的调整通常称为“反稀释”调整。原则上，如果按照转股价格调整公式进行调整，可使得稀释事件发生之前和之后，每一份此类金融工具所代表的发行方剩余利益与每一份现有普通股所代表的剩余利益的比例保持不变，即此类金融工具持有方相对于现有普通股股东所享有的在发行方权益中的潜在相对利益保持不变，则可认为这一调整并不违背“固定换固定”原则。如果不做任何调整，也可认为合同双方在此类工具发行时已在其估值中考虑了上述活动的预期影响。但如果做了调整且调整公式无法体现此类工具持有人与普通股股东在相关事件发生前后“同进同退”的原则，则不能认为这一调整符合“固定换固定”原则。

【例 36–6】甲公司于 2×17 年 2 月 1 日向乙公司发行以自身普通股为标的的看涨期权。根据该期权合同，如果乙公司行权，乙公司有权以每股 102 元的价格从甲公司购入普通股 1 000 股。有关资料如下：

（1）合同签订日为 2×17 年 2 月 1 日；

（2）行权日（欧式期权）为 2×18 年 1 月 31 日；

（3）2×18 年 1 月 31 日应支付的固定行权价格为 102 元；

（4）期权合同中的普通股数量为 1 000 股；

（5）2×17 年 2 月 1 日每股市价为 100 元；

（6）2×17 年 12 月 31 日每股市价为 104 元；

（7）2×18 年 1 月 31 日每股市价为 104 元；

（8）2×17 年 2 月 1 日期权的公允价值为 5 000 元；

（9）2×17 年 12 月 31 日期权的公允价值为 3 000 元；

（10）2×18 年 1 月 31 日期权的公允价值为 2 000 元。

情形 1：期权以现金净额结算。

分析：在现金净额结算约定下，甲公司不能完全避免向另一方支付现金的义务，因此应当将该期权划分为金融负债。

甲公司的账务处理如下：

① 2×17 年 2 月 1 日，确认发行的看涨期权：

借：银行存款　5 000

　贷：衍生工具——看涨期权　5 000

② 2×17 年 12 月 31 日，确认期权公允价值减少：

借：衍生工具——看涨期权　2 000

　贷：公允价值变动损益　2 000

③ 2×18 年 1 月 31 日，确认期权公允价值减少：

借：衍生工具——看涨期权　1 000

　贷：公允价值变动损益　1 000

在同一天，乙公司行使了该看涨期权，合同以现金净额方式进行结算。甲公司有义务向乙公司交付 104 000（104×1 000）元，并从乙公司收取 102 000（102×1 000）元，甲公司实际支付净额为 2 000 元。反映看涨期权结算的账务处理如下：

借：衍生工具——看涨期权　2 000

　贷：银行存款　2 000

情形 2：期权以普通股净额结算。

分析：普通股净额结算是指甲公司以普通股代替现金进行净额结算，支付的普通股公允价值等于应当支付的现金金额。在普通股净额结算约定下，由于甲公司须交付的普通股数量 [（行权日每股价格 -102）×1 000÷ 行权日每股价格] 不确定，所以应当将该期权划分为金融负债。

除期权以普通股净额结算外，其他资料与情形 1 相同。甲公司实际向乙公司交付普通股数量约为 19.23（2 000÷104）股，因交付的普通股数量须为整数，实际交付 19 股，余下的金额 24（0.23×104）元将以现金方式支付。因此，甲公司除以下账务处理外，其他账务处理与情形 1 相同：

2×18 年 1 月 31 日：

借：衍生工具——看涨期权　2 000

　贷：股本　19

　　资本公积——股本溢价　1 957

　　银行存款　24

情形 3：期权以普通股总额结算。

分析：在普通股总额结算约定下，甲公司需交付的普通股数量固定，将收到的金额也是固定的，因此应当将该期权划分为权益工具。

除甲公司以约定的固定数量的自身普通股交换固定金额现金外，其他资料与情形1相同。因此，乙公司有权于2×18年1月31日以102 000（102×1 000）元购买甲公司1 000股普通股。

甲公司的账务处理如下：

① 2×17年2月1日，确认发行的看涨期权：

借：银行存款　　5 000

　　贷：其他权益工具　　5 000

由于甲公司将以固定数量的自身股票换取固定金额现金，应将该衍生工具确认为权益工具。

② 2×17年12月31日：由于该期权合同确认为权益工具，甲公司无须就该期权的公允价值变动做出会计处理，所以无须在2×17年12月31日编制会计分录。

由于该看涨期权是价内期权（行权价格每股102元小于市场价格每股104元），乙公司在行权日行使了该期权，向甲公司支付了102 000元以获取1 000股甲公司股票。

③ 2×18年1月31日，乙公司行权：

借：银行存款　　102 000

　　其他权益工具　　5 000

　　贷：股本　　1 000

　　　　资本公积——股本溢价　　106 000

（三）以外币计价的配股权、期权或认股权证

一般来说，如果企业的某项合同是通过固定金额的外币（即企业记账本位币以外的其他货币）交换固定数量的自身权益工具进行结算，由于固定金额的外币代表的是以企业记账本位币计价的可变金额，所以不符合“固定换固定”原则。但是，《企业会计准则第37号——金融工具列报》在“固定换固定”原则下对以外币计价的配股权、期权或认股权证规定了一类例外情况：企业对全部现有同类别非衍生自身权益工具的持有方同比例发行配股权、期权或认股权证，使之有权按比例以固定金额的任何货币交换固定数量的该企业自身权益工具的，该类配股权、期权或认股权证应当分类为权益工具。这是一类范围很窄的例外情况，不能以类推方式适用于其他工具（如以外币计价的可转换债券）。

【例36-7】一家在多地上市的企业，向其所有的现有普通股股东提供每持有2股普通股可购买其1股普通股的权利（配股比例为2股配1股），配股价格为配股公告当日股价的70%。由于该企业在多地上市，受到各国家和地区当地的法规限制，配股权行权价的币种须与当地货币一致。

分析：

本例中，由于企业是按比例向其所有同类普通股股东提供配股权，且以固定金额的任何货币交换固定数量的该企业普通股，所以该配股权应当分类为权益工具。

（四）或有结算条款

附有或有结算条款的金融工具，是指是否通过交付现金或其他金融资产进行结算，或者是否以其他导致该金融工具成为金融负债的方式进行结算，需要由发行方和持有方均不能控制的未来不确定事项（如股价指数、消费价格指数变动、利率或税法变动、发行方未来收入、净收益或债务权益比率等）的发生或不发生（或发行方和持有方均不能控制的未来不确定事项的结果）来确定的金融工具，如图 36-3 所示。

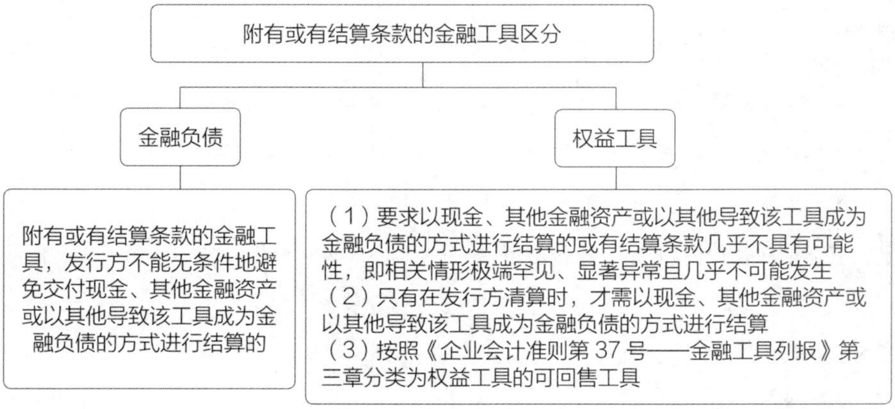

图 36-3　附有或有结算条款的金融工具区分框架

【例 36-8】甲公司拟发行优先股。按合同条款约定，甲公司可根据相应的议事机制自行决定是否派发股利，如果甲公司的控股股东发生变更（该事项不受甲公司控制），甲公司必须按面值赎回该优先股。

分析：

本例中，该或有事项（控股股东变更）不受甲公司控制，属于或有结算事项。同时，该事项的发生并非“极端罕见、显著异常且几乎不可能发生”。由于甲公司不能无条件地避免赎回股份的义务，所以，该工具应当划分为一项金融负债。

（五）结算选择权

对于存在结算选择权的衍生工具（例如，合同规定发行方或持有方能选择以现金净额或以发行股份交换现金等方式进行结算的衍生工具），发行方应当将其确认为金融负债或金融资产；如果可供选择的结算方式均表明该衍生工具应当确认为权益工具，则应当确认为权益工具。

例如，为防止附有转股权的金融工具的持有方行使转股权而导致发行方的普通股股东的股权被稀释，发行方会在衍生工具合同中加入一项现金结算选择权：发行方有权以等值于所应交付的股票数量乘以股票市价的现金金额支付给工具持有方，而不再发行新股。按照《企业会计准则第 37 号——金融工具列报》规定，发行方应当将这样的转股权确认为衍生金融负债或衍生金融资产。

（六）复合金融工具

《企业会计准则第 37 号——金融工具列报》规定，企业应对发行的非衍生工具进行评估，以确定所发行的工具是否为复合金融工具。企业所发行的非衍生工具可能同时包含金融负债成分和权益工具成分。对于复合金融工具，发行方应于初始确认时将各组成部分分别分类为金融负债、金融资产或权益工具。企业发行的一项非衍生工具同时包含金融负债成分和权益工具成分的，应于初始计量时先确定金融负债成分的公允价值（包括其中可能包含的非权益性嵌入衍生工具的公允价值），再从复合金融工具公允价值中扣除负债成分的公允价值，作为权益工具成分的价值。

可转换债券等可转换工具可能被分类为复合金融工具。发行方对该类可转换工具进行会计处理时，应当注意以下方面。

（1）在可转换工具转换时，应终止确认负债成分，并将其确认为权益。原来的权益成分仍旧保留为权益（从权益的一个项目结转到另一个项目，如从“其他权益工具”转入“资本公积——资本溢价或股本溢价”）。可转换工具转换时不产生损益。

（2）企业通过在到期日前赎回或回购而终止一项仍具有转换权的可转换工具时，应在交易日将赎回或回购所支付的价款以及发生的交易费用分配至该工具的权益成分和负债成分。分配价款和交易费用的方法应与该工具发行时采用的分配方法一致。价款和交易费用分配后，所产生的利得或损失应分别根据权益成分和负债成分所适用的会计原则进行处理，分配至权益成分的款项计入权益，与债务成分相关的利得或损失计入当期损益。

【例 36-9】甲公司 2×17 年 1 月 1 日按每份面值 1 000 元发行了 2 000 份可转换债券，取得总收入 2 000 000 元。该债券期限为 3 年，票面年利息为 6%，利息按年支付；每份债券均可在债券发行 1 年后的任何时间转换为 250 股普通股。甲公司发行该债券时，二级市场上与之类似但没有转股权的债券的市场利率为 9%。假定不考虑其他相关因素。甲公司以摊余成本计量分类为金融负债的应付债券。

分析：

本例中，转股权的结算是以固定数量的债券换取固定数量的普通股，因此该转股权应归类为权益工具。具体计算和账务处理如下。

（1）先对负债成分进行计量，债券发行收入与负债成分的公允价值之间的差额则分配到权益成分。负债成分的现值按 9% 的折现率计算，见表 36-1。

表 36-1　负债及权益成分计算表

单位：元

项目	金额
本金的现值： 第 3 年年末应付本金 2 000 000 元（复利现值系数为 0.772 183 5）	1 544 367 （2 000 000 × 0.772 183 5）
利息的现值： 3 年期内每年应付利息 120 000 元（年金现值系数为 2.531 291 7）	303 755 （120 000 × 2.531 291 7）

续表

项目	金额
负债成分总额	1 848 122 （1 544 367+303 755）
权益成分金额	151 878 （2 000 000–1 848 122）
债券发行总收入	2 000 000

（2）甲公司的账务处理：

① 2×17 年 1 月 1 日，发行可转换债券：

借：银行存款　　2 000 000

　　应付债券——利息调整　　151 878

　　贷：应付债券——面值　　2 000 000

　　　　其他权益工具　　151 878

② 2×17 年 12 月 31 日，计提和实际支付利息：

计提债券利息时：

借：财务费用　　166 331

　　贷：应付利息　　120 000

　　　　应付债券——利息调整　　46 331

实际支付利息时：

借：应付利息　　120 000

　　贷：银行存款　　120 000

③ 2×18 年 12 月 31 日，债券转换前，计提和实际支付利息：

计提债券利息时：

借：财务费用　　170 501

　　贷：应付利息　　120 000

　　　　应付债券——利息调整　　50 501

　　　　实际支付利息时：

借：应付利息　　120 000

　　贷：银行存款　　120 000

至此，转换前应付债券的摊余成本为 1 944 954（1 848 122+46 331+50 501）元。

假定至 2×18 年 12 月 31 日，甲公司股票上涨幅度较大，可转换债券持有方均于当日将持有的可转换债券转为甲公司股份。由于甲公司对应付债券采用摊余成本进行后续计量，所以，在转换日，转换前应付债券的摊余成本应为 1 944 954 元，而权益成分的账面价值仍为 151 878 元。在转换日，甲公司发行股票数量为 500 000 股。对此，甲公司的账务处理如下：

借：应付债券——面值　　2 000 000
　　贷：应付债券——利息调整　　55 046
　　　　股本　　500 000
　　　　资本公积——股本溢价　　1 444 954
借：其他权益工具　　151 878
　　贷：资本公积——股本溢价　　151 878

（3）企业可能修订可转换工具的条款以促成持有方提前转换。例如，提供更有利的转换比率或在特定日期前转换则支付额外的对价。在条款修订日，对于持有方根据修订后的条款进行转换所能获得的对价的公允价值与根据原有条款进行转换所能获得的对价的公允价值之间的差额，企业（发行方）应将其确认为一项损失。

（4）企业发行认股权和债权分离交易的可转换公司债券，所发行的认股权符合《企业会计准则第 37 号——金融工具列报》有关权益工具定义的，应当确认为一项权益工具（其他权益工具），并以发行价格减去不附认股权且其他条件相同的公司债券公允价值后的净额进行计量。认股权持有方到期没有行权的，企业应当在到期时将原计入其他权益工具的部分转入资本公积（股本溢价）。

（七）合并财务报表中金融负债和权益工具的区分

在合并财务报表中对金融工具（或其组成部分）进行分类时，企业应考虑集团成员和金融工具的持有方之间达成的所有条款和条件，以确定集团作为一个整体是否由于该工具而承担了交付现金或其他金融资产的义务，或者承担了以其他导致该工具分类为金融负债的方式进行结算的义务。例如，某集团一子公司发行一项权益工具，同时其母公司或集团其他成员与该工具的持有方达成了其他附加协议，母公司或集团其他成员可能对相关的支付金额（如股利）做出担保；或者集团另一成员可能承诺在该子公司不能支付预期款项时购买这些股份。在这种情形下，尽管集团子公司（发行方）在没有考虑这些附加协议的情况下，在其个别财务报表中将这项工具分类为权益工具，但是在合并财务报表中，集团与该工具的持有方之间的附加协议的影响意味着集团作为一个整体无法避免经济利益的转移，导致其分类为金融负债。因此，合并财务报表应当考虑这些附加协议或条款，以确保从集团整体的角度反映所签订的所有合同和相关交易。

【例 36–10】甲公司为乙公司的母公司，其向乙公司的少数股东签出一份在未来 6 个月后以乙公司普通股为基础的看跌期权。如果 6 个月后乙公司股票价格下跌，乙公司少数股东有权要求甲公司无条件地以固定价格购入乙公司少数股东所持有的乙公司股份。

在本例甲公司的个别财务报表中，由于该看跌期权的价值随着乙公司股票价格的变动而变动，并将于未来约定日期进行结算，所以该看跌期权符合衍生工具的定义而被确认为一项衍生金融负债。在乙公司个别财务报表中，少数股东所持有的乙公司股份则是其自身权益工具。而在集团合并报表层面，由于看跌期权使集团整体承担了不能无条件避免的支付现金的合同义务，所以该少数股东权益不再符合权益工具定义，而应确认为一项金融负债，其金额等于回购所需支付金额的现值。

36.2.3 金融工具的列示

金融工具的列示见图 36-4。

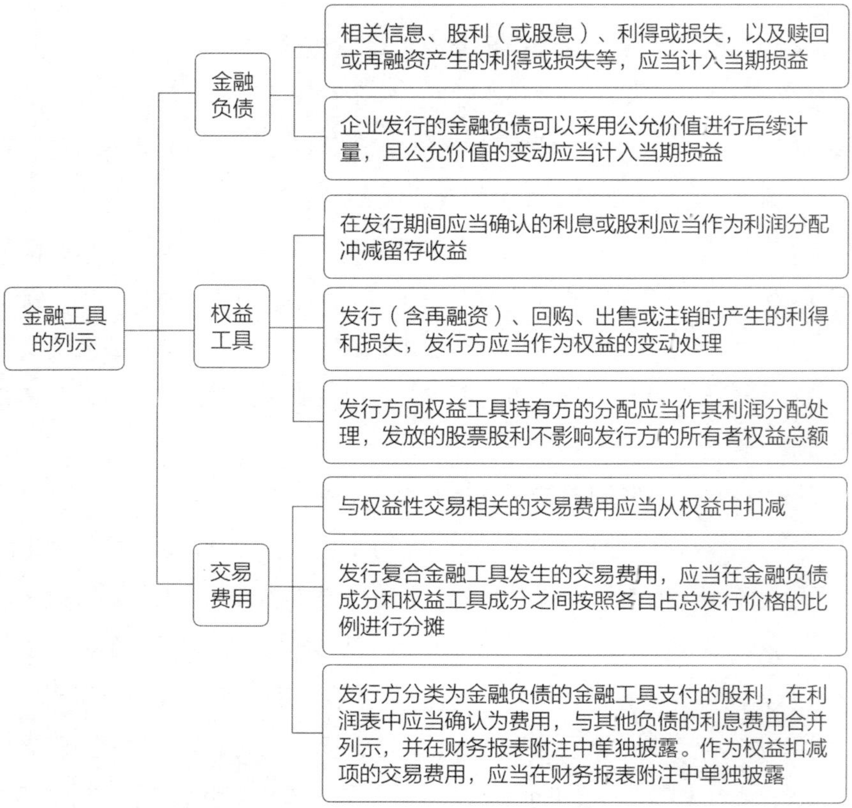

图 36-4　金融工具的列示

36.3 特殊金融工具的区分

36.3.1 可回售工具

可回售工具，是指根据合同约定，持有方有权将该工具回售给发行方以获取现金或其他金融资产的权利，或者在未来某一不确定事项发生或者持有方死亡或退休时，自动回售给发行方的金融工具。例如，某些合作制法人的可随时回售的“权益”或者某些开放式基金的可随时赎回的基金份额。

根据《企业会计准则第37号——金融工具列报》，符合金融负债定义，但同时具有一定特征的可回售工具，应当分类为权益工具。

【例36-11】甲企业为合伙企业。相关合伙协议约定：新合伙人加入时按确定的金额和财产份额入伙，合伙人退休或退伙时以其财产份额的公允价值予以退还；合伙企业营运资金均来自合伙人，合伙人入伙期间可按财产份额分得合伙企业的利润（但利润分配由合伙企业自主决定）；当合伙企业清算时，合伙人可按财产份额获得合伙企业的净资产。

本例中，由于合伙企业在合伙人退休或退伙时有向合伙人交付金融资产的义务，所以该可回售工具（合伙协议）满足金融负债的定义。同时，其作为可回售工具具备了以下特征：（1）合伙企业清算时合伙人可按财产份额获得合伙企业的净资产；（2）该协议属于合伙企业中最次级类别的工具；（3）所有合伙人权益具有相同的特征；（4）合伙企业仅有以现金或其他金融资产回购该工具的合同义务；（5）合伙人入伙期间可获得的现金流量总额，实质上基于该工具存续期内企业的损益、已确认净资产的变动、已确认和未确认净资产的公允价值变动。因而，该金融工具应当确认为权益工具。

企业在认定可回售工具是否应分类为权益工具时，应当注意以下三点。

（1）在企业清算时具有优先要求权的工具不是有权按比例份额获得企业净资产的工具。例如，如果一项工具使持有方有权在企业清算时享有除企业净资产份额之外的固定股利，而类别次于该工具的其他工具在企业清算时仅享有企业净资产份额，则该工具所属类别中所有工具均不属于在企业清算时有权按比例份额获得企业净资产的工具。

（2）在确定一项工具是否属于最次级类别时，应当评估若企业在评估日发生清算时该工具对企业净资产的要求权。同时，应当在相关情况发生变化时重新评估对该工具的分类。例如，如果企业发行或赎回了另一项金融工具，可能会影响对该工具是否属于最次级类别的评估结果。如果企业只发行一类金融工具，则可视为该工具属于最次级类别。

【例36-12】甲公司设立时发行了100单位A类股份，而后发行了10 000单位B类股份给其他投资人，B类股份为可回售股份。假定甲公司只发行了A、B两种金融工具，A类股份为甲公司最次级权益工具。

本例中，在甲公司的整个资本结构中，A类股份并不重大，且甲公司的主要资本来自B类股份，但由于B类股份并非甲公司发行的最次级的工具，所以不应当将B类股份归类为权益工具。

（3）除了发行方应当以现金或金融资产回购或赎回该工具的合同义务外，该工具应当不包括其他符合金融负债定义的合同义务。本准则对于符合条件的可回售工具的特殊规定，是仅针对回售权规定的一项债务与权益区分的例外。如果可回售工具中包含了回售权以外的其他构成发行方交付现金或其他金融资产的合同义务，则该回售工具不能适用这一例外。

例如，企业发行的工具是可回售的，除了这一回售特征外，还在合同中约定每年必须向工具持有方按照净利润的一定比例进行分配，这一约定构成了一项交付现金的义务，因此企业发行的这项可回售工具不应分类为权益工具。

36.3.2 发行方仅在清算时才向另一方按比例交付其净资产的金融工具

根据本准则，符合金融负债定义，但同时具有一定特征的、发行方仅在清算时才有义务向另一方按比例交付其净资产的金融工具（如封闭式基金、理财产品的份额、信托计划等寿命固定的结构化主体的份额，实务中也称有限寿命工具），应当分类为权益工具。

针对仅在清算时才有义务向另一方按比例交付其净资产的金融工具的特征要求，与针对可回售工具的其中几条特征要求是类似的，但特征要求相对较少。原因在于清算是触发该合同支付义务的唯一条件，所以可以不必考虑其他特征，包括：不要求考虑除清算以外的其他的合同支付义务（如股利分配）；不要求考虑存续期间预期现金流量的确定方法（如根据净利润或净资产）；不要求该类别工具的所有特征均相同，仅要求清算时按比例支付净资产份额的特征相同。

36.3.3 特殊金融工具分类为权益工具的其他条件

分类为权益工具的可回售工具，或发行方仅在清算时才有义务向另一方按比例交付其净资产的金融工具，除应当具有《企业会计准则第37号——金融工具列报》第十六条和第十七条所述特征外，其发行方应当没有同时具备下列特征的其他金融工具或合同：（1）现金流量总额实质上基于企业的损益、已确认净资产的变动、已确认和未确认净资产的公允价值变动（不包括该工具或合同的任何影响）；（2）实质上限制或固定了本准则第十六条或第十七条所述工具持有方所获得的剩余回报。

在实务中的一些安排下，股东将实质上的企业控制权和利润转让给非股东方享有。例如，甲企业可能与乙企业签订包括资产运营控制协议（乙企业承包甲企业的运营管理）、知识产权的独家服务协议（甲企业经营所需知识产权由乙企业独家提供）、借款合同（甲企业向乙企业借款满足营运需要）等系列协议，将经营权和收益转移到乙企业；同时，甲企业股东还可能与乙企业签订股权质押协议和投票权委托协议等，将甲企业股东权利转移给乙企业。这种情况下，甲企业形式上的股份已经不具有权益工具的实质。因此，《企业会计准则第37号——金融工具列报》第十六条、第十七条规定的特殊权益工具，应当排除存在上述安排的情形。

当然，实务中的情况比较复杂。例如，合伙企业的合伙人除了作为企业所有者外，通常也作为企业雇员参与经营，并获取劳动报酬。这类劳动合同也可能形成对企业剩余回报的限制。为避免企业误判，准则又做出规定：在运用上述条件时，对于发行方与准则第十六条或第十七条所述工具持有方签订的非金融合同，如果其条款和条件与发行方和其他方之间可能订立的同等合同类似，不应考虑该非金融合同的影响。但如果不能做出此判断，则不得将该工具分类为权益工具。

下列按照涉及非关联方的正常商业条款订立的工具，不大可能导致满足本准则特征要求的可回售工具或发行方仅在清算时才有义务向另一方按比例交付其净资产的金融工具无法被分类为权益工具：（1）现金流量总额实质上基于企业的特定资产；（2）现金流量总额基于企业收入的一定比例；（3）就职工为企业提供的服务给予报酬的合同；（4）要求企业为其所提供的产品或服务支付一定报酬（占利润的比例非常小）的合同。

36.3.4　特殊金融工具在母公司合并财务报表中的处理

由于将某些可回售工具以及仅在清算时才有义务向另一方按比例交付其净资产的金融工具分类为权益工具而不是金融负债是本准则原则的一个例外，本准则不允许将该例外扩大到发行方母公司合并财务报表中少数股东权益的分类。所以，子公司在个别财务报表中作为权益工具列报的特殊金融工具，在其母公司合并财务报表中对应的少数股东权益部分，应当分类为金融负债。

36.4　金融负债和权益工具之间的重分类

由于发行的金融工具原合同条款约定的条件或事项随着时间的推移或经济环境的改变而发生变化，可能会导致已发行金融工具（含《企业会计准则第 37 号——金融工具列报》第三章规定的特殊金融工具）的重分类，会计核算如图 36-5 所示。

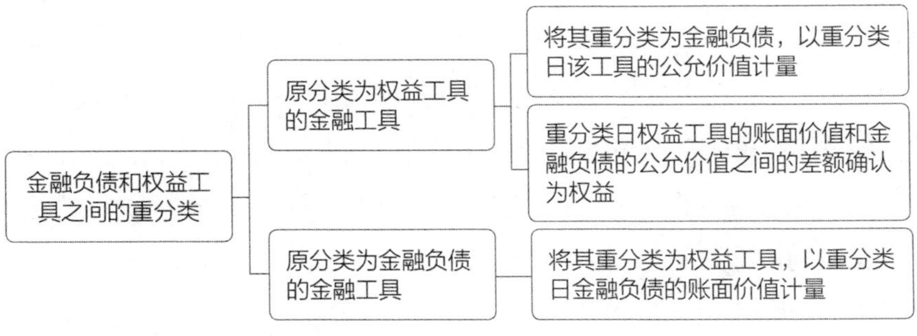

图 36-5　金融负债和权益工具之间的重分类

36.5 收益和库存股

36.5.1 发行方对利息、股利、利得或损失的处理

发行方对利息、股利、利得或损失的处理见图 36-6。

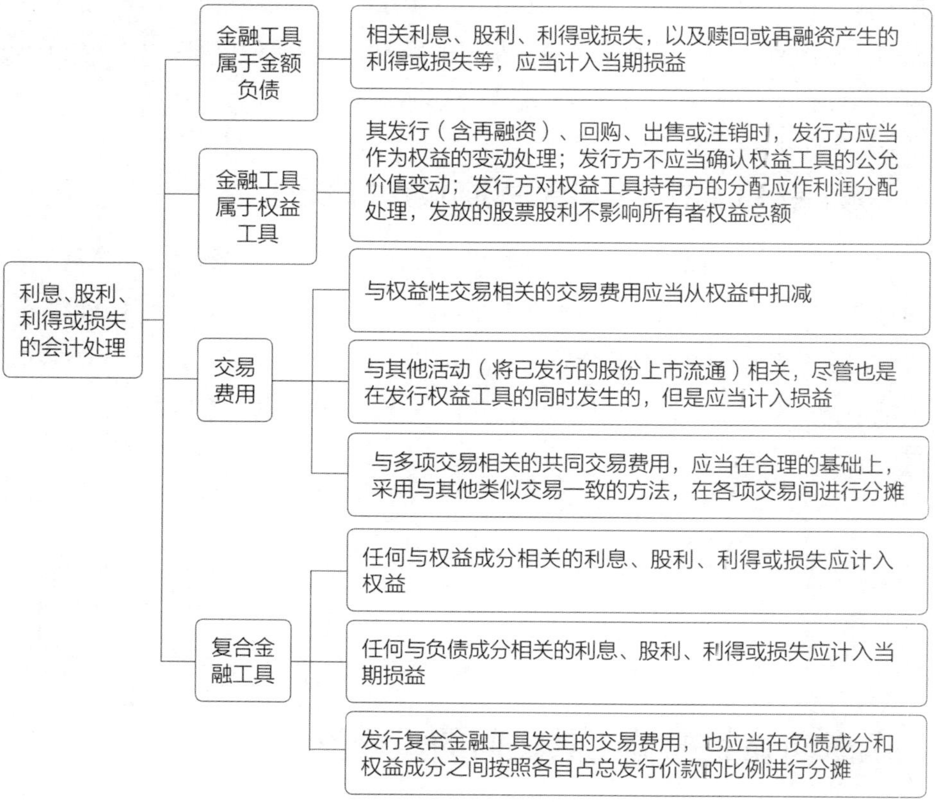

图 36-6　发行方对利息、股利、利得或损失的会计处理

36.5.2 库存股

回购自身权益工具（库存股）支付的对价和交易费用，应当减少所有者权益，不得确认金融资产。库存股可由企业自身购回和持有，也可由集团合并范围内的其他成员购回和持有。其他成员包括子公司，但是不包括集团的联营和合营企业。此外，如果企业是替他人持有自身权益工具，如金融机构作为代理人代其客户持有该金融机构自身的股票，那么所持有的这些股票不是金融机构自身的资产，也不属于库存股。

如果企业持有库存股之后又将其重新出售，反映的是不同所有者之间的转让，而非企业本身的利得或损失。因此，无论这些库存股的公允价值如何波动，企业应直接将支付或收取的所有对价在权益中确认，而不产生任何损益。

36.5.3　对每股收益计算的影响

企业应当按照《企业会计准则第 34 号——每股收益》的规定计算每股收益。企业存在发行在外的除普通股以外的金融工具的，在计算每股收益时，应当按照以下原则处理。

（1）基本每股收益的计算。

在计算基本每股收益时，基本每股收益中的分子，即归属于普通股股东的净利润，不应包含其他权益工具的股利或利息。其中，对于发行的不可累积优先股等其他权益工具应扣除当期宣告发放的股利，对于发行的累积优先股等其他权益工具，无论当期是否宣告发放股利，均应予以扣除。

基本每股收益计算中的分母，为发行在外普通股的加权平均股数。

对于同普通股股东一起参加剩余利润分配的其他权益工具，在计算普通股每股收益时，归属于普通股股东的净利润不应包含根据可参加机制计算的应归属于其他权益工具持有者的净利润。

（2）稀释每股收益的计算。

企业发行的金融工具中包含转股条款的，即存在潜在稀释性的，在计算稀释每股收益时考虑的因素与企业发行可转换公司债券、认股权证相同。

36.6　金融资产与金融负债的抵销列示

金融资产与金融负债抵销列示的条件如图 36-7 所示。

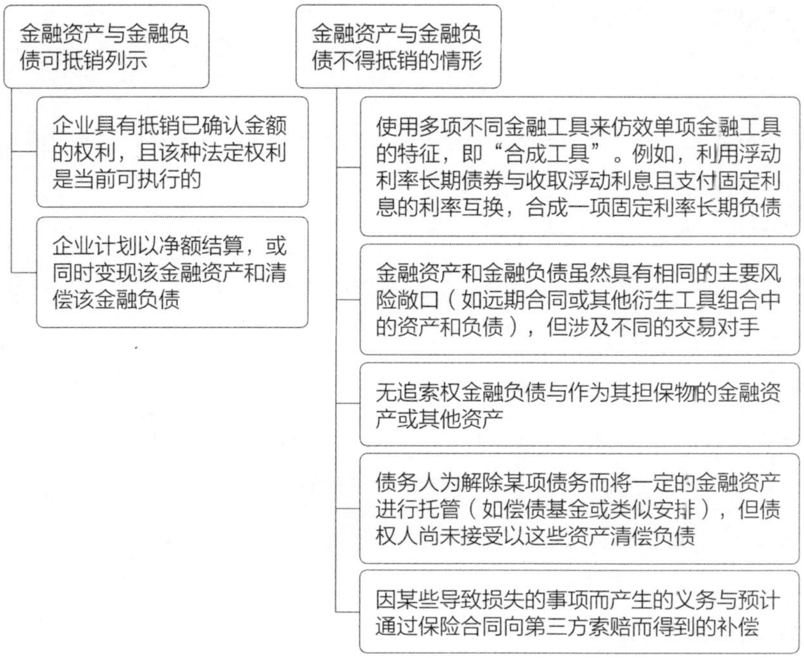

图 36-7　金融资产与金融负债抵销列示的条件

36.7　金融工具对财务状况和经营成果影响的列报

36.7.1　一般性规定

（1）企业在对金融工具各项目进行列报时，应当根据金融工具的特点及相关信息的性质对金融工具进行归类，充分披露与金融工具相关的信息，使得财务报表附注中的披露与财务报表列示的各项目相互对应。例如，对衍生工具进行披露时，将其分为外汇衍生工具、利率衍生工具、信用衍生工具等。

（2）企业应当按照本准则规定，并根据自身实际情况，合理确定列报金融工具的详细程度，既不应列报大量过于详细的信息从而掩盖了真正重要的信息，也不得列报过于汇总的信息从而难以区分各项交易或相关风险之间的重要差异。

（3）在确定列报类型时，应当至少按计量属性将金融工具分为以摊余成本计量和以公允价值计量两种类型。企业应在此基础上做进一步分类。例如，以公允价值计量的金融工具可以进一步分为以公允价值计量且其变动计入当期损益的金融工具和以公允价值计量且其变动计入其他综合收益的金融工具。

（4）企业应当披露编制财务报表时对金融工具所采用的重要会计政策、计量基础和与理解财务报表相关的其他会计政策等信息，包括企业将金融资产和金融负债指定为以公允价值计量且其变动计入当期损益的相关信息。

本准则第三十八条第（一）项以及第（二）项中的“企业如何满足运用指定的标准”，是指关于该项资产或者负债为什么满足《企业会计准则第22号——金融工具确认和计量》中指定公允价值计量有关规定（如该准则第二十条或第二十二条）的说明。

本准则第三十八条第（二）项中的“初始确认时对上述金融负债做出指定的标准”，是指企业是根据《企业会计准则第22号——金融工具确认和计量》哪项规定（如第二十二条第（一）项、第（二）项或第二十六条）做出该指定。

【例36-13】某保险公司2×18年年报对指定为以公允价值计量且其变动计入当期损益的金融资产或金融负债和指定为以公允价值计量且其变动计入其他综合收益的非交易性权益工具投资有关的会计政策做出如下披露：

符合以下一项或一项以上标准的金融工具（不包括为交易目的所持有的金融工具），在初始确认时，公司管理层将其指定为以公允价值计量且其变动计入当期损益的金融资产或金融负债。

（1）公司的该项指定可以消除或明显减少由于金融资产或金融负债的计量基础不同导致的相关利得或损失在确认或计量方面不一致的情况。按照此标准，公司所指定的金融工具主要包括以下方面。

① 部分长期债券及次级债务。

若干已发行的固定利率长期债券及次级债务的应付利息，已与“收固定/付浮动”利率互换的利息相匹配，并在公司利率风险管理策略正式书面文件中说明。如果这些金融负债仍以摊余成本计量，则会因为相关的衍生工具以公允价值计量且其变动计入当期损益而产生会计错配。因此，公司将这些金融负债指定为以公允价值计量且其变动计入当期损益的金融负债。

② 投资连结合同项下的金融资产及金融负债。

在投资连结合同项下，公司对所购资产按照公允价值计量且其变动计入当期损益。为消除会计错配，公司按照与所购资产计量基础相一致的原则，将相关负债指定为以公允价值计量且其变动计入当期损益的金融负债。

（2）公司风险管理或投资策略的正式书面文件已载明，该金融负债组合以公允价值为基础进行管理、评价并向关键管理人员报告。

（3）公司发行的一些包含嵌入衍生工具的债务工具，其嵌入衍生工具对债务工具的现金流量产生重大改变。

对于某些非交易性权益工具投资，本公司将其指定为以公允价值计量且其变动计入其他综合收益的金融资产，公司拥有的这类金融工具包括股票、发行方分类为权益工具的永续债等。

公司对上述金融资产或金融负债的指定一经做出，将不会撤销。

36.7.2 资产负债表中的列示及相关披露

1. 部分金融资产的信用风险披露

按照《企业会计准则第 22 号——金融工具确认和计量》（以下简称“金融工具确认计量准则”），以摊余成本计量以及以公允价值计量且其变动计入其他综合收益的金融资产应当进行减值会计处理并按照《企业会计准则第 37 号——金融工具列报》第七章第二节披露信用风险相关信息。企业应当设置专门的备抵账户，按类别记录相关金融资产因信用损失发生的减值，并披露减值准备的期初余额，本期计提、转回、转销、核销及其他变动的金额和期末余额等信息。若企业将原本分类为以摊余成本计量以及以公允价值计量且其变动计入其他综合收益的金融资产（债务工具投资）指定为以公允价值计量且其变动计入当期损益，则不用对其进行减值会计处理，也不适用本准则第七章第二节规定。但是，这些资产仍然面临信用风险问题，因此企业须按照本准则第四十条披露相关信息。

【例 36-14】某企业持有的本应以公允价值计量且其变动计入其他综合收益的一组金融资产符合金融工具确认计量准则中指定为以公允价值计量且其变动计入当期损益的条件。基于管理需要，该企业将该组金融资产指定为以公允价值计量且其变动计入当期损益的金融资产，且在管理中未使用信用衍生工具或类似工具。

对于指定为以公允价值计量且其变动计入当期损益的金融资产，相关信息如下。

（1）截至 2×18 年 12 月 31 日使企业面临的最大信用风险敞口为 3 696 万元。

（2）信用风险变动引起的公允价值本期变动额为 10.8 万元、累计变动额为 35.4 万元。这些变动额，是该金融资产公允价值变动扣除由于市场风险因素的变化导致公允价值变动后的金额。市场风险因素的变化包括可观察的利率、商品价格、汇率以及价格指数、利率指数、汇率指数等指数的变动。

此外，该企业还按照本准则第四十三条的规定，披露了该组金融资产因信用风险变动引起的公允价值本期变动额和累计变动额的确定方法。

2. 以公允价值计量的金融负债的披露

企业将某项金融负债指定为以公允价值计量且其变动计入当期损益的，应当按本准则第四十一条或第四十二条的规定披露。第四十一条针对的是因自身信用风险变动引起的公允价值变动计入其他综合收益的金融负债；第四十二条针对的是根据金融工具确认计量准则第六十八条第二款将全部利得和损失（包括自身信用风险变动引起的部分）计入当期损益的金融负债。由于前者涉及其他综合收益在负债终止确认时转入留存收益的情形，所以相比后者多一项披露要求。

【例 36-15】某公司对指定为以公允价值计量且其变动计入当期损益的金融负债的相关信息披露如表 36-2 所示。

表 36-2　指定为以公允价值计量且其变动计入当期损益的金融负债信息披露

单位：元

项目	2×18 年公允价值变动额	因相关信用风险变动引起的公允价值本期变动额	因相关信用风险变动引起的公允价值累计变动额
（1）发行的普通债券	1 236 358	835 000	1 034 610
（2）发行的次级债券	3 693 000	2 100 000	3 000 600
合计	4 929 358	2 935 000	4 035 210

2×18 年 12 月 31 日，指定为以公允价值计量且其变动计入当期损益的金融负债的账面价值高于按合同约定到期应支付债权人金额 58 300 元。

3. 金融资产和金融负债互抵协议的影响

为使财务报表使用者了解企业所签订的总互抵协议对企业财务状况的影响，企业需要披露总互抵协议（或类似协议）下的金融资产和金融负债的总额、已抵销金额、列示净额、潜在可能抵销金额以及扣除已抵销和潜在可能抵销金额后的净额。上述 5 项金额分别对应本准则第四十七条第一款第（一）至（五）项要求。

企业应注意以下几点。

（1）本准则第四十七条所指的“类似协议”，包括所有可能导致金融资产和金融负债相抵销的协议，如衍生工具清算协议、总回购协议、证券借贷总协议以及与财务担保物相关的协议等。总互抵协议或类似协议下的已确认金融工具，可能包括衍生工具、买入返售、卖出回购和证券借贷协议等。不属于第四十七条范围的金融工具包括同一机构内的贷款或客户存款（除非其在资产负债表中予以抵销）和仅作为抵押担保协议项下的金融工具等。

（2）本准则第四十七条（二）要求披露按《企业会计准则第 37 号——金融工具列报》第二十八条规定抵销的金额。在同一安排下予以抵销的已确认金融资产和已确认金融负债的金额将同时在金融资产和金融负债抵销的披露中反映。但是，所披露的金额仅限于予以抵销的金额。例如，企业可能拥有满足第二十八条抵销条件的已确认衍生金融资产和已确认衍生金融负债，如果衍生金融资产的总额大于衍生金融负债的总额，则在金融资产的披露和金融负债的披露中的可予以抵销的金额都应当是衍生金融负债的总额。

（3）如果企业拥有属于本准则第四十七条所要求披露的工具，但该工具不满足第二十八条规定的抵销条件，则该工具根据第四十七条（三）要求披露的金额等于（一）要求披露的金额。同时，（三）披露的金额与资产负债表中的单列项目金额应可以勾稽对应。如果企业确定将单列项目金额予以合并或分解可提供更相关的信息，则必须将披露的已合并或分解金额与资产负债表中的单列项目金额相勾稽。

（4）准则第四十七条（四）第 2 点要求企业披露收到或抵押出的作为财务担保物的金融工具的公允价值，披露的金额应当为实际收到或抵押出的担保物公允价值，而不是因返还或收回担保物而确认的应付款项或应收款项的公允价值。

对于单项金融工具，其潜在可能抵销的金额不可能超过列示净额。因此，对于每一项金融工具，准则第四十七条（四）披露的总额不能超过（三）披露的金额。因此，如果一项金融工具既存在不满足抵销条件的情况（将来可能满足抵销条件，如因一方发生违约而触发），也存在担保的情况，且两者涉及的金额之和大于当前列示净额，则企业应当调低担保相关金额，使得该工具的潜在可能抵销金额不超过列示净额。

（5）企业应当披露与准则第四十七条（四）中所述的可执行的总互抵协议或类似协议下相关的抵销权利的信息，以及对权利性质的描述。例如，企业应当描述其附带条件的抵销权利。对于当前不符合本准则抵销要求的金融工具，企业应当描述其不符合要求的原因。对于所有收到或抵押出的财务担保物，企业应当披露抵押担保协议的相关条款（如担保物受到限制的情形）。

（6）根据本准则第四十七条（一）至（五）所进行的定量披露，可以分别按金融工具或交易的类型（例如，衍生工具、回购和逆回购协议或证券借贷安排）提供。企业也可以按金融工具或交易的类型提供（一）至（三）所要求的信息，按交易对手提供（三）至（五）所要求的信息。如果企业按交易对手提供要求披露的信息，无须列明交易对手的具体名称。为保持可比性，各年度内对交易对手的指定应当保持一致。企业还应当考虑提供有关交易对手的进一步定性信息。在按交易对手披露（三）至（五）所要求的有关金额时，相对于所有交易对手而言单项重要的金额应当单独披露，其余单项不重要的金额可以汇总为一个单列项目披露。

（7）为满足财务报表使用者评估净额结算安排对企业财务状况现实及潜在影响的需要，除按照本准则第四十七条要求披露金融资产和金融负债抵销相关信息之外，企业还应根据总互抵协议或类似协议的条款提供其他补充信息，如抵销权的条款及其性质等信息。此外，根据本准则第四十七条披露的金融工具可能遵循不同的计量要求（例如，与回购协议相关的应付款项以摊余成本计量，而衍生工具以公允价值计量），因此企业应当披露计量差异的情况。

【例36-16】金融资产和金融负债抵销的相关披露示例如下（括号中数字为负数）。

（1）抵销的金融资产以及可执行的总互抵协议或类似协议下的金融资产如表36-3所示。

表36-3　金融资产抵销的披露

单位：百万元

类型	已确认金融资产的总额	按规定抵销的金额	在资产负债表中列示的净额	不满足抵销条件的已确认金融工具的金额	与财务担保物相关的金额	资产负债表中列示的净额扣除（四）中金额后的余额
	（一）	（二）	（三）=（一）－（二）	（四）		（五）=（三）－（四）
衍生工具	200	（80）	120	（80）	（30）	10

续表

类型	已确认金融资产的总额	按规定抵销的金额	在资产负债表中列示的净额	不满足抵销条件的已确认金融工具的金额	与财务担保物相关的金额	资产负债表中列示的净额扣除（四）中金额后的余额
	（一）	（二）	（三）=（一）−（二）	（四）		（五）=（三）−（四）
逆回购、证券借贷协议或类似协议	90		90	（90）		0
其他金融工具						
合计	290	（80）	210	（170）	（30）	10

（2）抵销的金融负债以及可执行的总互抵协议或类似协议下的金融负债如表 36-4 所示。

表 36-4　金融负债抵销的披露

单位：百万元

类型	已确认金融负债的总额	按规定抵销的金额	在资产负债表中列示的净额	不满足抵销条件的已确认金融工具的金额	与财务担保物相关的金额	资产负债表中列示的净额扣除（四）中金额后的余额
	（一）	（二）	（三）=（一）−（二）	（四）		（五）=（三）−（四）
衍生工具	160	（80）	80	（80）		0
逆回购、证券借贷协议或类似协议	80		80	（80）		0
其他金融工具						
合计	240	（80）	160	（160）		0

36.7.3　利润表中的列示及相关披露

《企业会计准则第 37 号——金融工具列报》第五十五条对利润表中的列示及相关披露做出了规范，有关说明和举例如下。

（1）企业至少应当按金融工具的不同计量基础分别披露利得或损失。由于金融工具按不同计量基础分类计量，这一披露要求有助于财务报表使用者更好地理解企业金融工具的经营成果。

（2）企业应披露的利息收入或利息费用为按实际利率法计算的金融资产或金融负债产生的利息收入或利息费用总额。

【例 36-17】某银行利润表利息收入和利息费用披露格式如表 36-5 所示。

表 36-5　利息收入和利息费用的披露

单位：万元

利息净收入	本期发生额	上期发生额
利息收入：		
存放中央银行款项		
发放贷款和垫款		
债券投资		
拆出资金		
买入返售金融资产		
存放同业		
其他		
利息收入合计		
利息支出：		
吸收存款		
拆入资金		
卖出回购金融资产		
同业存放		
应付债券		
向中央银行借款		
其他		
利息支出合计		
利息净收入		

（3）企业应分别披露下列手续费收入或支出。

① 金融资产和金融负债（不含以公允价值计量且其变动计入当期损益的金融资产和金融负债）产生的直接计入当期损益（即在确定实际利率时未包括）的手续费收入或支出；

② 企业通过信托和其他托管活动代他人持有资产或进行投资而形成的，直接计入当期损益的手续费收入或支出。

对应上述 ① 所要求的披露范围取决于企业的业务性质。例如，对于银行发放信用卡的业务，手续费可能包括信用卡的年费收入、处理借贷交易的商户服务佣金、透支手续费等。

36.7.4　套期会计相关披露

套期活动属于企业风险管理活动，在符合套期会计应用条件的前提下，企业可以选择应用套期会计。企业应当按照《企业会计准则第 24 号——套期会计》（以下简称“套期会计准则”）的规定，对符合条件并选择应用套期会计的套期活动，分别按公允价值套期、现金流量套期及境外经营净投资套期三种类型进行会计处理，同时按照《企业会计准则第 37 号——金融工具列报》第五十七条至第七十条规定进行披露，以便财务报表使用者理解企业套期关系的性质和这些套期关系对企业当期及未来期间经营成果的影响。

【例 36–18】针对商品价格风险管理策略的披露示例。

本公司从事铜产品的生产加工业务，持有的铜产品面临铜的价格变动风险。因此本公司采用期货交易所的铜期货合同管理持有的全部铜产品所面临的商品价格风险。本公司生产加工的铜产品中所含的标准阴极铜与铜期货合同中对应的标准阴极铜相同，套期工具（铜期货合同）与被套期项目（本公司所持有的铜产品中的标准阴极铜）的基础变量均为标准阴极铜价格。套期无效部分主要来自基差风险、现货或期货市场供求变动风险以及其他现货或期货市场的不确定性风险等。本年度和上年度确认的套期无效的金额并不重大。本公司针对此类套期采用公允价值套期。

企业应当按照风险类型披露相关定量信息，从而有助于财务报表使用者评价套期工具的条款和条件及这些条款和条件如何影响企业未来现金流量的金额、时间和不确定性。这些要求披露的明细信息应当包括：

（1）套期工具名义金额的时间分布；

（2）套期工具的平均价格或利率（如适用）。

【例 36–19】表 36–6 列示了以人民币为记账本位币，被指定为套期工具的期权合同的到期日和平均汇率概况。

表 36–6　不同到期日平均汇率概况

单位：万元

	0~6 个月	6~12 个月	12 个月以后
美元期权合同名义金额	125 000	105 000	150 000
人民币兑美元的平均汇率	6.85	6.91	6.87
欧元期权合同名义金额	（53 000）	（40 000）	（35 000）
人民币兑欧元的平均汇率	7.75	7.76	7.80
英镑期权合同名义金额	（82 000）	（64 000）	（90 000）
人民币兑英镑的平均汇率	8.68	8.77	8.78

对于公允价值套期，企业应当以表格形式、按风险类型分别披露与被套期项目相关的下列金额。

（1）资产负债表中已确认的被套期项目账面价值，资产项目和负债项目应分别列示。

（2）已确认的被套期项目账面价值中所包含的被套期项目累计公允价值套期调整，资产项目和负债项目应分别列示。

（3）被套期项目所属的资产负债表项目（即被套期项目在资产负债表中列示在哪个项目下，如“存货”“应付债券”“其他流动资产”）。

（4）本期用作确认套期无效部分基础的被套期项目价值变动。

（5）对于以摊余成本计量的金融工具作为被套期项目的情况，企业应当根据套期会计准则第二十三条要求对被套期项目价值调整进行摊销。若套期关系先于被套期项目终止（如由于企业风险管理政策变化），则未摊销的价值调整还将保留在资产负债表中直至摊销完。该情况下，企业应当披露保留在资产负债表中的公允价值套期累计调整额。

对于现金流量套期和境外经营净投资套期，企业应当以表格形式、按风险类型分别披露与被套期项目相关的下列金额。

（1）本期用作确认套期无效部分基础的被套期项目价值变动。

（2）根据套期会计准则第二十四条的规定继续按照套期会计处理的现金流量套期储备的余额。

（3）根据套期会计准则第二十七条的规定继续按照套期会计处理的境外经营净投资套期计入其他综合收益的余额。

（4）不再适用套期会计的套期关系所导致的现金流量套期储备和境外经营净投资套期中计入其他综合收益的利得和损失的余额。

企业可以按照表 36-7 披露此类信息。

表 36-7　被套期项目信息

2×18 年 12 月 31 日　　　　单位：万元

	被套期项目的账面价值		被套期项目公允价值套期调整的累计金额（计入被套期项目的账面价值）		包含被套期项目的资产负债表列示项目	2×18 年用作确认套期无效部分基础的被套期项目公允价值变动	现金流量套期储备
	资产	负债	资产	负债			
现金流量套期							
商品价格风险——预期销售	不适用	不适用	不适用	不适用	不适用	××	××
商品价格风险——终止的套期（预期销售）	不适用	不适用	不适用	不适用	不适用	不适用	××
公允价值套期							
利率风险——应付债券		××		××	应付债券	××	不适用

续表

	被套期项目的账面价值		被套期项目公允价值套期调整的累计金额（计入被套期项目的账面价值）		包含被套期项目的资产负债表列示项目	2×18 年用作确认套期无效部分基础的被套期项目公允价值变动	现金流量套期储备
	资产	负债	资产	负债			
利率风险——终止的套期（应付债券）		××		××	应付债券	不适用	不适用
外汇风险——确定承诺	××	××	××	××	其他流动资产	××	不适用

对于每类套期类型，企业应当按照《企业会计准则第 37 号——金融工具列报》第六十六条的规定以表格形式、按风险类型分别披露与套期工具相关金额。企业可以按照表 36-8 披露此类信息。

表 36-8　套期工具金额

2×18 年 12 月 31 日　　单位：万元

	套期工具的名义金额	套期工具的账面价值		包含套期工具的资产负债表列示项目	2×18 年用作确认套期无效部分基础的套期工具公允价值变动
		资产	负债		
现金流量套期					
商品价格风险——远期销售合同	××	××	××	衍生金融资产 / 负债	××
公允价值套期					
利率风险——利率互换合同	××	××	××	衍生金融资产 / 负债	××
外汇风险——外币贷款	××	××	××	衍生金融资产 / 负债	××

对于每类套期类型，企业应当按照《企业会计准则第 37 号——金融工具列报》第六十七条、第六十八条的规定，以表格形式、按风险类型分别披露因采用套期会计所影响的利润表的相关金额。企业可以按照表 36-9 和表 36-10 披露此类信息。

表 36-9　套期会计所影响的利润表的相关金额（公允价值套期）

单位：万元

公允价值套期	计入当期损益的套期无效部分	计入其他综合收益的套期无效部分	计入当期损益的利润表列示项目（包括套期无效部分）
利率风险	××	不适用	公允价值变动收益
权益价格风险	××	××	公允价值变动收益

表 36-10　套期会计所影响的利润表的相关金额（现金流量套期）

单位：万元

现金流量套期	计入其他综合收益的套期工具的公允价值变动	计入当期损益的套期无效部分	包含已确认的套期无效部分的利润表列示项目	从现金流量套期储备重分类至当期损益的金额	包含重分类调整的利润表列示项目
商品价格风险——商品	××	××	公允价值变动收益	××	营业成本
商品价格风险——终止的套期	不适用	不适用	不适用	××	营业成本

企业因使用信用衍生工具管理金融工具的信用风险敞口而将金融工具（或其一定比例）指定为以公允价值计量且其变动计入当期损益的，应当按照《企业会计准则第 37 号——金融工具列报》第七十条的规定进行披露。对于用于管理根据套期会计准则第三十四条的规定被指定为以公允价值计量且其变动计入当期损益的金融工具信用风险敞口的信用衍生工具，企业应当披露每一项工具的名义金额以及当期期初和期末公允价值的调节表。企业可以按照表 36-11 披露此类信息。

表 36-11　信用衍生工具披露

单位：万元

信用衍生工具	名义金额	期初公允价值	本期公允价值变动	除公允价值变动外的影响		期末公允价值
				本期增加	本期减少	
信用衍生工具 A						
信用衍生工具 B						
……						

36.7.5　公允价值披露

（1）公允价值与账面价值的比较。

除了《企业会计准则第 37 号——金融工具列报》第七十三条规定情况外，企业应当披露每一类金融资产和金融负债的公允价值，并与账面价值进行比较，无论其是否按公允价值计量。此处的披露类别应当与在资产负债表中列示的类别相一致。对于在资产负债表中相互抵销的金融资产和金融负债，其公允价值应当以抵销后的金额披露。

（2）金融资产或金融负债初始确认时交易价格与公允价值差异产生利得或损失的信息披露。

根据金融工具确认计量准则第三十四条第（二）项，金融资产或金融负债初始确认的公允价值与交易价格存在差异时，如果其公允价值并非基于相同资产或负债在活跃市场中的报价，也非基于仅使用可观察市场数据的估值技术，企业在初始确认金融资产或金融负债时不应将该差异确认为利得或损失，而应当将其递延，在后续期间根据相关因素的变动确认利得或损失。

在此情况下，企业应当按金融资产或金融负债的类型披露相关信息，这些信息包括初始确认后续期间在损益中确认交易价格与初始确认的公允价值之间差额时所采用的会计政策，以反映市场参与者对资产或负债进行定价时所考虑的因素（包括时间因素）的变动；该项差异期初和期末尚未在损益中确认的金额和本期变动额；认定交易价格并非公允价值的最佳证据，以及确定公允价值的证据。

（3）金融工具公允价值信息披露的豁免。

《企业会计准则第 37 号——金融工具列报》第七十三条提供了对金融工具公允价值披露的有限豁免，包括账面价值与公允价值差异很小的金融资产或金融负债（如短期应收、应付账款）；包含相机分红特征且其公允价值无法可靠计量的合同；租赁负债。针对包含相机分红特征且其公允价值无法可靠计量的合同，企业需要披露额外信息以帮助财务报表使用者判断其账面价值和公允价值之间的可能差异。

① 对金融工具的描述及其账面价值，以及因公允价值无法可靠计量而未披露其公允价值的事实和说明。

② 金融工具的相关市场信息。

③ 企业是否有意图处置及如何处置这些金融工具。

④ 之前公允价值无法可靠计量的金融工具终止确认的，应当披露终止确认的事实，终止确认时该金融工具的账面价值和所确认的利得或损失金额。

36.8　与金融工具相关的风险披露

金融工具在给参与主体带来经营便利和收益的同时，也使得企业等参与者主体处于多种风险当中，加强对金融工具的相关风险的披露构成金融工具列报的一项重要内容，也是投资者十分关注的信息。与金融工具相关的风险主要包括信用风险、流动性风险、市场风险等类型，相关信息披露要求如下。

36.8.1　定性和定量信息

定性披露和定量披露的相互补充使企业披露的信息能够更好地帮助财务报表使用者评估

企业所面临的风险敞口。其中定性信息和定量信息主要内容如图 36-8 所示。

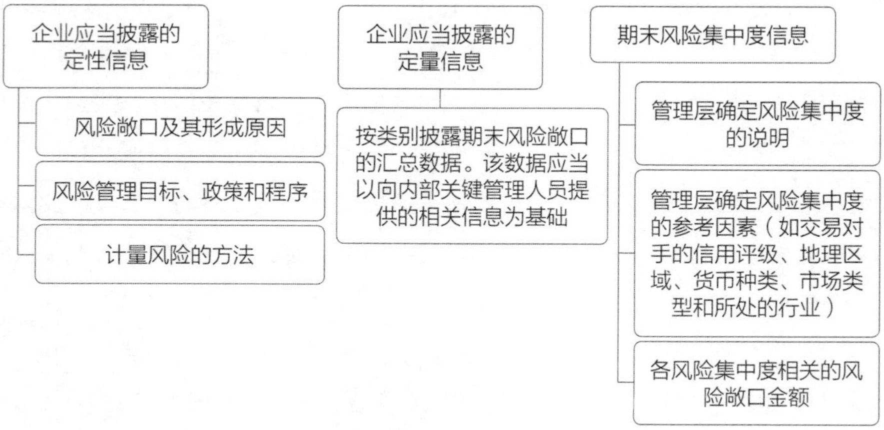

图 36-8　定性信息和定量信息主要内容

1. 定性信息披露实例

【例 36-20】某集团有关金融工具风险管理定性披露的示例如下。

风险管理。

本集团在日常活动中面临各种金融工具的风险，主要包括信用风险、流动性风险、市场风险（包括汇率风险、利率风险和商品价格风险）。本集团的主要金融工具包括货币资金、股权投资、债权投资、借款、应收账款、应付账款及可转换债券等。与这些金融工具相关的风险，以及本集团为降低这些风险所采取的风险管理政策如下所述。

董事会负责规划并建立本集团的风险管理架构，制定本集团的风险管理政策和相关指引并监督风险管理措施的执行情况。本集团已制定风险管理政策以识别和分析本集团所面临的风险，这些风险管理政策对特定风险进行了明确规定，涵盖了市场风险、信用风险和流动性风险管理等诸多方面。本集团定期评估市场环境及本集团经营活动的变化以决定是否对风险管理政策及系统进行更新。本集团的风险管理由风险管理委员会按照董事会批准的政策开展。风险管理委员会通过与本集团其他业务部门的紧密合作来识别、评价和规避相关风险。本集团内部审计部门就风险管理控制及程序进行定期的审核，并将审核结果上报本集团的审计委员会。

本集团通过适当的多样化投资及业务组合来分散金融工具风险，并通过制定相应的风险管理政策减少集中于单一行业、特定地区或特定交易对手的风险。

信用风险。

信用风险是指交易对手未能履行合同义务而导致本集团产生财务损失的风险。本集团已采取政策，只与信用良好的交易对手合作并在必要时获取足够的抵押品，以此缓解因交易对手未能履行合同义务而产生财务损失的风险。本集团只与被评定为等同于投资级别或以上的主体进行交易。评级信息由独立评级机构提供，如不能获得此类信息，本集团将利用其他可公开获得的财务信息及自身的交易记录对主要顾客进行评级。本集团持续监控所面临的风险敞口及众多交易对手的信用评级。信用风险敞口通过对交易对手设定额度加以控制，且每年经风险管理委员会复核和审批。

应收账款的债务人为大量分布于不同行业和地区的客户。本集团持续对应收账款债务人的财务状况实施信用评估，并在适当时购买信用担保保险。由于货币资金和衍生金融工具的交易对手是声誉良好并拥有较高信用评级的银行，这些金融工具信用风险较低。

流动性风险。

流动性风险是指本集团在履行以交付现金或其他金融资产结算的义务时遇到资金短缺的风险。本集团下属成员企业各自负责其现金流量预测。集团下属财务公司基于各成员企业的现金流量预测结果，在集团层面监控长短期资金需求。本集团通过在大型银行等金融机构设立的资金池计划统筹调度集团内的盈余资金，并确保各成员企业拥有充裕的现金储备以履行到期结算的付款义务。此外，本集团与主要业务往来银行订立融资额度授信协议，为本集团履行与商业票据相关的义务提供支持。

汇率风险。

本集团以人民币编制合并财务报表并以多种外币开展业务，因此，面临汇率风险，该风险对本集团的交易及境外经营的业绩和净资产的折算均构成影响。若采用套期会计，本集团将记录相关套期活动并持续评估套期有效性。

· 对于境外经营净投资，本集团通过指定持有的外币净借款并使用外币互换及远期合同对境外经营因美元汇率波动而面临的大部分风险敞口进行套期。

· 对于本集团外汇交易形成的外汇风险净敞口，本集团的套期政策是寻求对预期交易的外汇风险进行 80%~100% 的套期（以 24 个月期限的远期合同为限）。

· 对于外币债务，本集团使用交叉货币利率互换对外币借款相关的汇率风险进行套期。

本集团预计，已进行的套期将持续有效，因此，套期无效性不会对利润表构成重大影响。

利率风险。

本集团的利率风险敞口主要源自人民币、美元、欧元和英镑的利率波动。为了对利率风险进行管理，本集团于董事会批准限额范围内通过使用利率衍生工具管理付息负债的固定利率及浮动利率敞口的比例。这些风险管理的措施有助于减少本集团财务业绩的波动程度。为便于业务操作及运用套期会计，本集团的政策旨在将固定利率借款占预计净借款的比例维持在 40%~60%。本集团大部分现有利率衍生工具均被指定为套期工具且预计该类套期是有效的。

商品价格风险。

本集团使用商品期货合约对特定商品的价格风险进行套期。所有商品期货合约均对预期在未来发生的原材料采购进行套期。本集团采用商品价格风险总敞口动态套期的策略，根据预期原材料采购的总敞口的变化动态调整期货合约持仓量，总敞口与期货持仓量所代表的商品数量基本保持一致（由于期货合约商品数量为整数，造成少量净敞口）。

2. 定量信息披露实例

【例 36-21】某公司关于外汇风险敞口披露的示例如下。

本集团面临的外汇风险主要为美元汇率波动。除本集团的几个下属子公司以美元进行采购和销售外，本集团的其他主要业务活动以人民币计价结算。2×18 年 12 月 31 日，除表 36-12 所述资产为美元计价外，本集团的资产及负债均为人民币计价。

表 36-12 以美元计价的资产和负债

单位：百万元

	2×18 年 12 月 31 日	2×17 年 12 月 31 日
现金及现金等价物	×	×
应收账款	×	×
其他应收款	×	×
资产合计	×	×
应付账款	×	×
其他应付款	×	×
短期借款	×	×
负债合计	×	×

除上述基于向关键管理人员提供的信息披露的数据外，本准则还要求企业按照《企业会计准则第 37 号——金融工具列报》的具体要求披露有关信用风险、流动性风险和市场风险的信息。

企业可以按总额和已扣除风险转移或其他分散风险交易后的净额进行披露。由于这些信息强调金融工具之间的联系，有助于财务报表使用者了解这些联系如何影响企业未来现金流量的性质、时间和不确定性。

3. 期末风险集中度信息披露实例

【例 36-22】某公司有关金融工具风险集中度定量披露的示例如下。

不同行业及地区经济发展的不均衡以及经济周期的不同使得相关行业和地区的信用风险亦不相同。因某一行业或地区的授信客户具备某些共同经济特征，故授信在行业或地区维度上过于集中会增加信用风险。本公司主要通过客户授信环节的额度控制来统筹管理贷款和垫款的行业及地区信用风险集中度。

发放贷款和垫款按行业类别分布情况如表 36-13 所示。

表 36-13　发放贷款和垫款按行业类别分布情况

单位：百万元

行业类别	2×18 年 12 月 31 日	2×17 年 12 月 31 日
制造业	21 320	19 275
批发及零售业	15 943	16 237
房地产业	10 692	12 838
交通运输业	8 253	7 735
服务业	5 217	8 269
建筑业	4 927	3 184
金融业	4 356	5 769
公共事业	2 148	2 582
个人	8 629	8 237
合　计	81 485	84 126

36.8.2　信用风险披露

信用风险，是指金融工具的一方不履行义务，造成另一方发生财务损失的风险。

本准则对信用风险披露要求的结构如下。

（一）信用风险披露的总体要求

信用风险披露的总体要求（第七十九条）包括以下信息。

1. 定性披露

（1）信用风险管理实务（第八十一条）主要包括以下信息。

① 信用风险的评价方法。

② 对违约的界定。

③ 对已发生减值的判定。

（2）预期信用损失相关会计政策、估计和判断（第八十二条）主要包括以下信息。

① 确定信用风险、预期信用损失、实际减值的方法、假设和参数。

② 计算预期信用损失时对前瞻性信息（如经济预测信息）的使用。

③ 上述方法、假设的变动。

2. 预期信用损失金额相关信息

（1）预期信用损失金额本期变动（期初期末余额调节表，第八十三条）。

（2）计提预期信用损失的金融工具的账面余额本期变动（第八十四条，作为对第八十三条披露内容的补充）。

（3）合同现金流量修改对预期信用损失的影响（第八十五条）。

（4）担保物和其他信用增级对预期信用损失的影响（第八十六条），主要包括以下信息。

① 企业总信用风险敞口（不考虑信用增级）。

② 信用增级的情况。

③ 信用增级降低信用损失的量化信息。

3. 信用风险敞口相关信息

（1）不同信用等级资产的风险敞口、不同信用等级上的风险集中度（第八十七条）。

（2）不适用本准则减值规定的金融工具信用风险敞口（第八十八条）。

4. 其他有用信息通过信用增级所确认资产（如担保物）相关信息（第八十九条）

（二）信用风险部分披露的说明

下面对部分披露要求进行说明。

1. 信用风险管理实务

企业应当披露与信用风险管理实务有关的下列信息。

（1）企业评估信用风险自初始确认后是否已显著增加的方法，以及下列信息：① 根据金融工具确认计量准则第五十五条的规定，在资产负债表日只具有较低的信用风险的金融工具及其确定依据（包括适用该情况的金融工具类别）；② 逾期超过 30 日，而信用风险自初始确认后未被认定为显著增加的金融资产及其确定依据。

（2）企业对违约的界定及其原因。企业披露内容可包括：① 在定义违约时所考虑的定性和定量因素；② 是否针对不同类型的金融工具应用不同的定义；③ 在金融资产发生违约后，关于“恢复率”（即恢复到正常状态的金融资产的数量）的假设。

（3）以组合为基础评估预期信用风险的金融工具的组合方法。

（4）确定金融资产已发生信用减值的依据。

（5）企业直接减记金融工具的政策，包括没有合理预期金融资产可以收回的迹象和已经直接减记但仍受执行活动影响的金融资产相关政策的信息。

（6）根据金融工具确认计量准则第五十六条的规定评估合同现金流量修改后金融资产的信用风险的，企业应当披露其信用风险的评估方法以及下列信息：① 对于损失准备为整个存续期预期信用损失的金融资产，在发生合同现金流修改时，评估信用风险是否已下降，从而企业可以按照该金融资产未来 12 个月内预期信用损失金额确认计量其损失准备的情况；② 对于上述金融资产，企业应当披露其如何监控后续该金融资产的信用风险是否显著增加，从而按照整个存续期预期信用损失的金额重新计量损失准备。

【例 36-23】以一家银行为例，基于假设的信用风险管理实务，相关信息披露示例如下。

（1）信用风险显著增加。

当触发以下一个或多个定量、定性标准或上限指标时，本公司认为金融工具的信用风险已发生显著增加。

① 定量标准。

在资产负债表日，剩余存续期违约概率较初始确认时对应相同期限的违约概率上升，上升幅度是否超过表 36-14 至表 36-16 中的临界值。

零售按揭贷款：

表 36-14　违约概率及违约概率增加临界值（零售按揭贷款）

初始确认时整个存续期违约概率区间	违约概率增加临界值（超过该值则认为整个存续期违约概率显著增加）
≤ a%	X‰
>a% 且≤ b%	Y‰
>b% 且≤ c%	Z‰
……	……

其他零售产品：

表 36-15　违约概率及违约概率增加临界值（其他零售产品）

初始确认时整个存续期违约概率区间	违约概率增加临界值（超过该值则认为整个存续期违约概率显著增加）
≤ a%	X‰
>a% 且≤ b%	Y‰
>b% 且≤ c%	Z‰
……	……

公司贷款：

表 36-16　违约概率及违约概率增加临界值（公司贷款）

初始确认时整个存续期违约概率区间	违约概率增加临界值（超过该值则认为整个存续期违约概率显著增加）
≤ a%	X‰
>a% 且≤ b%	Y‰
>b% 且≤ c%	Z‰
……	……

以一笔 25 年的零售按揭贷款为例。该贷款 5 年前初始确认，在初始确认时该贷款的预计整个存续期违约概率为 3%，并且当时预计 5 年后（即当前的资产负债表日）该贷款的剩余存续期违约概率为 2.5%。如果现在预计该贷款的剩余存续期违约概率为 2.8%，则其预期违约概率增加了 0.3%。企业应对比该 0.3% 是否超过表 36-15 中初始确认时整个有效期违约概率值所属概率区间所对应的

临界值，若0.3%超过该临界值，则信用风险已显著增加。

②定性标准。

对于零售贷款组合，如果借款人满足以下一个或多个标准，则认为金融工具信用风险显著增加：

·银行给予借款人较短的还款宽限期。

·直接取消债务。

·展期。

·最近3个月中发生过欠款（本公司根据自身信用风险管理政策确定该期间的长度）。

对于公司贷款，如果借款人被列入预警清单并且满足以下一个或多个标准，则认为金融工具信用风险显著增加：

·信用利差显著上升。

·借款人出现业务、财务和经济状况的重大不利变化。

·申请宽限期或债务重组。

·借款人经营情况的重大不利变化。

·担保物价值变低（仅针对抵质押贷款）。

·出现现金流/流动性问题的早期迹象，如应付账款/贷款还款的延期。

③上限指标。

如果借款人在合同付款日后逾期超过30天仍未付款，则视为该金融工具信用风险显著增加。

对所有零售业务金融工具，本公司每季度在组合层面评估其信用风险是否发生显著增加，该评估包含对前瞻性信息的考虑。对公司贷款及资金业务相关的金融工具，本公司使用预警清单监控信用风险，并在交易对手层面进行定期评估。用于识别信用风险显著增加的标准由独立的信用风险小组定期监控并复核其适当性。

截至2×18年12月31日，本公司未将任何金融工具视为具有较低信用风险而不再比较资产负债表日的信用风险与初始确认时相比是否显著增加。

（2）违约及已发生信用减值资产的定义。

当金融工具符合以下一项或多项条件时，本公司将该金融资产界定为已发生违约，其标准与已发生信用减值的定义一致。

①定量标准。

借款人在合同付款日后逾期超过90天仍未付款。

②定性标准。

借款人满足“难以还款”的标准，表明借款人发生重大财务困难，包括以下几项。

·借款人长期处于宽限期。

·借款人死亡。

·借款人破产。

·借款人违反合同中对债务人约束的条款（一项或多项）。

·由于借款人财务困难导致相关金融资产的活跃市场消失。

·债权人由于借款人的财务困难做出让步。

·借款人很可能破产。

·购入资产时获得了较高折扣、购入时资产已经发生信用损失。

上述标准适用于本公司所有的金融工具，且与内部信用风险管理所采用的违约定义一致。违约定义已被一致地应用于本公司在预期信用损失计算过程中建立违约概率（Probability of Default，PD）、违约风险敞口（Exposure at Default，EAD）及违约损失率（Loss Given Default，LGD）的模型。

当某项金融工具连续6个月都不满足任何违约标准时，本公司不再将其视为处于违约状态的资产（即回调）。本公司根据历史数据分析了金融工具由回调再次进入违约状况的可能性，确定了6个月的观察期长度。

（3）以组合方式计量损失准备。

在按照组合方式计提预期信用损失准备时，本公司已将具有类似风险特征的敞口进行归类。

在进行分组时，本公司获取了充分的信息，确保其统计上的可靠性。当无法从内部获取足够信息时，本公司参照外部的补充数据用于建立模型。用于确定分组特征的信息以及补充数据列示如下。

①零售贷款——组合计量。

·按照抵押率（贷款余额 ÷ 抵押品价值）的区间。

·信用评级的区间。

·产品类型（例如，住宅/出租按揭贷款、透支、信用卡）。

·还款方式（例如，只付本金/利息）。

·额度使用率区间。

②公司贷款——组合计量。

·行业——外部数据（源自 ×× 研究所2×17年3月1日所做的研究）。

·担保物类型。

·信用评级区间。

·风险敞口的地理区域——外部数据（源自 ×× 研究所2×17年6月21日所做的研究）。

以下敞口单项进行减值评估。

①零售贷款。

·当前敞口金额超过500万元的第三阶段贷款。

·处于抵押品变现流程中的资产。

② 公司贷款。

· 第三阶段贷款。

· 敞口金额超过 2 亿元的第二阶段贷款。

信用风险小组定期监控并复核分组的恰当性。

（4）直接减记金融工具的政策。

当本银行执行了所有必要的程序后仍认为预期不能收回金融资产的整体或一部分时，则将其进行直接减记。表明预期不能收回款项的迹象包括：① 强制执行已终止；② 本公司的收回方法是接管并处置担保物，但预期担保物的价值无法覆盖全部本息。

本公司有可能直接减记仍然处于强制执行中的金融资产。2×18 年 12 月 1 日，本公司已直接减记的资产对应的未结清的合同金额为人民币 2.35 亿元。本公司仍然力图全额收回合法享有的债权，但由于无法合理预期全额收回，所以进行部分直接减记。

（5）评估合同现金流量修改后金融资产信用风险的相关披露。

为了实现最大限度的收款，本公司有时会因商业谈判或借款人财务困难对贷款的合同条款进行修改。

这类合同修改包括贷款展期、免付款期，以及提供还款宽限期。基于管理层判断客户很可能继续还款的指标，本公司制定了贷款的具体重组政策和操作规程，且对该政策持续进行复核。对贷款进行重组的情况在中长期贷款的管理中很常见。

当合同修改并未造成实质性变化且不会导致终止确认原有资产时，本公司在资产负债表日评估修改后资产的违约风险时，仍与原合同条款下初始确认时的违约风险进行对比。本公司对修改后资产的后续情况实施监控。本公司可能判断，经过合同修改信用风险已得到显著改善，因此相关资产从第三阶段或第二阶段转移至第一阶段，同时损失准备的计算基础由整个存续期预期信用损失转为 12 个月预期信用损失。资产应当经过至少连续 6 个月的观察达到特定标准后才能回调。2×18 年 12 月 31 日，此类条款修改的金融资产的账面余额为人民币 4.65 亿元。

本公司使用特定模型持续监控合同条款修改的金融资产后续是否出现信用风险显著增加。

表 36-17 列示了以整个存续期预期信用损失计量损失准备的金融资产在本公司贷款重组活动中发生合同现金流修改的情况，以及这些修改对本公司业绩的影响。

表 36-17　合同现金流修改情况及对业绩的影响

单位：亿元

项目	发放贷款和垫款
修改前的摊余成本	4.33
合同修改的净损失	0.56

在上述披露示例中，该集团对零售按揭贷款、其他零售产品和公司贷款确定信用风险是否显著增加采用了类似的判断标准。实务中，对于不同的产品或组合，信用风险显著增加的

标准可能不同。在这种情况下，应根据实际情况进行披露。

另外，根据《企业会计准则第 30 号——财务报表列报》（以下简称“财务报表列报准则”）第三十九条规定，企业应当披露采用的重要会计政策和会计估计，并结合企业的具体实际披露其重要会计政策的确定依据和财务报表项目的计量基础，及其会计估计所采用的关键假设和不确定因素。考虑到金融工具从 12 个月预期信用损失转为整个存续期预期信用损失对于减值结果的潜在影响重大，如何定义信用风险显著增加在整个预期信用损失估计中是一个尤其重要的部分。因此，企业应按照财务报表列报准则的要求作出适当的披露。披露的性质取决于企业确定信用风险显著增加时采用的具体方法。对各种类型的组合产生的不同影响，需要不同程度的披露。

【例 36–24】表 36–18 列示了改变判断信用风险显著增加时使用的违约概率临界值对 2×18 年 12 月 31 日预期信用损失准备的影响。预期信用损失增加（正数）表示公司将确认更多的损失准备。

表 36–18　违约概率临界值改变对预期信用损失准备的影响

初始确认时整个存续期违约概率区间	应用的实际临界值	临界值变动	对预期信用损失的影响	
			更低的临界值	更高的临界值
零售按揭贷款				
≤ *a*%	×‰	（–/+×）‰	×	（×）
>*a*% 且 ≤ *b*%	×‰	（–/+×）‰	×	（×）
>*b*% 且 ≤ *c*%	×‰	（–/+×）‰	×	（×）
其他零售产品				
≤ *a*%	×‰	（–/+×）‰	×	（×）
>*a*% 且 ≤ *b*%	×‰	（–/+×）‰	×	（×）
>*b*% 且 ≤ *c*%	×‰	（–/+×）‰	×	（×）
公司贷款				
≤ *a*%	×‰	（–/+×）‰	×	（×）
>*a*% 且 ≤ *b*%	×‰	（–/+×）‰	×	（×）
>*b*% 且 ≤ *c*%	×‰	（–/+×）‰	×	（×）

2. 输入值、假设和估值技术

企业应当披露金融工具确认计量准则第八章有关金融工具减值所采用的输入值、假设和估值技术等相关信息，具体包括以下信息。

（1）用于确定下列各事项或数据的输入值、假设和估计技术：① 金融工具的信用风险自初始确认后是否已显著增加；② 未来12个月内预期信用损失和整个存续期的预期信用损失的计量；③ 金融资产是否已发生信用减值。

（2）确定预期信用损失时如何考虑前瞻性信息，包括宏观经济信息的使用。

（3）报告期估计技术或重大假设的变更及其原因。

企业用于确定信用风险自初始确认后增加程度或衡量金融工具预期信用损失的假设和输入值，可能包括从企业内部历史信息或外部评级报告获得的信息以及关于金融工具的预期寿命和出售抵押品的时间的假设。

【例36-25】一家银行的相关信息披露示例如下。

（1）计量预期信用损失——对参数、假设及估计技术的说明。

根据信用风险是否发生显著增加以及资产是否已发生信用减值，本公司对不同的资产分别以12个月或整个存续期的预期信用损失计量损失准备。预期信用损失是违约概率（PD）、违约风险敞口（EAD）及违约损失率（LGD）三者的乘积折现后的结果。相关定义如下。

·违约概率是指借款人在未来12个月或在整个剩余存续期，无法履行其偿付义务的可能性（违约的定义参见例36-23）。

·违约风险敞口是指，在未来12个月或在整个剩余存续期中，在违约发生时，本公司应被偿付的金额。例如，对于循环信贷协议，在违约发生时本公司已放款的贷款金额与合同限额内的预期提取金额之和视为违约风险敞口。

·违约损失率是指本公司对违约敞口发生损失程度做出的预期。根据交易对手的类型、追索的方式和优先级，以及担保物或其他信用支持的可获得性不同，违约损失率也有所不同。

本公司通过预计未来各月份中单个敞口或资产组合的违约概率、违约损失率和违约风险敞口，来确定预期信用损失。本公司将这三者相乘并根据其存续（即没有在更早期间发生提前还款或违约的情况）的可能性进行调整。这种做法可以计算出未来各月的预期信用损失。再将各月的计算结果折现至资产负债表日并加总。预期信用损失计算中使用的折现率为初始实际利率或其近似值。

整个存续期违约概率是运用到期模型、以12个月违约概率推导而来的。到期模型描述了资产组合整个存续期的违约情况演进规律。该模型基于历史观察数据开发，并适用于同一组合和信用等级下的所有资产。上述方法得到经验分析的支持。

本例所示的基于到期信息由12个月违约概率进行推演的方法，是确定整个存续期违约概率的方法之一。其中，以历史数据为基础的到期分析覆盖了贷款从初始确认到整个存续期结束的违约变化情况；到期组合的基础是可观察的历史数据，并假定同一组合和信用等级的资产的情况相同。企业可根据实际情况选择合理方法。

12个月及整个存续期的违约风险敞口根据预期还款安排确定，不同类型的产品将有所不同。

·对于分期还款以及一次性偿还的贷款，本公司根据合同约定的还款计划确定12个月或整个存续期违约敞口，并针对预期借款人做出的超额还款和提前还款/再融资进行调整。

·对于循环信贷产品，本公司使用已提取贷款余额加上信用转换系数估计剩余限额内的提款，来预测违约风险敞口。基于本公司的近期违约数据分析，这些假设因产品类型及限额利用率的差异而有所不同。

本公司根据对影响违约后回收的因素来确定12个月及整个存续期的违约损失率。不同产品类型的违约损失率有所不同。

·对于担保贷款，本公司主要根据担保物类型及预期价值、强制出售时的折扣率、回收时间及预计的收回成本等确定违约损失率。

·对于信用贷款，由于从不同借款人可回收金额差异有限，所以本公司通常在产品层面确定违约损失率。该违约损失率受到回收策略的影响，上述回收策略包括贷款转让计划及定价。

在确定12个月及整个存续期违约概率、违约敞口及违约损失率时应考虑前瞻性经济信息。考虑的前瞻性因素因产品类型的不同而有所不同。

本公司每季度监控并复核预期信用损失计算相关的假设，包括各期限下的违约概率及担保物价值的变动情况。

本报告期内，估计技术或关键假设未发生重大变化。

（2）预期信用损失模型中包括的前瞻性信息。

信用风险显著增加的评估及预期信用损失的计算均涉及前瞻性信息。本公司通过历史数据分析，识别出影响各资产组合的信用风险及预期信用损失的关键经济指标，包括利率、失业率、房价指数等。

这些经济指标及其对违约概率、违约敞口和违约损失率的影响，对不同的金融工具有所不同。本公司在此过程中应用了专家判断。本公司的经济学家团队每季度对这些经济指标进行预测，并提供未来五年经济情况的最佳估计。对于五年后至金融工具剩余存续期结束时的经济指标，本公司采用均值回归法，即认为经济指标在超过五年的期间内，趋向于长期保持平均值（如失业率水平），或长期保持平均增长率（如Gross Donestic Product，GDP）。本公司通过进行回归分析确定这些经济指标历史上与违约概率、违约敞口和违约损失率之间的关系，并通过预测未来经济指标确定预期的违约概率、违约敞口和违约损失率。

除了提供基本经济情景外，本公司的经济学家团队也提供了其他可能的情景及情景权重。针对每一个主要产品类型分析、设定不同的情景，以确保考虑到指标非线性发展特征。本公司在每一个资产负债表日重新评估情景的数量及其特征。

本公司认为，在2×18年1月1日及2×18年12月31日，对于公司的所有贷款组合（甲组合和乙组合除外），应当考虑应用三种不同情景来恰当反映关键经济指标发展的非线性特征。对于甲组合和乙组合，本公司认为需要额外添加两个经济下行的情景。本公司结合统计分析及专家判断来确定情景权重，也同时考虑了各情景所代表的可能结果的范围。

本公司在判断信用风险是否发生显著增加时，使用了基准及其他情景下的整个存续期违约概率乘以情景权重，并考虑了定性和上限指标。本公司以加权的12个月预期信用损失（第一阶段）或加权的整个存续期预期信用损失（第二阶段及第三阶段）计量相关的损失准备。上述加权的信用损失是由各情景下预期信用损失乘以相应情景的权重计算得出的。

与其他经济预测类似，对预计经济指标和发生可能性的估计具有高度的固有不确定性，因此，实际结果可能同预测存在重大差异。本公司认为这些预测体现了集团对可能结果的最佳估计。

关于经济指标的假设。

2×18年12月31日，用于估计预期信用损失的重要假设列示如表36-19所示："基本""上升""下降"这三种情景适用于所有组合。"下降2"和"下降3"这两种情景仅适用于甲组合和乙组合。

表36-19　用于估计预期信用损失的重要假设

		2×19年	2×20年	2×21年	2×22年	2×23年
利率	基本	×%	×%	×%	×%	×%
	上升	×%	×%	×%	×%	×%
	下降	×%	×%	×%	×%	×%
	下降2	×%	×%	×%	×%	×%
	下降3	×%	×%	×%	×%	×%
失业率	基本	×%	×%	×%	×%	×%
	上升	×%	×%	×%	×%	×%
	下降	×%	×%	×%	×%	×%
	下降2	×%	×%	×%	×%	×%
	下降3	×%	×%	×%	×%	×%
房价指数	基本	×	×	×	×	×
	上升	×	×	×	×	×
	下降	×	×	×	×	×
	下降2	×	×	×	×	×
	下降3	×	×	×	×	×
国内生产总值	基本	×	×	×	×	×
	上升	×	×	×	×	×
	下降	×	×	×	×	×
	下降2	×	×	×	×	×
	下降3	×	×	×	×	×

2×18年12月31日，分配至各项经济情景的权重列示如表36-20所示。

表 36-20　分配至各项经济情景的权重

	基本	上升	下降	下降 2	下降 3
组合甲和乙	×%	×%	×%	×%	×%
所有其他组合	×%	×%	×%	–	–

2×18 年 1 月 1 日，用于估计预期信用损失的重要假设列示如表 36-21 所示：“基本”“上升”“下降”这三种情景适用于所有组合。“下降 2”和“下降 3”这两种情景仅适用于甲组合和乙组合。

表 36-21　用于估计预期信用损失的重要假设

		2×18 年	2×19 年	2×20 年	2×21 年	2×22 年
利率	基本	×%	×%	×%	×%	×%
	上升	×%	×%	×%	×%	×%
	下降	×%	×%	×%	×%	×%
	下降 2	×%	×%	×%	×%	×%
	下降 3	×%	×%	×%	×%	×%
失业率	基本	×%	×%	×%	×%	×%
	上升	×%	×%	×%	×%	×%
	下降	×%	×%	×%	×%	×%
	下降 2	×%	×%	×%	×%	×%
	下降 3	×%	×%	×%	×%	×%
房价指数	基本	×	×	×	×	×
	上升	×	×	×	×	×
	下降	×	×	×	×	×
	下降 2	×	×	×	×	×
	下降 3	×	×	×	×	×
国内生产总值	基本	×	×	×	×	×
	上升	×	×	×	×	×
	下降	×	×	×	×	×
	下降 2	×	×	×	×	×
	下降 3	×	×	×	×	×

2×18 年 1 月 1 日，分配至各项经济情景的权重列示如表 36-22 所示。

表 36–22　分配至各项经济情景的权重列示

	基本	上升	下降	下降 2	下降 3
组合甲和乙	×%	×%	×%	×%	×%
所有其他组合	×%	×%	×%	–	–

其他未纳入上述情景的前瞻性因素，如监管变化、法律变化的影响，也已纳入考虑，但不视为具有重大影响，因此，并未据此调整预期信用损失。本公司按季度复核并监控上述假设的恰当性。

在参考上述披露示例时，企业应当考虑如何根据自身具体情况作出披露，例如，如何针对不同地区的情况作出不同假设。

上例出于示例的目的，假设了三种前瞻性宏观经济情景适用除两个组合以外的其他全部组合。实务中，企业须根据实际情况为每一个重大资产组合确定情景的数量和具体内容。

在上述披露示例中，管理层认为无须针对监管变化、法律变化额外调整损失准备（即“叠加”调整）。但如果在临近资产负债表日时发生了重大事件，且无法通过模型和参数适当地反映该事件的潜在影响，则可能需要作出重要的判断，并提供更多披露。

另外，根据财务报表列报准则第三十九条的规定，企业应当披露采用的重要会计政策和会计估计，并结合企业的具体实际披露其重要会计政策的确定依据和财务报表项目的计量基础，及其会计估计所采用的关键假设和不确定因素。因此，企业应考虑披露影响预期信用损失准备的重要假设及其敏感性分析，示例如下。

【例 36–26】某银行对影响预期信用损失准备的重要假设及其敏感性分析的披露。

敏感性分析：

（1）零售贷款组合。

① 房价指数：对按揭贷款中担保物的估值具有重大影响。

② 失业率：无论贷款合同有担保或无担保，对借款人按合同约定还款的能力具有一定影响。

（2）公司贷款组合。

① 国内生产总值：对公司业绩和担保物估值具有重大影响。

② 利率：对公司发生违约的可能性具有一定影响。

2×18 年 12 月 31 日，假设本银行使用的经济指标发生合理变动而导致的预期信用损失变动情况列示如表 36–23 和表 36–24 所示（如因“基本”“上升”“下降”这三种情景中预计失业率增加 ×% 而导致的预期信用损失变动）。

零售贷款组合：

表 36-23　预期信用损失变动情况（零售贷款组合）

单位：万元

房价指数	失业率		
	−×%	无变动	+×%
+×%	×	×	×
无变动	×		×
−×%	×	×	×

公司贷款组合：

表 36-24　预期信用损失变动情况（公司贷款组合）

单位：万元

国内生产总值	利率		
	−×%	无变动	+×%
+×%	×	×	×
无变动	×		×
−×%	×	×	×

以上所披露的敏感性关键驱动因素仅为示例，企业应当分析自身实际情况，确定相关参数进行敏感性分析。尤其应当注意的是，虽然未在以上示例中列示，但企业可能需要分析预期信用损失对各项经济情景权重变动的敏感性。

此外，企业还应当考虑该披露的详细程度是否适宜，并可以根据不同组合的特点以及预期信用损失计算中各因素的影响程度来调整披露的详细程度。

3. 损失准备期初余额与期末余额的调节表

企业应当以表格形式按金融工具的类别编制损失准备期初余额与期末余额的调节表，分别说明下列项目的变动情况。

（1）按相当于未来 12 个月预期信用损失的金额计量的损失准备。

（2）按相当于整个存续期预期信用损失的金额计量的下列各项的损失准备：① 自初始确认后信用风险已显著增加但并未发生信用减值的金融工具；② 对于资产负债表日已发生信用减值但并非购买或源生的已发生信用减值的金融资产；③ 根据金融工具确认计量准则第六十三条的规定计量减值损失准备的应收账款、合同资产和租赁应收款。

（3）购买或源生的已发生信用减值的金融资产的变动。除调节表外，企业还应当披露本期初始确认的该类金融资产在初始确认时未折现的预期信用损失总额。

4. 金融工具账面余额变动情况

为帮助财务报表使用者了解企业按照《企业会计准则第37号——金融工具列报》第八十三条规定披露的损失准备变动信息，企业应当对本期发生损失准备变动的金融工具账面余额显著变动情况作出说明。这些说明信息应当包括定性和定量信息，并应当对按照本准则第八十三条规定披露损失准备的各项目分别单独披露，具体可包括下列情况下发生损失准备变动的金融工具账面余额显著变动信息。

（1）本期因购买或源生的金融工具所导致的变动。

（2）未导致终止确认的金融资产的合同现金流量修改导致的变动。

（3）本期终止确认的金融工具（包括直接减记的金融工具）导致的变动。对于当期已直接减记但仍受催收活动影响的金融资产，还应当披露尚未结算的合同金额。

（4）因金融资产在“未来12个月预期信用损失”和“整个存续期内预期信用损失”两个类别之间转换而导致的在每个类别内的账面余额变动。

【例36-27】某集团影响损失准备变动的抵押贷款账面余额重大变动包括以下信息。

①购入某主要贷款组合导致住宅抵押贷款账面余额增加×%，并相应导致12个月预期信用损失的增加。

②本地房产市场大跌后，直接减记某资产组合人民币×元，导致有客观证据表明减值的金融资产的损失准备减少人民币×元。

③某地区的预期失业率上升导致按整个存续期预期信用损失计提损失准备的金融资产净增加，导致整个存续期预期信用损失准备净增加人民币×元。

对抵押贷款账面余额重大变动的进一步解释如表36-25所示。

表36-25　抵押贷款账面余额重大变动的详情

单位：百万元

抵押贷款——账面余额	未来12个月预期信用损失	整个存续期预期信用损失（组合评估）	整个存续期预期信用损失（单项评估）	已发生信用减值金融资产（整个存续期预期信用损失）
2×18年1月1日的账面余额	×	×	×	×
转入整个存续期预期信用损失的单项金融资产	（×）		×	
转入已发生信用减值的金融资产的单项金融资产	（×）		（×）	×
从已发生信用减值的金融资产转回的单项金融资产	×		×	（×）

续表

抵押贷款——账面余额	未来 12 个月预期信用损失	整个存续期预期信用损失（组合评估）	整个存续期预期信用损失（单项评估）	已发生信用减值金融资产（整个存续期预期信用损失）
转入整个存续期预期信用损失的基于组合评估的金融资产	（×）	×		
购买或源生的新金融资产	×			
直接减记的金融资产			（×）	（×）
终止确认的金融资产	（×）	（×）	（×）	（×）
未导致终止确认的修改产生的变动	（×）		（×）	（×）
其他变动	×	×	×	×
2×18 年 12 月 31 日的账面余额	×	×	×	×

5．未导致终止确认的金融资产合同现金流量修改

为有助于财务报表使用者了解未导致终止确认的金融资产合同现金流量修改的性质和影响，及其对预期信用损失计量的影响，企业应当披露下列信息：① 企业在本期修改了金融资产合同现金流量，且修改前损失准备是按整个存续期预期信用损失金额计量的，应当披露修改或重新议定合同前的摊余成本及修改合同现金流量的净利得或净损失；② 对于之前按照整个存续期内预期信用损失的金额计量了损失准备的金融资产，而当期按照相当于未来 12 个月内预期信用损失的金额计量该金融资产的损失准备的，应当披露该金融资产在资产负债表日的账面余额。

6．担保物或其他信用增级

为有助于财务报表使用者了解担保物或其他信用增级对预期信用损失金额的影响，对于适用金融工具确认计量准则减值规定的金融工具，企业应当按照金融工具的类别，遵循《企业会计准则第 37 号——金融工具列报》第八十六条的规定披露下列信息。

（1）在不考虑可利用的担保物或其他信用增级的情况下，企业在资产负债表日的最大信用风险敞口。

（2）作为抵押持有的担保物和其他信用增级的描述，包括以下信息。

① 所持有担保物的性质和质量的描述。

② 本期由于对方信用恶化或担保政策变更，导致担保物或信用增级的质量发生显著变化的说明。

③ 由于存在担保物而未确认损失准备的金融工具的信息。

（3）企业在资产负债表日持有的担保物和其他信用增级为已发生信用减值的金融资产作抵押的定量信息（如对担保物和其他信用增级降低信用风险程度的量化信息）。

企业既无须披露关于担保物和其他信用增级公允价值的信息，也无须对预期信用损失计算中包含的担保物的价值准确地量化。

担保物和其他信用增级的描述可以包含以下信息。

① 担保物和其他信用增级的主要类型。

② 持有的担保物和其他信用增级的数量及其在损失准备方面的作用。

③ 评估和管理担保物和其他信用增级的政策和流程。

④ 担保物和其他信用增级交易对手的主要类型及其信用等级。

7. 最大信用风险敞口

对于每一类别的金融工具，企业应当披露在不考虑可利用的担保物或其他信用增级的情况下，企业在资产负债表日的最大信用风险敞口的金额。金融工具的账面价值能代表最大信用风险敞口的，无须提供此项披露。最大信用风险敞口的来源也包括企业未在资产负债表中确认的金融工具（如不可撤销的贷款承诺、财务担保）的信用风险敞口。

产生信用风险的交易，以及相应的最大信用风险敞口的某些情况示例如下。

（1）向客户提供信用或在其他机构中存放款项，其最大信用风险敞口为相关金融资产的账面价值。

（2）签订衍生工具合同，如外汇远期、利率互换以及信用衍生工具。对于以公允价值计量的衍生工具，企业在资产负债表日面临的最大信用风险敞口等于其账面价值。

（3）提供财务担保。已提供财务担保的最大信用风险敞口等于须履行担保时企业必须支付的最大金额（无论履行担保的可能性如何）。该金额可能显著大于已作为负债确认的金额。

（4）对于在融资额度提供期内不可撤销的或只有当重大不利变化出现时才可撤销的贷款承诺，如果该贷款承诺不能以现金或其他金融资产进行净额结算（例如，银行必须提供贷款全额，而不是仅向企业支付承诺利率和市场利率的差异），则其最大信用风险敞口是承诺的全部金额。这是因为任何未支取的金额在未来是否支取具有不确定性。因此，贷款承诺的最大信用风险敞口金额可能显著大于已确认的负债金额。

【例 36–28】某集团有关金融工具信用风险和最大信用风险敞口的披露示例如下。

信用风险。

信用风险是指因交易对手或债务人未能履行其全部或部分付款义务而造成本集团发生损失的风险。信用风险包括诸如由于整体宏观经济陷入衰退而导致损失的风险。本集团信贷业务主要向各类客户提供贷款、承兑、担保及其他信贷产品，并因此承担信用风险。信用风险是本集团业务经营所面临的重大风险之一。

董事会对本集团的信用风险管理承担最终责任。董事会负责审议及批准信用风险管理政策，授权风险管理委员会对信用风险管理实施的有效性进行日常监督；审议和批准风险管理委员会提交的信用风险评估报告并对集团信用风险状况做出评价。风险管理委员会定期召开会议以审阅分析本集团的信贷质量、风险集中度和压力测试等议题，并按季度向董事会报送信用风险评估报告。

信用风险敞口。

本集团的信用风险敞口包括涉及信用风险的资产负债表表内项目和表外项目。在资产负债表日，本集团金融资产的账面价值已代表其最大信用风险敞口。资产负债表表外的最大信用风险敞口情况如表 36-26 所示（不考虑可利用的担保物或其他信用增级）。

表 36-26　资产负债表表外的最大信用风险敞口情况

单位：百万元

资产负债表表外项目	2×18 年 12 月 31 日	2×17 年 12 月 31 日
担保	5 347	6 053
不可撤销的贷款承诺	9 988	10 068
其他信用承诺	2 766	2 919
合计	18 101	19 040

【例 36-29】某公司是一家拥有庞大客户群的上市零售企业。客户按照公司的标准信用条款购买商品，公司同时向某些主要客户购买其他商品。有关其应收款项最大信用风险敞口的披露如表 36-27 所示。

表 36-27　应收款项最大信用风险敞口

单位：百万元

	2×17 年 12 月 31 日	2×16 年 12 月 31 日
应收款项账面余额	365 500	323 700
坏账准备	（14 620）	（12 948）
账面价值	350 880	310 752
应付客户的金额	（75 500）	（62 250）

本公司与客户订立协议，只有在客户发生拖欠的情况下，应付客户的金额才可以与应收客户的金额进行抵销。因此，本公司在每一资产负债表日面临的最大信用风险敞口为应向客户收取的总金额减去坏账准备后的金额。由于应付款项在资产负债表内不可抵销，所以该最大信用风险敞口未扣减应付客户的金额。

8. 重大信贷风险集中度

本准则第八十七条要求披露关于资产负债表日企业的信用风险敞口及重大信用风险集中度的信息。当一系列交易对手位于同一地理区域或从事类似活动且具有类似的经济特征，从而导致其履行合同义务的能力受到经济或其他状况变化的类似影响时，则存在信用风险集中。企业应当提供有关信息，以便财务报表使用者能够了解企业是否存在具有某种共同特征、对企业整体具有重大影响的金融工具组合（如同一地区、行业或发行人类型的金融资产）。

如果企业根据金融工具确认计量准则第四十八条，以组合为基础评估信用风险是否显著增加，则可能无法将确认整个存续期预期信用损失的单项金融资产的账面余额或者贷款承诺和财务担保合同的信用风险敞口分配至各个信用风险等级。在该情况下，企业应将本准则第八十七条要求应用于能够直接分配至某一信用风险等级的金融工具，并将在组合基础上计量整个存续期预期信用损失的金融工具的账面余额单独披露（即不分配至某一等级）。

按照本准则第八十七条所披露信息的风险等级，应与企业为内部信用风险管理目的而向关键管理人员内部报告时所使用的风险等级一致。但是，获取信用风险等级信息不可行或者成本过高，并且企业按照金融工具确认计量准则第五十三条规定采用逾期信息评估自初始确认后信用风险是否显著增加时，企业应提供对这些金融资产基于逾期情况的分析。

【例 36-30】本例说明了按照本准则第八十七条的规定，披露企业的信用风险敞口和重大信用风险集中度信息的一些方法（见表 36-28 至表 36-30）。

表 36-28　按内部评级进行信用风险分级的消费贷款信用风险敞口

单位：百万元

内部评级	消费者——信用卡		消费者——汽车贷款	
	账面余额		账面余额	
	按整个存续期预期信用损失计量损失准备	按未来 12 个月预期信用损失计量损失准备	按整个存续期预期信用损失计量损失准备	按未来 12 个月预期信用损失计量损失准备
1~2	×	×	×	×
3~4	×	×	×	×
5~6	×	×	×	×
7	×	×	×	×
合计	×	×	×	×

表 36-29　按外部评级进行信用风险分级的企业贷款信用风险敞口

单位：百万元

外部评级	企业——设备		企业——建设	
	账面余额		账面余额	
	按整个存续期预期信用损失计量损失准备	按未来 12 个月预期信用损失计量损失准备	按整个存续期预期信用损失计量损失准备	按未来 12 个月预期信用损失计量损失准备
AAA~AA	×	×	×	×
A	×	×	×	×
BBB~BB	×	×	×	×
B	×	×	×	×
CCC~CC	×	×	×	×
C	×	×	×	×
D	×	×	×	×
合计	×	×	×	×

表 36-30　企业按有无担保进行的企业信用风险敞口披露

单位：百万元

违约概率	公司——无担保		公司——有担保	
	账面余额		账面余额	
	按整个存续期预期信用损失计量损失准备	按未来 12 个月预期信用损失计量损失准备	按整个存续期预期信用损失计量损失准备	按未来 12 个月预期信用损失计量损失准备
0.00~0.10	×	×	×	×
0.11~0.40	×	×	×	×
0.41~1.00	×	×	×	×
1.01~3.00	×	×	×	×
3.01~6.00	×	×	×	×
6.01~11.00	×	×	×	×
11.01~17.00	×	×	×	×
17.01~25.00	×	×	×	×
25.01~50.00	×	×	×	×
50.01 以上	×	×	×	×
合计	×	×	×	×

【例 36-31】甲汽车制造企业为经销商和消费者提供融资。甲企业将其经销商融资和消费者融资分别作为单独的金融工具类别予以披露，并对其应收账款应用简化方法，即损失准备总是以整个存续期预期信用损失计量。表 36-31 所示为根据简化方法进行风险披露的示例。

表 36-31 应收账款预期信用风险披露

单位：百万元

	应收账款逾期天数				
	未逾期或逾期30日以内（含30日）	30~60 日（含 60 日）	60~90 日（含 90 日）	90 日以上	合计
经销商融资					
预期信用损失率	0.10%	2%	5%	13%	
估计发生违约的账面余额	20 777	1 416	673	235	23 101
整个存续期预期信用损失	21	28	34	31	114
消费者融资					
预期信用损失率	0.20%	3%	8%	15%	
估计发生违约的账面余额	19 222	2 010	301	154	21 687
整个存续期预期信用损失	38	60	24	23	145

9. 贷款承诺和财务担保合同

对于贷款承诺和财务担保合同，损失准备应确认为一项负债。企业应将关于金融资产损失准备变动的信息披露与关于贷款承诺和财务担保合同损失准备变动的信息披露区分开来。但是，如果一项金融工具同时包含贷款（即金融资产）和未使用的承诺（即贷款承诺）部分，则企业将无法把贷款承诺成分产生的预期信用损失与金融资产成分产生的预期信用损失单独区分开来。据此，贷款承诺的预期信用损失应与金融资产的损失准备一同确认。如果这两项预期信用损失的合计数超过金融资产的账面余额，则预期信用损失应当确认为一项准备（负债）。

36.8.3 流动性风险披露

流动性风险，是指企业在履行以交付现金或其他金融资产的方式结算的义务时发生资金短缺的风险。

1. 到期期限分析

（1）总体要求。

本准则规定，企业应当披露金融负债按剩余到期期限进行的到期期限分析，以及管理这些金融负债流动性风险的方法：① 对于非衍生金融负债（包括财务担保合同），到期期限分析应当基于合同剩余到期期限；② 对于衍生金融负债，如果合同到期期限是理解现金流量时间分布的关键因素（如剩余期限为 5 年的利率互换），到期期限分析应当基于合同剩余到期期限。

对于包含嵌入衍生工具的混合金融工具，尽管应当按照金融工具确认计量准则确定是否需要将嵌入衍生工具进行分拆，但在披露上述到期期限分析时，应当将包含嵌入衍生工具的混合金融工具整体视为非衍生金融负债进行披露。

如果有关衍生金融负债合同到期日的信息对了解现金流量的时间分布并非至关重要，则无须披露其合同到期期限分析。例如，企业经常买卖衍生工具（如金融机构交易账户内的衍生金融负债），反映合同的到期日可能对了解现金流量的时间分布并非至关重要，因为衍生金融负债可能被转让（如买入的期货合约在亏损状态下平仓），而不是在合同到期时通过支付或收取工具规定的合同现金流量结算。在这种情况下，企业仍须提供衍生金融负债的到期期限分析，但该分析可按另外的基础列报。例如，可以基于预计的交易日，或者基于企业预计将在资产负债表日后的短时间内进行处置时需要支付的账面价值（即公允价值），或者基于其在资产负债表日列报的公允价值。

（2）时间段的确定。

企业在披露到期期限分析时，应当运用职业判断划分适当的时间段。企业可以但不限于按下列时间段进行到期期限分析：① 一个月以内（含本数，下同）；② 一个月至三个月以内；③ 三个月至一年以内；④ 一年至五年以内；⑤ 五年以上。

由于定量披露应基于企业向关键管理人员提供的信息，所以所披露的时间段应与内部报告的时间段相一致。某些企业可能需要采用比其他企业更多的时间段。但无论如何划分时间段，企业均应通过考虑其流动性需求的相应时间，来评价其流动性披露是否提供了有关流动性需求的充分信息。例如，企业可能有在一个月之内到期的重大支付义务，在这种情况下，将第一年内所有支付义务归总至同一个时间段并不恰当。

债权人可以选择收回债权时间的，债务人应当将相应的金融负债列入债权人可以要求收回债权的最早时间段内。例如，对于银行来说，活期存款应包括在存款持有方可要求银行进行偿付的最早时间段内；对于期权来说，持有方可随时行使的美式签出期权应在持有方可行使该期权的最早时间段内披露，而持有方仅在到期日才可行使的欧式期权则应归入到期日所在的时间段内。当交易对手对何时支付具有选择权时，流动性披露应当基于对企业来说“最坏”的情况，即交易对手可要求企业进行偿付的最早日期。例如，未使用的贷款承诺应归入可被要求支取的最早日期的时间段内。同样，对于财务担保合同形成的金融负债，担保人应当将最大担保金额列入相关方可以要求支付的最早时间段内。金融工具如要求分期付款，债务人应当把每期将支付的款项列入相应的最早时间段内。

如果企业发行被分类为金融负债的永续债务，企业应当考虑如何将期限为永续的现金流量纳入到期期限分析。企业还应当通过额外披露说明在永续工具下负有永续支付利息现金流量的义务，并对该永续工具的关键条款（如利率和名义金额）进行描述，以便于财务报表使用者更好地了解企业的流动性风险敞口。

（3）披露金额的确定。

企业在披露金融负债到期期限分析时，应将按照本准则规定所披露的金额列入各时间段。列入各时间段内的金融负债金额，应当是未经折现的合同现金流量。例如，通过支付现金方式购买金融资产的远期协议中约定的价格、“付浮动—收固定”且以净现金结算的利率互换形成的净额、预付以总现金流量结算的衍生金融工具合同金额（如货币互换）、贷款承诺总额等。这些未折现的现金流量可能不同于资产负债表所列示的金额。

当应付金额不固定时，应当根据资产负债表日存在的情况确定披露的金额。如果应付金额随着指数的变化而变化，披露的金额可基于资产负债表日指数的水平来确定。

【例 36-32】某公司有关金融负债和表外担保项目按资产负债表日的合同剩余期限列示的应付现金流量如表 36-32 所示。表中披露的金融负债金额为未经折现的现金流量，因而可能与资产负债表中的账面价值有所不同。

表 36-32 金融负债和表外担保项目按资产负债表日的合同剩余期限列示的应付现金流量情况

单位：百万元

	即时偿还	1 个月以内	1~3 个月以内	3 个月 ~1 年以内	1 年 ~5 年以内	5 年以上	总额
非衍生金融负债：							
应付票据	4 513	792	474	122	9		5 910
借款	5 055	2 352	3 961	1 982	2 111	279	15 740
应付债券			271	646	2 153	395	3 465
非衍生金融负债小计	9 568	3 144	4 706	2 750	4 273	674	25 115
衍生金融工具		164	276	481	586	216	1 723
担保		99	66	250	75	22	512
金融负债和或有负债总额	9 568	3 407	5 048	3 481	4 934	912	27 350

注：1. 本公司持有的衍生工具均按净额结算。

2. 本公司对外提供担保的最大担保金额按照相关方能够要求支付的最早时间段列示。

2. 流动性风险管理

本准则并不要求企业在所有情况下披露金融资产的到期期限分析。有关到期期限分析披露的要求仅适用于金融负债。但是，当企业将所持有的金融资产作为流动性风险管理的一部分（例如，根据企业的流动性需求持有一部分金融资产，这部分金融资产易于出售变现，以满足企业偿付金融负债现金流出的需求），且披露金融资产的到期期限分析使财务报表使用者能够恰当地评估企业流动性风险的性质和范围时，企业应当披露金融资产的到期期限分析。

企业在披露如何管理流动性风险时，也应披露可能考虑的其他因素。这些因素包括但不限于以下方面：企业是否拥有已承诺的货款额度或其他授信额度；是否在中央银行有存款，以备流动性之需；是否有多样化的资金来源；是否有资产或筹资来源方面的重大流动性集中情况；是否就管理流动性风险建立了内部控制程序和应急方案；是否有包含加速偿还（如在企业信用评级下降时）条款的工具；是否有协议约定必要时追加担保物（如为衍生交易追加保证金）；是否有协议约定允许企业选择以交付现金、其他金融资产或其自身权益工具来结算负债；是否约定交易结算遵循“总互抵协议”等。

36.8.4 市场风险披露

（一）金融工具的市场风险

金融工具的市场风险如图 36-9 所示。

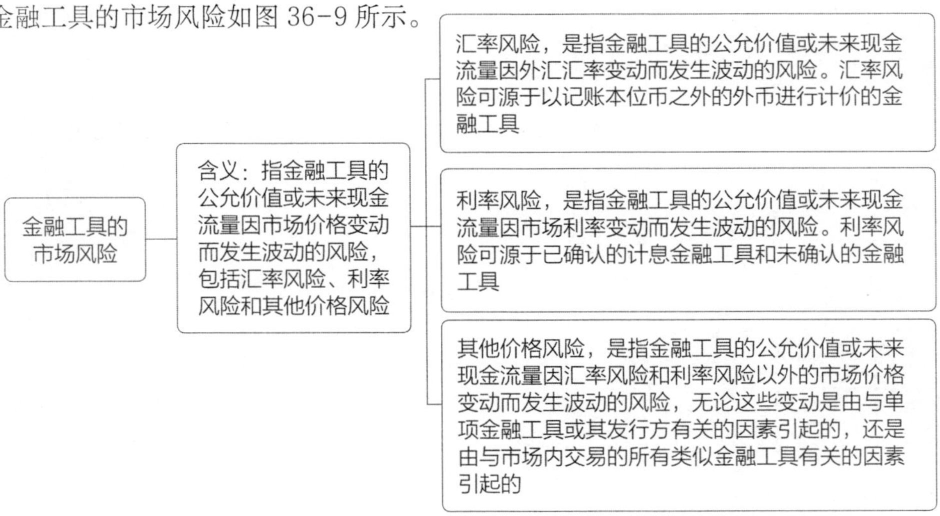

图 36-9　金融工具的市场风险

（二）对于市场风险的敏感性分析的披露

市场风险敏感性分析的披露信息步骤如图 36-10 所示。

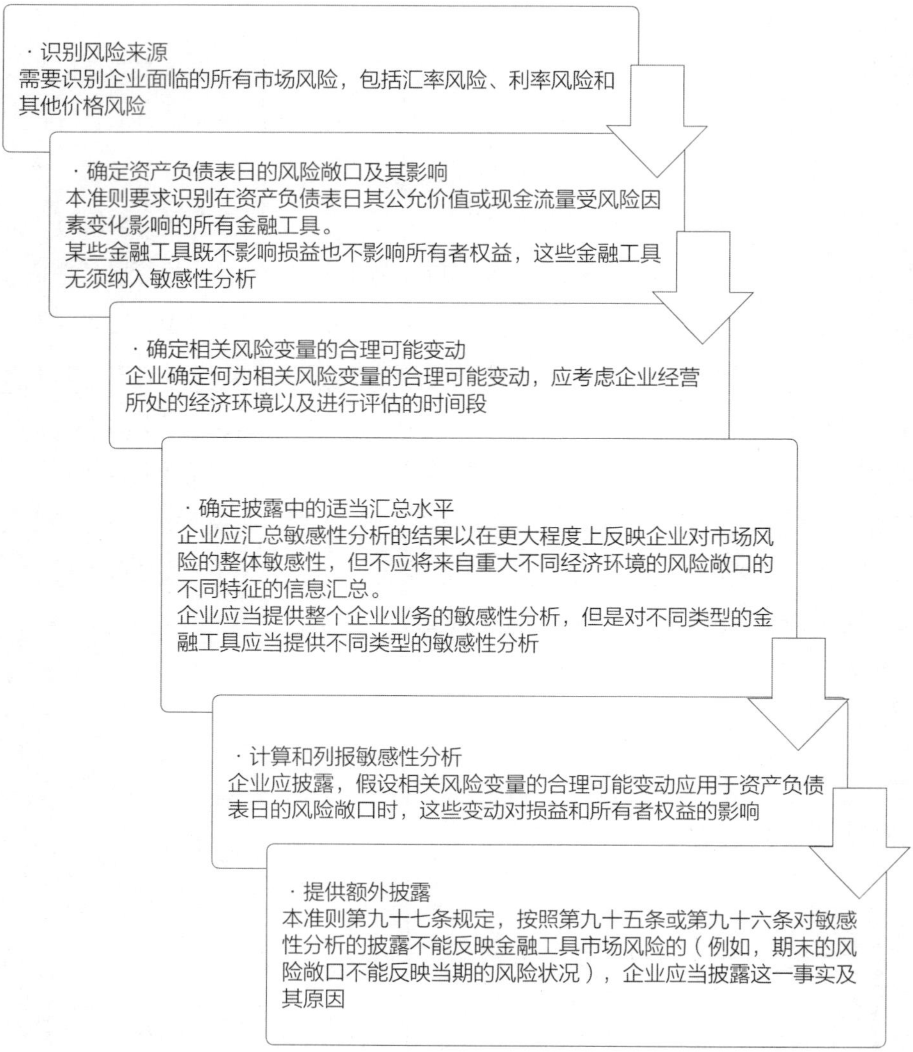

图 36-10　市场风险敏感性分析的披露信息步骤

提供额外披露。

本准则第九十七条规定，按照第九十五条或第九十六条对敏感性分析的披露不能反映金融工具市场风险的（例如，期末的风险敞口不能反映当期的风险状况），企业应当披露这一事实及其原因。例如以下内容。

（1）金融工具包含了其影响不能由敏感性分析明显反映出来的条款和条件（如金融工具的价值不仅由敏感性分析所选风险变量决定，还由其他变量决定）。在这种情况下，额外的披露可能包括金融工具的条款和条件、期权被行权后对损益的影响以及企业如何对风险进行管理。

（2）金融资产的流动性低，在交易量少或缺少交易对手的情况下，所计算的损益变动很难实现。在这种情况下，额外的披露可能包括金融资产缺乏流动性的原因以及企业如何对风险进行管理。

（3）企业对某项资产持有量大，可按照市场报价的折价或溢价进行出售。在这种情况下，额外的披露可能包括证券的性质、持有比例、对损益的影响以及企业如何对风险进行管理。

36.9　金融资产转移的披露

《企业会计准则第 37 号——金融工具列报》第九十八条规定，企业应当就资产负债表日存在的所有未终止确认的已转移金融资产，以及对已转移金融资产的继续涉入，按《企业会计准则第 37 号——金融工具列报》要求单独披露。

36.9.1　金融资产转移信息披露的一般要求

出于不同的目标，《企业会计准则第 37 号——金融工具列报》中有关金融资产转移的披露中涉及的“金融资产转移”和“继续涉入”的概念不同于金融资产转移准则中的概念。

1. 金融资产转移

《企业会计准则第 37 号——金融工具列报》所述的“金融资产转移”包含两种情形，如图 36-11 所示。

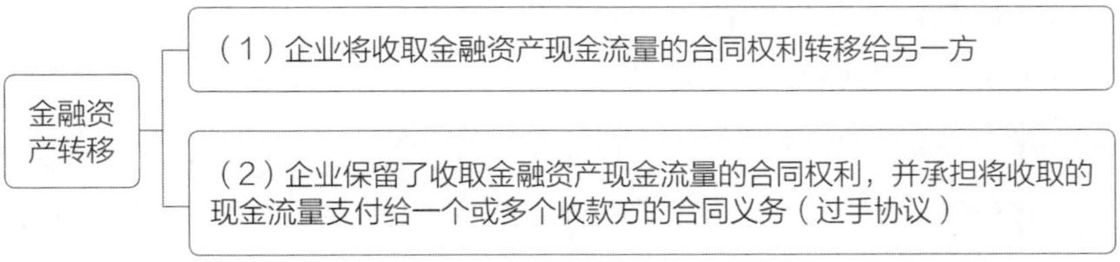

图 36-11　金融资产转移

第（2）种情形通常被称为“过手协议”。

《企业会计准则第 23 号——金融资产转移》（以下简称“金融资产转移准则”）第六条中定义的“金融资产转移”也包含两种情形，第一种情形与本准则中的要求一致，但是对于第二种情形，还要求该“过手协议”若作为金融资产转移处理，必须同时满足该条第（二）项规定的三个条件。

可以看出，本准则对于“金融资产转移”的定义比金融资产转移准则更为宽泛。对于未满足三个条件的“过手协议”，尽管不是金融资产转移准则定义的“金融资产转移”，但属于本准则定义的“金融资产转移”，需进行相应的披露。

2．继续涉入

《企业会计准则第37号——金融工具列报》所述的“继续涉入”，是指企业保留了已转移金融资产中内在的合同权利或义务，或者取得了与已转移金融资产相关的新合同权利或义务。常规声明和保证、以公允价值回购已转移金融资产的合同，以及同时满足金融资产转移准则中三个条件的“过手协议”不构成继续涉入。常规声明和保证是指企业为避免转让无效而做出的陈述，包括转移的真实性以及合理、诚信和公平交易等原则方面的陈述。

例如，企业在合同中承诺：其向资产接收方提供的资料、单据及信息是有效、真实、准确且完整的，没有遗漏任何重要信息。

而在金融资产转移准则中，对于既没有转移也没有保留金融资产所有权上几乎所有的风险和报酬，且保留了对该金融资产控制的情形，属于该准则所指的“继续涉入”。

《企业会计准则第37号——金融工具列报》定义的“继续涉入”情形在金融资产转移准则中可能被认定为转移了金融资产所有权上几乎所有风险和报酬、保留了几乎所有风险和报酬、既没有转移也没有保留几乎所有风险和报酬三种情况。而只有第三种情况才有可能符合该准则的“继续涉入”定义。因此，本准则定义的“继续涉入”也比金融资产转移准则的定义更为宽泛。

《企业会计准则第37号——金融工具列报》所述的“继续涉入”是以企业自身财务报告为基础进行考虑的。

例如，子公司向非关联的第三方转让一项金融资产，而其母公司对该金融资产存在继续涉入，则子公司在自身财务报表中确定是否继续涉入已转移金融资产时，不应当考虑母公司的涉入；母公司在合并财务报表中确定是否继续涉入已转移金融资产时，应当考虑自身以及集团其他成员对子公司已转移金融资产的继续涉入情况。“继续涉入”可能是源自转出方与转入方签订的转让协议，也可能是源于与第三方单独签订的与转让相关的协议。但是，如果企业对已转移金融资产的未来业绩不享有任何利益，也不承担与已转移金融资产相关的任何未来支付义务，则不形成继续涉入。

企业，尤其是金融机构，在金融资产转移中，往往还会就被转移金融资产提供相应的服务，收取一定的服务费。在这种情况下，企业应当分析该服务合同是否构成本准则定义的继续涉入。

例如，银行转让贷款后因提供后续贷款回收及转付服务而收取服务费的情形。如果该服务费的收取金额是以贷款实际回收和转付的金额为依据计算，则该项新的合同权利与已转移贷款相关，构成继续涉入。如果服务费的收取与是否成功回收和转付贷款以及回收和转付的金额和时间无关，则该项新的合同权利与已转移贷款无关，不构成继续涉入。

从《企业会计准则第37号——金融工具列报》关于“金融资产转移”和“继续涉入”的定义，以及金融资产转移准则关于金融资产终止确认的条件可以看出，尚在资产负债表中的金融资产可能因为转移而引起负债，而已经终止确认的金融资产可能因为继续涉入而引起风险敞口。对这两种情形，企业都需要提供相关信息帮助报表使用者判定其影响。

36.9.2　已转移但未整体终止确认的金融资产的信息披露

《企业会计准则第 37 号——金融工具列报》第一百零一条对已转移但未整体终止确认的金融资产的披露要求进行了规范。

该条第（四）项所说的“交易对手方仅对已转移资产有追索权”，是指交易对手方仅能对该资产所产生的现金流向企业（转移方）进行追索，而不能对企业其他资产提出权利主张，即是“有限追索权”的概念。有限追索权相关资产和负债的公允价值的差额（净头寸），代表着企业在该资产转移后仍保留的经济利益。

关于该条第（四）项和第（五）项的披露要求，企业可以参考表 36-33 进行披露。

表 36-33　该条第（四）项和第（五）项的披露要求

单位：万元

	以公允价值计量且其变动计入当期损益的金融资产		以摊余成本计量的金融资产		以公允价值计量且其变动计入其他综合收益的金融资产
	交易性金融资产	衍生工具	抵押贷款	消费贷款	债权投资
已转移金融资产的账面价值	×	×	×	×	×
相关负债的账面价值	（×）	（×）	（×）	（×）	（×）
仅对已转移资产有追索权的交易：					
已转移金融资产的公允价值	×	×	×	×	×
相关负债的公允价值	（×）	（×）	（×）	（×）	（×）
净头寸	×	×	×	×	×

无论是金融资产整体转移，还是金融资产部分转移，只要不满足终止确认的条件，均应按照以上要求进行披露。金融资产部分转移是指金融资产转移准则中第四条所规范的情形。

例如，企业只转移了一项金融资产所产生现金流量的 40% 部分，则企业应该针对该 40% 部分的金融资产按照金融资产转移准则判断是否满足终止确认的条件。假设该 40% 部分的金融资产不满足终止确认的条件，因而未全部终止确认该部分金融资产，那么在这种情况下，这 40% 部分的金融资产需要按照本准则对于已转移但未整体终止确认的金融资产的披露要求进行相应的披露。如果该 40% 部分的金融资产满足终止确认的条件，可以被终止确认，则这 40% 部分的金融资产不需要按照本准则对于已转移但未整体终止确认的金融资产的披露要求进行相应的披露，但是要考虑企业是否继续涉入该部分已转移金融资产，并按照本准则对于已整体终止确认但转出方继续涉入已转移金融资产的披露要求进行披露。对于剩余的 60% 部分的金融资产，无论是在以上哪种假设情况下，都不涉及金融资产的转移，因而也无须按照本准则进行披露。

36.9.3 已整体终止确认但转出方继续涉入已转移金融资产的信息披露

在很多情况下，如果企业对于已转移的金融资产仍然继续涉入，则可能意味着该金融资产转移不满足终止确认的条件。但有时也存在尽管企业继续涉入已转移的金融资产，但是该金融资产仍满足整体终止确认条件的情况。

例如，附带转入方持有重大价外看跌期权（或转出方持有重大价外看涨期权）的金融资产出售，由于期权为重大价外期权，致使到期时或到期前行权的可能性极小，可以认定企业已经转移了该项金融资产所有权上几乎所有的风险和报酬，应当终止确认这一金融资产。但是由于期权的存在形成了企业对该金融资产的继续涉入。

针对这一情况，在每个资产负债表日，企业应按照类别披露相关信息。各披露类别应当按照企业继续涉入面临的风险敞口类型进行划分。

例如，企业可以按照金融工具类别，如担保或看涨期权等进行分类；也可以按照转让类型，如应收账款保理、资产证券化、融券业务等进行分类。企业对某项终止确认的金融资产存在多种继续涉入方式的，可按其中一类进行汇总披露。

《企业会计准则第 37 号——金融工具列报》第一百零二条对整体终止确认但转出方继续涉入已转移金融资产的披露要求进行了规范。对于其第一款第（一）项至第（三）项的披露要求，企业可以参考表 36-34 和表 36-35 进行披露。

表 36-34 第一款第（一）项至第（三）项的披露要求

单位：万元

继续涉入的类型	因继续涉入确认的资产和负债的账面价值			因继续涉入确认的资产和负债的公允价值		损失的最大风险敞口	回购已转移（已终止确认）资产需要支付的未折现现金流量
	以公允价值计量且其变动计入当期损益的金融资产	以公允价值计量且其变动计入其他综合收益的金融资产	以公允价值计量且其变动计入当期损益的金融负债	资产	负债		
签出的看跌期权			（×）		（×）	×	（×）
购入的看涨期权	×			×			（×）
融券业务			（×）	×	（×）	×	（×）
……							
合计	×		（×）	×	（×）	×	

表 36-35　第一款第（一）项至第（三）项的披露要求

单位：万元

回购已转移金融资产需要支付的未折现现金流量								
	继续涉入的到期期限							
继续涉入的类型	合计	1 个月之内	1~3 个月以内	3~6 个月以内	6 个月~1 年以内	1~3 年以内	3~5 年以内	5 年以上
签出的看跌期权	×		×	×	×	×		
购入的看涨期权	×			×	×	×		×
融券业务	×	×	×					

企业按照《企业会计准则第 37 号——金融工具列报》第一百零二条第一款第（三）项披露到期期限时，应当合理确定适当数量的时间段。

企业按照《企业会计准则第 37 号——金融工具列报》第一百零二条第一款第（五）项披露相关的终止确认利得或损失时，应当披露利得或损失是否是由于该资产各组成部分（如终止确认的部分和企业保留的部分）的公允价值和该资产整体的公允价值不同造成的。如果是，企业还应披露该资产的公允价值计量是否包含可观察市场数据以外的重大输入值。

36.10　衔接规定

自本准则执行日起，企业应当按照本准则的规定列报金融工具相关信息。企业比较财务报表列报的信息与本准则规定不一致的，不需要按照本准则的规定进行调整。

企业首次执行金融工具确认计量准则、金融资产转移准则和套期会计准则（本部分除特别指明外，以上准则均指 2017 年修订版），应当披露下列内容。

（1）企业应当在首次执行日，用表格形式对每一类别的金融资产和金融负债披露下列信息：

① 执行金融工具确认计量准则之前存在的金融工具的原计量类别和账面价值；

② 根据金融工具确认计量准则确定的新计量类别和账面价值；

③ 资产负债表中之前被指定为以公允价值计量且其变动计入当期损益但不再作出这一指定的所有金融资产和金融负债的金额，并分别根据该准则规定作出重分类，以及企业选择在首次执行日进行重分类两种情况进行披露。

对于上述的披露要求，企业可以参考以下披露表格。

【例 36–33】某企业在首次执行日，金融资产按照修订前后金融工具确认计量准则的规定进行分类和计量结果对比如表 36–36 所示。

表 36–36　金融资产修订前后的分类和计量结果对比

单位：百万元

<table>
<tr><th rowspan="2">金融资产类别</th><th colspan="2">修订前的金融工具确认计量准则</th><th colspan="2">修订后的金融工具确认计量准则</th></tr>
<tr><th>计量类别</th><th>账面价值</th><th>计量类别</th><th>账面价值</th></tr>
<tr><td>现金及存放中央银行款项</td><td>摊余成本（贷款和应收款项）</td><td>4 343</td><td>摊余成本</td><td>4 343</td></tr>
<tr><td>存放同业</td><td>摊余成本（贷款和应收款项）</td><td>8 050</td><td>摊余成本</td><td>7 992</td></tr>
<tr><td rowspan="2">客户贷款及垫款</td><td rowspan="2">摊余成本（贷款和应收款项）</td><td rowspan="2">76 520</td><td>摊余成本</td><td>68 992</td></tr>
<tr><td>以公允价值计量且其变动计入当期损益（准则要求）</td><td>6 617</td></tr>
<tr><td>交易性金融资产</td><td>以公允价值计量且其变动计入当期损益（交易性）</td><td>10 880</td><td>以公允价值计量且其变动计入当期损益（准则要求）</td><td>10 880</td></tr>
<tr><td rowspan="2">套期衍生工具</td><td>以公允价值计量且其变动计入当期损益（套期工具）（注）</td><td>1 654</td><td>以公允价值计量且其变动计入当期损益（准则要求）（注）</td><td>1 654</td></tr>
<tr><td>以公允价值计量且其变动计入当期损益（嵌入衍生工具）</td><td>12</td><td>以公允价值计量且其变动计入当期损益（准则要求）</td><td>1 536</td></tr>
</table>

注：指定为现金流量套期关系的衍生工具，公允价值变动的有效部分通过其他综合收益计入套期储备，无效部分计入当期损益。

（2）在包含首次执行日的报告期间内，企业应当披露下列定性信息。

① 企业应用金融工具确认计量准则的规定对金融资产进行重分类的情况。

② 金融资产或金融负债在首次执行日被指定或被取消指定为以公允价值计量且其变动计入当期损益的原因。

（3）对于首次执行金融工具确认计量准则的报告期间，企业应当披露金融工具确认计量准则的首次执行日金融资产和金融负债分类的变化，并分别列示以下信息。

① 在重分类前计量类别下的账面价值变动。

② 因采用金融工具确认计量准则而产生的计量变更所导致的账面价值变动。

（4）对于企业在首次执行金融工具确认计量准则的报告期间，因采用金融工具确认计量准则重分类为以摊余成本计量的金融资产或金融负债，或者将以公允价值计量且其变动计入当期损益的金融资产重分类为以公允价值计量且其变动计入其他综合收益的金融资产，应当披露下列信息。

① 金融资产或金融负债在报告期末的公允价值。

② 若金融资产或金融负债未作出重分类，应在报告期内计入当期损益或其他综合收益的公允价值变动金额。

在企业首次执行金融工具确认计量准则的年度报告期间之后，无须提供本段所规定的披露。

（5）对于企业在首次执行金融工具确认计量准则的报告期间，因采用金融工具确认计量准则将以公允价值计量且其变动计入当期损益类别的金融资产和金融负债重分类为其他类别时，企业应当披露下列信息。

① 在首次执行日确定的实际利率。

② 已确认的利息收入或费用。

如果企业根据金融工具确认计量准则第八十条规定将金融资产或金融负债的公允价值作为首次执行日的新账面余额或新摊余成本，则应在直至终止确认之前（含终止确认时）的每一报告期间进行上述披露。

（6）企业在按照上述（3）至（5）进行披露时，一般无须重述前期报告。企业只有在仅根据重述期间所获取的信息就能重述前期报告的情况下（即重述不依赖于重述期间的后续期间所获取的信息），才可以重述。如果企业不进行重述，则应当将原账面价值和首次执行日所属的年度报告期间期初账面价值之间的差额确认为该期间的期初留存收益或其他综合收益。但是如果企业进行重述，重述的财务报告必须遵循金融工具确认计量准则的所有要求。

（7）企业在按照上述（3）至（5）进行披露时，以及根据本准则第七十一条进行披露时，必须提供下列两项在首次执行日前后的对照信息。

① 列报的计量类别。

② 金融工具的类别。

【例 36-34】某企业在首次执行日，原金融资产账面价值调整为按照修订后金融工具确认计量准则的规定进行分类和计量的新金融资产账面价值的调节表列示如表 36-37 所示。

表 36–37　新金融资产账面价值的调节表

单位：百万元

	附注	按修订前的金融工具确认计量准则（原 CAS 22）列示的账面价值（2×17 年 12 月 31 日）	重分类	重新计量	按修订后的金融工具确认计量准则（新 CAS 22）列示的账面价值（2×18 年 1 月 1 日）
摊余成本					
现金及存放中央银行款项					
按原 CAS 22 列示的余额和按新 CAS 22 列示的余额		4 343			4 343
存放同业					
按原 CAS 22 列示的余额		8 050			
重新计量：预期信用损失准备				（58）	
按新 CAS 22 列示的余额					7 992
客户贷款及垫款					
按原 CAS 22 列示的余额		76 520			
减：转出至以公允价值计量且其变动计入当期损益（新 CAS 22）			（6 541）		
重新计量：预期信用损失准备				（987）	
按新 CAS 22 列示的余额					68 992
证券投资——摊余成本					
按原 CAS 22 列示的余额		546			
减：转出至以公允价值计量且其变动计入当期损益（新 CAS 22）			（102）		
重新计量：预期信用损失准备				（4）	
加：自持有至到期金融资产（原 CAS 22）转入			1 205		
重新计量：预期信用损失准备				（10）	
加：自可供出售类（原 CAS 22）转入			341		
重新计量：由公允价值计量变为摊余成本计量				（1）	

续表

	附注	按修订前的金融工具确认计量准则（原 CAS 22）列示的账面价值（2×17 年 12 月 31 日）	重分类	重新计量	按修订后的金融工具确认计量准则（新 CAS 22）列示的账面价值（2×18 年 1 月 1 日）
加：自指定为以公允价值计量且其变动计入当期损益（原 CAS 22）转入			236		
重新计量：由公允价值计量变为摊余成本计量				（2）	
按新 CAS 22 列示的余额					2 209
证券投资——持有至到期					
按原 CAS 22 列示的余额		1 205			
减：转出至摊余成本（新 CAS 22）			（1 205）		
按新 CAS 22 列示的余额					
以摊余成本计量的总金融资产		90 664	（6 066）	（1 062）	83 536
以公允价值计量且其变动计入当期损益					
交易性金融资产					
按原 CAS 22 列示的余额和按新 CAS 22 列示的余额		10 880			10 880
客户贷款及垫款					
按原 CAS 22 列示的余额					
加：自摊余成本（原 CAS 22）转入			6 541		
重新计量：由摊余成本计量变为公允价值计量				76	
按新 CAS 22 列示的余额					6 617

续表

	附注	按修订前的金融工具确认计量准则（原 CAS 22）列示的账面价值（2×17 年 12 月 31 日）	重分类	重新计量	按修订后的金融工具确认计量准则（新 CAS 22）列示的账面价值（2×18 年 1 月 1 日）
证券投资——以公允价值计量且其变动计入当期损益（按照要求必须分类为此）					
按原 CAS 22 列示的余额		12			
加：自可供出售类（原 CAS22）转入			109		
加：自摊余成本（原 CAS 22）转入			102		
重新计量：由摊余成本计量变为公允价值计量				3	
加：自指定为以公允价值计量且其变动计入当期损益（原 CAS 22）转入			310		
按新 CAS 22 列示的余额					536
证券投资——以公允价值计量且其变动计入当期损益（指定）					
按原 CAS 22 列示的余额		546			
减：转出至按照要求必须分类为以公允价值计量且其变动计入当期损益（新 CAS 22）			（310）		
减：转出至摊余成本（新 CAS 22）			（236）		
按新 CAS 22 列示的余额					
套期衍生工具（注）					
按原 CAS 22 列示的余额和按新 CAS 22 列示的余额		1 654			1 654

续表

	附注	按修订前的金融工具确认计量准则（原 CAS 22）列示的账面价值（2×17 年 12 月 31 日）	重分类	重新计量	按修订后的金融工具确认计量准则（新 CAS 22）列示的账面价值（2×18 年 1 月 1 日）
以公允价值计量且其变动计入当期损益的总金融资产		13 092	7 516	79	20 687
以公允价值计量且其变动计入其他综合收益					
证券投资——以公允价值计量且其变动计入其他综合收益（债务工具）					
按原 CAS 22 列示的余额					
加：自可供出售类（原 CAS 22）转入			778		
按新 CAS 22 列示的余额					778
证券投资——以公允价值计量且其变动计入其他综合收益（权益工具投资）					
按原 CAS 22 列示的余额					
加：自可供出售类（原 CAS 22）转入——指定			450		
按新 CAS 22 列示的余额					450
证券投资——可供出售金融资产					
按原 CAS 22 列示的余额		2 678			
减：转出至按照要求必须分类为以公允价值计量且其变动计入当期损益（新 CAS 22）			（1 109）		
减：转出至摊余成本（新 CAS 22）			（341）		

续表

	附注	按修订前的金融工具确认计量准则（原 CAS 22）列示的账面价值（2×17 年 12 月 31 日）	重分类	重新计量	按修订后的金融工具确认计量准则（新 CAS 22）列示的账面价值（2×18 年 1 月 1 日）
减：转出至以公允价值计量且其变动计入其他综合收益——权益工具投资			（450）		
减：转出至以公允价值计量且其变动计入其他综合收益——债务工具			（778）		
按新 CAS 22 列示的余额					
以公允价值计量且其变动计入其他综合收益的总金融资产		2 678	（1 450）		1 228

注：指定为现金流量套期关系的衍生工具，公允价值变动的有效部分通过其他综合收益计入套期储备，无效部分计入当期损益。

（8）在金融工具确认计量准则的首次执行日，企业需要披露对下列两项进行调节的信息。

① 根据金融工具确认计量准则（2006 版）的相关规定计量的期末损失准备和根据《企业会计准则第 13 号——或有事项》计提的准备。

② 根据金融工具确认计量准则确定的期初损失准备。

对于金融资产，企业应当按照首次执行前和首次执行后的计量类别分别提供上述披露，并且应单独列示计量类别的变化对首次执行日损失准备的影响。

【例 36–35】某企业在首次执行日，原金融资产减值准备期末金额调整为按照修订后金融工具确认计量准则的规定进行分类和计量的新损失准备的调节表列示如表 36–38 所示。

表 36–38　分类和计量的新损失准备的调节表

单位：百万元

计量类别	按原 CAS 22 计提损失准备 / 按或有事项准则确认的预计负债	重分类	重新计量	按新 CAS 22 计提损失准备
贷款和应收款项（原 CAS 22）/ 以摊余成本计量的金融资产（新 CAS 22）				
现金及存放中央银行款项				
存放同业			58	58
客户贷款及垫款	3 001	（65）	987	3 923

续表

计量类别	按原 CAS 22 计提损失准备 / 按或有事项准则确认的预计负债	重分类	重新计量	按新 CAS 22 计提损失准备
证券投资			7	7
总计	3 001	（65）	1 052	3 988
持有至到期（原 CAS 22）/ 以摊余成本计量的金融资产（新 CAS 22）				
证券投资			10	10
可供出售金融工具（原 CAS 22）/ 以公允价值计量且其变动计入其他综合收益的金融资产（新 CAS 22）				
证券投资			1	1
贷款承诺和财务担保合同				
贷款承诺准备			10	10
财务担保准备			65	65
总计	3 001	（65）	1 138	4 074

（9）在金融工具确认计量准则首次执行日所属的报告期间内，企业无须披露根据金融工具确认计量准则（2006 版）的分类和计量要求对本期项目进行列报的金额，也无须披露根据金融工具确认计量准则的分类和计量要求对前期项目进行列报的金额。

（10）如果企业按照金融工具确认计量准则第七十五条规定，在评估金融资产合同现金流量特征时不考虑关于时间价值要素修正的规定，则在该金融资产终止确认之前，企业均应披露该金融资产在资产负债表日的账面价值。

（11）如果企业按照金融工具确认计量准则第七十六条规定，在评估金融资产合同现金流量特征时不考虑关于提前还款特征的规定，则在该金融资产终止确认之前，企业均应披露该金融资产在资产负债表日的账面价值。

第 37 章
首次执行企业会计准则

37.1 首次执行企业会计准则概述

《企业会计准则第 38 号——首次执行企业会计准则》规定：首次执行企业会计准则，是指企业第一次执行企业会计准则体系，包括基本准则、具体准则和会计准则应用指南。首次执行企业会计准则后发生的会计政策变更，适用《企业会计准则第 28 号——会计政策、会计估计变更和差错更正》。

37.2 首次执行日的确认与计量

37.2.1 首次执行日的新旧会计科目余额对照表和期初资产负债表

在首次执行日，企业应当根据《企业会计准则第 38 号——首次执行企业会计准则》（以下简称“本准则”）第四条及其应用指南，结合本企业的实际情况，对首次执行日前的资产负债表及相关账目的各项余额进行分析，按照新准则规定重新分类、确认和计量，设置新旧会计科目余额对照表，结束旧账，建立新账，编制期初资产负债表，作为执行企业会计准则体系的起点。

37.2.2 首次执行日采用追溯调整法有关项目的处理

（一）首次执行日长期股权投资的处理

首次执行日长期股权投资的处理如图 37-1 所示。

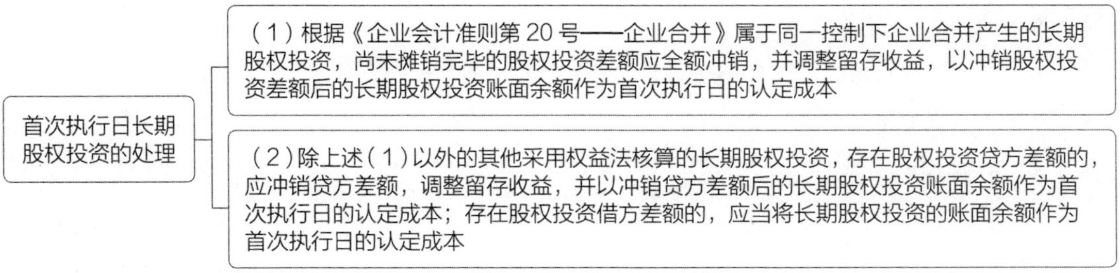

图 37-1　首次执行日长期股权投资的处理

【例 37-1】甲公司 20×7 年 1 月 1 日投资于乙公司（不属于企业合并形成的投资），投资成本为 600 000 元，持有乙公司 30% 的股份，对乙公司不能实施控制，甲公司投资时采用权益法核算。假设乙公司 20×7 年 1 月 1 日所有者权益总额为 400 000 元。股权投资差额按 10 年摊销，已经摊销 6 年。20×7 年 1 月 1 日，甲公司执行新的会计准则，按照新准则的规定，甲公司应进行以下会计处理：

投资时股权投资差额 =600 000−400 000×30%=480 000（元）

未摊销股权投资差额 =480 000−（480 000÷10）×6=192 000（元）

甲公司 20×7 年 1 月 1 日长期股权投资账面余额 =600 000−192 000=408 000（元）

（二）首次执行日以公允价值模式计量的投资性房地产的处理

对于有确凿证据表明可以采用公允价值模式计量的投资性房地产，在首次执行日可以按照公允价值进行计量，并将账面价值与公允价值的差额调整留存收益。

（三）首次执行日预计资产弃置费用的处理

企业在预计首次执行日前尚未计入资产成本的弃置费用时，对于满足预计负债的确认条件的弃置费用，应当选择该项资产初始确认开始至首次执行日期间适用的折现率，以该项预计负债折现后的金额增加资产成本，据此计算确认应补提的资产折旧（或油气资产的折耗），同时调整期初留存收益。折现率的选择应当考虑货币的时间价值和相关期间通货膨胀等因素的影响。预计弃置费用的资产范围，遵循《企业会计准则第 4 号——固定资产》及其应用指南的相关规定。

【例 37-2】甲公司 20×4 年 12 月建造一项大型资产项目，预计使用 10 年，预计弃置费用为 6 000 000 元。按照工业企业会计制度的规定，此项预计弃置费用不计入固定资产成本。该公司于 20×7 年 1 月 1 日执行新的会计准则体系，按照新准则的规定，预计弃置费用已满足预计负债的确认条件，应确认相应的负债并应增加该项资产的成本，同时补提折旧调整留存收益。假定预计弃置费用现值为 4 600 000 元，该资产采用使用年限平均法提取折旧。甲公司应进行如下账务处理：

20×7 年将预计弃置费用增加固定资产成本：

借：固定资产　　4 600 000

　　贷：预计负债　　4 600 000

补提折旧调整留存收益：

借：利润分配——未分配利润　　1 380 000

　　贷：累计折旧　　1 380 000

（四）首次执行日解除劳动关系计划的处理

对于首次执行日存在的解除与职工的劳动关系计划，满足《企业会计准则第9号——职工薪酬》预计负债确认条件的，应当确认因解除与职工的劳动关系给予补偿而产生的负债，并调整留存收益。

【例37-3】20×7年1月首次执行企业会计准则时，A公司为鼓励职工自愿接受裁减而提出给予补偿的决议，其中补偿金为5 200 000元。根据本准则的规定，在符合企业已制定正式的解除劳动关系计划和企业不能单方面撤回解除劳动关系计划这两个条件时，A公司应确认为负债并列入当期费用。此时，A公司应进行如下账务处理：

借：留存收益　　5 200 000

　　贷：应付职工薪酬——预计负债　　5 200 000

（五）首次执行日企业年金基金投资的处理

对于企业年金基金在运营中所形成的投资，应当在首次执行日按照公允价值进行计量，并将账面价值与公允价值的差额调整留存收益。

（六）可行权日在首次执行日或之后的股份支付的公允价值

可行权日在首次执行日或之后的股份支付的公允价值如图37-2所示。

可行权日在首次执行日或之后的股份支付的公允价值

- （1）对于可行权日在首次执行日或之后的股份支付，应当根据《企业会计准则第11号——股份支付》的规定，按照权益工具、其他方服务或承担的以权益工具为基础技术确定的负债的公允价值，将应计入首次执行日之前等待期的成本费用金额调整留存收益，相应增加所有者权益或负债。首次执行日之前可行权的股份支付，不应追溯调整
- （2）授予职工以权益结算的股份支付，应当按照权益工具在授予日的公允价值调整期初留存收益，相应增加资本公积；授予日的公允价值不能可靠计量的，应当按照权益工具在首次执行日的公允价值计量
- （3）授予职工以现金结算的股份支付，应当按照权益工具在等待期内首次执行日之前各资产负债表日的公允价值计量，减少期初留存收益，相应增加应付职工薪酬；上述各资产负债表日的公允价值不能可靠计量的应当按照权益工具在首次执行日的公允价值计量
- （4）授予其他方的股份支付，在首次执行日，比照授予职工的股份支付处理

图37-2　可行权日在首次执行日或之后的股份支付的公允价值

（七）首次执行日重组义务的处理

在首次执行日，企业应当按照《企业会计准则第 13 号——或有事项》的规定，将满足预计负债确认条件的重组义务，确认为负债，并调整留存收益。

（八）首次执行日所得税的处理

首次执行日所得税的处理如图 37-3 所示。

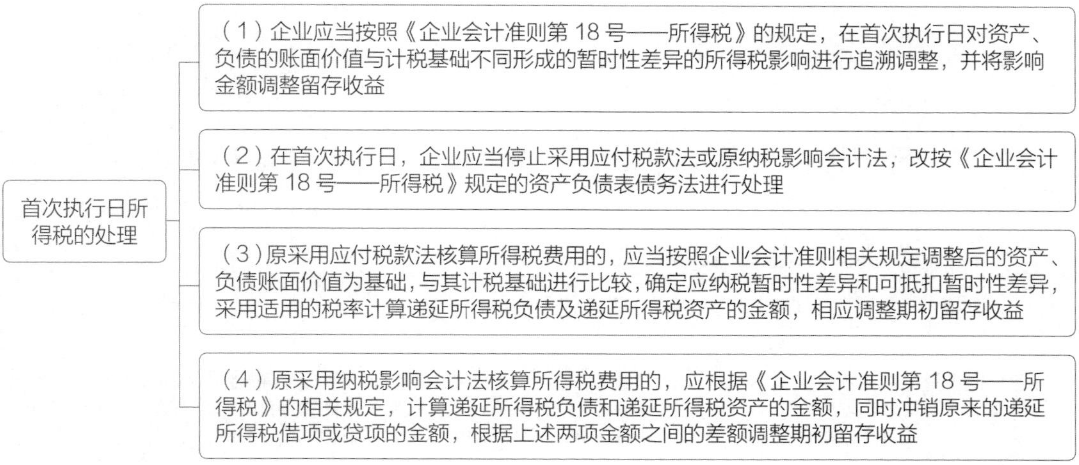

图 37-3　首次执行日所得税的处理

（九）首次执行日非同一控制下企业合并的处理

首次执行日非同一控制下企业合并的处理如图 37-4 所示。

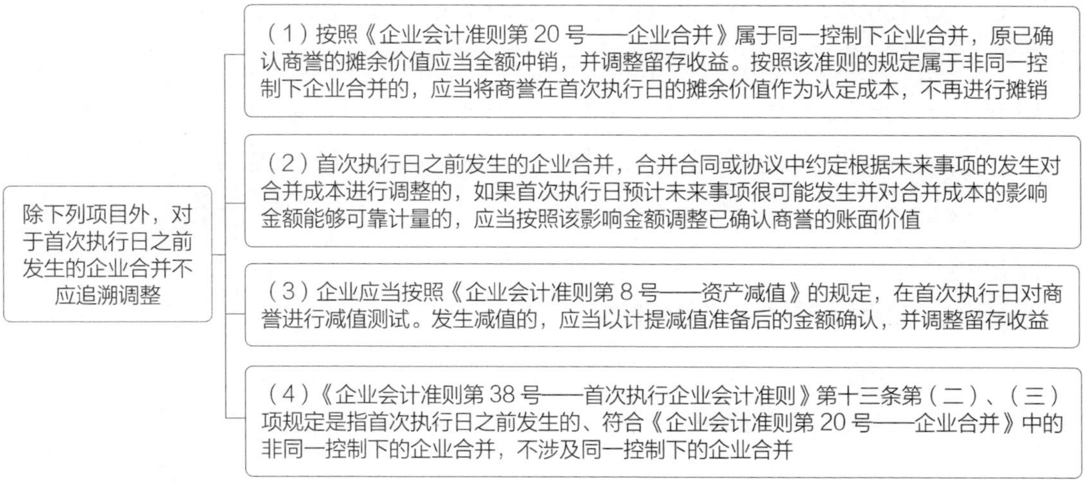

图 37-4　首次执行日非同一控制下企业合并的处理

【例 37-4】A 公司、B 公司同为甲公司的子公司。20×4 年 1 月，A 公司收购 B 公司的全部资产。收购日，B 公司的资产账面价值总额为 460 000 000 元，负债账面价值总额为 240 000 000 元；资产评估价值总额为 350 000 000 元，负债评估价值总额为 150 000 000 元。经过多次谈判，最终 A

公司以 270 000 000 元的价格购入 B 公司。20×7 年 1 月 1 日，A 公司执行新的企业会计准则，根据新准则的规定，对同一控制下企业合并，原已经确认商誉的摊余价值应进行追溯调整。

A 公司购入 B 公司商誉价值计算方法如下：

购入商誉 =270 000 000-（350 000 000-150 000 000）=70 000 000（元）

商誉摊余价值 =70 000 000-（70 000 000÷10）×3=49 000 000（元）

A 公司会计处理如下：

借：利润分配——未分配利润　　49 000 000

　　贷：无形资产——商誉　　49 000 000

如果按照新准则的规定，属于非同一控制下企业合并的，应当将商誉在首次执行日的摊余价值作为认定成本，不再进行摊销。

（十）首次执行日金融工具的处理

首次执行日金融工具的处理如图 37-5 所示。

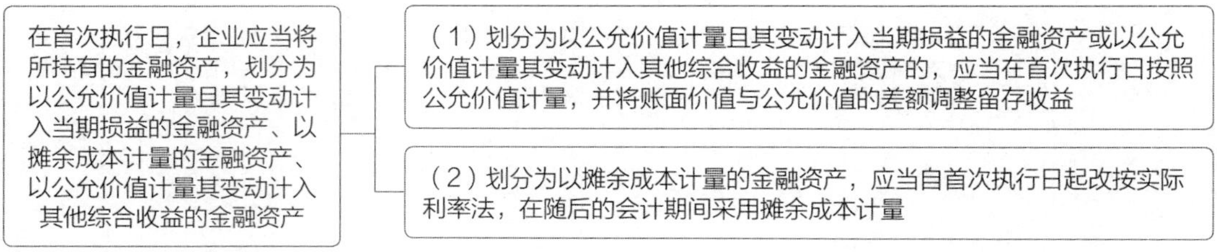

图 37-5　首次执行日金融工具的处理

（十一）首次执行日以公允价值计量且其变动计入当期损益的金融负债

对于在首次执行日指定为以公允价值计量且其变动计入当期损益的金融负债，应当在首次执行日按照公允价值计量，并将账面价值与公允价值的差额调整留存收益。

（十二）首次执行日已确认或已按成本计量的衍生金融工具的处理

对于未在资产负债表内确认或已按成本计量的衍生金融工具（不包括套期工具），应当在首次执行日按照公允价值计量，同时调整留存收益。

（十三）首次执行日金融工具分拆时的公允价值

首次执行日金融工具分拆时的公允价值如图 37-6 所示。

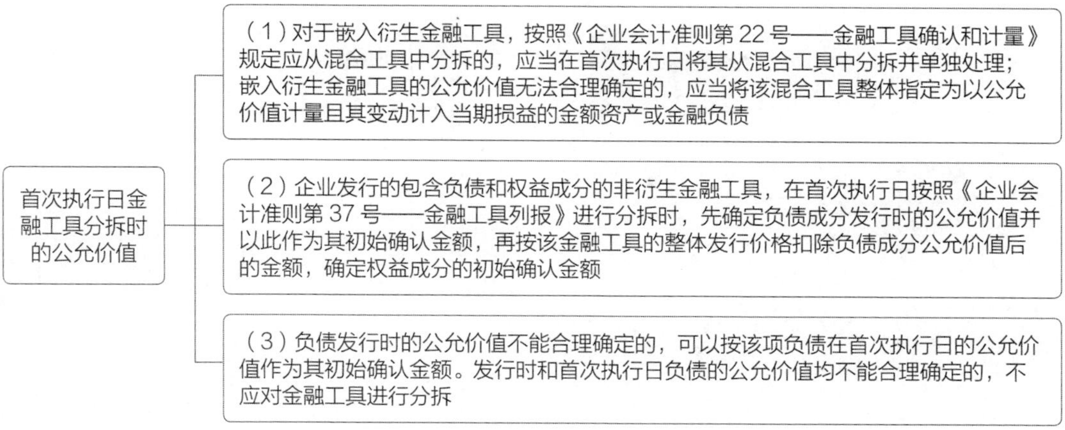

图 37-6　首次执行日金融工具分拆时的公允价值

（十四）首次执行日再保险分出业务的处理

发生再保险分出业务的企业，应当在首次执行日按照《企业会计准则第 26 号——再保险合同》的规定，将应向再保险接受人摊回的相应准备金确认为资产，并调整各项准备金的账面价值。

37.2.3　首次执行日采用未来适用法有关项目的处理

除《企业会计准则第 38 号——首次执行企业会计准则》第五条至第十九条规定要求追溯调整的项目 [即 38.2.2 所列举的（一）至（十四）项目] 外，其他项目不应追溯调整，应当采用未来适用法。

（一）正在开发和加工的无形资产或存货

正在开发和加工的无形资产或存货如图 37-7 所示。

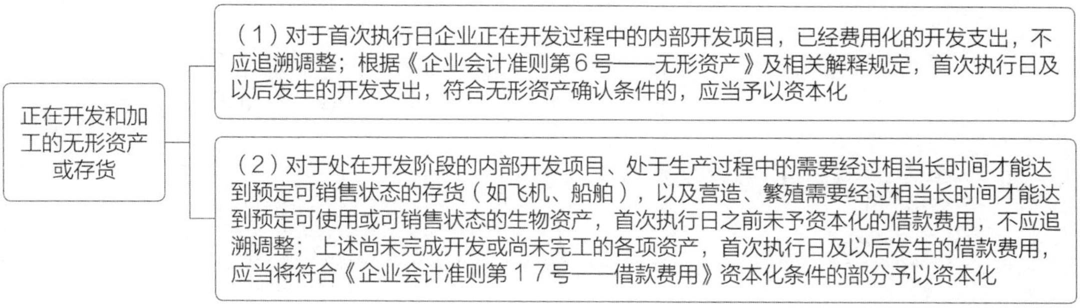

图 37-7　正在开发和加工的无形资产或存货

（二）超过正常信用条件延期付款（或收款）、实质上具有融资性质的购销业务

超过正常信用条件延期付款（或收款）、实质上具有融资性质的购销业务如图 37-8 所示。

超过正常信用条件延期付款（或收款）、实质上具有融资性质的购销业务

（1）对于首次执行日处于收款过程中的采用递延收款方式、实质上具有融资性质的销售商品或提供劳务收入，如分期收款发出商品销售，首次执行日前已确认的收入和结转的成本不再追溯调整。在首次执行日后的第一个会计期间，企业应当将销售合同或协议剩余价款作为长期应收款，尚未收取的合同或协议价款的公允价值即现值确认为主营业务收入，两者的差额作为未实现融资收益，在剩余收款期限内按照实际利率法进行摊销

（2）首次执行日之前购买的固定资产、无形资产在超过正常信用条件的期限内延期付款，实质上具有融资性质的。首次执行日之前已计提的折旧和摊销额，不再追溯调整；在首次执行日，企业应当以尚未支付的款项折现后的现值与资产账面价值的差额，减少资产的账面价值。同时增加未确认融资费用。首次执行日后，企业应当以调整后的资产账面价值作为认定成本并以此为基础计提折旧，未确认融资费用按照实际利率法进行摊销。融资租赁下出租人和承租人的租赁资产价值、未确认融资收益、未确认融资费用以及初始直接费用等，比照上述原则处理

图 37-8　超过正常信用条件延期付款（或收款）、实质上具有融资性质的购销业务

（三）会计估计

会计估计如图 37-9 所示。

会计估计

（1）企业在首次执行日按照企业会计准则所做的估计，应当与按照原会计制度或准则所做的估计一致，不应追溯调整，除非有客观证据表明原估计是错误的。首次执行日以后获得的、表明首次执行日后发生情况的新信息，视同《企业会计准则第２９号——资产负债表日后事项》中的非调整事项处理

（2）按照企业会计准则相关规定需要做出的会计估计事项，原会计制度或准则不要求估计的，如某些资产、负债的公允价值等，在首次执行日，关于市场价格、利率或汇率的估计应当反映该日市场状况

图 37-9　会计估计

37.3　首次执行日会计列报

在首次执行日后按照企业会计准则编制的首份年度财务报表（以下简称“首份年度财务报表”）期间，企业应当按照《企业会计准则第 30 号——财务报表列报》和《企业会计准则第 31 号——现金流量表》的规定，编报资产负债表、利润表、现金流量表和所有者权益变动表及附注。对外提供合并财务报表的，应当遵循《企业会计准则第 33 号——合并财务报表》的规定。在首份年度财务报表涵盖的期间内对外提供中期财务报告的，应当遵循《企业会计准则第 32 号——中期财务报告》的规定。

37.3.1　首份中期财务报告和首份年度财务报表

（1）首份中期财务报告至少应当包括资产负债表、利润表、现金流量表和附注。首份年度财务报表应当是一套完整的财务报表，至少包括资产负债表、利润表、现金流量表、所有者权益变动表和附注。

（2）首份中期财务报告至少应当包括按照新准则编制的上年度资产负债表、上年度可比中期的利润表、上年度至可比本中期末的现金流量表。首份年度财务报表至少应当包括按照新准则列报的上一年度全部比较信息。按新准则规定列报比较信息的，首次执行日是在首份年度财务报表中按照新准则列报全部比较信息最早期间的期初。

（3）如果母公司执行企业会计准则、但子公司按规定尚未执行企业会计准则的，母公司在编制合并财务报表时，应当按照企业会计准则的规定调整子公司的财务报表；如果子公司已执行企业会计准则，但母公司按规定尚未执行企业会计准则的，母公司在编制合并财务报表时，可以将子公司的财务报表按照母公司的会计政策进行调整后合并，也可以将子公司按照企业会计准则编制的财务报表直接合并。

37.3.2　首份中期财务报告和首份年度财务报表附注

企业应当按照各项会计准则关于附注的规定，在首份中期财务报告和首份年度财务报表附注中进行披露，其中应当以列表形式详细披露图 37-10 所示数据的调节过程，以反映首次执行企业会计准则对企业财务状况、经营业绩和现金流量的影响。

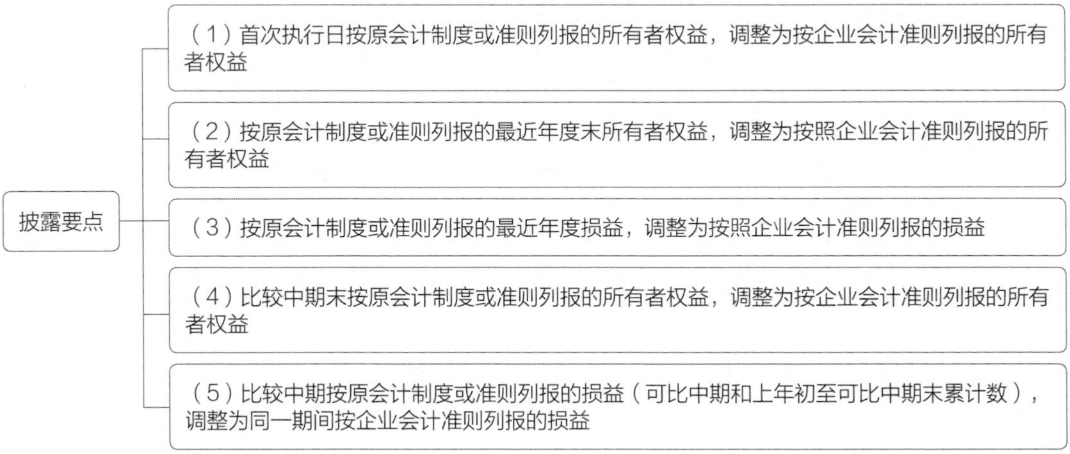

图 37-10　披露要点

对于需要提供季报或半年报的企业，执行企业会计准则后首份年度财务报表期间内的第一季度季报（或第一份半年报），需要披露上述 5 项数据的调节过程，第二、第三季度季报只需要提供上述第（4）、（5）两项数据的调节过程。

第 38 章 公允价值计量

38.1 公允价值计量概述

公允价值计量概述及概念解析如图 38-1 所示。

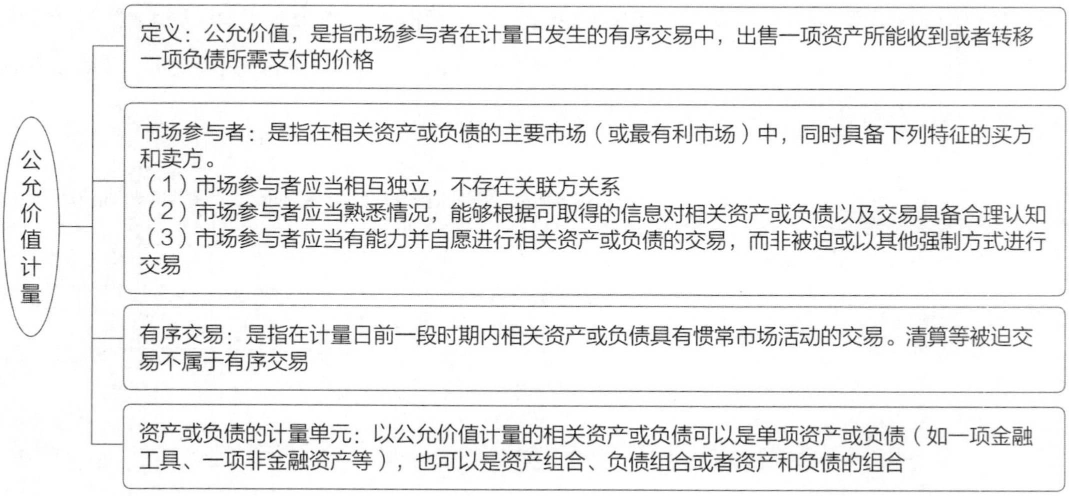

图 38-1　公允价值计量概述及概念解析

38.2　公允价值估值技术

公允价值估值技术方法及变更情况主要如图 38-2 所示。

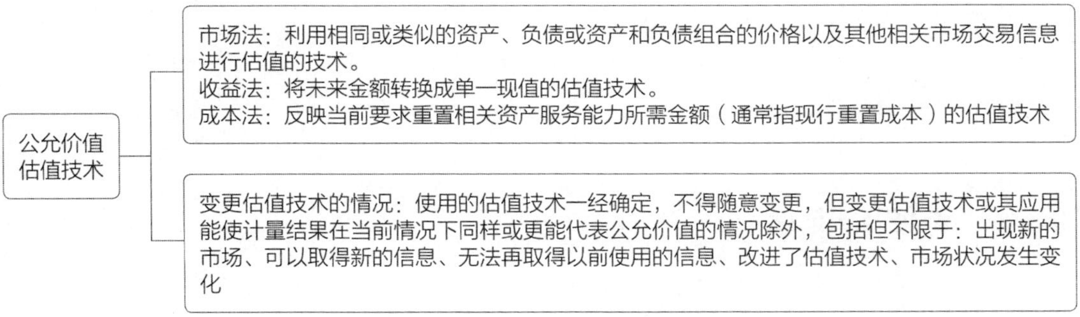

图 38-2　公允价值估值技术方法及变更情况

38.2.1　现金流量折现法

现金流量折现法是企业在收益法中最常用到的估值方法。根据对风险的调整方式和采用现金流量类型，可以将现金流量折现法区分为传统法（折现率调整法）和期望现金流量法两种方法。

（1）传统法（折现率调整法）

传统法是使用在估计金额范围内最有可能的现金流量和经风险调整的折现率的一种折现方法。

（2）期望现金流量法

期望现金流量法是使用经风险调整的期望现金流量和无风险利率，或者使用未经风险调整的期望现金流量和包含市场参与者要求的风险溢价的折现率的一种折现方法。

【例 38-1】2×19 年 12 月 31 日，甲商业银行从全国银行间债券市场购入乙公司发行的 10 万份中期票据，将其作为以公允价值计量期变动计入其他综合收益的金融资产持有。该票据信用评级为 AAA，乙公司的长期信用评级为 AAA，期限为 7 年，自 2×19 年 12 月 31 日至 2×26 年 12 月 31 日止。该票据面值为人民币 100 元，票面利率为 5%，付息日为每年的 12 月 31 日。2×20 年 12 月 31 日，甲商业银行对该中期票据投资进行公允价值计量。假定该票据没有活跃市场中的报价，甲商业银行能够通过中央国债登记结算有限责任公司公布的相关收益率曲线确定相同信用评级、相同期限债券的市场回报率为 6%。

本例中，甲商业银行可根据该中期票据约定的合同现金流量即利息和本金，运用市场回报率进行折现，得到该中期票据的公允价值为 1 001 万元。具体计算过程如表 38-1 所示。

表 38–1　公允价值计算过程

单位：万元

年份	2×20	2×21	2×22	2×23	2×24	2×25	2×26	合计
现金流量	50	50	50	50	50	50	1 050	
折现率	1	0.943 4	0.890 0	0.839 6	0.792 1	0.747 3	0.705 0	
现值	50	47.2	44.5	42	39.6	37.4	740.3	1 001

38.2.2　多种方法估值

企业使用多种估值技术计量公允价值的，应当考虑各估值结果的合理性，选取在当前情况下最能代表公允价值的金额作为公允价值。

【例 38–2】甲公司以企业合并的方式获取了一项资产组合，该资产组合包括一项由被并购企业内部研发的软件资产，相关性互补性资产（如相关性的数据库）和相关性负债。根据会计准则非同一控制下企业合并相关处理要求，甲公司应当按照公允价值模式计量该项软件资产。甲公司认为，该项软件资产与互补性资产及相关性负债组合使用，能为市场参与者创造最大的价值。另外，没有证据表明，该项软件资产的现行使用不是它的最佳用途。因此，我们假定该项资产的最佳用途为现行用途。

目前，甲公司拥有足够的数据来运用收益法和成本法确定该项软件资产的公允价值，但是现行条件无法运用市场法。收益法和成本法的具体运用如下。

（1）采用现值技术运用收益法。该方法所采用的现金流量为该项软件资产在其寿命期所能产生的净现金流量。据此方法计算得出的公允价值为 20 000 000 元。

（2）采用成本法时通过估算开发类似用途的替代软件资产所需要的支出来计算。运用该种方法计算得出的公允价值为 18 000 000 元。

由于运用成本法时的替代软件资产具有一定的功能独特性，只有使用专有信息才能开发出来，而且不能容易地被复制，所以甲公司认为内部无法开发该项替代软件产品，因此该项软件资产的公允价值应当采用收益法所计算得出的公允价值计量，即为 20 000 000 元。

38.3　非金融资产的公允价值计量

非金融资产公允价值计量及影响因素如图 38–3 所示。

非金融资产公允价值计量及影响因素

- 以公允价值计量非金融资产：应当考虑市场参与者将该资产用于最佳用途产生经济利益的能力，或者将该资产出售给能够用于最佳用途的其他市场参与者产生经济利益的能力
- 非金融资产最佳用途的影响因素：法律上是否允许、实物上是否可能以及财务上是否可行等因素
- 估值前提：（1）市场参与者单独使用一项非金融资产产生最大价值的，该非金融资产的公允价值应当是将其出售给同样单独使用该资产的市场参与者的当前交易价格
（2）市场参与者将一项非金融资产与其他资产（或者其他资产或负债的组合）组合使用产生最大价值的，该非金融资产的公允价值应当是将其出售给以同样组合方式使用该资产的市场参与者的当前交易价格，并且该市场参与者可以取得组合中的其他资产和负债

图 38-3　非金融资产公允价值计量及影响因素

38.3.1　非金融资产的最佳用途

企业应当从市场参与者的角度确定非金融资产的最佳用途，即使企业已经或者计划将非金融资产用于不同于市场参与者的用途。

通常情况下，企业对非金融资产的当前用途可视为最佳用途，除非市场因素或者其他因素表明市场参与者按照其他用途使用该非金融资产可以实现价值最大化。

【例 38-3】 2×19 年 12 月 1 日，甲公司在非同一控制下的吸收合并中取得一块土地使用权。该土地在合并前被作为工业用地，一直用于出租。甲公司取得该土地使用权后，仍将其用于出租。甲公司以公允价值计量其拥有的投资性房地产。2×20 年 3 月 31 日，邻近的一块土地被开发用于建造高层公寓大楼的住宅用地。本地区区域规划自 2×20 年 1 月 1 日以来已经做出调整，甲公司确定，在履行相关手续后，可将该土地的用途从工业用地变更为住宅用地。

市场参与者在对该土地进行定价时，将考虑该土地的最佳用途，并比较该土地仍用于工业用途即与厂房结合使用的价值和该土地用于建造住宅的空置土地的价值。假定该土地目前用于工业用途的价值是 600 万元，用于建造住宅的价值是 1 000 万元，同时，必须发生的拆除厂房成本及其他成本为 250 万元。比较上述两项价值后可以确定，该土地使用权的公值为 750 万元。

38.3.2　估值前提的确定

企业以公允价值计量非金融资产，应当在最佳用途的基础上确定该非金融资产的估值前提，即单独使用该非金融资产还是将其与其他资产或负债组合使用。

【例 38-4】 2×19 年 10 月 16 日，甲企业在非同一控制下的企业合并中获得一台可辨认的机器，需要估计该资产在合并日的公允价值。被合并方最初通过外购取得该机器，并对该机器进行了特定配置，以适用于自身经营。甲企业自取得该机器后将其用于生产经营。

该资产在安装调配后与其他资产结合使用，并提供最大价值，没有证据表明该机器的当前用

途不是最佳用途。因此，该机器的最佳用途是与其他资产相结合的当前用途。假定甲企业可获得运用市场法和成本法计量公允价值的充分数据。运用市场法时，采用类似机器的报价并就差异进行调整，确定该机器公允价值为60万元。运用成本法时，估计当前建造具有类似用途并经过配置后的替代机器所需的金额，考虑机器的现状及其运行所处环境以及安装成本等，其中对机器现状的考虑应包括实体性损耗、功能性贬值、经济性贬值，确定该机器的公允价值为65万元。考虑到对市场法所使用的输入值仅做了较少调整，甲企业认为市场法得出的估计值更能代表该机器的公允价值。因此，甲企业确定该机器在2×19年10月16日的公允价值为60万元。

第 39 章 合营安排

39.1 合营安排概述

合营安排概述及概念解析如图 39-1 所示。

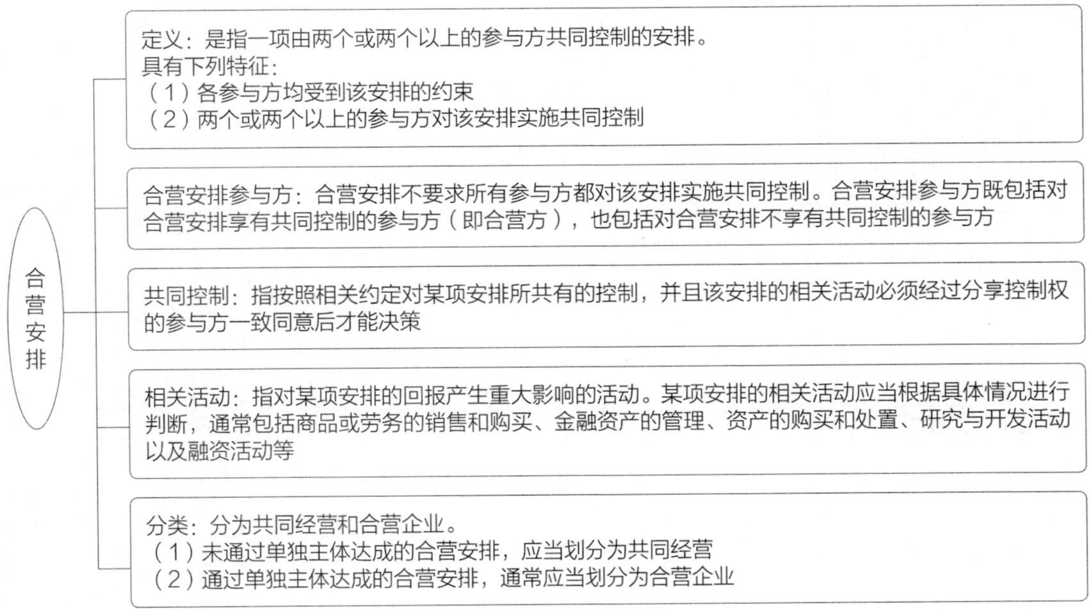

图 39-1　合营安排概述及概念解析

其中，共同经营与合营企业具体对比分析如表 39-1 所示。

表 39–1　共同经营和合营企业对比情况

对比项目	共同经营	合营企业
合营安排的条款	参与方对合营安排的相关资产享有权利并对相关负债承担义务	参与方对与合营安排有关的净资产享有权利，即单独主体（而不是参与方），享有与安排相关资产的权利，并承担与安排相关负债的义务
对资产的权利	参与方按照约定的比例分享合营安排的相关资产的全部利益（例如，权利、权属或所有权等）	资产属于合营安排，参与方并不对资产享有权利
对负债的义务	参与方按照约定的比例分担合营安排的成本、费用、债务及义务。第三方对该安排提出的索赔要求，参与方作为义务人承担赔偿责任	合营安排对自身的债务或义务承担责任。参与方仅以其各自对该安排认缴的投资额为限对该安排承担相应的义务。合营安排的债权方无权就该安排的债务对参与方进行追索
收入、费用及损益	合营安排建立了各参与方按照约定的比例（如按照各自所耗用的产能比例）分配收入和费用的机制。某些情况下，参与方按约定的份额比例享有合营安排产生的净损益不会必然使其被分类为合营企业，仍应当分析参与方对该安排相关资产的权利以及对该安排相关负债的义务	各参与方按照约定的份额比例享有合营安排产生的净损益
担保	参与方为合营安排提供担保（或提供担保的承诺）的行为本身并不直接导致一项安排被分类为共同经营	

39.2　共同经营参与方的会计处理

共同经营参与方的会计处理如图 39-2 所示。

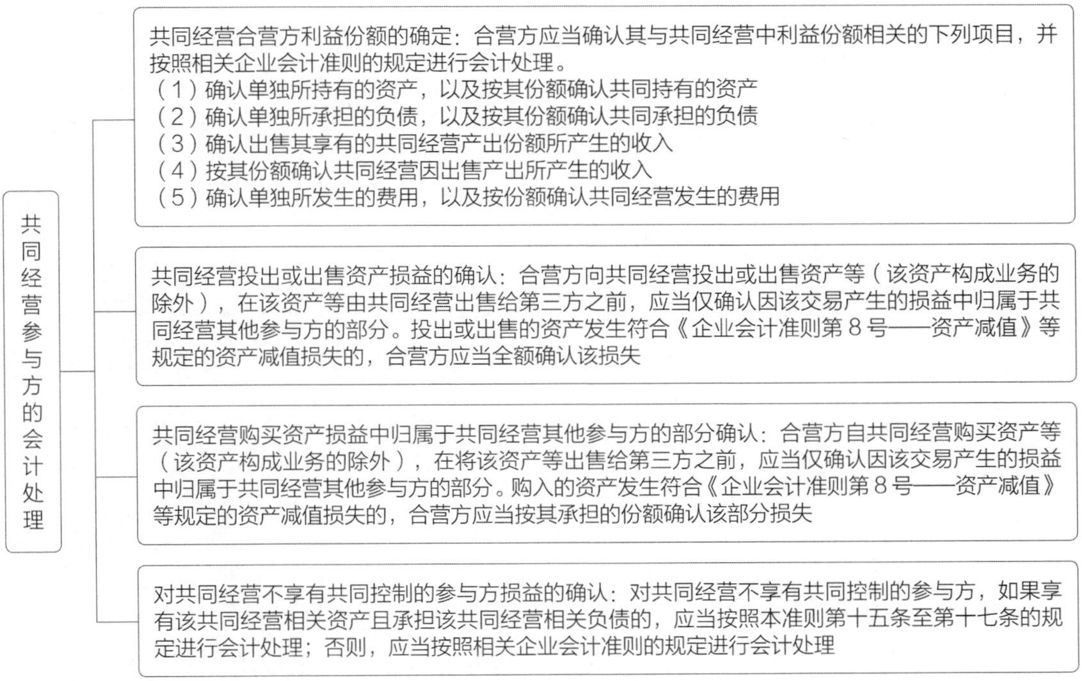

图 39-2　共同经营参与方的会计处理

39.2.1　共同经营合营方利益份额的确定

相关内容讲解见图 39-2，共同经营合营方利益份额的确定，下面以【例 39-1】进行举例说明。

【例 39-1】2×20 年 1 月 1 日，A 公司和 B 公司共同出资购买一栋写字楼，各自拥有该写字楼 50% 的产权，用于出租收取租金。合同约定，该写字楼相关活动的决策需要 A 公司和 B 公司一致同意方可做出；A 公司和 B 公司的出资比例、收入分享比例和费用分担比例均为 50%。该写字楼购买价款为 8 000 万元，由 A 公司和 B 公司以银行存款支付，预计使用寿命为 20 年，预计净残值为 320 万元，采用年限平均法按月计提折旧。该写字楼的租赁合同约定，租赁期限为 10 年，每年租金为 480 万元，按月交付。该写字楼每月支付维修费 2 万元。另外，A 公司和 B 公司约定，该写字楼的后续维护和维修支出（包括再装修支出和任何其他的大修支出）以及与该写字楼相关的任何资金需求，均由 A 公司和 B 公司按比例承担。假设 A 公司和 B 公司均采用成本法对投资性房地产进行后续计量，不考虑税费等其他因素影响。

本例中，由于关于该写字楼相关活动的决策需要 A 公司和 B 公司一致同意方可做出，所以 A 公司和 B 公司共同控制该写字楼，购买并出租该写字楼为一项合营安排。由于该合营安排并未通过一个单独主体来架构，并明确约定了 A 公司和 B 公司享有该安排中资产的权利、获得该安排相应收入的权利、承担相应费用的责任等，所以该合营安排是共同经营。A 公司的相关会计处理如下：

（1）出资购买写字楼时：

借：投资性房地产（80 000 000×50%）　　40 000 000

　　贷：银行存款　　40 000 000

（2）每月确认租金收入时：

借：银行存款（4 800 000×50%÷12）　　200 000

　　贷：其他业务收入　　200 000

（3）每月计提写字楼折旧时：

借：其他业务成本　　160 000

　　贷：投资性房地产累计折旧[（80 000 000−3 200 000）÷20÷12×50%]　　160 000

（4）支付维修费时：

借：其他业务成本（20 000×50%）　　10 000

　　贷：银行存款　　10 000

39.2.2　共同经营购买资产损益中归属于共同经营其他参与方的部分确认

相关讲解见图39-2，共同经营购买资产损益中归属于共同经营其他参与方的部分确认，下面以【例39-2】进行讲解。

【例39-2】甲、乙公司共同出资购买一台设备供共同经营，各自付出成本100万元。按照合营合同规定，甲、乙公司各享有共同经营收益的50%。某日，甲公司向共同经营体出售一项库存商品，售价为30万元，成本为20万元。该设备作为共同经营体的经营设备（分录单位：万元）。

借：固定资产——共同控制资产　　100

　　贷：银行存款等　　100

借：银行存款等　　15

　　贷：主营业务收入　　15

借：主营业务成本　　10

　　固定资产——共同控制资产　　10

　　贷：库存商品　　20

39.3　合营企业参与方的会计处理

合营企业参与方的会计处理如图 39-3 所示。

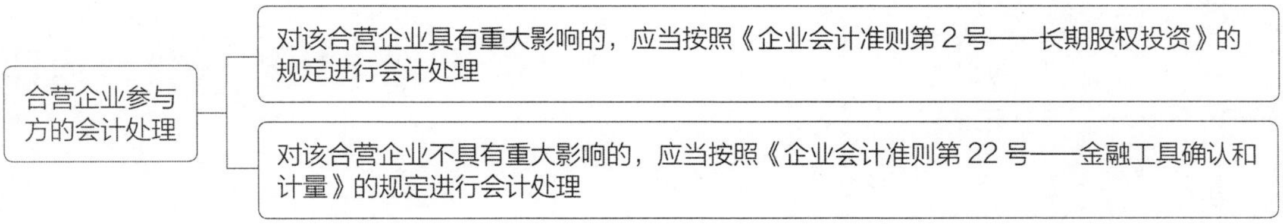

图 39-3　合营企业参与方的会计处理

第 40 章
在其他主体中权益的披露

40.1 在其他主体中权益的披露概述

在其他主体中权益的披露概述及概念解析如图 40-1 所示。

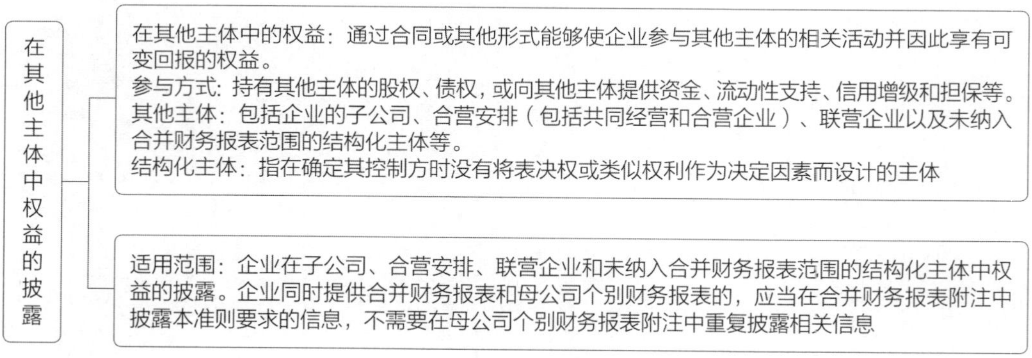

图 40-1 在其他主体中权益的披露概述及概念解析

40.2　重大判断和假设的披露概述

重大判断和假设的披露概述及概念解析如图 40-2 所示。

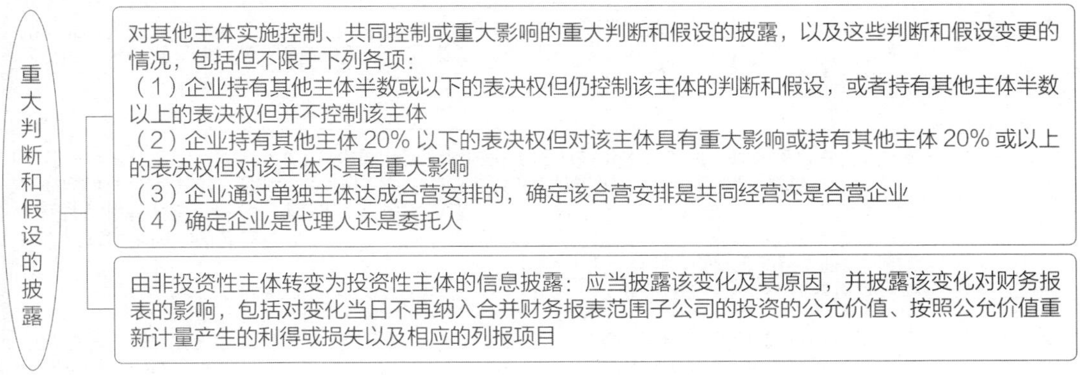

图 40-2　重大判断和假设的披露概述及概念解析

40.3　在子公司中权益的披露概述

在子公司中权益的披露要求如图 40-3 所示。

在子公司中权益的披露

- 在合并财务报表附注中的披露一般要求：应在合并财务报表附注中披露企业集团的构成，以及子公司少数股东的持股比例、当期归属于子公司少数股东的损益以及向少数股东支付的股利、子公司在当期期末累计的少数股东权益余额、子公司的主要财务信息
- 使用企业集团资产和清偿企业集团债务存在重大限制的企业的附注披露要求：应在合并财务报表附注中披露该限制的内容；子公司少数股东享有保护性权利；并且该保护性权利对企业使用企业集团资产或清偿企业集团负债的能力存在重大限制的，该限制的性质和程度；该限制涉及的资产和负债在合并财务报表中的金额
- 存在纳入合并财务报表范围的结构化主体的企业的附注披露要求：（1）合同约定企业或其子公司向该结构化主体提供财务支持的，应当披露提供财务支持的合同条款，包括可能导致企业承担损失的事项或情况；（2）在没有合同约定的情况下，企业或其子公司当期向该结构化主体提供了财务支持或其他支持，应当披露所提供支持的类型、金额及原因；（3）企业存在向该结构化主体提供财务支持或其他支持的意图的，应当披露该意图
- 对子公司所有者权益所拥有份额发生变化时企业的附注披露要求：未导致企业丧失对子公司控制权的，应当在合并财务报表附注中披露该变化对本企业所有者权益的影响；企业丧失对子公司控制权的，应当在合并财务报表附注中披露按照《企业会计准则第 33 号——合并财务报表》计算的信息，包括由于丧失控制权而产生的利得或损失以及相应的列报项目、剩余股权在丧失控制权日按照公允价值重新计量而产生的利得或损失
- 作为投资性主体的企业对未纳入合并报表的投资企业的一般披露要求：应当在财务报表附注中对该情况予以说明。对于未纳入合并财务报表范围的子公司，企业应当披露子公司的名称、主要经营地及注册地、企业对子公司的持股比例
- 作为投资性主体的企业对未纳入合并报表的投资企业的风险披露要求：（1）子公司以发放现金股利、归还贷款或垫款等形式向企业转移资金的能力存在重大限制的，企业应当披露限制的性质和程度；（2）存在向未纳入合并财务报表范围的子公司提供财务支持或其他支持的承诺或意图的，企业应当披露该承诺或意图，在没有合同约定的情况下，企业应当披露提供支持的类型、金额及原因；（3）合同约定企业或其未纳入合并财务报表范围的子公司向未纳入合并财务报表范围但受企业控制的结构化主体提供财务支持的，企业应当披露相关合同条款，以及可能导致企业承担损失的事项或情况。在没有合同约定的情况下，企业应当披露决定提供上述支持的相关因素

图 40-3　在子公司中权益的披露要求

40.4　在合营安排或联营企业中权益的披露概述

在合营安排或联营企业中权益的披露要求如图 40-4 所示。

在合营安排或联营企业中权益的披露要求

- 存在重要的合营安排或联营企业的，企业应当披露的信息：（1）合营安排或联营企业的名称、主要经营地及注册地；（2）企业与合营安排或联营企业的关系的性质，以及合营安排或联营企业对企业活动是否具有战略性等；（3）企业的持股比例
- 重要的合营企业或联营企业补充信息披露：除了应当按照上述要求披露相关信息外，还应当披露对合营企业或联营企业投资的会计处理方法，从合营企业或联营企业收到的股利，以及合营企业或联营企业在其自身财务报表中的主要财务信息
- 企业在单个合营企业或联营企业中的权益不重要的信息披露：（1）按照权益法进行会计处理的对合营企业或联营企业投资的账面价值合计数；（2）对合营企业或联营企业的净利润、终止经营的净利润、其他综合收益、综合收益等项目，企业按照其持股比例计算的金额的合计数
- 限制性信息披露：合营企业或联营企业以发放现金股利、归还贷款或垫款等形式向企业转移资金的能力存在重大限制的，企业应当披露该限制的性质和程度
- 超额亏损的份额确认：应当披露未确认的合营企业或联营企业损失份额，包括当期份额和累积份额
- 未确认承诺及或有负债的披露：企业应当单独披露与其对合营企业投资相关的未确认承诺，以及与其对合营企业或联营企业投资相关的或有负债

图 40-4　在合营安排或联营企业中权益的披露要求

40.5　在未纳入合并财务报表范围的结构化主体中权益的披露概述

在未纳入合并财务报表范围的结构化主体中权益的披露要求如图 40-5 所示。

在未纳入合并财务报表范围的结构化主体中权益的披露要求

- 对于未纳入合并财务报表范围的结构化主体的企业应当披露的信息：（1）未纳入合并财务报表范围的结构化主体的性质、目的、规模、活动及融资方式；（2）在财务报表中确认的与企业在未纳入合并财务报表范围的结构化主体中权益相关的资产和负债的账面价值及其在资产负债表中的列报项目；（3）在未纳入合并财务报表范围的结构化主体中权益的最大损失敞口及其确定方法，企业不能量化最大损失敞口的，应当披露这一事实及其原因
- 企业应当披露对未纳入合并财务报表范围的结构化主体提供财务支持或其他支持的意图，包括帮助该结构化主体获得财务支持的意图。在没有合同约定的情况下，企业当期向结构化主体（包括企业前期或当期持有权益的结构化主体）提供财务支持或其他支持的，还应当披露提供支持的类型、金额及原因，包括帮助该结构化主体获得财务支持的情况
- 企业是投资性主体的，对受其控制但未纳入合并财务报表范围的结构化主体，应当按照本章第三节图 41-3 中第五条和第六条的规定进行披露，不需要按照本章规定进行披露

图 40-5　在未纳入合并财务报表范围的结构化主体中权益的披露要求

第 41 章 持有待售的非流动资产、处置组和终止经营

41.1 持有待售概述

持有待售概述及概念解析见图 41-1。

持有待售

- 定义：企业主要通过出售而非持续使用一项非流动资产或处置组收回其账面价值的，应当将其划分为持有待售类别
- 准则适用范围：适用于所有非流动资产和处置组，但以下除外
  （1）采用公允价值模式进行后续计量的投资性房地产；（2）采用公允价值减去出售费用后的净额计量的生物资产；（3）职工薪酬形成的资产；（4）递延所得税资产；（5）由金融工具相关会计准则规范的金融资产；（6）由保险合同相关会计准则规范的保险合同所产生的权利
- 划分条件（同时满足）
  （1）在当前状况下，仅根据出售此类资产或处置组的惯常条款，即可立即出售
  （2）出售极可能发生，即企业已经就一项出售计划作出决议且获得确定的购买承诺，预计出售将在一年内完成。如果该出售计划需要得到股东或者监管部门批准，应当已经取得批准

图 41-1 持有待售概述及概念解析

41.2 持有待售的非流动资产或处置组的计量

持有待售的非流动资产或处置组计量情况主要如下（见图 41-2）。

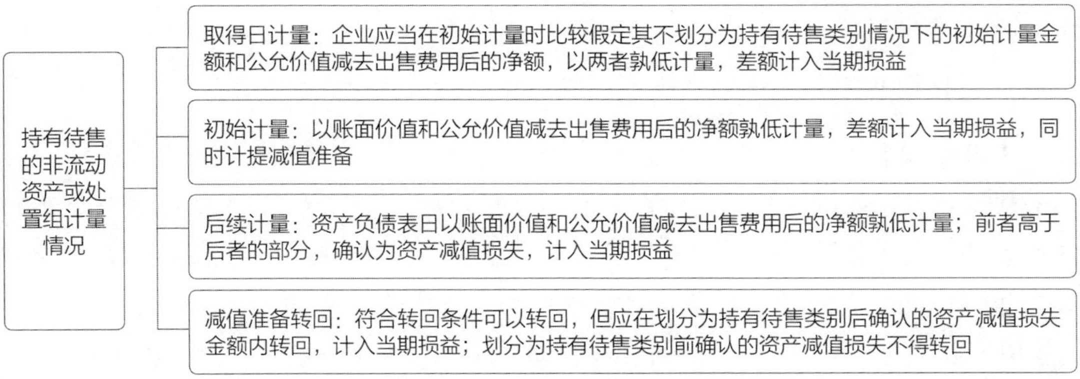

图 41–2　持有待售的非流动资产或处置组计量情况

41.2.1　初始计量

相关讲解见图 41–2，下面以【例 41–1】进行持有待售的非流动资产或处置组初始计量讲解。

【例 41–1】 2×20 年 3 月 1 日，L 公司购入非关联的 M 公司的全部股权，支付价款 1 600 万元。购入该股权之前，L 公司的管理层已经做出决议，一旦购入 M 公司，将在一年内将其出售给 N 公司，M 公司当前状况下即可立即出售。预计 L 公司还将为出售该子公司支付 12 万元的出售费用。L 公司与 N 公司计划于 2×20 年 3 月 31 日签署股权转让合同。情形一：L 公司与 N 公司初步议定股权转让价格为 1 620 万元。情形二：L 公司尚未与 N 公司议定转让价格，3 月 1 日股权公允价值与支付价款 1 600 万元一致。

情形一：M 公司是专为转售而取得的子公司，其不划分为持有待售类别情况下的初始计量金额应当为 1 600 万元，当日公允价值减去出售费用后的净额为 1 608 万元，按照两者孰低计量。L 公司 2×20 年 3 月 1 日的账务处理如下：

借：持有待售资产——长期股权投资　　16 000 000
　　贷：银行存款　　16 000 000

情形二：M 公司是专为转售而取得的子公司，其不划分为持有待售类别情况下的初始计量金额为 1 600 万元，当日公允价值减去出售费用后的净额为 1 588 万元，按照两者孰低计量。L 公司 2×20 年 3 月 1 日的账务处理如下：

借：持有待售资产——长期股权投资　　15 880 000
　　资产减值损失　　120 000
　　贷：银行存款　　16 000 000

持有待分配给所有者的非流动资产或处置组发生的分配费用，是可以直接归属于分配资产或处置组的增量费用，但不包括财务费用和所得税费用。除此之外，持有待分配给所有者类别的计量要求与持有待售类别相类似。

41.2.2 后续计量

相关讲解见图41-2中的后续计量，下面以【例41-2】进行说明。

【例41-2】 2×19年10月2日，A公司与B公司签订不可撤销合同，将一项无形资产（非土地使用权）出售，取得不含税价款300万元，应缴纳的增值税为18万元[适用增值税税率为6%，不考虑其他税费，300×6%=18（万元）]，预计2×20年1月将办理完毕相关手续。该无形资产系2×17年7月2日购入，实际支付全部价款为720万元，预计法律剩余有效年限为8年，A公司估计受益期限为5年，采用直线法摊销。2×20年1月2日，A公司办理完毕无形资产的相关手续。

A公司的相关会计处理如下（以万元为单位）：

（1）2×19年10月末：

至2×19年10月2日无形资产的累计摊销额=720÷（5×12）×27=324（万元）

至2×19年10月2日该无形资产的账面价值=720-324=396（万元）

原账面价值高于调整后预计残值的差额，应作为资产减值损失计入当期损益。调整后预计净残值＝公允价值－处置费用=300-0=300（万元）；原账面价值高于调整后预计残值的差额=396-300=96（万元）

借：资产减值损失　96

　　贷：无形资产减值准备　96

（2）2×19年12月31日资产负债表列示：

“划分为持有待售的资产”项目为300万元。

（3）2×20年1月2日：

借：银行存款　318

　　累计摊销　324

　　无形资产减值准备　96

　　贷：无形资产　720

　　　　应交税费——应交增值税（销项税额）　18

41.2.3 终止经营

终止经营的定义与含义见图41-3。

- 终止经营
  - 定义：指企业满足下列条件之一的、能够单独区分的组成部分，且该组成部分已经处置或划分为持有待售类别：
    （1）该组成部分代表一项独立的主要业务或一个单独的主要经营地区
    （2）该组成部分是拟对一项独立的主要业务或一个单独的主要经营地区进行处置的一项相关联计划的一部分
    （3）该组成部分是专为转售而取得的子公司
  - 含义：
    （1）终止经营应当是企业能够单独区分的组成部分
    （2）终止经营应当具有一定的规模
    （3）终止经营应当满足一定的时点要求

图 41-3　终止经营的定义与含义

41.2.4　列报

持有待售的非流动资产、处置组和终止经营列报解析见图 41-4。

- 持有待售的非流动资产、处置组和终止经营列报解析
  - 资产负债表列报：持有待售资产和负债不应当相互抵销。“持有待售资产”和“持有待售负债”应当分别作为流动资产和流动负债列示
  - 利润表列报：应当在利润表中“营业利润”项目之上单设“资产处置收益”项目，反映企业出售划分为持有待售的非流动资产（金融工具、长期股权投资和投资性房地产除外）或处置组（子公司和业务除外）时确认的处置利得或损失。
    终止经营的减值损失和转回金额等经营损益及处置损益应当作为终止经营损益列报
  - 报表附注中的披露：
    （1）持有待售的非流动资产或处置组的出售费用和主要类别，以及每个类别的账面价值和公允价值
    （2）持有待售的非流动资产或处置组的出售原因、方式和时间安排
    （3）列报持有待售的非流动资产或处置组的分部
    （4）持有待售的非流动资产或持有待售的处置组中的资产确认的减值损失及其转回金额
    （5）与持有待售的非流动资产或处置组有关的其他综合收益累计金额
    终止经营的披露，企业应当在附注中披露有关终止经营的下列信息：
    （1）终止经营的收入、费用、利润总额、所得税费用（收益）和净利润，即利润表中“终止经营净利润”项目信息的进一步分解
    （2）终止经营的资产或处置组确认的减值损失及其转回金额
    （3）终止经营的处置损益总额、所得税费用（收益）和处置净损益
    （4）终止经营的经营活动、投资活动和筹资活动现金流量净额
    （5）归属于母公司所有者的持续经营损益和终止经营损益
    （6）终止经营处置损益调整的性质和金额
  - 可比期间信息的披露：
    （1）对于当期首次满足持有待售类别划分条件的非流动资产或处置组，不应当调整可比会计期间资产负债表
    （2）对于当期列报的终止经营，企业应当在当期财务报表中，将原来作为持续经营损益列报的信息重新作为可比会计期间的终止经营损益列报
    （3）拟结束使用而非出售的处置组满足终止经营定义中有关组成部分的条件的，应当自停止使用日起作为终止经营列报
    （4）企业因出售对子公司的投资等原因导致其丧失对子公司控制权，且该子公司符合终止经营定义的，应当在合并利润表中列报相关终止经营损益，并按照准则在报表附注中进行披露
    （5）非流动资产或处置组不再继续划分为持有待售类别或非流动资产从持有待售的处置组中移除的，企业应当在当期利润表中将非流动资产或处置组的账面价值调整金额作为持续经营损益列报
    （6）终止经营不再满足持有待售类别划分条件的，企业应当在当期财务报表中，将原来作为终止经营损益列报的信息重新作为可比会计期间的持续经营损益列报

图 41-4　持有待售的非流动资产、处置组和终止经营列报解析